Die Behandlung von Personengesellschaften
nach dem DBA Deutschland–Portugal
unter besonderer Berücksichtigung von Qualifikationskonflikten

Trierer Studien zum Internationalen Steuerrecht

Herausgegeben von Gabriele Burmester

Band 24

Susana Pessoa dos Santos-Mettlach

Die Behandlung von Personengesellschaften nach dem DBA Deutschland–Portugal unter besonderer Berücksichtigung von Qualifikationskonflikten

PETER LANG

Bibliografische Information der Deutschen Nationalbibliothek
Die Deutsche Nationalbibliothek verzeichnet diese Publikation in der Deutschen Nationalbibliografie; detaillierte bibliografische Daten sind im Internet über http://dnb.d-nb.de abrufbar.

Zugl.: Trier, Univ., Diss., 2018

Gedruckt auf alterungsbeständigem, säurefreiem Papier.
Druck und Bindung: CPI books GmbH, Leck

D 385
ISSN 1861-695X
ISBN 978-3-631-78919-3 (Print)
E-ISBN 978-3-631-81401-7 (E-PDF)
E-ISBN 978-3-631-81402-4 (EPUB)
E-ISBN 978-3-631-81403-1 (MOBI)
DOI 10.3726/b16616

Peter Lang – Berlin · Bern · Bruxelles · New York ·
Oxford · Warszawa · Wien

Diese Publikation wurde begutachtet.

www.peterlang.com

Für meine geliebten Eltern

Vorwort

Die vorliegende Arbeit wurde im Wintersemester 2017/2018 vom Fachbereich Rechtswissenschaft der Universität Trier als Dissertation angenommen. Die Arbeit basiert inhaltlich auf dem Stand September 2017.

Mein ganz besonderer Dank gilt meiner Lehrerin und Doktormutter, Frau Prof. Dr. Gabriele Burmester, für die vielfältige Unterstützung sowie für die fürsorgliche Betreuung, ohne die diese Arbeit nicht möglich gewesen wäre. Für die Erstellung des Zweitgutachtens danke ich auch Frau Prof. Antje von Ungern-Sternberg.

Dem Instituto Superior de Contabilidade e Administração de Aveiro, das wesentlich zum Abschluss der Arbeit beigetragen hat, gilt ebenfalls mein Dank. In diesem Zusammenhang bedanke ich mich auch bei meinem Onkel Mario Castelhano, der mir den Zugang zum Institut und zu dessen Bibliothek ermöglicht hat. Frau Gracinda Mendes danke ich für die große Unterstützung bei der Beschaffung und Überlassung der portugiesischen Literatur. Frau Luiza Minerva danke ich für ihre Hilfsbereitschaft. Weiteren Dank schulde ich Prof. Carlos Anjos für seine wertvollen Hinweise. Auch meiner Tante Luisa Pessoa, die mich während meines Aufenthalts in Portugal in ihrer Wohnung aufgenommen hat, gilt mein Dank.

Meinem geliebten Freund, Daniel Konrath, danke ich für seine endlose Geduld und sein liebevolles Verständnis während der Erstellung dieser Arbeit sowie für seine Hilfe beim Korrekturlesen und Vieles mehr.

Mein Dank gilt auch meinem Bruder, André Pessoa dos Santos-Mettlach, der mich stets bestärkt hat, wenn ich an mir gezweifelt habe.

Abschließend danke ich meinen Eltern, Maria Celeste dos Santos Pessoa und Herbert Mettlach, die mir meine Ausbildung ermöglicht haben von ganzem Herzen. Ihr Verständnis, ihre Liebe und ihr steter Rückhalt haben wesentlich zum Entstehen und Gelingen der Arbeit beigetragen. Ihnen widme ich diese Arbeit.

Inhaltsverzeichnis

Abbildungs- und Übersichtsverzeichnis

Abkürzungsverzeichnis

a. A.	andere(r) Ansicht
a.a.O.	am angegebenen Ort
a.E.	am Ende
aF	alte Fassung
AAFDL	Associação Fiscal Portuguesa, Instituto de Direito Económico, Financeiro e Fiscal da Faculdade de Direito de Lisboa
Abs.	Absatz
Abschn.	Abschnitt
Ac(s).	Acórdão(s)
AdV	Aussetzung der Vollziehung
ACE	Agrupamentos Complementares de Empresas
AEIE	agrupamento europeu de interesse económico
AEUV	Vertrag über die Arbeitsweise der Europäischen Union
AfA	Absetzung für Abnutzung
AG	Aktiengesellschaft
AIG	Auslandsinvestitionsgesetz
AmtshilfeRLUmsG	Amtshilferichtlinie-Umsetzungsgesetz
AIFM	Alternativer-Investmentfonds-Manager
AIFM-StAnpG	AIFM-Steueranpassungsgesetz
AO	Abgabenordnung
AOA	Authorized OECD Approach
APOTEC	Associação Portuguesa de Técnicos de Contabilidade
Art.	Artikel
AStG	Außensteuergesetz
AT	Autoridade Tributária e Aduaneira
ATAD	Anti Tax Avoidance Direktive (Richtlinie mit Vorschriften zur Bekämpfung von Steuervermeidungspraktiken mit unmittelbaren Auswirkungen auf das Funktionieren des Binnenmarktes)
Aufl.	Auflage
BB	Betriebs-Berater
Bearb.	Bearbeiter
Begr.	Begründer
BEPS	Base Erosion and Profit Shifting

BFH	Bundesfinanzhof
BFH/NV	Sammlung amtlich nicht veröffentlichter Entscheidungen des Bundesfinanzhofes
BGB	Bürgerliches Gesetzbuch
BGBl	Bundesgesetzblatt
BIFD	Bulletin for international fiscal documentation
BIP	Bruttoinlandsprodukt
BMF	Bundesministerium der Finanzen
BRD	Bundesrepublik Deutschland
BR-Drs.	Bundesrat-Drucksache
BsGaV	Betriebsstättengewinnaufteilungsverordnung
BSt	Betriebsstätte
BStBl. I	Bundessteuerblatt I
BStBl. II	Bundessteuerblatt II
BTR	British Tax Review
Buchst.	Buchstabe
BVerfG	Bundesverfassungsgericht
bzw.	beziehungsweise
CCFT	Cadernos de Ciência e Técnica Fiscal
CCiv	Código Civil
CIF	Código Fiscal do Investimento
CIMT	Código do Imposto Municipal sobre as Transmissões Onerosas de Imóveis
CIRC	Código do Imposto sobre o Rendimento das Pessoas Colectivas
CIRS	Código do Imposto sobre o Rendimento das Pessoas Singulares
CP	Código Penal
CPPT	Código de Procedimento e de Processo Tributário
CRCom	Código do Registro Comercial
CRCSPSS	Código dos Regimes Contributivos do Sistema Previdencial de Segurança Social
CRP	Constituição da República Portuguesa
CSC	Código das Sociedades Comerciais
CT	Código do Trabalho
CTF	Ciência e Técnica Fiscal
CTF	Ciência e Técnica Fiscal
CTJ	Cadernos de Justiça Tributária
CTJ	Cadernos de Justiça Tributária

DB	Der Betrieb
DBA	Doppelbesteuerungsabkommen
ders.	Derselbe
d.h.	das heißt
DGCI	Direção-Geral de Contribuições e Impostos
DGCI	Direção Geral dos Impostos
dies.	dieselbe(n)
Diss.	Dissertation
DL	Decreto-Lei
DStR	Deutsches Steuerrecht
e.V.	eingetragener Verein
EBITDA	earnings before interest, taxes, depreciation and amortization
ECOFIN	Rat der EU in der Zusammensetzung der Wirtschafts- und
EFG	Entscheidungen der Finanzgerichte
EGV	Vertrag zur Gründung der Europäischen Gemeinschaft
EG-Vertrag	Vertrag zur Gründung der Europäischen Gemeinschaft (in seiner neuen Fassung mit geänderter Nummerierung der Artikel)
ESt	Einkommensteuer
EStG	Einkommensteuergesetz
EStR	Einkommensteuerrichtlinien
ET	European Taxation
EU	Europäische Union
EuGH	Europäischer Gerichtshof
EuGHE	Entscheidungen des Europäischen Gerichtshofs
evtl.	eventuell
EWIV	Europäische wirtschaftliche Interessenvereinigung
EWR	Europäischer Wirtschaftsraum
EZB	Europäische Zentralbank
F&E	Forschung und Entwicklung
f.	folgende
F.	Fach
FG	Finanzgericht
FinA	Finanzausschuss
Fn.	Fußnote
FR	Finanzrundschau
FS	Festschrift
GbR	Gesellschaft bürgerlichen Rechts

GD	Gesetzesdekret
gem.	gemäß
GG	Grundgesetz
ggf.	gegebenenfalls
GmbH	Gesellschaft mit beschränkter Haftung
GmbH-StB	GmbH-Steuerberater
Gr.	Gruppe
GrS	Großer Senat
hM	herrschende Meinung
HFR	Höchstrichterliche Finanzrechtsprechung
HGB	Handelsgesetzbuch
Hrsg.	Herausgeber
HS	Halbsatz
i.d.R.	in der Regel
i.S.d.	im Sinne des
i.V.m.	in Verbindung mit
i.w.S.	im weiteren Sinne
IFA	International Fiscal Association
IfSt	Institut Finanzen und Steuern e. V.
ILC	International Law Commission (der UN)
IMI	Imposto Municipal sobre Imóveis
	Imóveis
IMT	Imposto Municipal sobre as Transmissões Onerosas de
INFOCONTAB	Informações de Contabilidade em Portugal
InvStG	Investmentsteuergesetz
IS	Imposto de Selo
ISR	Internationale Steuer-Rundschau
IStR	Internationales Steuerrecht
IWB	Internationales Steuer- und Wirtschaftsrecht
JStG	Jahressteuergesetz
KFZ	Kraftfahrzeug
KG	Kommanditgesellschaft
KGaA	Kommanditgesellschaft auf Aktien
KMU	Kleinstunternehmen, kleine und mittlere Unternehmen
KSt	Körperschaftsteuer
KStG	Körperschaftsteuergesetz
LRRA	Lei das Finanças das Regiões Autónomas
Lfg.	Lieferung
LGT	Lei Geral Tributário

lit.	littera (lateinisch für Buchstabe)
LLC	Limited Liability Company
mE	meines Erachtens
Mio.	Million, Millionen
MLI	Multilateral Convention to Implement Tax Treaty Related Measures to Prevent Base Erosion and Profit Shifting (kurz: Multilateral Instrument)
Mrd.	Millarde
nF	neue Fassung
NIF	Número Identificação Fiscal
Nr.	Nummer
m.w.N.	mit weiteren Nachweisen
m.w.Rspr.N.	mit weiteren Rechtsprechungsnachweisen
o.Ä.	oder Ähnliches
o.g.	oben genannt
o.V.	ohne Verfasser
OECD	Organisation for Economic Cooperation and Development (Organisation für wirtschaftliche Zusammenarbeit und Entwicklung)
OECD-MA	OECD-Musterabkommen zur Vermeidung der Doppelbesteuerung auf dem Gebiet der Steuern vom Einkommen und vom Vermögen
OECD-MK	OECD-Musterkommentar
OFD	Oberfinanzdirektion
OHG	Offene Handelsgesellschaft
OTOC	Ordem dos Técnicos Oficais de Contas
PIStB	Praxis Internationale Steuerberatung
PKW	Personenkraftwagen
Prot.	Protokoll
PrOVG	Preußisches Oberverwaltungsgericht
PrOVGSt	Amtliche Sammlung der Entscheidungen des PrOVG
R & E	Revisores & Empresas – Revista da Ordem dos revisores oficiais de contas
RFAI	Regime Fiscal de Apoio ao Investimento
RFH	Reichsfinanzhof
RFPDF	Revista de Finanças Públicas e Direito Fiscal
RIW	Recht der internationalen Wirtschaft
RL	Richtlinie
Ri.	Randnummer

ROC	Revisores Oficiais de Contas
Rs.	Rechtssache
Rspr.	Rechtsprechung
RStBl.	Reichssteuerblatt
RTF	Regime de Transparêcia Fiscal
Rz.	Randziffer
S.	Seite
s.	siehe
SBV	SBV
SEStEG	Gesetz über steuerliche Begleitmaßnahmen zur Einführung der Europäischen Gesellschaft und zur Änderung weiterer steuerrechtlicher Vorschriften
SGPS	Sociedade Gestora de Participações Sociais
SNC	Sistema de Normalização Contabilistística
SolZG	Solidaritätszuschlaggesetz
STA	Supremo Tribunal Administrativo
Stbg	Die Steuerberatung
StbJb	Steuerberater-Jahrbuch
STJ	Supremo Tribunal de Justiça
st.	ständige
StuW	Steuer und Wirtschaft
SWI	Steuer und Wirtschaft International
TC	Tribunal Constitucional
TCA	Tribunal Central Administrativo
TOC	Técnicos Oficiais de Contas
TRC	Tribunal da Relação de Coimbra
TRL	Tribunal da Relação de Lisboa
TRP	Tribunal da Relação do Porto
TS	Tribunal Supremo
Tz.	Textziffer(n)
u.a.	und andere
Ubg	Die Unternehmensbesteuerung
UmwG	Umwandlungsgesetz
UmwStG	Umwandlungssteuergesetz
UN	United Nations (Vereinte Nationen)
Univ.	Universität
UN-MA	UN-Musterabkommen
US	United States
v.	vom

Vfg.	Verfügung
vgl.	vergleiche
vH	vom Hundert
Vol.	Volume
VwGH	Verwaltungsgerichtshof (Österreich)
WP	Die Wirtschaftsprüfung
WÜRV	Wiener Übereinkommen über das Recht der Verträge
z. B.	zum Beispiel
Ziff.	Ziffer(n)
ZIP	Zeitschrift für Wirtschaftsrecht
zzgl.	zuzüglich

Einleitung

A. Problemdarstellung

Das portugiesische Unternehmenssteuerrecht knüpft bei der Besteuerung von Einkünften an den Rechtsträger an. Natürliche Personen (pessoas físicas) werden mit Vollendung der Geburt rechtsfähig (Art. 66 Nr. 1 CCiv[1]). Juristische Personen (pessoas coletivas) werden hingegen durch Eintragung in öffentliche Register Träger von Rechten und Pflichten (titular de direitos e deveres, Art. 5 CSC[2]).[3] Das portugiesische Zivilrecht stattet Gesellschaften generell mit einer eigenen Rechtspersönlichkeit (personalidade jurídica) aus und ordnet sie als juristische Personen ein. Für das portugiesische Körperschaftsteuergesetz (IRC), das Rechtsgebilde mit und ohne Rechtspersönlichkeit gleichfalls erfasst, ist das Erfordernis der „Rechtsfähigkeit" dagegen ohne Belang. Vielmehr bestimmt sich die steuerliche Leistungsfähigkeit anhand der Betriebsorganisation der Gesellschaft bzw. des Rechtsgebildes. Entscheidend sind dabei fiskale Gesichtspunkte, die die grundsätzliche Rechtsfähigkeit der Personen(handels-)gesellschaften „beiseiteschieben"[4] und dadurch den Anwendungsbereich der portugiesischen Körperschaftsteuer aufgrund steuerlicher Wertung erweitern oder beschränken können. Dies bedeutet, dass Personen(handels)gesellschaften in Portugal uneinheitlich besteuert werden. Der portugiesische Gesetzgeber hat sich zuletzt in der Körperschaftsteuerreform 2014 für die Ausweitung der transparenten Besteuerung nach dem Körperschaftsrechts[5] und damit gegen die Einführung eines Optionsrechts entschieden.[6] Dies ist darauf zurückzuführen, dass Personengesellschaften in Portugal traditionell eine untergeordnete Bedeutung haben.[7] Zum anderen ist die Einkommensteuer nach der Umsatzsteuer die

---

1 Rechtsgrundlage des portugiesischen Zivilgesetzbuchs (Código Civil) ist das Gesetzesdekret Nr. 47344/66 v. 25.11.1966, zuletzt geändert durch das Gesetz Nr. 43/2017 v. 14.06.2017. In Deutschland wird eine natürliche Person gleichfalls mit Vollendung der Geburt rechtsfähig (§1 BGB), s. Dürrschmidt, in: V/L, Art. 3 Rn. 12.

2 Rechtsgrundlage des Gesetzbuches über Handelsgesellschaften (Código das Sociedades Comercias) ist das Gesetzesdekret Nr. 262/86 v. 02.09.1986, zuletzt geändert durch das Gesetzesdekret Nr. 89/2017 v. 28.07.2017.

3 Mota Pinto, Teoria Geral do direito Civil, S. 138 f.

4 Casalta Nabais, Introdução ao Direito Fiscal das Empresas, S. 33.

5 Eingeführt durch die Gesetze 442-A/88 und 442-D/88 v. 30.11.1988.

6 Zu Einzelheiten vgl. Monteiro Lopes, Transparência Fiscal, S. 122 ff.

7 Coutinho de Abreu, Curso de Direito Comercial, S. 77.

aufkommensstärkste Steuer in Portugal.[8] Der derzeitige progressive Einkommensteuertarif, der zwischen 14,5% und 48%[9] variiert, ist in der Regel deutlich höher als der derzeitige reguläre Körperschaftsteuersatz, der 21% bzw. 16,8%[10] beträgt. Als Folge davon entziehen sich Steuerpflichtige regelmäßig der transparenten Besteuerung[11], es sei denn, die transparente Besteuerung bringt ausnahmsweise steuerliche Vorteile mit sich.[12]

Anders sieht die Lage in Deutschland aus. Dort nehmen Personengesellschaften seit jeher eine bedeutende Rolle im deutschen Wirtschaftsleben ein.[13] Die Besteuerung der Personengesellschaft folgt dabei einheitlichen Regeln. Die Einkünfte der Personengesellschaft werden für die Personengesellschaft ermittelt, aber anteilig in den Händen der Gesellschafter besteuert (§ 15 Abs. 1 S. 1 Nr. 2 1. HS EStG);[14] Leistungsbeziehungen zwischen Personengesellschaft und Gesellschafter werden gewinnmindernd bei der Personengesellschaft und gewinnerhöhend beim Gesellschafter erfasst und damit neutralisiert. Dies hat zur Folge,

---

8 Im Entwurf von Oktober 2016 sieht der portugiesische Staatshaushalt 2017 (Gesetzesdekret Nr. 25/2017 v. 03.03.2017) laufende Einnahmen aus der Einkommensteuer von rund 12 Mrd. € vor. Im Vergleich hierzu belaufen sich die Einnahmen aus der Umsatzsteuer auf rund 15 Mrd. € und die Einnahmen aus der Körperschaftsteuer auf rund 5 Mrd. €. Der Entwurf ist abrufbar auf der Seite: http://info.portaldasfinancas.govompt/NR/rdonlyres/A29CD230-F0C7-4760-8C44-3AA8C5C3907A/0/Plano_Atividades_AT_2017.pdf, zuletzt abgerufen am 06.09.2017.

9 Zzgl. einer Sondersteuer (sobretaxa) bis zu 3,21% und eines Zuschlags (taxa adicional) von bis zu 5%.

10 Zzgl. eines Gemeindeaufschlags (derrama municipal) bis zu 1,5% des zu versteuernden Gewinns und eine Sondersteuer (derrama estudual) bis zu 7%.

11 Anwaltsgesellschaften werden aufgrund ihres Standesrechts ausschließlich transparent besteuert, vgl. Gesetzesdekret Nr. 229/2004 v. 10.12.2004. Die übrigen Freiberufler schließen sich vorrangig in Kleinst- sowie in Klein- und mittlere Unternehmen (KMU) zusammen, was die Dominanz dieser Rechtsformen in der portugiesischen Unternehmenslandschaft erklärt.

12 Ebenso Monteiro Lopes, Transparência Fiscal, S. 125 f.

13 Vees, DB 2010, 1422.

14 Eine Reformierung der Besteuerung von Personengesellschaften zeichnet sich in naher Zukunft nicht ab, da das im Rahmen der Unternehmenssteuerreform 2008 angeregte Optionsmodell für Personengesellschaften nicht umgesetzt wurde, vgl. Fellinger, FR 2012, 489, 492. Auch in Portugal wurde von der Arbeitsgruppe zur Fiskalpolitik im Jahr 2009 eine Option zur transparenten Besteuerung diskutiert, aber mangels gesetzlicher Präzisierung der „Ein-Mann GmbH" („sociedade unipessoal") im Rahmen der transparenten Besteuerung, nicht umgesetzt, siehe Monteiro Lopes, Transparência Fiscal, S. 126 f.

dass die erhaltenen Vergütungen als Gewinnteil des Gesellschafters in den gewerblichen Einkünften aufgehen (§ 15 Abs. 1 S. 1 Nr. 2 2. HS. 2 EStG). Ein solches Sondervergütungskonzept ist dem portugiesischen Recht ebenso wie eine durchgängige transparente Besteuerung von Personengesellschaften fremd. Dies bedingt, dass im Falle des grenzüberschreitenden Einsatzes der Personengesellschaft Doppel-, Minder- und Keinmalbesteuerungen entstehen können. Ziel der vorliegenden Arbeit soll es sein, solche Konflikte aufzuzeigen und zu klären, ob die ergriffenen uni- sowie bilateralen Maßnahmen in der Lage sind, diese zu beseitigen oder zu lindern.

B. Vorgehensweise der Untersuchung

Im 1. Kapitel wird die zivilrechtliche und steuerliche Behandlung von deutschen Personengesellschaften als Ausgangspunkt für die Anwendung des DBA-Portugal und das Entstehen etwaiger zwischenstaatlicher Qualifikationskonflikte kurz erläutert.

Das 2. Kapitel beginnt mit der Vorstellung des Wirtschaftsstandortes Portugal. Anschließend wird die zivilrechtliche Behandlung von portugiesischen Personengesellschaften behandelt. Es folgen Ausführungen zur Besteuerung von natürlichen Personen, Personengesellschaften (einschließlich deren Besteuerung in den Freizonen Madeira und Santa Ana) und juristischen Personen nach portugiesischem Recht, um dadurch die Ursachen für das Entstehen von Qualifikationskonflikten im deutsch-portugiesischen Fall aus nationaler und abkommensrechtlicher Sicht aufzeigen zu können.

Im 3. Kapital werden die unilateralen Maßnahmen Deutschlands und Portugals zur Vermeidung der Doppelbesteuerung dargelegt.

Das 4. Kapitel widmet sich dem Abkommen zwischen der Bundesrepublik Deutschland und der Portugiesischen Republik zur Vermeidung der Doppelbesteuerung (im Folgenden DBA-Portugal genannt) und insbesondere der Ansässigkeitsfiktion in Art. 4 Abs. 4 DBA-Portugal. Soweit Art. 4 Abs. 4 DBA-Portugal keine Lösung zur Vermeidung der Doppel-, Minder- und Keinmalbesteuerung beinhaltet, wird untersucht, inwieweit die abkommensüberschreibenden Regelungen der § 50d Abs. 10 EStG aF/nF und des § 50d Abs. 9 EStG sowie die Lösungsvorschläge der OECD in Kombination mit den abkommensrechtlichen Spezialregelungen zur Behebung der Besteuerungskonflikte beitragen.

Erstes Kapitel: Die Behandlung von Personengesellschaften nach deutschem Recht

A. Die zivilrechtliche Behandlung von Personengesellschaften nach deutschem Recht

Neben der GbR als Grundtypus der Personengesellschaft zählen die OHG und die KG als Unterarten der GbR sowie die der OHG gleichgestellte EWIV, die GmbH & Co. KG (§§ 161–177a HGB und GmbHG), die als KG behandelt wird, die Arbeitsgemeinschaften, die stille Gesellschaft (§§ 230–237 HGB) und die Partnerschaftsgesellschaft zu den deutschen Personengesellschaften.[15] Zivilrechtlich werden Personengesellschaften nicht als juristische Personen eingeordnet, sondern als Rechtssubjekte, die über eine eigene Teilrechtsfähigkeit[16] verfügen. Sie besitzen damit die Befugnis Träger von Rechten und Pflichten zu sein. Ihre Rechte folgen dabei aus dem Gesetz oder aus gerichtlicher Zuerkennung.[17] Zivilrechtlich bewegt sich die Personengesellschaft somit zwischen dem Einzelunternehmer und der Kapitalgesellschaft.[18]

B. Die steuerliche Behandlung von Personengesellschaften nach deutschem Recht

I. Steuersubjektfähigkeit der Personengesellschaften

Personengesellschaften werden im Einkommen- und Körperschaftsteuerrecht[19]

---

15 Das Nähere wird im Gesetz über Partnerschaftsgesellschaften Angehöriger Freier Berufe (PartGG) v. 25.07.1994 (BGBl. I S. 1744), zuletzt geändert durch Art. 7 G v. 22.12.2015, BGBl. I, S. 2565 geregelt.

16 Nach der Entscheidung des BGH v. 29.01.2001, BGHZ 146, 341 wurde die Außen-GbR ausdrücklich als rechtsfähig anerkannt. Zur Rechtsfähigkeit der Außen-GbR vgl. nur Gummert in: Münchener Handbuch des Gesellschaftsrechts, Band 1 § 17 HGB Rn. 23 ff. Für die übrigen Personengesellschaften folgt dies enumerativ aus dem Gesetz: § 124 Abs. 1 HGB (OHG), § 161 Abs. 2 i.V.m. § 124 Abs. 1 HGB (KG), § 1 HS 1 a.E. EWIV-AG i.V.m. § 124 Abs. 1 HGB (EWIV), § 7 Abs. 2 PartGG i.V.m. § 124 Abs. 1 HGB (Partnerschaft), vgl. Wassermeyer, in: W/S/R, Rn. 2.1.

17 Rehm, in: W/S/R, Rn. 1.39.

18 Jacobs, Internationale Unternehmensbesteuerung, S. 352.

19 Bei der Umsatz- und Gewerbesteuer wird die Personengesellschaft der Kapitalgesellschaft gleichgestellt und wird als selbstständiger Steuerschuldner angesehen, § 5 Abs. 1 S. 3 GewStG, § 2 Abs. 1 UStG.

dem Einzelunternehmer partiell[20] gleichgestellt,[21] ohne selbst steuerpflichtige Subjekte der Einkommen- oder Körperschaftsteuer zu sein.[22] Die Personengesellschaft fungiert vielmehr nur als partielles Steuersubjekt[23] bei der Gewinnerzielung[24] und Gewinnermittlung (§ 15 Abs. 1 S. 1 Nr. 1, 2 EStG).[25] Die Gesellschafter sind hingegen als steuerpflichtige Subjekte der Einkommen- bzw. Körperschaftsteuer[26] nach § 1 Abs. 1 S. 1 EStG bzw. § 1 bzw. 2 KStG anzusehen (sog. transparente Besteuerung),[27] soweit sie die Voraussetzungen der Mitunternehmerschaft erfüllen.

II. Die Mitunternehmerstellung

Nach § 15 Abs. 1 Nr. 2 EStG wird neben der OHG/KG auch jede „andere Gesellschaft", die dem Leitbild der OHG und KG folgt, als Mitunternehmerschaft eingestuft. Dies setzt voraus, dass deren Gesellschafter als Mitunternehmer i.S.d. § 15 Abs. 1 S. 1 Nr. 2 EStG qualifiziert werden.[28] Dafür ist das Vorliegen eines zivilrechtlichen Gesellschaftsverhältnisses oder eines vergleichbaren wirtschaftlichen Gemeinschaftsverhältnisses,[29] das Ausüben von Mitunternehmerinitiative und das Tragen von Mitunternehmerrisiko erforderlich.[30] Unter

20 BFH v. 21.04.1988, BStBl. II, 883, 884; v. 28.10.1999, BStBl. II 2000, 399, 401; v. 27.04.2006, BStBl. II 2006, 755, 758; v.15.11.2011, BStBl. II 2012, 207, 208.

21 Desens/Blischke, in: K/S/M, § 15 EStG Rn. C 22; Jacobs, Internationale Unternehmensbesteuerung, S. 352.

22 BFH- GrS- v. 25.06.1986, BStBl. II 1984, 751, 757 f.

23 Statt vieler Heinrichs, in: Tipke/Lang, § 10 Rn. 14; a.A. Pinkernell, S. 196 f., der in Anlehnung an die aufgegebene Bilanzbündeltheorie auf den Gesellschafter als Gewinnermittlungssubjekt abstellt, während die Gesellschaft unter Beachtung des § 39 Abs. 2 Nr. 2 AO die anteilige Zurechnung des Gewinnanteils beim Gesellschafter herbeiführt.

24 Desens/Blischke, in: K/S/M, § 15 EStG Rn. C 23 m.w.N.

25 BFH -GrS- v. 25.06.1984, BStBl. II 1984, 751, 756; BFH -GrS- v. 25.02.1991, BStBl. II 1991, 691, 700; BFH -GrS- v. 03.07.1995, BStBl. II 1995, 617, 621 f.

26 Wassermeyer, in: W/R/S, Rn. 2.5 m.w.N.

27 BFH -GrS- v. 03.05.1993, BStBl. II 1993, 616, 621.

28 Bode, in: Blümich, § 15 EStG Rn. 235; Heinrichs, in: Tipke/Lang, § 10 Rn. 25.

29 BFH v. 17.12.1997, BStBl. II 1998, 296, 297 (ausländische Personengesellschaft); BFH -GrS- v. 23.01.1974, BStBl. II 1974, 480 f. (Unterbeteiligungen); BFH -GrS- v. 25.06.1984, BStBl. II, 1984, 751, 763 f.; v. 28.01.1986, BStBl. II 1984, 599, 600. Allerdings ist nach Auffassung des BFH v. 03.03.1998, BFH/NV 1998, 1339, 1340 f., der Vollzug des Rechtsgeschäftes nicht entscheidend, sondern deren zivilrechtliche Wirksamkeit (§ 41 Abs. 1 S. 1 AO).

30 BFH v. 10.05.2007, BStBl. II 2007, 927, 930. Desens/Blischke, in: K/S/M, § 15 EStG Rn. C 58ff. m.w.N. Ein guter Überblick über die Rechtsprechung des BFH zu den Kriterien der Mitunternehmerschaft findet sich bei Ritzrow, StBp 2009, 175 ff.

Mitunternehmerrisiko versteht die ständige Rechtsprechung[31] die Teilnahme am Erfolg oder Misserfolg eines gewerblichen Unternehmens, d.h. das Risiko wird u.a. durch Teilhabe am Gewinn und Verlust sowie an den stillen Reserven vermittelt.[32] Die Mitunternehmerinitiative erfordert dementsprechend die Teilnahme an den unternehmerischen Entscheidungen.[33] Als ausreichend werden die Stimm-, Kontroll- und Widerspruchsrechte eines Kommanditisten nach § 164 ff. HGB[34] oder inhaltsgleiche Rechte[35] erachtet. Die Mitunternehmerinitiative und das Mitunternehmerrisiko müssen beim Gesellschafter kumulativ vorliegen, allerdings können die Merkmale unterschiedlich ausgeprägt sein,[36] soweit eine Gesamtschau der Verhältnisse einen Ausgleich zwischen den Merkmalen erlaubt (sog. Typusbegriff[37]). Darüber hinaus muss das Rechtsgebilde gewerblich tätig sein i.S.d. § 15 Abs. 2 EStG oder als gewerblich geprägt i.S.d. § 15 Abs. 3 Nr. 2 EStG gelten.[38] Abzustellen ist dabei auf die gewerbliche Tätigkeit der Mitunternehmer in ihrer gesamthänderischen Verbundenheit.[39] Liegt kein Gewerbebetrieb i.S.d. § 15 Abs. 2 EStG vor, fingiert § 15 Abs. 3 Nr. 2 EStG eine gewerbliche Tätigkeit, wenn an einer nur vermögensverwaltenden Personengesellschaft eine oder mehrere Kapitalgesellschaften ausschließlich als persönlich haftende Gesellschafter mit Geschäftsführungsbefugnis beteiligt sind (sog. gewerblich geprägte Personengesellschaft). Daneben enthält § 15 Abs. 3 Nr. 1 EStG eine weitere Fiktion für gewerbliche und nicht gewerbliche Einkünfte einer Personengesellschaft (sog. gemischte Tätigkeiten), die einheitlich als Einkünfte aus Gewerbebetrieb behandelt werden (sog. Abfärbetheorie[40]). Dies gilt nicht,

---

31 BFH -GrS- v. 25.06.1984, BStBl. II 1984, 751, 756; BFH v. 13.07.1993, BStBl. II 1994, 282, 284; BFH v. 18.04.2000, BFH /NV 2000, 1417, 1419.

32 BFH v. 19.2.1981, BStBl. II 1981, 602, 604; Bode, in: Blümich, § 15 Rn. 349f.; Niehaus/ Wilke, Personengesellschaft, S. 48.

33 BFH -GrS- v. 25.06.1984, BStBl. II 1984, S. 761, 762; Bode, in: Blümich, §15 EStG, Rn. 351 f.; Niehus/Wilke, Personengesellschaft, S. 49.

34 BFH v. 29.04.1981, BStBl. II 1981, 663, 664; Desens/Blischke, in: K/S/M, § 15 EStG Rn. C 58.

35 BFH -GrS- v. 25.06.1984, BStBl. II 1984, 751, 769; BFH v. 27.01.1994, BStBl. II 1994, 635, 636.

36 BFH v. 14.04.2005, BStBl. II 2005, 752, 753.

37 BFH v. 21.02.1974, BStBl. II 1974, 407; vgl. auch Raupach, Durchgriff, S. 76 f., der als erster die Mitunternehmerschaft mit dem Typusbegriff in Verbindung gebracht hat.

38 Jacobs, Internationale Unternehmensbesteuerung, S. 357.

39 BFH -GrS- 25.05.1984, BStBl. II 1984, 751, 762 f.

40 Das bloße Halten eines Anteils an einer gewerblichen Personengesellschaft führt bereits zu gewerblichen Einkünften, vgl. BFH v. 08.12.1994, BStBl. II 1996, 264, 265; a.A. BFH

wenn die gewerblichen Umsätze 3% der Gesamtnettoumsätze nicht übersteigen und den Betrag von 24.500 € im Veranlagungszeitraum nicht überschreiten,[41] dann unterbleibt eine Umqualifizierung.[42]

III. Die Gewinnermittlung bei Mitunternehmerschaften

Die Gewinnermittlung obliegt nicht nur für den Gesamthandsbereich, sondern nach § 141 Abs. 1 Nr. 1 AO auch für den Sonderbereich der Gesellschafter der Personengesellschaft.[43] Nach § 15 Abs. 1 S. 1 Nr. 2 EStG erfolgt die Gewinnermittlung durch „additive Gewinnermittlung"[44]. Dazu werden der Gewinn oder Verlust der ersten Stufe (Gesamthandelsbilanz der Gesellschaft, § 15 Abs. 1 S. 1 Nr. 2 1. HS EStG) und die Sonderbilanzergebnisse der zweiten Stufe (Gesellschafter-Sonderbilanzen, § 15 Abs. 1 S. 1 Nr. 2 2. HS EStG) zusammengerechnet, und zwar dergestalt, dass zunächst der Gewinn- bzw. der Verlustanteil des Gesellschafters aus der Mitunternehmerschaft (Gesamthandsbilanz der Gesellschaft gemäß § 15 Abs. 1 S. 1 Nr. 1, 2 i.V.m. §§ 4,5 EStG,[45] ggf. unter Berücksichtigung von Ergänzungsbilanzen[46])

---

v. 06.10.2004, BStBl. II 2005, 383, 385. Hiernach führen Beteiligungseinkünfte nach § 15 Abs. 1 S. 1 Nr. 2 EStG zu keiner Abfärbung.

41 Wird die 3%-Grenze überschritten, kann eine Umqualifizierung nur verhindert werden, wenn eine der beiden Tätigkeiten in eine personenidentische Schwesterpersonengesellschaft verlagert wird, vgl. zum sog. Ausgliederungsmodell des BFH v. 19.02.1998, BStBl. II 1998, 603, 604; v. 27.08.2014, BStBl. II 2015, 996, 997 f.; v. 27.08.2014, BStBl. II 2015, 1002, 1005.

42 BFH v. 27.08.2014, BStBl. II 2015, 996, 998; v. 27.08.2014, BStBl. II 2015, 1002, 1005 f.; v. 27.08.2014; v. 27.08.2014, BStBl. II 2015, 996, 997 f.

43 BFH v. 23.10.1990, BStBl. II 1991, 401, 403 f.; v. 11.03.1992, BStBl. II 1992, 797, 798; a.A. für den Sonderbereich Knobbe-Keuk, Bilanz und Unternehmensrecht, S. 442.

44 Für den Bereich der Sondervergütungen findet, um der partiellen Steuersubjektivität der Personengesellschaft und der steuerschuldnerbezogenen Gewinnermittlung gerecht zu werden, das Modell der „additiven Gewinnermittlung mit korrespondierender Bilanzierung" Anwendung, vgl. BFH v. 20.12.2006, BStBl. I 2009, 766, 769; Wacker, in: Schmidt, § 15 EStG, Rn. 404; Heinrichs, in: Tipke/Lang, § 10 Rn. 108, 144 m.w.N.; für eine reine additive Gewinnermittlung: Söffing BB 1999, 96, 99 f.

45 Als Ausgangsgröße dient der Handelsbilanzgewinn (§ 238 HGB i.V.m. §§ 105, 161 HGB) der Personengesellschaft, der nach steuerlichen Vorschriften (§ 5 Abs. 1 EStG) modifiziert wird.

46 Ergänzungsbilanzen sind immer dann aufzustellen, wenn vom Gesellschafter getragene Mehr- oder Minderausgaben weder der Gesellschaftsbilanz noch dem Sonderbetriebsbereich des Gesellschafters zugewiesen werden können, insbesondere beim Beteiligungskauf über Buchwert vgl. dazu Regniet, Ergänzungsbilanzen, S. 15 f.

berechnet[47] wird und den Gesellschaftern anteilig und unmittelbar (d. h. unabhängig von einer Entnahme) zugerechnet wird, § 15 Abs. 1 S. 1 Nr. 2 1. HS EStG[48]; §§ 121 Abs. 1, 122 Abs. 3, 168 Abs. 1, Abs. 2 HGB[49] (sog. Ergebnis der Gesamthandsbilanz). In einem zweiten Schritt wird der zugerechnete Gewinn bzw. Verlust um Sondervergütungen[50] i.S.d. § 15 Abs. 1 S. 1 Nr. 2 2. HS EStG[51] sowie um sonstige Sonderbetriebseinahmen und -ausgaben, die ihre Veranlassung im Gesellschaftsverhältnis finden, erhöht oder vermindert (sog. Sonderbilanz).[52] Hierzu zählen u.a. Nutzungs- und Tätigkeitsvergütungen i.S.d. § 15 Abs. 1 S. 1 Nr. 2, 2. HS EStG, die der Gesellschafter sowohl von einer in- als auch ausländischen Gesellschaft für von ihm gegenüber der Gesellschaft erbrachte Leistungen, Überlassungen etc. erhalten kann,[53] AfA und Refinanzierungszinsen für die vom Gesellschafter im Zusammenhang mit der Gesellschaft gehaltenen Wirtschaftsgüter des Sonderbetriebsvermögens I und II[54], Veräußerungsgewinne

---

47 Eine Unterscheidung zwischen notwendigen und gewillkürten Betriebsvermögen erfolgt nicht.

48 Insoweit fungiert § 15 Abs. 1 S. 1 Nr. 2 EStG als Zurechnungsnorm, vgl. zur Funktion des § 15 Abs. 1 S. 1 Nr. 2 EStG als Zurechnungs- und Qualifikationsnorm Bresgen, S. 11 m.w.N.

49 § 138 HGB legt die Grenzen der Gewinnverteilung fest. Soweit der Gesellschaftsvertrag keine Regelung enthält, wird nach §§ 121 Abs. 1, 168 HGB vom Jahresgewinn der OHG/KG jedem Gesellschafter ein Anteil von 4% seines Kapitalanteils zugerechnet. Der restliche Jahresgewinn wird bei der KG nach angemessenem Verhältnis der Anteile (§ 168 Abs. 2 HGB) und bei der OHG nach Köpfen verteilt (§ 122 Abs. 3 HGB), vgl. Knobbe-Keuck, Bilanz- und Unternehmenssteuerecht, S. 427 f.

50 Die in § 15 Abs. 1 S. 1 Nr. 2 S. 2 HS EStG aufgeführte Aufzählung ist abschließend, sodass sonstige Vergütungen, wie z. B. ein gesellschaftsrechtlicher Gewinn vorab sowie Vergütungen, die unter den Mitunternehmern untereinander erbracht bzw. vom Gesellschafter an die Gesellschaft für Leistungen an die Gesellschaft gezahlt werden, nicht als Sonderbetriebseinnahmen anzusehen sind, vgl. Piltz in: Lüdicke, Besteuerungspraxis, S. 137, 139; Stemler, Sondervergütungen, S. 37 f.

51 Hennrichs, in: Tipke/Lang, § 10 Rn. 105; Schmidt, EStG, § 15 Rn. 401.

52 Hennrichs, in: Tipke/Lang, § 10 Rn. 106; Bode, in: Blümich, §15 Rn. 529 f.

53 Tiede, in: H/H/R, EStG, § 15 Rn. 527.

54 Vgl. zur Unterteilung in SBV I und II bereits BFH v. 18.05.1983, BStBl. II 1983, 771, 772 ff.; Daneben kann der Gesellschafter auch gewillkürtes SBV I und SBV II bilden; vgl. zum gewillkürten SBV I: BFH v. 31.01.1991, BStBl. II, 1991, 786, 788; v. 06.05.1986, BStBl. II 1986, 838 f. und zum gewillkürten SBV II: BFH v. 17.05.1990, BStBl. 1991, 216, 217. In der Literatur wird die Existenz von SBV aufgrund der fehlenden Legitimation angezweifelt. Lediglich die Existenz von SBV I wird akzeptiert, während das SBV II mangels unmittelbarer Leistungsbeziehungen zwischen Gesellschaft und Gesellschafter als nicht von § 15 Abs. 1 S. 1 Nr. 2 EStG erfasst angesehen wird, vgl. Schneider, SBV,

und -verluste, die aus der Veräußerung des Sonderbetriebsvermögens resultieren, Dividenden aus einer Beteiligung an einer Komplementär-GmbH eines Gesellschafters, der zugleich Mitunternehmer ist (additive Gewinnermittlung).[55] Die Sondervergütungen sind in der Gesellschaftsbilanz (Gesamthandsbilanz) als gewinnmindernder Aufwand zu erfassen und in den Sonderbilanzen (Gesellschafterbilanzen) als gewinnerhöhender Ertrag, sodass es insgesamt grundsätzlich zu einer Neutralisierung unter Anerkennung der Gesellschafts- bzw. Gesellschafterverträge kommt. Im Falle unangemessener Verträge können gewinnneutrale Entnahmen bzw. Einlagen vorliegen (§§ 4 Abs. 1 S. 2, 8 EStG). Die Umqualifizierung und Erfassung der Sondervergütungen als gewerbliche Einkünfte soll einer Aushöhlung des gewerbesteuerlichen Besteuerungssubstrats bei der Personengesellschaft entgegenwirken.

S. 111 ff.; Wichmann, DStR 2012, 2523, 2514 f. Bresgen, S. 15, weist in diesem Zusammenhang zutreffend darauf hin, dass eine etwaige Differenzierung zu (weitestgehend) keinen unterschiedlichen Folgen führt. In Fällen der Bilanzierungskonkurrenz sei den Sonderbilanzen vor der eigenbetrieblichen Bilanz des Gesellschafters Vorrang einzuräumen.

55 Tiede, in: H/H/R, EStG, § 15 Rn. 544, 545 mit weiteren Beispielen.

Zweites Kapitel: Die Behandlung von Personengesellschaften nach portugiesischem Recht

A. Vorbemerkung zum Wirtschaftsstandort Portugal[56]

I. Länderhintergrund

Portugal besitzt eine Fläche von ca. 92.000 km^2[57] und wird in sieben heterogene Regionen (Norden, Zentrum, Alentejo, Algarve und Lissabon (einschließlich der Halbinsel Setúbal und dem Vale do Tejo), Madeira und die Inselgruppe der Azoren) unterteilt. Das Festland hat knapp 10,4 Mio. Einwohner. Geographisch gesehen befindet sich Portugal im Südwesten der Iberischen Halbinsel und geostrategisch zwischen Europa, Afrika und Amerika und nicht weit von den USA und Kanada entfernt.[58] Darüber hinaus verfügt Portugal als zehntgrößte Meereswirtschaftszone der Welt über eine gute Verbindung nach Afrika (Angola und Mosambik) sowie mit neun Häfen, 15 Flughäfen, einem Schienennetz von rund 2544 km und einem Straßennetz vom 14.310 km (davon sind 2.988 km Autobahnen) über eine gut ausgebaute Infrastruktur und damit über eine hervorragende Lage, um den weltweiten Markt zu erschließen.

---

56 Vgl. hierzu die Informationen auf: http://www.auswaertiges-amt.de/DE/Aussenpolitik/Laender/Laenderinfos/Portugal/Wirtschaft_node.html und https://www.gtai.de/GTAI/Navigation/DE/Trade/Maerkte/Wirtschaftsklima/wirtschaftsentwicklung,t=wirtschaftsausblick-winter-201617--portugal,did=1638232.html#Auenhandel-Deutschland-ist-zweitwichtigster-Handelspartner-, zuletzt abgerufen am 05.09.2017.

57 Davon entfallen 89.000 km^2 auf das Festland, 801 km^2 auf die Inselgruppe Madeira und 2.300 km^2 auf die Inselgruppe der Azoren.

58 AICEP Portugal Global – Länderdatenblatt März 2017, S. 3.

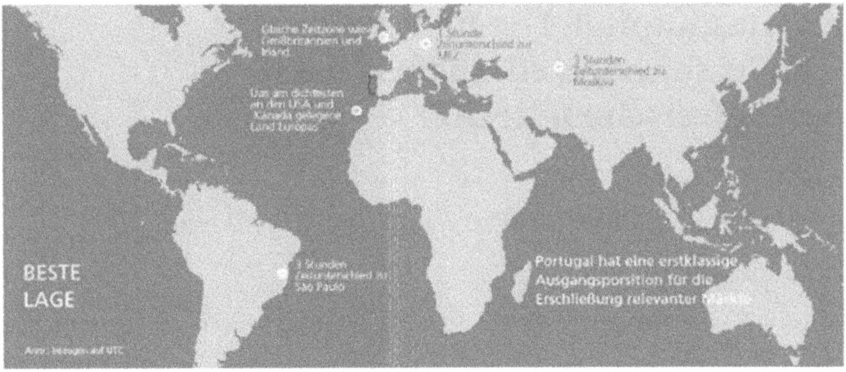

Abbildung 1: *Wirtschaftsstandort Portugal*
Quelle: AICEP Portugal Global – Länderdatenblatt März 2017, S. 3.

II. Wirtschaftlicher Hintergrund

Die Portugiesische Republik ist seit dem Ende der Diktatur Sazalars (1974) ein demokratischer Rechtsstaat. Der Beitritt Portugals zur EU im Jahr 1986 führte – nach Anpassung der portugiesischen Rechtsgrundlagen an die europäischen Standards – zunächst zu einem wirtschaftlichen Aufschwung Portugals, der ab 2005 aufgrund des ausbleibenden Wachstums wegen der fortschreitenden Globalisierung abnahm. Als Folge davon blieb die portugiesische Handelsbilanz bis ins Jahr 2012 negativ. Die Arbeitslosenquote erreichte mit 16,18% im Jahr 2013 ihren Höchststand.[59] Durch die Aufnahme eines Notkredites i.H.v. insgesamt

59 Erst seit 2016 ist die Arbeitslosenquote mit 11,16% (im Vergleich hierzu betrug die deutsche Arbeitslosenquote im Jahr 2016 2,69%) wieder rückläufig. Die Jugendarbeitslosigkeit lag zudem erstmals seit 2010 unter der 100.000-Grenze. Die Gesamtzahl der offenen Arbeitsplätze war im 2. Quartal 2016 mit 0,7% die niedrigste in der EU (EU-28: 1,8%), näher hierzu: https://www.gtai.de/GTAI/Navigation/DE/Trade/Maerkte/Wirtschaftsklima/wirtschaftsausblick,t=wirtschaftsausblick-winter-201617--portugal,did=1638232.html, zuletzt abgerufen am 12.09.2017.

76,5 Mrd. Euro (Troika) entkam Portugal einem Staatsbankrott.[60] Im Gegenzug dazu verpflichtete sich das Land zu tiefgreifenden Reformen und Sparmaßnahmen, die vom portugiesischen Gesetzgeber großenteils umgesetzt wurden, sodass Portugal bereits im Mai 2014 den Rettungsschirm verlassen konnte. Das BIP stieg seitdem kontinuierlich an (im Jahr 2014 auf 0,9%[61], im Jahr 2015 auf 1,5%, im Jahr 2016 auf 1,2%) und wird nach Einschätzung der portugiesischen Zentralbank (Dezember 2016) im Jahr 2017 auf 1,4% und im Jahr 2018 auf 1,5% ansteigen.

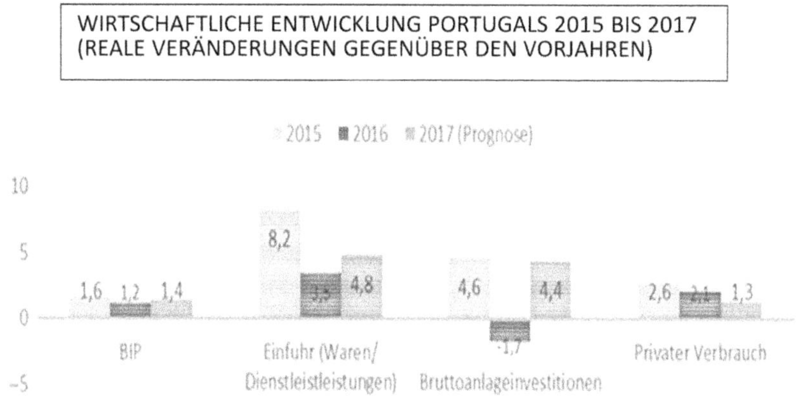

Abbildung 2: *Wirtschaftliche Entwicklung Portugals von 2015 bis 2017*

Quelle: https://www.gtai.de/GTAI/Navigation/DE/Trade/Maerkte/Wirtschaftsklima/wirtschaftsausblick,t=wirtschaftsausblick-winter-201617--portugal,did=1638232.html, zuletzt abgerufen am 25.09.2017, INE-Nationales Statistikamt, Portugiesische Zentralbank.

60 Die damalige Regierung unter Socrátez hatte am 07.04.2011 finanzielle Unterstützung im Rahmen des Euro-Rettungsschirmes beantragt.

61 Portugal lag damit mit 16.000 € pro Kopf an 18. Stelle des EU-Durchschnitts.

1 "Prognosen für die portugiesische Volkswirtschaft 2017-2019" - Zentralbank von Portugal (29. März 2017)
2 "Economic European Forecast - Winter 2017" - EU-Kommission (Februar 2017)

Wirtschaftliche Kennziffern		2013	2014	2015	2016	2017*	2018*
BIP	**Mio. EUR**	170 269	173 079	179 540	185 035	190 295	195 882
	Reales Wachstum	-1,1	0,9	1,6	1,4	1,8	1,7
	Mio. USD	226 143	229 995	199 222	204 761	203 178	209 261
BIP pro Kopf (KKP)	**EU-28 = 100**	76,6	76,8	76,8	76,9	77,3	77,6
Privater Verbrauch	**Mio. EUR**	111 144	114 060	117 822	121 783	125 567	129 018
	Reales Wachstum	-1,2	2,3	2,6	2,3	2,1	1,4
Staatsverbrauch	**Mio. EUR**	32 501	32 206	32 667	33 547	34 038	34 619
	Reales Wachstum	-2,0	-0,5	0,8	0,8	0,2	0,5
Investitionen (Bruttoanlageinvestitionen)	**Mio. EUR**	25 122	25 993	27 417	27 400	28 567	30 112
	% des BIP	14,8	15,0	15,3	14,8	15,0	15,4
	Reales Wachstum	-5,1	2,3	4,5	-0,3	6,8	5,0
Bruttoanlageinvestitionen (ohne Baugewerbe)	**% des BIP**	7,0	7,5	7,7	7,5	k. A.	k. A.
	Reales Wachstum	4,1	8,7	4,9	1,7	k. A.	k. A.
Bevölkerung	**Tsd. EW**	10 457	10 401	10 358	10 306	10 268	10 223
Beschäftigung	**Tsd. Pers.**	4 450	4 513	4 576	4 650	4 671	4 698
Arbeitslosigkeit	**Tsd. Pers.**	855	726	647	573	513	475
Erwerbsquote	**% der Bev. >15 J.**	59,3	58,8	58,6	58,5	k. A.	k. A.
Arbeitslosenquote Portugal	**% der Erwerbsbevölkerung**	16,2	13,9	12,4	11,1	9,9	9,0
Haushaltssaldo des öffentlichen Sektors	**% des BIP**	-4,8	-7,2	-4,4	-2,1	-2,0	-2,2
Staatsverschuldung	**% des BIP**	129,0	130,6	129,0	130,4	128,9	127,1
Leistungsbilanzsaldo	**Mrd. EUR**	2,7	0,1	0,1	1,6	1,2	1,4
	% des BIP	1,6	0,1	0,1	0,8	0,6	0,7
HVPI – Portugal	**Jährl. Änderung**	0,4	-0,2	0,5	0,6	1,3	1,4
HVPI – Eurozone	**Jährl. Änderung**	1,3	0,4	0,0	0,2	1,7	1,4

Quelle: INE – Nationales Statistikamt, Zentralbank von Portugal, Finanzministerium, Europäische Kommission/Eurostat
Anm.: (a) Prognosen: Zentralbank von Portugal (29. März 2017), Europäische Kommission (European Economic Forecast – Winter 2017), AMECO
Durchschnittlicher Wechselkurs EUR/USD - Zentralbank von Portugal ; k. A. – keine Angabe

Abbildung 3: *Portugal in Zahlen*

Quelle: AICEP Portugal Global – Länderdatenblatt März 2017, S. 5, INE – Nationales Statistikamt, Zentralbank von Portugal, Finanzministerium, Europäische Kommission/Eurostat.

Überdies bietet das bestehende und stetig wachsende Geflecht von DBA mit Portugal aufgrund der Reduzierungen von Quellensteuern auf Dividenden, Lizenzen und Zinsen[62] nicht nur für in Portugal ansässige Unternehmen, sondern auch für ausländische Investoren, die zusätzlich von den zahlreichen nationalen und europäischen Investitionsanreizen[63] sowie von den Steuerbegünstigungen in der Sonderzone „Madeira und den Azoren" profitieren können, eine optimale Investitionsgrundlage. Insbesondere deutsche mittelständische Unternehmen[64] mit hohem technologischen Niveau in den Bereichen Industrie, IT/Software und Forschung, wie z. B. Bosch (Aveiro), Siemens (Amadora), Continental Mabor (Vila Nova de Formalição), Volkswagen (Palmeida), Grohe (Ablegerin-a-Velha) oder das Fraunhofer-Institut (Porto) haben sich in Portugal angesiedelt, um o.g.

62 Vgl. Übersicht 4: Abgeschlossene DBA zwischen Portugal und anderen Staaten im Anhang.

63 Vgl. die im Anhang abgedruckte Übersicht 1 über die wichtigsten europäischen und nationalen Förderinstrumente in Portugal.

64 Im Jahre 2015 stellten die kleinen und mittelständischen Unternehmen (ohne Finanzsektor) mit 99,9% die Mehrzahl der Unternehmen in Portugal dar, siehe INE: Empresas em Portugal 2015 (2017), S. 24.

Vorteile auszunutzen. Deutsche Unternehmen sind nach dem portugiesischen Staat der zweitgrößte Arbeitgeber in Portugal. Zudem genießen sie bei den portugiesischen Arbeitnehmern ein gutes Ansehen, da sie in Zeiten der Krise die Arbeitnehmer weiterbeschäftigt und ausgebildet haben.[65] Der hohe Anteil an befristeten Arbeitsverträgen[66] mit geringer Entlohnung[67] sowie die gute Mitarbeiterqualität (teilweise sehr gutes akademisches Niveau) sind für den portugiesischen Arbeitsmarkt charakteristisch. Darüber hinaus steigern moderne Betriebe mit niedrigen Lohnkosten (2015: 12,90 € im Vergleich zu Deutschland mit 32,70 € pro Stunde[68]) die wirtschaftliche Attraktivität Portugals als Investitionsstandort.

Deutschland ist nach Spanien der zweitwichtigste Wirtschaftspartner Portugals (Import).[69] Die größten Außenhandelsumsätze erzielte Portugal im Jahr 2015 mit Maschinen/Geräten (14,6%), Fahrzeugen/Transportmaterial (11,4%), Kunststoffen/unedlen Metallen/Mineralkraftstoffen (7,4%) sowie Landwirtschaftlichen Erzeugnissen (6,4%).[70]

---

65 Unternehmen wie AEG, Bosch, Hoechst, Miele und Siemens haben in Zusammenarbeit mit der AHK-Portugal zwei duale Ausbildungszentren eingeführt. Nach erfolgreichem Abschluss stellt die AHK-Portugal zusätzlich zu dem portugiesischen – in einigen Berufszweigen – ein deutsches Abschlusszertifikat aus.

66 Im Jahr 2015 lag der Anteil an befristeten Verträgen bei 22,0% und damit an dritthöchster Stelle in der EU.

67 Der gesetzliche monatliche Mindestlohn liegt derzeit bei 557 Euro brutto, während seit dem 1.01.2017 das deutsche Recht einen gesetzlichen Mindestlohn von 8,84 Euro je Zeitstunde vorsieht.

68 Statistisches Bundesamt, Pressemitteilung v. 26.04.2016, S. 3.

69 Im Jahr 2016 konnte Deutschland im Vergleich zum Vorjahr seine Ausführungen um 5,2% und damit auf 7,5 Mrd. Euro erhöhen, während sich seitens Portugals ein rückläufiger Export nach Deutschland zeigte. Den rückläufigen Binnenmarkt gleicht Portugal durch Ausweitung seiner Handelsbeziehungen zu anderen Staaten außerhalb der EU (wie z. B. nordafrikanische Staaten mit portugiesischer Amtssprache, Russland u.a.) aus. Nach einer Prognose der portugiesischen Zentralbank wird die Auslandsnachfrage nach portugiesischen Waren in den Jahren 2017 und 2018 steigen. Zu Einzelheiten vgl. https://www.gtai.de/GTAI/Navigation/DE/Trade/Maerkte/Wirtschaftsklima/wirtschaftsentwicklung,t=wirtschaftsausblick-winter-201617--portugal,did=1638232.html#Auenhandel-Deutschland-ist-zweitwichtigster-Handelspartner-, zuletzt abgerufen am 13.09.2017.

70 http://www.portugalglobal.pt/DE/Documents/PortugalFichaPaisAlemao.pdf, zuletzt abgerufen am 13.09.2017.

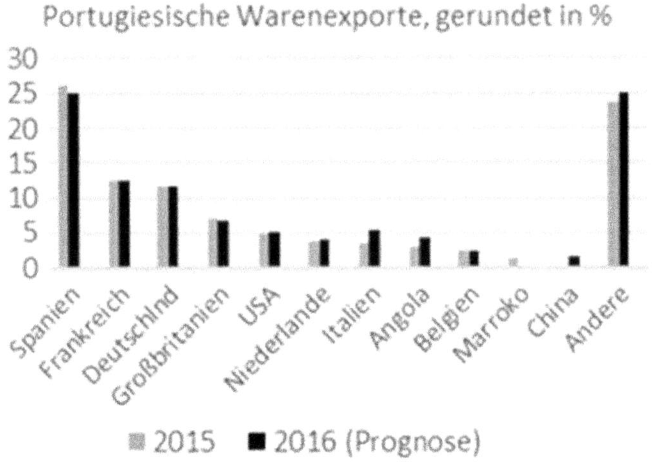

Abbildung 4: *Warenexporte*

Quelle: In Anlehnung an INE – Nationales Statistikamt, AICEP Portugal Global-Länderdatenblatt März 2017, S. 7.

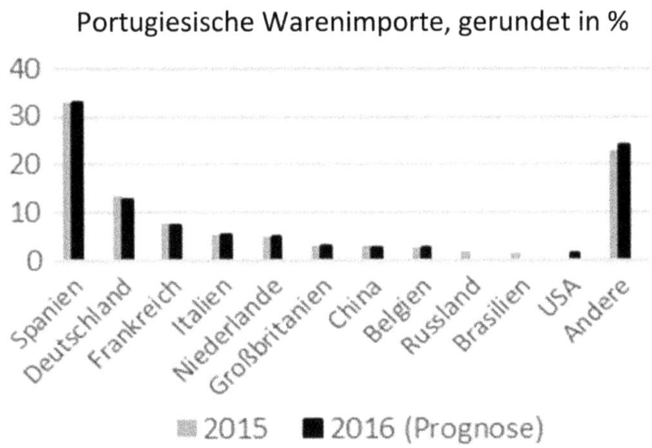

Abbildung 5: *Warenimporte*

Quelle: In Anlehnung an INE-Nationales Statistikamt, AICEP Portugal Global-Länderdatenblatt März 2017, S. 7.

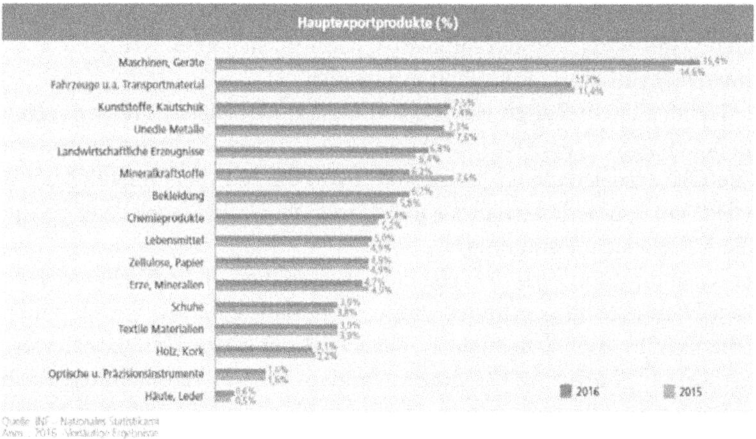

Abbildung 6: *Hauptexportprodukte aus Portugal*

Quelle: AICEP Portugal Global-Länderdatenblatt März 2017, S. 7, INE-Nationales Statistikamt.

Damit wird Portugal langfristig gesehen mit moderatem Wachstum die Krise überwinden und eine „stabile" wirtschaftliche Lage für in- und ausländische Unternehmen schaffen. Als mögliche Tätigkeitsformen kommen neben der Gründung einer Tochtergesellschaft bzw. einer Personengesellschaft oder einer Betriebsstätte auch die Sitzverlegung einer deutschen Personengesellschaft nach Portugal in Betracht.

B. Die Behandlung von Personengesellschaften nach portugiesischem Zivilrecht

I. Allgemeines

Das portugiesische Gesellschaftsrecht kennt neben Handelsgesellschaften (sociedades comercias) auch bürgerlich-rechtliche Gesellschaften (sociedades civis). Letztere sind im Gegensatz zu Ersteren für originär bürgerlich-rechtliche Tätigkeiten vorgesehen (z. B. Handwerk, Landwirtschaft, Abbau von Bodenschätzen, Ausübung von freien Berufen u.a.; Artt. 980 ff. CCiv).[71] Die GbR kann dabei als handelsrechtliche (sociedade civil sob forma comercial) oder als nicht handelsrechtliche GbR (sociedade civil sob forma civil, auch bekannt unter der

71 Coutinho de Abreu, Curso de Direito Comercial, S. 44 f.; Engrácia Antunes, in: Gründung einer Tochtergesellschaft, S. 588, 593.

Bezeichnung sociedade civil simple) errichtet werden. Soweit die nicht handelsrechtliche GbR wirtschaftlich tätig wird, kann sie sich gem. Art. 1 Nr. 4 CSC in eine handelsrechtliche Gesellschaft umwandeln.

Die Handelsgesellschaften werden vorrangig im Gesetzbuch über die Handelsgesellschaften (CSC[72]) geregelt und abschließend in vier Gesellschaftsformen unterteilt: die OHG (sociedade em nome colectivo), die KG (einschließlich der KGaA (sociedade em comandita simples e por ações), die GmbH (sociedade por quotas) und die AG (sociedade anónima).[73]

Der Gründungsprozess der Handelsgesellschaften (einschließlich der GbR, die nach Handelsrecht gegründet wurde, [sociedade civil sob forma comercial]) vollzieht sich in drei Schritten: 1. Unterzeichnung des Gesellschaftsvertrages (assinatura), 2. Eintragung[74] (registo definitivo) und 3. Veröffentlichung (publicação).[75] Der Gesellschaftsvertrag (contrato de sociedade) ist von sämtlichen Gründungsmitgliedern (subscritores) zu zeichnen[76] und spätestens zwei Monate nach Unterzeichnung im Handelsregister (Conservatória do Registo Comercial) einzutragen[77] (Art. 15 Nr. 2 CRCom) sowie im Internet zu veröffentlichen[78] (Artt. 1, 5, 167 CSC, Art. 70 Nrn. 1, 2 CRCom). Sollte die Gesellschaft dem

72 Bis zu dem Inkrafttreten des CSC am 01.11.1986 waren die Handelsgesellschaften – mit Ausnahme der GmbH (sociedade por quotas) – im Zivilgesetzbuch (Código Civil) und Handelsgesetzbuch (Código Comercial) geregelt. Die GmbH wurde in einem Sondergesetz (Lei das Sociedades por Quotas vom 11.04.1901) behandelt.

73 Engrácia Antunes, in: Gründung einer Tochtergesellschaft, S. 588, 594; Maia, in: Coutinho de Abreu, Estudos de Direito das Sociedades, S. 13.

74 Bei Handelsgesellschaften erfolgt die Eintragung ins Handelsregister (registo mercantil), während die handelsrechtliche GbR ins Nationale Körperschaftsregister (registo do contrato de sociedade no registo nacional de pessoas coletivas) einzutragen ist.

75 Ausführlich zu den Gründungsvoraussetzungen der Handelsgesellschaften und deren Formvorschriften vgl. Coutinho de Abreu, Curso do Direito Comercial, S. 85 ff; Ramos, in: Coutinho de Abreu, Estudos de Direito das Sociedades, S. 41 ff.

76 Bis zum 31.12.2006 war die Unterzeichnung durch alle Gründungsmitglieder vor einem Notar verpflichtend. Nunmehr genügt die einfache Schriftform, es sei denn, dass Rechtsgeschäft erfordert eine notarielle Beurkundung (z. B. Immobilie als Einlage, Art. 7 Nr. 1 CSC).

77 Bis zum 31.12.2006 musste die Eintragung bei dem Handelsregister des Ortes, an dem sich der Hauptverwaltungssitz befindet, erfolgen (Art. 25 CRCom i. V.m. Art. 43 und 46 des Gesetzesdekret 76-A/2006). Art. 61 lit. c des Gesetzesdekret 76-A/2006 hat Art. 25 CRCom abgeschafft und durch Art. 33 des gleichen Gesetzesdekrets, der den Art. 28 des Gesetzesdekret 87/2001 vom 17.03.2001 dahin gehend abgeändert, dass die Eintragung nunmehr in irgendeinem Handelsregister erfolgen kann, vgl. Coutinho de Abreu, Curso do Direito Comercial, S. 134.

78 Die Satzung der Gesellschaft war bis 2006 im Portugiesischen Amtsblatt (Diário da República) zu veröffentlichen. Nunmehr erfolgt die Veröffentlichung im Internet auf

nicht nachkommen, können Dritte gutgläubig auf den Inhalt des Gesellschaftsvertrages vertrauen (Art. 168 Nrn. 1, 2 CSC). Die Eintragung wirkt konstitutiv. Dies bedeutet, dass die Handelsgesellschaft mit Eintragung eine eigene Rechtspersönlichkeit (personalidade jurídica[79]) erlangt und als juristische Person am Rechtsverkehr teilnimmt (Artt. 5, 19 CSC).[80]

Schlägt die Eintragung fehl, gilt die Gesellschaft als sog. fehlgeschlagene Gesellschaft (sociedade irregular). Sie haftet für alle vorgenommenen Rechtshandlungen „im Namen der Gesellschaft", und zwar persönlich und gesamtschuldnerisch mit ihrem eigenen Vermögen (bestehend aus den erhaltenen Einlagen, Artt. 36 bis 40 CSC),[81] es sei denn, die Gesellschaft erkennt die verbindlichkeitsbegründende Handlung innerhalb der 90-Tages-Frist an (Art. 19 Nr. 2 CSC). Die fehlgeschlagene Gesellschaft wird zivilrechtlich als nicht handelsrechtliche GbR, (sociedade civil simple) behandelt (vgl. Art. 36 Nr. 2 CSC, der ausdrücklich auf die 980 f. CCiv verweist).

Nach Auffassung des obersten portugiesischen Verwaltungsgerichts[82] schlägt die zivilrechtliche Behandlung nicht generell auf die steuerliche Ebene durch. Als Begründung führt das Gericht[83] an, dass Art. 2 CIRC gleichfalls Rechtsgebilde mit und ohne Rechtspersönlichkeit – wie die fehlgeschlagene Gesellschaft – erfasse, die auf die Vornahme gewerblicher, nicht aber originär bürgerlich-rechtlicher Tätigkeiten gerichtet sind. Für die Annahme einer nicht handelsrechtlichen GbR sei eine originär bürgerlich-rechtliche Tätigkeit unabdingbare Voraussetzung. Aufgrund dessen sei die fehlgeschlagene Gesellschaft als steuerrechtsfähiges Gebilde anzusehen (Artt. 15, 16 Nr. 3 LGT; Art. 3 Nrn. 1, 2 CPPT), das der intransparenten Besteuerung nach Art. 2 Nr. 1 lit. b CIRC (und nicht der transparenten Besteuerung nach Art. 6 Nr. 1 lit. a CIRC) unterliege.[84]

Wird die Eintragung nachträglich veranlasst, gilt die fehlgeschlagene Gesellschaft (sociedade irregular) für bereits in Vollzug gesetzte Rechtsgeschäfte als

---

der Seite: www.mj.govompt/publicacoes (Art. 1 der Portaria 590-A/2005 v. 14.07.2005), vgl. Coutinho de Abreu, Curso do Direito Comercial, S. 140 f.

79 Zur Rechtsfähigkeit von Handelsgesellschaften vgl. Coutinho de Abreu, Curso do Direito Comercial, S. 160 ff.

80 Coutinho de Abreu, Curso de Direito Comercial, S. 85 f.; 135 f.; Olavo Cunha, Direito das Sociedades Comercais, S. 79.

81 Coutinho de Abreu, Curso do Direito Comercial, S. 124 f.

82 Entscheidung des STA, Proc. 0216/12 v. 05.02.2014, abzurufen unter: http://www.dgsi.pt/jsta.nsf/35fbbbf22e1bb1e680256f8e003ea931/6484a5f22a316d8e80257c7c00415bde?OpenDocument, zuletzt abgerufen am 06.09.2017.

83 Entscheidung des STA, Proc. 0216/12 v. 05.02.2014, a.a.O.

84 Ebenso Coutinho de Abreu, Curso do Direito Comercial, S. 126; Soares Martínez, Direito Fiscal, S. 240 f.

„echte" Handelsgesellschaft fort (Art. 19 Nr. 3 CSC). Unterbleibt eine Eintragung, wird die Gesellschaft liquidiert (Art. 172 CSC).[85]

II. Personen(handels)gesellschaften

Anders als im deutschen Zivilrecht nimmt das portugiesische Recht keine klassische Unterteilung der Handelsgesellschaften in Personen- und Kapitalgesellschaften vor.[86] Der Grund hierfür ist, dass das Gesetzbuch über die Handelsgesellschaften (CSC) sämtliche Handelsgesellschaften (OHG, KG, AG, GmbH) den juristischen Personen zuordnet, soweit deren Eintragung ins Handelsregister erfolgt ist (Art. 5 CSC).[87]

Demgegenüber differenziert das portugiesische Schrifttum zwischen Personen- (sociedades de personas) und Kapitalgesellschaften (sociedades de capitais), um auftretende Lücken im Gesellschaftsvertrag unter Heranziehung der einschlägigen Regelungen zu schließen.[88] Für die Klassifizierung als Personengesellschaft ist nach Auffassung des Schrifttums das Personalitätsprinzip[89] charakteristisch,[90] das sich insbesondere in der unbegrenzten Gesellschafterhaftung für Gesellschaftsschulden, der nicht freien Übertragbarkeit der Gesellschaftsanteile (Art. 183 Nr. 1 CSC), dem Fehlen eines Mindestkapitals, der Einlagefähigkeit von Dienstleistungen, dem Konkurrenzverbot für Gesellschafter, dem Gesellschafterausschluss (Art. 186 Nr. 1 CSC), der Beteiligung der Gesellschafter an der Geschäftsführung (Art. 191 Nr. 1 CSC) zeigt.[91] Die kapitalgesellschaftliche Struktur spiegelt sich nach Auffassung des Schrifttums hingegen u.a. in der freien Übertragbarkeit der Anteile an der Gesellschaft, in der komplex ausgestalteten Gesellschaftsorganisation sowie dem Erfordernis eines Mindestkapitals wider.[92] Als Grundtypus der Kapitalgesellschaft zieht die Literatur die Aktiengesellschaft (Sociedade Anónima, Artt. 271 bis 464 CSC) heran, während die OHG (sociedade em nome colectivo, Artt. 175 -196 CSC) das Leitbild der portugiesischen Personengesellschaft verkörpert.[93]

---

85 Pita, Curso Elementar de Direito Comercial, S. 140.
86 Maia, in: Estudos de Direito das Sociedades; S. 38.
87 Maia, in: Estudos de Direito das Sociedades; S. 38.
88 Maia, in: Estudos de Direito das Sociedades; S. 38.
89 Caeiro, As Sociedades de Pessoas, S. 1 ff.; Coutinho de Abreu, Curso de Direito Comercial, S. 67; Sanches, Manual de Direito Fiscal, S. 292.
90 Coutinho de Abreu, Curso de Direito Comercial, S. 67, 68.
91 Maia, in: Estudos de Direito das Sociedades, S. 37, 38.
92 Maia, in: Estudos de Direito das Sociedades, S. 37, 38.
93 Caeiro, As Sociedades de Pessoas, S. 16.

Die GbR[94] (sociedade civil, Artt. 980–1021 CCiv) wird unstreitig als Personengesellschaft behandelt.[95] Die Zuordnung der KG (sociedade em comadita, Artt. 465–480 CSC) sowie der GmbH (sociedade por quota[96]) erfolgt hingegen im Schrifttum nicht einheitlich, da diese Gesellschaften sowohl persönliche als auch kapitalgesellschaftliche Strukturen aufweisen (sog. Mischgebilde).[97]

Vereinzelte Stimmen im Schrifttum[98] stufen die KG ausschließlich als Kapitalgesellschaft ein. Zur Begründung führen sie an, dass die kapitalgesellschaftlichen Elemente im Vergleich zu den personalgesellschaftsrechtlichen Elementen überwiegen. Dem hält Correira[99] zutreffend entgegen, dass die KG verschiedene Untertypen kenne, sodass eine einzelfallbezogene Einordnung erfolgen müsse. Demnach sei die einfache Kommanditgesellschaft (sociedade em comandita simples, Artt. 474–477 CSC), die personalistisch strukturiert sei, als Personengesellschaft einzustufen, während die KGaA (sociedades por acções), die eher kapitalgesellschaftsrechtlich[100] ausgerichtet sei, als Kapitalgesellschaft einzuordnen

---

94 Coutinho de Abreu, Curso de Direito Comercial, S. 67 ff.; Sanches, Manual de Direito Fiscal, S. 291 f.

95 Caeiro, As sociedades de Pessoas, S. 5; Maia, in: Estudos de Direito das Sociedades, S. 38.

96 Die persönliche Struktur der GmbH zeigt sich u.a. in der nicht freien Anteilsübertragung (Art. 228 Nr. 2 CSC); in dem abgestuften Kaufrecht bei der Anteilsveräußerung (von Gesellschafter über Gesellschaft oder Dritten, Art. 239 Nr. 5 CSC); in der gesamtschuldnerischen Haftung für die Einlagenerbringung (Art. 197 Nr. 1 CSC); der bindenden Gesellschafterabstimmung (Art. 259 CSC), dem Informationsrecht der Gesellschafter gegenüber dem Geschäftsführer (Artt. 214 ff. CSC). Die kapitalistische Struktur der GmbH äußert sich hingegen in der Haftung des Stammkapitals für die Gläubigerverbindlichkeiten (Art. 197 Nr. 1 CSC); in der Stimmverteilung entsprechend der Anteile (Art. 250 Nr. 1 CSC), in der Beschlussfassung durch einfache Mehrheit (Art. 250 Nr. 3 CSC) u.a. Ventura, Sociedades por Quotas, Art. 250 Rn. 5 verlangt, dass die Beschlüsse mit mindestens der absoluten Mehrheit der abgegebenen Stimmen gefasst werden, wobei im Gesellschaftsvertrag auch eine qualifizierte Mehrheit bzw. absolute Mehrheit des Gesellschaftskapitals verlangt werden kann.

97 Caeiro, As sociedades de Pessoas, S. 11, 12 und Ventura, As Sociedades por Quota, S. 37, 38, sehen die GmbH als Personengesellschaft an. Tavares, Sociedades, S. 208–209, stuft die GmbH demgegenüber als Mischgebilde ein, das beide Elemente vereint. Dem schließt sich Pupo Correira, Direito Comercial, S. 147, an.

98 Coutinho de Abreu, Curso de Direito Comercial, S. 67 f.

99 Pupo Correira, Direito Comercial, S. 147 f.

100 Die Kommanditgesellschaft auf Aktien (sociedades por acções) weist sowohl Charakteristika der KG (u.a. unbeschränkte Haftung des Komplementärs, Art. 175 Nr. 1 CSC) als auch der AG (z. B. Erfordernis eines Mindestkapitals) auf.

sei.[101] Zur Klassifizierung der Kommanditgesellschaften nach Art. 465 Nr. 2 CSC, in denen der einzig persönlich haftende Gesellschafter eine GmbH oder AG ist (vergleichbar mit der deutschen GmbH & Co.KG), schweigt das portugiesische Schrifttum, was darauf zurückzuführen ist, dass diese Gesellschaftsform in der Praxis nicht auftaucht. Eine eindeutige Zuordnung der GmbH & Co.KG zur Personengesellschaft kann nach der hier geteilten einzelfallbezogenen Auffassung dennoch nicht erfolgen. Die Einstufung der KG als Personen- oder Kapitalgesellschaft hängt vielmehr von der Gestaltung des Gesellschaftsvertrages im Einzelfall ab. Gleiches gilt für die GmbH (sociedade por quotas, Artt. 196–270 CSC). Nach Auffassung von Coutinho de Abreu[102] ist die GmbH als Personengesellschaft zu qualifizieren, wenn eine begrenzte Haftungsklausel i.S.d. Art. 198 Nr. 1 CSC[103] oder die Beteiligung eines Gesellschafters an der Geschäftsführung (Art. 252 CSC) im Gesellschaftsvertrag vereinbart worden sei.

Nachfolgend werden die portugiesischen Personen(handels-)Gesellschaften (OHG, KG, GbR) nebst Sonderformen[104] (EVIW, ACE[105], stille Gesellschaft) charakterisiert und auf ihre Vereinbarkeit mit den deutschen Personengesellschaftstypen überprüft. Für die Klassifizierung der portugiesischen Rechtsgebilde als

101 Ebenso Sanches, Manual de Direito Fiscal, S. 292 f.

102 Coutinho de Abreu, Curso de Direito Comercial, S. 67 f. Dem zustimmend Maia, in: Estudos de Direitos de Sociedades, S. 38.

103 Die GmbH ist nach portugiesischem Recht eine Gesellschaft, die gem. Art. 197 Nr. 1 CSC in Anteile aufgeteilt wird. Die Gesellschafter haften für die Anteilserbringung nach Art. 197 Nr. 1 CSC gesamtschuldnerisch und gegenüber den Gläubigern der GmbH in Höhe ihrer Einlage (Art. 197 Nr. 3 CSC). Anders als im deutschen Recht kann gemäß Art. 198 Nr. 1 CSC die Haftung eines oder mehrerer Gesellschafter dahin gehend vertraglich erweitert werden, dass diese mit ihrem Privatvermögen in Höhe eines festgelegten Betrags gegenüber den Gläubigern der GmbH haften. Das deutsche Recht kennt etwaige Haftungsklauseln nicht.

104 Coutinho de Abreu, Curso de Direito Comercial, S. 26 ff. spricht in diesem Zusammenhang von Gesellschaften und ähnlichen Gebilden „sociedades e figuras afins".

105 Die Sonderformen der EWIV und des ergänzenden Zusammenschlusses von Unternehmen (Agrupamento Complementar de Empresas, ACE) werden bereits hier erläutert, da beide Rechtsgebilde nach Art. 6 Nr. 2 CIRC der transparenten Besteuerung unterfallen. Art. 6 Nr. 2 CIRC füllt damit das in Art. 40 der Verordnung (EWG) Nr. 2137/85 (EWIV) vorgesehene Mitunterunternehmerprinzip national aus. Auf die Darstellung des Konsortiums (contrato de consórcio), bei dem es sich um eine schriftliche Vereinbarung zwischen natürlichen Personen und Gesellschaften zwecks Förderung gemeinsamer Ziele (z. B. Nutzung gemeinsamer Vertriebswege u.a.) handelt, wird aufgrund des fehlenden Zusammenhangs zum Thema der Arbeit verzichtet.

Personen- oder Kapitalgesellschaft ist deren steuerliche Behandlung in Portugal nicht maßgeblich. Vielmehr erfolgt seit der Venezuela-Entscheidung des RFH[106] die Einordnung der ausländischen Rechtsgebilde auf Basis eines Rechtstypenvergleichs. Danach sind die konkreten Ausgestaltungen des Rechtsgebildes sowie die Vereinbarungen im Gesellschaftsvertrag maßgeblich. Ein ausländisches Rechtsgebilde stellt dementsprechend eine Körperschaft dar, soweit die körperschaftlichen Strukturelemente (zentralisierte Geschäftsführung und Vertretung, beschränkte Haftung, freie Übertragbarkeit der Anteile, Gewinnzuteilung, Kapitalaufbringung,[107] unbegrenzte Lebensdauer der Gesellschaft, Rechtsfähigkeit der Gesellschaft[108] und formale Gründungsvoraussetzungen) überwiegen.[109]

1. OHG (sociedade em nome colectivo, Artt. 175 bis 196 CSC)

Zur Gründung der OHG (sociedade em nome colectivo) – dem Grundtypus der portugiesischen Personengesellschaft[110] – sind mindestens zwei Gesellschafter erforderlich (Art. 7 Nr. 2 CSC[111]). Eines Mindestkapitals bedarf es dazu nicht.[112] Die Firmenbezeichnung hat entweder den vollständigen Namen der Gesellschafter oder den Zusatz „e Companhia“, „Cia“ oder „irmãos“ aufzuweisen (Art. 177 Nr. 1 CSC). Für die Gesellschaftsschulden haften die Gesellschafter unbeschränkt, persönlich, gesamtschuldnerisch sowie subsidiär zur Gesellschaft

---

106 RFH v. 12.02.1930, RStBl. I 1930, 444, 445; dem folgend BFH v. 04.04.2007, BStBl. II 2007, S. 523, 524; v. 20.08.2008, BStBl. II 2009, S. 263, 266; BMF v. 26.09.2014, BStBl. I 2014, S. 1258, Tz. 1.2. sowie Anhang; BMF v. 19.03.2004, BStBl. I 2004, S. 411 Tz. V; vgl. auch Anhang des Betriebsstättenerlasses BMF v. 24.12.1999, BStBl. I 1999, S. 1076.

107 Dorfmueller, IStR 2014, 682, 683 f.

108 Die Rechtsfähigkeit der Gesellschaft und die Gesellschafteranzahl stellen lediglich Indizien dar, vgl. Schüller, S. 49 m.w.N.

109 Einordnungslisten enthalten die Rechtsnormen für EU-Unternehmen: Anhang I Teil A der EU-Mutter-Tochter-Richtlinie, Anlage 2 zu § 43b EStG sowie die Anlage zu BMF vom 26.09.2014 BStBl. I 2014, S. 1258. Sofern eine eindeutige Einordnung der Gesellschaft nicht erfolgen kann, ist das Rechtsgebilde unter Zugrundelegung der zentralisierten Geschäftsführung, Vertretung, beschränkten Haftung, freien Übertragbarkeit der Anteile, Gewinnzuteilung, Kapitalaufbringung einzustufen, vgl. Schnittker, in: W/R/S, Rn. 3.46, 3.48.

110 Pupo Correira, Direito Comercial, S. 136 f.

111 In den Artt. 1 bis 174 CSC sind allgemeine Vorschriften enthalten, die auf alle im CSC enthaltenen Gesellschaftstypen Anwendung finden. Art. 7 Nr. 2 CSC greift mangels abweichender Regelung in den Artt. 175 bis 196 CSC ein.

112 Näher hierzu: Coutinho de Abreu, Curso de Direito Comercial, S. 65 f.; Pupo Correira, Direito Comercial, S. 135.

(Art. 175 Nr. 1 CSC).[113] Tritt ein Gesellschafter neu in die Gesellschaft ein, so haftet dieser auch für die Altschulden gesamtschuldnerisch und subsidiär zur Gesellschaft (Art. 175 Nr. 2 CSC).[114] Die Geschäftsführung obliegt allen Gesellschaftern gemeinsam, es sei denn, einem Dritten (Nicht-Gesellschafter) wurde die Geschäftsführung einstimmig übertragen (Art. 191 Nrn. 1, 2 CSC).[115] Änderungen des Gesellschaftsvertrages[116] und des Gesellschaftszweckes sind nur durch einstimmigen Beschluss der Gesellschafter möglich (Art. 194 Nr. 1 CSC). Dies gilt auch für die Aufnahme eines neuen Gesellschafters (Art. 194 Nr. 3 CSC). Die Übertragung von Gesellschafteranteilen unter Lebenden bedarf der Zustimmung aller Gesellschafter (Art. 182 Nr. 1 CSC). Abstimmungen, die unmittelbar die Gesellschaft betreffen, wie z. B. Auflösung, Spaltung, Umwandlung der Gesellschaft, bedürfen mindestens ¾ aller anwesenden Stimmen (Art. 194 Nr. 1 CSC). Regelungen zum Ausschluss des Gesellschafters[117] sind in den Artt. 185,186 CSC enthalten.[118]

Die Auflösung und Liquidation der Gesellschaft obliegt den Geschäftsführern.[119] Die Gründe, die zur Auflösung der Gesellschaft führen, ergeben sich

113 Näher hierzu Olvabo Cunha, Direito das Sociedades Comercais, S. 87 f.

114 Eine Regressmöglichkeit besteht für den leistenden Gesellschafter nach Art. 175 Nrn. 4, 5 CSC; siehe Maia, in Coutinho de Abreu, Estudos das Sociedades, S. 21.

115 Artt. 9 Nr. 1 lit. f, 178 Nr. 1 CSC; vgl. Maia, in: Estudos das Sociedades, S. 25.

116 Die vorgenommene Änderung des Gesellschaftsvertrages ist in der geänderten Fassung ins Handelsregister einzutragen (Artt. 3 Nr. 3 lit. r, 59 Nr. 2 CSC) und nach Art. 72 Nr. 2 CRC mit einem Hinweis zu veröffentlichen, wo der geänderte Vertrag abgedruckt ist, vgl. Ventura, Contrato de Sociedade, S. 63 ff. m.w.N.

117 Ausschlussgründe wurden entweder im Gesellschaftsvertrag vereinbart oder folgen aus dem Gesetz (Art. 185, 186 CSC). Ein Ausschluss kann aus wichtigem Grund erfolgen, wenn der Gesellschafter eine ihm obliegende wesentliche Pflicht verletzt (z. B. Verstoß gegen das Konkurrenzverbot i.S.d. Art. 180 CSC) oder vorsätzlich die Gesellschaft schädigt (Art. 186 Nr. 1 lit. a CSC). Ferner führt die Geschäftsunfähigkeit oder Insolvenz des Gesellschafters zu einem Ausschluss (Art. 186 Nr. 1 lit. b CSC), wobei der Ausschluss mit mindestens ¾ der anwesenden Stimmen innerhalb von 90 Tagen nach Kenntnis des Ausschlussgrundes beschlossen werden muss, es sei denn, der Gesellschaftsvertrag sieht ein anderes vor (Art. 186 Nr. 2 CSC). Zu Einzelheiten Coutinho de Abreu, Curso de Direito Comercial, S. 61 f. m.w.N.

118 Zu Einzelheiten vgl. Coutinho de Abreu, Curso de Direito Comercial, S. 429 ff.

119 Die Geschäftsführer melden – wie im deutschen Recht – sowohl die Auflösung (Artt. 151, 145 Nr. 2 CSC) als auch das Erlöschen der OHG (Art. 160 Nr. 2 CSC i.V.m. Art. 3 Nr. 1 lit. a, t CRC) im Handelsregister an. Soweit die Gesellschaft schuldenfrei ist, erfolgt nach Auflösung (andernfalls erst nach Erfüllung der Gläubigerverbindlichkeiten) die

aus dem Gesellschaftsvertrag[120] und/oder aus dem Gesetz (Artt. 141,142 CSC). Hierzu zählt Art. 141 Nr. 1 CSC unmittelbare Auflösungsgründe, wie z. B. Zeitablauf, Zweckerreichung, die Eröffnung des Insolvenzverfahrens, auf.[121] Die mittelbaren Auflösungsgründe, die durch Beschluss[122] (Art. 142 Nrn. 3, 4 CSC) oder auf Antrag[123] (sog. administrative Auflösung, dissolução administrativa[124]) geltend gemacht werden können, sind in Art. 142 Nr. 1 CSC geregelt. Stirbt ein Gesellschafter, können die überlebenden Gesellschafter mit Zustimmung der Erben die Gesellschaft fortführen, auflösen[125] oder die Erben abfinden (Art. 184 Nrn. 1, 2 CSC).[126] Demnach ähnelt die portugiesische OHG (sociedade em nome colectivo) der deutschen OHG und weist somit die maßgeblichen Kriterien der deutschen Personengesellschaft auf.

2. KG (sociedade em comandita, Artt. 465 bis 477 CSC)

Die Kommanditgesellschaft kann als einfache KG (sociedade em comandita simples, Artt. 474–477 CSC), als KGaA (sociedade por acções, Artt. 478–480), die

---

Aufteilung des Gesellschaftsvermögens (Artt. 147 Nr. 1 CSC, 156 CSC). Reicht das vorhandene Vermögen nicht aus, werden die Verluste im Verhältnis zu den Gesellschafteranteilen aufgeteilt (Art. 147 Nr. 2 CSC), vgl. Pita, Direito aos Lucros, S. 67f.

120 Der bloße Gesellschafterwille genügt als Auflösungsgrund nicht (Art. 194 Nr. 1 CSC).

121 Ähnliche Auflösungsgründe finden sich in den §§ 131, 133 HGB.

122 Eine mittelbare Auflösung durch Beschluss erfolgt, wenn die Mindestanzahl der Gesellschafter nach mehr als einem Jahr nicht erreicht wird oder die Gesellschaft in zwei aufeinanderfolgenden Jahren untätig bleibt oder der Gesellschaftszweck unmöglich wird oder die ausgeübte Tätigkeit der Gesellschaft nicht mehr vom Gesellschaftszweck umfasst wird. Zu Einzelheiten Pupo Correira, Direito Comercial, S. 299 f. m.w.N.

123 Die mittelbare Auflösung auf Antrag (dissolução administrativa) ist subsidiär (Art. 143 CSC) zu der mittelbaren Auflösung durch Beschluss. Die Steuerverwaltung leitet sie von Amts wegen ein, wenn die Gesellschaft in zwei aufeinander folgenden Jahren keine Steuererklärung abgibt oder keinen Jahresabschluss hinterlegt oder untätig bleibt oder ihre unternehmerische Tätigkeit einstellt (Art. 143 CSC).

124 Die gerichtliche Auflösung (dissolução judicial) wurde im Jahre 2006 auf Grundlage des Gesetzesdekrets Nr. 76-A/2006 v. 29.03.2006 durch die administrative Auflösung (dissolução administrativa) ersetzt, dazu Pita, Curso Elementar de direito Comercial, S. 211 f., Pupo Correira, Direito Comercial, S. 299 f., jeweils m.w.N.

125 Der Tod des Gesellschafters hat eine fakultative Auflösung der Gesellschaft zur Folge, die sich – wie im deutschem Recht – in zwei Stufen vollzieht. Zuerst wird die Gesellschaft aufgelöst und dann liquidiert.

126 Das deutsche Recht sieht kein solches Wahlrecht vor. Vielmehr wird der verstorbene Gesellschafter ausgeschlossen, die Erben werden abgefunden und den übrigen Gesellschaftern wächst der Anteil an (§ 131 Abs. 3 Nr. 1 HGB).

der deutschen Kommanditgesellschaft auf Aktien entspricht, oder als Kommanditgesellschaft, in der der einzig persönlich haftende Gesellschafter eine GmbH oder AG ist (vergleichbar mit der deutschen GmbH & Co.KG, Art. 465 Nr. 2 CSC), gegründet werden. Letzteres Rechtsgebilde taucht in der portugiesischen Praxis nicht auf. Die Artt. 464 bis 476 CSC enthalten für sämtliche Kommanditgesellschaften gemeinsame Regelungen (betreffend Gesellschaftsvertrag[127], Firmenbezeichnung, Abberufung des Geschäftsführers, Auflösung der Gesellschaft[128] u.a.). Zur Gründung einer KG (sociedade em comadita simple ou por acções) sind mindestens zwei[129] Gesellschafter erforderlich, der Kommanditist (sócio comanditário), der in Höhe seiner Einlage haftet, und der Komplementär (sócio comanditado), der persönlich und unbeschränkt für die Verbindlichkeiten der Gesellschaft einsteht (Art. 474 Nr. 1 CSC).[130] Einer Mindesteinlage bedarf es nicht. Die Firmenbezeichnung enthält neben dem Namen des Komplementärs häufig auch den Zusatz „em Comandita" oder „& Comandita", aus dem sich ergibt, dass die übrigen Gesellschafter in Höhe ihrer Einlage haften (Art. 467 Nr. 1 CSC). Findet sich der Name des Kommanditisten in der Firmenbezeichnung wieder, haftet dieser gegenüber Dritten unbeschränkt, persönlich und solidarisch, es sei denn, dem Dritten ist seine Stellung als Kommanditist bekannt (Art. 467 Nrn. 2, 4 CSC). Die Geschäftsführung obliegt dem Komplementär (sócio comanditado, Artt. 465, 470 CSC), es sei denn, die Geschäftsführung wurde vertraglich auf Dritte oder den Kommanditisten übertragen (Art. 470 Nrn. 1, 2 CSC).[131] Die Abberufung des geschäftsführenden Komplementärs darf – bei Fehlen eines wichtigen Grundes – nur mit der Zustimmung von ⅔

---

127 Insbesondere müssen im Gesellschaftsvertrag die Komplementäre und Kommanditisten sowie die Rechtsform (KG oder KGaA) schriftlich fixiert werden (Art. 466 Nrn. 1, 2 CSC).

128 Als besonderen Auflösungsgrund sieht Art. 473 Nr. 3 CSC das Ausscheiden sämtlicher Kommanditisten bzw. Komplementäre vor. Scheiden nur Kommanditisten aus, erfolgt die Auflösung von Amts wegen (Art. 473 Nr. 4 CSC). Die KG ist aufzulösen, wenn innerhalb von 90 Tagen seit Ausscheiden der Komplementäre für diese kein Ersatz gefunden wurde (Art. 473 Nr. 5 CSC), vgl. dazu Coutinho de Abreu, Curso de Direito Comercial, S. 422 f.

129 Für die Gründung einer KGaA sind gem. Art. 465 Nr. 3 CSC mindestens fünf Kommanditisten erforderlich. Die Aktien werden gem. Art. 465 Nr. 3 CSC für Anteile der Kommanditisten (und nicht für die Anteile der Komplementäre) ausgegeben, siehe Coutinho de Abreu, Curso de Direito Comercial, S. 65.

130 Coutinho de Abreu, Curso de Direito Comercial, S. 56; Pupo Correira, Direito Comercial, S. 136 f.

131 Maia, in: Estudos de Direitos das Sociedades, S. 34, 35.

aller Komplementäre und ⅔ aller Kommanditisten erfolgen (Art. 471 Nr. 1 CSC). Soweit ein wichtiger Grund vorliegt, genügt für die Abberufung die einfache Mehrheit aller anwesenden Stimmen (Art. 471 Nr. 2 CSC). Die Übertragung von Gesellschaftsanteilen hängt maßgeblich vom Gesellschaftertyp ab. Soweit Anteile des Kommanditisten (sócio comanditário), der an einer KGaA (sociedade por acções) beteiligt ist, abgetreten werden, richtet sich die Übertragung nach Art. 478 CSC i.V.m. den Vorschriften über die AG (sociedades anónimas, Art. 478 CSC).[132] Soweit der Kommanditist an einer „einfachen" Kommanditgesellschaft (sociedade em comandita simples) beteiligt ist, finden die entsprechenden Übertragungsregelungen über die GmbH (sociedades por quotas, Art. 475 CSC[133]) Anwendung. Demgegenüber werden die Anteile von Komplementären

132 Die freie Übertragbarkeit der Gesellschaftsanteile (Aktien) kann durch Gesellschaftssatzung nicht abbedungen werden. Eine Beschränkung kann lediglich durch das Erfordernis der Zustimmung der AG oder durch Einräumung eines Vorkaufsrechts gegenüber den übrigen Gesellschaftern erfolgen und ist ferner zugunsten der wirtschaftlichen Interessen der AG möglich (Artt. 328, 329 CSC). Soweit o.g. Beschränkungen aus den Wertpapieren nicht ersichtlich sind, ist ein gutgläubiger Erwerb der Aktien möglich (Art. 328 Nr. 4 CSC). Wird die Zustimmung zulässigerweise nicht erteilt, ist dem betroffenen Gesellschafter die Ablösung der Aktien zum beabsichtigten Verkaufswert oder zum Istwert (z. B. bei unentgeltlicher Übertragung) anzubieten, vgl. dazu Martins, cláusulas do contrato, S. 301 ff., 315 ff.

133 Die Übertragung von GmbH-Anteilen ist aufgrund des geltenden Personalitätsprinzips nur in engen Grenzen möglich. Sie erfolgt unter Lebenden nach dem Art. 228 Nr. 2 CSC, und zwar mit Zustimmung der GmbH, es sei denn, die Übertragung wurde vertraglich gem. Art. 229 CSC ausgeschlossen oder es handelt sich um eine Übertragung unter Eheleuten/Familienmitgliedern oder innerhalb der Gesellschaft. Das Zustimmungserfordernis ist vertraglich modifizierbar oder völlig abdingbar (Art. 229 Nr. 3 CSC). Wird die Zustimmung nicht erteilt, ist dem Gesellschafter unter den gleichen Bedingungen, die dieser in dem Antrag auf Zustimmung aufgeführt hat, eine Ablösung zu gewähren (Art. 231 Nr. 1 CSC). Soweit die Übertragung des Gesellschaftsanteils vertraglich ausgeschlossen wurde, haben die Gesellschafter nach Ablauf von zehn Jahren ein Austrittsrecht (Art. 229 Nr. 1 CSC). Zu Einzelheiten vgl. Maia, cessão de quotas, S. 125 ff.; Martins, cessão de quotas, S. 49 f. m.w.N. Die Übertragung der Anteile auf den Todesfall richtet sich nach den Artt. 225 bis 227 CSC. Der Anteil geht mit dem Tod des Gesellschafters auf den gesetzlichen oder durch letztwillige Verfügungen bestimmten Erben über, es sei denn, es ist im Gesellschaftsvertrag anderes vereinbart, wie z. B. eine generelle Nichtabtretung oder eine bedingte Abtretung (Artt. 225 Nr. 1, 226 CSC). Soweit eine Nichtabtretung vereinbart wurde, hat die GmbH innerhalb von 90 Tagen nach Kenntnisnahme des Todes des Gesellschafters die Erben abzufinden oder den Geschäftsanteil des Verstorbenen zu erwerben oder an einen Gesellschafter oder Dritten zu veräußern. Lässt die GmbH die Frist verstreichen, gilt

(sócio comanditado) unabhängig davon, ob diese an einer „einfachen" Kommanditgesellschaft (sociedade em comandita simples) oder an einer KGaA (sociedade por acções) beteiligt sind, nur mit Zustimmung aller Gesellschafter abgetreten, es sei denn, der Gesellschaftsvertrag sieht ein Anderes vor (Art. 469 Nr. 1 CSC).[134] Ergänzend finden auf die „einfache" KG (sociedade comadita simples) und auf die KGaA (sociedade por acções) über die Verweisung in den Artt. 474, 478 CSC die Vorschriften über die OHG (sociedade em nome coletiva) und über die AG (sociedade anónima) Anwendung, es sei denn, aus den Artt. 474 bis 480 CSC bzw. aus den Artt. 465 bis 473 CSC ergibt sich etwas Abweichendes[135]. Die KG (sociedade em comadita) ist im Ergebnis mit der deutschen KG vergleichbar und weist die maßgeblichen Kriterien einer deutschen Personengesellschaft auf.

3. GbR (sociedade civil, Artt. 980 bis 1021 CCiv[136])

Die GbR (sociedade civil) wird durch Vertrag von zwei oder mehreren (natürlichen oder juristischen) Personen begründet, die sich zwecks Aufnahme einer gemeinsamen wirtschaftlichen Tätigkeit[137] mit Gewinnerzielungsabsicht[138] zusammenschließen und einen Beitrag in Form von Geld, Waren und/oder Dienstleistungen

---

der Geschäftsanteil als auf die Erben übergegangen (Art. 225 Nr. 2 CSC), vgl. Coutinho de Abreu, Curso de Direito Comercial, S. 358 ff. m.w.N.

134 Stirbt der Komplementär, werden seine Anteile entsprechend der Vorschriften über die OHG (sociedade em nome colectivo, hier: Art. 184 Nrn. 1, 2 CSC) übertragen. Auf die dort gemachten Ausführungen wird verwiesen.

135 Einzig die Geschäftsführung ist in Art. 470 Nr. 1 CSC abweichend geregelt. Im Übrigen finden die Regelungen der OHG und AG Anwendung, beispielsweise besitzen die Komplementäre der KGaA dieselben Kontroll- und Informationsrechte wie die Gesellschafter einer OHG (Art. 480 CSC).

136 Ausführlich zur GbR siehe Coutinho de Abreu, Curso de Direito Comercial, S. 5 ff.

137 Erforderlich ist eine „wirtschaftliche Tätigkeit", die keine bloße Fruchtziehung (mera fruição) darstellt. Reine Vermögensverwaltungsgesellschaften (sociedades de simples administração de bens) werden weder als GbR noch als Handelsgesellschaft eingestuft, sondern als Gesellschaften, die sich in eine Handelsgesellschaft umwandeln können, vorausgesetzt, sie verfolgen handelsrechtliche Ziele (Art. 1 Nr. 4 CSC). Anders als im deutschen Recht liegt eine gemeinsame wirtschaftliche Betätigung nicht vor, wenn die GbR sich zufällig (z. B. als Tipp- oder Fahrgemeinschaft) zusammenschließt (sociedade ocasionais), vgl. Ascensão, Direito Comercial, S. 15 f.; Coutinho de Abreu, Curso de Direito Comercial, S. 9 f., Pupo Correira, Direito Comercial, S. 44; Olvavo Cunha, Direito das Sociedades Comercais, S. 6 ff.

138 Im Unterschied zur GbR verfolgen Vereine (associações) und Stiftungen (fundações) keine wirtschaftlichen Ziele, siehe Coutinho de Abreu, Curso de Direito Comercial, S. 17 f.

leisten (Art. 980 CCiv).[139] Der Vertrag wird regelmäßig formfrei geschlossen, es sei denn, die Einlage bedarf der notariellen Beurkundung (Art. 981 Nr. 1 CCiv i.V.m. Art. 89 f. Código Notariado). Die GbR kann, wie eingangs erwähnt, als handelsrechtliche GbR (sociedades civil sob forma comercial, Art. 1 Nr. 4 CSC) oder als nicht handelsrechtliche GbR (sociedades civil sob forma civil) gegründet werden. Auf die handelsrechtliche GbR (sociedades civil sob forma comercial) finden die allgemeinen Vorschriften zur GbR[140] (Artt. 980 bis 1021 CCiv) sowie das Recht über Handelsgesellschaften Anwendung.[141] Von den Kaufmannspflichten (Artt. 13, 18 CC) ist sie hingegen als Nicht-Kaufmann entbunden.

Nach Art. 985 Nr. 1 CCiv obliegt die Geschäftsführung und Vertretung allen Gesellschaftern gemeinschaftlich, es sei denn, der Gesellschaftsvertrag sieht eine abweichende Regelung vor.[142] Änderungen der Geschäftsführung können von jedem Gesellschafter durch gerichtliche Entscheidung erzwungen werden, soweit ein wichtiger Grund vorliegt (Art. 986 Nr. 1 CCiv).[143] Weitere Änderungen hinsichtlich der Geschäftsführung können zwar im Gesellschaftsvertrag vereinbart werden (Art. 986 Nr. 2 CCiv), sind aber mit einfacher Mehrheit aller anwesenden Stimmen aufhebbar (Art. 986 Nr. 3 CCiv). Die Anteilsübertragung durch einen Gesellschafter bedarf der Zustimmung aller Gesellschafter (Art. 995 Nr. 1 CCiv). Für die Änderung des Gesellschaftsvertrages bedarf es grundsätzlich der Einstimmigkeit, es sei denn, der Gesellschaftsvertrag sieht ein Anderes vor (Art. 982 Nr. 1 CCiv). Die Gesellschafter haften gemäß Art. 997 Nr. 1 CCiv für die Gesellschaftsschulden persönlich, unbegrenzt, gesamtschuldnerisch und subsidiär zu der Gesellschaft.[144] [145] Die Beteiligung des Gesellschafters am Gewinn und Verlust

---

139 Zur Definition vgl. Engrácia Antunes, in: Gründung einer Tochtergesellschaft, S. 588, 593.

140 Zu beachten ist, dass auf die nicht gewerblich tätige GbR die allgemeinen Vorschriften der GbR (Artt. 980 bis 1021 CCiv) ausschließlich Anwendung finden.

141 Vgl. Art. 1 Nr. 4 CSC, siehe Coutinho de Abreu, Curso de Direito Comercial, S. 45.

142 Auch im deutschen Recht gilt der Grundsatz der Selbstorganschaft (§§ 709–712 BGB).

143 Nach § 712 Absatz 1 BGB kann die Geschäftsführungsbefugnis entzogen werden, wenn ein wichtiger Grund (z. B. wegen grober Pflichtverletzung) vorliegt. Eine Kündigung der Geschäftsführung ist nach § 712 Abs. 2 BGB möglich.

144 Eine Haftungseinschränkung bis hin zu einem Haftungsausschluss sieht das portugiesische Recht für Gesellschafter vor, die keine Geschäftsführungsbefugnis innehaben (Art. 997 Nr. 3 CCiv). Deliktisch haftet die Gesellschaft wie ein Auftraggeber nach Art. 998 Nr. 1 CCiv für Handlungen sowie Unterlassungen ihrer Vertreter, Agenten oder Beauftragten. Für den offengebliebenen Betrag haften die Gesellschafter subsidiär, soweit das Gesellschaftsvermögen nicht ausreicht (Art. 998 Nr. 2 CCiv).

145 Nach Art. 997 Nr. 2 CCiv i.V.m. Art. 826 Nr. 2 CPC kann der Gesellschafter verlangen, dass zunächst ins Gesellschaftsvermögen vollstreckt wird.

ist zwingend, wobei die Gewinn- und Verlustverteilung vertraglich modifizierbar ist (Art. 992 Nr. 1 CCiv). Das Konkurrenzverbot ist vertraglich abänderbar (Artt. 990, 1003a CCiv). Darüber hinaus besitzt der Gesellschafter ein jederzeitiges Austrittsrecht, soweit die Gesellschaft nicht für eine bestimmte Zeit vereinbart wurde. Die Gründe, die zur Auflösung der Gesellschaft führen, ergeben sich aus dem Gesellschaftsvertrag und/oder dem Gesetz (Artt. 1001, 1007 CCiv, z. B. Insolvenz der Gesellschaft, Tod eines Gesellschafters[146], Ausschluss[147] der Mehrheit der Gesellschafter, Gesellschaftsbeschluss, Erreichung des Gesellschaftszwecks). Die Liquidation erfolgt nach den Artt. 1010 bis 1021 CCiv und obliegt grundsätzlich den Geschäftsführern (Art. 1012 Nr. 1 CCiv).[148] Die handelsrechtliche GbR besitzt unstreitig gem. Art. 5 CSC eine eigene Rechtspersönlichkeit, die sie mit Eintragung ins Handelsregister erlangt.[149]

Anders sieht es im Hinblick auf die nicht handelsrechtliche GbR (sociedade civil simples) aus, die ohne förmliche Gründungsvoraussetzungen zur Entstehung gelangt (Art. 981 CC). Nach Art. 157 CCiv werden nicht gewerblich tätige Vereine, gemeinnützige Stiftungen sowie Gesellschaften, die vergleichbare Zwecke verfolgen, als juristische Personen behandelt. Dies hat im portugiesischen Schrifttum die Frage aufgeworfen, ob eine nicht handelsrechtliche GbR gleichfalls rechtsfähig sein kann und den juristischen Personen zuzuordnen sei.

Vereinzelte Stimmen im Schrifttum[150] vertreten die Ansicht, dass lediglich Handelsgesellschaften (einschließlich der handelsrechtlichen GbR) rechtsfähig

---

146 Nach dem Tode eines Gesellschafters wird die Gesellschaft auf Wunsch der Gesellschafter aufgelöst oder mit den Erben fortgeführt (Art. 1001 Nr. 1 CCiv).

147 Die Gründe, die zum Ausschluss eines Gesellschafters führen, können im Gesellschaftsvertrag bestimmt sein oder aus dem Gesetz folgen, z. B. bei schwerwiegenden Pflichtverstößen gegen die Gesellschaft, Geschäftsunfähigkeit, Unmöglichkeit der Erfüllung der Einlagepflicht (Artt. 1003, 1004 CCiv).

148 Die Vorschriften über den Ausschluss des Gesellschafters, die Auflösung und die Liquidation der Gesellschaft sind dem deutschen Recht ähnlich. Danach scheidet ein Gesellschafter aus, wenn er selbst kündigt oder von den übrigen Gesellschaftern wegen Vorliegens eines wichtigen Grundes oder eines Ausschlussgrundes (§§ 723, 736 BGB) ausgeschlossen wird. Der Tod, der Ausschluss, die Kündigung oder die Insolvenz des Gesellschafters führen in der Regel zur Auflösung der Gesellschaft. Als weitere Auflösungsgründe greifen §§ 723, 725, 726, 728 BGB ein. Die Liquidation erfolgt nach §§ 730 ff. BGB. Zu Einzelheiten Brandmüller, in: Bonner Handbuch, Bd. 2, E Rn. 344–370.

149 Coutinho de Abreu, Curso de Direito Comercial, S. 118.

150 Pinto, teoria geral do direito civil, S. 294 f., Matos/Pires, Código Civil anotado, S. 287; Pinto Furtado, Código das Sociedades Comercais Anotado, S. 254 f.; Ventura, fusão, cisão, transformação de sociedades, S. 458.

sind, da für die Annahme der Rechtsfähigkeit der nicht handelsrechtlichen GbR entsprechende Regelungen, wie Art. 5 CSC und Art. 158 CC, fehlen.[151] Zur Begründung dieser Auffassung wird die Existenz verschiedener Einzelfallgesetze, wie z. B. Artt. 36 Nr. 2, 130 Nr. 2, 3 und 6 CSC; Art. 2 Nr. 1 lit. b CIRC; Art. 2, 5 lit. e, f CIMT; Art. 2 Nr. 1 lit. a), d) CIRE, angeführt.

Dem halten Teile des Schrifttums[152] zutreffend entgegen, dass nach den Artt. 997 bis 1000, Art. 1007 lit. d, Art. 1010, Artt. 1014 bis 1016 CCiv die nicht handelsrechtliche GbR wie eine juristische Person im Verhältnis zu Dritten auftrete.

Darüber hinaus sei sie partei-[153], prozess- und testierfähig (Art. 2033 Nr. 2 lit. b CCiv; Art. 996 CCiv; Art. 6 lit. c, 25 CPC).[154] Schließlich sei auch das Erfordernis der Handelsregisterpublizität des Art. 5 CSC nicht zwingend, sondern durch andere Publizitätsakte nach außen hin ersetzbar, wie Art. 94 des Gesetzesdekret Nr. 487/99 v. 16.11.1999, Art. 3 des Gesetzesdekret Nr. 229/2004 und Art. 4 Nr. 1 und Art. 5 Nr. 1 des Gesetzes 53/2015 v. 11.06.2015 belegen, wonach bestimmte Freiberuflergesellschaften mit Eintragung in nationale Register rechtsfähig werden.[155]

Der zweiten Ansicht ist insoweit beizupflichten, als die nicht handelsrechtliche GbR grundsätzlich eine Teilrechtsfähigkeit besitzt und nur aufgrund ausdrücklicher Normierung im Gesetz vollrechtsfähig wird. Der Hinweis auf den Art. 36

---

151 Pinto, teoria geral do direito civil, S. 296.

152 Ascensão, Direito Comercial, S. 309 f.; Carvalho Fernandes, Teoria Geral do Direito Civil, S. 504 ff.; Pais de Vasconcelos, Teoria geral do direito civil, S. 118 f.

153 Gerichtlich und außergerichtlich wird die Gesellschaft von dem Geschäftsführer vertreten (Art. 996 CC, Art. 25, 6 lit. c CPC).

154 Coutinho de Abreu, Curso de Direito Comercial, S. 175, weist darauf hin, dass die nicht handelsrechtliche GbR (sociedade civil simples) unabhängig von der Tatsache, ob sie eine Rechtspersönlichkeit besitze oder nicht, zivilrechtlich eine gleiche Behandlung wie die handelsrechtliche GbR erfahre. Zumal sie mit Unterzeichnung des Gesellschaftsvertrags als „nicht so vollkommenes“ Rechtssubjekt (d.h. mangels Eintragung ohne Rechtspersönlichkeit) am Rechtsverkehr teilnehme (vgl. Artt. 983 f. CC) und sich erst mit Eintragung zum vollkommenen (perfeita) Rechtssubjekt aufschwinge.

155 Nach Artt. 167, 158 CCiv erlangen Stiftungen und Vereine mit notarieller Beurkundung oder mit einem vergleichbaren Publizitätsakt nach außen (gemeint sind die Eintragung in Register oder die Anerkennung der Rechtsgebilde durch die zuständige Behörde) ihre Rechtsfähigkeit.

Nr. 2 CSC, wonach die fehlgeschlagene Gesellschaft (sociedade irregular) zivilrechtlich als nicht handelsrechtliche GbR (sociedade civil simples) qualifiziert wird, trägt zur Lösung nicht bei. Gleiches gilt für die aufgeführten Art. 130 Nrn. 2, 3 und 6 CSC, wonach eine nicht handelsrechtliche GbR (sociedade civil simples) in eine andere Gesellschaft umgewandelt werden kann. Auch Art. 2 Nr. 1 lit. b CIRC, der allgemein davon ausgeht, dass Gesellschaften ohne Rechtssubjektivität der Besteuerung der Körperschaftsteuer unterliegen, hilft nicht weiter, da hier bereits fraglich ist, ob die nicht handelsrechtliche GbR (sociedade civil simple) Rechtssubjektivität besitzt oder nicht. Überdies gilt die GbR – unabhängig von ihrer Rechtsfähigkeit – als insolvenzfähig, soweit sie Vermögen besitzt.[156] Ein Abstellen auf diese Normen führt im Ergebnis zu einem Zirkelschluss, der auch nicht durch Art. 2 lit. d CIRE überwunden wird.

Nach alledem entspricht die GbR (sociedade civil) der deutschen Typisierung der Personengesellschaft.

4. *Die gesellschaftsrechtlichen Sonderformen*

a) *Die stille Gesellschaft (associação em participação)*

Die stille Gesellschaft (associação em participação[157]) wird abschließend im Gesetzesdekret Nr. 231/81 vom 28.7.1981 geregelt. Art. 21 des o.g. Gesetzesdekret

---

156 So auch Monteiro Lopes, Transparência Fiscal, S. 15. Die handelsrechtliche GbR sei Trägerin eines autonomen Vermögens (autonomia patrimonial), das zumindest aus den geleisteten Einlagen bestehe. Dem zustimmend Abreu, Curso de Direito Comercial, S. 172.

157 Die Figur der stillen Gesellschaft (associações em participação, auch unter der Bezeichnung „associação em conta de participação“ oder „conta em participação“ oder „sociedade anonima“ oder „socicedade momentânea“ bekannt) wurde erstmals im 1. portugiesischen Handelsgesetzbuch von 1833 (auch bekannt unter Código Ferreira Borges) in den Vorschriften über handelsrechtliche Vereinigungen (associaçãoes comercais, §§ 571 bis 576 CCom 1833) geregelt und als „wahre“ Handelsgesellschaft (verdadeira sociedade mercantil, § 571 des CCom 1833) qualifiziert. Im Gegensatz zu der stillen Gesellschaft besaßen die handelsrechtlichen Vereinigungen, wie die Personenvereinigung (companhia, § 538 des CCom 1833), die OHG (sociedade em nome colectivo ou com firma), die industrielle Gesellschaft (sociedade de capital e indústria ähnlich der KG, § 557 des CCom 1833), die stillschweigende Gesellschaft (sociedades tácitas, § 565 des CCom 1833) und die handelsrechtliche Partnerschaft (parcerias mercantis) ein Gesamthandsvermögen und damit eine eigene Rechtspersönlichkeit. Zu Einzelheiten vgl. Duarte in: Estudos Comomerativoa, S. 480–483 m.w.N. Dies führte zu kontroversen Diskussionen im portugiesischen Schrifttum. Nach Teilen des Schrifttums handelte es sich demzufolge bei der stillen Gesellschaft um keine Gesellschaft.

definiert die stille Gesellschaft als Vertrag, bei der sich eine Person, der stille Gesellschafter („associado" auch unter „sócio oculto" bekannt), an der wirtschaftlichen Tätigkeit eines anderen (meist Einzelkaufmann oder Handelsgesellschaft, sog. associante oder sócio ostensivo) beteiligt,[158] um am Gewinn oder am Gewinn und Verlust des Zweiten teilzunehmen.[159] Eine eigenständige juristische Person entsteht dadurch nicht. Auch ein eigenes Gesellschaftsvermögen wird nicht begründet. Der Inhaber (associante) handelt vielmehr im eigenen Namen. Ihm obliegt die Geschäftsführung und er vertritt die Gesellschaft nach außen (Art. 26 Nr. 1 des o.g. Gesetzesdekret). Die Gesellschaft wird im Vergleich zu den oben erörterten Gesellschaften nicht unter einer eigenen Firma betrieben. Der Stille („associado") tritt gegenüber Dritten nicht in Erscheinung und begründet kein Rechtsverhältnis zu diesen. Zu dem Inhaber besteht – wie nach deutschem Recht[160] – ein rein schuldrechtliches Verhältnis (relação obrigacional) mit Informations-, Kontroll- und Interventionsrechten. Soweit mehrere stille Gesellschafter (associados) an dem Unternehmen

---

Dem wurde entgegengehalten, dass die Kriterien der fehlenden Rechtsfähigkeit und des mangelnden Gesamthandsvermögens nicht ausreichen, um der stillen Gesellschaft ihre Eigenschaft als Gesellschaft abzusprechen, zumal auch die „nicht-rechtsfähige" GbR unstreitig als Gesellschaft qualifiziert werde. Als Reaktion hierauf hat der Gesetzgeber den Zusatz „Gesellschaft" in Art. 221 des CCom 1888 (2. portugiesisches Handelsgesetzbuch von 1888; auch unter Código de Beirão bekannt) gestrichen und die stille Gesellschaft außerhalb der Vorschriften über Gesellschaften (Artt. 224–229 des CCom) geregelt. Die Einordnung der stillen Gesellschaft als Gesellschaft oder Vertrag blieb auch in der Folgezeit strittig. Diesem Streit setzte der Gesetzgeber mit dem Gesetzesdekret Nr. 231/81 v. 28.07.1981 endgültig ein Ende und definierte die stille Gesellschaft in Art. 21 des o.g. Gesetzesdekret als Vertrag. Zu Einzelheiten Duarte in: Estudos Comemorativos, S. 480 ff. Zur aktuellen Rechtslage s. Ac. STJ v. 15.03.1988, Az. 62/88, Diário da República, 1. Teil, Nr. 62, 1066 ff. (stille Gesellschaft sei Vertrag sui generis); Coutinho de Abreu, Curso de Direito Comercial, S. 39, 40; Pinto Furtado, Curso do Direito das Sociedades, S. 85ff; Brito Correira, Sociedades Comercais, S. 20, 21; Leitão CFT (Nr. 171) 1995, 203, 204 ff.; Pupo Correira, Direito Comercial, S. 194. Ventura: Anteprojecto, Nr. 189, S. 5, 55 f., 79 ff.

158 Soweit mehrere stille Gesellschafter (asociados) an demselben Unternehmen des Inhabers beteiligt sind, wird keine Gesamtschuldnerschaft oder Gesamtgläubigerschaft begründet (Art. 22 Nr. 1 Gesetzesdekret 231/81 v. 28.07.1981).

159 Pupo Correira, Direito Comercial, S. 194.

160 Die stille Gesellschaft ist nach deutschem Recht eine Innengesellschaft mit Mitgliedschaftsrechten und ohne Gesellschaftsvermögen. Sie findet als Sonderform der GbR ihre Rechtsgrundlage in den §§ 230–236 HGB und ergänzend in den §§ 705 ff. BGB. Zu Einzelheiten vgl. Brandmüller, in: Bonner Handbuch, Band 2, E Rn. 1300–1475.

des Inhabers beteiligt sind, sind deren Informations-, Kontroll- und Interventionsrechte im Vertrag zu fixieren (Art. 22 Nr. 2 des o.g. Gesetzesdekret).[161] Die Beteiligung des stillen Gesellschafters (assosiado) am Verlust kann vertraglich ausgeschlossen werden, während seine Gewinnbeteiligung zwingend ist (Art. 21 Nr. 2 des o.g. Gesetzesdekret). Im Verlustfall nimmt der stille Gesellschafter (associado) bis zur Höhe seiner Einlage teil (Art. 25 Nr. 4 des o.g. Gesetzesdekret), es sei denn, die Verlustbeteiligung wurde vertraglich gemäß Art. 25 Nr. 1 und 2 des o.g. Gesetzesdekret modifiziert. Die Einlage des stillen Gesellschafters (contribuição do associado) kann in Geld- und Sachleistungen[162] erfolgen (Art. 24 Nrn. 1, 4 des o.g. Gesetzesdekret).[163] Soweit der stille Gesellschafter (associado) eine Immobilie einlegt oder von der Teilnahme an den Verlusten ausgeschlossen wird, bedarf der Vertrag einer besonderen Form (Art. 23 Nrn. 1, 2 des o.g. Gesetzesdekret). Die Auflösung der stillen Gesellschaft (associação em participação) kann sowohl vertraglich als auch gesetzlich[164] erfolgen. Als Auflösungsgründe kommen u.a. die Insolvenz des Inhabers, Zeitablauf (bei unbefristeten Verträgen mit Ablauf des 10. Jahres), Tod des Inhabers oder stillen Gesellschafters, Konfusion von Inhaber mit stillem Gesellschafter in Betracht.[165]

Nach deutschem Verständnis lehnt sich die stille Gesellschaft (associação em participação) an die deutsche typische Personengesellschaft an, sodass sie nach deutschem Verständnis als Personengesellschaft zu klassifizieren ist.

b) Die „Ergänzende Unternehmensvereinigung" (agrupamentos complementares de empresas, kurz: ACE)

Bei der „Ergänzenden Unternehmensvereinigung" (ACE), die nach dem französischen Vorbild *groupements d'intérêt economique* mit Gesetz Nr. 4/73 vom

---

161 Zwingende Kontrollrechte enthält das deutsche Recht in § 233 Abs. 1 HGB. Zusätzlich kann der stille Gesellschafter sich vertraglich weitere Mitsprache- und Kontrollrechte einräumen lassen. Einschränkungen sind nur in engen Grenzen des Gesetzes möglich. Ausführlich zur stillen Gesellschaft vgl. Keul, in: Münchener Handbuch des Gesellschaftsrechts, Band 2, § 72.

162 Ventura, Anteprojecto, S. 5, 126, 127, weist darauf hin, dass auch eine Sachleistung in das Vermögen des Inhabers übergehen kann und als Einlage zu qualifizieren sei.

163 Ist der Stille mit der Einlage rückständig, hat er während des Verzugs – vorbehaltlich einer anderen vertraglichen Regelung – keine Rechte, sondern nur Pflichten gegenüber dem Inhaber (Art. 24 Nr. 5 des o.g Gesetzesdekret).

164 Art. 27 und 28 des Gesetzesdekret Nr. 231/81 v. 28.07.1981.

165 Auch das deutsche Recht kennt ähnliche Auflösungsgründe, allerdings führt der Tod des stillen Gesellschafters nach § 234 Abs. 2 HGB nicht zur Auflösung der Gesellschaft.

04.06.1973 und dem Gesetzesdekret Nr. 4/73 vom 25.08.1973 geschaffen wurde, handelt es sich um einen Zusammenschluss natürlicher und juristischer Personen, der auf die Verbesserung der eigenen Arbeitsbedingungen und Geschäftsaktivitäten[166] (ohne vorrangige Gewinnerzielungsabsicht) abzielt.[167] Die ACE wird mit Eintragung in nationale Register rechtsfähig.[168] In der Praxis wird sie überwiegend in der Baubranche und zur Verrichtung öffentlicher Arbeiten eingesetzt. Zur Gründung der ACE bedarf es keiner Mindesteinlage. Vielmehr kann sie mit oder ohne Aktienkapital gegründet werden. Die Übertragung der Anteile (unter Lebenden oder von Todes wegen) kann allerdings nicht ohne Übertragung der betreffenden Betriebsstätte oder des betreffenden Unternehmens erfolgen und hängt ggf. von der Zustimmung der Vereinigung ab (Art. 11 Nrn. 2, 3 des o.g. Gesetzesdekrets). Zur Geschäftsführung können eine oder mehrere Personen berufen werden, vorausgesetzt, sie wurden durch Gründungsvertrag bestellt (Art. 6 des o.g. Gesetzesdekrets).[169] Die Mitgliederbeschlüsse werden mit einfacher Mehrheit gefasst, wobei jedes Mitglied eine Stimme hat – vorbehaltlich einer anderen Regelung im Gründungsvertrag – (Art. 7 des o.g. Gesetzesdekrets). Änderungen des Gründungsvertrages werden dagegen mit mindestens ¾ aller Mitgliederstimmen beschlossen und sind im Register einzutragen (Art. 3 des o. g. DL i.V.m. Art. 6 lit. e CRC). Die Mitglieder haften generell gesamtschuldnerisch und subsidiär zur Vereinigung, es sei denn, der Gesellschaftsvertrag

---

166 Der Ankauf von Immobilien wird vom Vereinigungszweck generell nicht getragen. Ausgenommen sind hiervon Immobilien, die der Ausweitung der Vereinigung dienen oder den Sitz oder die Geschäftsleitung der Vereinigung begründen.

167 Base II Nr. 1 des Gesetzes Nr. 4/73 v. 04.06.1973; Artt. 15, 16 Nr. 1 lit b des Gesetzesdekretes Nr. 4/73 v. 25.08.1973), vgl. Coutinho de Abreu, Curso de Direito Comercial, S. 30f. m.w.N.

168 Die Eintragungspflicht des Gründungsvertrags folgt aus Art. 6 lit. a CRC. Weitere Eintragungspflichten werden in den Buchstaben b bis f des o.g. Artikels aufgezählt, wie z. B. Auflösung oder Beendigung der Liquidation, Beitritt und Austritt eines Mitglieds, der Eintritt und Ausschluss der Geschäftsführer. Der Gründungsvertrag bedarf der notariellen Beurkundung, soweit Immobiliarrechte übertragen werden. Die Firma der ACE ist ins Nationale Körperschaftsregister (Registo National de Pessoas Colectivas) einzutragen (Art. 3 des Gesetzesdekret Nr. 4/73 v. 25.08.1973), wobei nach Art. 3 Nrn. 1, 3 des Gesetzes über die Nationalen Körperschaften (RNPC) nur portugiesische Firmennamen erlaubt sind. Soweit keine entsprechende portugiesische Übersetzung existiert, wird auf den Namen des Firmeninhabers abgestellt.

169 Die Geschäftsführer sind verpflichtet einen jährlichen Jahresabschluss zu erstellen, es sei denn, die Mitgliederversammlung (assembleia geral) hat diese Aufgabe auf eine oder mehrere Personen übertragen (Art. 8 des Gesetzesdekret Nr. 4/73 v. 25.08.1973).

sieht ein Anderes vor.[170] Der Ausschluss eines Mitglieds obliegt der Mitgliederversammlung. Die Ausschlussgründe werden in Art. 13 des o.g. Gesetzesdekretes abschließend aufgezählt (z. B. Einstellung der wirtschaftlichen Tätigkeit der ACE, Konkurs oder Insolvenz der Vereinigung). Die Beendigung der ACE wird in Art. 16 des o.g. Gesetzesdekrets geregelt. Die Auflösungsgründe werden in der Nr. 1 aufgeführt, während Nr. 2 Ausnahmen (wie z. B. Tod, Insolvenz oder Konkurs eines Mitglieds) enthält, die zum Weiterbestehen der ACE führen. Als Auflösungsgründe kommen u.a. Verstöße gegen das Wettbewerbsrecht oder gegen den Zweck der Vereinigung (z. B. vorrangige Gewinnerzielung) in Betracht. Darüber hinaus können Gründe im Gründungsvertrag festgelegt werden. Ergänzend hierzu finden über Art. 20 ACE-Gesetz Nr. 4/73 vom 04.06.1973 die Vorschriften über die OHG (sociedade em nome colectivo, Artt. 175 bis 196 CSC) Anwendung.

Da es sich bei der EVIW (AEIE) um eine mit europarechtlichen bzw. nationalrechtlichen Elementen versehene Unterart der portugiesischen OHG (sociedade em nome colectivo) handelt, lehnt sich dieses Rechtsgebilde nach deutschem Verständnis an die Personengesellschaft an.

c) EWIV (Agrupamento Europeu de Interesse Económico, kurz: AEIE)

Die EWIV[171] stellt eine europäische Unternehmensform dar, die der Förderung und Erleichterung der grenzüberschreitenden Kooperation der Mitgliedstaten und nicht der Gewinnerzielung dient.[172][173] Sie zielt damit auf die Verbesserung der Tätigkeitsbedingungen und des wirtschaftlichen Erfolges der Mitglieder ab.[174] Die EWIV (AEIE) wird mit Eintragung des Gründungsvertrages (contrato de

---

170 Base II, Nrn. 2, 3 des Gesetzesdekret Nr. 4/73 v. 04.07.1973.

171 Die EWIV wurde durch die Verordnung Nr. 2137/85 des Rates v. 25.07.1985 geschaffen und durch das Gesetzesdekret Nr. 148/90, v. 09.05.1990 sowie durch das Gesetzesdekret Nr. 2/91 v. 05.01.1991 in nationales Recht umgesetzt. Das Gesetzesdekret Nr. 148/90 v. 09.5.1990 umfasst eine Präambel und 13 Artikel.

172 Art. 3 Nr. 1 des Gesetzesdekrets Nr. 148/90 v. 09.05.1990.

173 Anders als im deutschen Recht setzt sich das portugiesische Schrifttum nicht mit der Frage auseinander, inwieweit die EWIV (AEIE) mit Gewinnerzielungsabsicht handeln darf oder nicht. Insofern verweist das Schrifttum auf die Art. 3 Abs. 1, 2, 23 der EWIV-VO. Soweit ein Gewinn oder Verlust anfällt, wird dieser entsprechend der vertraglichen Gewinnverteilungsabrede oder zu gleichen Teilen verteilt, Art. 40 der EWIV-VO. Zu Einzelheiten Coutinho de Abreu, Curso de Direito Comercial, S. 34 f. m.w.N; Martins, Fisco (Nr. 19) 1990, 20, 21 ff.

174 Base II, Nr. 1 des Gesetzes Nr. 4/73 v. 04.07.1973; Pita, Fisco 1989, 6 f.

constituição) rechtsfähig und verliert ihre Rechtsfähigkeit, sobald die Beendigung der Liquidation eingetragen wird (Art. 1 des Gesetzesdekret Nr. 148/90 vom 09.05.1990).[175] Ergänzend[176] zum o.g. Gesetzesdekret finden das ACE-Gesetzesdekret Nr. 430/73 vom 25.8.1973 sowie das ACE-Gesetz Nr. 4/73 vom 04.06.1973 und damit auch der Art. 20 ACE-Gesetz Nr. 4/73 vom 04.06.1973 Anwendung, der wiederum auf die Vorschriften über die OHG (sociedade em nome colectivo, Artt. 175 bis 196 des CSC) verweist. Die Mitglieder der EWIV (AEIE) haften wie die Gesellschafter der OHG unbeschränkt und gesamtschuldnerisch für alle Verbindlichkeiten, jedoch nur subsidiär zur EWIV (AEIE).[177] Soweit die EWIV (AEIE) ein Handelsgeschäft[178] betreibt, handelt sie als Kaufmann. Soweit sie die Voraussetzungen der Art. 4 Nr. 2 bzw. Art. 3 Abs 2 lit. c der EWIV-VO nicht erfüllt, kann sie sich gem. des Art. 11 Gesetzesdekret Nr. 148/90 vom 09.05.1990 in eine Ergänzende Unternehmensvereinigung (ACE) umwandeln. Hinsichtlich der Geschäftsführung bestimmt Art. 8 des o.g. Gesetzesdekrets lediglich, dass auch eine juristische Person – soweit diese ein Mitglied ist – als Geschäftsführer bestellt werden kann. Das Prinzip der Fremdorganschaft findet mittelbar über Art. 6 Nr. 1 des Gesetzesdekrets Nr. 4/73 vom 25.08.1973 Anwendung. Zu den Pflichten der Geschäftsführung gehören die ordnungsgemäße Rechnungslegung und die jährliche Bilanzaufstellung (Art. 9 des Gesetzesdekrets Nr. 148/90 vom 09.05.1990). Die Übertragung der Anteile unter Lebenden erfolgt schriftlich (Art. 5 des o.g. Gesetzesdekrets), während für die Übertragung auf den Todesfall die Vorschriften des ACE (Art. 11 Nr. 2, 3 des Gesetzesdekrets Nr. 4/73 vom 25.08.1973) entsprechende Anwendung finden. Die Beendigung des EWIE (AEIE) richtet sich nach dem Art. 16 des Gesetzesdekrets Nr. 4/73 vom 25.08.1973.[179]

---

175 Die Eintragungspflicht des Gründungsvertrags folgt aus dem portugiesischen Gesetzbuch über das Handelsregister (CRC), der die vorgegebenen Registerpflichten der EWIV-VO umsetzt. Die Präambel des Gesetzesdekrets Nr. 148/90 v. 09.05.1990 erklärt ausdrücklich das CRC für anwendbar. Art. 7 CRC zählt die einzelnen Eintragungspflichten für die EWIV auf. Nach Art. 7 CRC muss der gesamte Vertrag veröffentlicht und die Firma der EWIV (AEIE) in das Nationale Körperschaftsregister (Registo National de Pessoas Colectivas) eingetragen werden.

176 Die Präambel des Gesetzesdekrets Nr. 148/90 v. 09.05.1990 verweist ausdrücklich auf die Gesetzesdekrete der ACE. In Art. 12 des o.g. Gesetzesdekrets wird auf die ergänzende Anwendbarkeit der ACE-Regelungen ausdrücklich hingewiesen.

177 Art. 24 EWIV-VO i.V.m. Art. 175 Nr. 1 CSC.

178 Die Artt. 1133 ff. des portugiesischen Zivilgesetzbuches (CCiV) enthalten genaue Regelungen, wann ein Handelsgeschäft vorliegt oder nicht.

179 Die Ausnahmen des Art. 16 Nr. 2 des Gesetzesdekrets Nr. 4/73 v. 25.08.1973 gelten vorbehaltlich einer anderen Regelung im Gründungsvertrag. Soweit die EWIV (AEIE)

In Anbetracht der Tatsache, dass es sich bei der ACE sowie bei der EVIW (AEIE) um eine mit europarechtlichen bzw. nationalrechtlichen Elementen versehene Unterart der portugiesischen OHG (sociedade em nome colectivo) handelt, sind diese Rechtsgebilde nach deutschem sowie nach portugiesischem[180] Verständnis den Personengesellschaften zuzuordnen.

5. *Zuzug von deutschen Personengesellschaften nach Portugal*

Nach Art. 3 Nr. 1 CSC richtet sich das Personalstatut der Handelsgesellschaften nach der Rechtsordnung, in der sich der Hauptverwaltungssitz der Gesellschaft befindet.[181] Als Hauptverwaltungssitz wird hierbei der Ort definiert, an dem die Gesellschaft ihren tatsächlichen, nicht ihren satzungsmäßigen Sitz hat.[182] Demnach können auch ausländische Gesellschaften, die nach ausländischem Recht wirksam gegründet wurden (Gesellschaftsstatut) und ihren Verwaltungssitz[183] nach Portugal verlegt haben, als inländische Gesellschaften unter Beibehaltung ihrer Rechtspersönlichkeit behandelt werden, vorausgesetzt, das Wegzugsland ist einverstanden (Art. 3 Nr. 2 CSC i. V. m. Art. 33 Nr. 3 CCiv[184]) und die zuziehende Gesellschaft hat sich dem portugiesischem Recht angeglichen. Portugal folgt damit, ohne an einer Auflösung und Neugründung festzuhalten, für den

ein Handelsgeschäft betreibt, sind die Regelungen über den Konkurs anzuwenden. Erfüllt die EWIV (AEIE) die Kaufmannseigenschaft nicht, finden die Regelungen über die Insolvenz Anwendung, vgl. Grandy/Löw/Delp, RIW 2000, 755, 757.

180 EVIW (AEIE) als Rechtsgebilde: Brito Correira, Sociedades Comerciais, S. 66 f., Coutinho de Abreu, Curso de Direito Comercial, S. 33 f., Oliveira Ascensão, Direito Comercial, S. 31. ACE und AEIE als Gesellschaft: Pinto Furtado, Curso de Direito das Sociedades, S. 157; Pupo Correira, Direito Comercial, S. 42. Coutinho de Abreu, Curso de Direito Comercial, S. 33, siedelt die ACE als Gebilde zwischen einer Vereinigung (associação) und einer Gesellschaft ein.

181 Art. 3 Nr. 1 CC ergänzt Art. 33 Nr. 1 CSC, der eine inhaltsgleiche Regelung für juristische Personen enthält. Demnach folgt der portugiesische Gesetzgeber der Sitztheorie. So die hM: statt vieler Ferrer Correia, Lições de Direito Privado, S. 112 m.w.N.

182 Marques dos Santos, Algumas Reflexões, S. 5, 63 ff.

183 An die Sitzverlegung einer deutschen Personengesellschaft nach Portugal werden nach der Sitztheorie keine kollisionsrechtlichen Folgen geknüpft, da Art. 3 Nr. 1 i.V.m. Art. 33 Nr. 3 CSC lediglich auf den Verwaltungssitz abstellt und die Eintragung der Gesellschaft zwingend einen inländischen Verwaltungssitz voraussetzt (Art. 25 Nr. 1 CSC).

184 Olavo Cunha, Direito das Sociedades Comerciais, S. 78; Lima Pinheiro, FS Martim de Albuquerque, S. 673, 675 ff.

Zuzug einer ausländischen Personengesellschaft, der Sitztheorie[185]. Für eine zugezogene, wirksam gegründete deutsche OHG oder KG[186], die mit einer portugiesischen Handelsgesellschaft vergleichbar ist, bedeutet dies, dass ein Vertreter der Gesellschaft für die Ausstellung einer öffentlichen Urkunde zu sorgen hat, indem er die Sitzverlegung zu erklären hat und die erforderliche „Umgründung" der Gesellschaft zu veranlassen hat (Art. 3 Nr. 3 CSC). Die deutsche OHG oder KG unterliegt damit den Voraussetzungen der Artt. 5, 18 CSC und des Art. 3 Nr. 1 lit. a CRCom über die Eintragung und Veröffentlichung von inländischen Gesellschaftsverträgen. Sie ist demnach zwingend ins Handelsregister einzutragen und im Internet zu veröffentlichen. Unterlässt die deutsche Personengesellschaft die Eintragung, haftet sie mit den Geschäftsführern sowie mit denjenigen Personen, die im Namen der Gesellschaft Rechtshandlungen vorgenommen haben, gesamtschuldnerisch (Art. 4 Nr. 2 CSC). Auf Antrag eines Betroffenen wird eine ausländische Gesellschaft, die länger als ein Jahr im Inland tätig war, ohne sich im Handelsregister einzutragen, aufgelöst und die Liquidation ihres in Portugal befindlichen Vermögens veranlasst (Art. 4 Nr. 3 CSC). Hiervon sind Gesellschaften, die im Rahmen des freien Dienstleistungsverkehrs tätig werden, ausgeschlossen (Art. 4 Nr. 4 CSC). Inwieweit die Sitztheorie eine Beschränkung der Niederlassungsfreiheit im Lichte der EuGH-Rechtsprechung[187] darstellt, bedarf hier keiner weiteren Erörterung, da hier die Sitzverlegung von deutschen Personengesellschaften (und nicht von deutschen Kapitalgesellschaften) innerhalb der EU behandelt wird.

Zusammenfassend bleibt festzuhalten, dass die portugiesische OHG, KG, GbR, die EVIW sowie die ACE sich weitestgehend dem deutschen Personalgesellschaftskonzept annähern. Auch die stille Gesellschaft (associação em conta de participação), die im Wesentlichen mit der stillen Gesellschaft nach §§ 230 ff.

---

185 Der BGH wendet in Zuzugsfällen die Gründungstheorie an, soweit Gesellschaften betroffen sind, die in einem EU- bzw. EWR-Staat gegründet wurden, vgl. BGH v. 13.03.2003, NJW 2003, 1461. Steiger, Grenzüberschreitende Fusion, S. 275, weist zutreffend darauf hin, dass Portugal durch Sitzverlegung unter Beibehaltung der Rechtspersönlichkeit eine Lösung geschaffen hat, die mit der Sitztheorie und der Niederlassungsfreiheit in Einklang steht.

186 Entsprechend wird eine deutsche GbR, soweit sie handelsrechtlich gegründet wurde, behandelt. Auf die EVIW findet Art. 33 CC Anwendung.

187 EuGH v. 09.03.1999, C-212/97 (Centros), BB 1999, 625; EuGH v. 05.11.200, C-208/00 (Überseering), BB 2002, 2402; EuGH v. 30.09.2003, C-167/01, BB 2003, 2195 (Inspire Art), vgl. zur Sicht Portugals: Lima Pinheiro, O direito aplicável ás sociedades, S. 673, 689 ff.

HGB vergleichbar ist, ist als Personengesellschaft zu klassifizieren. Darüber hinaus können wirksam gegründete deutsche Personengesellschaften nach Verwaltungssitzverlegung nach Portugal ihr Gesellschaftsstatut beibehalten, wenn sie sich dem portugiesischem Recht angeglichen haben.

C. Die steuerliche Behandlung von Personengesellschaften

Anders als im deutschen Steuerrecht besteuert das portugiesische Recht die Personengesellschaften nicht einheitlich. Die Handelsgesellschaften (sociedades comercais), die handelsrechtliche GbR (sociedades civil sob forma comercial) und die stille Gesellschaft als „Vereinigungen ohne Rechtspersönlichkeit" unterliegen als juristische Personen der Körperschaftsteuer (Art. 2 CIRC), während die nicht handelsrechtliche GbR (sociedade civil simple), die ergänzende Unternehmensvereinigung (ACE) und die EVIW (AEIE) dem Statut der Steuertransparenz (Regime da transparência fiscal) unterfallen, das dem deutschen Mitunternehmerkonzept ähnelt. Dies bedeutet für Letztere, dass nach Ermittlung der Bemessungsgrundlage bzw. des Gewinns oder Verlusts der jeweilige Anteil dem (un)beschränkt steuerpflichtigen Gesellschafter bzw. Mitglied nach dessen entsprechender Steuerart zugerechnet wird.[188] Ist eine natürliche Person oder eine Personengesellschaft (ohne Handelsgewerbe) an der transparenten Gesellschaft beteiligt, wird der Ergebnisteil den gewerblichen und selbstständigen Nettoeinkünften der Kategorie B zugeordnet. Handelt es sich bei den Gesellschaftern bzw. Mitgliedern dagegen um Personengesellschaften, die ein Handelsgewerbe betreiben oder um Kapitalgesellschaften, unterliegt der zurechenbare Anteil der Körperschaftsteuer (CIRC). Die transparenten Gesellschaften erfüllen – soweit sie eine unternehmerische Tätigkeit ausüben – den Betriebsstättenbegriff des Art. 5 CIRC.[189]

---

188 Morais, sobre o IRS, S. 166, 171 f.; Correira e Vale/ Freitas Perreira, Fisco (Nr. 17) 1990, 39, 40 f.; Menezes Montenegro, TOC (Nr. 37) 2003, 38, 42; Pinheiro Pinto, Fiscalidade, S. 183.

189 Eine fiktive Betriebsstätte begründet nach Art. 5 Nr. 9 CIRC eine in Portugal ansässige transparente Gesellschaft für ihre im Ausland ansässigen Gesellschafter oder Mitglieder unabhängig davon, ob diese im Inland eine Betriebsstätte unterhält oder nicht. Siehe hierzu Ausführungen in Kapitel 2 C II 2.

I. Besteuerung von natürlichen Personen und Personengesellschaften (ohne Handelsgewerbe) nach portugiesischem Recht

1. Unbeschränkte Steuerpflicht

Nach den Artt. 13 und 16 CIRS[190] sind natürliche Personen mit ihrem weltweiten Einkommen in Portugal unbeschränkt einkommensteuerpflichtig[191] (sog. Universalitätsprinzip bzw. princípio da universalidade de tributação). Als Steuersubjekte gelten insbesondere die Gesellschafter (natürliche Personen) einer transparenten Gesellschaft[192] als auch der „nicht gewöhnliche Steuerresident" (residente não habitual[193]), der im Inland unbeschränkt steuerpflichtig[194] sein muss und in den letzten fünf Jahren vor Antragstellung weder in Portugal ansässig noch dort als steuerlich ansässig registriert sein durfte (Art. 16 Nr. 8 CIRS).[195] Letzteres hat der „nicht gewöhnliche Steuerresident" (residente não habitual) bei Antragstellung[196] zu versichern oder ggf. gegen Vorlage einer steuerlichen Ansässigkeitsbescheinigung nachzuweisen. Der Sonderstatus gilt für die nächsten zehn Jahre unabhängig von der Beibehaltung oder Verlegung[197] des Wohnsitzes in eine Steueroase fort und ist auf Antrag verlängerbar.[198] Anträge können auch von transparenten Gesellschaften gestellt werden.[199] Soweit der Sonderstatus

190 Código do Imposto sobre o Rendimento das Pessoas Singulares (CIRS), das auf dem Gesetzesdekret Nr. 442-A/88 v. 30.11.1988 beruht und am 1.01.1989 in Kraft trat, wurde zuletzt durch das Gesetz Nr. 42/2016 v. 28.12.2016 geändert.

191 Soweit nicht ein DBA dem anderen Staat ein Besteuerungsrecht an den Einkünften gewährt.

192 Lopes, in: Lexit CIRS, Art. 13 CIRS, S. 402.

193 Das Sonderstatut des „nicht gewöhnlichen Steuerresidenten" geht auf das Gesetzesdekret Nr. 249/2009 vom 23.09.2009 zurück. Es richtet sich vorrangig an Steuerausländer, die mit ihrer in Portugal ausgeübten Tätigkeit einen Mehrwert für das Land erbringen. Zu Einzelheiten Borges/Ribeiro da Sousa, Fiscalidade (Nr. 40) 2011, 5, 7, 17 ff.

194 Im Sinne des Art. 16 Nr. 1 und 2 CIRS.

195 Brás/Abreu/Durão/Pimenta, Guia dos Impostos, S. 201 f.

196 Der Antrag muss spätestens bis zum 31.3. oder mit steuerlicher Registrierung gestellt werden (Art. 16 Nr. 10 CIRS).

197 Der Wohnsitzverlust kann auch durch eine abkommensrechtliche Tie-Breaker-Regelung eintreten (Art. 16 Nrn. 1, 2 CIRS), vgl. Borges/Ribeiro da Sousa, Fiscalidade (Nr. 40) 2011, 5, 49 f.

198 Borges/Ribeiro da Sousa, Fiscalidade (Nr. 40) 2011, 5, 27, 42 f.

199 Borges/Ribeiro da Sousa, Fiscalidade (Nr. 40) 2011, 5, 7, 17.

genehmigt wird, unterliegen die portugiesischen Einkünfte aus unternehmerischer und nichtselbstständiger Arbeit einer pauschalen Abgeltungssteuer i.H.v. 20% (Art. 72 Nr. 6 CIRS),[200] während die ausländischen Einkünfte unter Progressionsvorbehalt freigestellt werden, soweit die Einkünfte in dem anderen Staat besteuert wurden und mit diesem Staat ein DBA besteht (Art. 81 Nrn. 4 bis 6 CIRS[201]).

Ansässig ist eine natürliche Person nach Art. 16 CIRS, die entweder ihren Wohnsitz (residência) oder ihren gewöhnlichen Aufenthalt (residência habitual) in Portugal (einschließlich der Autonomen Regionen Madeira und Santa Ana) hat. Dies wird alternativ angenommen, wenn die natürliche Person sich länger als 183 Tage (un)unterbrochen in irgendeinem Zeitraum von zwölf Monaten mit Beginn oder Ende eines Veranlagungsjahres in Portugal aufhält[202] oder sie für einen kürzeren Zeitraum zu irgendeinem Zeitpunkt innerhalb des beschriebenen Zeitraums[203] in Portugal verweilt bzw. über eine Wohnung dort verfügt, die darauf schließen lässt, dass sie ihren Aufenthalt in Portugal beibehalten will. Ein erweiterter Wohnsitz (residência alargada) wird für die Dauer von fünf Jahren

---

200 Vgl. dazu die Beispielsfälle 6 und 7 (Dentallabor in Neuseeland) bei Borges/Ribeiro da Sousa, Fiscalidade (Nr. 40) 2011, 5, 33 f.

201 Sind die Voraussetzungen des Art. 81 Nrn. 4 bis 6 CIRS nicht erfüllt, werden die erzielten ausländischen Einkünften nach dem allgemeinen Tarif des Art. 68 CIRS besteuert (72 Nr. 6 CIRS). Nach Art. 81 Nr. 8 CIRS kann der Steuerpflichtige anstelle der Freistellungs- auch die Anrechnungsmethode anwenden, soweit er auf seine aus- und inländischen Einkünften seinen persönlichen Einkommensteuersatz anwendet. Bis zur Einkommensteuereform im Jahr 2015 existierte keine nationale Regelung, die eine Freistellung unter Progressionsvorbehalt (isenção com progressividade) vorsah; vgl. Carrapiço, OTOC 2012, 25; Morais, Apontamentos ao IRC, S. 207. Zu Einzelheiten Commisão para a Reforma de IRS, S. 46 f; Casalta Nabais, Direito Fiscal, S. 541–566. Zur Anrechnungs- und Freistellungsmethode im Allgemeinen, siehe Xavier, Direito Tributário Internacional, S. 748 ff.

202 Vor der Einkommenssteuerreform 2015 musste sich der Steuerpflichtige länger als 183 Tage in Portugal aufhalten. Davon hat der Gesetzgeber nunmehr Abstand genommen, um steuerliche Wohnsitzkonflikte zu vermeiden. Eine Wohnsitzbegründung tritt ab Ankunft in Portugal ein. Ein Umzug bis zum 31.3., der eine rückwirkende Wohnsitzbegründung für das ganze Veranlagungsjahr vorsah, ändert daran nichts, vgl. Comissão Rara a Reforma de IRS, S. 43 f.

203 Bis zum 31.12.2014 musste der Steuerpflichtige eine Wohnung bis zum 31.12. des Jahres innehaben. Nach neuer Rechtslage kann die Absicht zur Beibehaltung einer Wohnung auch außerhalb des Stichtags gefasst werden, vgl. A Comissão Para a Reforma de IRS, S. 43 f.

vermutet, wenn der portugiesische Steuerpflichtige seinen Wohnsitz in ein Niedrigsteuerland[204] verlegt, es sei denn, der Wohnsitzwechsel erfolgt aus nachvollziehbaren Gründen (Art. 16 Nr. 6 CIRS). Dies gilt auch für in Portugal ansässige Personen, die außerhalb des Inlands im portugiesischen Staatsdienst[205] arbeiten oder am 31.12. für die Besatzungen eines Schiffes oder Flugzeugs, das zu Portugal zugehörig oder dort betrieben wird, tätig sind (Art. 16 Nr. 1 lit. c und d CIRS).

2. *Einkommensarten und Einkünfteermittlung*

Da die Ermittlung der einzelnen Einkunftsarten auch für Gesellschafter transparenter Gesellschaften Bedeutung erlangen kann, wird sie nachfolgend dargestellt. Das steuerpflichtige Einkommen wird nach Art. 1 Nr. 1 CIRS abschließend[206] in sechs Einkunftskategorien unterteilt:

- Kategorie A (Einkünfte aus nichtselbstständiger Arbeit)
- Kategorie B (Einkünfte aus gewerblicher und selbstständiger Arbeit)
- Kategorie E (Einkünfte aus Kapitalvermögen)
- Kategorie F (Einkünfte aus Vermietung und Verpachtung)
- Kategorie G (Einkünfte aus Vermögenszuwächsen)
- Kategorie H (Renteneinkünfte und Pensionen)

Das zu versteuernde Jahreseinkommen (matéria coletável) setzt sich dabei aus der Summe der Nettoeinkünfte der Kategorien A bis H abzüglich spezifischer Abzüge (deduções específicas) und persönlicher Freibeträge sowie der vortragbaren Verluste zusammen. Soweit der Steuerpflichtige einzelne Einkünfte von der Einbeziehung (englobamento) ausschließt, werden die nicht einbezogenen Bruttoeinkünfte mit einer Abgeltungssteuer belegt. Auf das so ermittelte Weltnettoeinkommen (rendimento global líquido) wird der progressiv ausgestaltete

---

204 Eine Liste mit den entsprechenden Ländern enthält der ministerielle Erlass Nr. 150/2004 vom 13.3.2004, zuletzt geändert durch den Erlass Nr. 292/2011 v. 8.11.2011, abzurufen unter: https://dre.pt/home/-/dre/105669774/details/maximized?serie=I&day=2016-12-30&date=2016-12-01, zuletzt abgerufen am 17.07.2017.

205 Dazu zählt gem. Art. 16 Nr. 13 CIRS auch die Tätigkeit als EU-Abgeordneter.

206 Saldanha Sanches, Manual de Direito Fiscal, S. 299 ff. geht von einer „abschließenden Aufzählung" (tipicidade fechadada) aus mit der Folge, dass einige Einkünfte, wie beispielsweise bestimmte Schadensersatzzahlungen wegen Verletzung, Krankheit oder Tod sowie Preisgelder und Prämien, die im Zusammenhang mit einer literarischen, wissenschaftlichen und künstlerischen Tätigkeit (ohne Autorenrechte) stehen und Stipendien, nicht steuerbar sind (Art. 12 CIRS).

Stufentarif des Art. 68 CIRS[207] angewandt. Von der zu zahlenden Einkommensteuer können verschiedene Ausgaben (sog. deduções à coleta) für Ausbildung, Gesundheitsvorsorge, Beiträge für Renten-, Lebens-, Unfall- und Krankenversicherungen, Spenden, Hypothekenzinsen u.a., Vorauszahlungen, anrechenbare Quellensteuern, wie folgendes Schema zeigt, abgezogen werden.

Berechnung der portugiesischen Einkommensteuer (vereinfacht)
(auch für Gesellschafter transparenter Gesellschaften relevant)

Bruttoeinkünfte aller Kategorien A bis H
- spezifische Abzüge der jeweiligen Kategorien (deduções específicas)
= **Nettoeinkünfte aus allen Kategorien**
- Verlustvortrag (dedução à perdas)
= **zu versteuerndes Gesamteinkommen (rendimento global)**
- Ehegattensplitting oder Familiensplitting[208]
x Einkommensteuersatz (IRS) und Zuschlag (taxa de solariedade)
- Abzugsbetrag für Existenzminimum (parcela a abater)
x Ehegattenkoeffizient
= **zu zahlende Einkommensteuer (vorläufig)**
- Abzüge, Artt. 78, 78A bis 78F, 81, 83A, 84, 87 u.a. CIRS
- sonstige steuerlicher Begünstigungen (benefícios fiscais)
- Vorauszahlungen und anrechenbare Quellensteuern
= **endgültig zu zahlende oder zu erstattende Einkommensteuer**

+ Zuschläge
Sondersteuersatz (sobre taxa) zwischen 0,25% bis 3,21%
Solidaritätsabgabe (taxa adicional de solidariedade) auf Einkommensteuer über 80.000 € bis zu 5%

Abbildung 7: *Ermittlung der portugiesischen Einkommensteuer*

Quelle: Angelehnt an: https://www.pwc.pt/pt/pwcinforfisco/guia-fiscal/2017/irs.html#calculo, Guia dos Impostos, S. 29.

207 Übersteigt das zu versteuernde Einkommen den Betrag von 7.000 €, sind Normal- und Mittelsteuersatz (vgl. Tabelle in Art. 68 Nr. 1 CIRS) anzuwenden. Der Betrag, der zwischen 7.000 € und 80.000 € liegt, wird mit dem Mittelsteuersatz, der darüberhinausgehende Betrag mit dem Normalsteuersatz besteuert, vgl. Commisão para a Reforma do IRS S. 23f., 31 f., Faustino, in: Lições de Fiscalidade, S. 223.

208 Eine Zusammenveranlagung ist bei Ehegatten als familiäres Einkommen (bestehend aus allen in Portugal ansässigen Familienmitgliedern, die in häuslicher Gemeinschaft zusammenleben möglich (agregado familiar, Artt. 13 Nrn. 2–4, 16 Nr. 5 CIRS) sowie bei gleichgeschlechtigen Lebenspartnerschaften (união de facto, Art. 14 CIRS, Art. 1 Abs. 1 und Nr. 3 lit. d des Gesetzes Nr. 7/2001, vom 11.5.2001) auf Antrag möglich. In den übrigen Fällen werden die Ehegatten/Lebenspartner einzeln veranlagt (Art. 69

a) *Kategorie A (Einkünfte aus nichtselbstständiger Arbeit, Art. 2 CIRS)*

Zu diesen Einkünften zählt jegliche Art von Vergütung, die einem nichtselbstständigen Tätigen oder seinen nahen Verwandten aus einem Arbeits- oder einem anderen vertraglichen oder öffentlich-rechtlichen Rechtsverhältnis zufließen. Als Vergütungen gelten u.a. Gehälter[209], Löhne, Sachbezüge, Provisionen, Teilhaberechte, Zugaben, Abfindungen[210], Vorteilsgewährungen, Gratifikationen[211], bestimmte Vorruhestandsgelder, zinsfreie Kredite[212]. Von den Bruttoeinkünften ist ein Freibetrag i.H.v. 4104 €[213] bzw. i.H.v. 4275 € im Fall von Zahlungen an Berufsverbände abziehbar.[214] Schwerbehinderte[215] Arbeitnehmer erhalten zusätzlich einen Freibetrag i.H.v. 2500 € (Art. 56A CIRS). Als besondere

---

CIRS). Soweit zur Zusammenveranlagung optiert wird, wird das Gesamteinkommen halbiert und mit einem Familienkoeffizienten multipliziert, der sich aus den einzelnen Koeffizienten der Familienangehörigen zusammensetzt. Zusammenveranlagte Ehepartner erhalten einen Koeffizienten von 1 und deren Abkömmlinge von 0,3. Im Fall der Einzelveranlagung beträgt der Koeffizient 0,15 pro Abkömmling für jeden Ehegatten. Zu Einzelheiten Anjos Avezedo, in: Lexit CIRS, Art. 69 CIRS, S. 651 f.; A Comissão Para a Reforma de IRS, S. 51 ff.

209 Nach Art. 2 Nr. 3 lit. a CIRS werden Vorstandsgehälter von Kapitalgesellschaften und öffentlichen Unternehmen (empresas públicas) (mit Ausnahme von Gehältern an Wirtschaftsprüfer) erfasst, während Löhne von diplomatischem, konsularischem Personal sowie aus Tätigkeiten, die im Zusammenhang mit ausländischen, internationalen Organisationen, Friedensmissionen oder der NATO stehen, steuerfrei sind.

210 Abfindungen, die nicht das 1,5-fache des zuletzt zugeflossenen Monatsgehalts multipliziert mit der Beschäftigungszeit (in Jahren) übersteigen, sind steuerfrei, es sei denn, der Arbeitnehmer nimmt innerhalb der nächsten 24 Monaten eine neue Tätigkeit bei dem früheren Arbeitgeber auf, (Art. 2 Nr. 4 lit. b CIRS). Gezahlte Abfindungen an Geschäftsführer, Vorstandsmitglieder oder Betriebsstättenvertreter werden dagegen zur Gänze besteuert (Art. 2 Nr. 4 lit. a CIRS), vgl. Brás/Abreu/Durão/Pimenta, Guia dos Impostos, S. 37.

211 Gratifikationen, die der Arbeitnehmer von einem Dritten erhält, werden zu 10% sonderbesteuert (Art. 72 Nr. 3 CIRS). Der Arbeitgeber gilt als Nicht-Dritter.

212 Kredite für den Bezug einer Wohnung (subsídios de residência) oder entsprechende Zahlungen sind steuerfrei, vgl. Brás/Abreu/Durão/Pimenta, Guia dos Impostos, S. 31 ff.

213 Dieser Betrag wird auf Grundlage von 72% des nationalen jährlichen Mindesteinkommens berechnet.

214 Soweit die Freibetragsgrenzen die gezahlten Pflichtbeträge übersteigen, sind diese in voller Höhe abziehbar.

215 Arbeitnehmer sind schwerbehindert, wenn sie mindestens einen Grad von 60% Behinderung aufweisen. Ihre Einkünfte werden lediglich zu 90% steuerlich berücksichtigt.

Abzüge[216] (deduções especificas) können Beiträge an Gewerkschaften bis höchstens 171 €, Aufwendungen für Unfall, Gesundheit und Invalidität, für arbeitsbedingte Verschleißerscheinungen bis 2.096,10 € sowie für juristische Fortbildung i. H. v. 249,40 € abgezogen werden (Artt. 25, 27 CIRS). Mit der Zurverfügungstellung der o.g. Einkünfte behält der Arbeitgeber die Lohnsteuer[217] zzgl. einer Zusatzsteuer (sobretaxa) i.H. v. 3, 5%[218] ein und führt diese bis zum 20. des folgenden Monats an die Finanzbehörde ab (Artt. 98 bis 100, 119, 191 CIRS).[219] Zu viel einbehaltene Lohnsteuer wird nach Maßgabe der Artt. 96, 102A, 102B CIRS erstattet. Übersteigen die Jahreseinkünfte den Betrag von 8.500 €, haben die Arbeitnehmer eine Erklärung nach dem sog. Modelo 3, Annex A abzugeben (Artt. 57 bis 63 CIRS). Eine Veranlagung (englobamento) bleibt daneben möglich (Art. 72 Nr. 6 CIRS).

b) Kategorie B (Einkünfte aus gewerblicher und selbstständiger Arbeit, Art. 4 CIRS)

Die Kategorie B[220] erfasst u.a. Einkünfte aus gewerblicher, freiberuflicher[221], industrieller oder land- und forstwirtschaftlicher Tätigkeit[222]; außerdem aus der Ausübung jeglicher selbstständiger Dienstleistungen (einschließlich

216 Die besonderen Abzüge sind mit den deutschen Sonderausgaben und außergewöhnlichen Belastungen vergleichbar, die das portugiesische Recht im Rahmen der Kategorien A und H (unselbstständige Arbeit/Renten) anerkennt.

217 Der einzubehaltende Lohnsteuersatz liegt zwischen 0% bis 44,5%. Maßgeblich ist das zu erwartende Jahreseinkommen (insgesamt 14 Monatsgehälter) in Abhängigkeit von variierendem oder fest gezahltem Arbeitslohn. Für Arbeitnehmer mit festem Lohn gibt es insgesamt sechs Tabellen, während für Arbeitnehmer mit variierendem Lohn die Tabelle des Art. 100 CIRS gilt. Nicht dem Lohnsteuerabzug unterliegen unselbstständige Einkünfte, die weder im Inland erzielt wurden noch im Quellenstaat einer tatsächlichen Besteuerung unterlegen haben (Art. 99 CIRS).

218 Art. 191 des Gesetzes Nr. 82-B/2014.

219 Brás/Abreu/Durão/Pimenta, Guia dos Impostos, S. 40 f.

220 Mit der Steuerreform 2000 wurden die Kategorien B, C und D zur neuen Kategorie B zusammengefasst und um den Anwendungsbereich der Kategorie G erweitert, vgl. Gesetz Nr. 30-G/2000; Saldanha Sanches, Manual de Direito Fiscal, S. 311 f.

221 Vgl. hierzu die Liste des Art. 151 CIRS, abgedruckt im Anhang unter Punkt 6, die die freiberuflichen Tätigkeiten abschließend aufzählt.

222 Auch Kosten aus landwirtschaftlichen Nebenbetrieben, deren direkte Kosten weniger als 25% der Gesamtkosten ausmachen, fallen darunter. Einkünfte aus land- und forstwirtschaftlicher Tätigkeit, die das 4,5-fache des Sozialhilfesatzes nicht übersteigen (22.637,88 €), sind von der Besteuerung ausgenommen, vgl. Brás/Abreu/Durão/Pimenta, Guia dos Impostos, S. 59.

wissenschaftlicher, künstlerischer oder technischer Tätigkeiten[223]), sonstige Leistungen[224], steuerbare isolierte Einzelakte[225] (actos isolados), Einkünfte von transparenten Gesellschaften i.S.d. Art. 6 CIRC[226] sowie mit der unternehmerischen Tätigkeit im Zusammenhang stehende Einkünfte aus Vermietung und Verpachtung[227], aus Kapitalvermögen und aus Veräußerungen[228].

Der steuerpflichtige Gewinn der Kategorie B kann entweder nach dem vereinfachten Verfahren (regime simplificado) i.S.d. Artt. 31, 28 Nr. 1 lit. a CIRS oder durch einen modifizierten Betriebsbestandsvergleich nach den Regeln des CIRC[229] ermittelt werden. In begründeten Ausnahmenfällen schätzt die Finanzverwaltung den steuerpflichtigen Gewinn (avaliação indirecta[230]). Dies ist der Fall, wenn der Steuerpflichtige entweder keine beweiskräftigen Unterlagen abgibt oder in drei hintereinander folgenden Jahren (ohne Begründung) Verluste ausweist oder sein erklärter Gewinn um mehr als 30% innerhalb eines

223 Einkünfte, die der Urheber aus der Erbringung einer künstlerischen, wissenschaftlichen oder schriftlichen Tätigkeit erzielt, sind zur Hälfte, höchstens zu 10.000 €, steuerfrei (Art. 58 EBF).

224 Preisgelder für künstlerische, schriftliche oder wissenschaftliche Leistungen, Stipendien für Nicht-Hochleistungssportler sind bis zum Höchstbetrag von 2.375 € steuerbefreit (Art. 12 CIRS. Preisgelder, die behinderten Sportler erhalten, bleiben unversteuert.

225 Die isolierten Einzelakte rühren weder aus einer vorhersehbaren noch aus einer wiederkehrenden Tätigkeit her. Unterschreitet der isolierte Einzelakt die jährliche Umsatzgrenze von 200.000 €, erfolgt die Gewinnermittlung nach dem vereinfachten Verfahren, andernfalls nach der ordentlichen Buchführungsmethode, wobei nur notwendige Aufwendungen nach Maßgabe des Art. 33 CIRS abziehbar sind. Zu Einzelheiten Morais, sobre o IRS, S. 79 f. m.w.N.

226 Es ist darauf hinzuweisen, dass die zugerechneten Gewinne als Nettogröße zufließen. Darüberhinausgehende Einkünfte stellen hingegen Bruttoeinkünfte der Kategorie B dar.

227 Die Einkünfte aus Vermietung und Verpachtung werden in der Kategorie F besteuert, soweit der Steuerpflichtige hierzu optiert hat, s. Brás/Abreu/Durão/Pimenta, Guia dos Impostos, S. 58.

228 Die Einkünfte aus Wertzuwächsen werden entsprechend den Artt. 46 ff. CIRC ermittelt. Zu diesen Einkünften zählen insbesondere „Entnahmen“.

229 Aufgrund des Verweises in Art. 32 CIRS auf die Regeln der CIRC (mit Ausnahme der Artt. 51, 51A, 51B, 51C und 54A CIRC) wird der Gewinn entweder durch Betriebsvermögensvergleich oder durch Einnahmen- und Ausgabenrechnung berechnet. Zu Einzelheiten vgl. Morais, sobre o IRS, S, 73 f.

230 Vgl. die Artt. 87 bis 89 LGT. Die indirekte Methode ist in den Art. 57 CIRS verankert, vgl. Silva, in: A Reforma ao IRC, S. 153, 156 f.; Morais, Apontamentos ao IRC, S. 177 f.

Jahres bzw. um mehr als 15% in drei aufeinanderfolgenden Veranlagungsjahren von den branchenüblichen Durchschnittswerten abweicht.[231]

aa) Gewinnermittlung auf Basis der normalen Buchführung

Steuerpflichtige, die Jahresumsätze von mehr als 200.000 € erzielen, sind verpflichtet, ihre Gewinne auf Basis der normalen Buchführung (SNC) zu ermitteln. Nachgewiesene Aufwendungen für die Erzielung und Erhaltung der Einnahmen sind abziehbar, soweit die in Art. 32 CIRS i.V.m. Art. 23A CIRC[232] und Art. 33 CIRS[233] verankerten Abzugsverbote dem nicht entgegenstehen. Nach Art. 33 Nr. 1 CIRS sind Gehälter, Zugaben und sonstige Vorteilsgewährungen für die geleistete Arbeit des Steuerpflichtigen selbst nicht abziehbar. Aufwendungen, die dem freiberuflich bzw. gewerblich Tätigen bei Ausübung seiner Tätigkeit in seiner eigenen Wohnung entstehen, sind in Höhe von 25% der nachgewiesenen Gesamtkosten für die Wohnung (wie z. B. Kosten für Wasser, Strom, Heizung) abziehbar, soweit der Steuerpflichtige seine gewerbliche oder selbstständige Tätigkeit ausschließlich dort ausübt (Art. 33 Nr. 5 CIRS). Üben mehrere Gewerbetreibende/Freiberufler eine gemeinsame berufliche Tätigkeit aus, werden die entstandenen Kosten entsprechend ihrer Unternehmensbeteiligung oder nach ihren Bruttoeinkünften aufgeteilt (Art. 33 Nr. 6 CIRS). Weiter bleiben Zahlungen sowie Schulden gegenüber in Steueroasen befindlichen Steuerpflichtigen außer Ansatz, es sei denn, der Steuerpflichtige weist nach, dass der Zahlung oder der Schuld ein tatsächlich bestehendes Rechtsgeschäft zugrunde liegt (Art. 33 Nr. 9 CIRS). Daneben kennt das portugiesische Recht Aufwendungen, die zwar voll abzugsfähig sind, aber mit einem autonomen Steuersatz zwischen 5% bis 50%[234] belegt werden. Hierbei handelt es sich um steuerlich nicht anerkannte Ausgaben, die unabhängig von einem Unternehmergewinn, besteuert werden (tributação autonoma[235], Art. 73 CIRS).

---

231 Art. 87 lit. a, c und e LGT; Silva, in: A Reforma ao IRC, S. 153, 156 f.; Morais, Apontamentos ao IRC, S. 177 ff.

232 Zu dem Abzugsverbot des Art. 23A CIRC siehe Ausführungen in Kapitel 2 E II 1 aa.

233 Zu Art. 33 CIRS im Allgemeinen vgl. Morais, sobre o IRS, S. 74 f.

234 vgl. zu Einzelheiten die Übersicht 2 im Anhang.

235 Die autonome Besteuerung wurde im Rahmen der portugiesischen Körperschaftsteuerreform 2001 auf Grundlage des Gesetzes Nr. 30G/2000 v. 29.12.2000 zur Bekämpfung der Steuerhinterziehung in die Art. 73 CIRS und Art. 88 CIRC eingeführt; insbesondere Unternehmer, die durch Geltendmachung überhöhter Aufwendungen einer Besteuerung entkamen, sollten auf Grundlage des neu eingeführten Gesetzes zu einer Mindestbesteuerung herangezogen werden. Die autonome Besteuerung unterlag im Zeitraum von 2001 bis 2016 insgesamt 15 Änderungen (zuletzt

Diese Strafbesteuerung steht mit der portugiesischen Verfassung in Einklang, zumal nach Art. 104 Nr. 2 CRP das „grundsätzlich" real erwirtschaftete Einkommen der Besteuerung unterliegt.[236]

bb) Das vereinfachte Verfahren (regime simplificado)

Steuerpflichtige mit Jahresumsätzen von weniger als oder gleich 200.000 € können bis zum 31.03. des laufenden Jahres nach Ausübung ihres Optionsrechts ihren Gewinn nach der vereinfachten Methode berechnen (Art. 28 Nr. 10 CIRS).[237]

Der Gewinn wird dabei auf Grundlage nachfolgender unwiderlegbarer Parameter geschätzt:

---

durch das Gesetz Nr. 7A/2016 v. 30.06.2016). Die Einnahmen aus der autonomen Besteuerung stellen zudem eine bedeutende Einnahmequelle für die portugiesische Finanzverwaltung dar. Im Jahr 2013 machten sie 16,4% der Gesamteinnahmen aus der Körperschaftsteuer aus. Allgemein zur autonomem Besteuerung: Silva, TOC 2015, S. 39, 40 f. m.w.N.

236 Statt vieler Ac. TC v. 20.06.2012, Az. 310/2012, abzurufen unter: http://www.tribunalconstitucional.pt/tc/acordaos/20120310.html, zuletzt abgerufen am 25.09.2017.

237 Wird die Umsatzgrenze von 200.000 € in zwei aufeinanderfolgenden Jahren oder in einem Geschäftsjahr um mehr als 25% überschritten oder hat der Steuerpflichtige höhere Umsätze als 200.000 € erzielt, ist dieser verpflichtet, seinen Gewinn nach der normalen Buchführung zu ermitteln (Art. 28 Nr. 6 CIRS). Steuerpflichtige, die nicht zur Buchführung verpflichtet sind, können ihren Gewinn nach der Einnahmen-Ausgabenrechnung gem. Artt. 50, 65 CIVA, die an den „4-III-Rechner" im deutschen Recht erinnert, berechnen.

zu besteuernde Bruttoeinkünfte der Kategorie B	**Parameter**
Verkaufserlöse aus Waren, Produkten und Dienstleitungen im Sektor Hotellerie und gleichartiger Tätigkeiten von Gast- und Schankwirtschaftsgewerbe	0,15[238]
Sonstige unternehmerische und selbstständige Dienstleistungen	**0,75**
sonstige allgemeine Dienstleistungen	**0,35**
Einkünfte aus Lizenzen, Einkünfte aus Know-how, Kapitaleinkünfte, Einkünfte aus Vermietung sowie Zugewinnen[239]	0,95
Zuschüsse und Subventionen, die nicht dem Betrieb dienen	0,30
Zuschüsse und Subventionen, die dem Betrieb dienen sowie sonstige Einkünfte der Kategorie B	**0,10**
Einkünfte für Dienste, die der Gesellschafter gegenüber seiner transparenten Freiberuflergesellschaft erfüllt	1[240]

Abbildung 8: *Einkommensteuerliche Parameter des vereinfachten Verfahrens*
Quelle: Angelehnt an https://www.pwc.pt/pt/pwcinforfisco/guia-fiscal/2017/irs.html#regime, zuletzt abgerufen am 25.09.2017.

Die Parameter i.H.v. 0,75, 0,35 und 0,10 können um jeweils 50% im 1. Jahr sowie um jeweils 25% im 2. Jahr gekürzt werden, soweit die Existenzgründer die damit zusammenhängenden Einkünfte weder in der Kategorie A (nichtselbstständige Arbeit) noch in der Kategorie H (Renteneinkünfte und

238 Seit dem 01.01.2017 werden Einkünfte natürlicher Personen aus der Vermietung von Ferienhäusern, Ferienwohnungen und Gästezimmern an Touristen (alojamento local) nicht mehr vom Dienstleitungssektor Hotellerie und gleichartiger Tätigkeiten (0,15) erfasst, sondern vom Sektor sonstige allgemeine Dienstleistungen (0,35). Im Jahr 2016 lag der jährliche Durchschnittsumsatz bei 200.000 €. Für das Jahr 2017 folgt bei gleichem Umsatz daraus, dass nicht mehr 30.000 €, sondern 70.000 € zu versteuern sind. Alternativ hierzu können die Steuerpflichtigen ihre Einkünfte auch als Vermietungs- und Verpachtungseinkünfte der Kategorie F besteuern.

239 Die Ermittlung des betrieblichen Veräußerungszugewinnes richtet sich nach Art. 3 Nr. 2 lit. c CIRS und nach der Grunderwerbsteuer (CIMT). Ein zu geringer Kaufpreis wird durch den im Steuerkataster festgelegten steuerlichen Einheitswert des Grundstücks (valor patrimonial tributário) ersetzt, es sei denn, der Steuerpflichtige weist entsprechend Art. 139 CIRC nach, dass der Kaufpreis tatsächlich geringer war (Art. 32 CIRS i. V. m. Artt. 86B Nr. 4 CIRC, 64 CIRC). Dies gilt unabhängig davon, ob der Steuerpflichtige in den folgenden Jahren den Gewinn nach der vereinfachten oder der regulären Methode ermittelt, siehe Silva, in: A Reforma ao IRC, S. 153, 166 f.; Brás/Abreu/Durão/Pimenta, Guia dos Impostos, S. 64 f.

240 Der Koeffizient von 1 gilt nicht für die übrigen transparenten Gesellschafter, Art. 31A Nr. 2 CIRS.

Pensionen) berücksichtigt haben (Art. 31 Nr. 10 CIRS).[241] Aufwendungen sind generell nicht abziehbar. Ausnahmen[242] gelten im Hinblick auf Gesellschafter, die eine selbstständige Tätigkeit entsprechend der Liste in Art. 151 CIRS ausüben, diese können ihre Beiträge bzw. Abgaben für die Sozialversicherung[243] sowie für Zusatzversicherungen in den Bereichen Unfall, Leben, Gesundheit nach Maßgabe des Art. 31 Nrn. 2 und 12 CIRS abziehen, es sei denn, diese Beiträge wurden bereits in anderen Kategorien berücksichtigt. Darüber hinaus werden nicht belegbare Ausgaben mit einem autonomen Steuersatz von 50% belegt und Beträge, die an Personen oder Gesellschaften mit Sitz oder Wohnsitz in steuerbegünstigten Ländern (ohne nachweisbaren Zahlungsvorgang) gezahlt wurden, zu 35% strafbesteuert (Art. 73 Nr. 8 CIRS).

Veräußerungsgewinne (mais-valias), die aus der entgeltlichen Übertragung unternehmenseigener Aktiva resultieren, unterliegen einer hälftigen Besteuerung, soweit die Voraussetzungen des Art. 48 CIRC erfüllt sind (vgl. Art. 31 Nr. 6

---

241 Brás/Abreu/Durão/Pimenta, Guia dos Impostos, S. 64.

242 Versicherungsbeiträge in den Bereichen Gesundheit, Unfall, Leben und Invalidität können bis zu einem Betrag von 2.096,10 € abgezogen werden, soweit der Steuerpflichtige im Beruf einen hohen Verschleiß erleidet (Art. 31 Nr. 12 CIRS). Zudem können die Pflichtbeiträge für Sozialversicherungen zu 10% ihres übersteigenden Bruttobetrags abgezogen werden, soweit ein pauschaler Abzug i.H.v. 0,35 bzw. 0,75 erfolgt ist (Art. 31 Nr. 2 CIRS), siehe Brás/Abreu/Durão/Pimenta, Guia dos Impostos, S. 64.

243 Aufgrund des ausdrücklichen Verweises von Art. 133 Nr. 1 lit. b CRCSPSS (Sozialabgabengesetzbuches) auf Art. 6 Nr. 4 lit. a CIRC sind nur Gesellschafter von Freiberuflergesellschaften sozialversicherungspflichtig. Sie unterliegen den gleichen Abgabenpflichten wie Freiberufler. Gesetzlicher Hintergrund dieser Gleichstellung ist, dass Freiberufler unabhängig davon, ob sie ihre freiberufliche Tätigkeit allein oder über eine Gesellschaft ausüben, sozialversicherungspflichtig bleiben. Tritt der Gesellschafter zusätzlich als Geschäftsführer auf, findet das System über Vorstandsmitglieder (Regime dos Membros dos Órgãos Estatutários, Art. 63d CRCSPSS) auf sie keine Anwendung. Dies gilt nicht für die übrigen Gesellschafter von transparenten Gesellschaften, die keiner Sozialversicherungspflicht unterliegen. Zu beachten ist ferner, dass das System für Auftraggeber (Regime Contributivo das Entidades Contratantes, Art. 140 Nr. 1 CRCSPSS), das vorrangig die Ausstellung von Scheinrechnungen bekämpft, nicht auf Freiberuflergesellschaft Anwendung findet. Insofern gelten Gesellschaft und Gesellschafter als Einheitsunternehmen. Zu Einzelheiten Oliveira/Valente, Código Contributivo, Art. 140, S. 124; Rocha, CTJ Nr. 07 2015, 25, 27 m.w.N.

CIRS, der auf Art. 48 Nrn. 5 und 6 CIRC verweist).[244] Verluste und steuerliche Begünstigungen bleiben unberücksichtigt.[245]

Soweit Steuerpflichtige ihren Gewinn auf Basis der vereinfachten Methode ermitteln können, können sie ihre gewerblichen bzw. freiberuflichen Einkünfte[246] auch nach den Regeln der nichtselbstständigen Arbeit (Kategorie A) versteuern, soweit sie ihre unternehmerischen Einkünfte von nur einem Arbeitgeber beziehen (Art. 28 Nr. 8 CIRS).[247] Andernfalls werden die erzielten Einkünfte als freiberuflich bzw. gewerblich behandelt und gegen Vorlage einer entsprechenden Quittung (sog. fatura-recibo) zu 25% quellenbesteuert (Kategorie B, Art. 71 Nr. 4 lit. a CIRS).[248] Dieses Wahlrecht kann nicht von Gesellschaftern einer Freiberuflergesellschaft ausgeübt werden, während den übrigen Gesellschaftern bzw. Mitgliedern von transparenten Gesellschaften wohl ein etwaiges Optionsrecht verbleibt. Hierfür spricht ein Wortlautvergleich der Art. 28 Nr. 8 und Art. 31 Nr. 1 lit. g CIRS *(„ausgeschlossen werden Leistungen des Gesellschafters an seine Gesellschaft i.S.d. Art. 6 Nr. 1 lit. b CIRC“*[249]) mit dem Wortlaut des Art. 20 Nr. 1 CIRS *(„alle Gesellschafter oder Mitglieder der in Art. 6 CIRC aufgeführten Gesellschaften“)*. Hätte der portugiesische Gesetzgeber diese Ausnahme auf alle transparenten Gesellschaften ausdehnen wollen, hätte er dies in Art. 28 Nr. 8 CIRS wie in den Artt. 20, 31 CIRS sprachlich mit dem Passus „alle Gesellschafter oder Mitglieder der in Art. 6 CIRC aufgeführten Gesellschaften“ oder mit einem ausdrücklichen Verweis auf den gesamten Art. 6 CIRC besonders hervorgehoben. Eine Ausweitung auf sämtliche Gesellschaften ist daher vom Wortsinn nicht mehr gedeckt. Dem kann auch nicht der Wille des Gesetzgebers entgegengehalten werden, da aus der Gesetzesbegründung hinreichend deutlich wird, dass der Gesetzgeber

---

244 Die Voraussetzung hierfür ist, dass die Aktiva vor Veräußerung weniger als ein Jahr im Betriebsvermögen gehalten wurden und die Reinvestition spätestens zwei Jahre ab Veräußerung in neues Anlagevermögen erfolgt. Soweit bis zum Ablauf des 2. Jahres keine oder eine Teilreinvestition erfolgt, wird der offene Teilbetrag zu 15% nachversteuert. Wird gebrauchtes Anlagevermögen von einem Steuersubjekt, zu dem besondere steuerliche Beziehungen bestehen, angeschafft, entfällt die Begünstigung.

245 Art. 32 CIRS i.V.m. Art. 90 Nr. 8 CIRC und Art. 32 CIRS i.V.m. Art. 106 Nr. 11 lit. a CIRC.

246 Das ausgeübte Wahlrecht ist für die nächsten drei Jahre bindend.

247 Brás/Abreu/Durão/Pimenta, Guia dos Impostos, S. 65.

248 Stieb, in: Mennel/Föster, Portugal, S. 36.

249 Der Art. 6 Nr. 1 lit. b CIRC nimmt lediglich Bezug auf die Freiberuflergesellschaft (sociedades de profissionais).

allein die Freiberuflergesellschaften von der Ausübung des Wahlrechts ausschließen wollte.[250]

cc) Quellenbesteuerung

Bruttoeinkünfte des ansässigen Steuerpflichtigen aus der Ausübung wissenschaftlicher und industrieller Dienstleistungen, aus Kapital sowie aus der Vermietung und Verpachtung (Kategorie B) unterliegen einer Quellensteuer i.H.v. 16,5% (Art. 101 CIRS). Dienstleistungen des unbeschränkt Steuerpflichtigen mit Sonderstatus (residentes não habitual) werden zu 20% quellenbesteuert, während Dienstleistungen von Steuerpflichtigen ohne Sonderstatus einer Quellensteuer von 25% unterliegen. In diesen Fällen ist wiederum die Brutto-Bemessungsgrundlage maßgeblich. Von den übrigen geleisteten Dienstleistungen wird eine Vorauszahlung[251] (imposto por conta) von 11,5%[252] einbehalten. Die Bruttoeinkünfte aus der Verwertung eigener Autorenrechte sowie bestimmte ärztliche Honorare werden hälftig quellenbesteuert (Art. 101D CIRS). Veräußerungsgewinne, Entschädigungen und bestimmte Leistungen aus Tourismus-, Hotel-, Bau- und Reisegewerbe werden hingegen nicht quellenbesteuert (Artt. 4, 101, 101B CIRS). Soweit die voraussichtlich unternehmerischen Einkünfte den Betrag von 10.000 € nicht übersteigen, kann auf den Quellensteuereinbehalt verzichtet werden (Art. 101B CIRS).

c) Kategorie E (Einkünfte aus Kapitalvermögen, Artt. 5–7 CIRS)

Die Einkunftsart umfasst u.a. eine Vielzahl von Zinsen[253][254], Bezüge aus Sicht- und Termineinlagen bei Kreditinstituten, Prämien sowie andere Bezüge aus öffentlichen Schuldverschreibungen, Partizipationsscheinen, Kassenobligationen,

---

250 Comissão para a Reforma do IRS, S. 31, 92.

251 Die Steuervorauszahlungen (pagamentos por conta) betragen 76,5% der gewerblichen und freiberuflichen Einkünfte des vorletzten Jahres und sind zum 20.07., 20.10., 20.12. eines Jahres an das Finanzamt abzuführen. Die Pflicht zur Vorauszahlung entfällt, wenn absehbar ist, dass keine gewerblichen/freiberuflichen Einkünfte fließen bzw. die Vorauszahlungen mit der zu zahlenden Einkommensteuer übereinstimmen (Artt. 97, 102, 104–109 CIRS).

252 Brás/Abreu/Durão/Pimenta, Guia dos Impostos, S. 73.

253 Hierzu gehören auch Zinsen aus Rentensparplänen, sofern sie das Kapital der Rentenversicherung von 10.500 € übersteigen (Artt. 20, 20A IRS), vgl. Brás/Abreu/Durão/Pimenta, Guia dos Impostos Portugal, S. 92.

254 Es besteht die widerlegbare Vermutung, dass der vereinbarte Zinssatz dem gesetzlichen entspricht.

Swaps, Wertpapieren, Dividendenausschüttungen[255], Lizenzzahlungen, die nicht vom Urheber des Lizenzrechts herrühren und sonstige wirtschaftliche Vorteile aus Vermögen. Nicht erfasst werden Zuwendungen von transparenten Gesellschaften an ihre Gesellschafter, Ausgaben von Gratisaktien[256] sowie Kapitalerträge, die den Einkünften aus Gewerbebetrieb oder aus selbstständiger Arbeit zurechenbar sind (Art. 5 Nr. 1 CIRS). Aufwendungen sind nicht abziehbar (sog. Bruttobesteuerung).[257] Die Kapitaleinkünfte unterliegen bereits ab Zurverfügungstellung (colocação a disposição, Art. 7 Nr. 1 CIRS) einer grundsätzlichen[258] abgeltenden[259] Quellensteuer von 28% (Art. 71 Nr. 1 lit. a CIRS) oder diese wird auf die Steuerschuld angerechnet.[260] Soweit der Steuerpflichtige von seinem Optionsrecht[261] Gebrauch macht, werden die empfangenen Dividenden hälftig in die Bemessungsgrundlage einbezogen (englobamento, Artt. 22, 71 Nr. 6 CIRS;

255 Jegliche Zuwendung der Gesellschaft an ihre Gesellschafter wird als Dividendenausschüttung behandelt, es sei denn, der Gesellschafter weist nach, dass die Auszahlung auf Grundlage eines fremdüblichen Arbeits- oder Darlehnsvertrags mit der Gesellschaft erfolgt ist.

256 vgl. dazu die Klarstellung in Nr. 6 des Protokolls zu Art. 13 DBA-Portugal, der im Hinblick auf den Art. 10 Nr. 28 OECD-MK, wonach Gratisaktien dem Art. 10 OECD-MA und nicht dem Art. 13 OECD-MA unterfallen, erforderlich war. Werden die Gratisaktien von in Deutschland ansässigen Gesellschaften ausgegeben, sind sie wieder dem Art. 10 DBA-Portugal zuzuordnen.

257 Die Gleichsetzung der Bruttoeinnahmen mit dem Nettoeinkommen im Rahmen der Kategorieeinnahmen E wird von Stimmen in der Literatur als Verletzung des Leistungsfähigkeits- und Gleichheitsprinzips angesehen, vgl. Brás, Impostos – Teoria Geral, S. 182 f., Cadilhe, Fisco Nr. 3 (1989), 34, 35; Saldanha Sanchez, Manual de Direito Fiscal, S. 337 f., Teixeira Ribeiro, A reforma fiscal, S. 238; Xavier, Direito Tributário Internacional, S. 525 Fn. 23.

258 In Portugal vereinnahmte Kapitaleinkünfte, die eine Gesellschaft mit Sitz in einer Steueroase an ihre Gesellschafter zahlt, werden mit einer abgeltenden portugiesischen Quellensteuer von 35% belegt (Art. 71 Nr. 12 lit. a CIRS). Die ausländische Gesellschaft hat die Quellensteuer gem. Art. 101 Nr. 2 lit. b CIRS einzubehalten.

259 Basto, IRS, S. 266; Morais, sobre o IRS, S. 93; Pinheiro Pinto, Fiscalidade, S. 178 f.

260 Basto, IRS, S. 323 f.; Brás/Abreu/Durão/Pimenta, Guia dos Impostos Portugal, S. 93 f.

261 Das in Art. 71 Nr. 6 CIRS verankerte Optionsrecht trägt wohl hinreichend dem Leistungsfähigkeitprinzip bei. Dem zustimmend Faustino, in: Lições de Fiscalidade, S. 195; Machado/Nogueira, Curso de Direito Tributário, S. 205; a.A. Brás, Impostos – Teoria Geral, 182 f., Cadilhe, Fisco Nr. 3 (1989), 34 f.; Saldanha Sanchez, Manual de Direito Fiscal, S. 337 f.; Teixeira Ribeiro, A reforma fiscal, S. 238; Xavier, Direito Tributário Internacional, S. 525 Fn. 23.

Art. 40A CIRC).[262] Gleiches gilt auch für die Zuwendung an den stillen Gesellschafter (Art. 40A Nr. 3 CIRS).[263]

Sofern der persönliche Steuersatz geringer als der pauschale Steuersatz von 28% bzw. 35% – vorbehaltlich eines geringeren DBA-Quellensteuersatzes[264] – ist, wird in der Regel die Regelbesteuerung gewählt werden.[265]

d) Kategorie F (Einkünfte aus Vermietung und Verpachtung, Art. 8 CIRS)

Die Kategorie F erfasst u.a. Miet- und Pachteinnahmen und sonstige Entgelte für die (zeitweise) Überlassung von Immobilien, Anlagen oder gewerblichen Geschäftseinrichtungen. Abziehbar sind sämtliche Erhaltungs- und Hausverwaltungskosten sowie bestimmte anfallende Steuern (nicht die Einkommensteuer etc.), speziell die kommunale Grundsteuer (IMI) und Stempelsteuer (IS).

e) Kategorie G (Einkünfte aus Vermögenszuwächsen, Artt. 9, 10 CIRS)

Die Kategorie G vereint vier Arten von Vermögenszuwächsen (incrementos patrimonais): sämtliche Veräußerungsgewinne[266] (mais-valias) aus der Veräußerung von Immobilien, grundstücksgleichen Rechten, Wertpapieren[267] oder

262 Machado/Nogueira, Curso de Direito Tributário, S. 205.

263 Américo/ Antunes/Ribero/ Pimenta, Guia dos Impostos, S. 92, 96; Videira/Duarte, in: Lexit CIRS, Art. 40A, S. 541 f.

264 Im DBA-Portugal wird in Art. 10 Nr. 2 eine Quellensteuer i.H.v. 15% angesetzt.

265 Anjos Avezedo, in: Lexit: CIRC, Art. 71 CIRC, S. 578; Saldanha Sanchez, Manual de Direito Fiscal, S. 337 f.

266 Die Veräußerungsgewinne werden in Art. 10 CIRS abschließend aufgezählt, insbesondere werden Gewinne erfasst, die sich weder den gewerblichen/freiberuflichen oder den Einkünften aus Vermietung und Verpachtung sowie aus Kapital zuordnen lassen. Hinzu kommen Gewinne aus Geschäften mit Finanzderivaten und Warrants sowie Anleihen, Zinsen, zurückgenommene Investmentfondsanteile und damit zusammenhängende bereitgestellte Nebenleistungen. Zum erweiterten Anwendungsbereich der Kategorie G, vgl. A Comissão Para a Reforma do IRS, S. 18.

267 Zu den entgeltlichen Übertragungen von Gesellschaftsanteilen zählen nach Art. 10 Nr. 1 lit. a, b CIRS auch Gewinne aufgrund einer Fusion, einer Spaltung, eines Austausches von Anteilen, einer Liquidation (liquidação) oder einer Kapitalherabsetzung (redução de capital).

Rechten[268], des weiteren bestimmte Entschädigungen[269], ungerechte Vermögenssteigerungen[270] sowie Zahlungen, die wegen einer Verpflichtung zur Wettbewerbsunterlassung gezahlt werden.[271] Zuflüsse aus Lotto- und Totoprämien, Wetten, Verlosungen, Spielen gehören nicht mehr in die Kategorie G[272] und werden mit einer Stempelsteuer (IS) zwischen 20% bis 35%[273] belegt.

Im Rahmen der Kategorie G sind die Nettoeinkünfte zu besteuern, auf die der generelle progressive Steuersatz des Art. 68 CIRS Anwendung findet.[274] Die Zuwächse aus dem Grundvermögen[275] werden mit Abschluss des Verpflichtungsvertrages realisiert (sog. Realisierungsprinzip/principio da realização[276])

268 Als Rechte fallen unter Art. 10 Nr. 1 lit. c und d CIRS die entgeltliche Übertragung von Urheber- und gewerblichen Schutzrechten, die entgeltliche Übertragung von Erfahrungen im Bereich des Handelsrechts, der Industrie oder Wissenschaft, die nicht vom Urheber der Rechte herrühren sowie die Abtretung von vertraglichen Rechten im Bereich von Grundstücken.

269 Zu den Entschädigungen zählen weder Vermögensschäden i.S.d. Art. 12 CIRS noch sonstige Entschädigungen, die im Zusammenhang mit anderen Kategorien stehen, z. B. Entschädigungen, die der Arbeitgeber dem Arbeitnehmer wegen einer fristlosen Kündigung zahlt. Vielmehr werden Entschädigungen für Nichtvermögensschäden, nicht bewiesene Schäden oder behauptete Verluste sowie nicht gerichtlich bzw. schiedsgerichtlich festgestellte Schäden erfasst, vgl. Américo/Antunes/Ribero/Pimenta, Guia dos Impostos, S. 147 f.; Morais, sobre o IRS, S. 101 f.; Pinheiro Pinto, Fiscalidade, S. 165. Zu Einzelheiten Basto, IRS, S. 361 f.

270 Zur Besteuerung des geschätzten Gewinns der Finanzverwaltung i.S.d. Art. 87 ff. LGT vgl. Basto, IRS, S. 363 ff.; Casalta Nabais, Direito Fiscal, S. 545 f.; Morais, sobre o IRS, S. 103 f.

271 Aguilar, in: Lexit CIRS, Art. 9 CIRS, S. 363 f.

272 Damit stimmt die portugiesische Rechtsauffassung mit der von der OECD in Ziffer 19 des Art. 13 MA geteilten Auffassung überein.

273 Nach Art. 1 CIS i.V.m. Nummer 11 der dazugehörigen Tabelle (Tabela Geral do Imposto do Selo) unterliegen Bingo-Gewinne einer Steuer von 25%, Lotto- und andere Wettbewerbsgewinne von 35% und Gewinne ab einem Betrag von 5.000 € der Santa Casa da Misericórdia (Euromilhões, Liga de Milhões u.a.) einer Steuer von 20%.

274 Basto, IRS, S. 431.

275 Errichtete bzw. erworbene Gebäude vor dem 01.01.1989 unterliegen nicht der Einkommensteuer; vgl. Gesetzesdekret Nr. 46673 v. 09.06.1965. Zu Einzelheiten Basto, IRS, S. 386 ff., 427 ff.

276 Bei einem Vorvertrag bzw. Tausch (troca) wird der Zuflusszeitpunkt auf den Zeitpunkt der Besitzverschaffung vorverlagert (Art. 10 Nr. 3 CIRS). Zuflüsse aus Entschädigungen und Schadensersatz fließen mit Auszahlung oder Zurverfügungstellung zu (Art. 9 Nr. 4 CIRS).

und sind zu 50% steuerbefreit (Art. 43 Nr. 2 i. V. m. Art. 10 Nr. 1 lit. a CIRS[277]).[278] Die Anschaffungskosten werden bei einer Mindestbesitzzeit von 24 Monaten durch einen amtlich festgelegten Inflationsfaktor (correção monetária) berichtigt (Art. 50 Nr. 1 CIRS).[279] Abziehbar sind zudem die in den letzten zwölf Jahren vor der Veräußerung getätigten nützlichen Erhaltungsaufwendungen sowie Aufwendungen, um die Immobilie lastenfrei zu erwerben (Art. 51 lit. a CIRS).[280][281]

Veräußerungsgewinne aus eigengenutztem Wohnungseigentum (imóveis destinados a habitação permanente) sind steuerbefreit, soweit der Veräußerungserlös innerhalb eines Zeitraumes von 36 Monaten nach der Veräußerung bzw. bis zu 24 Monaten[282] vor der Veräußerung in eine andere eigengenutzte Wohnimmobilie[283] oder deren Renovierung im Inland oder in einem anderen EU-Mitgliedsstaat bzw. in EWR-Staaten[284] reinvestiert wird (Art. 10 Nrn.

277 Die Steuervergünstigung des Art. 43 Nr. 2 CIRS gilt nicht für beschränkt Steuerpflichtige. Daher werden ihre gesamten Nettoveräußerungsgewinne mit einem festen Steuersatz von 28% (Art. 72 Nr. 1 CIRS) besteuert. Handelt es sich bei den Steuerpflichtigen um Unionsbürger oder um Mitglieder eines EWR-Staats, können sie nach Art. 78 Nr. 9 CIRS zu einer Besteuerung nach dem progressiven Steuersatz (Art. 68 CIRS), wie die Inländer, optieren. Dies hat jedoch zur Folge, dass auch ihre außerhalb von Portugal erzielten Bruttoeinkünfte zur Berechnung des Steuersatzes berücksichtigt werden (Progressionsvorbehalt). Es bleibt abzuwarten, ob die Rechtsprechung und die Praxis der Finanzämter nach dem Urteil des EUGH in der Rechtssache C- 433/06 vom 11.10.2007 (Hollmann) auch die 50%-Regelung auf gebietsfremde EU-Bürger anwendet, vgl. Pires/Pires, Direito Fiscal, S. 411 f.

278 Basto, IRS, S. 440.

279 Zur Feststellung des Inflationsfaktors wird jährlich eine amtliche Tabelle veröffentlicht, Art. 50 Nr. 1 lit. a CIRS und Art. 47 CIRC i. V. m. dem aktuellen Erlass Nr. 316/2016 vom 14.12.2016, abzurufen unter: http://info.portaldasfinancas.gov.pt/NR/rdonlyres/19B72065-C139-4F47-A26A-617FC9E10C58/0/Portaria_316_2016.pdf, zuletzt abgerufen am 25.09.2017.

280 Videira/ Duarte, in: Lexit CIRS, Art. 51 CIRS, S. 574 f.

281 Die Einlage „irgendeines" Vermögensgegenstandes wird entsprechend behandelt. Mit „irgendein" (quaisquer) werden sowohl mobile als immobile Vermögensgegenstände erfasst; vgl. Morais, sobre o IRS, S. 116 f.; Freitas Pereira, CTF (Nr. 367), 1992, 9, 10 ff., Saldanha Sanches, in: Valores mobiliários, S. 74 ff.

282 Die 24-Monats-Regelung gilt nur für Veräußerungen, die zwischen 2015 bis 2020 erfolgen, vgl. Américo/Abreu/Durão/Pimenta, Guia dos Impostos, S. 139.

283 Erfasst werden lediglich städtische Anwesen. Ländliche Anwesen (prédio rústica) werden hingegen von dem steuerlichen Anreiz nicht begünstigt.

284 Die Erweiterung der Reinvestition ins Ausland geht auf das Urteil des EuGHs in der Rechtssache C-345/05 vom 26.10.2005 zurück. Der Steuerpflichtige hat nunmehr nachzuweisen, dass die Wohnung im Ausland seiner dauerhaften Niederlassung dient.

5, 6, 7 CIRS).[285] Die Voraussetzung hierfür ist, dass eine Reinvestition im EU-/EWR-Ausland vorliegt und der Informationsaustausch zwischen den beteiligten Ländern gesichert ist. Ein solcher Austausch findet zwischen Deutschland und Portugal statt.[286] Eine teilweise Steuerbefreiung wird gewährt, wenn der Steuerpflichtige nur einen Teilbetrag reinvestiert (Art. 10 Nr. 7 CIRS).

Der hälftige Nettogewinn aus der Veräußerung immaterieller Vermögensgegenstände oder Know-how wird mit einer Steuer von 28% belegt (Art. 43 Nr. 2 i.V.m. Art. 10 Nr. 1 lit. c CIRS).[287] Davon abweichend unterliegen die gesamten Gewinne aus Anteilsübertragungen und aus dem Verkauf von Aktien einer endgültigen Quellensteuer von 28% (Art. 72 Nr. 4 CIRS).

Veräußerungsgewinne von beschränkt Steuerpflichtigen aus der Übertragung von Anteilen, anderen übertragbaren, aktienähnlichen Wertpapieren an portugiesischen Gesellschaften sowie aus Geschäften mit Warrants, die von portugiesischen Gesellschaften ausgegeben werden, aus börsennotierten Finanzgeschäften oder aus Risikokapitalfonds sind grundsätzlich[288] steuerfrei (Art. 27 Nr. 1 EBF).

Unentgeltliche Übertragungen zugunsten natürlicher Personen unterliegen regelmäßig einer Stempelsteuer[289] (IS). Eine Ausnahme gilt für die unentgeltliche Übertagung von Immobilien an nahe Angehörige, die zwar nach Art. 6 lit. e IS steuerbefreit sind, aber nach Art. 45 CIRS besteuert werden.[290] Als

---

Darüber hinaus hat er die Reinvestition in den folgenden Einkommensteuererklärungen mitzuteilen, andernfalls entfällt die Steuervergünstigung rückwirkend (Art. 10 Nr. 12 CIRS).

285 Bastos, IRS, S. 415 ff.

286 EG-Richtlinie vom 19.12.1977 über die gegenseitige Amtshilfe zwischen den zuständigen Behörden der Mitgliedstaaten im Bereich der direkten Steuer (Richtlinie 1977/799/EWG), zuletzt geändert durch die Richtlinie 2011/16/EU vom 15. Februar 2011. In Deutschland wurde sie durch das EU-Amtshilfegesetz umgesetzt.

287 Américo/Abreu/Durão/Pimenta, Guia dos Impostos, S. 145 f.

288 Veräußerungsgewinne von Gesellschaften, die ihren Sitz in einer Steueroase haben oder zu mehr als 25% inländische Anteilseigner besitzen, sind steuerpflichtig (Art. 27 Nr. 2 EBF). Dies gilt auch, wenn die Aktiva zu mehr als 50% aus in Portugal belegenen Immobilien bestehen (Art. 27 Nr. 3 EBF).

289 Die Steuersätze folgen aus der Tabelle zur Stempelsteuer. Sie betragen grundsätzlich 0,8% des Kaufpreises bzw. des beim Finanzamt registrierten Einheitswerts. Es ist jeweils der höhere Wert der Besteuerung zugrunde zu legen. Wird eine Immobilie unentgeltlich übertragen, ist auf den Einheitswert des Grundsteuergesetzes abzustellen (Art. 13 CIS). Werden Aktien unentgeltlich abgetreten, wird der Einheitswert nach Maßgabe des Art. 15 CIS ermittelt, d. h. unter Zugrundelegung der letzten Bilanz des Unternehmens (último balanço) sowie des Leitzinses der EZB am Tag der Zuwendung, Pinheiro Pinto, Fiscalidade, S. 105 ff, 157 f.

290 Pinheiro Pinto, Fiscalidade, S. 157, Videira/Duarte, in: Lexit CIRS, Art. 45 CIRS, S. 562 f.

Anschaffungswert wird derselbe Einheitswert wie bei der Stempelsteuer (IS) zugrunde gelegt.

f) Kategorie H (Renteneinkünfte und Pensionen)

Die Kategorie H erfasst u.a. Renten aller Art (u.a. Alters-, Erwerbsminderungs- und Hinterbliebenenrenten) sowie sonstige Bezüge aus Lebens- und ähnlichen Versicherungen.[291] Von den Bruttoeinkünften wird ein Freibetrag i.H.v. 4104 € bzw. in Höhe der tatsächlich angefallenen Beitragszahlungen für die Gesundheits- und Sozialversicherungen abgezogen (Art. 53 Nrn. 1, 4 lit. a CIRS). Daneben kann ein um 50% erhöhter Beitrag an Gewerkschaften berücksichtigt werden, der nicht mit Leistungen aus den Bereichen Gesundheit, Ausbildung, Altenhilfe, Wohnung oder Sozialversicherungen in Zusammenhang steht und nicht 1% der Bruttoeinkünfte der Kategorie G übersteigen darf.[292] Ist der Rentner schwerbehindert, werden nur 90% seiner Bruttoeinkünfte besteuert und der Rentenfreibetrag des Art. 53 Nr. 1 CIRS wird um weitere 2.500 € erhöht.

3. Steuersätze und sonstige Abgaben

In Kontinentalportugal und auf Madeira unterliegt das zu versteuernde Einkommen einem progressiven Steuersatz zwischen 14,5% und 48%. Für die Azoren gelten abweichende Steuersätze zwischen 11,6% bis 38,4%. Zusätzlich wird auf Einkommen über 7.091€ ein gestaffelter und im Jahr 2017 auslaufender Sondersteuersatz zwischen 0,25% bis 3,21%, wie folgt, erhoben:

in Euro	**Sondersteuersatz (Jahr)**	**Außerkrafttreten des Art. 68 Nr. 2 CIRS**
bis 7091	0%	-
7091–20.261	0,25%	31.12.2016
20261–40.522	0,88%	30.06.2017
40.522–80.640	2,75%	30.09.2017
über 80.640	3,21%	30.11.2017

Abbildung 9: *Sondersteuersatz nach Art. 68 Nr. 2 CIRS*

Quelle: Angelehnt an https://www.economias.pt/fim-sobretaxa-irs/, zuletzt abgerufen am 25.09.2017.

291 Der portugiesische Gesetzgeber hat sich in der Einkommensteuerreform 2015 gegen die Zusammenfassung der Kategorien A und H, aber für eine gleiche steuerliche Behandlung der Kategorien entschieden, vgl. A Comissão Para a Reforma de IRS, S. 17.

292 Bastos, IRS, S. 479 f.

Zu den derzeitigen Spitzensteuersätzen von 48% bzw. 38,4% wird eine Solidaritätsabgabe (taxa adicional de solidaridade) von 2,5% für Einkommen zwischen 80.000 € und 200.000 € und von 5% für Einkommen über 25.0000 € (Artt. 68, 68A CIRS) erhoben. Sonstige Steueraufschläge (derrama municipal) fallen nicht an.

4. *Verluste*

Der Verlustausgleich findet nach Art. 55 CIRS horizontal oder vertikal statt.[293] Einem vertikalen Verlustausgleich unterliegen Einkünfte aus nichtselbstständiger Arbeit (Kategorie A), aus Kapitalvermögen (Kategorie E) und aus Renten und Pensionen (Kategorie H). Die übrigen Verluste aus Vermietung und Verpachtung (Kategorie F), aus gewerblicher und selbstständiger Arbeit (Kategorie B) sowie aus Vermögenszuwächsen (Kategorie G) können nur horizontal verrechnet werden, d.h. eine Verlustverrechnung ist nur mit künftigen Gewinnen derselben Kategorie möglich. Demnach sind Verluste aus gewerblicher und selbstständiger Arbeit nur innerhalb von zwölf Jahren[294] vortragbar (Artt. 55 Nr. 1 lit. a, 52 CIRS). Für Verluste aus der Vermietung und Verpachtung (Kategorie F) gelten Besonderheiten. Sie sind nur innerhalb von sechs Jahren verrechenbar, soweit zusammenhängende Einnahmen mit der Immobilie innerhalb der nachfolgenden 36 Monate erzielt werden (Art. 55 Nr. 1 lit. b CIRS);[295] andernfalls scheidet ein Verlustvortrag aus (Art. 55 Nr. 1 lit. b, Nr. 8 CIRS). Für die Verluste aus der Kategorie G (Einkünfte aus Vermögenszuwächsen) besteht neuerdings eine einheitliche Verlustvortragsmöglichkeit von fünf Jahren, wobei die Verluste aus der Veräußerung von Immobilien, grundstücksgleichen Rechten, Know-how u.a. nur i.H.v. 50% vortragbar sind (Artt. 43 Nr. 2, 55 Nr. 1 lit. c CIRS). Ein Verlustrücktrag ist nach portugiesischem Recht nicht möglich.

5. *Abzüge von der zu entrichtenden Einkommensteuer (deduções da colecta)*

Von der zu entrichtenden Einkommensteuer können sog. sonderausgabenähnliche Ausgaben für die private Lebensführung, wie z. B. Ausgaben für Gesundheit (Art. 78C CIRS), Erziehung und Ausbildung (Artt. 78, 87 CIRS), Altersvorsorge (Art. 84 CIRS), Versicherungen (Sozial- oder Lebensversicherungen, Artt. 16, 21

293 Faustino, in: Lições de Fiscalidade, S. 217.
294 Bis zum 31.12.2004 betrug die Verlustvortragsmöglichkeit sechs Jahre.
295 Anjos Avezedo, in: Lexit CIRS, Art. 55 CIRS, S. 592 f.

32A EBF) abgezogen werden.[296] Der Abzug wird generell durch Höchstsätze bzw. Höchstbeträge begrenzt.[297]

6. *Beschränkte Steuerpflicht (não residente)*

Nichtansässige natürliche Personen unterliegen ausschließlich mit ihren in Portugal erzielten Einkünften der beschränkten Steuerpflicht (não residente), Artt. 13 Nr. 1, 15 Nr. 2, 18 CIRS (sog. Territorialprinzip/princípio da territorialidade). Zu den Einkünften aus portugiesischen Quellen gehören i.S.v. Art. 18 Nr. 1 CIRS insbesondere „Einkünfte aus im Inland ausgeübter Arbeit, aus gelegentlichen Tätigkeiten in wissenschaftlichen, künstlerischen oder technischen Bereichen (Ziff. a); Einkünfte von Mitgliedern in Geschäftsführungen und Aufsichtsgremien von Gesellschaften und sonstigen Körperschaften mit Sitz, effektiver Verwaltung im Inland oder einer Betriebsstätte im Inland (Ziff. b); Einkünfte aus der Arbeit an Bord von Schiffen und Flugzeugen, die von einem Unternehmen mit Sitz oder tatsächlicher Verwaltung im Inland gezahlt werden (Ziff. c); Einkünfte aus Urheberrechten, gewerblichen Schutzrechten sowie aus der Verwertung von Erfahrungen, Gebrauchsüberlassung von Maschinen und Geräten in der Landwirtschaft u.a., die von natürlichen oder juristischen inländischen Personen gezahlt oder zur Verfügung gestellt werden (Ziff. d); Einkünfte aus gewerblicher, kommerzieller und landwirtschaftlicher Tätigkeit, die einer inländischen Betriebsstätte zugerechnet werden (Ziff. e); Einkünfte aus Vermittlungsleistungen und jeglicher Art von Vertragsanbahnung, soweit diese Leistungen von natürlichen oder juristischen Personen mit Sitz oder effektiver Verwaltung im Inland gezahlt werden bzw. die Zahlung einer inländischen Betriebsstätte zugerechnet wird (Ziff. f); Einkünfte aus Kapital von inländischen ansässigen Schuldnern (Ziff. g); Einkünfte aus Geschäften mit im Inland belegenen Grundstücken oder grundstücksgleichen Rechten einschließlich der daraus folgenden Veräußerungsgewinne (mais-valias) (Ziff. h); jegliche Veräußerungsgewinne aus

296 Vgl. Artt. 78 bis 87 CIRS; Artt. 16, 17, 21, 32A, 63 und 71 EBF. Ausführlich hierzu Brás/Abreu/Durão/Pimenta, Guia dos Impostos, S. 172 ff.; Faustino, in: Lições de Fiscalidade, S. 204 f.; Machado/Nogueira, Curso de Direito Tributário, S. 230 ff.

297 Die persönlichen Abzugsbeträge sind in Anlehnung an die Einkommensstufen der Familienbesteuerung gestaffelt (Artt. 78 bis 78F; 82 bis 84 CIRS). Der Abzugsbetrag erhöht sich um weitere 5% pro Kind, wenn der Steuerpflichtige mehr als drei unterhaltspflichtige Kinder /Adoptivkinder hat (Art. 78 Nr. 8 CIRS). Abziehbar sind auch Abzüge zur Vermeidung einer Doppelbesteuerung (Art. 40A CIRS) bzw. zur Vermeidung einer grenzüberschreitenden, internationalen Doppelbesteuerung (Art. 81 Nr. 1 CIRS), vgl. Commisão para a Reforma de IRS, S. 26.

der entgeltlichen Übertragung von Gesellschaftsanteilen oder Wertpapieren an Gesellschaften mit Sitz oder Verwaltung in Portugal, der entgeltlichen Übertragung und Abtretung von dauerhaften Miet- und mietvertragsähnlichen Rechten bzw. der entgeltlichen Übertragung von Urheber- oder gewerblichen Schutzrechten, die nicht im Inland registriert sind (Ziff. i, j); Pensionen; außerdem Zuflüsse aus Wetten, Spielen oder Lotterien, soweit sie von einem Schuldner mit Sitz in Portugal gezahlt werden oder die Rentenzahlungen einer inländischen Betriebsstätte zugeordnet werden können; Einkünfte aus steuerlichen Einzelakten (actos isolados, Ziff. m), Vermögenszuwächse in Form von Finanzderivaten, soweit die Einnahmen von inländischen Gesellschaften empfangen werden (Ziff. n), Einkünfte aus künstlerischer oder sportlicher Tätigkeit, die nicht direkt an den Künstler/Sportler gezahlt wird (Ziff. o)."[298] Demnach knüpft die beschränkte Steuerpflicht sowohl an die in Portugal erzielten Einkünfte aus inländischen Quellen als auch an ausländische Einkünfte, die einer inländischen Betriebsstätte zugerechnet werden, an. Als Betriebsstätte definiert Art. 18 Nr. 2 CIRS jede feste Einrichtung oder ständige Vertretung, durch die eine nachhaltige unternehmerische Tätigkeit i.S.d. Art. 3 CIRS ausgeübt wird. Dabei kommt dem Betriebsstättenbegriff eine steuerbegründende Wirkung zu.

Beschränkt Steuerpflichtige unterliegen mit ihren inländischen Einkünften aus unselbstständiger Tätigkeit, mit Vorstandsgehältern, Provisionen, Dienstleistungen, Einkünften aus Lizenzen und technischer Unterstützung, Rentenerträgen, Erträgen aus der Nutzung von Maschinen und Anlagen oder daraus resultierenden Mieterträgen oder Nutzungsentgelten einem abgeltenden Steuersatz (taxa liberatória[299]) von 25% (Artt. 71, 101 Nr. 2 CIRS).[300] Die Veräußerungsgewinne aus Immobilien und Aktien, Zuflüsse aus

---

298 Angelehnt an die Übersetzung von Stieb, in: Mennel/Föster, Portugal S. 26 f.

299 Die befreiende Quellenbesteuerung lehnt sich an die deutsche Abgeltungssteuer an. Nicht abziehbar sind Ausgaben bzw. spezifische Abzüge (mit Ausnahme von Abzügen nach Art. 53 CIRS u.a.). Eine Besteuerung nach der persönlichen Leistungsfähigkeit unterbleibt; siehe Anjos Avezedo, in: Lexit CIRS, Art. 71 CIRS, S. 656 f. m.w.N.; Azevado Rafael, APOTEC (Nr. 431) 2013, 46, 48; Machado/Nogueira, Curso de Direito Tributário, S. 205, 225; Saldanha Sanchez, Manual de Direito Fiscal, S. 328; Xavier, Direito Tributário Internacional, S. 512 f.

300 Cabral Matos, Fiscalidade (Nr. 34) 2008, 34, 60 ff. weist darauf hin, dass die Ermittlung der Besteuerungsgrundlagen bei beschränkt und unbeschränkt Steuerpflichtigen nicht gleichläuft, da die Einkünfte der beschränkt Steuerpflichtigen nicht in der Bemessungsgrundlage erfasst werden (Art 22 Nr. 3 CIRS) und wertet dies als positive Diskriminierung der beschränkt Steuerpflichtigen gegenüber den unbeschränkt Steuerpflichtigen.

Gesellschaftsanteilen, Dividenden, Zinsen aus Sparguthaben des Nichtansässigen werden mit einer endgültigen Steuer von 28% besteuert. Soweit ein Dritter Einkünfte entgegennimmt, unterliegen diese einer Definitivsteuer von 35%. Keine Quellensteuer wird auf Dividenden, Zinsen und Lizenzen, die von Gesellschaften aus den Freizonen (Madeira und den Azoren) stammen, erhoben.[301] Eine Steuerermäßigung bzw. Befreiung gilt für Einkünfte, die den abkommensrechtlichen Quellensteuersätzen bzw. den EU-Richtlinien unterfallen.

Darüber hinaus können beschränkt steuerpflichtige Einwohner der EU/EWR-Staaten von drei Steuervergünstigungs-Modellen profitieren, sofern ein gegenseitiger Informationsaustausch[302] besteht und die weiteren Voraussetzungen der Art. 72 Nrn. 9 und 10, Art. 17A CIRS vorliegen. Wird von dem Optionsrecht Gebrauch gemacht, gelten die EU/EWR-Bürger als in Portugal ansässig.

Die 1. Steuervergünstigung kommt Einwohnern der EU/EWR-Staaten mit Einkünften, die keiner abgeltenden Quellensteuer[303] unterlegen haben, zugute. Sie können nach Art. 72 Nrn. 8 bis 10 CIRS zur Anwendung der progressiven Steuersätze nach Art. 68 CIRS optieren und haben ihre gesamten Weltbruttoeinkünfte im sog. Modelo 3 zur Berechnung ihres Steuersatzes anzugeben (sog. Progressionsvorbehalt).[304]

Die 2. Steuervergünstigung sieht eine Erstattung der Quellensteuer für Einkünfte aus unselbstständiger bzw. selbstständiger Tätigkeit i.S.d. Art. 18 Nr. 1 lit. a bis d, f, m und o CIRS vor, soweit die Einkünfte die von einem Inländer zu entrichtende progressive Steuer übersteigen (Art. 71 Nrn. 8–11 CIRS).[305] Von den Bruttoeinkünften aus selbstständiger bzw. unselbstständiger Tätigkeit können zudem Abzüge nach Art. 25 CIRS für unselbstständig Beschäftigte bzw. sämtliche Aufwendungen abgezogen werden, die mit der in Portugal ausgeübten

301 Vgl. die Übersicht 3 zur Quellensteuer im Anhang.

302 Zwischen Deutschland und Portugal besteht ein gegenseitiger Informationsaustausch, vgl. die EG-Richtlinie vom 19.12.1977 über die gegenseitige Amtshilfe zwischen den zuständigen Behörden der Mitgliedstaaten im Bereich der direkten Steuer (Richtlinie 1977/799/EWG), zuletzt geändert durch die Richtlinie 2011/16/EU v. 15. Februar 2011 und in Deutschland durch EU-Amtshilfegesetz umgesetzt.

303 Keiner abgeltenden Steuer unterliegen u.a. Gewinne aus der Veräußerung von Grundvermögen, Veräußerungsgewinne aus der entgeltlichen Übertragung von Urheber- und gewerblichen Schutzrechten oder Erfahrungen, die nicht vom Urheber stammen; Einkünfte, die nicht einer Betriebsstätte zurechenbar sind, Einkünfte aus Vermietungen.

304 Brás/Abreu/Durão/Pimenta, Guia dos Impostos, S. 210 f.

305 Brás/Abreu/Durão/Pimenta, Guia dos Impostos, S. 211 f.; Machado/Nogueira, Curso de Direito Tributário, S. 225, 226.

selbstständigen Tätigkeit in unmittelbarem Zusammenhang stehen. Die Ausgaben müssen hierzu substantiiert belegt werden.

Schließlich können beschränkt Steuerpflichtige, die in einem anderen Mitgliedstaat der EU bzw. EWR-Staaten leben, auch zu einer Besteuerung nach dem progressiven Steuersatz (Art. 68 CIRS) optieren (Art. 17A CIRS),[306] sofern ihre erzielten portugiesischen Gesamteinkünfte zu mindestens 90% aus gewerblicher und selbstständiger Arbeit, nichtselbstständiger Arbeit oder aus Pensionseinkünften stammen. Die Steuervergünstigung greift, wenn ein unbeschränkt Steuerpflichtiger, der in einem EU- bzw. EWR-Staat ansässig ist, sein Optionsrecht formgerecht ausgeübt hat. Nichtansässige Ehegatten oder gleichgeschlechtige Lebenspartner können ihr Optionsrecht nur einheitlich und formgerecht ausüben, soweit sie ihren Wohnsitz in der EU bzw. in einem EWR-Staat haben und zusammenveranlagt werden (Art. 17A Nr. 2 CIRS). In Portugal wird die Option mit dem sog. Modelo 3[307] unter Angabe der portugiesischen Steueridentifikationsnummer (número de identificação fiscal, kurz: NIF[308]) erklärt. Die Bestellung eines Steuervertreters[309] (representante) ist seit der Entscheidung des EuGHs vom 5.5.2011, C 267/07 nur fakultativ (Art. 130 Nr. 2 CIRS),[310] da bestehende EG-Richtlinien[311] für den gegenseitigen Informationsaustausch ausreichend Sorge tragen. Bedenklich ist wohl, dass eine Gleichstellung zu den Inländern nur in beschränktem Umfang erfolgt und Nicht-EU-/ Nicht-EWR-Bürger keinerlei steuerliche Begünstigungen erhalten.[312]

---

306 Machado/Nogueira, Curso de Direito Tributário, S. 225, 226.

307 Daneben hat der Nichtansässige seine inländischen Veräußerungsgewinne, Mieteinnahmen und Betriebsstätteneinkünfte im Modelo 3 anzugeben. Einkünfte, die einer Definitivbesteuerung (taxa liberatória) unterlegen haben, sind bereits abgegolten und müssen nicht angezeigt werden.

308 Die NIF kann bei jedem Finanzamt beantragt werden und wird einmalig als Scheckkarte mit lebenslanger Wirkung vergeben.

309 Art. 30 Nr. 5 CIRS. Zu Einzelheiten Morais, Apontamentos ao IRC, S. 19 ff.

310 A Comissão da Reforma do IRS, S. 48, Pires/Pires, Direito Fiscal, S. 479 f.

311 Vgl. EG-Richtlinie v. 26.05.2008 über die gegenseitige Unterstützung bei der Beitreibung von Forderungen in Bezug auf bestimmte Abgaben, Zölle, Steuern und sonstige Maßnahmen; EG-Richtlinie v. 19.12.1977 über die gegenseitige Amtshilfe zwischen den zuständigen Behörden der Mitgliedstaaten im Bereich der direkten Steuer, zuletzt geändert durch die Richtlinie 2011/16/EU vom 15. Februar 2011 und durch das EU-Amtshilfegesetz in nationales Recht umgesetzt.

312 Ebenso Moreira/Ferreira, A fiscaldade, S. 102 f.

II. Grundsätze der Besteuerung juristischer Personen nach portugiesischem Recht

1. Unbeschränkte Steuerpflicht

Grundsätzlich werden Personengesellschaften nach dem portugiesischen Körperschaftsteuergesetz[313] mit ihrem weltweiten Einkommen besteuert, soweit sie in Portugal ansässig sind oder eine inländische Betriebsstätte unterhalten. Die Ansässigkeit richtet sich nach dem Sitz (sede) oder der tatsächlichen Geschäftsleitung (direcção efetiva) der inländischen Gesellschaft (Artt. 2, 4 CIRC).

Nach Art. 2 CIRC sind Handelsgesellschaften (OHG, KG, GmbH, AG und KGaA), Genossenschaften, öffentliche Unternehmen, die handelsrechtliche GbR (sociedades civis sob forma comercial) sowie sonstige juristische Personen mit und ohne Rechtspersönlichkeit unbeschränkt steuerpflichtig (Art. 2 CIRC). Zu den Rechtsgebilden ohne Rechtspersönlichkeit zählen u.a. nichtige Gesellschaften bzw. Gesellschaften, die noch nicht ins Handelsregister (registo mercantil) eingetragen wurden und die nicht angenommene Erbschaft (herança jacenta, Art. 2 Nr. 1 lit. b und c CIRS[314]). Demnach erfasst das portugiesische Körperschaftsteuergesetz weitaus mehr Rechtsformen als die deutsche Körperschaftsteuer. Daraus folgt weiter, dass die zivilrechtliche Rechtsfähigkeit für die steuerliche Leistungsfähigkeit nicht maßgeblich ist. Für das portugiesische Steuerrecht ist allein die Betriebsorganisation des Rechtsgebildes entscheidend, und nicht, ob die Gesellschaft in ein Handelsregister eingetragen wurde. Auffällig ist hierbei, dass die nicht handelsrechtliche GbR (sociedades civil simple) weder in Art. 2 Nr. 1 lit. a CIRC noch in Art. 2 Nr. 2 CIRC aufgeführt ist. Sie wird lediglich in Art. 6 Nr. 1 lit. a CIRC aufgezählt, während sonstige Rechtsgebilde mit und ohne Rechtspersönlichkeit sowohl von der unbeschränkten Körperschaftspflicht des Art. 2 Nr. 2 CIRC als auch von Art. 6 CIRC erfasst werden. Dies hat in der Literatur die Frage aufgeworfen, ob es sich bei dem Art. 6 CIRC um eine subjektive Steuerfreistellung (isenção subjetiva) handelt oder die Regelung für die aufgeführten Gesellschaften keine Steuerpflicht begründet (não incidência). Im Schrifttum ergibt sich kein einheitliches Bild.

---

313 Vgl. Código do Imposto sobre o Rendimento das Pessoas Colectivas (CIRC), der auf dem Gesetzesdekret Nr. 442-B/88 vom 30.11.1988 beruht und zuletzt durch das Gesetzesdekret Nr. 22/2017 vom 22.02.2017geändert wurde.

314 Es handelt sich dabei um eine offene Erbschaft, die weder von den Erben noch vom Staat angenommen wurde, Art. 2046 ff. CC. Ausführlich zur angenommenen Erbschaft de Oliveira Ascenção, Direito Civil Sucessões, S. 365 ff.

Nach Auffassung von Magalhães Correira[315] weisen die transparenten Gesellschaften dieselben Steuermerkmale wie die übrigen in dem Art. 2 CIRC aufgeführten Gesellschaften auf, sodass der transparenten Besteuerung, die Steuerbefreiung inhärent sei. Zur Begründung führt er an, dass Art. 12 CIRC sich im 2. Kapitel der Körperschaftsteuer (CIRC) unter der Überschrift „Steuerbefreiungen„ (isenções) befinde. Dem hält Sá Gomes[316] entgegen, dass eine solche systematische Schlussfolgerung zu kurz greife,[317] da die transparente Besteuerung auch im 1. Kapitel, unter der Überschrift „Besteuerung“ (incidência, Art. 6 CIRC) geregelt werde, was zu einer „konfusen Situation im legislativen Hinblick“ führe, die eine eindeutige Zuordnung zum Tatbestand der Nichtbesteuerung bzw. der subjektiven Steuerbefreiung[318] nicht erlaube.

Nach der zutreffenden Ansicht von Correia e Vale/Freitas Pereira[319] kommt den transparenten Gesellschaften zum Zwecke der Ermittlung der Bemessungsgrundlage bzw. des Gewinns der Gesellschaft eine gewisse Selbstständigkeit zu.

Bildhaft werden die transparenten Gesellschaften nach dieser Auffassung als „instrumentalisierte passive Steuersubjekte“ („sujeitos passivos instrumentais“) bezeichnet. Zur Begründung führt diese Auffassung an, dass die transparenten Gesellschaften dieselben Pflichten wie die übrigen in Art. 2 CIRC aufgeführten Gesellschaften haben, z. B. Buchführungs-, Anzeige-, Meldepflichten, Einbehaltungs- und Abführungspflichten hinsichtlich der Quellensteuer (Artt. 90 Nrn. 2, 5; 94; 97 Nr. 1 lit. f und g CIRC; Art. 128 CIRC i.V.m. Art. 119, 120 CIRS).

---

315 Magalhães Correira, Fisco (Nr. 7) 1989, 3, 5; Martins, in: Lições de Fiscalidade, S. 268.

316 Sá Gomes, Manual de Direito Fiscal, S. 141.

317 Nach Auffassung von Saldanha Sanches, Manual de Direito Fiscal, S. 295, ders., Fisco (Nr. 17) 1990, 26, 28 f., ist die Aussage, dass der transparenten Besteuerung die Steuerbefreiung inhärent sei, isoliert gesehen, nichtssagend. Insoweit werde eine Steuerbefreiung gem. Art. 2 Nr. 1 EBF ausschließlich aus steuerbegünstigtem Zweck (z. B. aus mildtätigen oder gemeinnützigen Gründen) gewährt, während das „außer Acht lassen“ der transparenten Gesellschaften rein fiskalischen Zwecken geschuldet sei.

318 Eine eindeutige Zuordnung nimmt das portugiesische Recht z. B. bei Gewinnen aus Spielen, Wetten und Lotterien vor, die einer Spielsteuer unterlegen haben. Diese Gewinne sind nach Art. 7 CIRC nicht steuerpflichtig und bleiben folgerichtig im 2. Kapitel (Steuerbefreiungen/isenções) unerwähnt, vgl. Sanches, Fisco (Nr. 17) 1990, 26, 27.

319 Correira e Vale, Freitas Pereira, Fisco (Nr. 17) 1990, 39, 40 f. Dem folgend Morais, Apontamentos ao IRC, S. 12, 40 f.

In dieselbe Richtung gehen Casalta Nobais[320] und Saldanha Sanchez[321], die aus Art. 6 CIRC einen Tatbestand der Nichtbesteuerung (não incidência) ableiten. Für Saldanha Sanches ist die tatbestandliche Reichweite der Nicht-Besteuerung auf die Steuerschuld beschränkt mit der Folge, dass die transparente Gesellschaft zwar als Zurechnungszentrum von Sekundärpflichten (centro de imputação de deveres) gilt, aber die Zahlung der Steuerschuld den Gesellschaftern obliege.

Nach hier vertretener Auffassung sprechen die besseren Argumente für die Annahme des Tatbestandes einer Nicht-Besteuerung. Zwar ist aus systematischen Gründen eine Zuordnung weder zum Tatbestand der Nicht-Besteuerung noch zur Steuerfreistellung möglich. Allerdings lässt sich sowohl aus dem Wortlaut der Artt. 6, 12 CIRC (*„die transparenten Gesellschaften werden nicht nach dem Körperschaftsteuergesetz besteuert [não são tributadas]“)* als auch aus dem Verhältnis des Art. 2 CIRC zu Art. 6 CIRC die Annahme einer Nicht-Besteuerung ableiten. Bei der transparenten Besteuerung handelt es sich um ein gesetzlich statuiertes Ausnahmesystem, nach dem die Steuerrechtsfähigkeit bestimmter Rechtsgebilde beiseitegeschoben wird, um den Gewinn bzw. die Bemessungsgrundlage anteilig in den Händen der Gesellschafter oder der Mitglieder zu versteuern.[322] Bereits aus dieser Tatsache ergibt sich, dass keine Steuervergünstigung im Sinne einer Steuerfreistellung vorliegt, sondern die Besteuerung auf Ebene der Gesellschafter allein fiskalen Zwecken dient.[323] Insofern ist die transparente Gesellschaft zwar steuerrechtsfähig, aber nicht Steuerschuldner der zu zahlenden Steuer.[324] Dies legt die Vermutung nahe, dass Art. 12 CIRC in die Nähe von Art. 6 CIRC rückt,[325] zumal für die Anwendung der transparenten Besteuerung eine gewisse steuerliche Selbstständigkeit der transparenten Gesellschaft unabdingbare Voraussetzung ist.[326]

---

320 Casalta Nabais, Direito Fiscal, S. 573 f.

321 Saldanha Sanches, Manual de Direito Fiscal, S. 295, ders., Fisco (Nr. 17) 1990, 26, 27.

322 Diese Vorgehensweise erinnert an die Besteuerung der Personengesellschaft nach dem Preußischen Einkommensteuergesetz 1981/1906, wonach die Gesellschaft zum Zwecke der Vermeidung der Doppelbesteuerung nicht der Einkommensteuer unterworfen wurde. Ermittelt wurde der Gewinn auf Ebene der Personengesellschaft, um diesen Gewinn dann anteilig in den Händen der Mitunternehmer zu besteuern, vgl. PrOVG vom 06.12.1931; PrOVGE 16, S. 430.

323 Saldanha Sanches, Manual de Direito Fiscal, S. 295, ders., Fisco (Nr. 17) 1990, 26, 27; Morais, Apontamentos ao IRC, S. 40.

324 Monteiro Lopes, Tranparência Fiscal, S. 66, 75 m.w.N.

325 Ebenso Saldanha Saches, Limites ao Plamento Fiscal, S. 36.

326 Ebenso Correia Vale/Freitas Perreia, Fisco (Nr. 17) 1990, 39, 41.

2. *Betriebsstätte (establecimento estável)*

Im Ausland ansässige Unternehmer sind in Portugal mit Einkünften aus ihren portugiesischen Betriebsstätten beschränkt körperschaftsteuerpflichtig, vorausgesetzt, die weltweiten Einkünfte sind der Betriebsstätte wirtschaftlich zuzuordnen. Die Betriebsstätte selbst ist keine ansässige unbeschränkte steuerpflichtige Person in Portugal.

Art. 5 Nr. 1 CIRC definiert die Betriebsstätte als jede feste Einrichtung, durch die eine gewerbliche, industrielle oder landwirtschaftliche Tätigkeit[327] ausgeübt wird.[328] Dabei werden die Begriffe feste Einrichtung (instalação fixa[329]) sowie ständige Vertretung (representanção permanente) nicht näher vom portugiesischen Körperschaftsteuergesetz erläutert,[330] was zu einer gewissen Unsicherheit

---

327 Art. 3 Nr. 4 CIRC; Castro Abreu, Estabelecimento Estáveis, S. 42.

328 Die 1. Betriebsstättendefinition war in Art. 98 des Gesetzes auf Einkommen aus beweglichem Vermögen (Código do Imposto de Capitais) a.F. und in Art. 3 der Ergänzungssteuer (Código do Imposto Complementar) a.F. implementiert. Danach war jede feste Geschäftseinrichtung, die der teilweisen oder vollen Tätigkeit des Unternehmens dient, als Betriebsstätte anzusehen. Diese Definition wurde unverändert in das Gewerbesteuergesetz (Código da Contribuição Industrial) durch das Gesetzesdekret vom 30.07.1976 Nr. 503-B/76 übernommen und in der Steuerreform 1988 dahin gehend abgeändert, dass jede feste Einrichtung oder ständige Vertretung, durch die eine gewerbliche, industrielle oder landwirtschaftliche Tätigkeit ausgeübt wird, als Betriebsstätte zu qualifizieren ist. Die abgeänderte Definition wurde in Art. 17 Nr. 2 CIRS a.F. und Art. 4 Nr. 5 CIRC a. F., Art. 18 Nr. 2 CIRS übernommen. Der Zusatz „ständige Vertretung" findet sich im aktuellen Art. 18 Nr. 2 CIRS wieder. Durch den expliziten Verweis in Art. 18 Nr. 3 CIRS auf Art. 5 CIRC gilt die dortige Betriebsstättendefinition gleichfalls im Einkommensteuergesetz; vgl. Castro Abreu, Estabelecimento Estáveis, S. 42; Xavier, Direito Tributário Internacional, S. 306 f. m.w. N.

329 Nach portugiesischem Recht begründet auch das bloße Betreiben eines Internet-Servers einer ausländischen Gesellschaft eine portugiesische Betriebsstätte gem. Art. 5 CIRC, soweit die ausländische Gesellschaft über das Internet keine vorbereitenden Tätigkeiten und Hilfstätigkeiten ausübt. Irrelevant ist hierbei, ob das Erfordernis der physische Präsenz erfüllt ist. Alternativ hierzu schlägt Pires, Tributação, S. 513 f., 552 vor, die Einkünfte des E-Commerce steuerlich wie Lizenzgebühren zu behandeln.

330 Anders als im deutschen Recht stellt der ständige Vertreter nach portugiesischen Maßstäben eine Unterform der Betriebsstätte dar. Damit deckt sich der portugiesische Betriebsstättenbegriff mit dem abkommensrechtlichen, während das deutsche Recht den Betriebsstättenbegriff neben die ständige Vertretung stellt und damit die abkommensrechtliche Betriebsstätte losgelöst von den §§ 12, 13 AO ansieht, vgl. zum deutschen Rechtsverständnis Wassermeyer, in: Wassermeyer, MA, Art. 5 Rn. 11, 191.

führt.[331] Ausländische Investoren müssen auf die einzelfallbezogene Rechtsprechung sowie auf die Hinweise im Positiv[332]- bzw. Negativkatalog der Art. 5 Nrn. 2, 8 CIRC vertrauen, wonach eine Einrichtung fest ist, wenn die ausgeübte Tätigkeit nachhaltig und nicht vorübergehender Art ist.[333] Soweit die Finanzverwaltung eine Betriebsstätte annimmt, hat dies Auswirkungen für die Besteuerungsmöglichkeiten in Portugal.

Bauausführungen (erfasst werden auch Brücken- und Gebäudebauten), Montagen, Überwachungs- und Kontrolltätigkeiten[334], auch solche, die der Erforschung, Ausbeutung, die dem Abbau von natürlichen Ressourcen dienen sowie Subunternehmertätigkeiten[335], begründen bei einer Dauer von mehr als sechs[336] Monaten eine Betriebsstätte (Art. 5 Nrn. 3 und 5[337] CIRC).[338] Für darüberhinausgehende gewerbliche Tätigkeiten gilt die Sechs-Monats-Frist lediglich als Indiz.[339] Damit im Zusammenhang stehende Hilfs- und Nebentätigkeiten gelten

331 Xavier, Direito Tributário International, S. 313 f.

332 Der Positivkatalog ist ebenso wie Art. 5 Nr. 2 DBA-Portugal nicht abschließend. Er enthält Betriebsstättenbeispiele – keine Fiktionen (presunções) –, sodass der Grundtatbestand des Art. 5 Nr. 1 CIRC zusätzlich erfüllt sein muss, vgl. Xavier, Direito Tributário Internacional, S. 339.

333 Xavier, Direito Tributário Internacional, S. 312.

334 Mit dieser Regelung hat Portugal den Vorbehalt zu Art. 5 Nr. 54 OECD-MK national umgesetzt, vgl. Xavier, Direito Tributário Internacional, S. 338 Fn. 58. Angemerkt sei, dass der Vorbehalt in Art. 5 Nr. 54 MA durch den neuen Vorbehalt nach Art. 5 Nr. 64 MA ersetzt wird, der vorsieht, dass Unternehmen, die länger als sechs Monate Bauausführungen oder Montagen, Planungs-, Überwachungs- oder Beratungstätigkeiten, Hilfsarbeiten oder andere Hilfstätigkeiten ausüben, als Betriebsstätten zu qualifizieren sind.

335 Mit der Ausweitung der Sechs-Monats-Frist hat der portugiesische Gesetzgeber dem bestehenden Streit im Schrifttum, ab wann etwaige Tätigkeiten eine Betriebsstätte begründen, ein Ende gesetzt. Zum Streitstand Castro Abreu, Estabelecimento Estáveis, S. 46 m.w.N.

336 Zwecks Anpassung des nationalen Betriebsstättenbegriffs an den OECD-Betriebsstättenbegriff wurde die 120-Tages-Frist des Art. 5 Nr. 3 CIRC durch das Gesetzesdekret Nr. 159/2009 vom 13.07.2009 auf sechs Monate ausgeweitet, vgl. Serrão, CTF Nr. 423 2009, S. 305 ff. Eine Sechs-Monats-Frist findet sich auch in den DBA mit Brasilien, Italien, Mosambik und den USA. In den Abkommen mit Estland, Indien, Lettland, Malta, Mexiko, Türkei und Venezuela ist eine neunmonatige Frist vereinbart worden, während im DBA mit Marroko eine achtmonatige Frist fixiert wurde.

337 Vor dem Inkrafttreten des Art. 5 Nr. 5 CIRS ergab sich dies gleichfalls aus dem Parecer CEF Nr. 72/91 vom 30.07.1991.

338 Dies ist eine Ausweitung gegenüber dem Art. 5 Nr. 2 DBA-Portugal.

339 Castro Abreu, Estabelecimentos Estáveis, S. 48.

generell[340] nicht als Betriebsstätte.[341] Sofern eine „feste Einrichtung“ nicht vorliegt, begründet auch die Tätigkeit eines abhängigen Vertreters nach Art. 5 Nr. 6 CIRC eine Betriebsstätte (sog. Vertreterbetriebsstätte),[342] während die „ordentliche“ Tätigkeit eines unabhängigen Vertreters oder eines Kommissionärs nicht genügt (Art. 5 Nr. 7 CIRC). Der Absatz 7 des Art. 5 CIRC ist dem Absatz 6 des Art. 5 DBA-Portugal nachgebildet. Diese Grundsätze finden im Rahmen der portugiesischen Einkommensteuer (IRS) zur Beurteilung, ob eine Betriebsstätte vorliegt oder nicht, entsprechende Anwendung.[343] Dem Betriebsstättenbegriff kommt damit eine steuerbegründende Wirkung zu, während die Betriebsstätte selbst nach Art. 3 Nr. 2 CIRC nicht als ansässige Person gilt. Steuerpflichtig ist gem. Art. 3 Nr. 1 lit. c CIRC vielmehr der ausländische Betriebsstätteninhaber (Art. 13 Nr. 1 CIRS [natürliche Person]; Art. 2 CIRC [juristische Person]),[344] der sowohl die zu zahlende Quellensteuer zu entrichten hat als auch die steuerlichen Erklärungen abzugeben hat.[345]

3. *Bemessungsgrundlage und Gewinnermittlung*

a) *Ansässige Gesellschaften*

Ansässige Gesellschaften, die überwiegend gewerbliche, industrielle und landwirtschaftliche Tätigkeiten ausüben, ermitteln ihren jährlichen Gewinn (lucro[346]) entweder nach der vereinfachten Methode (regime simplificado) oder auf Basis

---

340 Soweit die Tätigkeiten in dem Ausnahmekatalog aufgeführt sind, sind sie nach Maßgabe des Art. 4 Nr. 3 lit. c CIRC im Inland steuerbar. Der Ausnahmekatalog des Art. 5 Nr. 8 CIRC deckt sich wörtlich mit dem Katalog des Art. 5 Abs. 4 DBA-Portugal.

341 Castro Abreu, Estabelecimentos Estáveis, S. 49; Duro Teixeira, estabelecimentos estáveis de não residentes, S. 24; Xavier, Direito Tributário Internacional, S. 313.

342 Vgl. zu Art. 5 Nr. 6 CIRC Xavier, Direito Tributário Internacional, S. 315 ff. Entsprechendes gilt für Art. 5 Nr. 6 DBA-Portugal, vgl. Raber, in: Wassermeyer, DBA-Portugal, Art. 5 Rn. 34.

343 Anjos Azevedo, in: Lexit CIRS, Art. 18 CIRS, S. 441.

344 Castro Abreu, Establecimento Estáveis, S. 65; Duro Teixeira, estabelecimentos estáveis de não residentes, S. 17; Xavier, Direito Tributário Internacional, S. 327.

345 Nach portugiesischem Steuerrecht haben beschränkt Steuerpflichtige ihre Veräußerungsgewinne sowie unentgeltliche Vermögenszuwächse dem Finanzamt gegenüber anzuzeigen.

346 Der Gewinn wird auf Grundlage der Reinvermögenszugangstheorie (teoria do rendimento-acréscimo) ermittelt, sodass auch Gewinne aus der Veräußerung von Quellen oder aus einmaligen Vermögenszugängen, z. B. Lotteriegewinne, erfasst werden, vgl. Morais, Apontamentos ao IRC, S. 84; Ribeiro, Tributação, S. 93; Saldanha Sanchez, príncipios estruturantes, S. 39 ff.

der offiziellen Kostenrahmenmethode (SNC[347]) (Artt. 15 Nr. 1 lit. a, 17 ff. CIRC). Demgegenüber wird das Gesamteinkommen (rendimento global) von in Portugal ansässigen Gesellschaften, die in anderen Bereichen tätig sind (gemeint sind insbesondere Vereinigungen [associações] und Stiftungen [fundações]), aus der Summe der verschiedenen Einkunftskategorien nach dem EStG zzgl. der entgeltlichen Vermögenszuwächse berechnet, Art. 15 Nr. 1 CIRC.[348] Eine Gewinnschätzung ist in den Grenzen des Art. 15 Nr. 2 i.V.m. Artt. 90, 82 Nr. 2 CIRC[349] möglich.[350]

aa) Die offizielle Kostenrahmenmethode (SNC)

Überwiegend unternehmerisch tätige Gesellschaften, die in Portugal ansässig sind und deren Jahresumsatz mehr als 200.000 € beträgt bzw. deren Gesamtbilanz den Betrag von 500.000 € übersteigt, haben ihren Unternehmensgewinn nach der offiziellen Kostenrahmenmethode (SNC) zu ermitteln.[351] Hierzu wird ihr Handelsbilanzgewinn steuerlich modifiziert,[352] d.h. das Reinergebnis (Einnahmen abzüglich Betriebsausgaben) wird an die positiven und negativen Vermögensveränderungen (variações patrimonais positivas e negativas[353]), ohne das Ergebnis zu verändern,[354] angepasst und ggf. steuerlich durch die

347 Eingeführt durch Gesetzesdekret 158/2009 v. 13.07.2009.

348 Morais, Apontamentos ao IRC, S. 58 ff.

349 Amorin, in: Lexit CIRC, Art. 15 CIRC, S. 469 f.; Morais, Apontamentos ao IRC, S. 168 ff.

350 Vgl. zur indirekten Methode die Art. 57 CIRS, Artt. 87 bis 89 LGT; Silva, in: A Reforma ao IRC, S. 156 f.; Morais, Apontamentos ao IRC, S. 153, 168 ff.

351 Stieb, NWB 2013, 318, 320.

352 Der Maßgeblichkeitsgrundsatz der Handelsbilanz für die Steuerbilanz gilt auch in Portugal (modelo de dependência parcial); vgl. Casalta Nabais, Direito Fiscal, S. 547; Morais, Apontamentos ao IRC, S. 62 f; Moreira/Ferreira, A fiscalidade, S. 28; Saldanha Sanchez, Manual de Direito Fiscal, S. 336, 372 f.; Tavares, CTF (Nr. 396) 1999, 77, 98 f.

353 Zu Einzelheiten vgl. Almeida, Fisco (Nr. 4) 1989, 22 f.; Guimarães, APOTEC (Nr. 208) 1994, 169 ff.

354 Einige Änderungen des Eigenkapitals wirken sich nicht vermögenswirksam aus, wie z. B. verdeckte Gewinnausschüttungen, Kapitaleinlagen, latente oder potentielle Zugewinne bzw. Verluste, Gewinnanteile des stillen Gesellschafters. Soweit ein Gesellschafter, ein Geschäftsführer oder eine nahestehende Person des Gesellschafters bzw. Geschäftsführers (Familienangehörige bis zum 2. Grad) (un)mittelbar zu 1% am Nennkapital beteiligt ist und er für seine/ihre Tätigkeit eine Vergütung im laufenden Wirtschaftsjahr erhält, die das Doppelte seines/ihres üblichen Monatsgehalts

Finanzverwaltung[355] korrigiert (Art. 17 CIRC). Der steuerpflichtige Gewinn wird um Abzüge, Verlustvorträge und steuerliche Begünstigungen bereinigt. Auf die daraus resultierende Steuerbemessungsgrundlage wird der einschlägige Körperschaftsteuersatz angewandt. Von der zu entrichtenden Körperschaftsteuer werden Abzüge, Steueranreize, besondere Vorauszahlungen und einbehaltene Quellensteuern abgezogen (sog. deduções a colecta).

Für die Ermittlung der zu entrichtenden Körperschaftsteuer ergibt sich abschließendes vereinfachtes Schema:

überschreitet, liegt eine verdeckte Gewinnausschüttung vor (Art. 23A Nr. 1 lit. n CIRC). Insofern fällt der einfache Lohn unter die Lohnsteuer (Kategorie A), während der darüberhinausgehende Betrag in Kapitaleinkünfte (Kategorie E) umqualifiziert wird. Auf Gesellschaftsebene wird der Lohn in dem Wirtschaftsjahr abgezogen, in dem er tatsächlich angefallen ist (Art. 23 Nr. 2 lit. d CIRC), die verdeckte Gewinnausschüttung ist nicht abzugsfähig. Erfolgt die Lohnzahlung nicht bis zum Ablauf des nächsten Wirtschaftsjahres, ist die darauf fallende Körperschaftsteuer nebst Verzögerungszinsen im offenen Veranlagungsjahr zu entrichten (Art. 24 Nr. 1 lit. n CIRC, Art. 35 LGT). Bezieht der Gesellschafter keinen Lohn, ist die Ausschüttung insgesamt den Kapitaleinkünften zuzuordnen. Ist die Mindestbeteiligung kleiner als 1%, liegen ausschließlich Einkünfte aus selbstständiger Arbeit vor; vgl. Morais, Apontamentos ao IRC, S. 97; ders., sobre o IRS, S. 175.

355 Soweit begründete Zweifel an dem steuerpflichtigen Gewinn bzw. an den Zurechnungsquoten bestehen, kann die Finanzverwaltung das Ergebnis nach Maßgabe der Artt. 58 bis 60 CIRC sowie der Artt. 23A, 29, 30 und 51 CIRC korrigieren.

Ermittlung der zu entrichtenden Körperschaftsteuer (vereinfacht)
Einnahmen (proveitos ou ganhos), Art. 20 CIRC
./. Betriebsausgaben (gastos), Art. 23 CIRC
Gewinn aus der Veranlagungsperiode (resultado líquido do exercício), Art. 17 CIRC
+ positive Vermögensveränderungen (variações patrimonais positivas), Art. 24 CIRC
- negative Vermögensveränderungen (variações patrimonais negativas), Art. 21 CIRC
+/- steuerliche Korrekturen (u.a. Artt. 23A, 29, 30, 50 CIRC)
= steuerpflichtiger Gewinn (lucro tributável)
- steuerliche Abzüge (Artt. 51, 51C, 51D CIRC)
- Verlustabzüge (dedução dos prejuízos, Art. 52 CIRC)
- Steueranreize (benefícios fiscais)
= Steuerbemessungsgrundlage (matéria coletável)
X Steuersatz (Art. 87 CIRC[1])
= zu entrichtende vorläufige Körperschaftsteuer
- Abzüge (Artt. 90 bis 92 CIRC) und weitere Steueranreize
- Besondere Vorauszahlungen (pagamentos especiais por conta), Art. 93 CIRC
- einbehaltene Quellensteuern (retenções na fonte), Artt. 94 bis 98 CIRC
= zu entrichtende endgültige Körperschaftsteuer
+ Zuschläge:
Ortsaufschlag bis zu 1,5% (derrama municipal)
Sonderabgabe auf Gewinne über 1,5 Mio. € bis zu 5% (derrama estudal)

Abbildung 10: *Ermittlung der zu entrichtenden Körperschaftsteuer*

Quelle: Angelehnt an Guia dos Impostos, S. 226, Stieb, NWB Nr. 9 vom 08.05.2013, S. 320.

Betriebsausgaben und Abzugsbeschränkungen

Nach Art. 23 CIRC sind Aufwendungen zur Erzielung und Erhaltung von Einnahmen grundsätzlich abziehbar, soweit sie substantiiert nachgewiesen und dokumentiert sind.[356] Hierzu müssen die Rechnungen die Steuernummern der involvierten Unternehmen anführen und ordnungsgemäß verbucht worden sein, andernfalls werden die Aufwendungen nicht anerkannt.

356 Eine explizite Nachweispflicht bestand bis zur Einführung des Art. 23 Nr. 4 CIRC nicht. Es handelt sich wohl um eine deklaratorische Klarstellung, da bereits aus den Art. 74 Nr. 1 LGT, Art. 115 Nr. 2 lit. a CIRC folgt, dass „alle Ausgaben nachweislich belegt werden" müssen. Zum Streitstand vor Einführung der Neuregelung vgl. Saldanha Sanchez, Manual de Direito Fiscal, S. 86, der einem förmlichen Nachweis fordert; a.A.: Castro Tavares, CTF (Nr. 396) 1999, 77, 123; Morais, Apontamentos ao IRC, S. 80; Freitas Pereira, CTF (Nr. 365) 1992, 343, 346 f., TCAS v. 26.01.2017, Az. 20006/16.7BCLSB, abzurufen unter: http://www.dgsi.pt/jtca.nsf/170589492546a7fb802575c3004c6d7d/6184f8483570ce61802580b4005373db?OpenDocument, zuletzt abgerufen am 25.09.2017, die jeglichen Nachweis als ausreichend erachten.

Im Vergleich zum früheren finalen[357] Betriebsausgabenbegriff sind nach dem neuen veranlassungsbezogenen Begriff grundsätzlich alle betrieblich veranlassten Aufwendungen abziehbar.[358] Insofern ist der Betriebsstättenkatalog in Art. 23 Nr. 2 CIRC, der u.a. Materialkosten, Roh- Hilfs- oder Betriebsstoffe, Aufwendungen für Zinsen (aus betrieblichen Darlehen), Aufwendungen für bezogene Dienstleistungen, Personalkosten einschließlich Sozialabgaben und Nebenkosten[359], bestimmte betriebliche Steuern[360], Teilwertabschreibungen[361] und Abschreibungen des Anlagevermögens (depreciações) erfasst, nicht erschöpfend.[362] Die Abschreibung erfolgt grundsätzlich linear (método da linha recta). Neu angeschafftes Sachanlagevermögen (mit Ausnahme von gebrauchten Gegenständen, Gebäude, Personen- und Nutzfahrzeuge, die nicht dem öffentlichen Personenverkehr dienen) kann auch degressiv abgeschrieben werden (método das quotas decrescentes). Die zulässigen Abschreibsätze sind den Artt. 29 bis 34 CIRC und dem Ausführungsgesetz Nr. 25/2009 vom 14.09.2009 zu entnehmen. Geringwertige Wirtschaftsgüter bis zu einem Wert von 1.000 € sind sofort abschreibbar (Art. 33 CIRC). Ein Wechsel der Abschreibungsmethode ist mit Genehmigung der Finanzverwaltung möglich (Art. 27 CIRC).

---

357 Nach dem früheren Betriebsausgabenbegriff waren nur unabdingbare notwendige Aufwendungen für die Gewinnerzielung abziehbar; vgl. Saldanha Sanchez, Manual de Direito; S. 383 ff.; Teixeira, Direito Fiscal, S. 77 f. Einzelheiten zu dem Prinzip der *Unerlässlichkeit* (princípio da indispensabilidade de gastos) Moura Portugal, Dedutibilidade, S. 22 ff. sowie die Rechtsprechungsübersicht zur Abgrenzung der Betriebs- von der Privatsphäre bei Anjos Avezedo, in: Lexit CIRC, Art. 23 CIRC, S. 533 ff. m.w.N.

358 Aguiar, in: Lexit CIRC, Art. 23 CIRC, S. 525 f.

359 Abziehbar sind Aufwendungen für betriebliche Sozialeinrichtungen, Beiträge für Gesundheits- und Lebensversicherung für Angehörigen des Arbeitsnehmers; Personalkosten, Zusatzversicherungen in den Bereichen Unfall, Gesundheit und Leben u.a., Art. 43 Nr. 2 lit. b CIRC. Zu Einzelheiten Magalhães Ramalho, PLMJ 2013, S. 1, 4 f.; Martins, in: Lições de Fiscalidade, S. 252.

360 Art. 23 Nr. 2 lit. f CIRC. Portugal, Deutibilidade, S. 531; Saldanha Sanchez, Manual de Direito Fiscal, S. 277, gehen davon aus, dass die Grunderwerbsteuer (IMT), für den Erwerb einer betrieblichen Immobilie sowie die IVA gewinnmindernd zu berücksichtigten seien; a.A. im Hinblick auf die Umsatzsteuer: STA v. 6.12.2000, Az. 019003, abzurufen unter: http://www.dgsi.pt/jsta.nsf/35fbbbf22e1bb1e680256f8e003ea931/4af923ffe896c38f80256a38003db001?OpenDocument&ExpandSection=1&Highlight=0,019003#_Section1,im, zuletzt abgerufen am 25.09.2017.

361 Die Finanzverwaltung gewährt bei nachgewiesener dauerhafter Wertminderung eine Teilwertabschreibung auf das Anlagevermögen, vgl. Américo/Abreu/Durão/ Pimenta, Guia dos Impostos, S. 245 f.; Morais, Apontamentos ao IRC, S. 102 ff.

362 Martins, in: Lições de Fiscalidade, S. 241 f.

Immaterielle Vermögenswerte und der *Goodwill* können als abnutzbare Gegenstände des Anlagevermögens über einen Zeitraum von 20 Jahren linear abgeschrieben werden, wenn sie entgeltlich erworben wurden, es sei denn, es wurde hinsichtlich des gekauften Nutzungsrechts eine vertraglich kürzere Nutzungsdauer vereinbart (Art. 45A Nr. 1 lit. b CIRC).[363] Soweit das immaterielle Wirtschaftsgut unentgeltlich erworben wurde, liegen laufende Betriebsausgaben vor.

Der Betriebsausgabenabzug wird allerdings durch die gesetzlichen Abzugsbeschränkungen bzw. -verbote eingeschränkt. Nicht als Betriebsausgabe abziehbar sind nach Art. 23A Nr. 1 CIRC (früher Art. 45[364] CIRC) die Körperschaftsteuer (einschließlich Vorauszahlungen auf die KSt), der Ortsaufschlag (derrama municipal), die Gewinnsteuern (lit. a, f), die nicht belegbaren Ausgaben[365] (lit. b), die Strafen, die Bußgelder, die sonstigen vertraglichen Strafzahlungen (lit. d, e), die Entschädigungen für versicherbare Risiken (lit. g), die Ausgaben für die betriebliche Nutzung eines privaten Arbeitnehmer-Kfz (ohne Führung eines Fahrtenbuchs) (lit. h), die Abschreibungen und Mieten für ein Kfz, das die Abschreibungsgrenzen i.S.d. Art. 34 Nr. 1 lit. c, e CIRC überschreitet (lit. i); die nicht nachgewiesenen Kraftstoffausgaben für betrieblich genutzte Fahrzeuge, die den normalen Verbrauch übersteigen (lit. j), die nicht betrieblich veranlassten Ausgaben bzw. Veräußerungsverluste i.V.m. Sportbooten und Segelflugzeugen[366] (lit. k, l); die Zinsen und die sonstigen Erträge aus Gesellschafterdarlehen (mit Ausnahme von verbundenen Unternehmen), deren Höhe den Referenzzinssatz (Euribor zusätzlicher Zuschlag von 1,5%) übersteigt (lit. m), die Ausgaben für Gewinnbeteiligungen von Vertretern oder Mitarbeitern der Gesellschaftsorgane, soweit diese bis zum Ablauf des darauffolgenden Wirtschaftsjahrs nicht ausgezahlt wurden (lit. n), die Ausgaben für Gewinnbeteiligungen der Gesellschaftsorgane, wenn der Gewinn das Doppelte der monatlichen Vergütung übersteigt

363 Morais, Apontamentos ao IRC, S. 102 ff.

364 Art. 45 CIRC aF wurde mit Gesetz Nr. 2/2014 v. 16.1.2014 durch Art. 23 CIRC ersetzt; zu Art. 45 CIRC aF vgl. Contabilidade & Empresas (Nr. 24) 2013, 28 f.; Martins in: Lições de Fiscalidade, S. 245 ff.

365 Angesichts des ausdrücklichen Hinweises in Art. 88 Nr. 1 CIRC unterliegen die nicht belegbaren und nicht abziehbaren Ausgaben einer autonomen Besteuerung von 50% bzw. 70%.

366 Ein beschränkter Betriebskostenabzug gilt für Kosten, die mit dem Betrieb eines Kfz einer Freiberuflergesellschaft in Verbindung stehen, pro Gesellschafter wird jeweils ein Fahrzeug anerkannt. (Art. 23 Nr. 9 CIRC, Art. 34 CIRC i.V.m. der Portaria Nr. 1041/2001 v. 28.09.2001. Zu Einzelheiten Silva/Marvenejo da Costa, OTOC 2013, 1, 27; Valente, R & E 2001, S. 37 f.; Viera, in: Lexit CIRC, Art. 23A CIRC, S. 560 f.

und der Betroffene zu mindestens 1% (un)mittelbar am Gesellschaftskapital beteiligt ist (lit. o); die Bankabgabe (contribuição sobre o setor bancário) (lit. p), die Energieabgabe (contribuição extraordinária sobre o setor energético) (lit. q).[367] Forschungs- und Entwicklungsausgaben sowie laufende Aufwendungen, die im Zusammenhang mit der Entwicklung von Patenten und Lizenzen stehen, werden insoweit steuerlich anerkannt, als die wirtschaftlich-rechtliche Substanz in Portugal liegt, während grenzüberschreitende Forschungsaufwendungen innerhalb des Konzerns außer Ansatz bleiben, Art. 50A CIRC.[368]

Nach Art. 67 Nr. 1 CIRC[369] sind Nettozinsaufwendungen nur in Höhe von 1 Mio. € oder 30%[370] des Gewinns abziehbar. Ein nicht genutzter EBITDA und nicht abziehbare Finanzierungskosten sind fünf Jahre vortragbar (Art. 67 Nr. 2 CIRC). Auf Banken, Versicherungsgesellschaften sowie deren inländische Niederlassungen und Gesellschaften, die unter der Aufsicht der Bank von Portugal und des Instituts für Versicherungswesen stehen, findet die Abzugsbegrenzungsregelung keine Anwendung (Art. 67 Nr. 11 CIRC). Für Betriebsstätten ausländischer Gesellschaften sowie für Gesellschaften, die der Gruppenbesteuerung

367 Stieb NWB 2013, 318, 320 f.

368 Mit Art. 50A, der auf dem Gesetz Nr. 7-A/2016 v. 30.03.2016 beruht, hat der portugiesische Gesetzgeber das bestehende Patent-Box-System an den modifizierten Nexus-Ansatz der OECD angepasst. Durch die Patent-Box-Regelungen werden Einkünfte aus immateriellen Wirtschaftsgütern abweichend von dem regulären Steuersatz i.H.v. 21% mit 10,5% sonderbesteuert und Veräußerungsgewinne, die aus der Übertragung von immateriellen Wirtschaftsgütern folgen unter den Voraussetzungen des Art. 50A CIRC nur hälftig besteuert, vgl. Anjos Azevedo, in: Código do IRC, Art. 23, S. 533; Gomes Rodrigues, in: A Reforma do IRC, S. 227 ff.; OECD, BEPS, Final Action Plan 5, 2015, S. 34 ff.; Das deutsche Steuerrecht enthält kein vergleichbares Modell, es existiert lediglich ein Entwurf zur Lizenzschranke (beschlossen am 25.01.2017). Zur Nutzung der europäischen Lizenzbox- bzw. Patentbox-Systeme durch deutsche Unternehmen vgl. Hofer/Weidlich IWB 2016, S. 753 ff.

369 Art. 67 CIRC ist durch das Haushaltsgesetz 2013 (Art. 191 des Gesetzes Nr. 66-D/2012 vom 31.12.2012) eingeführt worden und ersetzt die Regelung zur Unterkapitalisierung (subcapitalização), wonach überhöhte Zinsen als verdeckte Gewinnausschüttungen galten. Die neue Zinsschrankenregelung wird im Circular Nr. 7/2013 vom 19.08.2013 erläutert, abzurufen unter: http://info.portaldasfinancas.govompt/NR/rdonlyres/75B85C1D-7FDC-406C-A460-303B3D8CA467/0/7_2013.pdf, zuletzt abgerufen am 18.09.2017.

370 Finanzierungskosten aus den Jahren 2014 bis 2016 können i.H.v. 40% (2016), 50% (2015) oder 60% (2014) des Gewinns vor Abschreibungen, Steuern und Finanzierungsaufwendungen abgezogen werden.

unterliegen, greift die Regelung ein, wenn die beherrschende Gesellschaft zur beschränkten Abziehbarkeit optiert[371] hat (Art. 67 Nr. 5 CIRC).

Hieraus ergibt sich, dass im Rahmen der Ermittlung der Bemessungsgrundlage nach dem Körperschaftsteuergesetz (CIRC) mehr Aufwendungen absetzbar sind, als im Rahmen der Berechnung der Bemessungsgrundlage nach dem Einkommensteuergesetz (CIRS). In der Einkommensteuer hat der Steuerpflichtige lediglich die Möglichkeit, wie eingangs gesehen, von den Bruttoeinkünften aller Einkunftsarten gesetzlich zugelassene Abzüge und Freibeträge abzuziehen oder einzelne Einkunftsarten von der Einbeziehung (englobamento) auszunehmen und mit einer Abgeltungssteuer zu belegen. Weitere Abzüge sowie Ausgaben für Unterhalt, Renten- und Gesundheitsvorsorge, u.a. (Artt. 78A – 78F, 81, 83A, 84, 87 CIRS) sowie Vorauszahlungen und anrechenbare Quellensteuern sind nur noch von der zu entrichtenden Einkommensteuer möglich. Im Ergebnis tragen Gesellschaften im Vergleich zu natürlichen Personen (hiervon sind auch Gesellschafter von transparenten Gesellschaften erfasst) eine geringere und ggf. keine Steuerlast, wenn die Gesellschaft mehr Ausgaben als Einnahmen hat. Allerdings zahlen auch natürliche Personen im Fall einer Verlustsituation keine Steuern. Sofern keine Verluste ausgewiesen werden, wird auf das ermittelte Weltnettoeinkommen der natürlichen Person ein progressiv ausgestalteter Stufentarif zwischen 14,5% bis 48% angewandt. Im Gegensatz hierzu findet auf die Steuerbemessungsgrundlage von Gesellschaften der reguläre Körperschaftsteuersatz von 21% (Kontinentalportugal und Madeira) bzw. 16,8% (Azoren) Anwendung. Hinzu kommt, dass auf die ersten 15.000 € ein ermäßigter Steuersatz von 17% (Kontinentalportugal und Madeira) bzw. 12,5% (Azoren) angewandt wird. Dies hat im Zusammenhang mit der Besteuerung von transparenten Gesellschaften zu vereinzelter Kritik im Schrifttum[372] geführt.

bb) Die pauschalierte Gewinnermittlung (regime simplificado[373])

Nach Art. 86A Nr. 1 CIRC können gewerblich tätige und im Inland ansässige Gesellschaften beantragen,[374] ihren Gewinn vereinfacht zu ermitteln, wenn deren

371 Die Option ist für die nächsten drei Jahre bindend (Art. 67 Nr. 6 CIRC).

372 Barreira, Fisco (Nr. 20/21) 1990, 66, 69. Für eine Abschaffung der transparenten Besteuerung vgl. Pinheiro Pinto, Apotec (Nr. 387) 2009, 200, 202.

373 Das vereinfachte Verfahren, das 2008 abgeschafft wurde, wurde mit der Körperschaftsteuerreform 2014 wiedereingeführt. Zu Einzelheiten: Silva, in: A Reforma ao IRC, S. 153, 154 ff.

374 Im Gegensatz zum früheren Modell löst die Beantragung keine (dreijährige) Bindung aus, vgl. auch: Silva, in: A Reforma ao IRC, S. 153, 161; Antunes, Negócio Online 17.02.2014.

vorheriger Jahresumsatz weniger oder gleich 200.000 € bzw. deren Gesamtbilanz nicht den Betrag von 500.000 € übersteigt. Dies setzt weiter voraus, dass sie keiner originären Buchführungspflicht unterliegen und die Gesellschaften auf die Anwendung des vereinfachten Verfahrens in den letzten drei Jahren vor Antragstellung nicht verzichtet haben.[375][376] Zudem müssen sie ihren Gewinn nach den Regeln für kleine Unternehmen (Gesetzesdekret Nr. 36A/2011 vom 9.3.2011), speziell nach dem portugiesischen Kostenrahmen (SNC) oder dem Accouting Financial Standard für kleine Unternehmen berechnen.[377] Liegt eine der kumulativen Voraussetzungen nicht vor bzw. verzichtet der Steuerpflichtige freiwillig auf die Fortführung des vereinfachten Systems[378] oder erfüllt er seine Pflichten zur Rechnungsausstellung im Sinne des Umsatzsteuergesetzes (CIVA) nicht, hat er seinen Gewinn nach der normalen Buchführung zu ermitteln.[379][380]

Sofern das vereinfachte Verfahren Anwendung findet, können weder Verluste[381] noch steuerliche Begünstigungen[382] geltend gemacht werden. Auch Betriebsausgaben sind nicht abziehbar,[383] zumal der Gewinn, der 60% des

---

375 Ein Venture-Capital-Investor ist von den Voraussetzungen des Art. 86A Nr. 1 lit. a bis lit. c CIRC befreit. Sofern andere Gesellschaften diese Voraussetzungen nicht erfüllen, müssen sie zu weniger als 20% (un)mittelbar am Gesellschaftskapital beteiligt sein, um die Begünstigung zu erhalten.

376 Transparente Gesellschaften sowie Gesellschaften ohne wirtschaftliches Interesse können nicht zur vereinfachten Methode optieren.

377 IFRS-PE Nr. 15654/2009 v. 07.09.2009. Silva, in: A Reforma ao IRC, S. 153, 160 f. spricht in diesem Zusammenhang von einer unverhältnismäßigen Beschneidung des Unternehmerwahlrechts, weil der Gesetzgeber durch eine nachträgliche Kürzung des ermittelten Gewinns das gleiche Ergebnis erreichen könnte.

378 Anders als im Einkommensteuerrecht ist im Körperschaftsteuerecht ein Verzicht für die nächsten drei Jahre bindend, d.h. ein nochmaliger Wechsel zum vereinfachten Verfahren ist nicht möglich.

379 Der STA hat in seiner Entscheidung v. 12.11.2014, Az. 0185/14, abzurufen unter: http://www.dgsi.pt/jsta.nsf/35fbbbf22e1bb1e680256f8e003ea931/096528e22e25c53980257d93003c334a?OpenDocument&ExpandSection=1, zuletzt abgerufen am 25.09.2017, bestätigt, dass ein Steuerpflichtiger zum vereinfachten Verfahren optieren kann, wenn er glaubhaft darlegt, dass er die Umsatzgrenzen u.a. im Wirtschaftsjahr nicht überschreiten wird.

380 Art. 86A Nrn. 4–6 CIRC; Rodrigues, in: Lexit CIRC, Art. 85A CIRC, S. 917 f.; Silva, in: A Reforma ao IRC, S. 153, 162 ff.

381 Art. 90 Nr. 8 CIRC.

382 Art. 106 Nr. 11 lit. d CIRC.

383 Silva, in: A Reforma ao IRC, S. 153, 166.

jährlichen Mindestlohns, also 4.678,80 € nicht unterschreiten darf.[384] Ausgenommen hiervon sind Existenzgründer, deren Mindestbemessungsgrundlage nochmals um 50% (2.339,40 €) im 1. Jahr bzw. um weitere 25% (3.509,10 €) im 2. Jahr gekürzt wird.[385] Der Gewinn wird anhand nachfolgender (unwiderlegbarer) Parameter[386] geschätzt:

zu besteuernde Einkünfte (brutto)	**Parameter**
Verkaufserlöse aus Waren und Produkten sowie Erlöse aus dem Dienstleistungssektor Hotel-, Gaststättengewerbe und Schankwirtschaft (mit Ausnahme von örtlichen Unterkunftseinrichtungen in Häusern und Wohnungen)	**0,04**
Dienstleistungen, die von der Liste der selbstständigen Berufe i.S.d. Art. 151 CIRS erfasst werden	**0,75**
sonstige Dienstleistungseinkünfte sowie Zuschüsse, die dem Betrieb dienen	**0,10**
Einkünfte aus Verträgen, die die Übertragung oder Nutzung von geistigem Eigentum oder gewerblichen Schutzrechten oder die Leistung von Erfahrungen im industriellen, gewerblichen oder künstlerischen Bereich zum Gegenstand haben, sowie sonstige Einkünfte aus Kapital, Zugewinnen und Zuwächsen	0,95
Zuschüsse und Subventionen, die nicht dem Betrieb dienen	0,30
Anschaffungswert von unentgeltlichen Zuwächsen[387] i.S.d. Art. 21 Nr. 2 CIRC	1,00
Einkünfte aus dem Betrieb von örtlichen Unterkunftseinrichtungen in Häusern und Wohnungen	0,35

Abbildung 11: *Körperschaftsteuerliche Parameter des vereinfachten Verfahrens*

Quelle: Angelehnt an https://www.pwc.pt/pt/pwcinforfisco/guia-fiscal/2017/ irc. html#regsimplificado, zuletzt abgerufen am 25.09.2017.

384 Art. 85B CIRC. Zur Gewinnermittlung Antunes, Negócio Online 17.2.2014; Marvanejo da Costa, OTOC 2014, 26; Rodrigues, in: Lexit CIRC, Art. 85B CIRC, S. 926 f.

385 Silva, in: A Reforma ao IRC, S. 153, 166.

386 Zur Präzisierung des ermittelten Gewinns wurde die Anzahl der Parameter von zwei auf sieben erhöht. Allerdings bestehen zwischen den körperschaftsteuerrechtlichen und einkommersteuerrechtlichen Parametern Unterschiede, die eine Flucht in die Körperschaftsteuer begünstigen. Dem zustimmend Silva, in: A Reforma ao IRC, S. 153, 165; Franco/Silva, OTOC v. 17.01.2014, 162, 164.

387 Zu den Voraussetzungen des Art. 86 Nr. 1 lit. a bis f CIRC vgl. die Verwaltungsanweisung Nr. 6/2014 vom 28.3.2014, abzurufen unter: http://info.portaldasfinancas.govompt/NR/rdonlyres/AB48DBD8-2159-48AF-99DE-818A30DFA90B/0/Circular_6_2014.pdf, zuletzt abgerufen am 18.09.2017.

Die Parameter i.H.v. 0,75, 0,04 und 0,10 sind um jeweils 50% im 1. Jahr sowie um jeweils 25% im 2. Jahr nach Aufnahme der Tätigkeit zu kürzen. Nicht belegbare Ausgaben und Aufwendungen, die mit dem Betrieb von bestimmten Kfz in Verbindung stehen sowie nicht nachweisbare Zahlungen an Personen, die sich in steuerschädlichen Ländern befinden, unterliegen einer autonomen Besteuerung zwischen 10% bis 50% (Art. 88 Nr. 15 CIRC).[388] Bestimmte Veräußerungsgewinne werden lediglich hälftig berücksichtigt.[389]

b) Betriebsstätte

Nach den Artt. 123 Nr. 1 und 125 Nr. 1 lit. b CIRC sind Betriebsstätten ausländischer Unternehmer aufgrund steuerlicher Selbstständigkeitsfiktion zu einer getrennten Buchführung vom Stammhaus (sede) verpflichtet.[390] Im Verhältnis zum Stammhaus findet der Fremdvergleichsgrundsatz[391] (preço de transferêcia) Anwendung (Art. 63 Nr. 9 CIRC).[392] Der Gewinn der Betriebsstätte wird dabei auf Basis der ordentlichen Buchführung (SNC; Artt. 117 f. CIRC) berechnet und

388 Vgl. Silva, in: A Reforma ao IRC, S. 153, 169; Marvanejo da Costa, OTOC 2014, 26 sowie die Übersicht 2 über nicht anerkannten Ausgaben im Anhang.

389 Verwaltungsanweisung Nr. 6 /2014 v. 28.03.2014, Nr. 12, 15, a.a.O.

390 Castro Abreu, Estabelecimentos Estáveis, S. 157; Duro Teixeira, estabelecimentos estáveis de não residentes, S. 54, Xavier, Direito Tributário Internacional, S. 325 f. Zu beachten ist, dass die Ergebnisse der portugiesischen Buchführung nach Anpassung ans deutsche Steuerrecht in die Buchführung des inländischen Stammhauses zu übernehmen sind. Zu Beginn eines Wirtschaftsjahres sind zudem Hilfs- und Nebenrechnungen zum Zwecke der Einkünftekorrektur gem. § 1 Abs. 5 AStG zu erstellen, vgl. Schaumburg, in: Schaumburg, Rn. 21.26 ff., 21.31.

391 Einzelheiten zur Anwendung der Verrechnungspreismethoden, des Verfahrens der Gewinnkorrekturen und der Transferdokumentationspflichten sind dem Art. 63 CIRC und dem Erlass Nr. 1446/-C/2001 vom 21.12.2001 zu entnehmen, abzurufen unter: https://info.portaldasfinancas.gov.pt/NR/rdonlyres/9C6AD1C6-5AD0-479D-A820-10426B2E0C8A/0/portaria_1446-c-2001_de_21_de_dezembro_i_serie_b.pdf, zuletzt abgerufen am 12.09.2017, vgl. Anjos Avezedo, in: Lexit CIRC, Art. 63 CIRC, S. 776 ff. m.w.N.; Marques, Apotec (Nr. 420/421/422) 2012, 82 ff., 121 ff., 156 ff.; Miranda Alves Pereira, Revista Portuguesa de Contabilidade (Nr. 5) 2012, 10, 12 ff.; Policarpo Lobo/Santos Faria/da Silva Fernandes, Revista Portuguesa de Contabilidade (Nr. 10) 2013, 209, 225 ff.

392 Der Fremdvergleichsgrundsatz greift im Fall einer portugiesischen Gesellschaft mit ausländischer Betriebsstätte grundsätzlich nicht ein. Hier gilt der uneingeschränkte Grundsatz des Einheitsunternehmens. Dies bedeutet, dass die Gewinnermittlung gem. Art. 125 Nr. 1 CIRC i.V.m. Art. 7 Abs. 1, 2 DBA-Portugal auf Ebene des Gesamtunternehmens erfolgt und eine verursachungsgerechte Gewinnabgrenzung sich anschließt. Dabei fließen die ausländischen Betriebsstätteneinkünfte als Bruttogröße in die Bemessungsgrundlage ein. Soweit die Einkünfte im Ausland quellenbesteuert

damit nach denselben Grundsätzen wie für ansässige Unternehmen (Artt. 3 Nr. 3, 15 Nr. 1 lit. c, 55 CIRC).[393] Sofern die Buchführung ordnungsgemäß ist, wird vermutet, dass die Buchführung richtig ist (Art. 75 LGT). Ausländische Gesellschaften ohne inländische Betriebsstätten berechnen ihr Gesamteinkommen (rendimento global) nach denselben Grundsätzen wie inländische Gesellschaften, die nicht vorrangig gewerblich, industriell und landwirtschaftlich tätig werden (Artt. 15 Nr. 1 lit. c, 56 CIRC).[394] Besondere Dokumentationspflichten bestehen für inländische Betriebsstätten ab einem Jahresumsatz von 300.000 € (Art. 16 des Erlasses Nr. 1446/-C/2001 vom 21.12.2001 i.V.m. Art. 63 Nr. 6 CIRC). Soweit die Dokumentation lückenhaft ist, werden Bußgelder bis zu 10.000 € erhoben (Art. 117 Nrn. 6 bis 9 RGIT). Korrespondierende Gewinnkorrekturen im Verhältnis von Stammhaus und Betriebsstätte (Art. 7 Abs. 3 OECD-MA, Art. 7 Abs. 3 DBA-Portugal) erfolgen von Amts wegen bzw. auf Antrag der inländischen Betriebsstätte (Artt. 17, 18 des o. g. Erlasses).[395] Soweit keine bzw. eine mangelhafte Buchführung oder ein Verlustausweis in drei aufeinander folgenden Jahren ohne hinreichende Erklärung i.S.d. Artt. 87 bis 88 LGT i.V.m. Art 57 Nr. 1 CIRC vorliegt, schätzt die Finanzverwaltung[396] den Betriebsstättengewinn auf Grundlage der indirekten Methode (Art. 57 Nr. 1 CIRC i.V.m. Art. 90 LGT[397]). Die pauschalierte Methode findet insoweit keine Anwendung.[398]

---

wurden, kann der Höchstbetrag i.S.d. Art. 91 Nr. 1 lit. a CIRC oder die tatsächlich entrichtete Auslandssteuer, und zwar der geringere Betrag von beiden von der zu zahlenden Körperschaftsteuer abgezogen werden (Art. 68 Nr. 1 CIRC). Zu Einzelheiten vgl. Castro Abreu, Estabelecimento Estáveis, S. 135 ff.; 148 f. m.w.N.

393 Duro Teixeira, estabelecimentos estáveis de não residentes, S. 49 ff.; Machado/Nogueira; Curso de Direito Tributário, S. 291 f.; Ramos Mendes, in: Lexit CIRC, Art. 55 CIRC, S. 741 m.w.N.; Rodrigues, in: Lexit CIRC, Art. 55 CIRC, S. 744; Saldanha Sanchez, Manual de Direito Fiscal, S. 366.

394 Zu Einzelheiten vgl. Martins in: Lições de Fiscalidade, S. 232 f.; Saldanha Sanchez, Manual de Direito Fiscal, S. 366 f.

395 Marques, Apotec (Nr. 422) 2012, S. 156 f.

396 Darüber hinaus kann die portugiesische Steuerbehörde bei innerstaatlichen bzw. grenzüberschreitenden Transaktionen unilaterale bzw. bilaterale Advance Pricing Agreements abschließen, Art. 138 CIRC i.V.m. Erlass Nr. 620-A/2008 vom 16.07.2008, abzurufen unter: https://info.portaldasfinancas.govompt/NR/rdonlyres/514A8FB3-6929-4111-8476-E0F6B60C28ED/0/Portaria_620-A-2008.pdf, zuletzt abgerufen am 17.07.2017.

397 Art. 88 LGT lässt selbst dann eine Gewinnermittlung aufgrund indirekter Methode zu, wenn die nicht ordnungsgemäße Buchführung nicht durch die inländische Betriebsstätte veranlasst wurde, vgl. Duro Teixeira, estabelecimentos estáveis de não residentes, S. 55 f. S. 43 f.; Mota Lopes/Martins, métodos indiretos, S. 30 f, 43f.

398 Hieraus resultierende Betriebsstättendiskriminierungen werden abkommensrechtlich durch Art. 25 Abs. 2 DBA-Portugal und europarechtlich durch Art. 49 AEUV

Im Rahmen der Gewinnermittlung werden die durch die Betriebsstätte veranlassten Aufwendungen von ihren weltweit[399] erzielten und zurechenbaren Einkünften abgezogen.[400] Aufwendungen, z. B. Abschreibungen (amortizações) wie die Afa[401] für Wirtschaftsgüter, die gleichzeitig von der Betriebsstätte und dem Stammhaus bzw. anderen Betriebsstätten genutzt werden, können bei der Betriebsstätte abgezogen werden. Dies setzt voraus, dass der buchmäßige Ausweis bei der Betriebsstätte stattfindet.[402] Dies gilt nicht, wenn die Zurechnung der allgemeinen Verwaltungsaufgaben (engargos gerais de administração[403]) zum Stammhaus und/oder Betriebsstätte nicht möglich ist. Dann erfolgt die Aufteilung gem. Art. 55 Nrn. 2 und 3 CIRC unter Zugrundelegung eines Verteilungsschlüssels (chave de repartição), der sich am Verhältnis des Umsatzvolumens zu den direkten Kosten und dem Wert des Anlagevermögens orientiert.[404]

---

behoben, siehe Morais, Apontamentos ao IRC, S. 26. Zu Einzelheiten vgl. Duro Teixeira, estabelecimentos estáveis de não residentes, S. 123.

399 Das Welteinkommensprinzip ist nicht mit der unbeschränkten Steuerpflicht des Art. 4 Nr. 1 CIRC gleichzusetzen. Zugerechnet werden nämlich Betriebsstättengewinne sowie Gewinne aus artgleichen oder ähnlichen Geschäften (actividades idênticas ou similiares), die das Stammhaus durch die in Portugal belegene Betriebsstätte aus portugiesischen und weltweiten Quellen erzielt. Abkommensrechtlich hat die OECD dem Prinzip der beschränkten Attraktionskraft eine klare Absage erteilt. Zum Prinzip der beschränkten Attraktion (princípio da atracção limitada ou restrita, Art. 3 Nr. 3 CIRC) vgl. Morais, Apontamentos ao IRC, S. 29 f.; Mesquita, S. 125 f.; Xavier, Direito Tributário Internacional, S. 332.

400 Duro Teixeira, estabelecimentos estáveis de não residentes, S. 49, Mota Lopes/Matins, métodos indiretos, S. 25.

401 Die Abschreibungssätze und -grundsätze ergeben sich aus den Artt. 30 bis 34 CIRC sowie aus dem Ausführungsgesetz Nr. 25/2009 v. 14.09.2009 mit den dazugehörigen Tabellen. Sie finden im Rahmen der Betriebsstätten-Gewinnermittlung gleichfalls Anwendung, siehe Castro Abreu, Estabelecimentos Estáveis, S. 107.

402 Duro Teixeira, estabelecimentos estáveis de não residentes, S. 60.

403 Nach den Entscheidungen vom 27.11.2012 des TCAS, Prozess Nr. 05449/12, abzurufen unter: http://www.dgsi.pt/jtca.nsf/170589492546a7fb802575c3004c6d7d/ffb39a41de072f4080257ad3004e39fd?OpenDocument, zuletzt abgerufen am 17.08.2017, und v. 14.11.2001 STA, Prozess Nr. 26362, CTF Nr. 403 (Juli-September 2001), S. 381 f., sind allgemeine Verwaltungsausgaben (engargos gerais de administração) der im Ausland ansässigen Gesellschaft generell abziehbar, wenn die Ausgaben auch der inländischen Betriebsstätte zugutekommen.

404 Anjos Avezedo, Cadernos de Direito Atual (Nr. 6) 2017, 31, 56; Morais, Apontamentos ao IRC, S. 28.

In welchem Verhältnis der Art. 55 Nrn. 2, 3 CIRC zu dem Art. 63 Nr. 9 CIRC[405] steht, ist in der portugiesischen Literatur streitig. Es wird sowohl ein Nebeneinander als auch eine stillschweigende Aufhebung des Art. 55 Nr. 2 und 3 CIRC durch Einführung der Verrechnungspreise diskutiert.[406] Hier wird der Auffassung gefolgt, die eine stillschweigende Aufhebung befürwortet, da wohl Art. 55 Nrn. 2 und 3 CIRC (indirekte Methode) nicht mit Art. 63 CIRC (direkte Methode) kompatibel ist.[407] Dies belegt Art. 7 Nr. 2 CC, wonach ein späteres Gesetz ein früheres, ihm widersprechendes Gesetz aufhebt. Damit hebt der später eingeführte Art. 63 Nr. 9 CIRC[408] den Art. 55 Nrn. 2, 3 CIRC auf. Danach wird der Betriebsstätte im Ergebnis derjenige Verwaltungsaufwand zugerechnet, den sie erzielt hätte, wenn sie eine gleiche oder ähnliche Tätigkeit unter gleichen Bedingungen als selbstständiges Unternehmen ausgeübt hätte und die Betriebsstätte mit dem Unternehmen für Zurechnungszwecke als unabhängig angesehen würde (Selbstständigkeitsfiktion, Art. 7 Abs. 2 DBA-Portugal). Der explizite Verweis in Art. 55 Nr. 2 CIRC auf den Fremdvergleich erlaubt den Schluss, dass es sich bei Art. 55 Nrn. 2 und 3 CIRC um keine verdrängende Spezialvorschrift gegenüber Art. 63 CIRC handelt.[409] Einzig in den Fällen, in denen der Fremdvergleichsgrundsatz keine Anwendung findet oder die Bilanzierung eines Wirtschaftsgutes versäumt wurde, erlangen die in Art. 55 Nr. 3 CIRC vorgesehenen Kriterien an Bedeutung.[410][411]

Innerbetriebliche Zinsen (juros) und Lizenzgebühren (royalities) bleiben hingegen nach Auffassung der Finanzverwaltung[412] unberücksichtigt

---

405 Nach Art. 57 Nr. 2 CIRC aF konnte der Gewinn von Unternehmen, die in Portugal nicht ansässig waren, korrigiert werden, soweit er von dem abweicht, was auch voneinander unabhängige Unternehmen in einer vergleichbaren Lage vereinbart hätten. Der derzeitige Wortlaut des Art. 63 CIRC enthält – im Vergleich zu Art. 57 Nr. 2 CIRC aF – keine Aussage hierzu.

406 Duro Teixeira, estabelecimentos estáveis de não residentes, S. 66 ff.

407 Ebenso Morais, Apontamentos ao IRC, S. 28; Duro Teixeira, estabelecimentos estáveis de não residentes, S. 69.

408 Art. 63 Nr. 9 CIRC wurde zuletzt durch das Gesetz v. 16.01.2014 Nr. 2 /2014 geändert.

409 Duro Teixeira, estabelecimentos estáveis de não residentes, S. 70.

410 Im Gegensatz zu Art. 63 Nr. 9 CIRC setzt Art. 55 Nrn. 2 und 3 CIRC keine Aktivierung der Wirtschaftsgüter voraus, sondern setzt bei der Aufwandszurechnung zur Betriebsstätte an.

411 Ebenso Duro Teixeira, estabelecimentos estáveis de não residentes, S. 70.

412 Bindende Auskunft (Informação Vinculativa) Nr. 927/03 v. 23.04.2004; abzurufen unter: http://info.portaldasfinancas.govompt/NR/rdonlyres/72754188-CC96-4FCD-9B4F-C439EA16BE28/0/circ_061_01.pdf, zuletzt abgerufen am 10.09.2017.

(eingeschränkte Selbstständigkeitsfiktion), da schuldrechtliche Beziehungen zwischen Stammhaus und Betriebsstätte nicht existieren (sog. Insichgeschäfte/relações consigo próprio).[413] Dem schließt sich die Rechtsprechung im sog. Zinsurteil vom 29.01.2008[414] an. In dieser Entscheidung stellt das Gericht ausdrücklich fest, dass eine in Portugal belegene Betriebsstätte, die ihrem ausländischen Stammhaus Darlehenszinsen zahlt, nicht zur Einbehaltung der Quellensteuer berechtigt bzw. verpflichtet sei. Als Begründung wird angeführt, dass ein wirksamer Darlehensvertrag (mútuo) zwischen zwei selbstständigen juristischen Personen nicht zustande gekommenen sei, da die Betriebsstätte im Gegensatz zum Stammhaus über keine eigenständige Rechtsfähigkeit verfüge. Dieses Urteil stieß im Schrifttum[415] auf erhebliche Kritik. Der Rechtsprechung wurde insbesondere vorgeworfen, dass sie den uneingeschränkten Vorrang der wirtschaftlichen Betrachtungsweise im Steuerrecht vor der zivilrechtlichen Unwirksamkeit nicht beachtet habe.[416] Eine Versagung des Betriebsausgabenabzugs höhlt wohl die steuerliche Selbstständigkeitsfiktion der inländischen Betriebsstätte einer ausländischen Gesellschaft aus. Zudem steht die Entscheidung mit dem Wortlaut des Art. 63 Nr. 9 CIRC, der bestimmt, dass der Fremdvergleichsgrundsatz stets im Verhältnis der ausländischen Gesellschaft zur inländischer Betriebsstätte Anwendung findet und zum Vorrang des DBA (vgl. Art. 7 Abs. 1, 2 DBA-Portugal, der eine Selbstständigkeitsfiktion enthält) im Widerspruch.

4. *Steuersatz, sonstige Steuern und Pflichten*

Für Gesellschaften, die vorrangig gewerblich tätig werden, beträgt der Steuersatz 21% (Kontinentalportugal/Madeira) bzw. 16,8% (Azoren) zzgl. eines Ortszuschlags (derrama municipal) von bis zu 1,5%[417]. Für Kleinstunternehmen,

413 Freitas Perreira, A tributação, S. 90; Pires, Dupla Tributação, S. 754.

414 Tribunal Central Administrativo Sul v. 29.01.2008, Prozess Nr. 2161/07, abzurufen unter: http://www.dgsi.pt/jtca.nsf/a10cb5082dc606f9802565f600569da6/d943edf4d027b39b8025747800323f35?OpenDocument, zuletzt abgerufen am 10.09.2017, bestätigt durch Tribunal Central Administrativo Sul v. 24.06.2008, Prozess Nr. 02297/08, abrufbar unter: http://www.dgsi.pt/jtca.nsf/a10cb5082dc606f9802565f600569da6/d943edf4d027b39b8025747800323f35?OpenDocument, zuletzt abgerufen am 10.09.2017.

415 Castro Abreu, Estabelecimentos Estáveis, S. 117 f.; Morais, Apontamentos ao IRC, S. 26; Sousa, Código de Processo Tributário, S. 60.

416 Ebenso Castro Abreu, Estabelecimentos Estáveis, S. 117 f.; Morais, Apontamentos ao IRC, S. 26; Sousa, CPPT, S. 60.

417 Vgl. Art. 14 des Gesetz Nr. 2/2007 v. 15.12007 (Lei das finanças locais).

kleine und mittlere Unternehmen (KMU[418]) mit Sitz in Portugal gilt für die ersten 15.000 € des zu versteuernden Einkommens bei einem Umsatz unter 50 Mio. € ein ermäßigter Steuersatz von 17% (Kontinentalportugal/Madeira) bzw. 13,8% (Azoren). Der darüberhinausgehende Gewinn wird mit 21% bzw. 16,8% besteuert. Der Steuersatz wird für die ersten 15.000 € auf 12,5% gesenkt, wenn die KMU die zusätzlichen Voraussetzungen des Gesetzesdekrets Nr. 372/2007 vom 06.11.2007 erfüllen. Auf den steuerpflichtigen Gewinn, der den Betrag von 1,5 Mio. € übersteigt, wird je nach Gebietskörperschaft zusätzlich ein Gemeindeaufschlag (derrama estadual) von bis zu 7% erhoben (Art. 87A CIRC). Gleiches gilt für den Gewinn von nichtansässigen Gesellschaften mit inländischer Betriebsstätte, wie nachfolgendes Schema u.a. zeigt:

	Kontinental-portugal	**Madeira**	**Azoren**
unbeschränkt Steuerpflichtige und inländische Betriebsstätten von ausländischen Gesellschaften	21%	21%	16,8%
unbeschränkt Steuerpflichtige und inländische Betriebsstätten von ausländischen Gesellschaften, die als KMU behandelt werden	17%/12,5% (für die ersten 15.000 €) 21% (für den übrigen Gewinn)	17%/12,5% (für die ersten 15.000 €) 21% (für den übrigen Gewinn)	13,6% /12,5% (für die ersten 15.000 €) 16,8% (für den übrigen Gewinn)
unbeschränkt Steuerpflichtige, die nicht vorrangig gewerblich tätig werden	21%	21%	16,8%

Abbildung 12: *Körperschaftsteuer 2017*

Quelle: Angelehnt an https://www.pwc.pt/pt/pwcinforfisco/guia-fiscal/2017/irc.html#taxas, zuletzt abgerufen am 25.09.2017.

418 Kleine Unternehmen sind Unternehmen, die weniger als 50 Mitarbeiter haben und deren Jahresumsatz weniger als 10 Mio. € beträgt sowie deren Jahresbilanz nicht mehr als 10 Mio. € ausweist. Als mittlere Unternehmen werden Unternehmen, die weniger als 250 Mitarbeiter beschäftigen definiert, vorausgesetzt, die Jahresumsatzgrenze von 50 Mio. € wird nicht überschritten bzw. ihre Jahresbilanz übersteigt 43 Mio. € nicht, siehe Gesetzesdekret Nr. 372/2007 v. 06.11.2007. Soweit zwei der o.g. Voraussetzungen nicht vorliegen, handelt es sich um ein größeres Unternehmen, vgl. Gesetzesdekret Nr. 98/2015 v. 02.06.2015. Zur Definition vgl. Américo/Abreu/Durão/Pimenta, Guia dos Impostos, S. 101.

In Portugal ansässige Unternehmen unterliegen mit bestimmten Kapitalerträgen, die im CIRS definiert sind (Vermittlungsprovisionen, Lizenzvergütungen, Zinsen und Mieteinkünften) einer Quellensteuer von 25%. Daneben werden Vergütungen, die ein in Portugal ansässiges Unternehmen an ihre Vorstandsmitglieder zahlt, zu einem gleichen Quellensteuersatz besteuert.[419] Auf Bezüge von Mitgliedern der Geschäftsführung und des Aufsichtsrates der Gesellschaften wird dagegen ein Quellensteuersatz von 21,5% angewandt. Eine ermäßigte Quellensteuer von 10% gilt für Einkünfte aus Immobilien-, Wertpapier- oder Venture Capital-Beteiligungen. Die Quellensteuer ist auf die zu zahlende Körperschaftsteuer anrechenbar. Gleiches gilt für inländische Betriebsstätten ausländischer Unternehmen. Die unbeschränkt steuerpflichtige Gesellschaft oder Körperschaft behält die Quellensteuer ein und führt sie ab (Artt. 94 Nr. 1, 104 Nr. 1 lit. a CIRC). Für die Entrichtung der Steuern und Abgaben haften gem. Art. 13 des Código de Processo Tributário die Geschäftsführer und Vorstandsmitglieder persönlich und gesamtschuldnerisch. Dies gilt nicht, soweit ein Geschäftsführer bzw. ein Vorstandsmitglied nachweist, dass die Vermögenslosigkeit des Unternehmens nicht schuldhaft durch ihn herbeigeführt wurde. Schließlich werden noch bestimmte Ausgaben, unabhängig von einem erzielten Unternehmensgewinn, der mit einem autonomen Steuersatz zwischen 5% bis 70%[420] besteuert wird, der im Fall der Verlustausweisung um weitere 10%-Punkte angehoben wird (Art. 88 Nr. 14 CIRC). Die ansässigen Gesellschaften oder die inländischen Betriebsstätten ausländischer Gesellschaften sind darüber hinaus verpflichtet, im März oder in den Monaten März und Oktober i.H.v. 1% des Vorjahresumsatzes bzw. höchstens i.H.v. 70.000 € eine besondere Steuerentrichtung (pagamento especial por conta, kurz: PEC) vorzunehmen (Artt. 105, 106 CIRC).[421] Ausgenommen hiervon sind Unternehmen in den ersten zwei Jahren nach Geschäftsaufnahme. Gesellschaften, die ihren Gewinn im vereinfachten

419 Américo/Abreu/Durão/ Pimenta, Guia dos Impostos, S. 300 f.

420 Repräsentationskosten werden mit 10%, nicht belegbare Ausgaben mit 50% bzw. mit 70% (bei nicht gewerblich Tätigen), Aufwendungen für den betrieblichen PKW werden mit Steuersätzen zwischen 5%-35%, Aufwendungen für den eigenen PKW mit 5%, überhöhte Abfindungen für Vorstände und Geschäftsführer bei Beendigung des Arbeitsverhältnisses sowie überhöhte Boni mit 35%, Zahlungen von Inländern an Unternehmen mit Sitz in steuerbegünstigten Ländern mit Steuersätzen zwischen 35%-55% besteuert (Art. 88 CIRC), vgl. hierzu Übersicht 2 über nicht anerkannte Ausgaben im Anhang.

421 Der Mindestumsatz von 1% bzw. von 70.000 € soll bis zum Jahr 2019 auf null abgesenkt werden und durch ein vereinfachtes Berechnungssystem mit wirtschaftlichen Koeffizienten ersetzt werden.

Verfahren ermitteln, sind von der Zahlung der besonderen Vorauszahlungen sowie des Gemeideaufschlags entbunden.

5. Verluste

Verluste können ab dem 01.01.2017 grundsätzlich fünf Jahre vorgetragen werden, es sei denn, die Verluste werden von KMU geltend gemacht, dann beträgt die Vortragzeit zwölf Jahre.[422] Verluste, die ab dem 01.01.2014 entstanden sind, sind nur i.H.v. 70% des jeweils ausgewiesenen Gewinns abziehbar (Art. 52 Nr. 2 CIRC). Der darüberhinausgehende Betrag ist in den folgenden fünf Jahren vortragbar. Für Verluste, die vor dem Jahr 2017[423] entstanden sind, variiert die Vortragszeit zwischen vier bis zwölf Jahren. Insgesamt ergibt sich folgendes Bild:

Jahr der Verlustentstehung	**Verlustvortrag**	**Anmerkung**
bis 2009	6 Jahre	voller Verlustabzug
2010 und 2011	4 Jahre	voller Verlustabzug
2012 und 2013	5 Jahre	Verluste, die ab dem 01.01.2012 entstanden sind, sind nur i.H.v. 75% des jährlichen Gewinns verrechenbar.
2014, 2015 und 2016	12 Jahre	Verluste sind bis zu 70% des jährlichen Gewinns vortragbar.
2017	5 Jahre / 12 Jahre	Verluste von KMU sind 12 Jahre vortragbar, während Verluste von Nicht-KMU nur 5 Jahre lang vortragbar sind. Allerdings sind die Verluste nur i.H.v. 70% des jährlichen Gewinns verrechenbar.

Abbildung 13: Verlustvorträge im Überblick

Quelle: Angelehnt an https://www.pwc.pt/pt/pwcinforfisco/guia-fiscal/2017/irc.html#prejuizos, zuletzt abgerufen am 25.09.2017.

422 Art. 52 Nr. 1 CIRC; Magalhães Ramalho, PLMJ 2013, S. 1, 9 f.

423 Zur Verlustverrechnung vor dem Jahr 2017 Azevedo Rafael, Apotec (Nr. 434) 2013, 171, 173; Fernandes Ferreira/Respicio Gonçalves/Machado de Almeida/Calejo Guerra, OTOC 2013, 52, 53; o.V., Contabilidade & Empresas (Nr. 24) 2013, 28, 30 f.; Martins in: Lições de Fiscalidade, S. 232; Moreira/Ferreira, A fiscalidade, S. 28.

Im Gegensatz zum deutschen Recht[424] erfolgt im portugiesischen Recht kein Verlustrücktrag. Im vereinfachten Verfahren ist eine Verlustverrechnung grundsätzlich nicht möglich.[425]

6. *Abzüge von der zu entrichtenden KSt (deduções à coleta)*

Im portugiesischen Steuerrecht können von der zu entrichtenden Steuer Abzüge zur Vermeidung einer internationalen rechtlichen bzw. wirtschaftlichen Doppelbesteuerung[426], steuerliche Anreize (benefícios fiscais[427]) und die besonderen Steuervorauszahlungen i.S.d. Art. 106 CIRC[428] (Art. 90 Nr. 2 lit. a bis lit. d CIRC) abgezogen werden.[429] Zu viel gezahlte Körperschaftsteuer wird auf Antrag innerhalb von 90 Tagen erstattet (Art. 90 Nr. 2 lit. e CIRC). Soweit die Erstattung verspätet erfolgt, fallen Verzugszinsen an.[430]

Im vereinfachten Verfahren können nur Abzüge zur Vermeidung einer internationalen rechtlichen bzw. wirtschaftlichen Doppelbesteuerung abgezogen sowie die endgültig entrichtete Quellensteuer berücksichtigt werden (Art. 90 Nr. 8 CIRC).

Ausländische Gesellschaften ohne inländische Betriebsstätte können Quellensteuern mit vorauszahlender Wirkung berücksichtigen (Artt. 94, 90 Nr. 4 CIRC), während definitiv quellenbesteuerte Einkünfte, wie Art. 94 Nr. 3 lit. a bis lit. c, Nr. 9 und Nr. 10 CIRC, außer Ansatz bleiben.[431]

---

424 In Deutschland ist sowohl ein Verlustrücktrag (1 Jahr, begrenzt auf 1 Mio. €) als auch ein zeitlich unbegrenzter Verlustvortrag bis zu 1 Mio. € pro Jahr möglich. Darüber hinaus sind nur bis zu 60% der 1 Mio. € übersteigenden Einkünfte abziehbar, § 10d Abs. 1 S. 1 EStG.

425 Vgl. Art. 14 des Gesetzesdekret Nr. 144/2014 v. 30.09.2014.

426 Art. 91 CIRC.

427 Vgl. abgedruckte Übersicht 1 über die wichtigsten europäischen und nationalen Förderinstrumente in Portugal im Anhang.

428 Gesellschaften, die vorrangig unternehmerische Tätigkeiten ausüben sowie inländische Betriebsstätten ausländischer Unternehmen haben eine besondere Steuerentrichtung i.H.v. 1% des Vorjahresumsatzes und höchstens 70.000 € (pagamento especial por conta) im März oder in den Monaten März und Oktober zu entrichten (Artt. 105, 106 CIRC).

429 Azevedo Rafael, Apotec (Nr. 434) 2013, 171, 173; Martins, in: Lições de Fiscalidade, S. 232; Moreira/Ferreira, A fiscalidade, S. 28.

430 Américo/Antunes/Durão/Pimenta, Guia dos Impostos, S. 296.

431 Américo/Antunes/Durão/Pimenta, Guia dos Impostos, S. 301 f. Zu Einzelheiten Amorim, in: Lexit CIRC, Art. 90 CIRC, S. 941 f.

7. *Beschränkte Steuerpflicht (não residente)*

Nach Art. 4 Nr. 2 CIRC sind Gesellschaften und Körperschaften, die weder ihren Sitz (sede) noch ihre tatsächliche Unternehmensleitung (direção efectiva) mit ihren inländisch erzielten Einkünften in Portugal beschränkt steuerpflichtig. Darüber hinaus sind im Ausland ansässige Unternehmer mit Einkünften aus ihrer portugiesischen Betriebsstätte in Portugal beschränkt steuerpflichtig. Dazu zählen Einkünfte aus in Portugal belegenen Immobilien (Art. 4 Nr. 3 lit. a CIRC), Einkünfte aus dem Verkauf von portugiesischem Kapitalvermögen, wie Anteilen, Wertpapieren oder Finanzderivaten (Art. 4 Nr. 3 lit. b CIRC), Einkünfte aus der Verwertung von gewerblichen Schutzrechten, Einkünfte aus der Vereinnahmung von Entgelten für die Nutzung von land- oder fortwirtschaftlichen, gewerblichen oder wissenschaftlichen Anlagen, Einkünfte aus dem Zufluss von Prämien aus Spielen, Wetten oder Lotterien, Einkünfte aus jeglichen Vermittlungsleistungen, Einkünfte aus Zahlungen für portugiesische Dienstleistungen im Sektor technische oder administrative Unterstützung, Buchhaltung, Wirtschaftsprüfung, Beratung, Organisation, Forschung und Entwicklung[432] (Art. 4 Nr. 3 lit. c CIRC) sowie Einnahmen aus inländischen sportlichen und künstlerischen Tätigkeiten (Art. 4 Nr. 3 lit. d CIRC).[433] Diese Einkünfte unterliegen einer abgeltenden Quellensteuer, die in der Regel zwischen 10% bis 25% beträgt, es sei denn, ein DBA regelt etwas Anderes (Art. 98 CIRC).[434] Der Steuersatz beträgt 25% für Einkünfte aus bestimmten Kapitalverwendungen, Vermittlungsprovisionen, Lizenzen, Zinsen, Dienstleistungen, technischer Unterstützung, Mieten, Pacht und aus der Überlassung gewerblicher, wissenschaftlicher oder land- und fortwirtschaftlicher Anlagen. Auf Bezüge von Mitgliedern der Geschäftsführung und des Aufsichtsrates der Gesellschaften wird dagegen ein Quellensteuersatz von 21,5% angewandt. Einkünfte aus Immobilien-, Wertpapier- oder Venture Capital-Beteiligungen werden – vorbehaltlich entgegenstehender nationaler Regelungen – zu 10% quellenbesteuert. Kapitalerträge, die für Dritte entgegengenommen werden oder an Unternehmen gezahlt werden, die in einem

432 Das BMF hat im Rahmen eines Verständigungsverfahrens geklärt, dass Dienstleitungen ausländischer Dienstleister und Geschäftsmittler (mit Ausnahme von Dienstleistungen in den Bereichen Transport, Kommunikation, Finanzdienstleistungen) keiner Quellensteuer unterliegen, soweit der Steuerpflichtige der portugiesischen Gesellschaft eine Ansässigkeitsbescheinigung nach dem sog. Modelo RFI 12 vorlegt, vgl. Stieb, in: Mennel/Förster, Portugal, S. 89.

433 Definition angelehnt an Stieb, in: Mennel/Förster, Portugal, S. 94, 95.

434 Martins, in: Lições de Fiscalidade, S. 221.

Niedrigsteuerland[435] ansässig sind, werden zu 35% quellenbesteuert. Die portugiesische Quellensteuer hat das inländische Unternehmen einzubehalten und abzuführen.

8. *Transparente Personengesellschaften*

a) *Das System der steuerlichen Transparenz nach portugiesischem Recht*

Das portugiesische Recht unterscheidet zwischen dem nationalen Transparenzsystem (transparência fiscal national) und dem internationalen Transparenzsystem (transparência fiscal international). Nach Letzterem können Gewinne einer in steuerschädlichen Ländern[436] sitzenden Gesellschaft ihren in Portugal ansässigen Gesellschaftern unter den Voraussetzungen des Art. 66 CIRC zugerechnet werden (imputação de lucros[437]). Im Rahmen dieser Arbeit wird diese sog.

435 Eine Liste der steuerschädlichen Länder enthält der ministerielle Erlass Nr. 150/2004 v. 13.02.2004, zuletzt geändert durch Erlass Nr. 345-A/2016 v. 30.12.2016, abzurufen unter: http://info.portaldasfinancas.gov.pt/NR/rdonlyres/99AC8329-2938-4746-BE47-7D0B797CC46D/0/Portaria_345_A_2016.pdf, zuletzt abgerufen am 12.09.2017.

436 Eine Liste der steuerschädlichen Länder enthält der ministerielle Erlass Nr. 150/2004 v. 13.02.2004, zuletzt geändert durch Erlass Nr. 345-A/2016 v. 30.12.2016, a.a.O.

437 Eine anteilige Zurechnung erfolgt, wenn der inländische Gesellschafter (un)mittelbar mindestens zu 25% an der ausländischen Gesellschaft beteiligt ist oder mehrere in Portugal steuerpflichtige Gesellschafter zu mehr als 50% an der ausländischen Gesellschaft beteiligt sind und die Einzelbeteiligung mindestens 10% beträgt. Erforderlich ist weiter, dass die ausländische Gesellschaft passive Einkünfte erzielt, die mit keiner oder mit einer geringen Körperschaftsteuer, die unter 60% des regulären Steuersatzes liegt, belegt worden sind (Artt. 6 Nr. 3, 20 Nr. 3 CIRS i.V.m. Art. 66 Nrn. 1, 2, 5 CIRC). Aktive Einkünfte aus Bank-, Kredit-, Versicherungsgeschäften, Geschäften mit Kapitalanteilen oder Wertpapieren oder Geschäften mit gewerblichen Schutz- und Urheberrechten oder aus Geschäften mit der Vermietung von Gegenständen (ausgenommen sind in der Steueroase belegenen Grundstücke) sowie Einkünfte, die zu mehr als 75% aus landwirtschaftlichen und industriellen Einkünften stammen, werden nicht zugerechnet (Art. 66 Nr. 6 CIRC). Ausgangsgröße für die Zurechnung ist der steuerpflichtige Gewinn der Auslandsgesellschaft abzüglich der in dem steuerbegünstigten Land angefallenen Steuern (Art. 66 Nr. 4 CIRC). Soweit die Gewinne ausgeschüttet werden, wird die entstehende Doppelbesteuerung durch Steuerabzug vermieden, vgl. STA v. 11.05.2016, Proc. Nr. 0351/14, abzurufen unter: http://www.dgsi.pt/jsta.nsf/35fbbbf22e1bb1e680256f8e003ea931/95665a5393ed006980257fb7005260ff?OpenDocument&Highlight=0,0351%2F14, zuletzt abgerufen am 13.09.2017; Freitas Perreira, Fiscalidade, S. 20; Martins, in: Lições de Fiscalidade, S. 266 f.; Marvanejo da Costa, OTOC 2014, 26; Martins, in: Lições de Fiscalidade, S. 266 f.; Anjos Avezedo, in: Lexit CIRC, Art. 66 CIRC, S. 791. Zu Einzelheiten Casalta Nabais, Direito Fiscal, S. 531 f.; Morais, Imputação dos lucros, S. 269 ff., 280 ff., 370 ff.

Hinzurechnungsbesteuerung nicht vertieft erörtert, da Deutschland im ministeriellen Erlass Nr. 150/2004 nicht als steuerschädliches Land aufgeführt wird.

Das nationale System der steuerlichen Transparenz (regime da transparência fiscal) knüpft anders als das deutsche Mitunternehmerkonzept nicht an die steuerliche Gleichbehandlung der Personengesellschafter mit einem Einzelunternehmer (sog. Gleichstellungsthese) an, sondern greift aufgrund der grundsätzlichen körperschaftsrechtlichen Struktur von Personengesellschaften auf das Rechtsinstitut der Durchgriffshaftung zurück, das den Grundsatz der Haftungsbeschränkung durchbricht. Schon im Jahre 1948 hat Ferreira Correira[438] die Frage des Durchgriffs aufgeworfen und auf die Gefahren der beschränkten Haftung hingewiesen. Die ersten dogmatischen Rechtsgrundlagen finden sich hierzu bei Lamartine Corrêa de Oliveira, der die Durchbrechung des Trennungsprinzips als „Außerachtlassen der juristischen Person" (desconsideração da personalidade coletiva) bezeichnete.[439] Die portugiesische Rechtsprechung[440] steht dem Haftungsdurchgriff eher restriktiv gegenüber und wendet dieses Rechtsinstitut vorrangig in den Grenzen des portugiesischen Gesetzes[441] an.

In der vorliegenden Arbeit ist insbesondere Art. 6 CIRC, der auf dem Gesetz Nr. 442-B/88 vom 30.2.1988 beruht und einige Handelsgesellschaften (sociedades comercais) zwingend (d.h. ohne Optionsmöglichkeit) einer transparenten Besteuerung unterwirft, von großer Bedeutung.[442] Hierzu wird die grundsätzliche Steuersubjektfähigkeit der in Art. 2 Nr. 1 CIRC aufgeführten Rechtsgebilde ausnahmsweise außer Acht gelassen und deren Gewinne anteilig bei den Gesellschaftern bzw. den Mitgliedern besteuert.[443] Aufbauend auf diesen Vorschriften

438 Ferrer Correira, Sociedades Fictícias e Unipessoais, S. 325.

439 Dem folgend: Carvalho, Direito Civil, S. 46; Asensão, Direito Comercial, S. 57. Cordeiro, Da Boa-fé no Direito Civil, S. 1232; Cordeiro, O Levantamento, S. 126; Telles, ROA, 1979, S. 513 ff., sprechen in Anlehnung an das angloamerikanische Recht bildhaft davon, dass „der schützende Schleier des Rechtsträgers aufgehoben wird" (levantamento do véu da personalidade coletiva).

440 Ac. STJ v. 6.1.1976, BMJ, Nr. 253, 1976, 150, 151 f.; Ac. TRP 13.05.1993, CJ XVIII (1995) 3, 199, 200 f.

441 Vgl. Art. 24 LGT; Artt. 491, 501 CSC; Artt. 83. Nrn. 1, 3, 84 CSC; Artt. 140, 143 CT; Artt. 6, 66 CIRC; siehe auch Monteiro Lopes, Tranparência Fiscal, S. 7 ff., 48 f. m.w.N.

442 Anjos Azevedo, in: Lexit CIRC, Art. 6 CIRC, S. 429; Casalta Nabais, O dever fundamental, S. 502.

443 Serrão, CTF (Nr. 437) 2011, 381, 393. Ausführlich zur generellen Frage, ob Gewinne von Gesellschaften unabhängig davon, ob diese transparent oder intransparent besteuert werden, stets der Gesellschaft als fiktive Größe oder den Gesellschaftern zugerechnet werden müssen, vgl. Xavier de Basto, O imposto, S. 4 ff.; Freitas Perreira, Fiscalidade, S. 44 ff., die eine generelle Besteuerung in den Händen der Gesellschaft

verfolgt der portugiesische Gesetzgeber mit der steuerlichen Transparenz folgende Ziele:

- Wahrung der Rechtsformneutralität (neutralidade fiscal),
- Vermeidung der wirtschaftlichen Doppelbesteuerung und
- Verhinderung von Steuerumgehungen (prevenir a elisão fiscal).

Diese Ziele werden in Nummer 3 der Präambel[444] zum KStG explizit aufgeführt und stehen selbstständig nebeneinander.[445] Die Rechtsformneutralität ist in den Artt. 81 lit. f, 103 Nr. 1; 104 Nrn. 1, 2 des CRP verankert. Sie zielt auf eine gerechte Umverteilung des Vermögens oder des Einkommens ab und soll die gleiche steuerliche Belastung von Gewinnen von Einzelunternehmen und Gesellschaften erreichen.[446] Die Vermeidung der wirtschaftlichen Doppelbesteuerung knüpft an die grundsätzliche Eigenständigkeit von portugiesischen Personengesellschaften an. Die Gesellschaft muss ihre Gewinne danach selbst versteuern. Verbleibende Gewinne kann sie an ihre Gesellschafter ausschütten, soweit der Grundsatz der Kapitalerhaltung beachtet wird, die Liquidität der Gesellschaft sichergestellt ist und ein Beschluss über die Ergebnisverwendung vorliegt (Artt. 31 Nr. 1, 33 Nr. 1, 2 CSC). Schüttet die Gesellschaft Gewinne aus, werden diese als Einkünfte aus Kapitalvermögen (Kategorie E, Art. 5 Nr. 1 CIRS) in den Händen der Gesellschafter besteuert. Auf Ebene der Gesellschaft erfolgt nach der Gewinnausschüttung eine nachträgliche Körperschaftsteuer-Erstattung.[447] Neben Art. 6 CIRC vermeiden auch die Artt. 45, 59 und 72 CIRC eine wirtschaftliche Doppelbesteuerung. Allerdings können Gesellschafter, die von ihrer transparenten Gesellschaft Gewinne beziehen, nicht von dem in Art. 72 CIRC verankerten Steuerabzug Gebrauch machen, da die Regelung des Art. 6 CIRC die wirtschaftliche Doppelbesteuerung vollständig beseitigt. Dies gilt nicht, soweit die Gesellschaft selbst Dividendenbezieherin ist.[448] Das System der

befürworten. Soweit transparente Gesellschaften betroffen sind, steht dem wohl der klare Wortlaut des Art. 6 CIRC entgegen; a.A. Casalta Nabais, O dever fundamental, S. 502.

444 Die Ziele des Transparenzsystems wurden in der portugiesischen Literatur ausufernd erläutert und vom portugiesischen Gesetzgeber unverändert übernommen; vgl. DGCI, Código do IRC anotado, S. 95 f.

445 Casalta Nabais, Direito Fiscal, S. 231; DGCI, Código do IRC Comentado e Anotado, S. 95 f.

446 Casalta Nabais, Direito Fiscal, S. 136 f.; Teixeira, Direito Fiscal, S. 52 f.

447 Sá Gomes, Manual de Direito Fiscal, S. 141, Morais, Apontamentos ao IRC, S. 206.

448 Sá Gomes, Manual de Direito Fiscal, S. 141, Morais, Apontamentos ao IRC, S. 206.

steuerlichen Transparenz wirkt zudem nach portugiesischem Rechtsverständnis wie eine Anti-Missbrauchsnorm (norma anti-abuso).[449]

Vereinzelte Stimmen im Schrifttum[450] nehmen an, dass das letzte Ziel (Verhinderung von Steuerumgehungen) in der heutigen Besteuerungspraxis nicht mehr erreicht werde. Dem halten Teile des Schrifttums zutreffend entgegen, dass die kontinuierliche Absenkung der Körperschaftsteuersätze im Vergleich zur minimalen Erhöhung der Einkommensteuersätze zu einem deutlichen Auseinanderklaffen der Spitzensteuersätze (derzeit mit 29,5%[451] (KSt) zu 56,21[452]% (ESt)) geführt habe. Dies bedinge, dass sich das Ausnahmesystem der steuerlichen Transparenz im Vergleich zum Regelsystem (Besteuerung von juristischen Personen nach der regulären Körperschaftsteuer) belastender auswirke und die missbräuchliche Nutzung der juristischen Person begünstige.[453]

Sá Gomes[454] lässt hingegen in jeder denkbaren Situation, die zu einer Steuerumgehung führt, einen Durchgriff zu. Dies ist wohl als rechtsstaatlich problematisch anzusehen, weil dadurch eine willkürliche Durchgriffshaftung geschaffen wird, die das Trennungsprinzip verwässert.[455] Der steuerliche „Durchgriff" ist, daher auf die expliziten gesetzlichen Ausnahmen (wie z. B. in Art. 28 LGT, Art. 6 CIRC) zu beschränken.[456]

b) Gesetzliche Änderungen im Bereich der steuerlichen Transparenz

In seiner Grundstruktur hat sich Art. 6 CIRC seit seiner Einführung kaum verändert.[457] Mit Gesetz Nr. 2/2014 v. 16.1.2014 wurde der Art. 6 CIRC um einen

449 Zu Einzelheiten Sá Gomes, Manual de Direito Fiscal, S. 141 ff.; Casalta Nabais, Direito Fiscal, S. 425 ff., 560f.

450 Menezes Montegro, TOC (Nr. 37) 2003, S. 38f., 45.

451 Zu dem allgemeinen Steuersatz von derzeit 21% (Art. 87 Nr. 1 CIRC) kommt noch der Gemeindeaufschlag (derrama municipal) mit höchstens 1,5% des zu versteuernden Gewinns und die Sondersteuer (derrama estudual) mit höchstens 7% hinzu.

452 Der allgemeine Normalsteuersatz (letzte Stufe) liegt derzeit bei 48%. Hinzu kommt eine Sondersteuer (sobretaxa) von bis zu 3,21% und ein Zuschlag (taxa adicional) von bis zu 5%.

453 Anders sah dies bei Einführung der steuerlichen Transparenz im Jahr 1988 aus. Dort lagen die Spitzensteuersätze für Gesellschaften mit 40,12% und mit 40% für natürliche Personen fast auf gleicher Höhe, vgl. Costa Avezedo, transparência fiscal, S. 18.

454 Sá Gomes, Manual do Direito Fiscal, S. 57.

455 Dahin gehend Cordeiro, O levantamento, S. 126; Soares Martínez, Direito Fiscal, S. 126.

456 Monteiro Lopes, transparência fiscal, S. 61 f., weist zutreffend darauf hin, dass Rechte und Pflichten der Gesellschaft nicht zugleich Rechte und Pflichten der Mitglieder bzw. Gesellschafter sind, es sei denn, ein Gesetz, wie Art. 28 LGT, bestimmt ein anderes. Danach haften lediglich Geschäftsführer-Gesellschafter für die Steuerschulden ihrer Gesellschaft.

457 Art. 6 CIRC entspricht dem früheren Art. 5 CIRC wörtlich. Art. 66 des Gesetzes Nr. 64-A /2008 hat den Art. 20 Nr. 1 CIRS dahin gehend geändert, dass auch

Absatz 5 ergänzt, der nunmehr klarstellt, dass es sich bei der Holdinggesellschaft (SGPS) um keine Vermögensverwaltungsgesellschaft handelt, die der steuerlichen Transparenz unterfällt.[458] Als Reaktion auf das Gesetz Nr. 2/2013 v. 10.01.2013, das den rechtlichen Rahmen für die Schaffung, Organisation und den Betrieb von öffentlichen Berufsverbänden bildet, hat der Gesetzgeber den subjektiven Anwendungsbereich der Freiberuflergesellschaft um eine weitere Alternative erweitert, Art. 6 Nr. 4 lit. a Nr. 2 CIRC[459].

c) Die transparenten Gesellschaften im Überblick

Die Regelung des Art. 6 Nrn. 1, 2 CIRC zählt (nicht abschließend) fünf im Inland ansässige durchgriffsbesteuerte Gesellschaften[460] auf:

- GbR, die keine Handelsgesellschaften sind (sociedades civis)
- Arbeitsgemeinschaft[461] (agrupamentos complementares de empresas (ACE))
- EWIV (agrupamentes europeus de interesse económico (AEIE))
- Vermögensverwaltungsgesellschaften mit familiärem Gesellschafterhintergrund (sociedades de simples administração de bens)
- Freiberuflergesellschaften (sociedades de profissionais)

Ausschüttungen von transparenten Gesellschaften an ihre Gesellschafter als gewerbliche Einkünfte gelten. Eine entsprechende Vorschrift existiert im Körperschaftsteuergesetz nicht.

458 Anjos Azevedo, in: Lexit CIRC, Art. 6 CIRC, S. 431 f. Es handelt sich wohl um eine deklaratorische Klarstellung, zumal die Generaldirektion für Steuern bereits im Jahr 1989 verbindlich darauf hingewiesen hat, dass es sich bei der SGPS um eine Holding und nicht um eine Vermögensverwaltungsgesellschaft i.S.d. Art. 5 CIRC aF handele. Als Begründung führte sie an, dass die SGPS einzig den Zweck verfolge, die Anteile der Gesamtgruppe zu verwalten. Veräußerungsgewinne, die aus der Anteilsübertragung resultieren, seien dabei zur Gänze freizustellen (Art. 44 CIRC aF) und empfangene Dividenden zu 95% (Art. 45 Nr. 1 CIRC aF). Aktuell wird die wirtschaftliche Doppelbesteuerung durch Art. 51 CIRC vermieden, der auf transparente Gesellschaften von vornherein keine Anwendung findet. Zu Einzelheiten vgl. Correira e Vale/Freitas Perreira, Fisco (Nr. 17) 1990, 39, 42f.; Art. 1 des Gesetzes Dekret Nr. 495/88 v. 30.12.88 sowie Art. 1 des Gesetzes 98/88 v. 17.08.1988.

459 Allerdings weicht Art. 6 Nr. 4 lit. a Nr. 2 CIRC zum Teil vom Gesetz Nr. 2/2013 vom 10.01.2013 ab, z. B. enthält o.g. Gesetz keine zahlenmäßige Beschränkung der Gesellschafter. Zu Einzelheiten vgl. A Comissão para a Reforma do IRC 2013, S. 93.

460 Art. 6 Nr. 1 CIRC spricht ausdrücklich von Gesellschaften (sociedades), nicht von Personengesellschaften (sociedades personais).

461 Landwirtschaftliche Arbeitsgemeinschaften können sich nur als GmbH zusammenschließen (Gesetzesdekret Nr. 336/89 v. 04.11.89, zuletzt geändert durch Gesetzesdekret Nr. 382/93 v. 18.11.1993 und die dazugehörigen Artt. 1, 12, 12A, 13).

Die nicht gewerbliche GbR (sociedade civil simple), die EWIV (AEIE) sowie die Ergänzende Unternehmensvereinigung (ACE) werden kraft Rechtsform transparent besteuert (Art. 6 Nr. 1 lit. a, Nr. 2 CIRC). Insofern wird auf die eingangs gemachten Ausführungen zu diesen Rechtsgebilden verwiesen.

aa) Vermögensverwaltungsgesellschaften (sociedades de simples administração de bens)

Einige[462] Vermögensverwaltungsgesellschaften mit familiärem Gesellschafterhintergrund unterliegen der transparenten Besteuerung,[463] wenn das Gesellschaftsvermögen mittelbar oder unmittelbar[464] „an mehr als 183 Tage in irgendeinem

---

462 In Portugal ansässige Gesellschaften, die Immobilien oder Grundstücke zum Weiterverkauf erwerben und deren Hauptzweck der Handel mit Immobilien und Grundstücken ist, sind von der Grunderwerbsteuer (IMI bzw. IMT) für einen Zeitraum von drei Jahren befreit, soweit sie innerhalb dieses Zeitraums die Immobilien oder Grundstücke weiterverkaufen (Art. 9 Nr. 1 lit. d, e CIMI und Art. 7 CIMT). Von der Stempelsteuer (Imposto de Selo) ist die Gesellschaft allerdings nicht befreit. Sie hat vor Verkauf einer Immobilie bzw. eines Grundstücks eine Stempelsteuer i.H.v. 0,8 des Verkaufswertes zu zahlen. Um eine damit einhergehende Steuerverkürzung zu unterbinden, unterwirft der portugiesische Gesetzgeber einige Vermögenshandelsgesellschaften der transparenten Besteuerung mit der Folge, dass neben der Veräußerungsgewinnbesteuerung gem. den Artt. 9 Nr. 1 lit. a, 10 Nr. 1 lit. a CIRS auch die Grunderwerb- und Stempelsteuer vor Weiterverkauf zu entrichten ist. Soweit die Immobilie bzw. das Grundstück vermietet wird, werden die Mieteinkünfte nach der Kategorie G besteuert, es sei denn, es wurde zur Besteuerung der Einkünfte nach der Kategorie B (Einkünfte aus gewerblicher und selbstständiger Arbeit) optiert. Übersteigt der jährliche Mietzins den Betrag von 10.000 €, wird der gesamte Zins mit einer abgeltenden Steuer von 25% belegt (Art. 101 Nr. 1 lit. e CIRS). Andernfalls können die Einkünfte im Rahmen der Veranlagung berücksichtigt werden (Art. 101 N. 1 lit. a, Nr. 2 i.V.m. Art. 53 Nr. 1 CIVA). Ebenso Monteiro Lopes, Transparência Fiscal, S. 117 ff. m.w.N.

463 So ausdrücklich Art. 6 Nr. 5 CIRC.

464 Das portugiesische Steuerrecht definiert nicht, wann eine (un)mittelbare Beteiligung am Gesellschaftsvermögen i.S.d. Art. 6 Nr. 1 lit. c CIRC vorliegt, sondern knüpft hierzu an die handelsrechtlichen Beherrschungskriterien an. Nach Art. 486 i.V.m. Art. 483 Nr. 2 CSC wird vermutet, dass eine Gesellschaft eine andere Gesellschaft beherrscht, wenn sie einen Mehrheitsanteil am Gesellschaftskapital hält, ihr die Mehrheit der Stimmrechte der Gesellschaft gehören und ihr das Recht zusteht, die Mehrheit der Mitglieder des Verwaltungs- oder Aufsichtsorganes zu bestellen. Eine Mehrheitsbeteiligung liegt demnach vor, wenn die familiäre Gruppe zu mehr als 50% am Gesellschaftsvermögen beteiligt ist, ebenso Cardona, CTF 1989, 329, 338 f.

Zeitraum des Besteuerungszeitraums" von einer familiären Gruppe[465] oder von fünf oder weniger Gesellschaftern gehalten wird, von denen keiner eine Körperschaft des öffentlichen Rechts sein darf (Art. 6 Nr. 1 lit. c CIRC). Erforderlich ist weiter, dass die Tätigkeit der Vermögensverwaltungsgesellschaft vorrangig der Verwaltung von „eigenen" Vermögenswerten, Wertpapieren oder dem Erwerb von Immobilien für die Unterbringung der eigenen Mitglieder dient (Art. 4 Nr. 4 lit. b CIRC).[466]

bb) Freiberuflergesellschaften (sociedades de profissionais)

Freiberufler, wie Ärzte, Rechtsanwälte, Steuerberater u.a., können sich in der Rechtsform der Handelsgesellschaften (OHG, KG, AG, GmbH[467]) oder der GbR (sociedades civis) zur Ausübung einer oder mehrerer selbstständiger Tätigkeiten (actividade profissionais) zusammenschließen.[468] Soweit sie Berufsverbänden angehören, werden sie mit Eintragung in öffentlichen

---

465 Zur familiären Gruppe zählen Eheleute, Adoptivkinder und Verwandte bis zur 4. Seitenlinie (Art. 6 Nr. 4 lit. c CIRC i.V.m. Artt. 1577 bis 1586 CCiv).

466 Cardona, CTF 1989, 329, 331 f.; Correia e Vale/ Freitas Perreia, Fisco (Nr. 17) 1990, 39, 40.

467 Nach Art. 4 Nr. 2 des Gesetzes Nr. 53/2015 v. 11.06.2015 können sich Freiberufler nicht in der Rechtsform der Europäischen Aktiengesellschaft zusammenschließen. Ein Zusammenschluss als Ein-Mann-GmbH bleibt – ungeachtet des Art. 8 Nr. 2 des o.g. Gesetzes, der generell bestimmt, dass ein Zusammenschluss von mindestens zwei Gesellschaftern erforderlich ist – möglich. Demgegenüber sieht das deutsche Recht für den Zusammenschluss von Freiberuflern insbesondere die Rechtsform der Partnerschaft vor. Die im Handelsgesetzbuch vorgesehenen Rechtsformen sind auf Freiberufler nicht anwendbar, da diese kein Handelsgewerbe betreiben. Die GbR, die GmbH und die Bürogemeinschaft bilden für den Zusammenschluss von freiberuflich Tätigen weitere Möglichkeiten. Das Nähere wird im Gesetz über Partnerschaftsgesellschaften Angehöriger Freier Berufe (PartGG) vom 25.07.1994 (BGBl. I S. 1744), zuletzt geändert durch Art. 7 G vom 22.12.2015, BGBl. I, S. 2565 geregelt.

468 Couto Gonçalves, Scientia Ivridica 1991, S. 160, 164 f. betont, dass das portugiesische Schrifttum zwischen eigenständigen Freiberuflern (sociedades profissionais próprias) und gemischten Freiberuflern (sociedades profissionais mistas) unterscheidet. Erstere üben kraft gleicher Befähigung dieselbe berufliche Tätigkeit aus, während Letztere mit oder ohne berufliche Befähigung verschiedene Tätigkeiten verrichten. Daneben gibt es Freiberufler, die Tätigkeiten nicht unternehmerischer bzw. industrieller Art (sociedades de trabalho de tipo liberal) oder einfacher Art (sociedades de trabalho simples) ausüben.

Registern rechtsfähig.[469] Das Nähere regelt das Gesetz Nr. 53/2015 vom 11.06.2015.[470]

Das Steuerrecht kennt zwei Unterarten von Freiberuflergesellschaften, die eine transparente Besteuerung gem. Art. 6 CIRC auslösen und den überwiegenden Anteil der transparenten Gesellschaften in Portugal bilden.[471] Nach Art. 6 Nr. 4 lit. a Nr. 1 CIRC[472] werden Gesellschaften, die dieselbe selbstständige Tätigkeit i.S.d. Tabelle zu Art. 151 CIRS ausüben, transparent besteuert. Alternativ hierzu reicht es nach Art. 6 Nr. 4 lit. a Nr. 2 CIRC bereits aus, wenn die Gesellschaft identische oder verschiedene Tätigkeiten i.S.d. Tabelle zu Art. 151 CIRS[473] verrichtet und der Anteil der freiberuflichen Tätigkeit mehr als 75%[474]

469 Art. 5 Nr. 1 des Gesetzes Nr. 53/2015 v. 11.06.2015; Terrível, RDS (Nr.) 4 2012, 935, 953 ff.

470 Allerdings enthält dieses Gesetz keine Regelung zur Vererblichkeit von Anteilen, wenn der Erbe die Voraussetzungen des Art. 8 Nr. 2 des Gesetzes Nr. 53/2015 v. 11.06.2015 nicht erfüllt. Im Schrifttum wird insoweit diskutiert, ob der Anteil dennoch vererblich sei, vgl. hierzu Monteiro Lopes, Transparência Fiscal, S. 21 f.

471 Monteiro Lopes, Transparência Fiscal, S. 1, 122 weist darauf hin, dass die Einbeziehung der Freiberuflergesellschaften unabhängig von der Rechtsform der Gesellschaft als transparente Gesellschaften erfolgt. Hiermit sollte die steuerliche Gleichheit der Gesellschafter mit den selbstständig tätigen Freiberuflern erreicht werden.

472 Im Vergleich zur Ursprungsfassung des Art. 6 Nr. 4 CIRC, der bestimmte, dass „alle Gesellschafter dieselbe freiberufliche Tätigkeit ausüben müssen“, nimmt die Neuregelung vom Erfordernis der „natürlichen Person“ Abstand und setzt damit dem Streit ein Ende, ob natürliche oder auch juristische Personen Gesellschafter einer Freiberuflergesellschaft sein können. Die Neuregelung überlässt es den einschlägigen Berufsordnungen, auch juristische Personen in den Gesellschafterkreis einzubeziehen. Dies setzt allerdings voraus, dass die Gesellschafter mit ihrem Kapital zum Gesellschaftszweck beitragen. Für Rechtsanwaltssozietäten, die ausschließlich durch eingetragene Anwälte gebildet werden können, kommt es zu keiner Änderung des Gesellschafterbestandes (vgl. Estatuto da Ordem de Advogados, Art. 66 Nr. 1 des Gesetzesdekret Nr. 2/2013 v. 10.01.2013, zuletzt geändert durch Gesetz Nr. 145/2015 v. 09.09.2015).

473 Rechtsgrundlage der Liste ist die Portaria Nr. 1011/2001 v. 21.08.2001, zuletzt geändert durch Art. 32 Nr. 4 des Gesetzes 109-B/2001 vom 27.12.2001, abgedruckt im Anhang unter Punkt 6. Ausführlich zu den Tätigkeiten Azevedo, in: Lexit CIRC, Art. 6 CIRC, S. 433 f.; Comissão para a Reforma do IRC 2013, S. 96 sowie die bindende Auskunft der Finanzverwaltung vom 02.04.2014 im Prozess Nr. 313/2014, S. 1 Punkt 2, 3, abzurufen unter https://prestacaodecontas.files.wordpress.com/2014/03/info-313-de-2014-irc.pdf, zuletzt abgerufen am 12.09.2017.

474 Zur Verdeutlichung der Reichweite der transparenten Besteuerung nachfolgendes Beispiel: Die Einkünfte einer Augenarztpraxis stammen zu 90% aus freiberuflichen Einkünften und zu 10% aus dem Verkauf von Kontaktlinsen. In diesem Fall wird die Praxis durchgriffsbesteuert. Beträgt der Anteil aus dem Verkauf von Kontaktlinsen hingegen

beträgt.[475] Erforderlich ist weiter, dass fünf oder weniger Gesellschafter am Gesellschaftskapital „an mehr als 183 Tagen in irgendeinem Zeitraum des Besteuerungszeitraums“ beteiligt sind und keiner von ihnen eine Körperschaft des öffentlichen Rechts darstellt.[476] Der Passus „an mehr als 183 Tagen in irgendeinem Zeitraum des Besteuerungszeitraums“ wird vom Teilen des Schrifttums und der Finanzverwaltung unterschiedlich ausgelegt. Nach der vorzügigen Auffassung der Finanzverwaltung[477] ist die Beteiligung von höchstens fünf Gesellschaftern „an allen Tagen“ erforderlich. Beteiligt sich ein 6. Gesellschafter an „irgendeinem Tag“ oder wandelt sich einer der fünf Gesellschafter in eine Körperschaft des öffentlichen Rechts um, greift die Regelbesteuerung ein.[478] Als Begründung führt die Finanzverwaltung den identischen Passus „an mehr als 183 Tagen in irgendeinem Zeitraum des Besteuerungszeitraums“ des Art. 6 Nr. 4 lit. a Nr. 2 CIRC mit dem des Art. 6 Nr. 1 lit. c CIRC sowie das Fehlen einer Übergangsregelung an.[479] Demgegenüber lassen vereinzelte Stimmen im Schrifttum[480] unter Rückgriff auf den Wortlaut der Regelung die Beteiligung von fünf Gesellschaftern an „einem Tag“ genügen. Dies hätte zur Folge, dass der Steuerpflichtige es selbst in der Hand hätte, ob er nach dem Ausnahme- oder dem Regelsystem besteuert würde. Dafür kann wohl nicht der unergiebige Wortlaut des Art. 6 Nr. 4 lit. a Nr. 2 CIRC, der beide Ansichten gleichermaßen trägt, herangezogen werden. Auch aus den Gesetzesmaterialien ergibt sich für ein dahin gehendes „Manipulationsrecht“ kein Hinweis. Offensichtlich ist nur, dass der Gesetzgeber von Art. 6 Nr. 1 lit. c CIRC ausging, als er Art. 6 Nr. 4 lit. a Nr. 2 CIRC formulierte. Andernfalls hätte der Gesetzgeber eine andere Formulierung verwendet, wenn er die Beteiligung an „einem Tag“ genügen lassen wollte, oder

---

40%, wird die Praxis regelbesteuert. Dies gilt auch, wenn ein berufsfremder Gesellschafter zu mehr als 25% an der Gesellschaft beteiligt ist. Ist seine Beteiligung hingegen geringer als 25% oder gleich 25% unterliegt die Gesellschaft wieder der transparenten Besteuerung.

475 Comissão para a Reforma do IRC 2013, S. 96 und die bindende Auskunft v. 02.04.2014, Prozess Nr. 313/2014, S. 1 Punkt 2, 3, a.a.O.

476 Gesellschafter, die eine solche Tätigkeit nicht für die Freiberuflergesellschaft ausüben, bleiben bei der Berechnung der 75%-Grenze unberücksichtigt.

477 Bindende Auskunft der Finanzverwaltung v. 02.04.2014, Prozess Nr. 313/2014, S. 5f., a.a.O.

478 Dieses Verständnis vertrat die Finanzverwaltung auch zu dem Art. 6 Nr. 1 lit. c CIRC, der einen identischen Passus enthält, vgl. DGCI, Código ao IRG anotado, 1990, Art. 6, S. 23.

479 Vgl. die bindende Auskunft der Finanzverwaltung im Prozess Nr. 313/2014, S. 1 Punkt 10 auf die Anfrage v. 02.04.2014 des Stellvertretenden Generaldirektors für Steuern.

480 Anjos Azevedo, in: Lexit CIRC, Art. 6, S. 429 ff.; o.V., OTOC 2013, 1, 2; o.V., Contabilidade & Empresas (Nr. 26) 2014, 11.

eine Übergangsregelung erlassen. Sofern der Gesetzgeber eine Übergangsregel erlassen hätte, wäre ein Hinweis auf den vorzeitigen Eintritt des obligatorischen Ausnahmesystems zwingend erforderlich gewesen, da das Ausnahmesystem der transparenten Besteuerung im Vergleich zum Regelsystem prinzipiell nachteilige Besteuerungsfolgen (höhere Steuerlast, Besteuerung ohne Gewinnausschüttung u.a.) mit sich bringt. Die im Schrifttum kritisierte Beschneidung des Optionsrechts[481] für kleine Unternehmen (mit weniger als fünf Gesellschaftern) im Vergleich zu größeren Gesellschaften (mit mehr als fünf Gesellschaftern) und Anwaltsgesellschaften[482] ist als gesetzgeberische Konsequenz hinzunehmen, da der Gesetzgeber im Rahmen der Steuerreformen 2014 und 2015 weder die Einführung eines Optionsrechts noch die Angleichung des Einkommensteuersatzes an den Körperschaftsteuersatz in Erwägung zog.

Abschließend bleibt festzuhalten, dass, soweit eine der kumulativen Voraussetzungen des Art. 6 Nr. 4 lit. a Nr. 1 und Nr. 2 CIRC nicht vorliegt, die Unternehmen nach dem Regelsystem, andernfalls nach dem Ausnahmesystem besteuert werden. Angemerkt sei, dass bei der Subsumtion des Sachverhalts unter den Art. 6 Nr. 4 lit. a oder lit. b CIRC nicht auf die rechtliche Ausgestaltung der Gesellschaft, sondern auf deren wirtschaftliche Tätigkeit abzustellen ist (sog. Substanz über die Form/substância sobre a forma).[483] Dies bedeutet, dass Gesellschaften, die nicht zum Zwecke der Ausübung einer freiberuflichen Tätigkeit gegründet wurden, aber tatsächlich und vorrangig solche Tätigkeiten ausüben, der steuerlichen Transparenz unterfallen.[484] Es sollte auch nicht unerwähnt bleiben, dass es sich bei den vorstehend genannten Gesellschaften um Personengesellschaften handelt. Bestehende Zweifel hinsichtlich der rechtlichen Ausgestaltung der

---

481 Hier liegt kein „echtes" Optionsrecht vor, sondern die Gesellschaften können vielmehr durch Beteiligung eines 6. Gesellschafters an „irgendeinem Tag" oder durch Ersetzung einer der fünf Gesellschafter durch eine Körperschaft des öffentlichen Rechts (Art. 6 Nr. 4 lit. Nr. 1 CIRC) oder durch Aufnahme eines Berufsfremden (Art. 6 Nr. 4 lit. a Nr. 2 CIRC) von der Ausnahme- zur Regelbesteuerung wechseln.

482 Nach Art. 6 Nr. 4 lit. a Nr. 2 CIRC können sich zwar Berufsfremde mit Selbstständigen zu einer Freiberuflergesellschaft zusammenschließen, allerdings steht dem die anwaltliche Berufsordnung entgegen (vgl. Estatuto da Ordem de Advogados, Art. 66 Nr. 1 des Gesetzes Dekret Nr. 2/2013 vom 10.01.2013, zuletzt geändert durch Gesetz Nr. 145/2015 v. 09.09.2015, der den ausschließlichen Zusammenschluss von Anwälten voraussetzt, sodass die Rechtsanwaltssozietät stets unter Art. 6 Nr. 4 a Nr. 1 CIRC fällt.

483 Cardona, CTF 1989, 329, 332, die vorschlägt bei Einordnungsschwierigkeiten, die Ziele der steuerlichen Transparenz als Orientierungshilfe heranzuziehen.

484 Magalhães Correira, Fisco (Nr. 7) 1989, 3, 4; Sanches, Manual de Direito Fiscal, S. 145 m.w.N.

EVIW und der Arbeitsgemeinschaft (ACE), die nach portugiesischem Verständnis als Hilfsgebilde[485] und nicht als Handelsgesellschaft[486] qualifiziert werden, sind unbegründet. Denn beide Gebilde sind strukturell mit einer Personengesellschaft vergleichbar,[487] z. B. haften die Mitglieder der Arbeitsgemeinschaft für Verbindlichkeiten der Gemeinschaft grundsätzlich solidarisch und subsidiär.[488] Jedoch ist die Erstreckung der steuerlichen Transparenz auf Personengesellschaften nicht zwingend, da nach der gesetzgeberischen Intention die transparente Besteuerung zwecks Bekämpfung der Steuerhinterziehung auf weitere Gesellschaften ausgedehnt werden kann (Art. 17 Nr. 3 des Gesetzes Nr. 106/88 v. 17.09.1988). Im Jahr 1996 hat der Ausschuss für die steuerliche Entwicklung eine Ausweitung der steuerlichen Transparenz auf die OHG (sociedade em nome colectivo) und KG (sociedade comadita) aus fiskalpolitischen Gründen vorgeschlagen,[489] jedoch ist der Gesetzgeber diesem Vorschlag nicht gefolgt.

d) Ermittlung der Zurechnungsgröße

Wie eingangs gesehen, kommt den transparenten Gesellschaften eine gewisse Selbstständigkeit bei Ermittlung der Bemessungsgrundlage bzw. des Gewinns zu (Art. 12 Nrn. 1, 2 CIRC). Die EWIV(AEIE) und die Arbeitsgruppen (ACE[490]) berechnen ihren Gewinn bzw. ihren Verlust eigenständig und weisen diesen anteilig ihren Mitgliedern zu. Die übrigen transparenten Gesellschaften ermitteln die Bemessungsgrundlage nach den Vorschriften des KStG[491] (CIRC), die

485 Ebenso Furtado, Curso de direito das sociedades, S. 155 f., a.A. Coutinho de Abreu, Curso de Direito Comercial, S. 32, der die Arbeitsgemeinschaft als Gesellschaft behandelt.

486 Coutinho de Abreu, Curso de Direito Comercial, S. 34.

487 Monteiro Lopes, Transparência Fiscal, S. 40 ff., weist zutreffend darauf hin, dass die EVIW (AEIE) und die Arbeitsgruppe nach den Grundsätzen der Gruppenbesteuerungen (Artt. 69 f. CIRC) zu besteuern wären, wenn der Gesetzgeber diese Gebilde nicht der Durchgriffsbesteuerung unterworfen hätte. Dies hätte weiter zur Folge, dass die Verrechnung von Verlusten einzelner Gruppengesellschaften mit Gewinnen anderer Gesellschaften erfolgen könnte und die wirtschaftliche Doppelbesteuerung durch die Gruppenbesteuerung selbst gewährleistet wäre, sodass es eines Rückgriffs auf die Regelung des Art. 51 CIRC nicht mehr bedürfte.

488 Base II Nr. 2, 3 des Gesetzes Nr. 4/73 und vgl. zur EVIW und ACE Kapitel 2 B II 4 a, b.

489 Comissão para o Desenvolvimento da Reforma Fiscal 1996, S. 633ff.; für eine Ausdehnung auf die GmbH: Barreira, Fisco (Nr. 20/21) 1990, 66, 69.

490 Wie eingangs erwähnt, braucht die Gewinnerzielung kein Primärziel der ACE sein, soweit dies im Gründungsvertrag entsprechend niedergelegt wurde.

491 Zur Ermittlung der Bemessungsgrundlage vgl. 2. Kapitel dieser Arbeit. Für Freiberuflergesellschaften mit einem Jahresumsatz von bis zu 149.639,37 € galt bis einschließlich

in anteiliger Höhe in den Händen ihrer Gesellschafter besteuert wird.[492] Eine anteilige Verlustzurechnung erfolgt bei den Gesellschaftern dagegen nicht. Auf Ebene der Gesellschafter (natürliche Personen) unterliegt die zugerechnete positive Bemessungsgrundlage keiner zusätzlichen Abgeltungssteuer. Zuschläge können dennoch gem. Artt. 68A f. CIRS (taxa de solidariedade und/oder sobretaxa extraordinária) zu dem progressiven Steuersatz zwischen 14,5% bis 48% (vgl. Tabelle des Art. 68 CIRS) aufgeschlagen werden.[493] Dies gilt nicht, soweit es sich bei den Gesellschaftern um juristische Personen oder Mitglieder der EVIW (AEIE) bzw. der Arbeitsgruppe (ACE) handelt, diese unterliegen mit ihren anteiligen Gewinnen bzw. mit ihrer anteiligen Bemessungsgrundlage dem regulären Steuersatz von 21% bzw. 16,8%, wie nachfolgendes Schema zeigt.

2010 ein Optionsrecht zum vereinfachten Verfahren nach Art. 53 Nr. 13 CIRC aF (sog. Modelo 22 Anhang B). Art. 86A CIRC, der an die Stelle des Art. 53 Nr. 13 CIRC aF trat, enthält nunmehr keinen Verweis auf die Parameter des Art. 31 CIRS. Dies bedingt, dass alle transparenten Gesellschaften dem Regelverfahren unterliegen. So ausdrücklich Circular Nr. 6/2014 zu den Artt. 86A, 86B, 87, 88 und 106 CIRC, S. 1 Nr. 2 „todos os sujeitos passivos abrangidos pelo regimen da transpârencia fiscal"…), abzurufen unter: http://info.portaldasfinancas.govompt/NR/rdonlyres/AB48DBD8-2159-48AF-99DE-818A30DFA90B/0/Circular_6_2014.pdf, zuletzt abgerufen am 13.09.2017, Circular 5/2014 v. 20.3.2014, abzurufen unter: https://info.portaldasfinancas.govompt/nr/rdonlyres/68fec641-0dff-4ea6-bdb0-403e892b7df7/0/5_2014.pdf 8, zuletzt abgerufen am 13.09.2017 und Circular Nr. 6/2014 zu den Artt. 86A, 86B, 87, 88 und 106 CIRC, a.a.O.

492 Almeida, Fisco (Nr. 122/123) 1007, 63, 69.

493 Almeida, Fisco (Nr. 122/123) 2007, 63, 75; Azevedo Rafael, Apotec (Nr. 431) 2013, 46, 48; Casalta Nabais, O dever Fundamental, S. 502; Menezes Montenegro, TOC (Nr. 37) 2003, 38. 43; Morais, sobre o IRS, S. 173 f.

Ermittlung der zu entrichtenden Körperschaftsteuer (vereinfacht) nach dem System der steuerlichen Transparenz

Einnahmen (proveitos ou ganhos), Art. 20 CIRC
./. Betriebsausgaben (gastos), Art. 23 CIRC
Gewinn aus der Veranlagungsperiode (resultado líquido do exercício), Art. 17 CIRC
+ positive Vermögensveränderungen (variações patrimonais positivas), Art. 24 CIRC
- negative Vermögensveränderungen (variações patrimonais negativas), Art. 21 CIRC
+/- steuerliche Korrekturen (u.a. Artt. 23A, 29, 30, 50 CIRC)
= **steuerpflichtiger Gewinn (lucro tributável[1])** **/Verlust Ebene der AEIE/der ACE**
- steuerliche Abzüge (Artt. 51, 51C, 51D CIRC)
- Verlustabzüge (dedução dos prejuízos, Art. 52 CIRC)
- Steueranreize (benefícios fiscais)
= **Steuerbemessungsgrundlage (matéria coletável[2])** **Ebene der Gesellschaft**

X Steuersatz von 21% bzw. 16,8% (Art. 87 CIRC) **Ebene der Gesellschafter/**
= zu entrichtende vorläufige Körperschaftsteuer **Mitglieder**
- Abzüge gem. Artt. 90 bis 92 CIRC
- Besondere Vorauszahlungen (pagamentos especiais por conta), Art. 93 CIRC
- einbehaltene Quellensteuern (retenções na fonte), Artt. 94 bis 98 CIRC
= **zu entrichtende endgültige Körperschaftsteuer**

+ Zuschläge:
Ortsaufschlag bis zu 1,5% (derrama municipal)
Sonderabgabe auf Gewinne über 1,5 Mio. € bis zu 5% (derrama estudal)

1: Der so ermittelte Gewinn bzw. Verlust ist die maßgebliche Ausgangs- und Zurechnungsgröße für die transparente EVIW (AEIE)/Arbeitsgemeinschaft (ACE).
2: Für die übrigen transparenten Gesellschaften i.S.d. Art. 6 CIRC ist die so ermittelte *positive* Besteuerungsgrundlage die entscheidende Ausgangs- und Zurechnungsgröße. Eine Verlustberücksichtigung erfolgt dagegen nicht.

Abbildung 14: Ermittlung der zu entrichtenden Körperschaftsteuer nach der transparenten Besteuerung

Quelle: Art. 6 CIRC, Art. 20 CIRS, eigene Quelle.

e) Qualifizierung und Verteilung der Zurechnungsgröße

Die anteiligen Gewinne bzw. die Anteile der Bemessungsgrundlage gelten gem. Art. 20 Nr. 1 CIRS als gewerbliche und selbstständige Einkünfte der Kategorie B.[494] Besondere Abzüge der Kategorie B sind nicht vorzunehmen. Die

494 Albuquerque Alves Palma, transparência fiscal, S. 19; Comissão Para a Reforma de IRS, S. 30; Silva/Marvenejo da Costa, OTOC 2013, 1, 29.

Einkünfteermittlung weicht damit im Fall einer transparenten Gesellschaft von der Ermittlung nach Art. 28 Nrn. 1 und 8 CIRS ab.[495]

Erhält der Gesellschafter neben der zugerechneten Ausgangsgröße noch einen Vorabgewinn (adiantamentos por lucros[496]) von seiner Gesellschaft, sind Besonderheiten zu beachten. Insofern fließt dem Gesellschafter bzw. dem Mitglied grundsätzlich der höhere Wert als Nettogröße der Kategorie B (gewerbliche und selbstständige Arbeit) zu (Art. 20 Nrn. 1, 2 und 5 CIRS). Übersteigt der Vorabgewinn den Anteil an der zugerechneten Bemessungsgrundlage oder des Gewinns, unterliegt der Vorabgewinn in voller Höhe der Besteuerung.[497] Der zu viel versteuerte Vorabgewinn wird in den folgenden Wirtschaftsjahren mit dem Anteil der Bemessungsgrundlage bzw. dem Gewinnanteil verrechnet.[498] Die Zurechnungsnorm des Art. 20 CIRS wird anhand des nachfolgenden Beispiels verdeutlicht:

---

495 Ausgehend von Art. 28 Nr. 1 CIRS werden selbstständige und gewerbliche Einkünfte (mit Ausnahme von Einkünften nach Art. 20 CIRS) entweder nach dem Regelverfahren oder nach dem vereinfachten Verfahren ermittelt. Soweit transparente Gesellschaften involviert sind, können diese ihre Gewinne nicht pauschaliert ermitteln. Dies gilt allerdings nicht für die Gesellschafter, deren Jahresumsatz kleiner als oder gleich 200.000 € ist. Soweit die Gesellschafter eine selbstständige Tätigkeit entsprechend der Liste in Art. 151 CIRS ausüben, können sie ihre Beiträge für die Sozialversicherung und einige Zusatzversicherungen nach Maßgabe des Art. 31 Nrn. 2, 12 CIRS abziehen. Die Anwendung des vereinfachten Verfahrens auf Ebene der Gesellschafter führt damit zu einem Doppelabzug von Ausgaben, nämlich zunächst in der Sphäre der Gesellschaft und dann bei den Gesellschaftern. Dass ein solcher doppelter Abzug mit der Einführung der transparenten Besteuerung bezweckt war, ist zu bezweifeln. Dem zustimmend Casalta Nabais, Empresas, S. 126 m.w.N.; Morais, sobre o IRS, S. 173.

496 Nach Art. 6 Nr. 4 CIRS stehen Vorabgewinne den Gewinnausschüttungen gleich und sind den Kapitaleinkünften zuzuordnen. Jedoch sind Gewinnausschüttungen mit dem System der transparenten Besteuerung unvereinbar, sodass die Regelung des Art. 20 CIRS in der portugiesischen Literatur zu großem Aufsehen geführt hat, vgl. nur Faustino, TOC Nr. 111 2009, 28 ff. Monteiro Lopes, Transparência Fiscal, S. 114 f., die bildhaft von der Achillesferse der Transparenz („o calcanhar de Aquiles da transparência") spricht und darauf hinweist, dass keine gesetzliche Rechtsgrundlage existiere, die es den transparenten Gesellschaften erlaube, den ermittelten Gewinn durch den Vorabgewinn zu ersetzen. Zudem nehme Art. 109 Nr. 1 CIRC i.V.m. Modelo 22 Anlage G keinen Bezug auf die Vorabgewinne.

497 Allerdings werden die Vorabgewinne nicht wie Kapitaleinkünfte einer abgeltenden Quellensteuer unterworfen, Silva/Marvenejo da Costa, OTOC 2013, 1, 29.

498 Menezes Montenegro, TOC (Nr. 37) 2003, 38, 45; Silva/Marvenejo da Costa, OTOC 2013, 1, 29 f.

Eine ACE, die aus den Mitgliedern A, B und C besteht, ermittelt im Wirtschaftsjahr 2015 einen Gewinn von 100.000 €. Der Gesellschafter A, der einen Anteil i.H.v. 50% an der Gesellschaft hält, erhält einen Vorabgewinn von 70.000 €. Der anteilige Gewinnanteil des A ist mit 50.000 € geringer als der Vorabgewinn i.H.v. 70.000 €, sodass die 70.000 € als gewerbliche und selbstständige Nettoeinkünfte zu qualifizieren sind.[499] Im Wirtschaftsjahr 2016 ermittelt die ACE zwar einen Gewinn in gleicher Höhe, aber A erhält keinen Vorabgewinn. Dies hat zur Folge, dass von dem anteiligen Gewinn i.H.v. 50.000 € der zu viel versteuerte Betrag i.H.v. 20.000 € des Vorjahres abzuziehen ist und A lediglich 30.000 € gewerbliche und selbstständige Nettoeinkünfte – vorbehaltlich weiterer Einkünfte – im Jahr 2016 zu versteuern hat.

Es sollte auch nicht unerwähnt bleiben, dass das Körperschaftsteuergesetz keine entsprechende Zurechnungsnorm wie Art. 20 CIRS enthält. Hieraus leiten Stimmen in der Literatur[500] zutreffend eine Ungleichbehandlung der verschiedenen Gesellschafterformen ab.

Der ermittelte Gewinn bzw. die Bemessungsgrundlage wird den Gesellschaftern unmittelbar, d.h. in entsprechender Höhe zugerechnet (Art. 6 Nr. 1 CIRC).[501] Die Gewinnverteilung bzw. die Aufteilung der Bemessungsgrundlage[502] ergibt sich grundsätzlich aus dem Gründungsvertrag[503], fehlt eine Verteilungsregel,

---

499 Bei dem Vorabgewinn handelt es sich nicht um Kapitaleinkünfte (Art. 5 Nr. 2 lit. d CIRS).

500 Faustino, TOC 2009, S. 28 ff. betont, dass die Zurechnung von Vorabgewinnen an die Gesellschafter im Widerspruch zu Art. 6 Nr. 1 CIRC stehe, der allein Gewinne, nicht aber Vorabgewinne an die Gesellschafter zurechne. Weiter führt er aus, dass es sich bei den Gewinnen um eine Nettogröße i.S.d. Kategorie B handele, während die Vorabgewinne eine Bruttogröße darstellen, die den Kapitaleinkünften zuzuordnen seien. Hieraus folgert er zutreffend, dass eine Verrechnung der beiden Größen nicht möglich sei und Art. 20 CIRS das System der transparenten Besteuerung auf den Kopf stelle. Zudem sei der steuerlichen Transparenz eine Ausschüttung fremd. Dies bedinge auch, dass die Gesellschafter ein und derselben Gesellschaft mangels entsprechender Regelung im KStG (CIRC) steuerlich verschieden behandelt werden.

501 Im Vergleich zum deutschen Recht fehlt im portugiesischen Recht die zweite Gewinnermittlungsstufe.

502 Nach portugiesischem Recht ist die Gewinnverteilung grundsätzlich frei, lediglich eine nichtbetriebliche veranlasste und rückwirkende Gewinnverteilung wird steuerlich nicht anerkannt, vgl. Morais, sobre o IRS, S. 173; Menezes Montenegro, TOC (Nr. 37) 2003, 38, 42.

503 Morais, sobre o IRS, S. 173 zieht neben dem „Gründungsvertrag“ auch den „Gesellschaftsvertrag“ heran.

gilt der Gewinn bzw. die Bemessungsgrundlage als zu gleichen[504] Teilen verteilt (Art. 6 Nr. 3 CIRC).[505] Weichen die Beteiligungsverhältnisse jedoch nachträglich von denen bei Gesellschaftsgründung ab, ist die in Art. 6 Nr. 3 CIRC verankerte Vermutungsregel unzureichend.[506] Magalhães Correira[507] vertritt die Auffassung, dass die Vermutungsregel verfassungskonform auszulegen sei,[508] da die Regel bei wortgemäßer Anwendung das Prinzip der wirtschaftlichen Leistungsfähigkeit (princípio da capacidade contributiva) verletze und die tatsächlichen Verhältnisse des Gesellschafters ignoriere. Zur Begründung führt er an, dass aus Art. 6 Nr. 3 CIRC i.V.m. Punkt 3 der Präambel zum KStG (CIRC) folge, dass nicht der Gründungsvertrag, sondern die spätere Verteilungsabrede maßgeblich sei.[509] Auch das STA stellt in seinem Urteil vom 29.02.2012 auf die tatsächlichen Gesellschaftsverhältnisse ab.[510] In dieselbe Richtung gehen zudem

---

504 Silva/Marvenejo da Costa, OTOC 2013, 1, 25; vgl. auch Art. 22 Nr. 1 CSC, der bei Fehlen einer ausdrücklichen Vereinbarung im Gesellschaftsvertrag eine Aufteilung zu gleichen Anteilen anordnet.

505 Die abdingbare Gewinnverteilung nach Köpfen für die OHG in § 122 Abs. 3 HBG erinnert an die Vermutensregel des Art. 6 Nr. 3 CIRC am Ende („zu gleichen Teilen").

506 Albuquerque Alves Palma, transparência fiscal, S. 18; Almeida, Fisco (Nr. 122/123) 2007, 63, 72; Costa Avezedo, transparência fiscal, S. 46 f.; Magalhães, Fisco (Nr. 7) 1989, 3, 7.

507 Magalhães Correia, Fisco (Nr. 7) 1989, 3, 7.

508 Der Gründungsvertrag einer Freiberuflergesellschaft sieht vor, dass die Gesellschafter A und B am Vermögen der Gesellschaft von 100 zu gleichen Teilen beteiligt sind. Im Dezember 2015 verkauft A 75% von seinem Anteil an C. A erhält einen Anteil von 12,5%, B von 50% und C von 37,5% an der Gesellschaft. Für das Steuerjahr 2016 ermittelt die Gesellschaft eine Bemessungsgrundlage von 60.000 €. Der Verteilungsmaßstab aus dem Gründungsvertrag ist unzureichend, da dort zu einem Anteilsverkauf nichts geregelt wurde und eine nachträgliche Änderung des Vertrages kraft Gesetzes nicht erfolgt (Art. 85 CSC). Soweit Art. 6 Nr. 3 CIRC wörtlich zugrunde gelegt wird, erfolgt eine Verteilung zu gleichen Teilen. Dies bedingt, dass Gesellschafter, die einen geringen Anteil an der Gesellschaft halten, gegenüber solchen, die einen größeren Anteil an dieser halten, steuerlich schlechter gestellt werden. Das Beispiel ist an das Beispiel von Costa Avezedo, transparência fiscal, S. 46 f. angelehnt.

509 So ausdrücklich auch Ac. do STA vom 15.06.2016, Az. 01508/13, abzurufen unter http://www.taxfile.pt/file_bank/news2516_7_1.pdf, zuletzt abgerufen am 12.09.2017.

510 In der Entscheidung des STA, Az. 0441/11 v. 29.02.2012, abzurufen unter: http://www.dgsi.pt/jsta.nsf/35fbbbf22e1bb1e680256f8e003ea931/c915b02e40330a7d80257 9c0004b9f75?OpenDocument, zuletzt abgerufen am 12.09.2017, erfolgte die Zurechnung – entgegen der Auffassung der Finanzverwaltung – nicht zu gleichen Teilen, sondern durch Gesellschafterbeschluss nach Art. 7 des Gesellschaftsvertrages. Das erkennende Gericht führt dazu aus, dass der Ausschluss eines Gesellschafters von

die Ausführungen von Valente/Montenegro[511] hinsichtlich der Gewinnverteilung bei Freiberuflergesellschaften mit unterschiedlicher Arbeitsleistung (ohne Verteilungsabrede). Danach seien Gewinne und laufende Betriebskosten sowie sonstige Kosten den Gesellschaftern in dem Verhältnis zuzuordnen, in dem sie zum Umsatz der Gesellschaft beigetragen haben.[512]

Ein Festhalten am Wortlaut des Art. 6 Nr. 3 CIRC führt zu einem vom Gesetzgeber nicht gewollten „sinnwidrigen Ergebnis“[513]. Vielmehr muss der „unzureichende Wortlaut“ an die tatsächlichen Verhältnisse der Gesellschafter angepasst und verfassungskonform ausgelegt werden. Wünschenswert wäre es deshalb gewesen, dass der Gesetzgeber im Zuge der Körperschaftsteuerreform 2014 den Wortlaut des Art. 6 Nr. 3 CIRC um den klarstellenden Zusatz „an den Gründungsvertrag oder ein anderes Element mit gleichwertiger Beweiskraft“[514] ergänzt hätte.

f) Die Behandlung von Verlusten

Im Gegensatz zum deutschem Recht erfolgt eine unmittelbare Verlustzurechnung nur bei Mitgliedern der Arbeitsgemeinschaft (ACE) und der EWIV (Art. 6 Nr. 2 CIRC).[515] Die Verluste der übrigen transparenten Gesellschaften verbleiben, wie bei der deutschen Kapitalgesellschaft, bei der Gesellschaft (Art. 52 Nr. 7 CIRC) und sind innerhalb von fünf bzw. zwölf[516] Jahren vortragbar (Art. 52 Nrn. 1, 7

---

der Gewinnverteilung nach Art. 22 Nr. 3 CSC nicht zum Eingreifen der „gesetzlichen Vermutung“ des Art. 6 Nr. 3 CIRC führe und damit auch nicht zur Nichtigkeit des Beschlusses gem. Art. 32 Nr. 2 CPT. Der Finanzverwaltung verbleibe lediglich die Möglichkeit, den steuerlichen Gewinn nach Art. 66 Nr. 1 CIRS zu berichtigen.

511 Menerez Montenegro, TOC (Nr. 37) 2003, 38, 44; Valente, R & E 2001, 33, 36 f.

512 Das portugiesische Schrifttum spricht insoweit bildhaft von dem Grundsatz des „eat what you kill“, siehe Monteiro Lopes, Transparência Fiscal, S. 82.

513 Ziel des Fiskalsystems ist es u.a., eine progressive Besteuerung gem. dem Leistungsfähigkeitsprinzip sicherzustellen und nicht Einkünfte „von anderen Gesellschaftern“ auf unbeteiligte Gesellschafter zuzurechnen, vgl. Monteiro Lopes, Transparência Fiscal, S. 81.

514 Eine entsprechende Beweiskraft kommt beispielsweise dem Handelsregister zu, zumal dort eintragungspflichtige Tatsachen wie eine Anteilsübertragung gem. Art. 3 Nr. 1 lit. c und lit. d CRC einzutragen sind, vgl. Almeida, Fisco (Nr. 122,123) 2007, 63, 72 f., Costa Avezedo, transparência fiscal, S. 47; Valente, R & E 2001, 33, 34 f.

515 Albuquerque Alves Palma, transparência fiscal, S. 18; Almeida, Fisco (Nr. 122/123) 2007, 63, 69 f.; Costa Avezedo, transparência fiscal, S. 45; Silva/Marvenejo da Costa, OTOC 2013, 1, 27.

516 Bei KMU können Verluste zwölf Jahre vorgetragen werden, während bei größeren Unternehmen die Verlustvortragszeit fünf Jahre beträgt.

CIRC).[517] Trägt die Gesellschaft die Verluste vor, schlagen diese erst mit Steuerentrichtung auf Gesellschafterebene durch.[518] Dies bedingt, dass die Gesellschafter (natürliche Personen) im Vergleich zu den Mitgliedern der EWIV bzw. der ACE weder von einer horizontalen noch einer vertikalen Verlustverrechnung Gebrauch machen können.[519] Die unterschiedliche Verlustbehandlung wird von dem portugiesischen Schrifttum, soweit ersichtlich, nicht erörtert.[520] Der Grund hierfür dürfte sein, dass es sich bei der Arbeitsgemeinschaft (ACE) und der EWIV (AEIV) um europarechtliche Rechtsgebilde handelt, die nach dem Willen des portugiesischen Gesetzgebers in Art. 6 CIRC und nicht in Art. 69 CIRC Eingang fanden, der gleichfalls eine Verlust- und Gewinnverrechnung innerhalb der Gruppe vorsieht. Die portugiesische Praxis wirkt dem Auseinanderfallen der Verlusterfassungszeiträume durch Ausstellungen von Rechnungen für geleistete Dienste entgegen.[521]

Befindet sich die transparente Gesellschaft in Liquidation, wird der Überschuss[522] anteilig auf die Gesellschafter bzw. Mitglieder verteilt (Art. 81 Nr. 5 CIRC). Bereits zugerechnete Gewinne sind von dem zugeteilten Überschuss abzuziehen.[523] Wandelt sich dagegen die nicht gewerblich tätige GbR in eine Handelsgesellschaft um, wird der Gewinn bis zur endgültigen Umwandlung der Gesellschaft berücksichtigt (Art. 72 Nr. 2 CIRC). Die Verluste können beginnend mit der Aufnahme der neuen Tätigkeit zwölf Jahre lang vorgetragen werden (Art. 72 Nr. 3, Art. 52 Nr. 1 CIRC).[524] Die Korrektur der Steuerbemessungsgrundlage folgt den allgemeinen Regeln (Artt. 99 und 103 CIRC). Insofern hat die Finanzverwaltung die transparente Gesellschaft von den durchgeführten

517 Almeida, Fisco (Nr. 122/123) 2007, 63, 69.

518 Albuquerque Alves Palma, transparência fiscal, S. 18; Almeida, Fisco Nr. 122/123 2007, 63, 69 f.; Silva/Marvenejo da Costa, OTOC 2013, 1, 27.

519 Costa Avezedo, transparência fiscal, S. 45.

520 Almeida, Fisco (Nr. 122/123) 2007, 63, 69 f., Correira e Vale/Freitas Pereira, Fisco Nr. 17 1990, 39, 41; Morais, sobre o IRS, S. 174; Menezes Montenegro, TOC Nr. 37 2003, 38, 41; Pinheiro Pinto, Fiscalidade, S. 185 f.

521 So ausdrücklich Monteiro Lopes, transparência fiscal, S. 112.

522 Für die Bestimmung des Unternehmenswerts ist der Marktwert (o valor de mercado) maßgeblich, Art. 80 CIRC.

523 Menezes Montenegro, TOC (Nr. 37) 2003, 38, 43.

524 Menezes Montenegro, TOC (Nr. 37) 2003, 38, 42.

Korrekturen in Kenntnis zu setzen.[525] Der Gesellschaft selbst steht gem. Art. 137 Nr. 1 CIRC kein Beschwerderecht zu.[526] Überhöhte Zurechnungen hat der Gesellschafter zu erstatten.[527]

g) Steuerliche Nebenpflichten und sonstige Pflichten

Transparente, in Portugal ansässige Gesellschaften haben – wie intransparente dort ansässige Gesellschaften – eine Reihe von steuerlichen Nebenpflichten, wie z. B. Buchführungs-[528], Eintragungs-[529], Abgabe-[530], Anzeige-[531], Erklärungs-[532]

525 So ausdrücklich Ac. do STA v. 29.02.2012, Az. 0441/11, a.a.O.; TCA Norte v. 29.01.2015, Az. 00022/01, abzurufen unter: http://www.dgsi.pt/jtcn.nsf/89d1c0288c2dd49c802575c8003279c7/2e8b6295852a89ee80257e03003e3db8?OpenDocument, zuletzt abgerufen am 12.09.2017; Ofício-Circulado Nr. 5/94 v. 16.2.1994, abrufbar unter: http://info.portaldasfinancas.govompt/NR/rdonlyres/63AD6F69-6276-46FE-946F-969AD827A95C/0/oficio-circulado_5_de_16-02-1994_direccao_de_servicos_do_irc.pdf, zuletzt abgerufen am 12.09.2017.

526 So ausdrücklich TCA Sul v. 14.12.2011, Az. 2522/08, abzurufen unter: http://www.dgsi.pt/jtca.nsf/170589492546a7fb802575c3004c6d7d/70e48c1cea9ab2788025796d003f6f67?OpenDocument&Highlight=0,2522%2F08, zuletzt abgerufen am 12.09.2017; v. 08.11.2005 Az. 0069/05, abzurufen unter: http://www.dgsi.pt/jtca.nsf/170589492546a7fb802575c3004c6d7d/b7d97cb460acbff2802570b3006bb544?OpenDocument, zuletzt abgerufen am 12.09.2017.

527 Art. 100 CIRC; Amorin, Código do CIRC anotado, Art. 100 CIRC, S. 966 f.; Menezes Montenegro, TOC (Nr. 37) 2003, 38, 41.

528 Nach den Artt. 123 Nr. 1, 17 Nr. 3 CIRC haben die transparenten Gesellschaften ihren Gewinn im Rahmen einer geordneten Buchführung zu ermitteln. Übt die transparente Gesellschaft eine nicht gewerbliche Tätigkeit aus, kann sie dennoch ihren Gewinn nicht pauschaliert berechnen. So ausdrücklich Circular Nr. 6/2014 v. 18.03.2014, Punkt 2, a.a.O.

529 Nach der Verordnung Nr. 51/04 v. 16.01.2004 und dem Art. 129 CIRC i.V.m. Artt. 125, 138 CIRS hat die Vermögensverwaltungsgesellschaft ihr mobiliares Vermögen zu verzeichnen.

530 Sie hat – ebenso wie deutsche Personengesellschaften – eine Umsatzsteuererklärung abzugeben nach Art. 2 CIVA, siehe Cunha Guimarães, INFOCONTAB 2008, 1, 27.

531 Die Aufnahme und das Ende der Tätigkeit sowie jede Änderung in der Gesellschaft ist anzeigepflichtig (Art. 118, 119 CIRC).

532 Sie ist verpflichtet nach den Artt. 120 Nr. 1, 121, 117 Nr. 1 lit. b CIRC eine jährliche Erklärung und eine periodische Erklärung nach dem Modell 22 abzugeben. Für freiberufliche Gesellschaften folgt dies ausdrücklich aus dem Circular Nr. 8/90 v. 16.02.1990, abgedruckt im Anhang unter Punkt 8.

und Aufzeichnungspflichten[533] zu beachten.[534] Darüber hinaus behalten sie anfallende Quellensteuer[535] ein und führen diese mit Zurverfügungstellung oder Auszahlung bis zum 20. des Folgemonats an das zuständige Finanzamt ab (Art. 94 Nr. 6 CIRC[536]).[537] Auf die in Art. 94 Nr. 1 CIRC aufgeführten Einkünfte wird generell eine Quellensteuer von 25% erhoben, es sei denn, der Gesellschafter erzielt diese Einkünfte als Vorstandsmitglied i.S.d. Art. 242 Nr. 2 CSC. In diesem Fall gilt ein ermäßigter Quellensteuersatz von 21,5% (Art. 94 Nr. 4 CIRC). Soweit ein Gesellschafter von einer Wirtschaftsprüfergesellschaft Lohn für seine Vorstandstätigkeit erhält, wird auf die Erhebung der Quellensteuer völlig verzichtet (Art. 97 Nr. 1 lit. f CIRC).[538] In den darüber hinausgehenden Fällen wird der Arbeitslohn entweder nach den Artt. 98, 99 CIRS (gleichbleibender Lohn) oder nach dem Art. 100 CIRS (variable Lohn) quellenbesteuert.[539] Nicht quellensteuerpflichtig sind Ausschüttungen (einschließlich Vorabgewinne) der Gesellschaft an ihre Gesellschafter,[540] die nach Art. 5 Nr. 2 lit. h CIRS nicht als

533 Hinsichtlich der Einkünfte besteht seitens der Gesellschaft und der Gesellschafter/Mitglieder eine doppelte Erklärungspflicht (dupla obrigação de declaração de rendimentos). Nach Art. 130 Nr. 1 CIRC bewahren die Gesellschaften ihre Steuervorfälle mit den dazugehörigen Nachweisen und Dokumentationen für zwölf Jahre auf (documentação fiscal), während die Gesellschafter/Mitglieder die ihnen zugerechneten Gewinne/Anteile der Bemessungsgrundlage in ihren Steuererklärungen angeben, vgl. Casalta Nabais, Direito Fiscal, S. 503.

534 Almeida, Fisco (Nr. 122, 123) 2007, 63, 73 f.

535 Behält die Gesellschaft die Quellensteuer gem. Art. 128 CIRC i.V.m. Artt. 119, 120 CIRS nicht ein, trifft den Gesellschafter eine sekundäre Haftungspflicht, vgl. Morais, sobre o IRS, S. 155f.

536 Circular Nr. 8/90 v. 16.02.1990 abgedruckt im Anhang unter Punkt 8; Morais, sobre o IRS, S. 155, 175; Menezes Montegro, TOC (Nr. 37) 2003, 38, 44; Pires/Pires, Direito Fiscal, S. 606 f.

537 Die abgeführten Erträge sind von den Gesellschaftern anteilig in ihren Erklärungen (Anexo D, Quadro 4 da Declaração Modelo 3 do IRS (natürliche Personen) bzw. im Quadro 10, Campo 359 da Declaração Modelo 22 do IRC (juristische Personen)) anzugeben. Übersteigt der abgeführte Betrag die zu zahlende Steuerschuld, ist dem Gesellschafter der Überschuss zu erstatten (Art. 78 Nr. 3 CIRS), siehe Almeida, Fisco (Nr. 122,123) 2007, 63, 75; Morais, sobre o IRS, S. 175 f.; Valente, E & R 2001, 33, 39.

538 Nach dem Circular Nr. 8/90 v. 16.02.1990, abgedruckt im Anhang unter Punkt 8, unterliegen die freiberuflichen Gesellschaften denselben Abgeltungssteuersätzen wie die übrigen in Portugal ansässigen Gesellschaften, es sei denn, die Art. 75 bis 76 CIRC (aktuell Artt. 94 bis 97 CIRC) sehen eine abweichende Regelung vor, vgl. Saldanha Sanches, Fisco (Nr. 12/13) 1989, 12, 14; Pires/Pires, Direito Fiscal, S. 606 f.

539 Morais, sobre o IRS, S. 175; Menezes Montegro, TOC Nr. 37 2003, 38, 44.

540 Circular Nr. 8/90 vom 16.02.1990, Nr. 8, abgedruckt im Anhang unter Punkt 8.

Kapitaleinkünfte,[541] sondern als gewerbliche und selbstständige Nettoeinkünfte der Kategorie B gelten.[542]

Quellensteuerabzüge, die nach Maßgabe des Art. 90 Nr. 5 CIRC[543] von der transparenten Gesellschaft vorgenommen wurden, sind auf Gesellschafter- oder Mitgliederebene in anteiliger Höhe von der zu entrichtenden Steuer (deduções da coleta) abzuziehen (Art. 6 Nr. 3 CIRC).[544] Ausgenommen hiervon sind Abzüge zur Vermeidung einer grenzüberschreitenden Doppelbesteuerung gem. Art. 90 Nr. 2 lit. b CIRC, zumal die Verhinderung einer wirtschaftlichen Doppelbesteuerung durch das System der steuerlichen Transparenz selbst gewährleistet wird.[545]

h) Steuerliche Vorteile

Bis zum Jahr 2006 betrug der Gemeindezuschlag (derrama municipal) bis zu 10% und war auf die zu entrichtende Körperschaftsteuer (coleta) aufzuschlagen. Seit dem Jahr 2007 setzen die Gemeinden eine Abgabe bis zur Höhe von 1,5% des zu versteuernden Gewinns fest (Art. 14 des Gesetzes Nr. 2/2007 vom 15.1.2007). Nach dieser Gesetzesänderung traten im Hinblick auf die Besteuerung von transparenten Gesellschaften Zweifel auf, da einige dieser Gesellschaften ihren Gewinn selbstständig ermitteln. Diese Zweifel sind jedoch unbegründet, da Art. 87A CIRC ausdrücklich bestimmt, dass die Gemeindeaufschläge, auf den *steuerbaren* Gewinnteil aufzuschlagen sind. Für transparente Gesellschaften bedeutet dies, unabhängig von der Frage, ob diese von der Körperschaftsteuer als befreit gelten oder nicht,[546] dass sie die Gemeindezuschläge (derrama municipal e derrama estadual), weiterhin nicht zu zahlen haben.[547]

---

541 Cunha Guimarães, INFOCONTAB 2008, 1, 14 f.; Menezes Montegro, TOC (Nr. 37) 2003, 38, 45.

542 Art. 20 Nr. 1, 3 CIRS; Basto, IRS, S. 258 f. Fn. 277; Cunha Guimarães, INFOCONTAB, 2008, 1, 14 f.; Morais, sobre o IRS, S. 174; Menezes Montegro, TOC (Nr. 37) 2003, 38, 45; Pinheiro Pinto, Fiscalidade, S. 183 f. Zu den "adiamentos" Faustino, TOC (Nr. 111) 2009, 28, 29 f.

543 Erfasst werden Abzüge nach Art. 90 Nr. 2 lit. a bis e CIRC.

544 Almeida, Fisco (Nr. 122/123) 2007, 69, 71; Menezes Montenegro, TOC (Nr. 37), 2003, 38, 41.

545 Correira e Vale/Freitas Pereira, Fisco (Nr. 17) 1990, 39, 42; Cunha Guimarães, INFO-CONTAB 2008, 1, 18; Silva/Marvenejo da Costa, OTOC 2013, 1, 25.

546 Vgl. zum Meinungsstreit Kapitel 2 E I 1.

547 Dies wurde bestätigt durch Ofício-Circulado Nr. 20132/2008 v. 14.04.2008, abzurufen unter: http://info.portaldasfinancas.govompt/NR/rdonlyres/AAFDD7A2-9A02-43B9-A9B2-2B71D6F69E12/0/oflcio-circulado_20132-dsirc.pdf, zuletzt abgerufen am 12.09.2017 und durch die Bindende Auskunft v. 26.03.2008, Az. 371/08, abzurufen

Daneben sind die transparenten Gesellschaften von der Entrichtung einer Mindeststeuer (imposto por conta[548]), die vorrangig von unternehmerisch Tätigen im Voraus gezahlt wird,[549] sowie von der Zahlung der besonderen Steuervorauszahlung bzw. von der Mindestvorauszahlung (pagamento especial por conta ou pagamento por conta) entbunden (Art. 106 Nrn. 1, 2 CIRC).[550]

i) Autonome Besteuerung (tributação autonoma)

Die autonome Besteuerung von nicht steuerlich anerkannten Ausgaben erfolgt auch nach Erweiterung des Art. 12 CIRC um den Zusatz „mit Ausnahme der autonomen Besteuerung" durch das Gesetz Nr. 109B/2001 vom 27.12.2001 nach einhelliger Auffassung[551] auf Ebene der Gesellschaft. Zur Begründung wird einerseits der Wortlaut des Art. 12 CIRC angeführt, der ausdrücklich bestimmt, dass alle transparenten Gesellschaften nicht der Körperschaftsteuer (mit Ausnahme der autonomen Besteuerung) unterliegen. Andererseits wird auf den Sinn und Zweck der autonomen Besteuerung, der u.a. die Verlagerung von privaten Ausgaben in die Vermögenssphäre der Gesellschaft unterbinden möchte, abgestellt, um eine damit einhergehende Steuerverkürzung zu vermeiden.[552] Auf Ebene der Gesellschaft werden somit nicht dokumentierte Ausgaben[553], Repräsentationskosten und solche, die mit dem Betrieb eines PKW in Zusammenhang stehen, unabhängig

---

unter: http://info.portaldasfinancas.govompt/NR/rdonlyres/59595BAA-D661-48C7-A3B8-EB3FF784FBD6/0/ficha_doutrinaria_transparentes_derrama.pdf, zuletzt abgerufen am 12.09.2017.

548 Die Mindeststeuer ist von den Gesellschaftern nach den Art. 102 CIRS, Artt.105, 105 CIRC zu entrichten.

549 Circular Nr. 8/90 v. 16.2.1990, Nr. 6, abgedruckt im Anhang unter Punkt 8.

550 Circular Nr. 82/98 v. 18.3.1998, Nr. 4; abzurufen unter: https://info.portaldasfinancas.govompt/NR/rdonlyres/42BC0BD0-A2EC-4913-98AC-67D73FFA17DA/0/oficio-circulado_82-98_de_18-03_direccao-geral_dos_impostos.pdf (12.09.2017); Almeida, Fisco (Nr. 122/123) 2007, 63, 75; Cunha Guimarães, INFOCONTAB 2008, 1, 18, Menezes Montenegro, TOC (Nr. 37) 2003, 38, 45; Silva/Marvenejo da Costa, OTOC 2013, 1, 28.

551 Entscheidung des STA v. 21.03.2012, AZ: 0830/11, abzurufen unter: http://www.dgsi.pt/jsta.nsf/35fbbbf22e1bb1e680256f8e003ea931/0570c7d083a301ba802579de0031fbc9?OpenDocument, zuletzt abgerufen am 12.09.2017; Morais, Apontamentos ao IRC, S. 203; Vasques, Manual de Direito, S. 293; Faustino, in: Lições de Fiscalidade, S. 227f.; Martins, in: Lições de Fiscalidade, S. 315 f.

552 Ac. STA v. 21.03.2012, AZ. 0830/11, a.a.O.; Morais, sobre o IRS, S. 172; Morais, Apontamentos ao IRC, S. 202 f.; Saldanha Sanchez, Manual do Direito Fiscal, S. 406 ff.

553 Seit dem Haushaltsgesetz von 2008 werden die nicht dokumentierten Ausgaben als „despesas não documentadas" (früher: „despesas confidenciais") bezeichnet.

von der Erzielung eines Gewinns entsprechend der Steuersätze[554] in Art. 88 CIRC besteuert, wobei die zu zahlende autonome Steuer den Gesellschaftern nach Maßgabe des Art. 6 Nrn. 1, 3 CIRC in anteiliger Höhe zugerechnet wird.[555]

j) Die Besteuerung der beschränkt steuerpflichtigen Gesellschafter oder Mitglieder nach portugiesischem Recht

Gesellschafter und Mitglieder, die in Portugal nicht ansässig sind, aber an einer dort ansässigen transparenten Gesellschaft beteiligt sind, sind im Inland beschränkt steuerpflichtig. Insofern vermittelt die Beteiligung an der portugiesischen Gesellschaft den ausländischen Gesellschaftern bzw. den Mitgliedern – vorbehaltlich einer abweichenden Abkommensregelung – eine anteilige Betriebsstätte in Portugal (Art. 5 Nr. 9 CIRC). Die Gesellschaft muss hierzu ihre Geschäftstätigkeit weder durch eine im Inland belegene Betriebsstätte ausüben noch hat sie die den Gesellschaftern bzw. Mitgliedern zugerechneten Gewinne bzw. Anteile steuerlich bzw. handelsrechtlich zu erfassen.[556] Art. 5 Nr. 9 CIRC stellt insoweit eine Zurechnungsnorm dar, die inländische Einkünfte – unabhängig von der Existenz einer inländischen Betriebsstätte – ausländischen Gesellschaftern bzw. Mitgliedern zuweist.[557] Dies ist im portugiesischen Schrifttum auf heftige Kritik gestoßen, da eine bloße Beteiligung keine Betriebsstätte begründen könne. Vielmehr müssen die zusätzlichen Voraussetzungen des Art. 5 CIRC bzw. des einschlägigen abkommensrechtlichen Betriebsstättenartikels erfüllt sein.[558] Diesem Verlangen der Literatur ist der Gesetzgeber aus fiskal-ökonomischen Gründen nicht gefolgt.[559]

III. Die Sonderbesteuerung von Personengesellschaften in den Steuerfreigebieten (zonas francas)

1. Die Finanzverfassung

Nach der portugiesischen Verfassung besitzen die autonomen Regionen einen eigenen politisch-administrativen Status (autonomia política-administrativo)

---

554 Zur Höhe der autonomen Steuersätze vgl. Übersicht 2 im Anhang.

555 Steuerkorrekturen können von der Finanzverwaltung in den Grenzen des Art. 100 CIRC vorgenommen werden.

556 So ausdrücklich die Finanzverwaltung, vgl. verbindliche Auskunft v. 13.12.2004, abzurufen unter: http://info.portaldasfinancas.govompt/NR/rdonlyres/B6FDB6A9-A73E-4EF1-868C-7A882132F02A/0/circ_005_01.pdf, zuletzt abgerufen am 12.09.2017.

557 Almeida, Fisco (Nr. 122/123) 2007, 63, 73; Castro Abreu, Estabelecimentos Estáveis, S. 54; Silva/Marvenejo da Costa, OTOC 2013, 1, 25.

558 Serrão, CTF (Nr. 427) 2011, 381, 383 f.; Xavier, Direito Tributário Internacional, S. 339.

559 Relatório do grupo para o estudo da pólitica fiscal 2009, S. 316 f.

und eine eigene Steuerhoheit (poder tributário próprio).[560] Darüber hinaus sind sie mit einem eigenen Regierungsapparat ausgestattet. Ihre Befugnisse, Aufgaben und Zuständigkeiten sowie ihre politischen Organe und Verwaltungseinrichtungen sind im Einzelnen in den Artt. 224 bis 234 CRP geregelt. Die Grundsätze und Ziele der regionalen Finanzautonomie sind dem Rahmengesetz vom 24.02.1998[561] (Lei das Finanças das Regiões Autónomas (LFRA) zu entnehmen. Die ausschließliche Gesetzgebungskompetenz für Steuern und Ausgaben wird gem. Art. 165 lit. i CRP dem portugiesischen Parlament (Assembleia da República[562]) eingeräumt, jedoch kann das Parlament auch die Regierung (Governo) zum Erlass von Verordnungen in diesen Bereichen ermächtigen.

2. Die Freihandelszonen

Bei den Freihandelszonen handelt es sich um ein von der EU genehmigtes Niedrigsteuergebiet (regime fiscal preferencial) ohne Steueroasencharakter[563], das mit dem Ziel geschaffen wurde, die wirtschaftlichen Nachteile, die sich aus der europäischen Randlage der Freizonen ergeben, abzumildern.

Gesellschaften, die sich dort ansiedeln, werden wie in Portugal niedergelassene Gesellschaften behandelt und profitieren damit von nationalen, europäischen und internationalen Regelungen.[564][565] Die häufigsten dort niedergelassenen Gesellschaftsformen sind die GmbH und die AG, während Personengesellschaften überwiegend zur Ausübung von freiberuflichen Tätigkeiten gegründet werden.[566]

---

560 Art. 227 CRP.

561 Die Gesetzgebungszuständigkeit des Staates für die Rahmengesetzgebung folgt aus Art. 164 lit. t CRP. Rahmengesetz LFRA wurde zuletzt geändert mit Gesetz 2/2013 v. 02.09.2013.

562 Es handelt sich um ein Einkammerparlament, das derzeit aus 230 Abgeordneten besteht. Den Vorsitz führt Eduardo Ferro Rodrigues von der Regierungspartei Partido Socialista (PS).

563 Vgl. zum fehlenden Steueroasencharakter der Freizonen Palma, TOC 2008, 44, 47; Sarmento/Diniz, Revista Portuguesa de Contabilidade (Nr. 6) 2012, 253, 255 ff.; Saldanha Sanchez, Manual de Direito Fiscal, S. 102 f.; Cardoso da Costa, Fiscalidade (Nr. 49) 2012, 3, 5 ff.

564 Dies hat der Europäische Rat auf seinem Treffen am 26.6.1991 ausdrücklich entschieden.

565 Xavier, Direito Tributário, S. 594 f.

566 Heidl, IWB Nr. 10 vom 26.05.2004, 449, 450.

Die europäische Kommission hat auf Grundlage des EGV bzw. AEUV vier Beihilferegelungen (Regime I[567], Regime II[568], Regime III[569] und Regime IV) genehmigt.[570]

Die jüngste Beihilfereglung (Regime IV) begünstigt Unternehmen, die sich zwischen dem 01.01.2015 bis zum 31.12.2027 in der gewerblichen Freizone, dem internationalen Dienstleistungszentrum oder dem internationalen Schiffregister auf Madeira niedergelassen haben, soweit ihr Geschäftszweck als zulässige Tätigkeit i.S.d. Liste JOL 6 vom 6.1.2002[571] i.V.m. Art. 36A Nrn. 7 und 8 EBF gilt.[572] Diese Gesellschaften unterliegen bis zum Ablauf des Jahres 2027 einem gleichbleibenden reduzierten Körperschaftsteuersatz von 5%[573], soweit

567 Die 1. Regionalbeihilfe wurde am 26.5.1987 von der EU genehmigt und durch eine Vielzahl von Gesetzesdeskreten (GD) umgesetzt, vgl. GD Nr. 500/80 vom 20.10.1980, GD Nr. 53/82 vom 23.6.82, GD Nr. 165/86 vom 25.6.1986, GD Nr. 186/86 vom 26.6.1986, GD Nr. 234/88 vom 5.6.1988, GD Nr. 352-A/88 vom 3.10.1988, GD Nr. 96/89 vom 28.3.1989 sowie Art. 41 EBF aF., vgl. Palma, APOTEC 2006, 200; Sarmento/Diniz, Revista Portuguesa de Contabilidade (Nr. 6) 2012, 253, 255 ff.

568 Die Europäische Kommission hat am 11.12.2002 der 2. Regionalbeihilfe für Unternehmen, die sich zwischen dem 01.01.2003 und dem 31.12.2006 im Industriegebiet, im internationalen Dienstleistungszentrum und im internationalen Schiffregister auf Madeira angesiedelt haben, zugestimmt, soweit diese mehr als fünf Dauerarbeitsposten schaffen und ihr Geschäftszweck i.S. d. Liste JOL 6 vom 6.01.2002 zulässig ist; vgl. Gesetzesdekret Nr. 163/2003 vom 24.7.2003, umgesetzt durch Art. 34 EBF. Allgemein zum Regimen II siehe Miranda Sarmento/Diniz, Revista Portuguesa de Contabilidade (Nr. 6) 2012, 253, 259; Palma, APOITEC 2006, 200, 201; Xavier, Direito Tributário Internacional, S. 591.

569 Die Europäische Kommission hat über den 31.12.2013 bis zum 31.12.2014 die 3. Regionalbeilfe für Unternehmen verlängert, die sich zwischen 2007 und 2013 in der gewerblichen Freizone, dem internationalen Dienstleistungszentrum oder dem internationalen Schiffregister auf Madeira niedergelassen haben, soweit ihr Geschäftszweck den zulässigen Tätigkeiten i.S.d. Liste JOL 6 vom 6.1.2002 entsprach; vgl. Gesetzesdekret Nr. 13/2008 vom 18.1.2008, das durch Art. 36 EBF umgesetzt wurde.

570 Sämtliche niedergelassenen Gesellschaften sind bis spätestens Ende Februar des folgenden Jahres der EU anzuzeigen. Ausführlich zur Anzeigepflicht nach Art. 33 Nr. 17 EBF Cardoso da Costa, Fiscalidade (Nr. 49) 2012, 3, 5 ff.; vgl. auch die Entscheidungen der EU Kommission in der Sache N421/2006 – Zona Franca da Madeira, ABl. C 240 vom 12.10.2007, S. 1 f. und in der Sache N222/A/2002 – Zona Franca de Madeira, ABl. C 65 vom 19.3.2003, S. 10, 23.

571 Ausgehend von der statistischen Nomenklatur der Wirtschaftstätigkeiten in der EU (NACE Revom 1.1) haben die portugiesischen Behörden diese Listen erstellt.

572 Das sog. Regime IV wurde am 10.03.2015 von der EU genehmigt und mit Gesetz Nr. 64/2015 vom 01.07.2015 in Art. 36A EBF umgesetzt.

573 Mit Gesetz Nr. 64/2015 vom 01.07.2015 wurde der reguläre Körperschafsteuersatz auf 5% bis zum 31.12.2027 abgesenkt.

sie Dauerarbeitsposten[574] schaffen, eine Mindestinvestition i.H.v. 75.000 € in das Anlagevermögen tätigen und ihr Jahresbrutto 20,1% von der Bemessungsgrundlage oder ihre jährlichen Arbeitskosten 30,1% von der Bemessungsgrundlage oder ihr jährliches Umsatzvolumen 15,1% von der Bemessungsgrundlage nicht überschreiten (Art. 36A Nrn. 2, 3, 4 EBF). Dabei wird der reduzierte Steuersatz auf eine festgelegte Bemessungsgrundlage erhoben,[575] die der folgenden Übersicht zu entnehmen ist:

Schaffung von Arbeitsplätzen (netto)	Höchstbetrag der Bemessungsgrundlage
1 bis 2 Arbeitsplätze	2,73 Mio. €
3 bis 5 Arbeitsplätze	3,55 Mio. €
6 bis 30 Arbeitsplätze	21,87 Mio. €
31 bis 50 Arbeitsplätze	35,54 Mio. €
51 bis 100 Arbeitsplätze	54,68 Mio. €
über 100 Arbeitsplätze	205,50 Mio. €

Abbildung 15: *Reduzierte Steuersätze in den Autonomen Regionen*
Quelle: Art. 36 Nr. 3 EBF.

Eine Kürzung der zu entrichtenden Körperschaftsteuer ist nach Maßgabe des Art. 36A Nr. 5 EBF um weitere 50% möglich, wenn zwei von den folgenden fünf Voraussetzungen (eine Investition zur Modernisierung bzw. zur Diversifizierung der Region, zur Verbesserung der Umweltbedingungen, zur Förderung der Humanressourcen im technisch-naturwissenschaftlichen Bereich oder zur Schaffung von mindestens fünfzehn Dauerarbeitsplätzen innerhalb der nächsten fünf Jahre) vorliegen.[576] Dividenden und Veräußerungsgewinne von Unternehmen, die sich ab dem 01.01.2015 auf Madeira niedergelassen haben, bleiben unter den Voraussetzungen des Participation Exemption-Modells[577] steuerbefreit. Lizenz- und Zinseinnahmen werden nicht quellenbesteuert (Art. 36A Nr. 10 EBF). Weitere Steuervergünstigungen gibt es in den Bereichen der Stempel- (IS), Grunderwerb- (IMT) und Grundsteuer (IM).

574 Als Arbeitsplatz gilt eine Halbtagsstelle auf Mindestlohnbasis. Der derzeitige Mindestlohn liegt bei 600 €. In Portugal werden vierzehn Monatsgehälter pro Jahr ausgezahlt, da ein Anspruch auf Weihnachts- und Urlaubsgeld in voller Höhe besteht.

575 Art. 36 Nr. 3 EBF.

576 Miranda Sarmento/Diniz, Revista Portuguesa de Contabilidade (Nr. 6) 2012, 253, 261; Stieb, in: Mennel/Förster, Portugal, S. 50; Palma, TOC (Nr. 99) 2008, 44, 46.

577 Vgl. zum Participation Exemption-Modell Kapital 4 D IV 1, V 1 dieser Arbeit.

Die Ausführungen sind entsprechend (mit Ausnahmen von den Artt. 35 und 36, Art. 36A EBF) auf die Freihandelszone Santa Maria anzuwenden.[578] Seit dem 07.07.2015 gilt ein reduzierter Umsatzsteuersatz von 9% bzw. 4%. Der Körperschaftsteuersatz beträgt wie auf Madeira 5%. In Abhängigkeit von der Azoreninsel erhalten Unternehmen, die ihre Gewinne in den Bereichen Tourismus, Fischfang, Forschung und Entwicklung reinvestieren, eine Steuergutschrift zwischen 20% bis 40%.[579]

578 Xavier, Direito Tributário Internacional, S. 564 ff.

579 Vgl. Art. 28, 29 des Gesetzesdekret Nr. 1/2016/A v. 08.01.2016 (sog. System of Incentives for the Regional Development of the Azores, kurz SIDER; zu Einzelheiten der Unternehmensförderung auf den Azoren siehe http://www.investinazores.com/index.php, zuletzt abgerufen am 13.09.2017.

Drittes Kapitel: Die Vermeidung der Doppelbesteuerung

A. Entstehungsgründe für die Doppelbesteuerung

Eine (internationale) juristische Doppelbesteuerung (dupla tributação jurídica) liegt vor, wenn vergleichbare Steuern von zwei (oder mehr) Staaten von demselben Steuerpflichtigen denselben Steuergegenstand betreffend im selben Zeitraum erhoben werden.[580] Fehlt die Identität des Steuersubjekts, liegt eine wirtschaftliche Doppelbesteuerung oder Doppelbelastung (dupla tributação económica) vor, sofern das gleiche wirtschaftliche Ergebnis von mehr als einem Staat steuerlich belastet wird.[581] Das DBA-Portugal soll neben der juristischen[582] auch die wirtschaftliche Doppelbesteuerung verhindern.[583] Durch den grenzüberschreitenden Einsatz deutsch-portugiesischer Personengesellschaften können zum einen objektive Qualifikationskonflikte eintreten, wenn die Vertragsstaaten bei der Zuteilung der Einkünfte verschiedene Verteilungsnormen zugrunde legen. Zum anderem kann es zu subjektiven Qualifikationskonflikten kommen, wenn die Vertragsstaaten die Einkünfte verschiedenen Subjekten zurechnen.[584] Darüber hinaus lassen sich die Qualifikationskonflikte in positive doppelbesteuernde oder negative minderbesteuernde Konflikte[585] unterteilen.

B. Die Behebung der Doppelbesteuerung

Die auftretenden Doppelbesteuerungen werden von Portugal und Deutschland sowohl unilateral[586] als auch bilateral durch das am 15.07.1980 unterzeichnete

---

580 Zur Definition Schönfeld, FS für Wassermeyer, S. 98; Art. 23B Ziff. 1 OECD-MK.

581 Zur Definition Anjos Avezedo, Cadernos de Direito Atual (Nr. 6) 2017, S. 31, 32, 35; Schönfeld, FS für Wassermeyer, S. 98; Lehner, in: V/L, Grundlagen Rn. 9.

582 Die Mehrheit der Abkommen beseitigt lediglich die juristische Doppelbesteuerung; Jacobs, Internationale Unternehmensbesteuerung, S. 3, 10.

583 Raber in: Wassermeyer, DBA-Portugal, Art. 4 Rn. 20; Anjos Azevedo, Cadernos de Direito Atual (Nr. 6) 2017, 31, 36.

584 Dahin gehend Bresgen, S. 41, 56 ff.

585 Die Vermeidung der doppelten Nichtbesteuerung wird nach Auffassung des OECD-MK erfasst, vgl. Art. 23A Ziff. 56. 1. Dem folgend: Jacobs, Internationale Unternehmensbesteuerung, S. 4, Weggenmann, IStR 2002, 614, 616; a.A. Lüdicke, FR 2011, 1077, 1078 f. Nach Auffassung von Schaumburg, in: Schaumburg, Rn. 16.5, 16.8, ist die doppelte Doppelbesteuerung als verbleibend zu verstehen, es sei denn, eine uni- bzw. bilaterale switch-over-Klausel lindert sie ab.

586 Als nationale Regelungen kommen § 34c Abs. 1, 2 und 3 EStG; § 26 Abs. 1, 6 KStG; Art. 91 CIRC; Art. 81 CIRS in Betracht.

Abkommen zwischen Deutschland und Portugal, das am 8.10.1982 in Kraft trat, abgemildert oder verhindert. Das in Art. 26 DBA-Portugal vorgesehene Verständigungsverfahren sowie die nationale Billigkeitsmaßnahme gemäß § 34c Abs. 5 EStG[587] gelangen nur in Einzelfällen zu zufriedenstellenden Lösungen. Daneben tragen die EU-Richtlinien, die Generalklausel des Art. 115 AEUV, das Schiedsabkommen[588] und die EuGH-Rechtsprechung zur Linderung der rechtlichen und wirtschaftlichen Doppelbesteuerung bei (Mutter-Tochter-Richtlinie[589], die Fusions-[590], die Zins-Lizenzgebühren-Richtlinie[591] u.a.).[592] Darüber hinaus ist ein

587 Nach § 34c Abs. 5 EStG kann die Finanzbehörde, die auf die ausländischen Einkünfte entfallende Einkommensteuer ganz oder teilweise erlassen oder diese in einem Pauschbetrag festsetzen, wenn eine Linderung der internationalen Doppelbesteuerung erforderlich ist und die Durchführung der Anrechnung sich als schwierig herausstellt.

588 Richtlinie 90/434/EWG des Rates vom 23.07.1990, ABl. EG 1990 Nr. L 225, 10 ff. Das Schiedsabkommen findet auf die Staaten Deutschland und Portugal Anwendung. Es trat nach erneuerter Ratifizierung am 01.11.2004 in Kraft und bleibt neben dem DBA anwendbar. Zum Verhältnis DBA zu Schiedsabkommen vgl. Hey, Harmonisierung der Unternehmensbesteuerung in der EU, S. 80 f.

589 Richtlinie 90/434/EWG des Rates vom 23.07.1990 über das gemeinsame Steuersystem der Mutter- und Tochtergesellschaften in verschiedenen Mitgliedstaaten, ABl. 2011 Nr. L 345, 8 zuletzt geändert durch RL 2014/86/EU des Rates vom 08.7.2017 ABl. 2014 Nr. L 219, 40; umgesetzt in deutsches Recht durch § 43b EStG und § 8 Abs. 1 KStG. In Portugal erfolgte die Umsetzung durch die Artt. 14, 51, 53 und 95 CIRC und 40A CIRS.

590 Richtlinie 2009/133/EG des Rates vom 19.10.2009, ABl. EU 2009 L 310/34 vom 25.11.2009 über das gemeinsame Steuersystem für Fusionen, Spaltungen, die Einbringungen von Unternehmsteilen und den Austausch von Anteilen wurde in Deutschland zunächst in den §§ 23, 25 UmwStG umgesetzt und seit 2006 im SEStEG fixiert. In Portugal wurde die Richtlinie durch die Artt. 73–78 CIRC umgesetzt.

591 Richtlinie 2003/49/EWG des Rates vom 03.06.2003 über die gemeinsame Steuerregelung für Zahlungen von Zinsen und Lizenzgebühren zwischen verbundenen Unternehmen ABl. EG 2003 Nr. L 157; 49 ff., zuletzt geändert durch RL 2013/13/EU, ABl. 2013 Nr. L 141, 30 umgesetzt in deutsches Recht durch §§ 50g, 50h EStG und in portugiesisches Recht durch Artt. 14 Nrn. 12, 13, 96 CIRC, mit dem Ziel Doppelbesteuerung bei Zins- und Lizenzzahlungen zwischen verbundenen Unternehmen und Betriebsstätten zu vermeiden.

592 Raber in: Wassermeyer, DBA-Portugal, Art. 9 Rn. 3; Art. 10 Rn. 5; Art. 11 Rn. 5, 6; Lehner, FR 2011, 1087, 1090.

ausdrückliches Doppelbesteuerungsverbot weder aus dem AEUV (einschließlich der europarechtlich verbürgten Grundfreiheiten) noch aus den allgemeinen Regeln des Völkerrechts oder dem Grundsatz internationaler Rücksichtnahme ableitbar.[593] Zudem ist eine Harmonisierung der direkten Steuern europarechtlich noch nicht erfolgt.[594]

Soweit die Doppelbesteuerung durch die vorrangige Anwendung des DBA-Portugals nicht beseitigt wird,[595] ist ein Rückgriff auf nationale Ausgleichmaßnahmen grundsätzlich nicht zulässig (Art. 8 Nr. 2 CRP[596], § 2 AO und § 34 Abs. 6 S. 1 EStG).

Zur Vermeidung der Doppelbesteuerung sieht Art. 24 DBA-Portugal für Deutschland als Ansässigkeitsstaat sowohl die Freistellungsstellungsmethode unter Progressionsvorbehalt als auch die Anrechnungsmethode vor. Portugal hingegen wendet ausschließlich die Anrechnungsmethode an. Greift die Freistellungsmethode ein, findet § 34c EStG keine Anwendung (Art. § 34c Abs. 6 S. 1 EStG). Soweit die Anrechnungsmethode greift, ist § 34c Abs. 1 und 2 EStG aufgrund des Verweises in § 34c Abs. 6 S. 2 EStG einschlägig (sog. Rechtsgrundverweisung).[597]

Sollten die derzeitigen[598] Vertragsverhandlungen des DBA-Portugal scheitern, erlangen die einseitigen Methoden unmittelbare Geltung. Andernfalls

593 Ebenso Schaumburg, in: Schaumburg, 17.3 ff. m.w.N.; Lehner, FR 2011, 1087, 1090; vgl. auch die grundlegende Entscheidung des EuGH v. 07.09.2004 – Rs. C-319/02 – Mannien, Slg. 2004 I, 7498 Rn. 20–21, in der festgestellt wurde, dass eine wirtschaftliche Doppelbesteuerung im vorliegenden Fall gegen Gemeinschaftsrecht verstößt.

594 Vgl. hierzu Anti Tax Avoidance Directive, nunmehr Richtlinie 2016/1164 v. 12.7.2016, Abl. L 193, 1 v. 19.07.2016, die u.a. an den Vorschlag der EU vom 16.03.2011 eine Richtlinie über eine Gemeinsame Konsolidierte Körperschafts-Bemessungsgrundlage zu schaffen, anknüpft. Zur gemeinsamen Konsolidierten Körperschafts-Bemessungsgrundlage vgl. Krauß, IStR 2016, 59, 60.

595 Eine Doppelbesteuerung kann u.a. von einem Abkommen nicht behoben werden, wenn beide Staaten auf ihr nationales Besteuerungsrecht bestehen oder wenn ein positiver Qualifikationskonflikt hinsichtlich der Einordnung grenzüberschreitender Sondervergütungen vorliegt. Dem zustimmend Stemler, Sondervergütungen, S. 200, 201.

596 Mesquita, S. 52; Xavier, Direito Tributário Internacional, S. 119; Verwaltungsanweisung (Ofício – Circulado) Nr. 31.051 v. 28.5.1998, abzurufen auf: https://info.portaldasfinancas.govompt/NR/rdonlyres/E98B10FA-AC00-42AE-B339-898FB202AD21/0/oficio_circulado_31051_de_28-05-1998_direccao_de_servicos_dos_beneficios_fi.pdf, zuletzt abgerufen am 13.09.2017.

597 Tillmanns/Mössner, in: Mössner, B 249; Raber, in: Wassermeyer, DBA-Portugal, Art. 24, Rn. 37; Schaumburg/Häck, in: Schaumburg, Rn. 19.552.

598 Das DBA-Portugal ist Gegenstand von Revisionsverhandlungen, vgl. BMF v. 18.01.2017 BStBl. I S. 140, Stand am 1.01.2017.

bleiben die unilateralen Vorschriften (Steuerabzug, Freistellung etc.) subsidiär – vorbehaltlich abkommensrechtlicher Regelungen – anwendbar.[599] Dies gilt selbst dann, wenn das Abkommen, wie das DBA-Portugal, nicht explizit auf das innerstaatliche Recht verweist.[600] Nach deutschem Recht werden diese Doppelbesteuerungen durch eine begrenzte Anrechnung- (§ 34c Abs. 1 EStG bzw. § 26 Abs. 1 KStG) oder durch die Abzugsmethode (§ 34c Abs. 2 und 3 EStG bzw. § 26 Abs. 6 KStG) als dem DBA gegenüber jedoch nachrangige Maßnahmen abgemildert. Deshalb werden in der Folge sowohl uni- als auch bilaterale Ausgleichsmaßnahmen hinsichtlich der grenzüberschreitenden Tätigkeit deutsch-portugiesischer Personengesellschaften untersucht.

C. Deutsche unilaterale Ausgleichsnormen

I. Entstehung von Doppelbesteuerung

Ursächlich für die Entstehung von Doppelbesteuerungen in Zusammenhang mit Personengesellschaften ist das Aufeinandertreffen der deutschen bzw. portugiesischen Besteuerungskonzepte bei der Einordnung einer grenzüberschreitend tätigen Personengesellschaft. Soweit ein portugiesisches Rechtsgebilde, wie die OHG, KG, GbR, die EVIW (AEIE), die Arbeitsgemeinschaft (ACE) oder die stille Gesellschaft (associação em conta de participação) grenzüberschreitend agiert, stuft Deutschland diese anhand eines Typenvergleichs grundsätzlich als Personengesellschaft ein. Nach deutschem Rechtsverständnis ist somit das Mitunternehmerkonzept für die Besteuerung dieser Rechtsgebilde maßgeblich. Dementsprechend werden der Gewinn[601] der portugiesischen Gesellschaft, etwaige Sondervergütungen und Sonderbetriebseinnahmen dem deutschen Mitunternehmer[602] im Jahr ihrer Entstehung zugerechnet und in Deutschland der

599 Ismer, in: V/L, Art. 23B, Rn 254; Art. 23A Ziff. 38 OECD-MK (Freistellung); Art. 23 B Ziff. 60 OECD-MK (Anrechnung).

600 Raber, in: Wassermeyer, DBA-Portugal, Art. 24 Rn. 37.

601 Die portugiesische Gesellschaft hat den Gewinn mangels Buchführungspflicht nach § 4 Abs. 1 EStG oder mittels Einnahme-Überschuss-Rechnung gem. § 4 Abs. 3 EStG zu ermitteln. Fehlende Sonderbilanzen sind nachzureichen; siehe BFH, v. 25.01.2006, BStBl. 2006 II, 418, 419; v. 23.10.1990, BStBl. II 1991, 401, 403 f.; v. 13.09.1989, BStBl. II 1990, 57, 59. Zustimmend: Kraft/Jochimsen, NWB 2015, 123, 125.

602 Es ist zu unterstellen, dass die Personengesellschaft gewerblich tätig wird, und die Gesellschafter steuerlich als Mitunternehmer i.S.d. § 15 Abs. 1 S. 1 Nr. 2 EStG zu behandeln sind.

unbeschränkten Steuerpflicht nach § 2 Abs. 1 EStG bzw. § 1 Abs. 1 KStG unterworfen. Neben dem gewerblichen Gewinnanteil werden die Sondervergütungen gem. § 15 Abs. 1 Nr. 2 EStG in gewerbliche Einkünfte umqualifiziert (gewerbliche OHG), es ist der persönliche Einkommensteuersatz bzw. Körperschaftsteuersatz des Gesellschafters[603] anzuwenden. Fremdübliche Verträge zwischen Gesellschaft und Gesellschafter i.S.d. § 15 Abs. 1 S. 1 Nr. 2 2. HS EStG werden anerkannt; sie führen bei der Gesellschaft zu gewinnmindernden Betriebsausgaben und bei dem Gesellschafter zu gewinnerhöhenden Sondervergütungen, sodass im Ergebnis eine Neutralisierung erfolgt.

Demgegenüber qualifiziert Portugal die handelsrechtliche GbR (sociedade civil simples), die OHG (sociedade em nome colectivo), die KG (sociedade comadita simple) und die stille Gesellschaft (associação em participação) als eigenständige Steuersubjekte und unterwirft deren Welteinkommen in Portugal der unbeschränkten Steuerpflicht (Art. 2 CIRC).[604] Der Gewinn dieser portugiesischen Gesellschaften wird bereits bei Gewinnentstehung mit einer regulären Körperschaftsteuer von 21% bzw. 16,8% belastet und ist im Fall einer Thesaurierung vor deutscher Besteuerung abgeschirmt (Trennungsprinzip). Ausschüttungen an die in Deutschland ansässigen Gesellschafter werden – anders als nach deutschem Recht – als Kapitaleinkünfte qualifiziert (Art. 18 Nr. 1 lit. a CIRS bzw. Art. 4 Nrn. 2, 3 und Nr. 3 lit. b CIRC) und im Rahmen der beschränkten Steuerpflicht der Gesellschafter mit einer portugiesischen Quellensteuer von 25% bzw. 28% belegt. Schuldrechtliche Verträge zwischen Gesellschafter und Gesellschaft – dies gilt auch für portugiesische transparente Gesellschaften i.S.d. Art. 6 CIRC und ihre Gesellschafter bzw. Mitglieder – werden wie unter fremden Dritten anerkannt, soweit fremdüblich vereinbart. Insofern mindern die Sondervergütungen als Betriebsausgaben den Gewinn der Gesellschaft und werden spiegelbildlich bei der jeweiligen Einkunftsart des inländischen Mitunternehmers erfasst und ggf. im Zeitpunkt des Zuflusses (colocação à disposição) mit einer portugiesischen Quellensteuer belastet.

Das Zusammentreffen der aufgezeigten verschiedenen Besteuerungskonzepte kann zu einer Doppelbesteuerung derselben Einkünfte führen. Dies gilt zum einen für die Körperschaftsteuer-Besteuerung der Personengesellschaft in

---

603 Die anteiligen gewerblichen Einkünfte der Mitunternehmer werden mit dem persönlichen Einkommensteuersatz bzw. mit dem allgemeinen Körperschaftsteuersatz von 15% belegt.

604 Die darüberhinausgehenden Gesellschaften, die in Art. 6 CIRC aufgeführt sind, werden dagegen transparent besteuert.

Portugal bei gleichzeitiger Gewinnzurechnung beim deutschen Gesellschafter, und zum anderen auch für Ausschüttungen und Sondervergütungen, die in Portugal mit einer Quellensteuer belegt wurden und in Deutschland als Teil des Gesellschaftsgewinns der inländischen Mitunternehmer qualifiziert werden. Nach deutschem Recht werden diese Doppelbesteuerungen durch eine begrenzte Anrechnung- (§ 34c Abs. 1 EStG bzw. § 26 Abs. 1 KStG) oder durch die Abzugsmethode (§ 34c Abs. 2 und 3 EStG bzw. § 26 Abs. 6 KStG) als dem DBA gegenüber jedoch nachrangige Maßnahmen abgemildert.

II. Steueranrechnung des § 34c Abs. 1 EStG

Die direkte Steueranrechnung des § 34c Abs. 1 EStG[605] setzt voraus, dass der unbeschränkt Steuerpflichtige mit den ausländischen Einkünften in dem Staat, aus dem die Einkünfte stammen, zu einer der deutschen Einkommensteuer entsprechenden Steuer herangezogen wird. Die festgestellte und gezahlte ausländische Steuer[606] muss um einen Ermäßigungsanspruch gekürzt worden sein, um auf die deutsche Einkommensteuer, die auf die Einkünfte aus diesem Staat entfallen, anrechenbar zu sein.[607]

1. Portugiesische Körperschaftsteuer auf den Gewinnanteil der portugiesischen Gesellschaft

Die Anrechnung der portugiesischen Körperschaftsteuer verlangt nach § 34c Abs. 1 EStG zunächst Subjektidentität.[608] Der Gesellschaftsgewinn der portugiesischen Gesellschaft wird in Portugal mit dem regulären Körperschaftsteuersatz von 21% bzw. 16,8% belastet. Die Gesellschaft ist Steuersubjekt. Demgegenüber unterliegen in Deutschland die Gesellschafter mit den ihnen zurechenbaren

605 Die Vorschriften über die direkte Anrechnungs-/Abzugsmethode finden über den Verweis in § 26 Abs. 6 S. 1 KStG auf die §§ 34c Abs. 1 S. 2 bis 5, Abs. 2, Abs. 3 EStG entsprechende Anwendung, sodass sich die nachfolgende Darstellung auf die Voraussetzungen der §§ 34c Abs. 1 und 2 EStG beschränkt.

606 Eine ausländische Steuer kann gem. §§ 34c Abs. 1 und 32d Abs. 5 EStG angerechnet werden, wenn sie der deutschen Einkommensteuer entspricht, vgl. hierzu Anlage 6 zu H 34c EStG oder bei Bestehen eines DBA, denjenigen Artikel, der dem Art. 2 Abs. 2 OECD-MA entspricht. Sofern die ausländische Steuer nicht mit der deutschen Einkommensteuer vergleichbar ist, hilft § 34c Abs. 3 EStG weiter, siehe zum Nachweis ausländischer Steuern Kuhn, in: H/H/R, § 34c Rn. 74 m.w.N.

607 Zur Definition Schnitger, in: W/R/S, Rn. 16.13.

608 Frotscher, Internationales Steuerrecht, Rn. 269.

Gewinnen der unbeschränkten Steuerpflicht gem. § 1 Abs. 1 S. 1 EStG bzw. § 1 Abs. 1 KStG und sind als Steuersubjekte zu qualifizieren. Vor diesem Hintergrund wird das Erfordernis der Steuersubjektivität von einer Mindermeinung im Schrifttum[609] angezweifelt. Dem ist jedoch entgegenzuhalten, dass für die Feststellung der Steuersubjektfähigkeit lediglich das deutsche Verständnis maßgeblich ist.[610] Ausgehend hiervon wird nur der Gewinnanteil des inländischen Gesellschafters mit portugiesischer (Körperschaft-)Steuer belegt.[611] Dies hat zur Folge, dass ein und derselbe Steuerpflichtige in Deutschland und Portugal besteuert wird und die auf seinen Gewinnanteil entfallende portugiesische Steuer auf die deutsche Steuer angerechnet werden kann.[612]

Nach § 34c Abs. 1 S. 1 HS 2 EStG ist die Anrechnung der Höhe nach auf den Betrag, der nach inländischen Gewinnermittlungsvorschriften[613] auf die ausländischen Einkünfte entfällt, begrenzt (ordinary tax credit).[614] Überschreitet die portugiesische Steuer den Anrechnungshöchstbetrag, ist der „Steuerüberhang" definitiv, d.h. er kann weder vor- noch zurückgetragen werden.[615] Auch eine Verrechnung der einzelnen Anrechnungsüberhänge zwischen den Staaten (overall-limitation-Methode) oder eine Erstattung des Überhangs erfolgt nicht.[616] Die länderbezogene Höchstbetragsberechnung ist zwar europarechtskonform[617],

609 Herrmann, Personengesellschaften, S. 111.

610 Jacobs, Internationale Unternehmensbesteuerung, S. 41, Weggenmann, in: W/R/S Rn. 6.38.

611 Dahin gehend Machens, S. 126; Schüller, S. 58.

612 Dahin gehend Burmester, in: G/L/L, S. 241, 247; Debatin FR 1979, 493, 494; Kluge, Internationales Steuerrecht, N 312, S. 370; Wagner, in: Blümich, § 34c Rn. 35.

613 Als Reaktion auf die Entscheidung des EuGHs vom 28.02.2013, C-168/11 in der Rechtssache Becker, IStR 2013, 275 und auf die Folgeentscheidung des BFH v. 18.12.2013, IStR 2014, 302 hat der Gesetzgeber im Rahmen des Gesetzes zur Anpassung der Abgabenordnung an den Zollkodex der Union vom 22.12.2014, BGBl. I 2014, S. 2417 die Berechnung des Anrechnungshöchstbetrages im Rahmen des § 34c Abs. 2 S. 2 EStG neu geregelt. Danach werden die ausländischen Steuern mit der durchschnittlichen tariflichen deutschen Einkommensteuer auf die ausländischen Einkünfte angerechnet. Unionsrechtliche Bedenken verbleiben dennoch, siehe Jacobs, Internationale Unternehmensbesteuerung, S. 53 f.; Ismer, IStR 2014, 925, 926 f. Zu Einzelheiten Desens, IStR 2015, 77, 78 f.

614 Haase, Internationales Steuerrecht, Rn. 314.

615 Haase, Internationales Steuerrecht, Rn. 312; Wagner, in: Blümich, § 34c EStG, Rn. 13b.

616 In der Literatur wird die Einführung eines Verlustsvortrags bzw. -rücktrags gefordert, um das Prinzip der Leistungsfähigkeit zu verwirklichen, statt vieler Jacobs, Internationale Unternehmensbesteuerung, S. 52, 54 f.

617 BFH v. 18.12.2013, BStBl. II 2015, 361, 364 f.; FG Baden-Württemberg v. 21.07.2010,

wird aber von Stimmen im Schrifttum[618] zu Recht kritisiert (per-country-limitation).

2. Portugiesische Quellensteuer im Ausschüttungsfall

Die inländischen Gesellschafter sind mit den „Ausschüttungen" der portugiesischen Gesellschaft in Portugal beschränkt steuerpflichtig. Die Finanzverwaltung[619] und ein Teil des Schrifttums[620] lehnen die Anrechenbarkeit der ausländischen (portugiesischen) Steuer gem. § 34c Abs. 1 EStG ab. Als Begründung wird angeführt, dass es sich bei der Ausschüttung um eine nicht steuerbare Entnahme nach § 4 Abs. 1 EStG handele. Auch der weitere Einwand, dass es an der Identität der Veranlagungszeiträume fehle, da die Quellensteuer im Ausland (Portugal) regelmäßig später erhoben werde, nämlich bei Ausschüttung, als die inländische Steuer, die bereits bei Gewinnentstehung anfalle, überzeugt nicht.[621] Dieses Verständnis beruht allein auf dem deutschen Mitunternehmerkonzept, wonach die Ausschüttung bereits im Jahr ihrer Gewinnentstehung als Anteil des Gesellschaftsgewinns bei jedem inländischen Gesellschafter besteuert wird.[622] Die nachträglich erhobene ausländische (portugiesische) Kapitalertragsteuer stellt demgegenüber eine zusätzliche Steuer auf den Gewinnanteil des Gesellschafters dar,[623] die „auf die im Veranlagungszeitraum entfallenden Einkünfte entfällt"[624]. Eine Übereinstimmung der Abgabenzeiträume ist im Rahmen des § 34c Abs. 1 S. 5 EStG nicht erforderlich.[625] Es genügt bereits eine Zuweisung der ausländischen Steuer zum Veranlagungszeitraum, in dem die Einkünfte

---

EFG 2010, 1689 f. (Vorinstanz); FG Schleswig-Holstein v. 09.03.2011, EFG 11, 1528 f.; kritisch zur länderbezogenen Höchstbetragsberechnung Kirchhof, in: Kirchhof, § 34c Rn. 28.

618 Schaumburg, in: Schaumburg, Rn. 17.31.

619 BMF Schreiben v. 26.09.2014, BStBl. 2014 I S. 1258, Rz. 4.1.4.1.

620 Herrmann, Personengesellschaft, S. 111 f., Kluge, Internationales Steuerrecht, N 312, S. 370 f.; a.A. Lieber, in: H/H/R, § 26 KStG Rn. 19 m.w.N.

621 Statt vieler BFH v. 31.07.1991, BStBl. II 1991, 922, 923.

622 Dahin gehend Schüller, S. 55 m.w.N.

623 Burmester in: Gassner/Lang/Lechner, S. 247; dahin gehend Frotscher, Internationales Steuerrecht, Rn. 273; Kluge, Internationale Steuerrecht, N 312 S. 371; Kuhn, in: H/H/R, § 34c EStG Rn. 61. Machens, S. 126.

624 Burmester in G/L/L, S. 241, 247; Faller, in: B/B, § 34c EStG Rn. 59; Ismer, in V/L, Art. 23A Rn. 155; Jakobs, Internationale Unternehmensbesteuerung, S. 42; Machens, S. 126; Schüller, S. 55: Wagner in: Blümich, § 34c Rn. 47 EStG.

625 Jacobs, Internationale Unternehmensbesteuerung, S. 42.

angefallen sind.[626] Demnach kann der inländische Mitunternehmer die auf ihn entfallende zusätzliche portugiesische Steuer auf seine Einkommen- bzw. auf seine Körperschaftsteuer anrechnen.

Besonderheiten gelten bei der Anrechnung der portugiesischen Steuer der Höhe nach, wenn in der Bemessungsgrundlage der portugiesischen Gesellschaft Gewinnausschüttungen enthalten sind,[627] d.h. wenn eine (ausländische) Tochtergesellschaft an ihre portugiesische Muttergesellschaft (OHG) eine Gewinnausschüttung vornimmt und dieser Gewinn (anteilig) einem deutschen Gesellschafter (Mitunternehmer) in Form einer Kapitalgesellschaft zugerechnet wird. Dann ist eine Anrechnung nur möglich, wenn der deutsche Gesellschafter (Kapitalgesellschaft) an der portugiesischen Gesellschaft (OHG, Steuersubjekt) eine Beteilung unter 10% hält. Beteilungen über 10% werden nach § 8b Abs. 1, 4 KStG von der deutschen Besteuerung ausgenommen. Hält der in Deutschland ansässige Gesellschafter (Kapitalgesellschaft) mindestens einen 10%-Anteil[628] an einer portugiesischen Handelsgesellschaft (OHG), so entfällt aufgrund der Mutter-Tochter-Richtlinie eine Besteuerung der Dividenden.

Hinsichtlich der Anrechnung der in Portugal erhobenen Steuer auf den Gewinnanteil eines Gesellschafters, der an einer transparenten Gesellschaft i.S.d. Art. 6 CIRC beteiligt ist, sind keine Besonderheiten zu beachten; eine Anrechnung der portugiesischen Steuer in Deutschland ist möglich.

---

626 Ismer, in: V/L, Art. 23A Rn. 155; a.A. Frotscher, Internationales Steuerrecht, Rn. 277.

627 Private Kapitaleinkünfte unterliegen einem einheitlichen Abgeltungssteuersatz von 25% zzgl. 5,5% SolZ oder dem persönlichen Steuersatz des Gesellschafters. Die Anrechnung der ausländischen Steuern darf höchstens zu 25% des einzelnen Kapitalbetrages erfolgen und richtet sich im Übrigen nach § 32d Abs. 5 EStG. Fiktive ausländische Quellensteuern werden nach § 32d Abs. S. 5 EStG angerechnet, was in Anbetracht der geringen Steuersätze in den Autonomen Regionen für deutsche Investoren von Vorteil ist. Der Anrechnungshöchstbetrag wird für jede einzelne Einkunftsquelle gesondert ermittelt (sog. per-item-limitation). Anrechnungsüberhänge sind weder mit Einkünften aus demselben Staat noch aus anderen Staaten verrechenbar. Für in- und ausländische Dividendeneinkünfte, die sich im Betriebsvermögen realisieren, ist das Teileinkünfteverfahren maßgeblich. Nach § 34c Abs. 1 EStG kann die gezahlte und festgesetzte ausländische Steuer zwar zur Gänze angerechnet werden, jedoch reduziert sich der Anrechnungshöchstbetrag um 60% im Verhältnis zur Summe der Einkünfte.

628 Ebenso nach Art. 51 Nr. 1 lit. a CIRC.

3. *Portugiesische Quellensteuer auf Sondervergütungen*

Nach deutschem Rechtsverständnis werden angemessen ausgestaltete Verträge zwischen Gesellschaft und Gesellschafter grundsätzlich anerkannt. Sie stellen gewinnmindernde Betriebsausgaben bei der Gesellschaft dar, zugleich jedoch gewinnerhöhende Sonderentgelte bei den Gesellschaftern, sodass eine Neutralisierung erfolgt (§§ 15 Abs. 1 S. 1 Nr. 2 2. HS; 4 Abs. 4 EStG). Sondervergütungen und Sonderbetriebseinnahmen werden in gewerbliche Einkünfte des Gesellschafters gem. § 15 Abs. 1 Nr. 2 EStG umqualifiziert. Sie unterliegen bei den in Deutschland ansässigen Gesellschaftern bereits bei Gewinnentstehung der unbeschränkten Steuerpflicht. In Portugal werden schuldrechtliche Verträge zwischen Gesellschafter und Gesellschaft – unabhängig davon, ob die Gesellschaft transparent oder intransparent besteuert wird – in den Grenzen der Fremdüblichkeit gleichermaßen anerkannt. Wie in Deutschland mindern die an Gesellschafter entrichteten Entgelte als Betriebsausgaben den Gewinn der Gesellschaft, sie werden jedoch den einzelnen Einkunftsarten (Kategorien A bis H) zugeordnet. Eine Umqualifizierung in gewerbliche Einkünfte findet mangels Umqualifizierungsnorm – wie im deutschen § 15 Abs. 1 S. 1 Nr. 2 2. HS EStG – in Portugal nicht statt. Vielmehr werden die Vergütungen bereits bei Zurverfügungstellung oder Auszahlung mit einer portugiesischen Quellensteuer entsprechend der Einkunftsart belastet.[629] Die in Portugal erhobene Quellensteuer ist auf die deutsche Steuer gem. § 34c Abs. 1 S. 1 EStG anrechenbar, da es sich bei den Einkünften – trotz unterschiedlicher Einkünftequalifikation – um ausländische Einkünfte i.S.d. § 34d EStG[630] handelt (sog. Steuerobjektidentität). Für Zwecke der Steueranrechnung ist abweichend von der inländischen gewerblichen Einkünftequalifikation gem. § 34d Nr. 2a Alt. 2 EStG eine isolierende Betrachtung der Einzeleinkünfte in Anknüpfung an die ausländische Wertung maßgeblich.[631]

Die in Portugal erhobene Quellensteuer auf die Sondervergütungen sowie die portugiesische Körperschaftsteuer auf den Gewinnanteil des inländischen

---

629 Vgl. die abgedruckte Übersicht 3 im Anhang zu den verschiedenen Quellensteuersätzen in Portugal.

630 § 34d EStG enthält einen abschließenden Katalog ausländischer Einkünfte und verweist in §§ 34d Nr. 2a EStG auf die isolierende Betrachtungsweise, vgl. Schaumburg, in: Schaumburg, Rn. 18.59; Wagner, in: Blümich, § 34d EStG, Rn. 3, 9. Klein/Link, in: H/H/R, § 34c EStG Rn. 7 gehen hingegen von einer umgekehrten isolierenden Betrachtungsweise aus.

631 Burmester in G/L/L, S. 250; Burmester, Unternehmensfinanzierung, Rn. 38, S. 25; Klein/Link, in: H/H/R, § 34c EStG Rn. 7; Schaumburg, in: Schaumburg, Rn. 18.59.

Mitunternehmers erfüllen das Erfordernis der Gleichartigkeit[632] der Steuer. Der Einwand, dass eine Anrechnung nur möglich sei, wenn eine Identität des Abgabenzeitraums vorliege,[633] überzeugt nicht, da § 34c Abs. 1 S. 1 EStG keine formelle Identität der Einkünfte voraussetzt. Gefordert wird nur, dass die ausländische Steuer sich auf die im Veranlagungszeitraum vereinnahmten Einkünfte erstreckt.[634] Sobald die Sondervergütungen zu Aufwand bei der Gesellschaft und Ertrag beim Gesellschafter werden, sind diese ungeachtet des tatsächlichen Zahlungszeitpunktes bei dem jeweiligen Mitunternehmer (in der Regel nach Ablauf des Geschäftsjahres) anrechenbar.[635]

Alternativ hierzu kann der Steuerpflichtige auf Antrag gem. § 34c Abs. 2 EStG die in Portugal erhobene Quellensteuer wie eine Betriebsausgabe oder wie Werbungskosten abziehen (sog. Abzugsmethode).[636] Das Wahlrecht ist einheitlich für jeden Staat auszuüben.[637] Soweit hohe Anrechnungsüberhänge vorliegen, kann zur Abzugsmethode optiert werden, um den Verlustvor- oder -rücktrag nach § 10d EStG zu ermöglichen.[638]

4. *Quellensteuer auf Drittstaateneinkünfte einer portugiesischen Gesellschaft*

Drittstaateneinkünfte einer portugiesischen Gesellschaft, die über eine Betriebsstätte im Drittstaat bezogen wurden und dort einer Quellensteuer unterlegen haben, dürfen nach § 34c Abs. 3 EStG nur insoweit durch Abzug der ausländischen Steuern berücksichtigt werden, als die Steuer im Betriebsstättenstaat nicht angerechnet wurde und sie sich auf Einkünfte bezieht,[639] die im Inland steuerbar

632 Eine Gleichartigkeit der deutschen Einkommensteuer- bzw. Körperschaftsteuer liegt vor, wenn die ausländische Steuer das Gesamteinkommen, Teile des Einkommens oder den Veräußerungsgewinn belastet. Allgemein zur Gleichartigkeit der Auslandssteuer Machens, S. 109; 110; Wagner, in: Blümich, § 34c EStG, Rn. 29.

633 Herrmann, Personengesellschaft, S. 110.

634 Ebenso Machens, S. 121.

635 Greif, in: Mössner, Rn. E 13; Machens, S. 120 f.

636 Es liegen weder Werbungskosten noch Betriebsausgaben vor, sodass es einer Fiktion bedarf, vgl. BFH v. 16.05.1990, BStBl. II 1990, 920 f.; Krause, IfSt 2003, S. 20; Schaumburg, in: Schaumburg Rn. 17.35.

637 Die Abzugsmethode findet im Rahmen der Abgeltungsregel mangels Verweis des § 32d Abs. 5 S. 1 EStG auf § 34c Abs. 2 und Abs. 3 EStG keine Anwendung.

638 Jacobs, Internationale Unternehmensbesteuerung, S. 60; Schaumburg, in: Schaumburg, Rn. 17.32.

639 Machens, S. 108; Wagner, in: Blümich, § 34c EStG, Rn. 90.

und steuerpflichtig sind.[640] Eine Anrechnung der Drittstaatensteuer scheidet hingegen nach § 34c Abs. 1 EStG aus, da die Steuer nicht in dem Staat erhoben wurde, aus dem die ausländischen Einkünfte stammen.[641] Bedenken, die gegen einen Abzug nach § 34 Abs. 3 EStG vorgetragen wurden,[642] ist insbesondere entgegenzuhalten, dass allein die Anrechnung bzw. der Abzug der Quellensteuer im Betriebsstättenstaat eine Doppelbesteuerung nicht gänzlich vermeidet, sondern vielmehr bestehen lässt.[643] Der Abzug erfolgt von Amts wegen.[644] Insofern gibt es weder eine Höchstbetragsbegrenzung noch eine per-country-limitation.[645]

D. Die portugiesischen unilateralen Ausgleichsnormen

I. Entstehung und Ausgleichung der Doppelbesteuerung

Ein in Portugal ansässiger Gesellschafter einer deutschen Personengesellschaft ist mit seinen inländischen Einkünften in Deutschland nach § 1 Abs. 4 i.V.m § 49 Abs. 1 Nr. 2 lit. a EStG bzw. § 2 Nr. 1 KStG i.V.m. § 8 Abs. 1 KStG beschränkt steuerpflichtig. Die inländische gewerblich tätige Personengesellschaft vermittelt ihren in Portugal ansässigen Mitunternehmern zumindest über ihre inländische Geschäftsleitung eine Betriebsstätte i.S.d. § 12 S. 2 Nr. 1 AO und damit anteilige Einkünfte nach § 49 Abs. 1 Nr. 2 lit. a EStG.[646] Nach h.M.[647] werden alle inländischen erwirtschafteten Einkünfte, die in einem wirtschaftlichen Zusammenhang zur Betriebsstätte stehen, dieser zugerechnet. Inwieweit Sondervergütungen zwingend einer inländischen Mitunternehmer-Betriebsstätte des Gesellschafters zuzuordnen sind, ist streitig. Einer Mitunternehmer-Betriebsstätte sind Sondervergütungen jedoch nicht zwingend zuzuordnen, denn der Betriebsstätte kommt nach nationalem deutschen Rechtsverständnis keine automatische Attraktivkraft zu;[648] es gilt vielmehr das wirtschaftliche Verursachungsprinzip, nach dem

640 Wagner, in: Blümich, § 34c EStG, Rn. 87. Der Abzug ist auch möglich, soweit die ausländische Steuer sich auf negative ausländische Einkünfte i.S. d. §§ 2a, 15a EStG bezieht, siehe Grotherr, in: Grotherr/Herfort/Strunk, S. 92.

641 Burmester, in: G/L/L, S. 241, 249; Helde, Dreiecksverhältnisse, S. 50.

642 Wagner, in: Blümich, § 34c EStG, Rn. 90.

643 Ebenso Helde, Dreiecksverhältnisse, S. 51 f., Kuhn, in: H/H//R, Rn. 126; Machens, S. 109.

644 Kuhn, in: H/H//R, Rn. 126 m.w.N.

645 Wagner, in: Blümich, § 34c EstG, Rn. 86; Haase, Internationales Steuerrecht, Rn. 327.

646 Dahin gehend Jacobs, Internationale Unternehmensbesteuerung, S. 357.

647 Statt vieler BFH v. 17.10.2007, BStBl. II 2009, 356, 358 f.

648 BFH v. 01.04.1987, BStBl. II 1987, 550, 551 (für Wirtschaftsgüter des Unternehmens, die sich im Quellenstaat befinden); Wied, in: Blümich, § 49 EStG Rn. 77.

eine Zurechnung von Einkünften einer Betriebsstätte nur bei wirtschaftlichem Zusammenhang erfolgen kann. Nicht mit der deutschen Personengesellschaft-Betriebsstätte zusammenhängende deutsche Einkünfte des Gesellschafters stellen keine Sondervergütungen dar, sondern sind den unterschiedlichen Einkunftsarten zuzuordnen (§ 49 Abs. 1 S. 4 ff. EStG). Aus § 15 Abs. 1 S. 1 Nr. 2 2. HS EStG folgt zudem,[649] dass die Einkünfte derjenigen Betriebsstätte zuzurechnen sind, zu der die engste wirtschaftliche Verflechtung besteht.[650] Die Existenz von betriebsstättenlosen Einkünften[651] ist nur in den Grenzen des Gesetzes, wie z. B. im Rahmen des § 49 Abs. 1 lit. f EStG, möglich.[652] Einkünfte, die dem in Portugal ansässigen Mitunternehmer nach o.g. Grundsätzen als deutsche Betriebsstätten-Einkünfte gem. § 49 Abs. 1 S. 2 lit. a EStG zurechenbar sind, werden mit seinem persönlichen Einkommensteuersatz bzw. mit dem regulären Körperschaftsteuersatz belastet.[653] Demgegenüber sind die Gesellschafter in Portugal mit ihrem weltweiten Einkommen (rendimento mundial) unbeschränkt steuerpflichtig (Art. 16 CIRS bzw. Art. 2 CIRC). Dies hat zur Folge, dass die Gesellschafter mit den aus Deutschland bezogenen Betriebsstätten-Einkünften einer Doppelbesteuerung unterliegen, die Portugal unilateral[654] durch die

649 Wassermeyer, IStR 2010, 37, 41.

650 Stemler, Sondervergütungen, S. 57 m.w.N.

651 Ausführlich zum Streitstand zur Existenz von betriebsstättenlosen Einkünften vgl. Bresgen, S. 26 ff.; Stemler, Sondervergütungen, S. 51 ff.

652 Ebenso Bresgen, S. 29 ff.; Stemler, Sondervergütungen, S. 60 ff. Ausführlich zum Streitstand dies., a.a.O.

653 Die Besteuerung des portugiesischen Mitunternehmers erfolgt in Deutschland im Rahmen des Veranlagungsverfahrens. Das Steuerabzugsverfahren findet auf gewerbliche Einkünfte keine Anwendung, sodass generell die Regelbesteuerung nach § 32a Abs. 1 EStG eingreift, es sei denn, der portugiesische Gesellschafter (natürliche Person) hat gem. § 34a EStG zur ermäßigten Besteuerung seiner Gewinne i.H.v. 28,25% mit Entnahmeversteuerung i.H.v. 25% optiert. Sofern es sich bei dem portugiesischen Gesellschafter um eine juristische Person handelt, erfolgt die Veranlagung zu einem einheitlichen Steuersatz von 15% (§ 23 Abs. 1 KStG) zzügl. eines Solidaritätszuschlags i.H.v. 5,5% (§ 1 SolZG). Abziehbar sind nur Ausgaben, die im wirtschaftlichen Zusammenhang mit inländischen Einkünften stehen (§ 50 Abs. 1 S. 1 EStG). Sonderausgaben bzw. außergewöhnliche Belastungen sowie der Grundfreibetrag bleiben hingegen außer Ansatz (§ 50 Abs. 1 S. 2, 3 EStG), es sei denn, der portugiesische Gesellschafter hat zur unbeschränkten Steuerpflicht gem. § 1 Abs. 3 EStG optiert; dahin gehend Jacobs, Internationale Unternehmensbesteuerung, S. 359.

654 Soweit eine wirtschaftliche (internationale) Doppelbesteuerung entsteht, wird diese unilateral durch Freistellung mit switch-over-Klausel (regime privilégio de afiliação) behoben. Die Freistellung ist national u.a. in den Art. 37 Nr. 1 lit. a, 3 EBF; Art. 38

begrenzte Anrechnungsmethode[655] (método de crédito na modalidade de imputação ordinária, Art. 81 Nr. 1 CIRS, Art. 91 CIRC) mildert.

II. Das Steuerabzugsverfahren nach Art. 91 CIRC

Soweit deutsche Einkünfte in der Steuerbemessungsgrundlage von in Portugal unbeschränkt körperschaftsteuerpflichtigen Personen, wie die OHG (sociedade em nome coletivo) oder die KG (sociedade comadita), enthalten sind, wird zur Milderung bzw. Vermeidung einer internationalen juristischen Doppelbesteuerung eine Steuergutschrift bis zur Höhe der im Ausland gezahlten Steuer gewährt, die anteilig auf die entsprechende, zu zahlende inländische Körperschaftsteuer fällt (crédito de imposto, Art. 91 Nr. 1 CIRC).[656] Abziehbar ist insoweit die entrichtete Auslandssteuer, soweit sie geringer als der Anrechnungshöchstbetrag ist.[657] Andernfalls ist der Höchstbetrag abzuziehen, wie nachfolgendes Beispiel zeigt.[658]

Eine portugiesische OHG (sociedade em nome colectivo) mit Sitz in Porto hat im Wirtschaftsjahr 2016 16.000 € deutsche Einkünfte (brutto) erzielt, die mit einer Steuer i.H.v. 3.500 € belegt wurden und damit zusammenhängende Betriebsausgaben i.H.v. 1.500 € abgezogen. In Portugal belaufen sich hingegen ihre Nettoeinkünfte auf 50.000 €. Das zu versteuernde Gesellschaftseinkommen setzt sich somit aus den inländischen Nettoeinkünften zzgl. der ausländischen Steuer (50.000 € + 3.500 € = 53.500 €) zusammen, das mit dem regulären Steuersatz von 21%[659] besteuert wird. Die zu entrichtende Körperschaftsteuer

Nrn. 1,2 EBF, Art. 39 Nrn. 1, 2, 4 EBF, Art. 40 EBF; in Artt. 40A CIRS, 81 Nrn. 4 bis 7 CIRS (Freistellung mit Progressionsvorbehalt) vorgesehen, aber nachrangig zur Anrechnung ausgestaltet, vgl. Brás, Impostos, S. 237; Morais, Apontamentos ao IRC, S. 207; Machado/Nogueira, Curso de Direito Tributário, S. 128 ff. Auf bilateraler Ebene wendet Portugal hingegen vorrangig die Freistellungsmethode an, vgl. nur die abgeschlossenen DBA mit Belgien, Brasilien, Bulgarien, Deutschland, England, Finnland, Frankreich, Irland, Italien, Marokko, Mosambik, Schweiz, Spanien, USA, siehe Mesquita, S. 293 ff.

655 Morais, Apontamentos ao IRC, S. 206. Zu Einzelheiten Anjos Azevedo, in: Lexit CIRS, Art. 81 CIRS, S. 699 ff.; Xavier, Direito Tributário Internacional, S. 748 ff.

656 Amorin, in: Lexit CIRC, Art. 91 CIRC, S. 943, vgl. zum alten Art. 85 CIRC Morais, Apontamentos ao IRC, S. 206; Machado/Nogueira, Curso de Direito Tributário, S. 238; Stieb, in: Mennel/Förster, Portugal, Rn. 269 S. 111.

657 Etwas anderes gilt gem. Art. 91 Nr. 2 CIRC, wenn die abkommensrechtlichen Quellensteuersätze geringer sind.

658 Angelehnt an das Beispiel in Amorim, in: Lexit CIRC, Art. 91 CIRC, S. 943 f.

659 Art. 87 Nr. 1 CIRC.

beträgt 11.235 €. Demgegenüber ist der Anrechnungshöchstbetrag, der sich aus den ausländischen Einkünften abzüglich der deutschen Betriebsausgaben zusammensetzt, multipliziert mit dem Steuersatz von 21% (16.000 € - 1.500 €* 21% = 3.045 €), mit 3.045 € geringer ist als die tatsächlich zu entrichtende deutsche Steuer i.H.v. 3.500 €. Letzterer Betrag ist von der zu zahlenden Körperschaftsteuer abzuziehen, sodass für das Wirtschaftsjahr 2016 die zu zahlende Körperschaftsteuer 8.190 € beträgt.

Ist das ausländische Steuerniveau gleich hoch oder niedriger als das inländische wird eine juristische Doppelbesteuerung vermieden.[660] Ist es höher, tritt lediglich eine Milderung der Doppelbesteuerung ein. Anrechnungsüberhänge sind innerhalb der einzelnen Staaten verrechenbar (per-country-limitation[661]) und fünf Jahre lang vortragbar (sog. reporte, Art. 91 Nr. 4 CIRC).[662]

III. Das Steuerabzugsverfahren nach Art. 81 Nr. 1 CIRS

Eine spiegelbildliche Regel zur Vermeidung einer juristischen[663] internationalen Doppelbesteuerung ist in Art. 81 Nr. 1 CIRS implementiert.[664] Anrechnungsüberhänge sind, wie in der Körperschaftsteuer (IRC), innerhalb der nächsten fünf Jahre vortragbar (Art. 81 Nr. 3 CIRS).[665]

Soweit „Ausschüttungen" deutscher Personengesellschaften an ihre in Portugal ansässigen Gesellschafter vorliegen, scheidet eine Steuergutschrift gem. Art. 91 CIRC oder Art. 81 CIRS mangels anrechenbarer deutscher Steuer aus. Der Grund hierfür ist, dass Deutschland die „Ausschüttung" als nicht steuerbare Gewinnentnahme des portugiesischen Gesellschafters behandelt (§ 4 Abs. 1 EStG) und auf diese folgerichtig keine Kapitalertragsteuer erhebt.

Die in Deutschland gezahlte Steuer, die anteilig auf den Gewinnanteil und/oder auf die bezogenen Sondervergütungen des in Portugal ansässigen Mitunternehmers fallen, werden hingegen unter den Voraussetzungen des Art. 91 CIRC oder des Art. 81 CIRS in Portugal berücksichtigt.

---

660 Morais, Apontamentos ao IRC, S. 206.

661 Mit Gesetz Nr. 2/2014 vom 16.1.2014 wurde die overall-limitation durch die per-country-limitation ersetzt (vgl. Artt. 91 Nr. 3, 91A CIRC). Kritisch hierzu de Almeida, in: A Reforma do IRC, S. 86, der darauf hinweist, dass allein fiskalische Gründe eine Verletzung des Welteinkommensprinzips nicht zu rechtfertigen vermögen.

662 Amorim, in: Lexit CIRC, Art. 91 CIRC, S. 944.

663 Der Zusatz "juristisch" wurde vom Gesetzgeber nachträglich hinzugefügt, um klarzustellen, dass Art. 81 CIRC nicht die wirtschaftliche internationale Doppelbesteuerung erfasst, ebenso Ribeiro, in: Lexit CIRS, Art. 81 CIRS, S. 706 f.

664 Commisão para a Reforma de IRS, S. 46.

665 Commisão para a Reforma de IRS, S. 46.

E. Abschließende Würdigung

Zusammenfassend lässt sich feststellen, dass sich das portugiesische ebenso wie das deutsche Ausgleichsystem einem abgestuften Milderungskonzept annähert und nur begrenzt eine leistungsfähigkeitsgerechte sowie wettbewerbsneutrale Besteuerung erreicht, wobei das deutsche Ausgleichskonzept nachteiliger ausgestaltet ist als das portugiesische Abzugsmodell.

Nach deutschem Rechtsverständnis verlangt die Anrechnung nach § 34c EStG u.a., dass eine der inländischen Einkommensteuer vergleichbare ausländische Steuer vorliegt, während das portugiesische Recht lediglich an die Besteuerung der Einkünfte im Ausland anknüpft. Eine Aufhebung des Gleichartigkeitsmerkmals ist dennoch in Deutschland nicht zwingend erforderlich, da die deutsche Besteuerungspraxis eine extensive Auslegung dieses Merkmals vornimmt, sodass auch sie zu sachgerechten Lösungen kommt.[666]

Anders sieht es hinsichtlich des Erfordernisses „ausländische Einkünfte" i.S.d. § 34d EStG aus, welches an die Vorgaben des § 49 EStG und damit an die Maßstäbe der beschränkten Steuerpflicht anknüpft. Soweit die portugiesische Steuer hiervon abweicht, speziell in Fällen der Liefergewinnbesteuerung und in Fällen, in denen eine juristische Person im Ausland freiberuflich oder sonst selbstständig tätig wird, kann die Auslandssteuer in Deutschland nicht angerechnet werden.[667] Insoweit wird zutreffend vorgeschlagen, die gewerbliche Einkunftsdefinition, um den Dienstleistungsexport durch Kapitalgesellschaften zu erweitern.[668] Das portugiesische Recht, das auf die Besteuerung im anderen Vertragsstaat abstellt, erreicht hingegen qua Gesetz eine kapitalexportneutrale Besteuerung.

Nach deutschem Rechtsverständnis kommt erschwerend hinzu, dass die derzeitige Ermittlung des Anrechnungshöchstbetrages in § 34c Abs. 1 S. 2 EStG gegen das im Welteinkommensprinzip verankerte Leistungsfähigkeitsprinzip und gegen Art. 3 Abs. 1 GG verstößt,[669] da die Einkommensteuer sämtliche in- und ausländischen Einkünfte gleichermaßen erfasst, und zwar ungeachtet davon, ob die ausländische Steuer niedriger als die deutsche Steuer ist oder nicht.[670]

---

666 Ebenso Jacobs, Internationale Unternehmensbesteuerung, S. 52 m.w.N.

667 Ausländische Liefergewinnsteuern werden allerdings nach § 34c Abs. 3 EStG abgezogen.

668 Jacobs, Internationale Unternehmensbesteuerung, S. 53.

669 Ebenso Schaumburg in Schaumburg, Rn. 17.29, 18.105.

670 Ebenso Schaumburg in Schaumburg, Rn. 18.105.

Problematisch ist weiter, dass eine länderbezogene Anrechnung erfolgt, wonach im Ausland steuerbefreite Einkünfte außer Ansatz bleiben, während niedrig besteuerte Einkünfte berücksichtigt werden.[671] Daneben stoßen diese Begrenzungen auch nach Neufassung des § 34c Abs. 1 S. 2 EStG auf unionsrechtliche Bedenken, da der Grundfreibetrag nach wie vor anteilig berücksichtigt wird.

Soweit ein Überhang entsteht, kann dieser in Deutschland weder vor- noch zurückgetragen werden. Die eingetretene Doppelbesteuerung wirkt sich wettbewerbsverzerrend aus und erfährt erst durch Abzug der ausländischen Steuer bei der Ermittlung des Gesamtbetrages der Einkünfte in Deutschland eine Milderung.[672] Im Vergleich hierzu sieht das portugiesische Recht zwar für Überhänge eine Vortragbarkeit von fünf Jahren vor, wendet aber gleichfalls seit 2014 die bedenkliche per-country-limitation-Methode (Art. 91 Nr. 3 CIRC) an. Dadurch besteht die Gefahr, dass in- und ausländische Investoren ihre Kapitalverkehrs- und Niederlassungsfreiheit nur in beschränkten Maße nutzen können.[673] Sachgerechter wäre es gewesen, wenn der portugiesische Gesetzgeber neben der Einführung eines Vortrags für Überhänge die „overall-limitation-Methode" beibehalten und diese mit einem Wahlrecht zur „per-country-Methode" verknüpft hätte.[674] Liegen nämlich gleich hohe positive und negative Einkünfte aus zwei verschiedenen Staaten vor, ist nach der „per-country-Methode" eine Anrechnung der ausländischen Steuern möglich, während dies nach der „overall-limitation-Methode" nicht der Fall ist. Verbleibende Verluste könnten dann im Verlustvortrag berücksichtigt werden. Auch der deutsche Gesetzgeber sollte eine Verbesserung der deutschen Anrechnungsmethode anstreben und diese unions- und verfassungsgerecht ausgestalten.

---

671 BFH v. 20.12.1995, BStBl. II. 1996, 261, 263; Jacobs, Internationale Unternehmensbesteuerung, S. 54; Schaumburg in Schaumburg, Rn. 18.106. Kritisch zur Berechnung des Anrechnungshöchstbetrages vgl. BFH v. 18.12.2013, BStBl. II 2015, 361, 363 ff.

672 Sinnvoller wäre es gewesen, die Anrechnung ausländischer Steuern über die „overall-limitation" vorzunehmen und damit für sämtliche ausländische Steuern einen Höchstbetrag zu bilden. Eine Kombination zwischen Anrechnungs- und Abzugsverfahren verhindert hingegen Doppelbesteuerungen nicht umfassend, siehe Jacobs, Internationale Unternehmensbesteuerung, S. 55.

673 Dahin gehend Jacobs, Internationale Unternehmensbesteuerung, S. 55 m.w.N.

674 Denkbar wäre es auch gewesen, dass Portugal eine europaweite bzw. weltweite Anrechnungsmethode eingeführt hätte.

Viertes Kapitel: Das DBA-Portugal als bilaterale Ausgleichsmethode

A. Allgemeines zum DBA-Portugal

Das Abkommen zwischen der Bundesrepublik Deutschland und der Portugiesischen Republik zur Vermeidung der Doppelbesteuerung auf dem Gebiet der Steuern vom Einkommen und Vermögen wurde am 15.07.1980 unterzeichnet und trat am 08.10.1982 in Kraft. Das Gesetz zum Abkommen vom 15.07.1980 wurde am 09.02.1982 im deutschen Bundesgesetzblatt[675] und am 14.10.1982 im portugiesischen Gesetzblatt[676] veröffentlicht. Zusätzlich existiert ein Protokoll zum Abkommen mit Ausführungen zu der Vermögensteuer, zu den Dividenden, zu den Einkünften aus stillen Gesellschaften und zu dem Aktivitätsvorbehalt. Das DBA-Portugal entspricht im Wesentlichen dem OECD-MA in der Fassung von 1977 und wird gegenwärtig neu verhandelt.[677] Derzeit hat Portugal mit 79 Staaten[678] ein DBA abgeschlossen, von denen 74 in Kraft getreten sind und fünf bereits abgeschlossen wurden.

B. Das DBA im Rechtssystem der Portugiesischen Republik

Das Zustandekommen des völkerrechtlichen Vertrages (convenções internationais) vollzieht sich in Portugal wie auch in Deutschland in mehreren Schritten. Die Regierung legt zunächst den Inhalt des Vertrages fest und unterzeichnet diesen (Art. 197 Nr. 1 lit. b CRP). Durch die Unterzeichnung erlangt der Vertrag allerdings noch keine innerstaatliche Verbindlichkeit.

Nach Art. 161 lit. i. CRP bedürfen völkerrechtliche Verträge, die Gegenstand der ausschließlichen Gesetzgebung des Parlaments[679] sind, wie Steuern

675 BGBl. 1982 II S. 129; BStBl. I 1982, 347 ff.

676 Gesetzblatt I. Serie, Nr. 238 vom 14.10.1982.

677 BMF-Schreiben v. 18.01.2017, BStBl. I 2017, S. 140.

678 vgl. dazu Übersicht 4 im Anhang.

679 In Portugal gibt es bestimmte Materien, die der Gesetzgebung des Parlaments vorbehalten sind (vgl. Artt. 164–165 CRP), dennoch kann die Regierung ermächtigt werden, in einigen Materien (Art. 165 CRP) Gesetze zu erlassen.

und Abgaben nach Art. 165 Nr. 1 lit. i CRP, vielmehr der Zustimmung[680] des Parlaments. Insofern prüft der Präsident des Parlaments den Gesetzesentwurf auf seine Rechtmäßigkeit hin. Ein Abänderungsrecht besitzt er hingegen nicht.[681] Dies bedeutet, dass durch parlamentarischen Beschluss nur eine Zustimmung bzw. eine Ablehnung des DBA erfolgen kann. Erst nach Ratifikation durch den Präsidenten der Republik (Art. 135 lit. b CRP) und anschließender Veröffentlichung des Abkommens im Amtsblatt wird das DBA rechtsverbindlich (Artt. 119 Nrn. 1 lit. b, 2 CRP).[682][683] Es tritt grundsätzlich am Tag des Austausches der Ratifikationsurkunden in Kraft, es sei denn, die Vertragsstaaten haben eine abweichende Regelung im DBA getroffen.[684]

Nach den Artt. 197 Nr. 1 lit. c, 165 Abs. 1 lit. i, 103 Nr. 2 CRP kommt den Bestimmungen des DBA eine begrenzte[685] steuerbegründende und -erhöhende Wirkung zu.[686] Gegenüber nationalen Gesetzen (IRC/IRS) wird dem DBA als internationales Abkommen gem. Art. 8 Nr. 2 CRP Vorrang eingeräumt.[687] Nachträglich verabschiedete Gesetze können somit nicht entgegengesetzte Bestimmungen im DBA „überschreiben", sodass ein „treaty override" im Gegensatz zum deutschen Recht[688] ausgeschlossen ist.

680 Abweichend von Art. 115 CRP, der einen Volksentscheid zu Fragen von erheblich nationaler Bedeutung zulässt, ist wegen der Regelung des Art. 161 lit. i CRP, der ausdrücklich die Zustimmung des Parlaments zum Abschluss von völkerrechtlichen Verträgen regelt, ein Volksentscheid zur Frage der Zustimmung nicht möglich.

681 Art. 166 Nr. 5 CRP; Xavier, Direito Tributário Internacional, S. 113 f.

682 Mesquita, S. 51; Xavier, Direito Tributário Internacional, S. 113.

683 Gomes Canotilho/Vital Moreira, CRP Anotada, Art. 138 CRP, S. 595.

684 Mesquita, S. 52.

685 Dies gilt vor allem für die Besteuerung von Gesellschaften in den Autonomen Regionen Madeira und Azoren.

686 Mesquita, S. 52; Xavier, Direito Tributário Internacional, S. 114, jeweils m.w.N.

687 Verwaltungsanweisung (Ofício – Circulado) Nr. 31.051 v. 28.05.1998, a.a.O.

688 Nach nationalem deutschen Recht stellen DBA völkerrechtliche Verträge dar, die durch Zustimmungsgesetze innerstaatlich Verbindlichkeit erlangen (Art. 59 Abs. 2 GG) und den Rang einfacher Bundesgesetze haben. Sie gehen allgemeinen Steuergesetzen vor (§ 2 AO), es sei denn, das innerstaatliche Recht ordnet ausdrücklich etwas anderes vor. Eine Abkommensverdrängung durch nachträgliche spezielle Gesetze ist deshalb nicht ausgeschlossen.

C. Das DBA-Portugal

I. Die Abkommensberechtigung

1. Person im abkommensrechtlichen Sinne

Art. 1 DBA-Portugal gewährt Personen, die in einem Vertragsstaat oder in beiden ansässig sind, Abkommensschutz. Als Personen werden natürliche Personen, juristische Personen sowie diesen gleichgestellte Rechtsträger erfasst (Art. 3 Abs. 1 lit. d, e DBA-Portugal).[689] „Anderen Personenvereinigungen" verleiht

689 Soweit die Begriffe „natürliche Person" und „Gesellschaft" nicht abkommensautonom definiert werden, ist das jeweilige Recht des Anwenderstaates maßgeblich. Eine ausführliche Darstellung des Streitstandes, ob Art. 3 Abs. 2 MA einen Rückgriff auf das innerstaatliche Recht oder eine vorrangige Auslegung aus dem Abkommen selbst gebietet, findet sich bei Machens, S. 145 ff., 153, die im Ergebnis erst auf das innerstaatliche Recht zurückgreift, wenn weder der Abkommenszusammenhang noch die Auslegung des DBA zu einem übereinstimmenden Ergebnis führen. Sie nähert sich somit der völkerrechtlichen Theorie an. Xavier, Direito Tributário Internacional, S. 149 ff., 166 ff., 176 f., schlägt hingegen vor, Begriffe, die das Abkommen nicht definiert, einer zweifachen Bewertung zu unterziehen. Zum einen soll der konkrete Lebenssachverhalt nach innerstaatlichem Recht bewertet werden, zum anderem nach dem internationalen Steuerrecht. Xavier spricht insofern von der „vorrangigen Qualifikation" (qualificação primária) und der „nachrangigen Qualifikation" (qualificação secundária), wobei beide Staaten dazu angehalten sind, eine deckungsgleiche Qualifikation, die sich aus dem Abkommenszusammenhang ergibt, zu finden und ins internationale Steuerrecht zu übertragen (sog. autonome Qualifikation). Gelingt dies nicht, zerlegt Xavier die Verteilungsartikel in die Bestandteile „Anwendungsvoraussetzungen" und „Rahmenvoraussetzungen" (conceito quadro). Letztere sind besondere Voraussetzungen, die die unterschiedlichen Einkunftsarten beinhalten. Die Qualifikation der „Rahmenvoraussetzungen" erfolgt dabei ausschließlich durch den Quellenstaat und ist für den Sitzstaat verbindlich. Demgegenüber besitzt der Sitzstaat im Rahmen der Art. 23A/B MA das ausschließliche Recht zur Qualifikation, da der Methodenartikel keine Voraussetzungen, sondern Rechtsfolgen enthält. Nach Auffassung von Xavier handelt es sich bei Art. 3 Abs. 2 OECD-MA um keine Qualifikationsnorm, sondern um eine Auslegungsnorm. Berechtigte Kritik an diesem Ansatz übt Schoueri, in: FS für Vogel, S. 925, 935, der den Lösungsansatz von Xavier dem Vorschlag von Vogel (vgl. hierzu Vorauflage von V/L, 3. Aufl. München 1996, Einleitung Rn. 56) gegenüberstellt und zu dem zutreffenden Schluss kommt, dass der verfolgte Ansatz zu einem nicht revidierbaren Ungleichgewicht zwischen den Staaten führt, während der Ansatz von Vogel die Gefahr einer Doppelbesteuerung mittels eines Verständigungsverfahrens zu lösen vermag.

das DBA-Portugal hingegen keinen Abkommensschutz.[690] Art. 3 Abs. 1 lit. e DBA-Portugal definiert den Begriff „Gesellschaften“ als „juristische Personen oder Rechtsträger, die für die Besteuerung wie juristische Personen behandelt werden“; dieser Begriff steht mit dem Begriff „Person“ in Art. 3 Abs. 1 lit. d DBA-Portugal in engem Zusammenhang.[691] Dies bedeutet, dass auch andere „Rechtsträger, die für die Besteuerung wie juristische Personen“ qualifiziert werden, abkommensberechtigt sind.

Nach portugiesischem Rechtsverständnis besitzen Personenhandelsgesellschaften und die nach Handelsrecht errichtete GbR (sociedade civil sob forma comercial) eine eigene Steuersubjektivität[692], während die in Art. 6 CIRC aufgezählten transparenten Gesellschaften nicht als Steuersubjekte der Körperschaftsteuer gelten. Vielmehr werden deren Einkünfte bei den Gesellschaftern oder Mitgliedern besteuert.

In Deutschland gegründete Personengesellschaften sind nach portugiesischem Recht mit portugiesischen Einkünften beschränkt steuerpflichtig, soweit sie der portugiesischen Körperschaftsteuer unterfallen. Insofern übernimmt Portugal den ausländischen Rechtstypus,[693] nicht aber das ausländische Besteuerungskonzept. Dies bedingt, dass die deutsche OHG und KG dort als Personen i.S.d. Art. 3 Abs. 1 lit. d, e DBA-Portugal qualifiziert werden. Demgegenüber

---

690 Die Nichtaufnahme des Passus „andere Personenvereinigungen“ wird durch die Sonderregelung des Art. 4 Abs. 4 DBA-Portugal abgemildert.

691 Die Ausführungen zu Art. 3 Rn. 8. Art. 3 Abs. 1 lit. e DBA-Portugal, in Raber, in: Wassermeyer, DBA-Portugal, stimmen wörtlich mit der Gesellschaftsdefinition des OECD-MA überein.

692 Da die Artt. 2, 6 CIRC ausdrücklich bestimmen, welche Rechtsgebilde unter die Körperschaftsteuer fallen und welche nicht, kommt es auf die zivilrechtliche Rechtsfähigkeit der Gesellschaft insofern nicht mehr an. Dem zustimmend für das brasilianische Recht Schoueri, in: FS für Vogel, S. 925, 941. Weggenmann, Einordnungskonflikte, S. 55 f., lässt die zivilrechtliche Qualifikation als juristische Person genügen; a. A. Hagena, S. 53; Piltz, Personengesellschaften, S. 183 f., Pott, Kollision, S. 167; Woerz, S. 140, die auf die Steuergesetze im Sitzstaat der Gesellschaft abstellen.

693 Morais, Apontamentos ao IRC, S. 12; Schüller, S. 63; Wehrße, S. 93. Xavier, Direito Tributário Internacional, S. 93, 164, der darauf hinweist, dass die Frage der Rechtspersönlichkeit eines englischen Trusts sich nach dem Recht bestimmt, nach dem das Rechtsgebilde errichtet wurde. Im Hinblick auf ausländische Personengesellschaften führt er aus, dass diese unabhängig davon, ob sie in ihrem Gründungsstaat als rechtsfähig angesehen werden oder nicht, als juristische Personen für steuerliche Zwecke in Portugal gelten. Dies geschehe durch „Substitution“, d.h. dieselben Rechtsbegriffe werden nach innerstaatlichem Recht ausgefüllt.

wird die deutsche GbR teils durchgriffsbesteuert (einfache GbR), teils intransparent (handelsrechtliche GbR) besteuert. Der stillen Gesellschaft wird demgegenüber – ebenso wie nach deutschem[694] Recht – kein Abkommensschutz eingeräumt,[695] obgleich sie als Rechtsgebilde ohne Rechtsfähigkeit gem. Art. 2 Nr. 1 lit. b CIRC einer juristischen Person gleichgestellt wird.

Soweit Portugal als Anwendestaat agiert, sind in Portugal oder in Deutschland errichtete Personengesellschaften – in den oben aufgezeigten Grenzen – abkommensberechtigt, da Art. 3 Abs. 1 lit. d und e DBA-Portugal nicht an das Recht des Errichtungsstaates anknüpft.[696] Dies gilt nicht, soweit Deutschland die Rolle des Anwendestaates hat. Nach deutschem Recht besitzen weder deutsche noch ausländische Personengesellschaften eine eigene Steuersubjektfähigkeit.[697] Sie sind deshalb als nicht abkommensberechtige Personenvereinigungen anzusehen. Abkommensberechtigt ist vielmehr der einzelne Gesellschafter, wenn er in Deutschland oder in Portugal ansässig ist.[698] Die deutsche Finanzverwaltung und die deutsche Rechtsprechung vertreten hinsichtlich der Ansässigkeit und Abkommensberechtigung der Personengesellschaft einen anwendestaatsorientierten Ansatz.[699] Als Begründung wird u.a. angeführt, dass aus Art. 31 WÜRV eine entsprechende Bindungswirkung des Ansässigkeitsstaates der Gesellschafter an die Qualifikation des Sitzstaates der Gesellschaft nicht folge und eine entsprechende Rechtsgrundlage generell nicht existiere.[700] Der BFH hält in seiner

---

694 Wassermeyer, in: Wassermeyer, MA, Art. 1 Rn. 27d.

695 So ausdrücklich: Mesquita, S. 60; so wohl auch Xavier, Direito Tributário Internacional, S. 288 f.

696 Raber, in: Wassermeyer, DBA-Portugal, Art. 3 Rn. 10, 11.

697 Dahin gehend Haas, FS für Wassermeyer, S. 76; Wassermeyer, DBA, MA, Art. 1 Rn. 18.

698 Raber, in: Wassermeyer, DBA-Portugal, Art. 3 Rn. 9.

699 BFH v. 13.11.2013, BStBl. II 2014, 172, 173; v. 25.5.2011, BStBl. II 2014, 760, 762; v. 04.04.2007, BStBl. II 2007, 521, 523; v. 19.05.2011, BStBl. II 2014, 761, 762 f.; BMF v. 26.09.2014, BStBl. 2014 I S. 1258, Tz. 4.1.4.1; Riemenschneider, S. 68; Weggenmann, Einordnungskonflikte, S. 57; a. A. Hagena, S. 53; Pott, Kollision, S. 167; jeweils m.w.N.

700 Engel/Hilbert, IWB 2014, 106, 109. Zur Kritik wegen der fehlenden Rechtsgrundlage Wassermeyer, FR 2010, 537, 538 f. Eine Rechtsgrundlage findet sich im DBA-Portugal nicht, allerdings könnte auf die allgemeine Regelung in § 50d EStG Abs. 1 S. 11 EStG zurückgegriffen werden. Haas, FS Wassermeyer, S. 76, wendet gleichfalls die allgemeine Regelung des § 50d Abs. 1 S. 11 EStG an. Der BFH hat hierzu noch nicht abschließend judiziert, vgl. BFH v. 26.06.2013, BStBl. II 2014, 367, 369; v. 25.05.2011, BStBl. II 2014, 760, 762. Jedoch gewährt die Finanzverwaltung, BMF v. 26.09.2014, BStBl. I 2014, S. 1258, Tz. 2.1.2, den ausländischen Gesellschaften unter den Voraussetzungen des § 50d Abs. 1 S. 11 EStG bereits Abkommensvergünstigungen. Dies

jüngsten Entscheidung zum DBA-Spanien 1966[701] an diesen Grundsätzen weiter fest.[702]

2. *Ansässigkeit[703] im abkommensrechtlichen Sinne*

Die abkommensrechtlich qualifizierte Person muss darüber hinaus in einem Vertragsstaat ansässig sein. Nach Art. 4 Abs. 1 DBA-Portugal ist eine Person ansässig, wenn sie nach dem Recht dieses Staates dort aufgrund ihres Wohnsitzes, ihres ständigen Aufenthalts, des Ortes ihrer Geschäftsleitung oder eines anderen ähnlichen Merkmals steuerpflichtig ist. Dafür ist eine persönliche ortsbezogene Verknüpfung notwendig, die über die beschränkte Steuerpflicht hinausgeht und an die unbeschränkte Steuerpflicht – aus Sicht des (jeweiligen) Anwendestaates – anknüpft.[704] Dies ist sowohl bei den deutschen Personengesellschaften als auch bei den portugiesischen durchgriffsbesteuerten Gesellschaften nicht gegeben, sodass diese Rechtsgebilde mangels eigener Steuerpflicht nicht das Merkmal der „Ansässigkeit" erfüllen. Die Eigenschaft von ansässigen Personen ist vielmehr bei den hinter der Gesellschaft stehenden Gesellschaftern erfüllt, da sowohl natürliche als auch juristische Personen die ortsbezogenen Merkmale aufweisen. Vereinzelt[705] wird gefordert, dass die Abkommensberechtigung mit

---

entspricht auch der OECD-Auffassung, Art. 1 Ziff. 5 OECD-MK. Zu § 50d Abs. 1 S. 1 EStG im Allgemeinen siehe Wassermeyer, in: W/R/S, Rn. 2.29 m.w.N.

701 BFH v. 21.01.2016, IStR 2016, 509, 510; BMF v. 26.09.2014, BStBl. I 2014, S. 1258 f.; Tz. 2.1.1, 4.14.1. Dem folgend Kluge, Das internationale Steuerrecht, Rn. R 164 S. 735; Wassermeyer in: Wassermeyer, MA, Art. 3 Rn. 17; Xavier, Direito Tributário Internacional, S. 174 f.; a.A. Hagena, S. 57 f.; Piltz, Personengesellschaft, S. 130f.; Riemenschneider, S. 79 f.; Schüller, S. 122 f.

702 Der BFH hat dieses Ergebnis mit Art. 3 Abs. 2 DBA-Spanien begründet und insoweit auf seine zum DBA-Ungarn ergangene Entscheidung v. 25.05.2011, BStBl. II 2014, 760 verwiesen. Kritisch zum BFH Urteil vom 25.05.2011 Schüller, S. 122 f., die die fehlende Auseinandersetzung des BFH mit dem eindeutigen Wortlaut des Art. 4 Abs. 1 OECD-MA moniert. Insoweit verweist sie auch auf die Auslegung des OECD-MK 2000, der im Zuge des Partnership Reports geändert wurde und sich für eine Bindungswirkung hinsichtlich des Anwendestaates ausspricht.

703 Allgemein zur Bedeutung der Ansässigkeit im Abkommensrecht vgl. Weggenmann, Einordnungskonflikte, S. 58 ff. m.w.N.

704 Für eine Gleichsetzung der unbeschränkten Steuerpflicht mit der Ansässigkeit: Jacobs, Internationale Unternehmensbesteuerung, S. 489; Kluge, Das internationale Steuerrecht, Rn. R 171 S. 171 f.; Lehner, in: V/L, Art. 4 Rn. 12 f.; Mesquita, S. 88 ff; Riemenschneider, S. 71; Schüller, S. 86; a. A. Lang, SWI 2000, 527, 531; Art. 4 Ziff. 3 OECD-MK.

705 Krabbe, StBJb 2000/2001, 183, 186.

der Steuerpflicht im (Wohn-)Sitzstaat verknüpft sein müsse.[706] Soweit eine solche Verbindung gefordert wird, wären selbst die als selbstständige Steuersubjekte erfassbaren Handelsgesellschaften, die sich in den Autonomen Regionen Madeira und Azoren niedergelassen haben und von der zeitweisen Niedrigbesteuerung bzw. von Steuerbefreiungen profitieren (Artt. 33, 36 EBF),[707] nicht abkommensberechtigt. Dem kann nicht beigepflichtet werden, da es einzig eine Frage der innerstaatlichen Gesetzgebung ist, ob Einkünfte in der Bemessungsgrundlage berücksichtigt und dann freigestellt werden oder von vornherein nicht einbezogen werden.[708] Andernfalls käme Art. 4 Abs. 1 DBA-Portugal einer dynamischen Verweisung gleich, die weder vom Wortlaut noch vom Willen der vertragsschließenden Parteien gedeckt ist.[709] Von daher kann Art. 4 Abs. 1 DBA-Portugal auch nicht als subject-to-tax-Klausel angesehen werden.[710]

Abschließend bleibt festzuhalten, dass die deutschen Personengesellschaften sowie die transparent besteuerten portugiesischen Gesellschaften in Ermangelung ihrer nationalen Steuerpflicht nicht als ansässige Personen i.S.d. Artt. 4 Abs. 1, 3 Abs. 1 lit. d, e DBA-Portugal gelten. Demgegenüber sind aus portugiesischer Sicht in Portugal ansässige Personenhandelsgesellschaften, die handelsrechtliche GbR sowie deutsche Personengesellschaften aufgrund ihrer als Körperschaften gewerteten Strukturen (Art. 2 CIRC) abkommensberechtigt. Nach deutschem Rechtsverständnis kommt hingegen den hinter der deutschen oder portugiesischen Handelsgesellschaft stehenden Gesellschaftern Abkommensschutz zu. Dies impliziert, dass Portugal die Gesellschaft und Deutschland die Gesellschafter als abkommensberechtigte Personen qualifiziert.[711] Die daraus resultierende unterschiedliche Abkommensanwendung ließe sich nur durch eine Bindung eines Vertragsstaates an die Qualifikation des anderen Staates[712]

706 Allgemein zum Verhältnis „Ansässigkeit" und „Unbeschränkte Steuerpflicht": Kluge, Das internationale Steuerrecht, Rn. R 171 S. 737 m.w.N.

707 Zur Besteuerung von Gesellschaften in den Steuerfreizonen siehe Kapitel 2 F dieser Arbeit.

708 Lang, IStR 2000, 129, 131 m.w.N.

709 Mesquita, S. 88 ff.; dies., Revista de UCP 1997, 119, 222 f., weist zutreffend darauf hin, dass selbst eine auf den Autonomen Regionen errichtete und (von ausländischen Gesellschaftern) beherrschte Handelsgesellschaft als abkommensberechtigte Person gelte, es sei denn, die Vertragsparteien haben ausdrücklich eine Anti-Missbrauch-Klausel ins DBA aufgenommen.

710 Für Art. 4 Abs. 1 MA: Lang, SWI 2000, 527, 530; Wassermeyer, in: Wassermeyer, MA, Art. 4 Rn. 25 m.w.N; Woerz, S. 140 (für das DBA-Spanien 1966).

711 Dahin gehend Liebchen, Personengesellschaften, S. 137 (für Art. 4 Abs. 1 OECD-MA).

712 Ein Großteil des Schrifttums geht davon aus, dass die eigenständige Steuersubjektivität

oder durch explizite Ansässigkeitsfiktionen im DBA beheben. Das DBA-Portugal enthält in Art. 4 Abs. 4 eine solche Fiktion;[713] inwieweit diese Regelung die entstehenden Qualifikationskonflikte behebt, wird im Folgenden aufgezeigt.

3. *Die Reichweite der Ansässigkeitsfiktion*

Nach Art. 4 Abs. 4 S. 1 DBA-Portugal wird ein Gesellschafter einer Personengesellschaft für die Besteuerung seiner Einkünfte i.S.d. Artt. 5 bis 23 DBA-Portugal, die er aus seiner Gesellschaft – ihre Ausschüttungen ausgenommen – bezieht, so behandelt, als sei er in dem Vertragsstaat ansässig, in dem sich der Ort der tatsächlichen Geschäftsleitung der Gesellschaft befindet. Unstreitig gilt die Ansässigkeitsfiktion für Gesellschafter mit Wohnsitz in einem der Vertragsstaaten, soweit die Personengesellschaft ihre Geschäftsleitung in einem der Vertragsstaaten hat.[714] Verlegt sie hingegen ihre Geschäftsleitung in einen Drittstaat, verlieren die Gesellschafter ihren Abkommensschutz. Der Abkommensschutz erstreckt sich dabei auch auf Drittstaatengesellschafter, z. B. im Falle deutscher Personengesellschaften mit portugiesischen Quellen.[715] Zweck des Art. 4 Abs. 4 S. 1 DBA-Portugal ist die für beide Staaten bindende Feststellung eines einzigen Ansässigkeitsstaates (Personengesellschaft und Gesellschafter) am Geschäftsleitungsort der Personengesellschaft, um die Personengesellschafts-Einkünfte abkommensrechtlich nur einer Person (ansässige Personengesellschaft bzw. fiktiv ansässiger Gesellschafter) zuzuweisen und um eine einheitliche Ansässigkeit bei Verteilung der Quellensteuern (Artt. 5–23 DBA-Portugal) zu gewährleisten. Dem Sitzstaat der Personengesellschaft (fiktiver Ansässigkeitsstaat der Gesellschafter) steht demgemäß das ausschließliche Besteuerungsrecht für

---

der Personengesellschaft in ihrem Sitzstaat grundsätzlich auch für den anderen Vertragsstaat Bindungswirkung entfaltet, sodass die ausländische Personengesellschaft in beiden Staaten als abkommensberechtigte Person zu behandeln sei. Hinsichtlich der Begründung sowie der Reichweite der Bindungswirkung herrscht im Schrifttum Uneinigkeit. Diese Diskussion soll an dieser Stelle nicht vertieft werden, da das DBA-Portugal eine spezifische Lösung enthält. Zur h.M. vgl. nur Hagena, S. 60 f. m.w.N.; Piltz, Personengesellschaften, S. 132 ff.; Prokisch, in: V/ L, Art. 1 Rn. 34 f.; Raupach, FS Vogel, S. 1067, 1079 f., Riemenschneider, S. 79 ff.; Schaumburg, Stbg 1999, 156, 157 f.; Schmidt/Blöchle, in: S/K/K, MA, Art. 23 A/B Rn. 67 ff. Allgemein zum Streitstand siehe Wehrße, S. 108 f. m.w.N.

713 Raber, in: Wassermeyer, DBA-Portugal, Art. 4 Rn. 14 m. w. N.

714 Raber, in: Wassermeyer, DBA-Portugal, Art. 4 Rn. 15; Weggenmann, Einordnungskonflikte, S. 145.

715 Weggenmann, a.a.O.

die Personengesellschafts-Gewinne zu (zugleich fiktiver Gesellschaftersitzstaat), sofern die Quellenbesteuerungsregelungen (Artt. 5–23 DBA-Portugal) dem nicht entgegenstehen. Die Gewinne einer portugiesischen Handelsgesellschaft (OHG) mit deutschen Gesellschaftern können deshalb nur in Portugal (Geschäftsleitungsstaat), nicht aber in Deutschland bei den deutschen Gesellschaftern (fiktive portugiesische Ansässigkeit) besteuert werden; gleiches gilt im umgekehrten Fall.

In Art. 4 Abs. 4 S. 2 DBA-Portugal ist eine Schutzklausel[716] verankert, die bestimmt, dass der andere Staat (Wohnsitzstaat des Gesellschafters) sein unbeschränktes Besteuerungsrecht an den Einkünften und dem Vermögen zurückerlangt, wenn diese im Sitzstaat der Personengesellschaft „nicht der Besteuerung unterliegen". Hierdurch sollen Besteuerungslücken vermieden werden.[717]

Abgestellt wird auf eine virtuelle, nicht auf eine tatsächliche Besteuerung,[718] was in Anbetracht der Steuervergünstigungen, die den niedergelassenen nicht transparenten Personengesellschaften auf Madeira und den Azoren zugutekommen, (Artt. 33, 36 EBF) von Bedeutung ist.[719] Hierdurch wird vor allem ein treaty shopping für Drittstaatengesellschafter (drittstaatlicher Wohnsitz) verhindert, die regelmäßig mit ihrem Vermögen und ihren Einkünften in ihrem fiktiven Wohnsitzstaat nicht steuerbar oder steuerbefreit sind,[720] insbesondere im Falle von deutschen Personengesellschaften mit drittstaatlichen Gesellschaftern und portugiesischen Einkünften (Quelle).

---

716 Ebenso Raber, in: Wassermeyer, DBA-Portugal, Art. 4 Rn. 24, der zutreffend darauf hinweist, dass es dem Wortlaut und der Abkommenssystematik widerspricht, die Regelung als Rückfallklausel zu qualifizieren. Als Begründung führt er an, dass bei Nichtvorliegen der Voraussetzungen nach Art. 4 Abs. 4 S. 1 DBA-Portugal nicht der Sitzstaat der Personengesellschaft, sondern der tatsächliche Wohnsitzstaat der Gesellschafter (Deutschland) die Einkünfte nach Maßgabe des Art. 24 Abs. 2 DBA-Portugal freizustellen hätte, obwohl der Methodenartikel selbst keine Rückfallklausel enthalte. Dem zustimmend für das DBA-Spanien 1966: Herlinghaus, in Wassermeyer, DBA-Spanien 1966, Art. 4 Rn. 19; dahin gehend Weggenmann, Einordnungskonflikte, S. 145; a.A. Reith, in: Wassermeyer, Polen, Art. 4 Rn. 24; Pires, Dupla Tributação, S. 604; Schick, IWB 2011, 93, 96, die davon ausgehen, dass es sich um eine Rückfallklausel handele.

717 Raber, in: Wassermeyer, DBA-Portugal, Art. 4 Rn. 24; Schick, IWB 2011, 93, 95 f.; Weggenmann, Einordnungskonflikte, S. 145.

718 Raber, in: Wassermeyer, DBA-Portugal Art. 4 Rn. 24.

719 Raber, in: Wassermeyer, DBA-Portugal Art. 4 Rn. 24.

720 Raber, in: Wassermeyer, DBA-Portugal, Art. 4 Rn. 24; Weggenmann, Einordnungskonflikte, S. 145.

In ihrer Gesamtheit stellt die Regelung des Art. 4 Abs. 4 DBA-Portugal eine besondere Ansässigkeitsfiktion dar,[721] die auf den Vorbehalt Deutschlands in Art. 4 Nr. 32 MK zurückgeht, der bestimmt, dass Personengesellschaften, die nicht nach Art. 4 Abs. 1 OECD-MA in einem Vertragsstaat ansässig sind, als in dem Vertragsstaat als ansässig gelten, in dem der Ort der tatsächlichen Geschäftsleitung liegt. Vorausgesetzt wird weiter, dass die Einkünfte, die aus dem anderen Vertragsstaat bezogen werden oder das Vermögen, das in diesem anderen Staat gelegen ist, im erstgenannten Staat steuerpflichtig sind. Der Vorbehalt zielt vorrangig darauf ab, ausländischen Personengesellschaften die inländische Quellensteuer zu erstatten.[722] Die Besteuerung im Ansässigkeitsstaat der Gesellschafter ist für den Quellenstaat dagegen unmaßgeblich.

Art. 4 Abs. 4 S. 1 DBA-Portugal weicht insofern vom o.g. Vorbehalt ab, als er die Ansässigkeit der (Drittstaaten-)Gesellschafter und nicht die Ansässigkeit[723] der Personengesellschaft implementiert. Es ist hierbei in Rechtsprechung und Schrifttum umstritten, ob Art. 4 Abs. 4 DBA-Spanien 1966[724] (gleiches gilt wohl für Art. 4 Abs. 4 DBA-Portugal) allein auf die Abkommensberechtigung der Personengesellschaft und deren Quellenbesteuerung Anwendung findet oder die Fiktion sich auch auf das Besteuerungsrecht im Ansässigkeitsstaat der Gesellschafter bezieht.

a) *Auffassung der Rechtsprechung*

Zu der Regelung des Art. 4 Abs. 4 DBA-Portugal hat die Rechtsprechung bisher noch nicht judiziert, allerdings kommt der Entscheidung des BFH vom 21.01.2016 zum DBA-Portugal besondere Bedeutung zu. Mit diesem Urteil[725]

---

721 So auch Hagemann/Kahlemann, IStR 2015, 54, 55 für Art. 4 Abs. 4 DBA–Spanien 1966.

722 Wassermeyer in W/R/S, Rn. 2.12; Hagemann/Kahlemann, IStR 2015, 54, 55.

723 Z. B. fallen nach Art. 4 Nr. 1 DBA Portugal-Schweiz die schweizerische OHG und KG unter die ansässigen Personen und Nr. 3 des Protokolls zum DBA Portugal-USA definiert den Ausdruck „eine in einem Vertragsstaat ansässige Person" dahin gehend, dass Personengesellschaften, ähnliche transparente Gesellschaften sowie Trusts als ansässige Personen gelten. Dagegen enthalten auf deutscher Seite folgende DBA eine entsprechende Klausel, die auf Art. 4 Nr. 32 OECD-MK beruhen: Art. 4 IV DBA-Albanien, Prot. Nr. 2 zu Art. 4 DBA-Aserbaidschan, Art. 4 IV DBA-Island, Art. 4 IV DBA-Kroatien, Art. 4 IV DBA-Polen, Art. 4 IV DBA-Slowenien oder Art. 4 IV DBA-Uruguay 2010.

724 Art. 4 Abs. 4 S. 1 DBA-Portugal entspricht fast wörtlich Art. 4 Abs. 4 DBA-Spanien 1966. Lediglich „Ausschüttungen" der Personengesellschaften sind vom Anwendungsbereich der Ansässigkeitsfiktion ausgenommen.

725 BFH v. 21.01.2016, IStR 2016, 509.

hat der BFH über die Revision gegen das Urteil vom 02.07.2014[726] entschieden und sich erstmalig mit den aus Art. 4 Abs. 4 S. 1 DBA-Spanien 1966[727] ergebenen Rechtsfolgen auseinandergesetzt. Grundlage der Entscheidung war folgender Sachverhalt: Die in Deutschland ansässige und gewerblich tätige GmbH & Co. KG (Klägerin) war als Kommanditistin über eine weitere in Deutschland steuerpflichtige GmbH & Co. KG zu 69,88% an einer gewerblich tätigen spanischen Sociedad Commadita (vergleichbar mit einer deutschen KG[728]) und zu 70% an deren Komplementärin, einer spanischen Sociedad de Responsabilidad Limitada (vergleichbar mit einer deutschen GmbH[729]), beteiligt. Die spanische Komplementärin nahm in den Jahren 2003 und 2004 Ausschüttungen zugunsten der Klägerin vor. Die Dividenden wurden in Spanien mit einer begrenzten Quellensteuer von 10% belegt (Art. 10 Abs. 2 S. 1 lit. a DBA-Spanien 1966). Das FG Münster ging davon aus, dass Art. 4 Abs. 4 S. 1 DBA-Spanien 1966 auch für den Ansässigkeitsstaat gelte.[730] In seinem jüngsten Urteil vom 21.01.2016[731] kommt der BFH dagegen zu dem Schluss, dass die Regelung des Art. 4 Abs. 4 S. 1 DBA-Spanien 1966 lediglich das Besteuerungsrecht im Quellenstaat begrenze. Zur Begründung führt er an, dass die Regelung nur auf die Artt. 5 bis 22 DBA-Spanien 1966, nicht aber auf den Methodenartikel verweise.[732]

Der BFH weicht damit von seiner zum DBA-Italien 1983 ergangenen Entscheidung[733] wesentlich ab, in der er zwischen Abkommen, die eine Ansässigkeitsfiktion der Gesellschafter – wie das DBA-Spanien 1966 oder das DBA-Portugal – und solchen, die eine Ansässigkeitsfiktion der Personengesellschaft (z. B. DBA-Italien) enthalten, unterschieden hat. Bei letzteren Abkommen hatte der BFH eine auf die Quellensteuer begrenzte Wirkung anerkannt, während er bei den erstgenannten DBA die Erstreckung der Fiktion auf die

726 FG Münster v. 02.07.2014, IStR 2014, 773.

727 Art. 4 Abs. 4 S. 1 DBA-Spanien 1966 enthält eine fast identische Ansässigkeitsfunktion für Gesellschafter wie das DBA-Portugal.

728 Vgl. Anlage, S. 6 (Spanien) zu BMF v. 26.09.2014, BStBl. I 2014, S. 1258.

729 Ebenso Höhn/Höring, International agierende Unternehmen, S. 231.

730 Darüber hinaus stufte das FG Münster – entgegen der Auffassung des Finanzamtes – die von der spanischen Kapitalgesellschaft gezahlten Dividenden als notwendiges SBV II ein mit der Folge, dass Spanien das ausschließliche Besteuerungsrecht an den Ausschüttungen nach Art. 4 Abs. 4 S. 1 i.V.m. Art. 7 Abs. 1 S. 1 DBA-Spanien habe, während Deutschland die Einkünfte freizustellen habe, vgl. FG Münster v. 02.07.2014, IStR 2014, 773, 776.

731 BFH v. 21.01.2016, IStR 2016, 509.

732 BFH v. 21.01.2016, IStR 2016, 509, 512.

733 BFH v. 17.10.2007, BStBl. II 2008, 953, 955.

Wohnsitzbesteuerung in Aussicht gestellt hatte, insoweit hatte der BFH auf die Regelung des Art. 4 Abs. 4 DBA-Spanien 1966 verwiesen.[734]

Der BFH hat mit Beschluss vom 13.11.2013[735] in einem zum DBA-Belgien ergangenen Fall einer grenzüberschreitenden Inlandsinvestition seine Rechtsprechung vom 17.10.2007 bestätigt, dass eine nach deutschem Recht errichtete KG kraft gesetzlicher Fiktion des Art. 3 Abs. 1 Nrn. 3 und 4 DBA-Belgien für Abkommenszwecke als ansässige und abkommensberechtigte Person gelte. Zur Begründung führt der BFH wiederum an, dass sich die Fiktion nicht auf die Besteuerung des Gesellschafters im Quellenstaat auswirke. Vielmehr regele die Fiktion ausschließlich das Verhältnis zwischen dem Ansässigkeitsstaat der Personengesellschaft und dem anderen Quellenstaat.[736]

b) Auffassungen des Schrifttums und der Finanzverwaltung

Nach Teilen des Schrifttums[737] soll die Regelung des Art. 4 Abs. 4 S. 1 DBA-Spanien 1966 (entsprechendes gilt für Art. 4 Abs. 4 S. 1 DBA-Portugal) allein das Besteuerungsrecht des Quellenstaates begrenzen. Zur Begründung wird angeführt, dass der Wortlaut des Art. 4 Abs. 4 DBA-Spanien 1966 lediglich auf die Artt. 5 bis 22 DBA-Spanien 1966 verweise, nicht aber auf den Methodenartikel.[738] Der Verweis sei daher als objektbezogen anzusehen, der zu einer partiellen Abkommensberechtigung führe.[739] Dies bedeute für einen Mitunternehmer einer deutschen Personengesellschaft, dass ihm unabhängig von seinem tatsächlichen Wohnsitzstaat eine Quellensteuerermäßigung für aus dem anderen Vertragsstaat stammende Einkünfte gewährt werde.[740] Gleiches gelte für ausländische Personengesellschaften, die Einkünfte aus Deutschland beziehen. Für intransparente Personengesellschaften sei die Fiktion hingegen irrelevant,

734 BFH v. 17.10.2007, BStBl. II 2008, 953, 955; ebenso Raber, in: Wassermeyer, DBA-Portugal Art. 4 Rn. 18.

735 BFH v.13.11.2013, BStBl. II 2014, 172, 173.

736 BFH v. 13.11.2013, BStBl. II 2014, 172, 173 f.

737 Herlinghaus, in: Wassermeyer, DBA-Spanien 1966, Art. 4 Rn. 16; Krabbe, IWB 1998, 753, 767; Lüdemann/Hruschka, IStR 2000, 25, 26, 29; Hock, Personengesellschaften, S. 99f; Weggenmann, Einordnungskonflikte, S. 145; Woerz, S. 144 f.

738 Herlinghaus, in: Wassermeyer, DBA-Spanien 1966, Art. 4 Rn. 16.

739 Weggenmann, Einordnungskonflikte, S. 144 f., der zwischen zwei Arten der partiellen Abkommensberechtigung unterscheidet, die eine betrifft bestimmte Einkünfte, während die andere sich auf bestimmte Subjekte bezieht.

740 Hock, Personengesellschaften, S. 100; Wassermeyer, in: W/R/S, Rn. 2.26; Weggenmann, Einordnungskonflikte, S. 145.

da sich deren Abkommensberechtigung ohnehin aus den Artt. 1, 3 Abs. 3 lit. b MA (für das DBA-Portugal aus den Artt. 1, 3 Abs. 1 lit. b, d; 4 Abs. 1) ergebe.[741] Ziel der Fiktion sei es, deutsche Personengesellschaften mit spanischen oder portugiesischen Personengesellschaften hinsichtlich ihrer im anderen Vertragsstaat erzielten Einkünfte gleichzustellen.[742] Mögliche Doppelbesteuerungen werden durch Anwendung des Methodenartikels verhindert. Dem schließt sich die Finanzverwaltung[743] im Wesentlichen an.

Dem hält das herrschende Schrifttum[744] in Anlehnung an die frühere Rechtsprechung des BFH entgegen, dass die steuerliche Behandlung der Personengesellschaft für den Ansässigkeitsstaat der Gesellschafter bindend sei, wenn ein Abkommen – wie das DBA-Portugal – dies explizit bestimme. Dies führe für Zwecke des Abkommens dazu, dass die von der Personengesellschaft bezogenen Einkünfte derselben Person zugerechnet werden und die Einkünfte ausschließlich im Sitzstaat der Gesellschaft zu besteuern seien.[745] Zur Begründung führt Raber[746] zutreffend an, dass die Ansässigkeitsfiktion des Art. 4 Abs. 4 S. 1 DBA-Portugal darauf abziele, eine wirtschaftliche Doppelbesteuerung zu vermeiden, die vom Methodenartikel nicht erfasst werde. Die Berücksichtigung der „steuerliche[n] Situation des Gesellschafters" werde durch die Ansässigkeitsfiktion des Gesellschafters im Sitzstaat der Personengesellschaft erreicht. Dafür fingiere die Regelung des Art. 4 Abs. 4 S. 1 DBA-Portugal, dass für Einkünfte aus der Gesellschaft (gemeint sind solche, die in der Sphäre der Gesellschaft erzielt worden sind) lediglich ein Ansässigkeitsstaat existiere, dem das alleinige Besteuerungsrecht zustehe, soweit die Einkünfte und das Vermögen dem Gesellschafter nach den Verteilungsnormen zugeordnet werden.[747] Hierdurch werde vermieden,

---

741 Lüdemann/Haruschka, IStR 2000, 25, 26; Schick, IWB 2011, 93, 95; Weggenmann, Einordnungskonflikte, S. 145.

742 Weggenmann, Einordnungskonflikte, S. 145.

743 BMF v. 26.09.2014, BStBl. I 2014, S. 1258 Tz. 2.1.1, 4.14.1. In dieselbe Richtung geht auch die geänderte Auffassung des BFH v. 21.01.2016, IStR 2016, 509, 512.

744 Raber, in: Wassermeyer, DBA-Portugal, Art. 4 Rn. 18; 126 f., 235. So wohl auch Engel/Hilbert, IWB 2014, 106, 111; Hagemann/Kahlenmann, IStR 2015, 54, 55; Lüdicke StbJb 1997/98, 449, 457; Pott, Die Kollision, S. 106, 107; Rosenthal IStR 2007, 610, 611; Schick IWB 2011, 93, 94; Schmidt IStR 1996, 14, 17 f.; Wassermeyer, IStR 1998, 489, 491, Fn. 22; Wingert/Krause, in: Handkommentar, Portugal, S. 580; Wilke, in: G/K/G, Portugal, Art. 4 Rn. 2. Zur berechtigten Kritik am Urteil des FG Münster v. 2.07.2014 vgl. Behrenz, IStR 2014, 773, 782 f.

745 Raber, in: Wassermeyer, DBA-Portugal, Art. 4 Rn. 20; Rosenthal IStR 2007, 610, 611.

746 Raber, in: Wassermeyer, DBA-Portugal, Art. 4 Rn. 20.

747 Ebenso Raber, in: Wassermeyer, DBA-Portugal, Art. 4 Rn. 18. Für das DBA-Spanien

dass verschiedene Vertragsstaaten ihr Besteuerungsrecht hinsichtlich derselben Einkünfte aus der Ansässigkeit der Personengesellschaft bzw. aus der Ansässigkeit des Gesellschafters herleiten.[748] Folglich werde eine Doppelbesteuerung bereits auf Ebene der Verteilungsartikel durch „ausschließliche Ansässigkeitsbesteuerung“[749] beseitigt. Die Besteuerung der Quellensteuereinkünfte durch den Quellenstaat bleibe weiterhin bestehen.[750] Damit erfasse die Regelung des Art. 4 Abs. 4 DBA-Portugal von ihrem Anwendungsbereich her sowohl portugiesische Gesellschafter einer deutschen Personengesellschaft als auch deutsche Gesellschafter einer portugiesischen Person(handels)gesellschaft.

Für Schick[751] führt die Ansässigkeitsfiktion des Art. 4 Abs. 4 DBA-Spanien 1966 dazu, dass sämtliche Einkünfte des Gesellschafters (einschließlich Sondervergütungen) im Sitzstaat der Personengesellschaft besteuert werden können und im Ansässigkeitsstaat der Gesellschafter ohne Progressionsvorbehalt freizustellen sind. Für Abkommenszwecke müsse zudem die deutsche Personengesellschaft als Steuersubjekt anerkennt werden.

c) *Stellungnahme*

Es ist der herrschenden Ansicht im Schrifttum darin zu folgen, dass die Ansässigkeitsfiktion für Gesellschafter auch das Besteuerungsrecht des Ansässigkeitsstaates mitregelt. Zwar ist der im Schrifttum vertretenen Meinung dahin gehend zuzustimmen, dass der Verweis in Art. 4 Abs. 4 DBA-Spanien 1966 (entsprechendes gilt für das DBA-Portugal) lediglich auf die Verteilungsartikel verweist und damit der Wortlaut der Norm für eine solche Auslegung spricht. Allerdings kommt es auf die Anwendung des Methodenartikels nicht mehr an, wenn das ausschließliche Besteuerungsrecht aus den Verteilungsartikeln folgt.[752]

1966 vgl. FG Münster vom 02.07.2014, IStR 2014, 773, 777; Pott, Die Kollision, S. 106 geht zutreffend davon aus, dass die Fiktion zwar „von einzelnen zu betrachtenden Teilunternehmen“ ausgeht, aber im Ergebnis die „einheitliche Zugehörigkeit des Gesamtunternehmens erreicht“.

748 Raber, in: Wassermeyer, DBA-Portugal Art. 4 Rn. 20.

749 Raber, in: in: Wassermeyer, DBA-Portugal, Art. 4 Rn. 20; so wohl auch Rosenthal IStR 2007, 610, 611; Schick IWB 2011, 93, 94.

750 Raber, in: Wassermeyer, DBA-Portugal, Art. 4 Rn. 20; Rosenthal, IStR 2007, 610, 611.

751 Schick, IWB 2011, 93, 94.

752 Ebenso Behrenz, IStR 2014, 773, 782; Engel/Hilbert IWB 2014, 106, 110; Hagemann/Kahlenberg IStR 2015, 54, 58, Rosenthal, IStR 2007, 610, 611; Schick IWB 2011, 93, 94 f.; a.A. BFH v. 21.01.2016, IStR 2016, 509, 512. Allgemein zu Verteilungsnormen vgl. Wassermeyer, in: Wassermeyer, MA, Art. 7 Rn. 67.

Dies wird kraft gesetzlicher Fiktion erreicht, indem der Gesellschafter in dem Ansässigkeitsstaat der Personengesellschaft als ansässig gilt. Insofern wird dem Ansässigkeitstaat der Personengesellschaft (Geschäftsleitung) das ausschließliche Besteuerungsrecht für die Einkünfte gewährt, soweit die Einkünfte dem Gesellschafter im Rahmen der Artt. 5–23 DBA-Portugal zugeordnet wurden. Dies bedeutet, dass der Ansässigkeitsstaat mit dem Quellenstaat (Gewinnerwirtschaftung der Personengesellschaft) kongruent ist, sodass es eines Rückgriffs auf Art. 24 DBA-Portugal nicht mehr bedarf. Schließlich ist die neue Sichtweise des BFH nicht zwingend, unabhängig von dem Umstand, ob die Abkommen eine Ansässigkeitsfiktion für Gesellschafter oder Gesellschaften enthalten. Denn im Gegensatz zu Abkommen, die eine Eigenständigkeit und Selbstständigkeit der Personengesellschaft als solche fingieren, bedarf es einer etwaigen Ansässigkeitsfiktion des Gesellschafters nicht. Vielmehr besitzen die Gesellschafter eine eigene Steuersubjektivität und können damit aus eigenem Recht (d.h. ohne Fiktion) ansässig und abkommensberechtigt sein.[753] Die Ansässigkeitsfiktion der Gesellschafter im Sitzstaat der Gesellschaft führt dazu, dass die steuerliche Situation des Mitunternehmers im Sitzstaat mitberücksichtigt wird. Ein anderes Verständnis unterläuft den Sinn und Zweck der Norm, die Qualifikationskonflikte, die durch die divergierende Behandlung der Personengesellschaften in beiden Vertragsstaaten eingetreten sind, zu beseitigen.[754] Dem kann auch nicht entgegengehalten werden, dass die Regelung des Art. 4 Abs. 4 DBA-Spanien 1966 (gleiches gilt für den Art. 4 Abs. 4 DBA-Portugal) ausschließlich die Ansässigkeit von Drittstaatgesellschaftern fingieren wolle,[755] da sich weder aus dem Wortlaut noch aus der Denkschrift zum DBA[756] ein entsprechender Hinweis ergibt.

4. *Dreieckssachverhalte*

Soweit Gesellschafter in Drittstaaten ansässig sind, ist die Abkommensberechtigung der Personengesellschaft für die Gewährung von Abkommensvergünstigungen von besonderem Interesse. Inwieweit die Ansässigkeitsfiktion in Art. 4

---

753 Dahin gehend auch Hagemann/Kahlenberg IStR 2015, 54, 55 (für das DBA-Spanien 1966).

754 Raber, in: Wassermeyer, DBA-Portugal, Art. 4 Rn. 21; so wohl auch Hagemann/Kahlenberg IStR 2015, 54, 55; Rosenthal, IStR 2007, 610, 611.

755 Ebenso für das DBA-Spanien 1966 Behrenz, IStR 2014, 773, 783; Hagemann/Kahlenberg IStR 2015, 54, 55.

756 Denkschrift zum DBA-Portugal, BT-Drs. 9/897, S. 24; Behrenz, IStR 2014, 773, 783 (für das DBA Spanien-1966).

Abs. 4 DBA-Portugal in diesen Fällen und in Fällen der doppelten bzw. der fehlenden Abkommensberechtigung sowie der partiellen Abkommensberechtigung von Betriebsstätten weiterhilft, wird im Folgenden untersucht.

a) *Sitzstaat der Personengesellschaft Deutschland, Quellenstaat Portugal und Drittstaat als Gesellschafterstaat*

Bezieht eine in Deutschland errichtete Personengesellschaft mit Drittstaatengesellschafterkreis quellensteuerpflichtige Einkünfte aus Portugal und kann Portugal nach dem DBA-Drittstaat (Gesellschafter)-Portugal (Quelle) diese Einkünfte besteuern (z. B. Art. 11 Abs. 2 OECD-MA), so kann der Drittstaatsgesellschafter in seinem Ansässigkeitsstaat i.d.R. Freistellung dieser der deutschen Personengesellschaft-Betriebsstätte zuzuordnenden Einkünfte gemäß dem DBA Drittstaat (Gesellschafter)-Deutschland (Personengesellschaft) verlangen (Artt. 23A, 21 Abs. 2 OECD-MA). Im Verhältnis Portugal (Quellenstaat)-Deutschland (Personengesellschafts-Sitzstaat) führt das DBA zu einem alleinigen deutschen Besteuerungsrecht (Sitzstaat der Personengesellschaft, fiktive Ansässigkeit des Gesellschafters, Art. 4 Abs. 4 DBA-Portugal).[757] Es verbleibt damit bei der deutschen Besteuerung. Dies gilt nicht, wenn die deutsche Personengesellschaft ihre Einkünfte über eine in Portugal belegene Betriebsstätte erzielt und dieser die Einkünfte auch zurechenbar sind.[758] In dieser Konstellation ist das DBA-Portugal wenig hilfreich. Die deutsche Personengesellschaft kann sich im Verhältnis zu Portugal zwar auf das DBA-Portugal stützen, jedoch kann sie nicht die Freistellung der Einkünfte gem. Art. 24 Abs. 2 lit. a DBA-Portugal von Deutschland fordern.[759] Der Grund hierfür ist, dass die Freistellung eine in Deutschland ansässige Person voraussetzt.[760] Der Personenbegriff richtet sich dabei nach Art. 3 Abs. 1 lit. d, e DBA-Portugal. Danach genießt die deutsche Personengesellschaft, die nach deutschem Rechtsverständnis nicht „wie eine juristische Person“ im Inland besteuert wird, keinen Abkommensschutz und kann folglich nicht als ansässig i.S.d. Art. 4 Abs. 1 bis 3 DBA-Portugal behandelt werden. Die Fiktion

757 Wegenmann, Einordnungskonflikte, S. 145. Hock, Personengesellschaften, S. 100, weist darauf hin, dass die *Gesellschaft* die Quellensteuerentlastungen von spanischen Einkünften und Vermögen verlangen kann (gleiches gilt wohl für das DBA-Portugal). Schick, IWB 2011, 93, 96, betont zudem, dass die deutsche Personengesellschaft aus eigenem Recht die Erstattung spanischer Quellensteuern verlangen kann und unter den Diskriminierungsschutz des Art. 24 DBA-Spanien 1966 fällt.

758 Hock, Personengesellschaften, S. 100 (für das DBA-Spanien 1966)

759 Raber, in: Wassermeyer, DBA-Portugal, Art. 4 Rn. 21, Art. 24 Rn. 7.

760 Raber, in: Wassermeyer, DBA-Portugal, Art. 24 Rn. 22.

des Art. 4 Abs. 4 DBA-Portugal gilt nach einhelliger Ansicht im Schrifttum und dem Wortlaut gemäß im Rahmen des Art. 24 DBA-Portugal nicht.[761]

Zu einer Doppelbesteuerung der Einkünfte kommt es dennoch nicht, zumal die Einkünfte mangels inländischer Anknüpfung keiner deutschen Besteuerung unterliegen. Dies gilt selbst dann, wenn oder soweit die Einkünfte einer deutschen Geschäftsleitungs-Betriebsstätte i.S.d. § 49 Abs. 1 Nr. 2 lit. a EStG zurechenbar sind. In diesem Fall sind die Einkünfte zwar im Inland steuerbar. Eine Doppelbesteuerung der Einkünfte wird aber abkommensergänzend unilateral durch Abzug oder Anrechnung der ausländischen Einkünfte vermieden, § 34c EStG bzw. § 26 KStG, § 50 Abs. 3 EStG.[762] Abkommensrechtlich ließe sich die Doppelbesteuerung gleichfalls beseitigen, wenn die Ansässigkeitsfiktion auch den Methodenartikel umfassen oder in Art. 7 Abs. 1 DBA-Portugal eine verbindliche Zuweisungsregelung aufgenommen würde.[763]

b) Sitzstaat der Personengesellschaft Portugal, Quellenstaat Deutschland und Drittstaat als Gesellschafterstaat

Bezieht eine nach portugiesischem Recht errichtete Personenhandelsgesellschaft mit Drittstaatengesellschafterkreis quellensteuerpflichtige Einkünfte aus Deutschland, sind in Deutschland die Mitunternehmer mit ihren Einkünften beschränkt steuerpflichtig (§ 49 EStG). Deutschland kann nach dem DBA Drittstaat (Gesellschafter)-Portugal (Quelle) diese Einkünfte beschränkt besteuern (z. B. Art. 11 Abs. 2 OECD-MA); der Drittstaatgesellschafter kann in seinem Ansässigkeitsstaat i.d.R. Freistellung dieser der portugiesischen Personengesellschaft-Betriebsstätte zuzuordnenden Einkünfte gemäß dem DBA Drittstatt (Gesellschafter)-Portugal (Personengesellschaft) verlangen (Artt. 23A, 21 Abs. 2 OECD-MA). Im Verhältnis Deutschland (Quellenstaat)-Portugal (Personengesellschaft-Sitzstaat) führt das DBA zu einem alleinigen portugiesischen Besteuerungsrecht (Sitzstaat der Personengesellschaft, fiktive Ansässigkeit des Gesellschafters, Art. 4 Abs. 4 DBA-Portugal). Die portugiesische Personengesellschaft kann zudem als Steuersubjekt im Sitzstaat aus eigenem Recht die Quellensteuerermäßigungen für aus Deutschland stammende Dividenden, Zinsen und Lizenzen verlangen.[764] Dies schließt die Regelung des Art. 4 Abs. 4 DBA nicht

761 Raber, in: Wassermeyer, DBA-Portugal, Art. 4 Rn. 21, Art. 24 Rn. 22.

762 Raber, in: Wassermeyer, DBA-Portugal, Art. 4 Rn. 21.

763 Ebenso Pott, Die Kollision, S. 128 (für das DBA-Spanien 1966).

764 Dahin gehend Schick, IWB 2011, 93, 96; Weggenmann, Einordnungskonflikte, S. 145. Woerz, S. 145, geht davon aus, dass die Personengesellschaft die Abkommensvergünstigungen für ihre Gesellschafter in Anspruch nehmen kann. Er spricht insoweit

aus. Dieses Verständnis wird von der Auffassung der OECD[765] geteilt. Danach können Drittstaatengesellschafter einer im Ausland errichteten intransparenten Gesellschaft die Abkommensvorteile von ihrer Gesellschaft ableiten, d.h. die Abkommensberechtigung der Personengesellschaft schlägt auf die Gesellschafter durch.

Wird die einkunftsbeziehende Personengesellschaft hingegen gemäß Art. 6 CIRC bzw. gem. § 15 Abs. 1 S. 1 Nr. 2 EStG transparent besteuert, gilt der im Drittstaat ansässige Gesellschafter als in Portugal „fiktiv" ansässig, wenn sich dort der Ort der tatsächlichen Geschäftsleitung der Personengesellschaft befindet.[766] Deutschland kann nach dem DBA Drittstaat (Gesellschafter)-Portugal (Quelle) diese Einkünfte beschränkt besteuern (z. B. Art. 11 Abs. 2 OECD-MA), während der Drittstaatsgesellschafter in seinem Ansässigkeitsstaat i.d.R. Freistellung dieser der portugiesischen Personengesellschaft-Betriebsstätte zuzuordnenden Einkünfte gemäß dem DBA Drittstaat (Gesellschafter)-Portugal (Personengesellschaft) verlangen kann (Artt. 23A, 21 Abs. 2 OECD-MA). Im Verhältnis Deutschland (Quellenstaat)-Portugal (Personengesellschaft-Sitzstaat) führt das DBA zu einem alleinigen portugiesischen Besteuerungsrecht (Sitzstaat der Personengesellschaft, fiktive Ansässigkeit des Gesellschafters, Art. 4 Abs. 4 DBA-Portugal). Die Ansässigkeitsfiktion findet dagegen keine Anwendung,[767] wenn die portugiesische Personengesellschaft ihre Einkünfte über eine in Deutschland belegene Betriebsstätte[768] bezieht. In diesem Fall kann Deutschland die Einkünfte entsprechend dem Betriebsstättenprinzip besteuern.

c) *Fälle fehlender Abkommensberechtigung*

Erhält eine in Deutschland errichtete Personengesellschaft mit portugiesischem Gesellschafterkreis quellensteuerpflichtige Einkünfte aus Drittstaaten (Mitunternehmerkonzept),[769] sind diese nach deutschem Steuerrecht nur auf Ebene der

---

von einem „Durchschlagen der Abkommensberechtigung der Personengesellschaft auf ihre Gesellschafter".

765 OECD-Partnerships-Bericht 1999, Tz. 53, 70, 72; Art. 1 Ziff. 5 OECD-MK; ebenso der deutsche Gesetzgeber, der den Erstattungsberechtigten nach dem nationalen Recht ermittelt, vgl. § 50d Abs. 1 S. 11 EStG.

766 Lüdemann/Hruschka, IStR 2000, 25, 26 (für das DBA-Spanien 1966); Weggenmann, Einordnungskonflikte, S. 145.

767 Raber, in: Wassermeyer, DBA-Portugal Art. 24 Rn. 5, Art. 4 Rn. 21; ebenso für das DBA-Spanien 1966 Hock, Personengesellschaften S. 100.

768 Es ist zu unterstellen, dass die Einkünfte der Betriebsstätte zurechenbar sind.

769 Der Drittstatt soll dabei eine transparente Behandlung von Personengesellschaften vornehmen, vgl. Sachverhalt in Art. 1 Ziff. 6.3 OECD-MK.

Gesellschafter steuerbar (Mitunternehmer-Konzept, § 15 Abs. 1 Nr. 2 EStG); nur den portugiesischen Gesellschaftern wird als in einem Vertragsstaat ansässigen Personen Abkommensberechtigung zuerkannt, nicht aber der Gesellschaft (Artt. 1, 3 lit. d, 4 Abs. 1 DBA-Portugal). Für eine aufgrund beschränkter Steuerpflicht der portugiesischen Gesellschafter in Deutschland (§ 49 Abs. 1 Nr. 2 lit. a EStG) und unbeschränkten Steuerpflicht in Portugal (Art. 16 CIRS) entstehende Doppelbesteuerungen könnten aus deutscher Sicht nur die portugiesischen Gesellschafter Abkommensschutz beanspruchen (Artt. 1, 3 lit. d, 4 Abs. 1 i.Vm. Artt. 7, 23 DBA-Portugal). Im Ansässigkeitsstaat der Gesellschafter (Portugal) entfällt eine Besteuerung der o.g. Einkünfte, da Portugal vorrangig dem Trennungsprinzip folgt und dem Sitzstaat der als eigenständiges Steuersubjekt gewerteten Gesellschaft (Deutschland) das Besteuerungsrecht an den Einkünften zuerkennt (Art. 2 CIRC);[770] insoweit kommt es zu keiner deutsch-portugiesischen Doppelbesteuerung (Trennungsprinzip). In diesen Fällen ist der Quellenstaat (Drittstaat) nach Auffassung der OECD weder nach dem DBA Sitzstaat-Quellenstaat (Deutschland-Drittstaat) noch nach dem DBA Ansässigkeitsstaat-Quellenstaat (Portugal-Drittstaat) verpflichtet, Abkommensvergünstigungen zu gewähren.[771] Dies bedeutet weiter, dass der Quellenstaat sein Besteuerungsrecht unbeschränkt ausüben kann und Deutschland das grundsätzliche Besteuerungsrecht besitzt. Steuerlücken entstehen dadurch im deutsch-portugiesischen Verhältnis nicht. Dennoch begründet Art. 1 Abs. 4 OECD-MA nach der Sichtweise der OECD eine subject-to-tax-Klausel (Besteuerungsrückfallklausel), um Steuerlücken zu schließen.[772] Diese Vorgehensweise der OECD wird zu Recht für nicht sachgerecht gehalten, da die Einkünfte der in Deutschland belegenen Geschäftsleitungs-Betriebsstätte zugewiesen werden und dort auch besteuert werden können (Art. 7 OECD-MA).[773] Diese OECD-Auffassung ist kaum auf das DBA-Portugal

770 Krabbe, IWB 1998, 753, 767.

771 OECD-Partnership Report, Tz. 69; Art. 1 Ziff. 6.5 OECD-MK; a.A. BMF v. 26.09.2014, BStBl. I 2014, S. 1258, Anhang Rn. 2.1.2.

772 Kritisch zur Umqualifizierung des Art. 4 Abs. 1 OECD-MA in eine subject-to-tax-Klausel vgl. Prokisch, in: V/L, Art. 1 Rn. 35f.; Lang, SWI 2000, 60, 63; Mesquita, S. 88 ff.; dies., Revista de UCP 1997, 119 ff.

773 Lang, SWI 2000, 527, 528 ff. Zur Lösung der Problematik schlägt Lang, SWI 2000, 60, 61, 63 vor, dass der Quellenstaat die Abkommensberechtigung der im Sitzstaat der Gesellschaft ansässigen Gesellschafter anerkennt, während Hagena, S. 81 f., auf die steuerliche Klassifizierung der Personengesellschaft in ihrem potentiellen Sitzstaat abstellt und damit eine Übernahmeverpflichtung für den anderen Vertragsstaat statuiert.

zu übertragen, da in Art. 4 Abs. 4 DBA-Portugal eine Sonderregelung aufgenommen wurde. Danach wird die Ansässigkeit der Gesellschafter für Abkommenszwecke an dem Ort fingiert, in dem die Personengesellschaft ihre tatsächliche Geschäftsleitung besitzt, also in Deutschland. Hierbei handelt es sich um eine unwiderlegbare Vermutung, sodass es eines Rückgriffs auf die Art. 1 Abs. 1 bis 3 DBA-Portugal nicht mehr bedarf.[774] Der Quellenstaat hat folglich die im DBA Deutschland-Quellenstaat (Drittstaat) genannten Höchststeuersätze für die Mitunternehmer, die tatsächlich in Deutschland ansässig sind, zu beachten. Dies gilt unabhängig davon, ob der Quellenstaat die Personengesellschaft als intransparent oder transparent behandelt.[775]

d) Fälle doppelter Abkommensberechtigung

Bezieht eine in Portugal ansässige Personengesellschaft[776] mit deutschem Gesellschafterkreis im spiegelbildlichen Fall quellensteuerpflichtige Drittstaateneinkünfte, werden die Einkünfte sowohl bei der Gesellschaft als eigenständiges portugiesisches Steuersubjekt (Art. 2 CIRC) als auch bei den deutschen Gesellschaftern besteuert (§§ 1 Abs. 1, 15 Abs. 1 Nr. 2 EStG, Mitunternehmerschaft). Ein deutsch-portugiesischer Doppelbesteuerungsausgleich ist im Wege der portugiesischen Ansässigkeitsfiktion für die deutschen Gesellschafter gem. Art. 4 Abs. 4 DBA-Portugal gewährleistet, sodass es bei ausschließlicher portugiesischer Besteuerung verbleibt. Die zusätzliche Quellensteuer im Drittstaat ist anhand der DBA des Drittstaates mit dem portugiesischen Personengesellschaftsstaat (Portugal) und dem Gesellschafter-Staat (Deutschland) ggfs. zu reduzieren; Abkommensberechtigung kommt der subjektfähigen portugiesischen Personengesellschaft und den deutschen Gesellschaftern zu (Artt. 1, 3 lit. d, 4 Abs. 1 i.V.m. 11 Abs. 2 etc. DBA-Portugal). Nach Art. 1 Ziffer 6.5 OECD-MK[777] hat der Drittstaat beide Abkommen gleichrangig heranzuziehen und den jeweils günstigeren Höchststeuersatz für den Quellenstaat anzuwenden. Dies gilt wiederum losgelöst von der steuerlichen Behandlung der Personengesellschaft durch den Quellenstaat.[778] Die Ansässigkeitsfiktion des Art. 4 Abs. 4 DBA-Portugal führt allerdings dazu, dass die Gesellschafter als in Portugal ansässig gelten und lediglich das

---

774 Dahin gehend für das DBA-Spanien 1966 Rosenthal, IStR 2007, 610, 611.

775 Schnitger, in: W/R/S, Rn. 16.65.

776 Erhalten durchgriffbesteuerte portugiesische Gesellschaften Drittstaateneinkünfte, kommt es zu keiner mehrfachen Abkommensberechtigung.

777 OECD Partnership Report, Tz. 74; a.A. BMF v. 26.09.2014, BStBl. I 2014, S. 1258, Anhang Tz. 2.1.2.

778 Schnitger, in: W/R/S, Rn. 16.65.

Abkommen Quellenstaat (Drittstaat)-Portugal (Personengesellschaft-Staat) zur Anwendung kommt.[779]

e) Partielle Abkommensberechtigung der Betriebsstätte über Art. 25 Abs. 2 DBA-Portugal

Bezieht eine in Deutschland errichtete Personengesellschaft mit deutschen Gesellschaftern über eine in Portugal belegene Betriebsstätte Dividenden, Zinsen oder Lizenzgebühren aus Drittstaaten[780], so können aus abkommensrechtlicher Sicht diese Einkünfte sowohl in Portugal als auch im Drittstaat besteuert werden.[781] Im Verhältnis Deutschland (Gesellschafterstaat)-Portugal (Betriebsstättenstaat) hat Deutschland die portugiesischen Betriebsstätteneinkünfte freizustellen, Portugal kann die Betriebsstätteneinkünfte besteuern (Artt. 7, 24 Abs. 2 DBA-Portugal) einschließlich aller weltweiten Drittstaateneinkünfte (vgl. Art. 22 Abs. 2 DBA-Portugal). Das DBA Deutschland (Gesellschafterstaat)-Drittstaat (Quelle) kann zu einer Reduzierung der Quellensteuer führen (Art. 11 Abs. 2 OECD-MA etc.). Im Verhältnis von Drittstaat (Quelle) und Portugal (Betriebsstättenstaat) kann ein Doppelbesteuerungsausgleich jedoch mangels Abkommensberechtigung der Betriebsstätte grundsätzlich nicht erfolgen (Artt. 1,3, 4 OEC-MA). Zur Vermeidung einer Betriebsstättendiskriminierung ist der Betriebsstättenstaat (hier: Portugal) verpflichtet seine unilateralen Anrechnungsvorschriften[782] im Rahmen des Art. 24 Abs. 3 OECD-MA anzuwenden. Der Grund hierfür ist, dass

---

779 Dahin gehend Hagena, S. 86, 294, die stets das DBA zwischen Quellenstaat und Ansässigkeitsstaat für maßgeblich hält, wenn die Personengesellschaft in ihrem Sitzstaat als eigenständiges Steuersubjekt qualifiziert wird; so wohl auch Frotscher, Internationales Steuerrecht, Rn. 545.

780 Es ist zu unterstellen, dass sowohl zwischen dem Ansässigkeitsstaat (Deutschland) und Betriebsstättenstaat (Portugal) als auch zwischen Deutschland und Quellenstaat ein DBA besteht.

781 Es ist zu unterstellen, dass die Drittstaateneinkünfte der portugiesischen Betriebsstätte zurechenbar sind.

782 Unilateral kann die im Ausland erhobene Steuer in Portugal von unbeschränkt steuerpflichtigen Personen angerechnet werden (Art. 91 Nr. 1 CIRC), während inländische Betriebsstätten ausländischer Unternehmen die Anrechnung nur mittelbar über das abkommensrechtliche Betriebsstättendiskriminierungsverbot geltend machen können. Soweit es sich bei den Drittstaateneinkünften um Dividenden oder Veräußerungsgewinne handelt, werden diese unmittelbar unter den Voraussetzungen des Art. 51D CIRC freigestellt. Dies gilt sowohl für inländische Unternehmen als auch für inländische Betriebsstätten ausländischer Unternehmen, vgl. Duro Teixeira, estabelecimentos estáveis de não residentes, S. 50 Fn. 100.

Portugal die weltweiten Einkünfte der Betriebsstätte besteuert hat und damit wesentlich zur internationalen Doppelbesteuerung der Einkünfte beigetragen hat.[783] Umstritten ist insofern, ob das Betriebsstättendiskriminierungsverbot auch im Rahmen von Dreieckssachverhalten unmittelbare Geltung beansprucht. Hierbei ist fraglich, ob der Anmerkung der OECD in Art. 24 Nr. 52 OECD-MK eine bindende Wirkung zukommt. Es liegt nahe, dass DBA umfassend ausgestaltet sind und damit auch Drittstaatenbezüge umfassen,[784] zumal die Besteuerung der Betriebsstätte nicht ungünstiger ausfallen darf, als die Besteuerung ausländischer Unternehmen, die Drittstaateneinkünfte erhalten.[785] Dies gilt selbst dann, wenn sich der Betriebsstättenstaat nicht gegenüber dem Quellenstaat zur Nichtdiskriminierung verpflichtet hat, sondern nur gegenüber dem Ansässigkeitsstaat, welcher mit dem Betriebsstättenstaat ein Diskriminierungsverbot vereinbart hat.[786] Andernfalls liefe das Betriebsstättendiskriminierungsverbot ins Leere.[787] Für eine weite Auslegung des Art. 25 Abs. 3 DBA-Portugal, der sich weitestgehend mit dem Art. 24 OECD-MA deckt, spricht zudem die Vorrangigkeit des DBA gegenüber dem einfachgesetzlichen Recht (Art. 8 Nr. 2 CRP),[788] das selbst innerstaatliche Ausgleichsvorschriften fixiert hat. Im Rahmen des Art. 25 Abs. 3 DBA-Portugal darf Portugal jeweils die niedrigere der in beiden Abkommen (Deutschland-Quellenstaat bzw. Portugal-Quellenstaat) vereinbarte Steuer anrechnen, soweit die Steuer tatsächlich im Quellenstaat entrichtet wurde.[789] Soweit Quellensteuerüberhänge entstehen, sollte im Rahmen des Art. 25 Abs. 3

---

783 Hagena, S. 90 m.w.N. (für das DBA-Mexiko).

784 So ausdrücklich BFH v. 14.03.1989, BStBl. II 1989, 649, 650; Strainger, in: G/L/L, S. 67, 80; Weggenmann, Einordnungskonflikte, S. 101 ff. Einschränkend Piltz, Personengesellschaften, S. 225 f., der im Inbound-Fall (inländische Personengesellschaft mit ausländischen Gesellschaftern) davon ausgeht, dass die Einbeziehung der Betriebsstätte in den Anwendungsbereich des DBA zwischen Deutschland und Drittstaat eine Meistbegünstigung darstelle, die dem internationalen Steuerrecht unbekannt sei. Zum Streitstand vgl. Helde, Dreiecksverhältnisse, S. 91 f. m.w.N.

785 Hiernach finden die nationalen Ausgleichsmöglichkeiten auf portugiesische Betriebsstätten deutscher Unternehmen Anwendung, siehe Duro Teixeira, estabelecimentos estáveis de não residentes, S. 122; Xavier, Direito Tributário Internacional, S. 276.

786 Rust, in: V/L, Art. 24 Rn. 61; Wassermeyer, in: Wassermeyer/Schwenke, MA, Art. 24 Rn. 23.

787 Für Art. 24 MA vgl. Gracia Prats, Intertax 1994, S. 473, 479; Rust, in: V/L, Art. 24 Rn. 114ff.Wassermeyer, in: Wassermeyer/Schwenke, MA, Art. 24 Rn. 23, 52; Xavier, Direito Tributário Internacional, S. 277.

788 Sousa da Câmara, IDE: Sucursais e Subsidíaras, S. 435, 443 f.

789 So wohl Helde, Dreiecksverhältnisse, S. 101 f. m. w. N.

DBA-Portugal auf die unilaterale Anrechnungsmethode abgestellt werden.[790] Dem europarechtlichen Diskriminierungsverbot in Art. 49 AEUV kommt neben dem abkommensrechtlichen Verbot in Art. 25 Abs. 3 DBA-Portugal keine eigenständige Bedeutung zu.[791] Die abkommensberechtigte Betriebsstätten-Verselbstständigung wird von Art. 4 Abs. 4 DBA-Portugal nicht gehindert.

Unterhält hingegen eine portugiesische Personengesellschaft mit portugiesischen Gesellschaftern in Deutschland eine Betriebsstätte[792], können die weltweiten Betriebsstätteneinkünfte sowohl im deutschen Betriebsstättenstaat (Art. 7 OECD/ Art. 7 DBA-Portugal; unter Freistellung im portugiesischen Personengesellschaft-Staat, Art. 23 OECD-MA/ Art. 24 Abs. 2 lit. b DBA-Portugal) als auch im Dritt- bzw. Quellenstaat besteuert werden (Art. 11 OECD-MA etc./ Art. 11 DBA-Portugal etc.). Die deutsche Betriebsstätte kann gem. § 50 Abs. 3 i.V.m. 34c EStG im Wege fiktiver Verselbstständigung die im Drittstaat erhobene Steuer auf ihre Einkünfte aus diesen Staaten anrechnen, da der Betriebsstätte kein eigenständiger Abkommensschutz zusteht.[793] Jedoch ist das abkommensrechtliche Diskriminierungsverbot auf den Anrechnungsbetrag, der im DBA Betriebsstättenstaat-Quellenstaat vereinbart wurde, beschränkt. Im Rahmen des § 50 Abs. 3 EStG wird die anrechenbare Steuer hingegen, um die im Inland anrechenbare Steuer des Quellenstaates reduziert.[794] Diese nationale Steueranrechnung wird von Art. 4 Abs. 4 DBA-Portugal nicht ausgeschlossen, sie ist Ausfluss von Art. 49 AEUV.

f) Ergebnis

Abschließend bleibt festzuhalten, dass durch die Regelung der fiktiven Ansässigkeit von Gesellschaftern einer Personengesellschaft am Geschäftsleitungsort der Personengesellschaft gemäß Art. 4 Abs. 4 DBA-Portugal erreicht wird, dass in Dreieckssachverhalten Drittstaatengesellschafter einer deutschen

790 Duro Teixeira, estabelecimentos estáveis de não residentes, S. 49 f., 77 f., 85 f., 122 f. Die Betriebsstätte kann sich aufgrund des Verweises in Art. 55 CIRC unmittelbar auf die Artt. 17 bis 20; 22, 23, 25 bis 38, 41; Artt. 43 bis 45, 51D sowie Art. 84 CIRC und mittelbar auf Art. 91 CIRC berufen.

791 Dahin gehend Xavier, Direito Tributário Internacional, S. 277 f.; zum Verhältnis des Abkommensrechts zum EU-Recht vgl. Cunha, A tributação directa, S. 251 f.

792 Es ist zu unterstellen, dass die Drittstaateneinkünfte der deutschen Betriebsstätte zurechenbar sind.

793 Raber, in Wassermeyer, DBA-Portugal, Art. 5 Rn. 3.

794 Schnitger, in: W/R/S, Rn. 16.16; Kuhn, in: H/H/R, § 34c EStG Rn. 126; Helde, Dreiecksverhältnisse, S. 51 f. A.A. Wied, in: Blümich, § 34c EStG Rn. 90.

Personengesellschaft Abkommensvergünstigungen für aus Portugal stammende Einkünfte beanspruchen können, soweit die Einkünfte nicht über eine in Portugal belegene Betriebsstätte bezogen wurden. Zudem schließt die Ansässigkeitsfiktion in Fällen der fehlenden bzw. doppelten Abkommensberechtigung bestehende Lücken, während diese Fiktion die „partielle“ Abkommensberechtigung von Betriebsstätten nicht ausschließt.

D. Wirkungsweise von Art. 4 Abs. 4 DBA-Portugal im Rahmen ausgewählter Verteilungsartikel im Zwei-Staaten-Sachverhalt[795]

I. Art. 7 DBA-Portugal

1. Besteuerung von Unternehmensgewinnen

a) Besteuerung von Unternehmensgewinnen nach portugiesischem Recht

Der Einzelunternehmer berechnet seinen Unternehmensgewinn entweder auf Basis einer Einnahmen-Ausgaben-Rechnung oder auf Basis des vereinfachten Verfahrens (regime simplificado).[796] Die Gewinne des Unternehmers sowie die Gewinne der Personengesellschaft, die den Gesellschaftern zugerechnet werden, werden mit einem progressiven Steuersatz zwischen 14,5% und 48% zzgl. Zuschlägen besteuert (Art. 68 Nr. 1 CIRS).

Ansässige Handelsgesellschaften sowie sonstige juristische Personen i.S.d. des Art. 2 CIRC ermitteln ihren Gewinn anhand des offiziellen Kostenrahmens oder mittels eines vereinfachten Gewinnermittlungsverfahrens, während inländische Betriebsstätten ausländischer Unternehmen ihre Gewinne lediglich auf Basis einer geordneten Buchführung berechnen.[797] Die so ermittelten Nettogewinne werden mit einem einheitlichen Steuersatz von 21% bzw. 16,8% belegt (Art. 87 Nr. 1 CIRC).

Aus körperschaftsteuerlicher Sicht ist es für einen ausländischen (deutschen) Investor insoweit steuerlich unerheblich, ob er in Portugal eine Tochterkapitalgesellschaft (Trennungsprinzip) gründet oder eine Betriebsstätte (Freistellung, Art. 24 Abs. 2 lit. a DBA-Portugal) unterhält.[798]

---

795 Die nachfolgenden Ausführungen beschränken sich auf Zwei-Staaten-Sachverhalte, es sei denn, es wird ausdrücklich auf einen Drei-Staaten-Sachverhalt Bezug genommen.

796 Vgl. 2. Kapitel C II 3 a bb dieser Arbeit.

797 Vgl. 2. Kapitel C I 2 dieser Arbeit.

798 Duro Teixeira, estabelecimentos estáveis de não residentes, S. 57 f.; dahin gehend Xavier, Direito Tributário Internacional, S. 327.

b) Besteuerung von Unternehmensgewinnen nach dem DBA-Portugal

aa) Art. 7 Abs. 1 S. 1 1. HS DBA-Portugal

Nach Art. 7 Abs. 1 S. 1 1. HS DBA-Portugal dürfen Gewinne eines Unternehmens eines Vertragsstaates nur in diesem Staat besteuert werden (Wohnsitzprinzip), es sei denn, das Unternehmen übt seine Tätigkeit im anderen Vertragsstaat durch eine dort gelegene Betriebsstätte aus und dieser sind die Gewinne zuzurechnen (Betriebsstättenprinzip). Insofern räumt Art. 7 Abs. 1 S. 1 1. HS DBA-Portugal dem Ansässigkeitsstaat des Unternehmensbetreibers (Art. 3 Abs. 1 lit. f DBA-Portugal) das ausschließliche Besteuerungsrecht ein, es sei denn, die Gewinne werden im anderen Vertragsstaat einer dort belegenen Betriebsstätte zugerechnet. In diesem Fall steht dem Quellenstaat das Besteuerungsrecht zu.

(1) Unternehmensbegriff

Unternehmensgewinne[799] liegen u.a. vor, soweit die Personengesellschaft in qualifizierender Weise gem. Art. 7 OECD-MA (entspricht im Wesentlichen dem Art. 7 DBA-Portugal) unternehmerisch tätig wird.[800] Art. 7 DBA-Portugal definiert den Begriff des „Unternehmens" nicht. Vielmehr ist der Unternehmensbegriff nach den allgemeinen Auslegungsregeln des Abkommensrecht zu bestimmen. Hier wird in Übereinstimmung mit der Auslegung von völkerrechtlichen Verträgen[801] die Auffassung vertreten, dass Art. 3 Abs. 2 OECD-MA erst einen Rückgriff auf das innerstaatliche Recht erlaubt, soweit sich der Unternehmensbegriff nicht aus dem Abkommenszusammenhang ableiten lässt.[802]

---

799 Es ist zu unterstellen, dass die Unternehmenseinkünfte nicht von den speziellen Verteilungsartikeln erfasst werden. Angemerkt sei, dass die Artt. 5–23 DBA-Portugal die Gewinne aus der Beteiligung an einer Personengesellschaft nicht erfassen. Das bloße Halten einer Beteiligung an einer transparent besteuerten Personengesellschaft erfüllt zudem den Unternehmensbegriff nicht. Dahin gehend für Art. 7 MA wohl Liebchen, Personengesellschaften, S. 389 (hinsichtlich einer Beteiligung an einer Kapitalgesellschaft).

800 Riemenschneider, S. 101 m. w. N.; Wehrße, S. 164.

801 Debatin, FS Scherpf, S. 305 f., 309.

802 Lehner, FS für Wassermeyer, S. 15, 16 m.w.N., der die autonome Auslegung als eine vom innerstaatlichen Recht losgelöste Auslegung des Abkommens versteht. A.A. Wassermeyer, in: Wassermeyer, MA, Art. 1 Rn. 47, Art. 23A Rn. 46, dieser setzt die autonome Auslegung mit einer Auslegung nach dem Recht des Anwendestaates gleich. Ausführlich zum Streitstand zwischen völkerrechtlicher Theorie und landesrechtlicher Theorie vgl. Machens, S. 146 ff. Der BFH bevorzugt dagegen eine autonome Auslegung siehe BFH v. 08.07.98, BStBl. II 1998, 672, 674; v. 26.8.2010, BFH/NV 2011, 135, 136; v. 08.12.2010, BStBl. II 2011, 488, 491, v. 9.12.2010, BStBl. II 2011, 482, 485;

Ausgehend hiervon ist weder eine Negativabgrenzung der Unternehmensgewinne zu den Artt. 6[803], 10, 11, 12, 14, 15, 22 DBA-Portugal wegen deren Spezialvorrang noch ein Anknüpfen an die „Ausübung einer Geschäftstätigkeit" zielführend.[804, 805] Darüber hinaus enthält das DBA-Portugal eine entsprechende Regelung wie Art. 3 Abs. 1 lit. c) MA 2000 nicht. Schließlich hat sich Portugal in Ziff. 3 zu Art. 3 OECD-MK ausdrücklich vorbehalten, die Definitionen „Unternehmen" und „Geschäftstätigkeit" nicht zu übernehmen. Dementsprechend ist der Unternehmensbegriff nach dem innerstaatlichen Recht zu bestimmen.[806] Dies bedeutet, dass, soweit das nationale Steuerrecht auf zivilrechtliche Begriffe abstellt, diese vorrangig heranzuziehen wären. Allerdings sieht weder das deutsche[807] noch das portugiesische Handelsrecht[808] einen eindeutigen Unternehmensbegriff vor, sodass für die Begriffsbestimmung das nationale Steuerrecht maßgeblich bleibt. So ist aus deutscher Sicht eine „tatsächliche originäre unternehmerische Betätigung i.S.d. § 15 Abs. 2 EstG"[809] erforderlich, wobei nationale gesetzliche Fiktionen, wie die Abfärberegelung oder die gewerblich geprägte Personengesellschaft (§ 15 Abs. 3 Nrn. 1, 2 EStG), abkommensrechtlich unberücksichtigt bleiben. Dafür spricht der Sinnzusammenhang gem. Art. 3 Abs. 2

v. 12.01.2011, BStBl. II 2011, 446, 447. Für einen unmittelbaren Rückgriff auf innerstaatliches Recht vgl. BFH v. 10.07.1996, BStBl. II 1997, 341, 342; v. 02.09.2009, BStBl. II 2010, 394, 396; v. 21.10.2009, BStBl. II 2012, 493, 495.

803 Zum Streitstand, in welchem Verhältnis Art. 6 zu Art. 7 OECD-MA (Exklusivität versus Idealkonkurrenz) steht, vgl. Hagena, S. 127 f.

804 Die OECD definiert den Unternehmensbegriff als jede wirtschaftlich selbstständige und organisatorische Einheit, die mit Gewinnerzielungsabsicht betrieben wird und nicht land- und forstwirtschaftlicher Art ist, Art. 7 Ziff. 22c OECD-MK.

805 Helde, Dreiecksverhältnisse, S. 8 m.w.N.

806 Wassermeyer, in: Wassermeyer, MA, Art. 7 Rn. 16; a.A. Debatin, DB 1989, 1692, 1694; Machens, S. 206; Liebchen, Personengesellschaften, S. 389; Riemenschneider, S. 102; Schaumburg, in: Schaumburg Rn. 16.228; Art. 3 Ziff. 4 OECD-MA, der vorrangig das nationale Recht anwenden.

807 Schmidt, Handelsrecht, S. 76 m.w.N.

808 Art. 230 CC (Handelsgesetzbuch) bestimmt lediglich, dass jedes Unternehmen, das eine handelsrechtliche Tätigkeit ausübt, ins Handelsregister einzutragen ist. Daneben wird u.a. in Art. 1 des Gesetzesdekret Nr. 372/2007 v. 6.11.2007 jede Einheit, die eine wirtschaftliche Tätigkeit unabhängig von ihrer Rechtsform ausübt, als Unternehmen verstanden. Diese Definition steht mit dem abkommensrechtlichen Unternehmensbegriff im Einklang und war zugleich Auslöser für die Zusammenführung der gewerblichen mit den freiberuflichen Einkünften der Kategorie B, s. Gesetz Nr. 30-G/2000 v. 29.12.2000. Zu Einzelheiten Casalta Nabais, Empresas, S. 14 f. m.w.N.

809 Kudert/Hagemann/Kahlenberg, IWB 2014, 892, 895; Möller, SteuK 2015, 155, 156.

i.V.m. Art. 7 Abs. 7 DBA-Portugal, der abkommensrechtlich Anderes als die ausschließliche Begriffsbestimmung nach nationalem Recht fordert.[810] Dem schließt sich nunmehr auch die Finanzverwaltung[811] an, die damit die Rechtsprechung des BFH[812] akzeptiert hat.[813]

Aus portugiesischer Sicht wird das Unternehmen (empresa) in Anlehnung an Art. 3 CIRS als Gewerbe angesehen, das sämtliche Einkünfte aus gewerblicher, selbstständiger, industrieller oder aus land- und forstwirtschaftlicher Art (Kategorie B) erfasst. Es darf jedoch nicht unerwähnt bleiben, dass das abkommensrechtliche Prinzip der Spezialität (Art. 7 Abs. 7 DBA-Portugal) das portugiesische Vorrangprinzip verdrängt. Dies hat zur Folge, dass Einkünfte aus Land- und Forstwirtschaft bzw. aus selbstständiger Arbeit den speziellen Artikeln 6 oder 14 des DBA-Portugal zuzuordnen sind.[814]

(2) Bestimmung des Ansässigkeitsstaates

Art. 7 Abs. 1 S. 1 DBA-Portugal weist dem Vertragsstaat, in dem der Unternehmensbetreiber ansässig ist (Art. 3 Abs. 1 lit. f DBA-Portugal), grundsätzlich das ausschließliche Besteuerungsrecht an den Unternehmensgewinnen zu.[815] Hierzu bestimmt Art. 3 Abs. 1 lit. f DBA-Portugal, dass ein Unternehmen eines Vertragsstaates ein Unternehmen ist, das von einer in einem Vertragsstaat ansässigen Person betrieben wird, und legt somit die räumliche Zuordnung des Unternehmens zu einem Vertragsstaat fest.[816] Demzufolge muss der Unternehmer in einem Vertragsstaat unbeschränkt steuerpflichtig sein, um als

---

810 Dahin gehend Weggenmann in W/R/S Rn. 6.14; Wassermeyer, in Wassermeyer, MA, Art. 7 MA, Rn. 16, 85.

811 BMF v. 26.09.2014, BStBl. I, 2014, S. 1258, Tz. 2.2.1; vgl. zur Kritik an der alten Auffassung der Finanzverwaltung Hagena, S. 125 f.

812 BFH v. 17.12.1997, BStBl. II 2009, 356, 358 f.; v. 04.05.2011, BStBl. II 2014, 751, 753 f.; v. 09.12.2010, BFHE 232, 145, 150; v. 28.04.2010, BFHE 185, 216, 218 f.

813 Wirtschaftsgüter oder Anteile i.S.d. § 17 EStG, die vor dem 29.06.2013 in das Betriebsvermögen einer gewerblich geprägten oder infizierten Personengesellschaft – ohne Aufdeckung der stillen Reserven – übertragen oder überführt wurden, sind u.a. nach § 50i Abs. 1 EStG – ungeachtet eines DBA – uneingeschränkt in Deutschland steuerbar, soweit ein späterer Veräußerungs- und Entnahmegewinn entsteht, siehe BMF v. 26.09.2014, BStBl. I, 2014, S. 1258, Tz. 2.3.3.2.

814 Zum Verhältnis Art. 14 zu Art. 7 MA vgl. Wassermeyer, in: Wassermeyer, MA, Art. 7 Rn. 35.

815 Für Abkommenszwecke entscheidet Art. 7 Abs. 1 S. 1 DBA-Portugal, welcher Vertragsstaat als Ansässigkeits- bzw. als Quellenstaat gilt.

816 Ebenso zu Art. 3 Abs. 1 lit. c OECD-MA Krabbe, IStR 2002, 145, 146; Weggenmann, Einordnungskonflikte, S. 281.

Unternehmen eines Vertragsstaates zu gelten.[817] Der Ort, an dem das Unternehmen selbst betrieben wird, ist demgegenüber nicht entscheidend.[818] Portugiesische Personenhandelsgesellschaften, die der transparenten Besteuerung nach Art. 6 CIRC unterfallen, erfüllen die Voraussetzungen einer ansässigen Person nicht, da es ihnen an einer eigenen Steuersubjekteigenschaft mangelt.[819] Gleiches gilt für deutsche Personengesellschaften. In diesen Fällen sind die einzelnen Gesellschafter als Unternehmensbetreiber und damit als abkommensberechtigte Personen zu qualifizieren,[820] die mit ihrem Gesellschaftsanteil ein eigenes Unternehmen in dem Vertragsstaat begründen, in dem sie ansässig sind.[821] Der Ausdruck „betreiben" ergibt sich dabei weder aus dem Abkommen[822] noch aus dem Abkommenszusammenhang, sodass für die Begriffsbestimmung „betreiben" auf das nationale Recht des jeweiligen Anwendestaates gem. Art. 3 Abs. 2 DBA-Portugal abzustellen ist. Deutschland fordert insoweit, dass die Gesellschafter eine gewisse Mitunternehmerinitiative und ein -risiko aufweisen, während Portugal ein gewisses Risiko für ausreichend erachtet.[823] Eine eigene unternehmerische Tätigkeit der Gesellschafter ist hierbei nicht erforderlich, da die Tätigkeit der Gesellschaft den Gesellschaftern zugerechnet wird.

Dementsprechend betreibt ein in Deutschland ansässiger Gesellschafter einer portugiesischen Personengesellschaft, die transparent besteuert wird, ein eigenes deutsches Unternehmen und unterhält eine (anteilige) Betriebsstätte[824] im

---

817 Jacobs, Internationale Unternehmensbesteuerung, S. 275 f.; Knobbe-Keuk, RIW 1991, 306, 314; Lüdicke, StbJb 1997/1998, 449, 460; Riemenschneider, S. 182 ff.; Weggenmann, Einordnungskonflikte, S. 307.

818 Lehner, in: V/L, Art. 4 Rn. 4 f.

819 Ebenso für Artt. 3 Abs. 1 lit. d, 4 Abs. 1 MA: Dürrschmidt, in: V/L, Art. 3 Rn. 13, 13a; Machens, S. 211, 216 f.

820 Machens, S. 211, 216 f.

821 BMF v. 24.12.1999, BStBl. I 1999, S. 1076 Tz. 1.1.5.1; BFH v. 26.02.1992, BStBl. II 1992, 937, 939; v. 29.01.1964, BStBl. III 1964, 165, 166; Piltz, Personengesellschaften, S. 151 f.; a. A. Riemenschneider, S. 106 f.

822 Wehrße, S. 121, der darauf hinweist, dass eine abkommensautonome Auslegung der Art. 3 Abs. 1 lit. f, 10 OECD-MK ergibt, das für ein „Betreiben" eine „tatsächliche Sachherrschaft" und die „Tragung eines wirtschaftlichen Risikos" erforderlich ist. Allerdings folgt hieraus keine erschöpfende Definition, sodass insoweit nach Art. 3 Abs. 2 DBA-Portugal das innerstaatliche Recht des Ansässigkeitsstaates maßgeblich ist.

823 Casalta Nabais, Empresas, S. 14; Wehrße, S. 120.

824 Das bloße Halten einer Beteiligung an einer portugiesischen transparent besteuerten Personengesellschaft begründet nach portugiesischem Recht eine Betriebsstätte (Art. 5 Nr. 9 CIRC). Nach deutscher Sicht muss die durchgriffsbesteuerte

Sitzstaat (Portugal) der Personengesellschaft.[825] Dieses „Rechtskonstrukt“ hilft über die fehlende bzw. verdeckte Steuersubjektfähigkeit der Personengesellschaft hinweg,[826] die mangels Ansässigkeit in Portugal nicht als Unternehmensbetreiberin im abkommensrechtlichen Sinne gilt, sondern nur im tatsächlichen Sinne.[827] Portugal kann gem. Art. 7 Abs. 1 S. 1 2. HS DBA-Portugal die Gewinne der portugiesischen Gesellschafter-Betriebsstätten besteuern. Im umgekehrten Fall eines in Portugal ansässigen Gesellschafters (portugiesisches Unternehmen) einer portugiesischen Personengesellschaft kann die Besteuerung der portugiesischen Personengesellschaft-Gewinne durch Portugal erfolgen, soweit die portugiesische Personengesellschaft keine Betriebsstätte in Deutschland unterhält.[828] In diesem Fall gebührt Portugal als Ansässigkeitsstaat von Gesellschaft und Gesellschaftern das alleinige Besteuerungsrecht an den Unternehmensgewinnen (Art. 7 Abs. 1 S. 1 1. HS DBA-Portugal).

Das Betriebsstättenprinzip gilt jedoch nicht, soweit eine intransparent besteuerte portugiesische Personengesellschaft [OHG (sociedade em nome colectivo), KG (sociedade comadita) oder handelsrechtliche GbR (sociedade civil sob forma comercial)] mit deutschem Gesellschafterkreis vorliegt, die nach portugiesischem Rechtsverständnis als ansässige Person i.S.d. Abkommensrecht gilt. Insofern findet das Betriebsstättenprinzip keine Anwendung. Dies bedeutet, dass die portugiesische Gesellschaft das Unternehmen selbst betreibt und damit Portugal nach Art. 7 Abs. 1 S. 1 1. Alt. DBA-Portugal das ausschließliche Besteuerungsrecht an den „nicht ausgeschütteten Gewinnen“ besitzt. Dies hat zur Folge, dass weder der Methodenartikel (Art. 24 DBA-Portugal, Freistellung im deutschen Gesellschafterstaat) noch der darin enthaltene Progressions- bzw. Aktivitätsvorbehalt Anwendung findet.[829] Abweichend hiervon behandelt die

---

Personengesellschaft hingegen selbst über eine Betriebsstätte in Portugal verfügen. Dies ist hier zu unterstellen, damit die Personengesellschaft ihren Gesellschaftern eine (anteilige) Betriebsstätte in ihrem Sitzstaat vermittelt. Handelt es sich bei der Personengesellschaft allerdings um eine intransparent besteuerte portugiesische OHG (sociedade em nome colectivo), KG (sociedade comadita) oder GbR (sociedade simple), ist die Personengesellschaft selbst Unternehmensbetreiberin, vgl. Bresgen, S. 26; Wassermeyer, in: W/R/S Rn. 2.35; Wehrße, S. 122 m.w.N.

825 Hock, Personengesellschaften, S. 57; Hagena, S. 134.

826 Hagena, S. 134.

827 Ebenso zu Art. 3 Abs. 1 lit. d OECD-MA Wassermeyer, in: W/R/S, Rn 2.8.

828 Ebenso zum DBA-Mexiko: Hagena, S. 133, 134. Zu Einzelheiten Tumpel in: G/L/L, S. 153 m.w.N.

829 Wehrße, S. 168, 171. Dieser weist darauf hin, dass sich die Freistellung des Gesellschafterlandes unmittelbar aus Art. 7 Abs. 1 S. 1 Alt. 1 OECD-MA ergebe, da für den Methodenartikel kein Raum sei.

deutsche Finanzverwaltung[830] die „nicht ausgeschütteten Gewinne" einer portugiesischen Personengesellschaft entsprechend der deutschen Wertung als Gewinne eines deutschen Unternehmens des im Inland ansässigen Gesellschafters (sog. Betriebsstättenprinzip, Art. 7 Abs. 1 S. 1, 2. Alt. DBA-Portugal). Dies führt dazu, dass die portugiesischen Betriebsstätteneinkünfte in Deutschland unter Progressionsvorbehalt gem. Art. 24 Abs. 2 lit. a DBA-Portugal freigestellt werden, d.h. diese Einkünfte werden bei der Festsetzung des Steuersatzes der deutschen Mitunternehmer mitberücksichtigt.[831] Zur Begründung verweist die Finanzverwaltung auf die Auffassung des OECD-Partnership Report und auf das OECD-MK[832], wonach die steuerliche Einordnung der ausländischen Personengesellschaft nicht das Besteuerungsrecht des Ansässigkeitsstaates beschränken dürfe.[833] Dementsprechend stufen die Staaten ein und dasselbe Unternehmen verschieden ein. Während Deutschland den laufenden Gewinn der portugiesischen Personengesellschaft den einzelnen Gesellschaftern zurechnet, fließt nach portugiesischem Rechtsverständnis der Gewinnanteil grundsätzlich[834] in den Gesamtgewinn der Personengesellschaft ein. Zur Behebung dieses Zurechnungskonflikts werden vom Schrifttum differenzierte Lösungsvorschläge vorgeschlagen. Es wird zum einem erwogen, sowohl die Personengesellschaft als auch die Gesellschafter als Unternehmensbetreiber anzusehen.[835]

830 BMF v. 26.09.2014, BStBl. I 2014, S. 1258, Tz. 2.2.2. Dem zustimmend Ballestrem, Beteiligung an einer ausländischen PG, S. 81 ff.; Debatin, DB 1989, 1692 ff., dahin gehend wohl Frotscher, Internationales Steuerrecht, Rn. 587, 588; Fischer, FS Vogel, S. 963, 965 f.; Wassermeyer, in: Wassermeyer, MA, Art. 7 Rn. 67 m.w.N. Wehrße, S. 166, 167 m.w.N., hebt zutreffend hervor, dass diese Ansicht auf Schwierigkeiten stößt, wenn der transparent besteuernde Gesellschafterstaat die Anrechnungsmethode anwendet, zumal die ausländische Steuer einem nichtexistierenden Steuersubjekt generell nicht zurechenbar sei.

831 Die Steuerfreistellung wird durch den Aktivitätsvorbehalt i.S.d. Ziffer 8 des Protokolls zu Art. 24 DBA-Portugal modifiziert. Werden die Voraussetzungen des Vorbehalts nicht erfüllt, ist die tatsächlich in Portugal gezahlte Steuer auf die deutsche Steuer anzurechnen. Eine fiktive Steueranrechnung i.S.d. Art. 24 Abs 2 lit. 2 DBA-Portugal ist angesichts des ausdrücklichen Hinweises in Nr. 8 des Protokolls zu Art. 24 DBA-Portugal nicht vorzunehmen.

832 Vgl. OECD-Partnership Report 1999, Beispielsfall 18 Tz. 133 ff.

833 Art. 1 Ziff. 6.1 OECD-MK.

834 Hinsichtlich der transparenten Gesellschaften i.S.d. Art. 6 CIRC kommt dem Gewinnanteil – genauso wie bei den deutschen Personengesellschaften – eine eigenständige Bedeutung zu.

835 Vgl. hierzu Weggenmann, Einordnungskonflikte, S, 380., der dem zutreffend entgegenhält, dass Art. 3 Abs. 1 lit. d OECD-MA die Unternehmenszuordnung abschließend regelt.

Zum anderen stellen Stimmen in der Literatur auf die steuerliche Behandlung der Personengesellschaft in ihrem Sitzstaat ab, soweit diese dort als Steuersubjekt angesehen wird, gilt sie als Unternehmensbetreiberin.[836] Ein anderer Teil des Schrifttums[837] verneint hingegen aufgrund des Spezialitätsgrundsatzes (Art. 7 Abs. 4 OECD-MA) die Anwendbarkeit des Art. 7 Abs. 1 OECD-MA und fasst sowohl die Gewinnentstehung als auch die Gewinnverwendung unter den Dividendenartikel. Auf einen Streitentscheid kommt es im Ergebnis nicht an, da das DBA-Portugal mit Art. 4 Abs. 4 S. 1 DBA-Portugal eine spezielle Vereinbarung enthält, die diesen Zurechnungskonflikt – entgegen der zum OECD-MA vertretenen Auffassung der Finanzverwaltung[838] – abkommensautonom löst.[839] Für Abkommenszwecke gilt der (deutsche) Gesellschafter unabhängig von seinem tatsächlichen Ansässigkeitsstaat als in dem Vertragsstaat ansässig, in dem sich der Ort der tatsächlichen Geschäftsleitung der Gesellschaft befindet (Portugal). Entsprechend „können" die laufenden Gewinne des Unternehmens gem. Art. 7 Abs. 1 S. 1 1. HS i.V.m. Art. 4 Abs. 4 S. 1 DBA-Portugal „nur" in Portugal als (fiktivem) Ansässigkeitsstaat von Gesellschaft und Gesellschaftern besteuert

836 Riemenschneider, S. 181f.; Wehrße, S. 165; Autzen, Holding-Personengesellschaft, S. 244; Debatin, RIW/AWD 1980, 3, 5; Fischer/Kleineidam/Warneke, Internationale Steuerlehre, S. 236; Hagena, S. 135; Kluge, Internationales Steuerrecht, N 145 S. 292; Liebchen, Personengesellschaften, S. 391; Menhorn, Personengesellschaften, S. 101,113 ff.; Möbus, Besteuerungsfragen, S. 1235; Piltz, Personengesellschaften, S. 175 ff.; Schmidt, WP 2002, 1134, 1139; Toifl, Personengesellschaften, S. 131 f., Weggenmann, Einordnungskonflikte, S. 379 ff.

837 Aigner/Zügner, SWI 2000, 254, 256 ff.; dies., in: G/L/L, S. 47, 62; Lang, FS für Lutz Fischer, S. 713, 720 ff.; Lang/Wimpissinger, in: G/L/L, S. 91 f., a.A. Autzen, Holding-Personengesellschaft, S. 249; Ballestrem, Personengesellschaft, S. 80 f.; Birke, Personengesellschaften, S. 105 f.; Liebchen, Personengesellschaften, S. 394; Toifl, Personengesellschaften, S. 109 f.; Weggenmann, Einordnungskonflikte, S. 395 f.; Wehrße, S. 170, die zutreffend davon ausgehen, dass der Dividendenartikel vorrangig „ausgeschüttete Gewinne" nach dem Recht des Staates, in dem die ausschüttende Gesellschaft sitzt, umfasst.

838 BMF v. 28.05.1998, BStBl. I 1998, S. 557.

839 Zu Art. 4 Abs. 4 DBA-Spanien 1966, siehe Courage IWB 1998, 227; Krabbe IWB F. 3 Gr. 2, 753, 762, 767. Lediglich in Abkommen ohne Sonderbestimmung kommt der Finanzverwaltung durch Besteuerung der „thesaurierten Gewinne" im Ausland und der Anwendung des Progressionsvorbehalts in Deutschland zu sachgerechten Ergebnissen. Zustimmend Birke, Personengesellschaften, S. 107 f., 111 f. m.w.N.; Rosenthal, IStR 2007, 610, 611.

werden.[840] Ein Besteuerungsrecht Deutschlands als „tatsächlicher Ansässigkeitsstaat“ der Gesellschafter scheidet daneben aus, da portugiesischer Quellen- und tatsächlicher deutscher Ansässigkeitsstaat kraft Fiktion als kongruent gelten und ausschließlich auf Portugal abzustellen ist. Der Methodenartikel sowie der darin enthaltene Aktivitätsvorbehalt sind damit nicht einschlägig.[841] Der Grund hierfür ist, dass es sich bei dem Progressionsvorbehalt des Art. 24 Abs. 2 lit. a DBA-Portugal nicht um eine besteuerungszuteilende Anwendungsnorm, sondern um eine Erlaubnisnorm handelt.[842] Dies bedeutet, dass Deutschland erst von seinem nationalen (Progressions-)Besteuerungsrecht Gebrauch machen darf, wenn die in Deutschland freigestellten Einkünfte von dem abkommensrechtlichen Progressionsvorbehalt erfasst werden. Andernfalls hätten die Vertragsstaaten eine inhaltsleere Regelung vereinbart, wovon nicht auszugehen ist.[843] Überdies verbietet der Vorrang des Abkommenszusammenhangs (§ 2 AO) – entgegen der geänderten Rechtsprechung des BFH[844] und der damit einhergehenden Gesetzesänderung des § 32b Abs. 1 Nr. 3 EStG – die Heranziehung des innerstaatlichen Progressionsvorbehalts,[845] zumal die nationale Regelung keinen ausdrücklichen Verweis auf Abkommensverdrängung enthält.[846]

Im spiegelbildlichen Fall ist der Gewinn einer in Deutschland ansässigen Personengesellschaft mit portugiesischem Gesellschafterkreis den Unternehmensgewinnen in Form von Betriebsstättengewinnen der portugiesischen Gesellschafter gem. § 49 Abs. 1 S. 2 lit. a EStG, Art. 7 Abs. 1 S. 1, 2. HS DBA-Portugal zuzuordnen.[847] Aus deutscher Sicht gebührt Deutschland gem. Art. 7 Abs. 1

840 Es ist zu unterstellen, dass die portugiesischen Unternehmen in Deutschland keine Betriebsstätten unterhalten.

841 Raber, in: Wassermeyer, DBA-Portugal Art. 4 Rn. 20; so wohl Rosenthal, IStR 2007, 610, 611.

842 Dahin gehend BFH v. 17.10.1990 – I R 182/87, BStBl. II 1991, 131, 138; Knobbe-Keuck, RIW 1991, 306, 315; Schmidt, IStR 1996, 14, 18 f.; Müller/Wrangler, IStR 2003, 145, 151; Weggenmann, in: W/R/S in 6.54.

843 Ebenso Raber, in: Wassermeyer, DBA-Portugal, Art. 24 Rn. 28; so wohl auch Weggenmann, in: W/R/S 6.54.

844 BFH v. 19.12.2001, BStBl. II 2003, 302, 304 f.; v. 15.05.2002, BStBl. II 2002, 660, 661; v. 20.09.2006, BStBl. II 2007, 756, 759; v. 04.04.2007, BStBl. II 2007, 521, 523 f.

845 Birke, Personengesellschaften, S. 118; Raber in: Wassermeyer, DBA-Portugal, Art. 24, Rn. 28 Rosenthal, IStR 2007, 610, 611 f. Dem zustimmend Schulz-Trieglaff, IStR 2015, 155, 159, da es an der Ansässigkeit des Gesellschafters fehle; a.A. Heinicke, in: Schmidt, § 32b EStG Rn. 33 mit Verweis auf BFH v. 07.03.2007, BFH/NV 2007, 1638, der eine Abkommensansässigkeit für entbehrlich hält.

846 Weggenmann, in: W/R/S, Rn. 6.54.

847 Es ist zu unterstellen, dass die Einkünfte nicht von den speziellen Verteilungsartikeln erfasst werden.

S. 1, 2. HS DBA-Portugal das Besteuerungsrecht an den laufenden Betriebsstätten-Gewinnen der portugiesischen Gesellschafter;[848] die deutsche Personengesellschaft wird in ihrem Sitzstaat nicht als Steuersubjekt behandelt und ist somit abkommensrechtlich keine „ansässige Person". Sie erfüllt weder die Eigenschaft „Gesellschaft" i.S.d. Art. 3 Abs. 1 lit. e DBA-Portugal noch das Merkmal „Ansässigkeit" i.S.d. Art. 4 Abs. 1 DBA-Portugal,[849] sodass die inländische Personengesellschaft ihren in- und ausländischen Mitunternehmern eine Betriebsstätte in ihrem Sitzstaat vermittelt.[850] Als Unternehmensbetreiber gelten somit die in Deutschland beschränkt steuerpflichtigen Gesellschafter (Art. 49 Abs. 1 S. 2 lit. a EStG, Art. 3 Abs. 1 lit. f DBA-Portugal). Ausgehend hiervon müsste Portugal die deutsche Steuer gem. Art. 24 Abs. 1 DBA-Portugal auf eine portugiesische Steuer der Personengesellschaft anrechnen. Jedoch scheidet eine Anrechnung mangels nationalem Besteuerungstatbestand in Portugal aus.[851] Vielmehr stellt Portugal als Gesellschafterland die deutschen Personengesellschafts-Gewinne unmittelbar gem. Art. 7 Abs. 1 S. 1. 1.HS DBA-Portugal frei, eine Besteuerung der Unternehmensgewinne steht abkommensrechtlich nur dem deutschen Unternehmensstaat zu. Portugal qualifiziert die deutsche Personengesellschaft als Unternehmensbetreiberin.[852] Es liegt ein Zurechnungskonflikt – ohne divergierende Besteuerung – vor,[853] zumal beide Vertragsstaaten mit jeweils anderen Begründungsansätzen Deutschland das alleinige Besteuerungsrecht an den „thesaurierten" Gewinnen gem. Art. 7 Abs. 1 S. 1. 1. HS bzw. 2. HS DBA-Portugal zuweisen. Diese Vorgehensweise steht mit der Sonderregelung des Art. 4 Abs. 4 S. 1 DBA-Portugal in Einklang,[854] da die Regelung, die Gesellschafter, die

848 Ebenso die hM im Schrifttum in Anlehnung an Art. 7 Abs. 1 S. 1, 2 OECD-MA vgl. Gündisch, Personengesellschaften, S. 239; Haase, IStR 2002, 733; Knobbe-Keuck, RIW 1991, 306, 315; Lüdicke, StbJb 1997/98, 449, 467; Riemenschneider, S. 183; Schaumburg, Stbg 1999, 156, 158; Wehrße, S. 184 f.

849 Ebenso Wehrße, S. 184.

850 Ebenso Wassermeyer, Grundfragen, S. 68 ff.; Wassermeyer in W/R/S, Rn. 2.35, der zutreffend darauf hinweist, dass allein die Beteiligung an einer Personengesellschaft keine Betriebsstätte begründet. Vielmehr müsse die Personengesellschaft selbst eine Betriebsstätte i.S.d. § 12 AO bzw. Art. 5 Abs. 1 OECD-MA besitzen.

851 Dem Trennungsprinzip folgend besteuert Portugal erst die Gewinnausschüttung/-entnahme der als Steuersubjekt gewerteten deutschen Personengesellschaft.

852 Ebenso Wehrße, S. 184.

853 Wehrße, S. 184.

854 Courage, IWB 1998, 227, 232 (zum DBA-Spanien 1966), nimmt dagegen an, dass die Vertragsstaaten die Auswirkungen der verschiedenen Klassifizierungen der

in einem Vertragsstaat oder in einem Drittstaat ansässig sind, fiktiv als an dem Ort als ansässig behandelt, in dem die Personengesellschaft ihre Geschäftsleitung hat.[855] Dies hat zur Folge, dass Deutschland – nach allen hier aufgeführten Begründungsansätzen – den „thesaurierten Gewinn" ausschließlich besteuern darf. Für den Methodenartikel bleibt daneben kein Raum mehr.

Soweit die Gesellschafter in Portugal tatsächlich ansässig sind, kann Deutschland ihre Inlandseinkünfte gem. §§ 49, 50 EStG i.V.m. Art. 4 Abs. 4 DBA-Portugal (deutsche Betriebsstätteneinkünfte gem. § 49 Abs. 1 Nr. 2 lit. a EStG) besteuern.[856] Der Grund hierfür ist, dass die „fiktive Ansässigkeit" nicht eine nationale Steuerpflicht begründet, sondern nur der nachfolgenden abkommensrechtlichen Besteuerungsabgrenzung dient; eine unbeschränkte Steuerpflicht liegt mangels deutschem Wohnsitz/Sitz nicht vor (§ 1 EStG, § 1 KStG).[857]

bb) Art. 7 Abs. 1 S. 1 2. HS, S. 2 DBA-Portugal (sog. Betriebsstättenprinzip)

Gemäß Art. 7 Abs. 1 DBA-Portugal können Gewinne eines Unternehmens eines Vertragsstaates nur in diesem Staat besteuert werden (Wohnsitzprinzip), es sei denn, das Unternehmen übt seine Tätigkeit im anderen Vertragsstaat durch eine dort gelegene Betriebsstätte aus, der die Unternehmensgewinne zurechenbar sind (Betriebsstättenprinzip, Verteilungsnorm mit offener Rechtsfolge).[858] Für die Abgrenzung der staatlichen Besteuerungsrechte im Unternehmensbereich ist insofern der Betriebsstättenbegriff maßgeblich, der nach Art. 5 OECD-MA bestimmt wird.[859] Abkommensrechtlich kommt der Betriebsstätte keine Attraktivkraft zu,[860] d.h. für den Betriebsstättengewinn gilt das wirtschaftliche Verursachungsprinzip.

Personengesellschaften gewollt oder zumindest in Kauf genommen haben, soweit die abweichende Einstufung nicht durch das Abkommen selbst beseitigt wird. Dies gilt wohl nicht für das DBA-Portugal, da die Vertragsstaaten mit der Regelung des Art. 4 Abs. 4 S. 1 DBA-Portugal gerade diese Klassifizierungsdivergenz aufgehoben haben.

855 Raber, in: Wassermeyer, DBA-Portugal, Art. 4 Rn. 15.

856 Sofern Deutschland die Einkünfte nicht besteuert, fällt das Besteuerungsrecht wieder an Portugal zurück (Art. 4 Abs. 4 S. 2 DBA-Portugal).

857 Ebenso Schick, IWB 2011, 93, 97 (für das DBA-Spanien 1966).

858 Raber, in: Wassermeyer, DBA-Portugal, Art. 7 Rn. 2.

859 Raber, in: Wassermeyer, DBA-Portugal, Art. 5 Rn. 2; dahin gehend: Schaumburg/Häck in: Schaumburg, Rn. 19.241; Wassermeyer, in: Wassermeyer, MA, Art. 7 Rn. 4; Art. 5 Ziff. 1 OECD-MA. In Deutschland ist das Betriebsstättenprinzip in § 34d Nr. 2 lit. a EStG und in § 49 Abs. 1 Nr. 2 lit. a EStG sowie §§ 12, 13 AO verankert.

860 Art. 7 Ziff. 10 OECD-MA; Wassermeyer, in: Wassermeyer, MA, Art. 7 Rn. 4, 185; ders., in: W/R/S, Rn. 2.31.

(1) Betriebsstätte nach dem DBA-Portugal

Die Betriebsstätte selbst ist kein Rechts- oder Steuersubjekt,[861] das einen eigenen Abkommensschutz genießt.[862] Sie wird in Art. 5 Abs. 1 DBA-Portugal als feste Geschäftseinrichtung, durch die die Tätigkeit eines Unternehmens ganz oder teilweise ausgeübt wird, definiert und knüpft damit – wie das deutsche und portugiesische Recht – an die Merkmale Geschäftseinrichtung, Dauerhaftigkeit, Verfügungsmacht und Unternehmenstätigkeit an. Ebenso wie Art. 5 Abs. 2 und 8 CIRC enthalten Art. 5 Abs. 2 und 3[863] DBA-Portugal einen nicht abschließenden Positiv- bzw. Negativkatalog, der den Betriebsstättenbegriff begründet bzw. eingrenzt.

Nach Art. 5 Abs. 5 DBA-Portugal wird eine Vertreterbetriebsstätte angenommen, wenn eine Person (mit Ausnahme eines unabhängigen Vertreters) für ein Unternehmen mit Vollmacht tätig wird und sie die für diesen Vertragsstaat bestehende Vollmacht zum Abschluss von Verträgen im Namen des Unternehmens dort für gewöhnlich ausübt. Dies bedingt, dass alle von dieser Person gem. Art. 5 Abs. 5 OECD-MA/Art. 5 Abs. 5 DBA-Portugal für das Unternehmen ausgeführten Tätigkeiten (ausgenommen hiervon sind reine Vermittlungstätigkeiten, die lediglich den Vertragsabschluss vorbereiten) als Betriebsstätte behandelt werden.[864] Insofern ist die Abschlussvertretung in einem wirtschaftlichen Sinn zu verstehen. Neben abhängigen Vertreten (Art. 5 Abs. 5 OECD-MA, Art. 5 Abs. 5 DBA-Portugal) können auch unabhängige Vertreter, wie Makler oder Kommissionäre, eine Vertreterbetriebsstätte begründen, wenn sie über ihre eigene ordentliche Geschäftstätigkeit hinaus Verträge für ein Unternehmen abschließen (Art. 5 Abs. 6 i.V.m. Art. 5 Abs. 5 OECD-MA/Art. 5 Abs. 4 i.V.m. Art. 5 Abs. 5 DBA-Portugal). Dieses Betriebsstätten-Verständnis stimmt zwar mit dem § 13 AO und dem Art. 5 Nr. 7 CIRC im Wesentlichen überein, weicht aber von der Auffassung der OECD im Rahmen des BEPS[865]-Projekts ab.

---

861 Wassermeyer, in: W/R/S, Rn. 2.31; Kaeser, in: Wassermeyer, MA, Art. 7 Rn. 404, der zutreffend darauf hinweist, dass die AOA nicht fiktiv die Personeneigenschaft der Betriebsstätte begründet.

862 Raber, in: Wassermeyer, DBA-Portugal, Art. 5 Rn. 3.

863 Wassermeyer, in: Wassermeyer, MA, Art. 5 Rn. 95 f., geht davon aus, dass Art. 5 Abs. 3 MA im Verhältnis zu Art. 5 Abs. 1 MA eine lex-specialis-Regelung darstelle, sodass nicht mehr zu prüfen sei, ob die Voraussetzungen des Grundtatbestandes erfüllt seien, es sei denn, es ist unklar, ob die im Ausland getätigte Bauausführung oder Montage bereits die 12-Monatsfrist überschreitet.

864 Raber, in: Wassermeyer, DBA-Portugal, Art. 5 Rn. 31.

865 Die OECD und die G20-Staaten haben zur Eindämmung der Gewinnverkürzungen und Gewinnverlagerungen (Base Erosion and Profit Shifting, BEPS) einen Aktionsplan

Danach soll es künftig nicht mehr darauf ankommen, ob einem Kommissionär u. ä. Abschlussvollmacht erteilt wurde. Vielmehr genügt es, wenn der Vertreter wesentlichen Einfluss auf den Vertragsschluss ausübt,[866] z. B. den Kunden über Preis und sonstige Bedingungen des Vertrages informiert.[867] Dies würde in Deutschland zu einer Erweiterung des Betriebsstättenbegriffs gem. Art. 5 Abs. 5, 4 DBA-Portugal, § 13 AO kommen, sodass mit Vergrößerung des ausländischen Betriebsstätten-Aufkommens auch eine erhöhte Freistellung in Deutschland erforderlich würde (Art. 24 Abs. 2 DBA-Portugal).[868]

Nach Art. 5 Abs. 4 DBA-Portugal begründen die aufgeführten vorbereitenden Tätigkeiten und bloßen Hilfstätigkeiten keine Betriebsstätten. Jedoch sollen nach den BEPS-Plänen künftig diese Tätigkeiten nicht mehr einzeln, sondern in ihrer Gesamtheit betrachtet werden, um der Vermeidung einer Begründung von Betriebsstätten durch Leistungsabspaltung entgegenzuwirken.[869] Dabei werden „tatsächliche" Hilfstätigkeiten anhand einer sog. Wertschöpfungskette ermittelt.[870] Die Vermeidung der Begründung einer Montagebetriebsstätte i.S.d. Art. 5 Abs. 3 OECD-MA, die dem Art. 5 Abs. 3 DBA-Portugal entspricht, soll künftig gleichfalls durch die Zusammenfassung der Aktivitäten oder durch Anwendung einer allgemeinen Missbrauchsregel (Aktion 6[871]) unterbunden werden.

Die zeitnahe Umsetzung der o.g. künftigen Änderungen soll durch ein multilaterales Abkommen erfolgen, das bestehende bzw. künftige[872] Abkommen nicht

mit 15 Maßnahmen erlassen (betrifft v.a. Art. 5 Abs. 4 OECD-MA), der am 15.5.2015 in seiner endgültigen Fassung bekanntgegeben wurde (zu Einzelheiten Benz/Böhmer, DB 2015, 2535 f.) und am 27.2.2016 gebilligt wurde. Die Maßnahmen sind bereits z.T. national, europäisch und multilateral umgesetzt wurden, vgl. nur Krauß, IStR 2016, 59, 60f.; Kahlenberg/Oppel, IStR 2017, 205, 206 ff.; Schaumburg, in: Schaumburg, Rn. 5. 17 ff. m.w.N.; EU-Amtshilferichtlinie 2016/881 des Rates vom 25.5.2016, ABl. L 146 vom 03.06.2016, 6, die Anti-BEPS-Richtlinie 2016/1164 vom 12.07.2016, ABl. L 193, 1 vom 19.07.2017, die bis zum 31.12.2018 in nationales Recht umgesetzt werden soll, vgl. BEPS Aktion 7, die maßgeblich auf dem am 04.07.2016 vorgelegten Entwurf zum AOA fußt.

866 Vgl. Ziff. 32.5 des Entwurfs zum OECD-MK; allerdings genügt die regelmäßige Tätigkeit des Kommissionärs (losgelöst von der Tätigkeit der Muttergesellschaft) nicht, um eine Betriebsstätte zu begründen, vgl. Ziff. 32.8 des Entwurfs zum OECD-MK, Art. 5 Abs. 4 OECD-MA.

867 Blumers, BB 2017, 1118, 1121; Demleitner, BB 2016, 599 f.

868 Haarmann, BB 2016, 2775, 2777.

869 Benz/Böhmer, DB 2015, 2535, 2539.

870 Jacobs, Internationales Unternehmensbesteuerung, S. 100.

871 Dies soll im Rahmen eines Principal Purpose Test erfolgen (ähnlich wie § 42 AO).

872 Entsprechend des OECD-MK kann das Übereinkommen durch Ergänzungsprotokolle

ersetzen, sondern zeitgleich (ähnlich einem Rahmenvertrag) abändern soll.[873] Dazu müssen die Vertragsstaaten die jeweiligen Änderungen durch Ergänzungsvereinbarungen[874] in ihre Abkommen aufnehmen und national umsetzen.[875] Dies bedeutet, dass das auch von Portugal und Deutschland am 07.06.2017 unterzeichnete Übereinkommen[876], zunächst von mindestens fünf Staaten ratifiziert werden muss. Es tritt sodann drei Monate nach Hinterlegung der letzten Ratifizierungsurkunde[877] in Kraft, wobei das Übereinkommen nur für die hinterlegenden Staaten verbindlich ist (Art. 34 Abs. 1 MLI).[878] Die Regelungen hinsichtlich der Anpassungen der Betriebsstättenbegriffe sind insofern optional[879]

---

oder durch Aufnahme von Zusätzen im Stammtext zu weiteren Änderungen führen, vorausgesetzt, alle Unterzeichnerstaaten stimmen dem zu (Artt. 32, 33 des Übereinkommens). Kritisch hierzu, Reimer, IStR 2017, 1, 5.; ders., IStR 2015, 1, 6 f.

873 Zu Einzelheiten Reimer, IStR 2015, 1ff.

874 Diese Vereinbarungen unterliegen nicht dem Gesetzgebungs- und Ratifizierungsvorhaben, da es sich um einseitige Erklärungen handelt, die nicht als Verträge i.S.d. Art. 59 Abs. 2 GG gelten, vgl. Reimer, IStR 2017, 1, 5.

875 Zustimmend Blumers, BB 2017, 1118, 1124; Polatzky/Baillet/Steinau, IStR 2017, 226, 227; Reimer, IStR 2017, 1, 2, die sich nicht der dynamischen Auslegung anschließen. Auch der BFH lehnt eine dynamische Auslegung des DBA in ständiger Rechtsprechung ab, vgl. BFH v. 16.01.2014, BFH/NV 2014, 789, 791 f; v. 02.09.2009, BFHE 226, 267, 272. Zum Streitstand dynamische versus starre Auslegung siehe Lehner, in: V/L, Grundlagen Rn. 127 m.w.N.

876 Unterzeichnungen können auch zu einem späteren Zeitpunkt erfolgen. Es haben bereits neun weitere Staaten ihre Bereitschaft zur Unterzeichnung signalisiert (u.a. Tunesien, Panama).

877 Die Vertragsstaaten haben spätestens mit Hinterlegung der Ratifizierungsurkunde dem Verwahrer eine Liste über die zu ändernden Abkommen zu übergeben. Zusätzlich müssen sie den Verwahrer zu den in den Artt. 3 bis 26 ausgeübten Options- und Vorbehaltsrechten sowie Mitteilungspflichten in Kenntnis setzen. Allerdings wird ein Abkommen nur von der Änderung durch das Übereinkommen erfasst, wenn beide Vertragsstaaten übereinstimmend dem Verwahrer dieses DBA benennen (Art. 2 Nr. 1 lit. a, ii MLI). Dies ist bei dem DBA-Portugal nicht der Fall, da zwar Portugal im ersten Durchgang 79 Abkommen, darunter auch das DBA-Portugal, benannt hat. Deutschland hat hingegen das DBA-Portugal in den 35 Abkommen nicht aufgeführt, sodass das DBA-Portugal voraussichtlich zu einem späteren Zeitpunkt geändert wird, vgl. zu den einbezogenen Abkommen der Staaten http://www.oecd.org/tax/treaties/beps-mli-position-portugal.pdf; http://www.oecd.org/tax/treaties/beps-mli-position-germany.pdf; zuletzt abgerufen am 25.09.2017.

878 Für die übrigen Vertragsstaaten gilt Art. 34 Abs. 2 MLI.

879 Polatzky/Baillet/Steinau, IStR 2017, 226, 227; Schaumburg, in: Schaumburg, Rn. 5.20.

und müssen einheitlich[880] ausgeübt werden, d.h. sie müssen nicht zwingend von den Vertragsstaaten umgesetzt werden. Angemerkt sei, dass Portugal und Deutschland sich gegen die Anpassungen der Betriebsstättenbegriffe entschieden haben (Artt. 12 Abs. 4, 14 Abs. 3 lit. a MLI). Zudem gilt ein Rückänderungs- und Verschlechterungsverbot (Art. 30 MLI, Art. 31 Abs. 1 WÜRV).[881]

Zusammengefasst bleibt festzuhalten, dass eine Anpassung des abkommensrechtlichen Betriebsstättenbegriffs, die nach Auffassung der OECD lediglich konzernrechtliche Gestaltungen betreffen soll, bereits wegen beidseitiger Ablehnung einer Einbeziehung des DBA-Portugals durch die Vertragsstaaten Deutschland und Portugal in den Änderungsvorgang derzeit nicht möglich ist. Allerdings sind künftige Anpassungen des DBA-Textes, die unmittelbare Auswirkungen für die nationale Mitunternehmerschaft haben (z. B. durch die Verschärfung des Wortlauts des Art. 10 Abs. 4 OECD-MA[882]), denkbar.

(2) Verteilung der Besteuerungsrechte und Vermeidung der Doppelbesteuerung

Soweit ein Unternehmen eines Vertragsstaates seine Tätigkeit in dem anderen Vertragsstaat durch eine dort belegene Betriebsstätte ausübt, sind die von dieser Betriebsstätte erwirtschafteten Gewinne oder Verluste dieser zuzurechnen (Verursachungsprinzip, vgl. Art 7 OECD-MA); das Gesamtergebnis des Unternehmens ist verursachungsgerecht auf Stammhaus und Betriebsstätte aufzuteilen.[883]

880 Eine einheitliche Ausübung liegt auch dann vor, wenn die Option auf Teile von Abkommen beschränkt wird. Die Vorbehalte können zudem nachträglich aufgehoben oder verschärft werden, soweit die einseitige Erklärung, die gegenüber der OECD zu erklären ist, durch ein deutsches oder portugiesisches Zustimmungsgesetz abgesegnet wurde (Art. 28 Abs. 1 und 2 MLI); vgl. Reimer, IStR 2017, 1, 2 f.

881 Reimer, IStR 2017, 1, 2.

882 Schulz-Trieglaff, IStR 2015, 155, 157, 160 mit Verweis auf Ziff. 32 zu Art. 10 Abs. 4 OECD-MK (2010), der zutreffend betont, dass eine missbräuchliche Begründung einer Betriebsstätte, speziell durch Gründung einer transparenten Gesellschaft und Übertragung von Vermögen auf diese erfolgen könne, wenn eine eingebrachte Beteiligung nicht tatsächlich der Geschäftstätigkeit der Betriebsstätte, sondern vorrangig einem anderen Unternehmenszweck diene. Um den Anwendungsbereich des Art. 10 OECD-MA nicht zu unterlaufen, schlägt er vor, den Wortlaut des Art. 10 Abs. 4 OECD-MA zu verschärfen. Dies ist wohl mittels des multilateralen Übereinkommens möglich, zumal nach Art. 33 MLI die Unterzeichnerstaaten neues Sachrecht vorschlagen können (Art. 31 Abs. 3 MLI); vgl. auch Reimer, IStR 2017, 1, 5 f., der das staatliche Beihilferecht und dessen Vollzug nach Art. 107 AEUV als weitere Regelungsbereiche des multilateralen Abkommens für möglich hält.

883 Es ist zu unterstellen, dass die Einkünfte der Betriebsstätte zurechenbar sind gem. Art. 7 OECD-MA (direkte Methode).

Während der Betriebsstättenstaat die dort erwirtschafteten Ergebnisse steuerlich erfassen kann (Artt. 5, 7 OECD-MA; Betriebsstättenprinzip), vermeidet der Stammhaus-Staat eine Doppelbesteuerung des unternehmerischen Gesamtergebnisses (Welteinkommensbesteuerung, vgl. § 1 EStG, § 1 KStG) durch Anrechnung der ausländischen Betriebsstättensteuer auf die inländische Steuer (Art. 23B OECD-MA) oder durch Freistellung des ausländischen Betriebsstättenergebnisses von der inländischen Besteuerung (Art. 23A OECD-MA).

Während im Falle ausländischer Betriebsstättengewinne beide Methoden grundsätzlich problemlos anwendbar sind und auch im Falle ausländischer Betriebsstättenverluste die Anrechnungsmethode (Art. 23B OECD-MA) keine Probleme bereitet, führt die Freistellungsmethode (Art. 23A OECD-MA) in Fällen ausländischer Betriebsstättenverluste zu Schwierigkeiten und Meinungsstreit. Im Hinblick auf eine Gleichbehandlung von Betriebsstättengewinnen und -verlusten (Symmetriethese) geht der BFH grundsätzlich von einer Ausklammerung auch der ausländischen Betriebsstättenverluste aus; dem stimmt der EUGH unter Einschränkungen für Fälle finaler Verluste zu.[884]

Dem werden insbesondere abkommensrechtliche Bedenken entgegengehalten. Denn die Ausklammerung ausländischer Betriebsstätteneinkünfte (Art. 23A OECD-MA) in Form eines Verlustes führt im Ergebnis zu einer Erweiterung der inländischen Steuerbemessungsgrundlage. Dementsprechend käme dem DBA eine steuerbegründende Wirkung zu. Allerdings können DBA ihrem Wesen nach nur bestehende staatliche Besteuerungsrechte einschränken, nicht aber die inländische Bemessungsgrundlage des Ansässigkeitsstaates erweitern, die im Fall der DBA-Anrechnungsmethode (Art. 23B OECD-MA) oder ohne DBA die Bemessungsgrundlage reduziert hätte.[885]

Deutschland stellt als Ansässigkeitsstaat der Gesellschafter (Stammhaus; Artt. 7, 3, 4 DBA-Portugal) und Sitzstaat der Personengesellschaft die Betriebsstättenergebnisse aus einer portugiesischen Betriebsstätte (Art. 7 DBA-Portugal) bei den in Deutschland ansässigen Mitunternehmern unter Progressionsvorbehalt frei, § 1 EStG, Art. 24 Abs. 2 lit. a DBA-Portugal.[886] Im Rahmen der Freistellung ist der Aktivitätsvorbehalt[887] zu beachten. Bei passiver Unternehmenstätigkeit

884 BFH v. 05.02.2014, DStR 2014, 837, 838 m.w.N.; EuGH v. 21.02.2013, IStR 2013, 239.

885 Becker/Loitz/Stein, Steueroptimale Verlustnutzung, S. 71; eingehend zur Kritik an der Symmetriethese Kessler/Schmitt/Janson, IStR 2001, 732 ff. m.w.N.; Jacobs, S. 475 ff., 433 ff.; Vogel/Lehner, Grundlagen Rn. 268 ff.

886 Raber, in: Wassermeyer, DBA-Portugal, Art. 7 Rn. 6.

887 Zur Aktivitätsklausel vgl. Nr. 8 Prot. lit. a zu Art. 24 DBA-Portugal.

findet die Anrechnungsmethode gem. Art. 24 Abs. 2 lit. b DBA-Portugal Anwendung. Dabei wird die tatsächlich entrichtete portugiesische Steuer, die auf die portugiesischen Betriebsstätteneinkünfte der deutschen Gesellschafter (Personengesellschaft) entfällt, auf die entsprechende deutsche Steuer angerechnet. „Fiktive" Steuern sind hingegen nicht anrechenbar.[888]

Im spiegelbildlichen Fall rechnet Portugal als Ansässigkeitsstaat der Personengesellschaft, die zulasten der portugiesischen Gesellschafter gem. § 49 Abs. 1 S. 2 lit. a EStG, Art. 7 DBA-Portugal angefallene Steuer auf die deutschen Betriebsstättengewinne der portugiesischen Personengesellschaft an (Art. 24 Abs. 1 DBA-Portugal).[889]

Die Sonderregelung des Art. 4 Abs. 4 DBA-Portugal lässt die Zuordnung der Besteuerungsrechte unberührt, da es sich bei Art. 7 Abs. 1, 2 DBA-Portugal um die Aufteilung eines einheitlichen Unternehmensgewinns zwischen inländischem Stammhaus und ausländischem Betriebsstättenstaat handelt. Die vom Betriebsstättenstaat erhobene Steuer hat der Ansässigkeitsstaat zur Vermeidung einer Doppelbesteuerung auszugleichen (Artt. 7, 24 DBA-Portugal). Demgegenüber betrifft die Ansässigkeitsfiktion des Art. 4 Abs. 4 DBA-Portugal nur die Abkommensberechtigung von Personengesellschaft und Gesellschafter, sie löst entsprechende Besteuerungskonflikte durch eine einheitliche Ansässigkeitsbestimmung.

Eine Besonderheit entsteht, wenn eine deutsche Personengesellschaft eine Betriebsstätte in Portugal unterhält, die ihrerseits Zinsen, Lizenzen oder Dividenden von einer in Deutschland ansässigen Person bezieht. Insofern gebührt Portugal gem. Art. 7 Abs. 1 S. 2 DBA-Portugal das Besteuerungsrecht an diesen Einkünften, während Deutschland diese Einkünfte nach Art. 24 Abs. 2 lit. a DBA-Portugal freizustellen hat. Dies ist Folge des Betriebsstättenprinzips mit der weltweiten Erfassung aller Betriebsstättenerfolge. Dem Quellenstaat bzw. dem Sitzstaat Deutschland wird in diesem Fall kein Besteuerungsrecht an den Einkünften eingeräumt. Sofern die deutsche Personengesellschaft ihren Sitz nach Portugal verlegt, kann Deutschland die aus Deutschland stammenden Einkünfte mit einer begrenzten Quellensteuer belegen, Artt. 10–12 DBA-Portugal. Die Nichtbesteuerung bzw. die begrenzte Besteuerung durch den Quellen-/Sitzstaat folgt aus dem Zusammenwirken des Betriebsstättenprinzips mit der in Deutschland angewandten Freistellungsmethode (Importneutralität). Würde

888 Darauf wird explizit in Nr. 8 Prot. lit. c zu Art. 24 DBA-Portugal hingewiesen.

889 Die fehlende Steuersubjektidentität steht der Anrechnung nicht entgegen, s. Kapitel 4 C I dieser Arbeit.

Deutschland anstelle der Freistellungsmethode stets die Anrechnungsmethode wie Portugal anwenden, könnten sämtliche Einkünfte unter Anrechnung der ausländischen Steuer als Unternehmensgewinne besteuert werden, sodass es zu der o.g. Problematik nicht käme. Eine teleologische Reduktion des Betriebsstättenprinzips bzw. des Methodenartikels ist mangels expliziter Regelung im DBA-Portugal abzulehnen mit der Folge,[890] dass die steuerpolitische Entscheidung für die Freistellungsmethode zu akzeptieren ist.

Der sog. erweiterte Betriebsstättenvorbehalt des Art. 22 Abs. 2 DBA-Portugal[891] findet in Fällen, in denen eine portugiesische Personengesellschaft mit deutschen Gesellschafterkreis über eine in Portugal belegene Betriebsstätte i.S.d. Art. 5 DBA-Portugal Dividenden, Zinsen und Lizenzen aus Drittstaaten bezieht, Anwendung, vorausgesetzt, die den Einkünften zugrundeliegenden Vermögenswerte gehören tatsächlich zur Betriebsstätte.[892] Dem Betriebsstättenstaat steht insoweit auch für die Drittstaateneinkünfte das ausschließliche Besteuerungsrecht zu. Soweit die Drittstätteneinkünfte der Betriebsstätte nicht zurechenbar sind, hat der deutsche Ansässigkeitsstaat der Gesellschafter das alleinige Besteuerungsrecht nach Art. 22 Abs. 1 DBA-Portugal. Gleiches gilt auch im umgekehrten Fall einer deutschen Personengesellschaft mit portugiesischen Gesellschaftern und deutscher Betriebsstätte.

(3) Besteuerung des Betriebsstättengewinns

Art. 7 Abs. 2 bis 6 DBA-Portugal

Nach Art. 7 Abs. 1 S. 2 DBA-Portugal darf der Betriebsstättenstaat nur die Einkünfte besteuern, die der Betriebsstätte zugerechnet werden können. Das

---

890 Dahin gehend für Art. 21 MA siehe Ballestrem, Personengesellschaft, S. 201; Rust, in: V/L, Art. 21 Rn. 48; Riemenschneider, S. 138; Kaeser/Wassermeyer, in: Wassermeyer, MA, Art. 21 MA Rn. 64; Art. 21 Ziff. 5 OECD-MK.

891 Raber, in: Wassermeyer, DBA-Portugal, Art. 22 Rn. 15, weist zutreffend darauf hin, dass die Abweichung des Art. 22 Abs. 2 S. 2 DBA-Portugal gegenüber Art. 21 MA bedeutungslos ist, da beide Regelungen zum gleichen Ergebnis führen.

892 Die Spezialartikel finden in diesem Fall keine Anwendung, da die Einkünfte i.S.d. Artt. 10 bis 12 DBA-Portugal nicht aus dem „anderen Staat" stammen. Art. 22 Abs. 2 DBA-Portugal (Auffangklausel) ist hinsichtlich Betriebsstätteneinkünfte rein deklaratorisch, da die Regelung Art. 7 DBA-Portugal entspricht. Gleiches gilt, wenn ein Lizenzgeber als Unternehmer auftritt, dann liegt ein Fall der Gewinnabgrenzung zwischen Stammhaus und Betriebsstätte vor. Soweit Immobilien zu den Betriebsstätten-Einkünften gehören, verdrängt das Belegenheitsprinzip (Art. 6 Abs. 1 DBA-Portugal) das Betriebsstättenprinzip (Art. 7 DBA-Portugal); s. Raber, in: Wassermeyer, DBA-Portugal, Art. 12 Rn. 10, 15; ders., in: Wassermeyer, MA, Art. 7 Rn. 117.

Attraktionsprinzip, wonach der Betriebsstättenstaat (Quellenstaat) sämtliche Einkünfte aus der Unternehmenstätigkeit besteuern darf, die aus dem Quellenstaat stammen, in dem sich die Betriebsstätte befindet, gilt nicht.[893] Der Betriebsstättenstaat darf deshalb nur die Einkünfte besteuern, die durch das Tätigwerden der Betriebsstätte erzielt wurden und ihr zuzurechnen sind.[894]

Die Art. 7 Abs. 2 bis 6 DBA-Portugal bestimmen insoweit, welche Ergebnisse einer Betriebsstätte zuzurechnen sind. Dabei handelt es sich bei den Absätzen 2 bis 6 um Schrankennormen, die durch das jeweilige innerstaatliche Recht des Anwendestaates auszufüllen sind.[895] Im Hinblick auf die Ermittlung des Betriebsstättengewinns nach nationalem Recht enthält das portugiesische Steuerrecht in den Artt. 55, 63 Nr. 9 CIRC[896] Regelungen, die unmittelbar die Gewinnermittlung der Betriebsstätte behandeln. Auch Deutschland knüpft an das Veranlassungsprinzip an. In den Regelungen des § 1 Abs. 4 S. 1 Nr. 2, Abs. 5[897] AStG, § 4 Abs. 1 S. 3 EStG und § 12 Abs. 1 EStG wird eine Durchbrechung der Unternehmenseinheit normiert.[898]

Die Regelung des Art. 55 Nrn. 2, 3 CIRC[899] deckt sich mit den Vorgaben der Aufwandszuordnung nach Art. 7 Abs. 3 DBA-Portugal[900]. Danach sind die

---

893 Vgl. zur Attraktivkraft der Betriebsstätte: Wassermeyer in: Wassermeyer, MA, Art. 7 Rn. 4, 184.

894 Wassermeyer in: Wassermeyer, MA, Art. 7 Rn. 184.

895 Für Art. 7 MA: Wassermeyer in: Wassermeyer, MA, Art. 7 Rn. 5, 175, 185.

896 Zu Art. 58 Nr. 9 CIRC aF vgl. Duro Teixeira, estabelecimentos estáveis de não residentes, S. 56 f., 70 f.

897 Die Finanzverwaltung besteuert – ungeachtet eines Abkommens – Betriebsstättengewinne nach den Grundsätzen des AOA und wendet anstelle der gesetzlich vorgesehenen Escape-Klausel in § 1 Abs. 5 S. 8 AStG bei Altabkommen das Verständigungsverfahren an, s. BMF v. 22.12.2016, BStBl. I 2016, S. 182 Tz. 3.1. Kritisch hierzu Blumers, BB 2017, 1118, 1122 f.

898 Schaumburg, in: Schaumburg, Rn. 21.22; Wassermeyer, in: Wassermeyer, MA, Art. 7 Rn. 175, 177, 187.

899 Soweit man der Ansicht folgt, die ein Nebeneinander von Art. 55 CIRC und Art. 63 CIRC zulässt, sind die allgemeinen Ausgaben nach Art. 55 Nrn. 2, 3 CIRC und der darüberhinausgehende Aufwand nach Art. 63 Nr. 9 CIRC abziehbar; andernfalls wird der Aufwand zwischen Betriebsstätte und Stammhaus in Abhängigkeit von Umsatzvolumen, direkten Kosten und dem Wert des Anlagevermögens aufgeteilt.

900 Anders Art. 7 Abs. 3 DBA Portugal-Venezuela, der eine Regelung enthält, nach der innerbetriebliche Lizenzgebühren, Honorare und ähnliche Zahlungen für die Nutzung von Patenten oder anderen Rechten, Entgelte für bestimmte Dienstleistungen und Geschäftsführungstätigkeiten nicht abziehbar sind. Ausgenommen hiervon sind Zinsen, die vom Stammhaus an Bank-Betriebsstätten gewährt werden.

anteilig entstandenen Aufwendungen (einschließlich der Geschäftsführungs- und allgemeinen Verwaltungskosten) gemäß dem Veranlassungsgrundsatz des Art. 7 Abs. 1, 2 DBA-Portugal abziehbar.[901] Das *„dealing at arm's length-Prinzip"* wird verursachungsgerecht auf den Weltgewinn bzw. -verlust der fiktiv verselbstständigten Betriebsstätte bezogen (Art. 7 Abs. 1, 2 DBA-Portugal).[902] Auf den Ort der Aufwandsentstehung kommt es nach der Regelung des Art. 7 Abs. 3 DBA-Portugal deshalb nicht an.

Die Ermittlung des Betriebsstättengewinns erfolgt vorrangig durch die direkte Methode gem. Art. 7 Abs. 1, 2 DBA-Portugal. Dazu wird das Betriebsstättenergebnis durch Aufstellung einer gesonderten Betriebsstättenbilanz ermittelt, d.h. alle Wirtschaftsgüter (einschließlich Verbindlichkeiten) werden entweder dem Stammhaus oder der Betriebsstätte oder beiden anteilig zugerechnet.[903] Abweichend hiervon lässt Art. 7 Abs. 4 DBA-Portugal die indirekte Methode zu,[904] soweit sie in einem Vertragsstaat üblich ist. In Portugal und Deutschland stellt sie eine nachrangige Gewinnermittlungsmethode dar, die unter Zugrundelegung

---

901 Das Prinzip der Aufwands- und Ertragszuordnung wurde früher durch Art. 33 Nr. 1 lit. b EBF aF durchbrochen. Danach wurden innerbetriebliche Zinsen von Bank-Betriebsstätten (ohne Mindestkapitalerfordernis) mit Sitz in Madeira oder Santa Ana freigestellt, siehe Duro Teixeira, estabelecimentos estáveis de não residentes, S. 63 f., 75f. Der Art. 33 Nr. 1 EBF wurde durch das Gesetz 64-B/2011 v. 30.12.2011 aufgehoben. Es sei darauf hingewiesen, dass seit der Überarbeitung des MA im Jahr 2008 der Kommentar auch Ausführungen zum Dotationskapital enthält. In Ziff. 45 zu Art. 7 des OECD-MK wird nunmehr eine Mindestkapitalausstattung der Betriebsstätte befürwortet. Für die Bestimmung „des freien Kapitals" für Betriebsstätten (keine Bank-Betriebsstätten) stehen die Kapitalaufteilungs- und die Fremdvergleichsmethode gleichrangig nebeneinander (vgl. Ziff. 46 zu Art. 7 OECD-MK 2008). Deutschland hat hierzu in Ziff. 73 zu Art. 7 MA 2008 einen Vorbehalt erklärt. Portugal hat dagegen zu den Ziff. 45 und 48 des Art. 7 OECD-MK angemerkt, dass eine angemessene Kapitalstruktur der Betriebsstätte nur erfolgen kann, soweit das innerstaatliche Recht eine entsprechende Grundlage enthält. Das portugiesische Recht sieht bisher keine etwaige Rechtsgrundlage vor, sodass die Betriebsstättengewinnermittlung weiterhin nach dem innerstaatlichen Recht erfolgt. Auf den Vorbehalt Portugals in Ziff. 82 zu Art. 7 OECD-MK wird hingewiesen.

902 Ebenso gilt das Veranlassungsprinzip nach deutschem Recht für Betriebsausgaben und Werbungskosten, § 34d Nr. 2 lit. a EStG, vgl. Schaumburg, in: Schaumburg, Rn. 18.121.

903 Wassermeyer, in: Wassermeyer, MA, Art. 7 Rn. 188.

904 Art. 7 OECD-MA 2010 lässt die Gewinnermittlung mittels indirekter Methode nicht mehr zu. Hierbei handelt es sich wohl um eine wesentliche Änderung, die nur für nach 2010 abgeschlossene DBA nach 2010 relevant ist.

von Schätzungen[905] zu einem zutreffenden Ergebnis gelangen kann, wenn die Durchführung der direkten Methode aus tatsächlichen Gründen ausscheidet.[906] Ein Übergang von der direkten zur indirekten Methode[907] ist nach deutschem bzw. portugiesischem Recht sowie nach dem Art. 7 Abs. 6 DBA-Portugal in engen Grenzen möglich,[908] soweit der Wechsel nicht steuerlich als Rechtsmissbrauch zu werten ist (z. B. weil der Wechsel ausschließlich steuerlichen Zwecken dient).[909]

Der Betriebsstätten-Gewinnermittlung liegt demnach der Fremdvergleichsgrundsatz zugrunde (Art. 7 Abs. 1, 2 DBA-Portugal).[910] Dennoch ging die OECD bis zum Jahre 2010 davon aus, dass die Betriebsstätte nur eine eingeschränkte fiktive Selbstständigkeit besitzt.[911] Ausgehend hiervon hat die OECD fremdübliche Vergütungen für interne Leistungsbeziehungen zwischen Stammhaus und Betriebsstätte anerkannt, wenn dies zu einer wirtschaftlich verursachungsgerechten Gewinnaufteilung führte (vgl. hierzu die Ziff. 31 bis 38 zu Art. 7 OECD-MK 2000). Desgleichen konnte der Aufwand, der gleichfalls für Stammhaus und Betriebsstätte einen Nutzen begründete, nach Auffassung der OECD fremdüblich verrechnet werden. Demgegenüber waren die mit einem zusätzlichen Nutzen nicht zusammenhängenden Aufwendungen auf Selbstkostenbasis aufzuteilen.

Im Zuge der Anpassung des OECD-MA im Jahre 2010 wurden in Art. 7 Abs. 2 OECD-MA 2010 die neue Auffassung der OECD zur Betriebsstättenbesteuerung, der sog. Authorized OECD Approach, sowie der Beriebsstättenbericht 2010 berücksichtigt.[912] Danach erfolgt die Gewinnaufteilung zwischen Stammhaus

905 Insbesondere im Bank- und Versicherungswesen findet eine Schätzung statt; vgl. auch Art. 57 Nr. 1 CIRC i.V.m. Artt. 87–89 LGT; s. Duro Teixeira, estabelecimentos estáveis de não residentes, S. 79 f., 123.

906 Wassermeyer, in: Wassermeyer, MA, Art. 7 Rn. 189.

907 Im Rahmen der Neufassung des Art. 7 OECD-MA 2010 wurde die indirekte Gewinnermittlung gestrichen, da diese dem Fremdvergleichsgrundsatz grundsätzlich widerspricht, vgl. OECD, Report-Part I, 2010, Tz. 291 ff., 295.

908 Raber, in: Wassermeyer, DBA-Portugal, Art. 7 Rn. 23; Wassermeyer, in: Wassermeyer, MA, Art. 7 Rn. 193.

909 Hemmelrath, in: V/L, Art. 7 Rn. 161 m.w.N.

910 Art. 7 Ziff. 14 OECD-MA 2000.

911 Dem folgend: BFH vom 20.07.1988, BStBl. II 1989, 140, 142; v. 27.07.1965, BStBl. III 1966, S. 24, 26; Burmester, Probleme der Gewinn- und Verlustrealisierung, S. 94 f.; Debatin, BB 1992, 1181, 1184; Winger/Kruse, Handkommentar der wichtigsten DBA, Portugal, S. 586.; a.A. Kluge, StuW 1975, 294, 304; Becker, DB 1990, 392, 393, die sich für eine völlige Selbstständigkeit aussprechen.

912 Im Zuge dessen wurden auch Art. 7 Abs. 4, 5 OECD-MA ersatzlos gestrichen. Der Absatz 7 wurde (ohne inhaltliche Änderung) zu Absatz 4.

und Betriebsstätte nach dem Prinzip der uneingeschränkten fiktiven Selbstständigkeit. Dies bedeutet, dass sämtliche fremdüblich vereinbarten Leistungsbeziehungen zwischen Stammhaus und Betriebsstätte steuerlich anzuerkennen sind.[913] Dazu wurde der Veranlassungsgrundsatz in Art. 7 Abs. 3 OECD-MA a.F. als vom Fremdvergleichsgrundsatz miterfasst gewertet und Art. 7 Abs. 3 OECD-MA gestrichen. Dies bedingt, dass der Aufwand der Betriebsstätte verursachungsgerecht zuzuordnen ist und in Fällen eines zwischenstaatlichen Aufteilungskonflikts der Höhe nach einer Erstberichtigung eine korrespondierende Zweitberichtigung des anderen Staates zu erfolgen hat.[914] Hierdurch werden die Konflikte jedoch auf die Ebene der Anerkennung des richtigen Fremdvergleichspreises verlagert. Die Besteuerung der Betriebsstätte nähert sich durch ihre volle fiktive Verselbstständigung mehr und mehr der Besteuerung von Kapitalgesellschaften an.[915]

Zudem ist fraglich, ob diese neue Auffassung der OECD zur Betriebsstättenbesteuerung aus dem Jahre 2010 zur Auslegung des älteren DBA-Portugals, das zeitlich vor der Änderung der Auffassung der OECD vereinbart wurde, maßgeblich ist.

Soweit die revidierten Fassungen des Musterabkommens[916] nur eine bloße Klarstellung gegenüber den früheren Auffassungen der OECD enthält, fehlt es

913 Hemmelrath, in: V/L, Art. 7 Rn. 79 ff. m.w.N.; Wehrße, S. 137.

914 Die OECD definiert insoweit nur den Maßstab, an dem das nationale Recht seine Gewinnzuordnung zu orientieren hat. In Ziff. 55 zu Art. 7 OECD-MA 2010 sowie in OECD Report-Part I, 2008, Tz. 12 hat die OECD zudem explizit klargestellt, dass der Fremdvergleichsgrundsatz auf die Ebene der Gewinnermittlung nicht durchschlägt. Dem folgend BFH v. 17.07.2008, BStBl. II 2009, 464, 469 f.; Jacobs, Internationale Unternehmensbesteuerung, S. 775; Kluge, StuW 1975, 294, 302 ff., wonach der Fremdvergleichsgrundsatz des DBA sich auf die Gewinnabgrenzung beschränke und generell bei bloßen Innentransaktionen zu keiner Gewinnrealisierung führt. Wassermeyer, in: Wassermeyer, MA, Art. 7 Rn. 315, der davon ausgeht, dass das DBA als Schrankenrecht keine unmittelbare Wirkung entfalte, sodass Art. 7 OECD-MA für das nationale Recht nicht maßgeblich sei. (Der Vollständigkeit halber sei darauf hingewiesen, dass die Entstrickungsregelungen wie §§ 4 Abs. 1 S. 3 und 4, 16 Abs. 3 lit. a EStG, § 12 Abs. 1 KStG hiervon ausgenommen sind).

915 Jacobs, Internationale Unternehmensbesteuerung, S. 345, 761 ff.

916 Bei dem OECD-MA und dem OECD-MK handelt es sich um Empfehlungen der OECD. Allerdings ist gem. Art. 31 Abs. 4 WVK zu unterstellen, dass die Vertragsstaaten, soweit sie ein dem Wortlaut entsprechendes OECD-MA ihrem DBA zugrunde gelegt haben, den Bestimmungen die Bedeutungen geben, die aus dem OECD-MA bzw. OECD-MA folgen. Dies gilt ungeachtet der Tatsache, dass die OECD eine dynamische Auslegung vertritt, wonach später gefasste Änderungen auch auf früher abgeschlossene Abkommen Anwendung finden.

bereits an einer inhaltlichen Änderung des OECD-MK[917]. Davon ist bei dem DBA-Portugal nicht auszugehen. Bis zur Neufassung des OECD-MK im Jahre 2010 befürwortete die OECD eine eingeschränkte Selbstständigkeitsfiktion von Betriebsstätten. Seit dem Jahr 2010 geht die OECD von der völligen Selbstständigkeit der Betriebsstätte aus. Es liegt damit ein wesentlicher Wechsel[918] hinsichtlich der Gewinnabgrenzung zwischen Stammhaus und Betriebsstätte vor und damit eine völlig neue Auslegung.[919]

Nach der Empfehlung des Rates der OECD und Teilen der Literatur[920] soll bei Revisionen des OECD-MA und des OECD-MK – ungeachtet der Tatsache, ob das Musterabkommen eine bloße Klarstellung oder eine völlig neue Auslegungsvariante enthält – stets die aktuellste Fassung des Musterabkommens, herangezogen werden, es sei denn, die Vertragsstaaten haben Vorbehalte zu dem OECD-MA oder Bemerkungen zu dem OECD-MK angemeldet und damit ihren abweichenden Willen bekundet (dynamische Auslegung).[921] Portugal hat sich in Ziff. 97 zu Art. 7 OECD-MK 2010 vorbehalten, die alte Fassung des Art. 7 OECD-MA bis zur nationalen Umsetzung des AOA weiterhin zu verwenden. Zwischenzeitlich haben zwar Portugal und Deutschland das AOA punktuell an

---

917 Das OECD-MK, vor Art. 1 MA Tz. 36, stellt ausdrücklich fest, dass viele „Änderungen klarstellen, aber nicht ändern wollen"; s. Schaumburg/Häck, in: Schaumburg, Rn. 19.77, Fn. 9 m.w.N. Mellinghoff, FS für Wassermeyer, 35, 42; Lang, IStR 2007, 606, 607 gehen davon aus, dass sich eine „vermeintliche Klarstellung" oft als eine belastende Rückwirkung entpuppen könne. Von daher müsse der Rechtsanwender untersuchen, ob der Regelungsinhalt vor und nach der Revision des OECD-MA sich entspreche.

918 Wassermeyer, in: Wassermeyer, MA, Art. 7 Rn. 9.

919 Kaminski, Stbg 2012, 354, 363; Schüller, S. 172; vgl. zum Verhältnis AOA und der Abkommenspraxis: Hemmelrath/Kepper, IStR 2013, 37, 39 f.; Wassermeyer, IStR 2012, 277, 281 f.

920 Vor Art. 1 Ziff. 33, 36. 1 OECD-MK; einschränkend Czakert IStR 2012, 703, 705; Thiel, FS Herzig, S. 1023, 1030; Jirousek, SWI 1998, 112, 116; Wichmann FR 2011, 1082, 1083 f.; Morais, Fiscalidade (Nr. 48) 2011, 10, 13 f., der zwar nicht explizit zur Berücksichtigung einer Neufassung des MK Stellung nimmt, aber darauf hinweist, dass eine abweichende Auffassung eines Vertragsstaates zu berücksichtigen sei, wenn und soweit diese durch Erlasse der Finanzverwaltung bestätigt werde. Xavier, Direito Tributário Internacional, S. 154, der zudem betont, dass ein Abweichen von den Auslegungsgrundsätzen der OECD nur dann als Vertragsverstoß zu werten sei, wenn die Vertragsstaaten zum Zeitpunkt des Abschlusses des Abkommens sich auf bestimmte Auslegungsgrundsätze geeignet haben und ein Staat davon nachträglich abweiche.

921 Art. 1 Ziff. 30, 31 OECD-MK.

ihr nationales Recht (vgl. insbesondere Art. 63 Nr. 9 CIRC; § 1 Abs. 5 AStG und BsGaV[922]) angepasst. Allerdings ist das nationale Begriffsverständnis des Art. 7 Abs. 2 OECD-MA[923] zum Zeitpunkt des Abschlusses des Abkommens maßgeblich.[924] Auch der beigefügte alte Anhang zum Art. 7 MK 2008 führt zu keinem anderen Ergebnis, zumal der „alte" Art. 7 MK 2008 im Vergleich zum „neuen" Art. 7 MK 2010 die Selbstständigkeitsfiktion verschieden weit auslegt.[925] Vor

---

922 In Deutschland wird der AOA durch § 1 Abs. 5 AStG und durch die BsGaV v. 13.10.2014, BStBl. I 2014, S. 1603 konkretisiert. Der Betriebsstätte sind für Zwecke der Einkünftezurechnung generell die zugehörigen Personalfunktionen, die Vermögenswerte, Chancen und Risiken des Unternehmens und ein angemessenes Dotationskapital zuzurechnen und es sind die Geschäftsbeziehungen zu identifizieren und diese fremdüblich zu vergüten, vgl. Jacobs, Internationale Unternehmensbesteuerung, S. 767 f.; Kaeser, in: Wassermeyer, MA, Art. 7 Rn. 693 ff. Frotscher, Internationales Steuerrecht, Rn. 454, der zutreffend darauf hinweist, dass die deutsche Umsetzung des AOA nicht nur zu Lasten in Deutschland ansässiger Steuerpflichtiger, sondern auch zu deren Gunsten Anwendung finden müsste, um in beiden Fällen eine Doppelbesteuerung von Betriebsstättengewinnen zu verhindern. Kritisch zu § 1 Abs. 5 AStG Hemmelrath/Kepper, IStR 2013, 37, 41 f.; Kaeser, in: Wassermeyer, MA, Art. 7 Rn. 714, 715; Blumers, BB 2017, 1118, 1121f., der betont, dass die Entscheidung des BVerfG vom 15.12.2016 DStR 2016, 359 ff. nicht die „erforderliche Klarheit hinsichtlich des treaty overrides gebracht hat" und die Regelungen gegen verfassungsrechtliche Prinzipien verstoßen.

923 § 1 Abs. 5 S. 2 AStG wird innerhalb der Schrankenwirkung relevant, vgl. BFH v. 17.12.2014, BStBl. II 2016, 261, 263 f.; v. 24.6.2015, BStBl. II 2016, 258, 260; BMF v. 30.03.2016, BStBl. I 2016, 455 (Nichtanwendungserlass). Für Altabkommen, wie das DBA-Portugal, wird diese Schrankenwirkung suspendiert, wenn der Steuerpflichtige nachweist, dass die Regelungen des AStG und BsGaV dem anzuwendenden Abkommen widersprechen, der andere Staat sein Besteuerungsrecht entsprechend anwendet und es dadurch zu einer Doppelbesteuerung kommen würde (§ 1 Abs. 5 S. 8 AStG). Gelingt der Nachweis, hat das Abkommen vor den nationalen Regelungen Vorrang, sodass das Veranlassungsprinzip mit Drittvergleich wiederauflebt. Dies gilt nach BMF v. 22.12.2016, BStBl. I 2016, S. 182, Tz. 3.1 nicht für Abkommen mit OECD-Mitgliedstaaten, die eine Regelung entsprechend dem Art. 7 Abs. 2 OECD-2008 enthalten, da der Quellenstaat gleichfalls an die AOA gebunden sei. In diesen Fällen helfe nur ein Verständigungsverfahren weiter. Zur berechtigten Kritik an der Auffassung der Finanzverwaltung vgl. Blumers, BB 2017, S. 1118, 1123f. mit Hinweis auf die Auffassung der OECD im Hinblick auf den BEPS Aktionsplan 7, Rn. 15, wonach die Mitgliedstaaten die AOA-Vorgaben teilweise unzureichend umgesetzt haben.

924 Hemmelrath/Kepper, IStR 2013, 37, 39 f.; Jacobs, Internationale Unternehmensbesteuerung S. 772 m.w.N.

925 Jacobs, Internationale Unternehmensbesteuerung, S. 773; Hemmelrath/Kepper, IStR 2013, 37, 39.

diesem Hintergrund wird der dynamische Ansatz zu Recht von großen Teilen des deutschen und portugiesischen Schrifttums[926] sowie des BFH[927] abgelehnt. Der BFH[928] weist zutreffend darauf hin, dass es sich bei dem später revidierten Musterabkommen nicht um einer „späteren Übereinkunft“ im Sinne des Art. 31 Abs. 3 lit. a WÜRV[929] handele. Überdies widerspräche es der ständigen Spruchpraxis einer später geänderten Auffassung eine streitentscheidende Bedeutung zur Auslegung eines Altabkommens beizulegen.[930] Dennoch hält der BFH einer „spätere Übung“ oder „spätere Übereinkunft“ i.S.d. Art. 31Abs. 3 lit. a WÜRV

926 Lang, Musterabkommen, S. 11, 24 f.; Courinho, Fiscalidade (Nr. 37) 2009, 27, 37; Gosch ISR 2013, 87, 92; Kollruss, Konzern 2012, 237, 241; Mesquita, S. 22; Schaumburg/Häck, in: Schaumburg, Rn. 19.77; Schmidt, IStR 2010, 413, 428; Weggenmann, Einordnungskonflikte, S. 249 f.; a.A. Lampert, IStR 2012, 513, 516 ff., der von Fall zu Fall prüft, ob die dynamische Auslegung noch mit dem Willen der Vertragsparteien in Einklang stehe. Zum Streitstand statische oder dynamische Auslegung vgl. Lehner, in: V/L, Grundlagen Rn. 127, 184 f.

927 BFH v. 16.01.2014, IStR 2014, 344, 348; v. 08.12.2010, BStBl. II 2011, 488, 490; v. 19.05.2010, BStBl. II 2011, 156, 161; v. 25.05.2011, IStR 2011, 688, 690. Einige Stimmen in der Literatur erkennen in der BFH-Rechtsprechung eine dynamische Tendenz vgl. Pohl, RIW 2012, 677, 679 mit Verweis auf BFH v. 12.10.2011, RIW 2012, 409, 411; Schnitger, IStR 2002, 407, 409 f. Zur berechtigten Kritik hierzu Mellinghoff, FS für Wassermeyer, S. 35, 44 f.

928 BFH v. 16.01.2014, IStR 2014, 344, 348.

929 Das WÜRV bzw. die Convenção de Viena sobre os Direitos dos Tratados ist seit dem Inkrafttreten des Zustimmungsgesetzes vom 03.08.1985 am 20.08.1987 für Deutschland und seit dem Inkrafttreten der Resolution des Portugiesischen Parlaments Nr. 67/2003 (Ressolução da Assembleia da República) vom 19.05.2003 am 07.03.2004 für Portugal unmittelbar geltendes Recht. Diese umgesetzten Regelungen finden grundsätzlich auf Abkommen, die nach Beitritt der Vertragsstaaten abgeschlossen wurden, Anwendung. Das DBA-Portugal wurde am 15.07.1980 abgeschlossen. Auf zuvor abgeschlossene Abkommen gelten die Artt. 31–33 WÜRV gleichfalls, da es sich bei diesen Regeln um bestehendes kodifiziertes Völkergewohnheitsrecht handelt, das lediglich zur Auslegung des völkerrechtlichen Vertrages herangezogen wird. Insoweit ist unmaßgeblich, ob es sich bei dem OECD-MK um eine primäre Auslegungshilfe nach Art. 31 Abs. 4 WÜRV oder um eine ergänzende Auslegungshilfe nach Art. 32 WÜRV handelt, vgl. Mesquita, S. 38. Zu Einzelheiten Gloria, Verständigungsverfahren, S. 67 ff. Zur normativen Bedeutung des Partnership-Reports Schnitger, in: W/R/S, Rn. 16.63.

930 BFH v. 16.01.2014, IStR 2014, 734, 737 m.w.N.; Mellinghoff, FS für Wassermeyer, S. 35, 45 f., der zutreffend darauf hinweist, dass die „streitentscheidende Spruchpraxis“ sich darauf beziehe, der geänderten OECD-Auffassung keine streitentscheidende Bedeutung beizumessen.

für möglich, soweit der Abkommenswortlaut dies zulässt.[931] Das DBA-Portugal enthält keine etwaigen Hinweise. Maßgeblich ist damit die bei Vertragsschluss gültige Fassung, da die völkerrechtlichen Auslegungsregeln keine dynamische Auslegung tragen.[932] Darüber hinaus würde eine sofortige Änderung verfassungsrechtliche Bedenken auslösen,[933] zumal die Finanzverwaltung nicht in die Rolle des Gesetzgebers schlüpfen kann und darf.[934]

2. *Spezialitätsgrundsatz und Betriebsstättenvorbehalt*

Die Einkünfteartikel der Artt. 6 bis 22 DBA-Portugal weisen Ähnlichkeiten zu den sieben deutschen Einkunftsarten in § 2 EStG sowie zu den sechs Einkunftskategorien des portugiesischen Einkommensteuerrechts in Art. 1 CIRS auf. Übereinstimmend mit dem nationalen Steuerrecht werden auch abkommensrechtlich Betriebsstättengewinne einheitlich als Unternehmenseinkünfte gewertet (Art. 7 Abs. 1 DBA-Portugal; Vorrang des Betriebsstättenprinzips). Für Zwecke der Erhebung von Quellensteuern in einem anderen Staat führt jedoch eine isolierende Betrachtung spezieller Betriebsstätteneinkünfte zur Aufrechterhaltung ihrer ursprünglichen Qualifikation (Art. 7 Abs. 7 DBA-Portugal, insbesondere i.V.m. Art. 10 Abs. 2, Art. 11 Abs. 2, Art. 12 Abs. 2 DBA-Portugal; Nachrang

---

931 BFH v. 12.10.2011, BStBl. II 2012, 548, 550; v. 09.10.1985, BStBl. II 1988, 810, 814; Hagena, S. 263. Lang, IWB 2011, 281, 284, 286; Wassermeyer, in: Wassermeyer, MA, Vor Art. 1 Rn. 60. Einschränkend Morais, Fiscalidade (Nr. 48) 2011, 10, 13 f., der eine spätere Übung zulässt, soweit die abweichende Auffassung durch finanzrechtliche Erlasse der jeweiligen Staaten bestätigt wird. Einschränkend Wichmann, FR 2011, 1082, 1087, der eine spätere Übung hinsichtlich der Auslegung von Begriffen des OECD-Kommentars für die Auslegung früherer abgeschlossener DBA für möglich hält, soweit die Änderung klarstellende Wirkung hat.

932 In Anlehnung an Art. 31 Abs. 4 WVK ist davon auszugehen, dass die Vertragsstaaten, soweit ihr Abkommen dem Wortlaut des OECD-MA entspricht, den Bestimmungen die Bedeutungen beimessen, die aus dem OECD-MA bzw. OECD-MA folgt. Dies gilt ungeachtet der Tatsache, dass die OECD eine dynamische Auslegung vertritt. Dem steht auch nicht Art. 31 Abs. 1 und Abs. 2 WVK entgegen, da der angeführte „Zusammenhang" nur eine Übereinkunft, die „infolge des Vertragsabschlusses" gefasst wurde und nicht die geänderte Fassung des MA berücksichtigt, vgl. BFH v. 10.06.2015, IStR 2015, 785, 789; v. BFH v. 02.09.2009, BFHE 267, 272; Mellinghoff, FS für Wassermeyer, S. 35, 43, Pires, Dupla Tributação, S. 456; Schnitger, in: W/R/S Rn. 16.63.

933 Mellinghoff, FS Wassermeyer, S. 35, 43.

934 BFH v. 02.09.2009, BFHE 226, 267, 272; Franz/Voulon, BB 2011, 1111, 1114; Graf/Bisle, IStR 2010, 401, 403; Schnitger, IStR 2002, 407, 408; Weggenmann, Einordnungskonflikte, S. 249 f.; Lang, IWB 2011, 281, 284.

des Betriebsstättenprinzips für Betriebsstätteneinkünfte in Form von Dividenden, Zinsen, Lizenzgebühren etc.);[935] diese isolierende Betrachtung tritt jedoch zugunsten des allgemeinen Betriebsstättenprinzips zurück, wenn die speziellen Einkünfte einer Betriebsstätte im Quellenstaat zuzurechnen sind (Vorrang des Betriebsstättenprinzips, Art. 7 Abs. 1 i.V.m. Art. 10 Abs. 4, Art. 11 Abs. 5, Art. 12 Abs. 5 DBA-Portugal). Dies bedeutet, dass diese speziellen Einkünfte losgelöst von innerstaatlicher und abkommensrechtlicher Zugehörigkeit zu den Unternehmensgewinnen eigenständig zu bestimmen sind. Einkünfte aus Kapitalvermögen, die im Rahmen einer unternehmerischen Tätigkeit erzielt wurden (vgl. §§ 20 Abs. 8, 21 Abs. 3, 22 Nrn. 1, 3 EStG bzw. Art. 3 Nr. 2 CIRS, Kategorie B[936]), behalten damit auf Abkommensebene ihre originäre Einkünftequalifikation für Zwecke fremdstaatlicher Quellensteuer-Erhebung,[937] Art. 7 Abs. 7 DBA-Portugal. Die Spezialartikel in den Artikeln 10 Abs. 4 DBA-Portugal (Dividenden); 11 Abs. 5 DBA-Portugal (Zinsen); 12 Abs. 5 DBA-Portugal (Lizenzgebühren) und Art. 22 Abs. 2 DBA-Portugal[938](Andere Einkünfte) enthalten jedoch fast wörtlich übereinstimmende Betriebsstättenvorbehalte[939] (reserva de establecimento

---

935 Vogel, in: V/L, Grundlagen Rn. 84.

936 Nach portugiesischem Verständnis werden Kapital-, Vermietungs- und Verpachtungseinkünfte sowie Einkünfte aus Vermögenszuwächsen (Kategorie E, F und G), die im Rahmen einer gewerblichen Tätigkeit erzielt werden, als gewerbliche Einkünfte behandelt, siehe Bastos, IRS, S. 169; Casalta Nabais, Empresas, S. 17; Faustino, in: Lições de Fiscalidade, S. 101 f.

937 BFH v. 30.08.1995, BFHE 179, 48, 51; Weggenmann, Einordnungskonflikte, S. 213.

938 Art. 22 Abs. 2 DBA-Portugal enthält einen erweiterten Betriebsstättenvorbehalt für Drittstaateneinkünfte. Drittstaateneinkünfte erfüllen nicht die tatbestandliche Voraussetzung „Einkünfte aus einem anderem Vertragsstaat stammend“ und werden auch nicht vom Verweis des Art. 7 Abs. 7 DBA-Portugal umfasst. Die Artt. 7, 10–12 DBA-Portugal sind damit nicht anwendbar. Vielmehr greift Art. 22 DBA-Portugal ein. Dies hat zur Folge, dass dem Wohnsitzstaat gem. Art. 22 Abs. 1 DBA-Portugal das alleinige Besteuerungsrecht an den Einkünften gebührt. Ist die zugrundeliegende Forderung dagegen der Betriebsstätte zurechenbar, darf der Betriebsstättenstaat die Einkünfte besteuern, obwohl Art. 22 Abs. 2 DBA-Portugal keinen ausdrücklichen Verweis auf Art. 7 DBA-Portugal enthält. Der Hinweis in Art. 22 Abs. 2 S. 2 DBA-Portugal führt zum gleichen Ergebnis, vgl. Raber, in: Wassermeyer, DBA-Portugal, Art. 22 Rn 15.

939 In Art. 10 Abs. 4 DBA-Portugal heißt es: „Die Absätze 1 und 2 sind nicht anzuwenden, wenn der in einem Vertragsstaat ansässige Nutzungsberechtigte im anderen Vertragsstaat, in dem die die Dividenden zahlende Gesellschaft ansässig ist, eine gewerbliche Tätigkeit durch eine dort gelegene Betriebsstätte oder eine selbstständige Arbeit durch eine dort gelegene feste Einrichtung ausübt und die Beteiligung, für die die Dividenden gezahlt werden, tatsächlich zu dieser Betriebsstätte oder festen Einrichtung

estáveis), die den Grundsatz der Spezialität durch Rückverweis auf Art. 7 bzw. Art. 14 DBA-Portugal wieder aufheben, wenn die Forderungen, Rechte und Beteiligungen „tatsächlich" zur Betriebsstätte oder festen Einrichtung im Quellenstaat gehören, durch die der Nutzungsberechtigte seiner Geschäftstätigkeit nachgeht. Das DBA-Portugal definiert das Merkmal der „tatsächlichen Zugehörigkeit" nicht (Art. 3 Abs. 2 DBA-Portugal).[940] Nach dem Sinn und Zweck der Betriebsstättenvorbehalte sind Vermögenswerte, die in der Betriebsstätte eingesetzt

---

gehört". In Art. 11 Abs. 5 DBA-Portugal heißt es: „Die Absätze 1 und 2 sind nicht anzuwenden, wenn der in einem Vertragsstaat ansässige Nutzungsberechtigte im anderen Vertragsstaat, aus dem die Zinsen stammen, eine gewerbliche Tätigkeit durch eine dort gelegene Betriebsstätte oder eine selbstständige Arbeit durch eine dort gelegene feste Einrichtung ausübt und die Forderung, für die die Zinsen gezahlt werden, tatsächlich zu dieser Betriebsstätte oder festen Einrichtungen gehört". In Art. 12 Abs. 4 DBA-Portugal heißt es: „Die Absätze 1 und 2 sind nicht anzuwenden, wenn der in einem Vertragsstaat ansässige Nutzungsberechtigte im anderen Vertragsstaat, aus dem die Lizenzgebühren stammen, eine gewerbliche Tätigkeit durch eine dort gelegene Betriebsstätte oder eine selbstständige Arbeit durch eine dort gelegene feste Einrichtung ausübt und die Rechte oder Vermögenswerte, für die die Lizenzgebühren gezahlt werden, tatsächlich zu dieser Betriebsstätte oder festen Einrichtung gehören". In Art. 22 Abs. 2 DBA-Portugal heißt es: „Absatz 1 Satz 1 ist auf andere Einkünfte als solche aus unbeweglichem Vermögen im Sinne des Artikels 6 Absatz 2 nicht anzuwenden, wenn der in einem Vertragsstaat ansässige Empfänger im anderen Vertragsstaat eine gewerbliche Tätigkeit durch eine dort gelegene Betriebsstätte oder eine selbstständige Arbeit durch eine dort gelegene feste Einrichtung ausübt und die Rechte oder Vermögenswerte, für die die Einkünfte gezahlt werden, tatsächlich zu dieser Betriebsstätte oder festen Einrichtung gehören". Im Vergleich zu Art. 10 Abs. 4, Art. 11 Abs. 5, Art. 12 Abs. 5 DBA-Portugal spricht Art. 22 Abs. 2 DBA-Portugal von Empfänger anstelle von Nutzungsberechtigte. Der Wortlaut von Art. 13 Abs. 2 DBA-Portugal, der ausdrücklich von Veräußerung (beweglichen) Betriebsvermögens einer Betriebsstätte spricht, weicht dabei von den Betriebsstättenvorbehalten zu Art. 10 Abs. 4, Art. 11 Abs. 5, Art. 12 Abs. 5 DBA-Portugal ab und regelt (ohne Verweis auf Art. 7 DBA-Portugal) das Besteuerungsrecht zugunsten des Betriebsstättenstaates.

940 Hierbei ist die in Art. 3 Abs. 2 DBA-Portugal angelegte Reihenfolge zu beachten. Danach hat eine Auslegung zunächst anhand der im Abkommen vereinbarten Definitionen zu erfolgen. Falls solche nicht vorhanden sind, hat die Auslegung zunächst nach dem Abkommenszusammenhang zu erfolgen. Hilft auch letztere Auslegung nicht weiter, ist das Abkommen nach dem nationalen Recht des jeweiligen Anwenderstaates auszulegen; ebenso zu Art. 3 Abs. 2 OECD-MA: Debatin, FS Scherpf, S. 305 f., 310, 316, Lang, IWB 2011, 281, 287. Einschränkend s. Machens, S. 145 f.; Xavier, Direito Tributário Internacional, S. 156 f.

werden, der Betriebsstätte zuzuordnen.[941] Hierzu ist eine funktionale Beziehung zur Betriebsstätte bzw. eine wirtschaftliche Verknüpfung zwischen Wirtschaftsgut und Betriebsstätte erforderlich,[942] die neuerdings auf Grundlage einer Funktionsanalyse entsprechend dem AOA erfolgt.[943] Dies wird durch den OECD-MK in den Art. 10 Nr. 31.1, Art. 11 Nr. 25.1; Art. 12 Nr. 21.1, Art. 21. Rn. 82 bestätigt. Danach liegt eine „tatsächliche Zugehörigkeit" vor, wenn das Stammrecht einen Teil des Betriebsvermögens der Betriebsstätte darstellt oder „auf andere Weise" tatsächlich zu dieser Betriebsstätte gehört. Das wirtschaftliche Eigentum i.S.d. § 39 AO hilft insofern nicht weiter.[944] Ob auch eine rechtliche Zugehörigkeit zur Betriebsstätte genügt, lässt sich weder aus dem portugiesischen Abkommenstext „efectivemente ligado a" noch aus dem englischen Abkommenstext „effectively connected with" sicher ableiten.[945] Allerdings spricht der Sinn und Zweck der Betriebsstättenvorbehalte dagegen.[946] Dies wird auch durch das portugiesische Schrifttum[947] und den BFH[948] bestätigt, die eine rein rechtliche Zuordnung zur

---

941 Ebenso Wehrße, S. 146.

942 Weggenmann, IStR 2002, 1, 2 f. m.w.N.

943 Siegers, FS für Wassermeyer, S. 319, 322.

944 Siegers, FS für Wassermeyer, S. 319, 322.

945 Das DBA-Portugal ist zusätzlich in Englisch verfasst und enthält den Hinweis (im Anschluss an Art. 31 DBA-Portugal), dass „bei unterschiedlicher Auslegung des deutschen und portugiesischen Wortlauts der englische Wortlaut maßgeblich ist". Dies steht mit Art. 34 Abs. 4 WÜRV in Einklang, wonach diejenige Bedeutung zugrunde zu legen ist, die dem Ziel und Zweck des Vertrages am ehesten entspricht. Zur völkerrechtlichen Maßgeblichkeit der englischen und französischen Fassung siehe Vogel, IStR 2003, 523, 525.

946 Ebenso Wehrße, S. 146. Teilweise wird vorgeschlagen, das Begriffspaar rechtlich-tatsächlich durch „wirklich" zu ersetzen, da für die Zugehörigkeit der Rechte und Vermögenswerte die Substanz und nicht die äußere Form entscheidend sei, siehe Lüdicke, StbJGb 1997/98, 449, 468.

947 Castro Abreu, Estabelecimentos Estáveis, S. 91 f.; Duro Teixeira, estabelecimentos estáveis de não residentes, S. 50; Mesquita, S. 131; Xavier, Direito Tributário Internacional, S. 557.

948 BFH v. 19.12.2007, BStBl. II 2008, 510, 512. Dem folgend die wohl h.M. im deutschen Schrifttum: Jacobs, Internationale Unternehmensbesteuerung S. 509 f.; Müller, BB 2009, 751, 756. Nach Auffassung der Finanzverwaltung wird das Merkmal der „tatsächlichen Zugehörigkeit" nach § 1 Abs. 5 AStG bestimmt, wobei die Grundsätze der Rechtsprechung zum funktionalen Zusammenhang zugrunde zu legen sind, vgl. BMF vom 26.9.2014, BStBl. I 2014, 1258 Tz. 2.2.4.1; s. auch zur Zuordnung von Wirtschaftsgütern BsGaV vom 13.10.2014, BGBl. I 2014, 1603; BMF v. 22.12.2012, BStBl. I 2017, S. 182.

Betriebsstätte nicht ausreichen lassen, sondern einen funktionalen Zusammenhang zu der ausgeübten Unternehmenstätigkeit der Betriebsstätte fordern. Erforderlich ist hierzu, dass aus Sicht der Betriebsstätte ein Aktivposten[949] gebildet wird und die Einkünfte zumindest als Nebenerträge der aktiven Betriebstätigkeit erfasst werden.[950] Dies bedeutet für das DBA-Portugal, dass die Nebenerträge aus einer aktiven Tätigkeit einer in Portugal gelegenen Betriebsstätte i.S.d. Nr. 8 des Protokolls zu Art. 24 DBA-Portugal herrühren müssen. Soweit ein deutsches Stammhaus seiner in Portugal gelegenen Betriebsstätte eine Forderung überlässt, die diese gegenüber einem in Portugal ansässigen Unternehmer (Schuldner) einziehen soll, ist das Erfordernis der tatsächlichen Zugehörigkeit erfüllt.[951] Anders liegt der Fall, wenn eine portugiesische Personengesellschaft ihrem deutschen Gesellschafter Zinsen für die Überlassung eines Darlehens zahlt. In diesem Fall sind die Zinsen nicht der zugrundeliegenden Forderung tatsächlich zurechenbar (Art. 11 Abs. 5 DBA-Portugal). Der Grund hierfür ist, dass die Zinsen als Passivposten der Betriebsstätte das Betriebsergebnis mindern,[952] es handelt sich wirtschaftlich-rechtlich um eine Forderung des Gesellschafters. Dies impliziert, dass die Betriebsstättenvorbehalte häufig nicht erfüllt sein werden. Gleiches gilt im Falle von Entgelten der portugiesischen Personengesellschaft an ihre deutschen Gesellschafter in Form von (anderen) Sondervergütungen[953] und Sonderbetriebseinnahmen (§ 15 Abs. 1 Nr. 2 EStG i.V.m. Artt. 10 Abs. 4, 11 Abs. 5, 12 Abs. 5 DBA-Portugal),[954] es sei denn, die Voraussetzungen des § 50d Abs. 10 EStG (Fiktion abkommensrechtlicher Unternehmensgewinne) liegen vor. Finden die Betriebsstättenvorbehalte in Artt. 10 Abs. 4, 11 Abs. 5 und 12 Abs. 5 DBA-Portugal dennoch Anwendung, besteuert der Quellenstaat die Netto-Betriebsstätteneinkünfte, ansonsten kann er die Einkünfte in beschränktem Umfang nach den

---

949 BFH v. 17.10.2007, BStBl. II 2009, 356, 358; v. 20.12.2006, BStBl. II 2009, 766, 770.

950 BFH v. 30.08.1995, BStBl. II 1996, 563, 565.

951 Görl, in: V/L, vor Art. 10 bis 12 Rn. 40 ff. mit weiteren Beispielen.

952 BFH v. 27.02.1991, BStBl. II 1991, 444, 447.

953 BFH v. 27.02.1991, BStBl. II 1991, 444, 446; v. 26.02.1991, BStBl. II 1992, 937, 939 f.; v. 14.07.1993, BStBl. II 1994, 91, 93; v. 30.08.1995, BStBl. II 1996, 563, 564 f.: v. 23.10.1996, BStBl. II 1997, 313, 314; v. 17.12.1997, BStBl. II 1998, 296, 297 f.; v. 21.7.1999, BStBl. II 1999, 812, 813 f.; v. 20.12.2006, BStBl. II 2009, 766, 769 f.; v. 07.10.2007, BStBl. II 2009, 356, 357 f.; a.A. BMF v. 26.09.2014, BStBl. I 2014, 1258, Tz. 5.1, der auf § 50d Abs. 10 EStG verweist.

954 BFH v. 27.02.1991, BStBl.II 1991, 444, 446; v. 26.02.1991, BStBl. II 1992, 937, 938 ff.; v. 14.07.1993, BStBl. II 1994, 91, 92 f.; v. 30.08.1995, BStBl. II 1996, 563, 565; v. 23.10.1996, BStBl. II 1997, 313, 314; v. 17.12.1997, BStBl. II 1998, 296, 297 f.

Artt. 10 bis 12 DBA-Portugal besteuern.[955] Im Rahmen des Art. 7 DBA-Portugal bzw. Art. 14 DBA-Portugal erfolgt eine Nettogewinnermittlung für die Betriebsstätte nach dem jeweiligen Recht des Anwenderstaates[956]. Grund hierfür ist, dass Art. 7 Abs. 1 S. 2, Abs. 2 OECD-MA (entspricht dem Art. 7 Abs. 1 S. 2, Abs. 2 DBA-Portugal) lediglich die Gewinnzuordnung, nicht aber die Gewinnermittlung regelt.[957]

3. Ausstrahlungswirkung des Zuordnungsmaßstabs der Betriebsstättenvorbehalte auf den Art. 7 Abs. 1 S. 2, Abs. 2 DBA-Portugal

Im Rahmen der Betriebsstättenvorbehalte stellt der BFH, unabhängig davon, ob die Vorbehalte an das Erfordernis der „tatsächlichen" Zugehörigkeit anknüpfen oder nicht,[958] auf das Erfordernis der „tatsächlichen Zugehörigkeit" ab.[959] Die Betriebsstättenvorbehalte orientieren sich zudem an dem Fremdvergleichsgrundsatz.[960] Der Zurechnungsmaßstab des Art. 7 Abs. 1 S. 2, Abs. 2 OECD-MA, der auf Verursachungs- und Veranlassungskriterien fußt, stimmt nach Auffassung des BFH weitestgehend mit dem Zurechnungsmaßstab der Betriebsstättenvorbehalte überein.[961] Anders sei dies im Rahmen des Art. 13 Abs. 2 OECD-MA, der auf einer rein rechtlichen Zurechnung beruhe.[962] Dies stieß in Teilen des Schrifttums[963] auf Kritik. Für das DBA-Portugal ist dies allerdings

955 Raber, in: Wassermeyer, DBA-Portugal, Art. 10 Rn. 11 ff.; Art. 11 Rn. 13, Art. 12 Rn. 12.

956 Nach portugiesischem Recht wird der Unternehmensgewinn nach den Art. 15 Nr. 1 lit. a, Art. 17 ff., 55 CIRC ermittelt, während nach deutschem Recht die § 4 Abs. 1, 3, § 5 Abs. 1 EStG einschlägig sind, wobei für beschränkt Steuerpflichtige Ausnahmen zu beachten sind; siehe Hemmelrath, in: V/L, Art. 7 Rn. 21; Schaumburg/Häck, in: Schaumburg Rn. 19.238; Wassermeyer, in: Wassermeyer, MA, Art. 7 Rn. 151.

957 Schaumburg/Häck, in: Schaumburg Rn. 19.238; Wassermeyer, in: Wassermeyer, MA, Art. 7 Rn. 184.

958 BFH v. 09.08.2006, BStBl. II 2009, 758, 764 f. (Zurechnung zum Betriebsstättenvermögen im DBA-Frankreich); v. 20.12.2006, BStBl. II 2009, 766, 769 ff. (Zurechnung zur Betriebsstätte im DBA-Großbritannien).

959 BFH v. 27.02.1991, BStBl. II 1991, 444, 447.

960 BFH v. 20.12.2006, BStBl. II 2009, 766, 771; v. 17.10.2007, BStBl. II 2009, 356, 358.

961 BFH v. 08.09.2010, IStR 2011, 32. Zu den Unterschieden in dem Art. 7 Abs. 1 S. 2, Abs. 2 OECD-MA vgl. Frotscher, IStR 2009, 593, 595.

962 BFH v. 13.02.2008, BStBl. II 2009, 414, 420.

963 Blumers/Zillmer, BB 2010, 1375, 1380; Fischer, in: Schaumburg/Pilz, S. 29, 39 f.; Gosch, BFH-PR 2008, 328, 329; Lieber, jurisPR-SteuerR 30/2008 Anm. 2; zum Streitstand Stemler, Sondervergütungen, S. 126 ff., der auch dazu Stellung nimmt, ob auch Passivvermögen und Dotationskapital zur Anwendung der Betriebsstättenvorbehalte führen.

ohne Belang, da die Betriebsstättenvorbehalte eine „tatsächliche" Zugehörigkeit zum Betriebsvermögen fordern, während Art. 13 Abs. 2 DBA-Portugal (Veräußerung bewegliches Betriebsstättenvermögens) keine explizite tatsächlich-funktionale Zuordnung voraussetzt, sodass die Auslegung dem Wortlaut entsprechend erfolgt, d.h. die rechtliche Zugehörigkeit ist ausreichend.[964] In zwei neuen Entscheidungen hat der BFH diese Grundsätze relativiert und im Rahmen des Art. 7 Abs. 1 S. 2, Abs. 2 OECD-MA auf Verursachungs- und Veranlassungskriterien, die mit den wirtschaftlichen Kriterien des § 15 Abs. 1 S. 1 Nr. 2 EStG übereinstimmen,[965] abgestellt. Im ersten Streitfall[966] hat ein in Thailand ansässiger Kommanditist einer gewerblich tätigen deutschen GmbH & Co. KG einer britischen Limited Company ein Darlehen gewährt. Die britische W-Limited Company agierte als Vertriebsgesellschaft der deutschen KG, während die KG an der britischen W-Limited Company als Gesellschafterin beteiligt war. Nach Auffassung des BFH handelt es sich bei den Drittstaatenzinseinkünften des thailändischen Kommanditisten um Sonderbetriebsvermögen II bei der deutschen KG, das weder unter Art. 11 Abs. 1 DBA Deutschland-Thailand noch mangels Existenz einer entsprechenden Auffangregel, wie z. B. Art. 21 OECD-MA, unter letztere Regel falle. Der BFH rechnete die Zinseinkünfte vielmehr der vermittelnden deutschen Betriebsstätte der Personengesellschaft zu, um betriebsstättenlose Einkünfte zu verhindern. Diese Grundsätze hat der BFH in seinem Urteil vom 11.12.2013[967] bestätigt. In dieser Entscheidung hat der BFH Zinsen aus einem grenzüberschreitenden Darlehen eines italienischen stillen Gesellschafters an seine deutsche GmbH & Co.KG sowie aus einem Verrechnungskonto der deutschen GmbH & Co. KG an ihren in Italien ansässigen, atypisch stillen Gesellschafter der deutschen Betriebsstätte der Personengesellschaft zugerechnet, um wiederum die Entstehung von betriebsstättenlosen Einkünften zu vermeiden. Der BFH weicht damit scheinbar von seinen früheren Grundsätzen ab. Angesichts dieser geänderten Rechtsprechung wird von vereinzelten

---

964 Für eine dem Wortlaut entsprechende Auslegung auch FG Baden-Württemberg v. 22.11.2005 – 8 K 75/03, abrufbar über juris, Rn. 19; Wassermeyer, in: FS Ruppe, S. 681, 687, der in den Fällen, in denen keine tatsächliche Zugehörigkeit gefordert wird, eine rechtliche Zuordnung genügen lässt.

965 BFH v. 27.01.1991, BStBl. II 1991, 444, 447. In dieser Entscheidung hat der BFH darauf hingewiesen, dass es sich bei § 15 Abs. 1 S. 1 Nr. 2 EStG um Grundsätze rechtlicher Art handelt, die tatsächliche Feststellungen nicht ersetzen können.

966 BFH v. 12.06.2013 – I R 47/12, BStBl. II 2014, 770 f.

967 BFH v. 11.12.2013, BStBl. II 2014, 791.

Stimmen im Schrifttum[968] die Frage aufgeworfen, ob es einer Neufassung des § 50d Abs. 10 S. 3 EStG in Fällen, in denen eine einzige Personengesellschaft-Betriebsstätte existiert, überhaupt bedurft habe, zumal § 50d Abs. 10 S. 1 EStG a.F. als „scheinbarer lückenhafter Versuch eines treaty overrides"[969], das in Art. 7 Abs. 7 OECD-MA verankerte Spezialitätsprinzip außer Kraft gesetzt habe. Zur Beantwortung dieser Frage kann die beim BFH anhängige Entscheidung[970] gegen das Urteil des FG Münster vom 13.06.2013[971] beitragen. Anders als zu den oben zitierten Entscheidungen existiert im anhängigen Verfahren neben der durch die Personengesellschaft vermittelten Betriebsstätte eine Mitunternehmer-Betriebsstätte, der die Darlehenszinsen[972] zurechenbar sind. Es ist daher denkbar, dass der BFH an den geänderten Grundsätzen im anhängigen Verfahren nicht weiter festhält und damit die im Beschluss vom BFH vom 08.09.2010 festgelegten Maßstäbe wieder anwendet.[973] Dies hätte zur Folge, dass es in Fällen, in denen nur eine Personengesellschaft-Betriebsstätte existiert, einer Neuregelung nicht bedurft hätte.

4. *Leistungsbeziehungen zwischen Gesellschaft und Gesellschafter*

a) *Einordnung der Sondervergütungen nach dem DBA-Portugal*

aa) Reichweite der Ansässigkeitsfiktion, Art. 4 Abs. 4 DBA-Portugal

Als Sondervergütungen werden Entgelte erfasst, die der Gesellschafter von seiner Personengesellschaft u.a. aufgrund von Arbeitsverträgen, Nutzungsüberlassungen oder Darlehensverträgen erhält.[974] Nach § 15 Abs. 1 Nr. 2 EStG werden die Sondervergütungen den gewerblichen Einkünften zugeordnet, die in der Gesellschaftsbilanz als gewinnmindernder Aufwand und in den Sonderbilanzen

968 Ebenso Cloer/Hagemann, B/B, § 50d EStG Rn. 38; Hagemann/Kahlenberg/Kudert, UBg 2014, 80, 86.

969 Wagner, in: Blümich, § 50d EStG Rn. 129; Gosch, ISR 2013, 87, 95; offen gelassen zur Erstfassung BFH v. 08.09.2010, IStR 2011, 32, aber nunmehr einen treaty override zur Zweitfassung bejahend BFH v. 11.12.2013, BStBl. II 2014, 791, 795.

970 BFH – I B 142/13, anhängig seit 20.09.2013.

971 FG Münster v. 13.06.2013, EFG 2013, 1418.

972 Die Zinsen wurden von einer mittelbar über eine Holding KG an einer inländischen Personengesellschaft beteiligten französischen S.A. (die einer Körperschaft nach deutschem Recht entspricht) gezahlt.

973 Ebenso Gosch, BFH/PR 2014, 175, 176; Gosch, in: Kirchhof, § 50d EStG Rn. 45c; Rosenberg, in: W/R/S, Rn. 11.28.

974 Zu den verschiedenen Sondervergütungen vgl. Stemler, Sondervergütungen, S. 41 ff.

der Gesellschafter als gewinnerhöhender Ertrag erfasst werden, wodurch eine steuerliche Neutralität geschaffen wird (additive Gewinnermittlung). Das portugiesische Steuerrecht enthält dagegen eine entsprechende Umqualifizierungsregelung wie § 15 Abs. 1 S. 1 Nr. 2 S. 1 2. HS EStG nicht und ordnet die Sondervergütungen den unterschiedlichen Einkunftsarten zu. Das DBA-Portugal enthält zur Qualifikation von Sondervergütungen selbst keine Regelung. Dennoch leiten vereinzelte Stimmen im Schrifttum[975] aus der fast identischen Ansässigkeitsfiktion des Art. 4 Abs. 4 S. 1 DBA-Spaniens 1966 ab, dass sämtliche Einkünfte (Gewinnanteile, Sondervergütungen und Einkünfte aus der Veräußerung von Geschäftsanteilen) von dieser Fiktion umfasst und dem fiktiv am Gesellschaftsort ansässigen Gesellschafter auch Sondervergütungen als (gewerbliche) Einnahmen aus seiner Personengesellschaft zugeordnet werden.[976] Dem kann für das DBA-Portugal nicht gefolgt werden, da eine Auslegung aus dem Abkommenszusammenhang ergibt, dass diese Vergütungen losgelöst von der Ansässigkeitsfiktion zu sehen sind.[977] Dies belegt der ausdrückliche Ausschluss von Ausschüttungen – wozu auch Einnahmen aus dem Sonderbetriebsvermögen II zählen – in Art. 4 Abs. 4 S. 1 DBA-Portugal. Danach fallen nur Erträge, die der Gesellschafter „von“ der Gesellschaft bezieht unter die Ansässigkeitsfiktion.[978] Dies hat der BFH[979] in seiner zum DBA-Spanien 1966 ergangenen Entscheidung vom 21.01.2016 erstmalig bestätigt und damit der vom FG Münster[980] vorgenommenen Qualifikation der Sonderbetriebseinnahmen als „Einkünfte aus der Gesellschaft“ (Art. 4 Abs. 4 DBA-Portugal) eine Absage erteilt.

---

975 Schick, IWB 2011, 93, 94; Schüller, S. 245.

976 FG Münster v. 02.07.2014, IStR 2014, 773, 778; Schick, IWB 2011, 93, 94.

977 Raber, in: Wassermeyer, DBA-Portugal, Art. 4 Rn 23. Dahin gehend FG Münster v. 02.07.2014, IStR 2014, 773, 778, das davon ausgeht, dass die von der spanischen Kapitalgesellschaft gezahlten Dividenden als notwendiges SBV II einzustufen sind und dem Betriebsstättenvorbehalt des Art. 10 Abs. 5 i.V.m. Art. 7 DBA-Spanien 1966 unterfallen. Zur Begründung führt das FG an, dass im Gegensatz zu Art. 4 Abs. 4 DBA-Portugal, der bestimmt, dass „Ausschüttungen“ der Personengesellschaften von dem Anwendungsbereich ausgenommen sind, eine entsprechende Einschränkung in Art. 4 Abs. 4 DBA-Spanien 1966 fehle. Dies spreche neben dem Wortlaut der Norm dafür, dass Sonderbetriebseinnahmen II von der spanischen Regelung umfasst werden. Ausgehend hiervon würde auch das FG Münster im portugiesischen Fall die Sonderbetriebseinnahmen nicht in den Anwendungsbereich der Fiktion einbeziehen.

978 BFH v. 21.01.2016, IStR 2016, 509, 512; Behrenz, IStR 2014, 773, 783; Hagemann/Kahlenmann, IStR 2015, 54, 56; Raber, in: Wassermeyer, DBA-Portugal, Art. 4 Rn. 20, 23.

979 BFH v. 21.01.2016, IStR 2016, 509, 511, Nr. 1 des Leitsatzes.

980 FG Münster v. 02.07.2014, IStR 2014, 773.

Zur Begründung führt der BFH an, dass die Ansässigkeitsfiktion ins Leere gehe, soweit der Gesellschafter Erträge aus dem Sonderbetriebsvermögen II erziele, da er diese nicht „von" der Gesellschaft beziehe.[981] Überdies sind nach Ansicht des BFH keine Gründe dafür ersichtlich, dass die Vertragsstaaten bei Abschluss der Sonderregelung das deutsche Mitunternehmerkonzept gem. § 15 Abs. 1 Nr. 2 EStG mitregeln und übernehmen wollten.[982] Dem folgt auch die überwiegende Meinung im Schrifttum[983], die ergänzend darauf hinweist, dass die Berücksichtigung von nationalen Besonderheiten zu einer uneinheitlichen Auslegung der Ansässigkeitsfiktion führe, was eindeutig dem Telos der Norm und dem Parteiwillen zuwiderlaufe.[984] Nach Auffassung des portugiesischen Schrifttums[985] wollte Portugal mit der Regelung des Art. 4 Abs. 4 DBA-Portugal lediglich das vorrangige Besteuerungsrecht an den Erträgen der Personengesellschaft mit Sitz und Geschäftsleitung in Portugal trotz zwischenstaatlicher Qualifikationskonflikte sichern. Dies sollte dadurch erreicht werden, dass die Einkünfte rechtsformneutral wie bei einer portugiesischen Kapitalgesellschaft besteuert werden könnten.[986] Dies legt den Schluss nahe, dass die Vertragsstaaten bei Abschluss des Abkommens, die Besteuerung von Sondervergütungen nicht in ihre Verhandlungen einbezogen haben. Auch der Einwand, dass nach dem Wortlaut der Sonderregelung lediglich „Ausschüttungen" einer Personengesellschaft – wozu auch Einnahmen aus dem Sonderbetriebsvermögens II zählen – vom Anwendungsbereich des Art. 4 Abs. 4 DBA-Portugal ausgenommen haben, überzeugt nicht. Eine dahin gehende Auslegung, dass darüberhinausgehende Sondervergütungen nicht umfasst seien,[987] ist nicht zwingend. Vielmehr findet der Ausnahmetatbestand in der Sonderregelung des Art. 4 Abs. 4 S. 1 DBA-Portugal („Ausschüttungen") auf sämtliche Einkünfte, die der Gesellschafter „aus" der Personengesellschaft erzielt,[988] Anwendung, also auch auf Einkünfte, die dem Gesellschafter auf Ebene der Personengesellschaft anteilig zugerechnet werden, nicht dagegen auf unmittelbar erzielte Einkünfte (Gewinnanteile) des

981 BFH v. 21.01.2016, IStR 2016, 509, 512.

982 BFH v. 21.01.2016, IStR 2016, 509, 512.

983 Behrenz, IStR 2014, 773, 782; Hagemann/Kahlenberg, IStR 2015, 54, 56; Raber in: Wassermeyer, DBA-Portugal, Art. 4 Rn. 23; a.A. Schick IWB 2011, 93, 94; FG Münster v. 02.07.2014, IStR 2014, 773, 778.

984 Hagemann/Kahlenberg, IStR 2015, 54, 56; Behrenz, IStR 2014, 773, 782.

985 Pires, Dupla Tributação, S. 605 f.; Xavier, Direito Tributário Internacional, S. 129.

986 Pires, Dupla Tributação, S. 606.

987 So ausdrücklich FG Münster v. 02.07.2014, IStR 2014, 773, 778.

988 Hagemann/Kahlenberg, IStR 2015, 54, 55.

Gesellschafters aus der Personengesellschaft.[989] Dies heben sowohl der Einschub „ihre Ausschüttungen ausgenommen“[990] als auch der Zweck der Fiktion, Qualifikationskonflikte weitestgehend zu lösen, deutlich hervor. Dies bedingt, dass Sondervergütungen nach dem jeweiligen Recht des Anwendestaates zu bestimmen sind, unter Berücksichtigung der abkommensrechtlichen Regelungen zum Betriebsstätten- bzw. Spezialitätenvorrang (Art. 7 Abs. 1, 7 i.V.m. Artt. 10 Abs. 4, 11 Abs. 5, 12 Abs. 5, 22 Abs. 2 DBA-Portugal).[991] Dem steht auch die Auffassung der OECD[992], wonach Leistungsentgelte sowohl dem Art. 7 OECD als auch den Spezialeinkünften (Artt. 6–22 OECD-MA) zugeordnet werden können, nicht entgegen.[993] Soweit die Anwendung der Spezialartikel gegen eine Zuweisung der Einkünfte zu den Artt. 6 ff. OECD-MA spricht, wird auf Art. 7 OECD-MA abgestellt.[994] Eine mögliche Doppelbesteuerung soll dann durch Art. 23A bzw. Art. 23B OECD-MA zu beheben sein.[995]

bb) Abkommensrechtliche Qualifikation von Sondervergütungen

(1) Nach portugiesischem Rechtsverständnis

Die abkommensrechtliche Qualifikation von Sondervergütungen ist nach portugiesischem Rechtsverständnis eindeutig (Art. 3 Abs. 2 DBA-Portugal i.V.m. Art. 2 Nr. 1 CIRC), da, ausgehend vom Kapitalgesellschaftsprinzip, fremdüblich vereinbarte Leistungsbeziehungen zwischen der Personengesellschaft, wie der OHG (sociedade em nome colectivo), der KG (sociedade em comandita) und der handelsrechtlichen GbR (Sociedade civil sob forma comercial), und ihren Gesellschaftern steuerlich wie Fremdgeschäfte anerkannt werden. Dies bedeutet, dass Portugal die Einkünfte des Gesellschafters aus selbstständiger Arbeit, Vermietung und Verpachtung sowie aus Kapitalvermögen stets den Spezialartikeln zuordnet. Dies gilt auch für durchgriffsbesteuerte Gesellschaften i.S.d. Art. 6 CIRC, denen, eine gewisse Selbstständigkeit zukommt. Zwar geht dies aus dem portugiesischen Steuerrecht nicht eindeutig hervor. Jedoch sprechen für die Einordnung der Sondervergütungen unter die Spezialartikel die Regelungen in Art. 28 Nr. 8 CIRS, Art. 23A CIRC, Art. 33 CIRS. Nach Art. 28 Nr. 8 CIRS

989 Raber, in: Wassermeyer, DBA-Portugal, Art. 4 Rn. 20.
990 Dahin gehend FG Münster v. 02.07.2014, IStR 2014, 773, 778.
991 Ebenso Raber, in: Wassermeyer, DBA-Portugal, Art. 4 Rn. 22, 23.
992 OECD Partnership Report, Rn. 97, 102 ff., 121 f.
993 OECD Partnership Report, Rn. 97, 121.
994 OECD Partnership Report, Rn. 121.
995 OECD Partnership Report, Rn. 102 ff., 122.

können Dienstleistungsvergütungen, die ein Freiberuflergesellschafter von nur einem Arbeitgeber (Gesellschaft) bezieht, als Einkünfte aus nichtselbstständiger Arbeit (Kategorie A) besteuert werden.[996] Der gezahlte Lohn bzw. die geleistete Dienstleistungsvergütung mindern hierbei den Gewinn der Gesellschaft bzw. die Gewinnanteile der Gesellschafter, gleichzeitig fallen steuerlich erfassbare Lohnbezüge des Gesellschafters an. Diese Entgelte werden nicht von den Abzugsverboten der Art. 23A CIRC, Art. 33 CIRS erfasst. Schließlich legt auch das Fehlen einer entsprechenden Umqualifizierungsregelung wie § 15 Abs. 1 S. 1 Nr. 2 S. 1 HS 2 EStG im portugiesischen Recht die Vermutung nahe, dass die Zuordnung der Leistungsentengelte aus portugiesischer Sicht zu den abkommensrechtlichen Spezialartikel erfolgt.[997]

Als Ergebnis bleibt somit festzuhalten, dass Portugal, unabhängig davon, ob die Gesellschaft transparent oder intransparent besteuert wird, ausschließlich die Spezialartikel (insbesondere Artt. 10, 11, 12 DBA-Portugal) auf die Sondervergütungen anwendet.

(2) Nach deutschem Rechtsverständnis

Anders als in Portugal wertet Deutschland Sondervergütungen als gewerbliche Einkünfte (§ 15 Abs. 1 Nr. 2 EStG), diese stellen bei der Gesellschaft gewinnmindernde Betriebsausgaben (Gesellschaftsbilanz) und beim Gesellschafter gewinnerhöhende Sonderbetriebseinnahmen (Sonderbilanz) dar, wodurch steuerlich Neutralität hergestellt wird (additive Gewinnermittlung). Abkommensrechtlich ist die Einordnung von Sondervergütungen durch Deutschland weder eindeutig noch sicher, da der BFH seit 1991[998] von der Auffassung der Finanzverwaltung[999] abweicht und die Finanzverwaltung dieser geänderten Rechtsprechung nicht folgt.

Seit dem Urteil vom 27.02.1991[1000] ordnet der BFH Sondervergütungen, die ein ausländisches Unternehmen an seine inländischen Mitunternehmer

---

996 Brás/Abreu/Durão/Pimenta, Guia dos Impostos, S. 65. Übt der Arbeitnehmer hingegen sein Wahlrecht nicht aus, liegen Einkünfte aus gewerblicher und selbstständiger Arbeit (Kategorie B) vor, die gegen Vorlage einer entsprechenden Quittung (sog. fatura – recibo) zu 25% quellenbesteuert werden (Art. 71 Nr. 4 lit. a CIRS).

997 Dahin gehend Wehrße, S. 133.

998 Bis zum Urteil vom 27.02.1991, BStBl. II 1991, 444, 446, vertraten der BFH und die Finanzverwaltung die Ansicht, dass sämtliche Sondervergütungen und Veräußerungsgewinne von SBV stets als Unternehmensgewinne zu qualifizieren sind, soweit diese im Ansässigkeitsstaat des Gesellschafters besteuert wurden, vgl. BFH v. 10.11.1983, BStBl. II 1984, 605, 606.

999 BMF v. 24.12.1999, BStBl. I 1999, 1076 Rn. 1.2.3.

1000 BFH v. 27.02.1991, BStBl. II 1991, 444, 446.

gewährt, abkommensrechtlich nicht mehr den Unternehmensgewinnen (Art. 7 OECD-MA), sondern – vorbehaltlich entgegenstehender Regelungen im Abkommen – den speziellen Verteilungsartikeln zu (insbesondere Artt. 10–12 OECD-MA). Die Finanzverwaltung geht in diesen Fällen weiterhin davon aus, dass Deutschland als Ansässigkeitsstaat grundsätzlich an die Qualifikation des Quellenstaates gebunden ist.[1001] Behandelt der ausländische Personengesellschafts-/Quellenstaat die Gesellschafterzinsen als Betriebsstättengewinne (Art. 7 OECD-MA), werden diese in der Regel in Deutschland als Wohnsitzstaat des Gesellschafters unter Progressionsvorbehalt freigestellt (Art. 23A OECD-MA). Behandelt der ausländische Gesellschafts-/Quellenstaat die Zinszahlungen an den inländischen Gesellschafter dagegen als gewinnmindernde Betriebsausgabe der Gesellschaft und abkommensrechtlich nicht als Betriebsstättengewinn (Art. 7 OECD-MA), sondern als Zinsen (Art. 11 OECD-MA), so würde sich bei einer deutschen Wertung als Betriebsstättengewinn i.V.m. einer Freistellung (Artt. 7, 23A OECD-MA) eine Minderbesteuerung ergeben. Diese kann vermieden werden durch eine abkommensrechtliche switch-over-Klausel, die zur Steueranrechnung anstelle der Freistellung führt. Das DBA-Portugal enthält keine vergleichbare Klausel oder eine nationale Regelung, wie z. B. § 50d Abs. 9 S. 1 Nr. 1 EStG, der gleichermaßen eine Freistellung ausschließt. Damit kommen BFH und Finanzverwaltung trotz verschiedener Begründungsansätze zu einem deutschen Besteuerungsrecht.

Dies ist im umgekehrten Fall anders, wenn ein ausländischer Gesellschafter von seiner deutschen Gesellschaft Zinsen erhält. Nach dem anwendestaatsorienten Verständnis der Finanzverwaltung zählen die „Zinsen" zu den in Deutschland beschränkt steuerpflichtigen Betriebsstättengewinnen der Gesellschafter (§ 49 Abs. 1 Nr. 2 lit. a EStG, Art. 7 OECD-MA), während der ausländische Ansässigkeitsstaat, der die Einkünfte den Spezialeinkünften zuordnet (insbesondere Artt. 10 – 12 OECD-MA), die Doppelbesteuerung zu vermeiden hat (Art. 23B OECD-MA).

Der BFH hingegen vertritt eine abkommensorientierte Auffassung[1002] mit der Folge, dass er Deutschland an den Zinserträgen eines im Ausland ansässigen Gesellschafters einer inländischen Personengesellschaft nur ein begrenztes Quellensteuerrecht zuspricht, da die der Darlehensforderung zugrundeliegenden Vermögenswerte tatsächlich nicht zur deutschen

1001 BMF v. 26.09.2014, BStBl. I 2014, 1258 Rn. 5.1.2 Beispiel 4.

1002 Zur abkommensorientierten Auffassung vgl. Rosenberg, in: W/R/S, Rn. 11.25.

Personengesellschafts-Betriebsstätte gehören.[1003] Ein deutsches unbegrenztes Besteuerungsrecht kommt nach Auffassung des BFH erst in Betracht, wenn die in den Regelungen zu den Spezialeinkünften enthaltenen Rückverweisungen (Artt. 10 Abs. 4, 11 Abs. 4, 12 Abs. 3 OECD-MA) auf Art. 7 OECD-MA zur Anwendung gelangen und die Darlehnsforderung oder die den Zahlungen zugrundeliegenden Vermögenswerte oder Rechte tatsächlich zur deutschen Betriebsstätte gehören.

Im Schrifttum ergibt sich kein einheitliches Bild. Teile des Schrifttums subsumieren die Sondervergütungen unter die Spezialeinkünfte (insbesondere Artt. 10 - 12 OECD-MA),[1004] während ein anderer Teil der Literatur ausschließlich Art. 7 OECD-MA anwendet. Als Begründung wird angeführt, dass im Verhältnis Personengesellschaft - Gesellschafter keine Schuldverhältnisse bestehen.[1005] Dem halten vereinzelte Stimmen im Schrifttum[1006] entgegen, dass Leistungsbeziehungen erst nach durchgeführter Einkünfteumqualifizierung gem. § 15 Abs. 1 S. 1 Nr. 2 S. 1 HS 2 EStG neutralisiert werden. Überdies erkenne die Regelung des Art. 7 Abs. 2 OECD-MA 2010 fremdübliche Leistungsbeziehungen zwischen Stammhaus und Betriebsstätte an.[1007] Eine Nichtanwendung der Spezialartikel wäre möglich, wenn interne Leistungsbeziehungen steuerlich nicht vorliegen würden.[1008] Dies wird im Folgenden durch Heranziehung der einschlägigen Spezialeinkünfte (Artt. 6, 11, 12, 14 und 15 DBA-Portugal) geprüft, da nicht sämtliche Einkunftskategorien an die Erfordernisse Ansässigkeit des Schuldners (Art. 11 Abs. 6 DBA-Portugal) oder an dem Bestehen einer Forderung (Art. 11 Abs. 4 DBA-Portugal) anknüpfen.[1009]

1003 BFH v. 17.10.2007, BStBl. II 2009, 356, 359.

1004 Fischer, FS Vogel, S. 963, 966 f.; Wehrße, S. 135; Boller/Eilinghoff/Schmidt, IStR 2009, 109, 111 f., die Einkünfte, die gleichfalls unter die Unternehmensgewinne und unter die anderen Einkünfte fallen, als Spezialeinkünfte behandeln. Schmidt, IStR 2010, 313, 419, der hingegen den Spezialartikel anwendet, soweit dessen Anwendungsbereich eröffnet ist. Knobbe-Keuk, Unternehmenssteuerrecht, S. 549 f., Franz/Voulon, BB 2011, 1111, 1114 f.; Gosch, BFH-PR 2011, 70; Lüdicke, StbJB 1997/1999, 449, 474 f. wenden bei nicht originären gewerblichen Sondervergütungen die Spezialartikel an. Ausführlich zum Streitstand vgl. Stemler, Sondervergütungen, S. 84 ff. m.w.N.

1005 Burmester, in: Haarmann, S. 122; Hemmelrath, IStR 1995, 570, 572; Wolff, FS Wassermeyer, S. 647, 659 f.

1006 Ebenso Wehrße, S. 137 m.w.N.

1007 Ebenso Wehrße, S. 137.

1008 Riemenschneider, S. 149 ff.; Krabbe, FR 2001, 129, 130.

1009 Ebenso Rottgardt, Sondervergütungen, S. 155, 172; Stemler, Sondervergütungen, S. 90.

(a) Zinsen für die Überlassung von Darlehen, Art. 11 DBA-Portugal

Gewährt ein portugiesischer Gesellschafter seiner deutschen Personengesellschaft ein Darlehen, darf der Ansässigkeitsstaat des Gesellschafters (Portugal) die erhaltenen Einkünfte als Darlehenszinsen i.S.d. Art. 11 Abs. 4 DBA-Portugal nach portugiesischem Rechtsverständnis nach Art. 11 Abs. 1 DBA-Portugal besteuern, während Deutschland gem. Art. 11 Abs. 2 DBA-Portugal ein begrenztes Quellenbesteuerungsrecht an den Einkünften besitzt. Der Höchstsatz beträgt 10% des Bruttobetrags für Zinsen aus Bankdarlehen und in allen weiteren Zinsfällen 15% des Bruttobetrags.[1010] Die Begrenzung der Quellensteuer greift nach Ziff. 4 des Protokolls zu Art. 11 DBA-Portugal nicht ein, wenn die Zinsen aus einer Forderung mit Gewinnbeteiligung (z. B. Gewinnobligation) stammen und bei dem Schuldner als Betriebsausgaben abgezogen wurden; hierdurch soll ein doppelter Steuerverzicht des Quellenstaates vermieden werden.[1011] Der Begriff „Zinsen" wird in Art. 11 Abs. 4 DBA-Portugal abkommensautonom als Einkünfte aus öffentlichen Anleihen, Schuldverschreibungen, Forderungen jeder Art sowie aus Einkünften, die nach innerstaatlichem Recht des jeweiligen Quellenstaats den Darleheneinkünften gleichgestellt werden, definiert.[1012] Hier ist – wie bei den Dividenden – das Begriffsverständnis des Quellenstaates[1013]

1010 Nach Art. 11 Abs. 3 DBA-Portugal sind Zinsen, die an die Deutsche Bundesbank bzw. an die Portugiesische Bank (Banco de Portugal) gezahlt werden, steuerbefreit.

1011 Dies ist aus deutscher Sicht bei „echten" Zinsen aus Gewinnobligationen sowie aus partiarischem Darlehen der Fall. Die gem. §§ 49 Abs. 1 Nr. 5 lit. a, 43 Abs. 1 S. 2, 3 EStG erhobene Kapitalertragsteuer bleibt im Rahmen des Art. 11 Abs. 2 DBA-Portugal unberührt, s. Raber, in: Wassermeyer, DBA-Portugal, Art. 11 Rn 14.

1012 Leibrenten werden nach Auffassung der OECD dem Art. 21 OECD-MA zugeordnet, vgl. Wingert/Krause, in: Handkommentar, Portugal, S. 593.

1013 Zinseinkünfte juristischer Personen werden als gewerbliche Einkünfte behandelt und unterliegen einer Quellensteuer von 21% bzw. 16,8%, die auf die zu zahlende Körperschaftsteuer angerechnet wird, (Art. 87 Nr. 1 CIRC). Nicht ansässige Gesellschaften unterliegen mit ihren Zinseinkünften einer abgeltenden Quellensteuer von 25%. Ausgenommen hiervon sind Nichtansässige, die ihren Sitz in Steueroasen haben, deren Einkünfte werden mit 35% definitiv quellenbesteuert (Art. 87 Nr. 4 lit. d CIRC). Inländische Zinseinkünfte (speziell aus Zinsen aus Sicht- und Zeiteinlagen, Schuldverschreibungen, Swaps und aus Zahlungen aus Lebensversicherungen) natürlicher Personen unterliegen entweder einer definitiven Quellensteuer von 28% (taxa liberatória) oder werden in die Steuerbemessungsgrundlage des Zinsempfängers einbezogen (Art. 71 Nr. 1 lit. a CIRS). Die von Nichtansässigen erzielten Zinseinkünfte unterliegen denselben Quellensteuersätzen wie die von Ansässigen (Art. 71 Nr. 1 lit. a CIRS). Zinsen, die von in Madeira oder auf den Azoren ansässigen Gesellschaften an ihre Gesellschafter gezahlt werden, unterliegen einem reduzierten Quellensteuersatz

maßgeblich.[1014] Soweit Portugal als Quellenstaat auftritt, werden insbesondere Zinsen (juros) und Erträge aus Darlehens-, Kredit- und anderen Schuldverhältnissen für die zeitweise Überlassung von Geld oder anderen vertretbaren Sachen, Bezüge aus Sicht- oder Termineinlagen bei Kreditinstituten, Prämien und andere Bezüge aus öffentlichen Schuldverschreibungen, Partizipations- und Konsignationsscheine und andere Wertpapiere, die von öffentlichen Körperschaften ausgegeben wurden, Zinsen aus Gesellschafterdarlehen (suprimentos), Devisengeschäften (swaps), Zahlungen aus Lebensversicherungen, gesetzlich oder vertraglich festgelegte Zinsen erfasst, Art. 5 Nr. 2 CIRS.[1015] Innerstaatlich sind Zuschläge für verspätete Zinsen vom Zinsbegriff ausgenommen, während sie abkommensrechtlich mangels entsprechender Ausnahmeregelung i.S.d. Art. 3 S. 2 DBA-Portugal unter den Zinsbegriff zu subsumieren sind.[1016]

Umgekehrt behandelt Deutschland als Quellenstaat auch hypothekarisch gesicherte oder mit einer Gewinnbeteiligung versehene Obligationen als Zinsen[1017]. Nach der Rechtsprechung des BFH ist der Begriff Forderung zivilrechtlich auszulegen. Dies bedeutet, dass sich Personengesellschaft und Mitunternehmer wie Schuldner und Gläubiger gegenüberstehen müssen.[1018] Dies gilt auch auf Abkommensebene,[1019] vorausgesetzt, der Zinsschuldner ist eine *ansässige Person* (Art. 11 Abs. 6 S. 1 DBA-Portugal). Dies bedeutet für Deutschland, das in- und ausländische Personengesellschaften transparent besteuert, dass diese Gesellschaften weder das „Merkmal" Person i.S.d. Art. 3 Abs. 1 lit. d, e DBA-Portugal noch das Merkmal der „Ansässigkeit" i.S.d. Art. 4 Abs. 1 DBA-Portugal gem. Art. 11 Abs. 2, 6 DBA-Portugal erfüllen und damit Deutschland wegen fehlender „Ansässigkeit" der zinszahlenden deutschen Personengesellschaft nicht als steuerberechtigter Quellenstaat gilt (Art. 11 Abs. 2 DBA-Portugal), sodass es

---

i.H.v. 5%, Art. 36 Nr. 1 EBF. Zinsen, die zwischen verbundenen Unternehmen unterschiedlicher Mitgliedstaaten gezahlt werden, werden nicht quellenbesteuert (Art. 14 Nr. 12 ff. CIRC), es sei denn, die Voraussetzungen des Art. 96 Nr. 3, 4 CIRC liegen vor; siehe Américo/Antunes/Durão/ Pimenta, Guia dos Impostos, S. 89 ff.; Pinheiro, Fiscalidade, S. 151 f.

1014 Brás, Impostos – Teoria Geral, S. 216.

1015 Américo/Antunes/Durão/ Pimenta, Guia dos Impostos, S. 89 f.; Übersetzung angelehnt an Stieb, in: Mennel/Förster, Portugal, S. 66 f.

1016 Raber, in: Wassermeyer, DBA-Portugal, Art. 11 Rn. 19.

1017 Soweit der Anwendungsbereich der Zins-Richtlinie eröffnet ist, erfasst auch Portugal hypothekarisch gesicherte oder mit einer Gewinnbeteiligung versehene Obligationen als Zinsen (Art. 14 Nr. 14 lit. a CIRC).

1018 BFH v. 17.10.2007, BStBl. II 2009, 356, 357; v. 09.08.2006, BFHE 214, 518, 530 f.

1019 Wassermeyer, in: Wassermeyer, MA, Art. 7, Rn. 65 m.w.N.

grundsätzlich bei der Wohnsitzbesteuerung des portugiesischen Gesellschafters verbliebe. Hiervon abweichend lässt Art. 11 Abs. 6 S. 2 DBA-Portugal jedoch die deutsche Personengesellschafts-Betriebsstätte, der die Darlehensschuld zugehörig ist, für die Aufrechterhaltung die deutsche Quellensteuerberechtigung ausreichen (Art. 11 Abs. 2 DBA-Portugal: 15%). Eine volle Besteuerung der Zinsen als Teil des deutschen Betriebsstättengewinns des portugiesischen Gesellschafters (Art. 7 DBA-Portugal) scheidet aus, da die Zinsforderung nicht wirtschaftlich-tatsächlich zu der deutschen Betriebsstätte gehört (Art. 11 Abs. 5 DBA-Portugal), sondern eine Forderung des portugiesischen Gesellschafters ist; die deutsche Wertung als gewerbliche Sondervergütung (§ 15 Abs. 1 Nr. 2 EStG) ist abkommensrechtlich nicht erheblich.[1020] Lang[1021] vertritt die Auffassung, dass die Forderung des Gesellschafters gegenüber der Personengesellschaft in so viele Forderungen aufzuteilen sei wie Gesellschafter an der Gesellschaft beteiligt seien. Dies hat nach Lang zur Folge, dass Art. 11 Abs. 5 OECD-MA nur soweit zur Anwendung gelangt, als die übrigen Gesellschafter als Schuldner aufzufassen seien und damit eine Quellensteuererhebung gem. Art. 11 Abs. 2 OECD-MA eingreife. Hinsichtlich des Zinsanteils, der auf den Gesellschafteranteil entfalle, greife hingegen Art. 7 OECD-MA ein. Diese Auffassung greift im Ergebnis zu kurz, da ausweislich des Wortlautes des Art. 11 Abs. 6 S. 2 DBA-Portugal eine Zahlung auf einer der Betriebsstätten zugehörigen Schuld ausreicht.[1022] Auf die Ansässigkeit des Schuldners kommt es nicht mehr an,[1023] da die Schuld für die Betriebsstätte der Personengesellschaft aufgenommen wurde. Die Zinsen, die an die portugiesischen Gesellschafter gezahlt werden, stammen auch aus dem Sitzstaat der Gesellschaft[1024] (Deutschland) und werden mit einer inländischen Quellensteuer i.H.v. 15% belegt (Art. 11 Abs. 2 DBA-Portugal).[1025] Dies würde

1020 Art. 1 Ziff. 5 S. 2 zu OECD-MK. So wohl auch Schmidt, IStR 2010, 413, 430; ders., IStR 2008, 290, 292 Fn. 23, der eine Art „abkommensrechtliche Bilanzbündeltheorie" annimmt.

1021 Lang, FS Vogel, S. 907, 911; Lang, FS für Lutz Fischer, S. 713, 724. Dem folgend Hansen, Einkünfte aus Personengesellschaftsbeteiligungen, S. 115 ff.; Ismer/Kost, IStR 2007, 120, 122 ff.

1022 Ebenso Franz/Voulon, BB 2011, 1111, 1115 m.w.N.; Stemler, Sondervergütungen, S. 92.

1023 Liebchen, Personengesellschaften, S. 254, 255; Wehrße, S. 143.

1024 Schüller, S. 182; Weggenmann, Einordnungskonflikte, S. 274; a. A. Hansen, Einkünfte aus Personengesellschaftsbeteiligungen, S. 121.

1025 Soweit § 50a Abs. 4 EStG Anwendung findet, wird die Quellensteuer nach § 50d Abs. 2 EStG auf 10% ermäßigt oder die zu viel einbehaltene Steuer nach § 50d Abs. 1 EStG erstattet. Entsprechendes gilt für Lizenzvergütungen, die an einen in Deutschland ansässigen Gesellschafter gezahlt werden (Art. 101C CIRS).

nicht gelten, wenn die Zinsen der deutschen Betriebsstätte tatsächlich zurechenbar wären.[1026] Ein Ausgleich der Doppelbesteuerung erfolgt im Wege der Steueranrechnung im portugiesischen Wohnsitzstaat des Gesellschafters durch Anrechnung der deutschen Steuer auf die portugiesische Steuer des Gesellschafters (Artt. 11 Abs. 1, 24 DBA-Portugal).

(b) Lizenzgebühren für die Überlassung von Rechten und anderem beweglichem Vermögen, Art. 12 DBA-Portugal

Überlässt ein in Portugal ansässiger Gesellschafter seiner Personengesellschaft mit Sitz in Deutschland Rechte oder anderes bewegliches Vermögen, findet Art. 12 DBA-Portugal Anwendung, soweit diese Einkünfte im abkommensautonomen Lizenzbegriff des Art. 12 Abs. 3 DBA-Portugal enthalten sind. Die Regelung des Art. 12 Abs. 3 DBA-Portugal verweist – im Gegensatz zu Art. 11 Abs. 4 DBA-Portugal in Bezug auf alle anderen Einkünfte – nicht auf das Recht des Quellenstaates, sodass der Begriff der Lizenzgebühren insgesamt abkommensautonom bestimmt wird. Nach Art. 12 Abs. 3 DBA-Portugal erfasst der Begriff der Lizenzgebühren Vergütungen jeder Art, die gezahlt werden für die Benutzung oder für das Recht auf Benutzung von Urheberrechten an literarischen, künstlerischen oder wissenschaftlichen Werken, einschließlich kinematographischer Filme und Filme oder Bandaufnahmen für Rundfunk oder Fernsehen, von Patenten, Warenzeichen, Mustern oder Modellen, Plänen, geheimen Formeln oder Verfahren oder für die Benutzung oder das Recht auf Benutzung gewerblicher, kaufmännischer oder wissenschaftlicher Ausrüstungen oder für die Mitteilung gewerblicher, kaufmännischer oder wissenschaftlicher Erfahrungen.[1027] Anforderungen an die Person des Schuldners stellt Art. 12 DBA-Portugal nur in sehr geringem Maße auf. In Art. 12 Abs. 6 DBA-Portugal findet sich der Begriff des Schuldners in Bezug auf einen der Nahestehenden wieder. Art. 12 Abs. 5 DBA-Portugal entspricht den Vorgaben des Art. 11 Abs. 6 DBA-Portugal (Zinsen), sodass die fehlende abkommensrechtliche Ansässigkeit einer deutschen Personengesellschaft, die Lizenzgebühren an ihren portugiesischen Gesellschafter entrichtet, wieder im Wege einer fiktiven Schuldnerschaft der Personengesellschafts-Betriebsstätte gelöst wird und die begrenzte deutsche Quellensteuerberechtigung erhalten bleibt (Art. 12 Abs. 2 DBA-Portugal: 10%). Eine volle deutsche Besteuerung der Lizenzgebühren als Teil des deutschen

---

1026 Kahlenberg, Steuck 2013, 363 mit Verweis auf BFH v. 08.09.2010, IStR 2011, 32, 33.

1027 Als Ausrüstung wird die für einen bestimmten Nutzungszweck besonders eingerichtete bewegliche Sache verstanden, vgl. Wassermeyer, in: Wassermeyer, MA, Art. 12 Rn. 84.

Betriebsstättengewinns (§ 15 Abs. 1 Nr. 2 EStG, Art. 7 DBA-Portugal) ist aufgrund fehlender tatsächlicher Zugehörigkeit des Rechts zur Betriebsstätte nicht möglich (Art. 12 Abs. 4 DBA-Portugal). Eine Quotelung der Schuldverhältnisse erfolgt nicht, da die Lizenzgebühren unabhängig von der Ansässigkeit des Schuldners aus dem Staat der Personengesellschaft herrühren.[1028] Portugal besteuert die Lizenzgebühren nach Art. 12 Abs. 1 DBA-Portugal, während Deutschland eine begrenzte Quellensteuer i.H.v. 10% auf die Bruttoeinkünfte erhebt (Art. 11 Abs. 2 DBA-Portugal).[1029] Ein Ausgleich der Doppelbesteuerung erfolgt in Portugal durch Steueranrechnung (Art. 24 Abs. 1 DBA-Portugal).

Soweit Vergütungen weder den Begriff der Lizenzgebühren noch der Zinsen[1030] erfüllen, sind diese als „andere Einkünfte“ gem. Art. 22 DBA-Portugal zu behandeln.[1031] Dies bedeutet, dass dem Ansässigkeitsstaat der Gesellschafter das alleinige Besteuerungsrecht an den Einkünften eingeräumt wird.[1032] Dies gilt auch für Staaten wie Deutschland, die dem Sondervergütungskonzept folgen. Dazu führt Wassermeyer/Kaeser zutreffend aus, dass Art. 21 Abs. 1 OECD-MA lediglich von Art. 7 OECD-MA verdrängt werde, wenn die Voraussetzungen

---

1028 Ebenso Schüller, S. 183.

1029 Brás, Impostos – Teoria Geral, S. 217; Xavier, Direito Tributário Internacional, S. 689 f. Soweit Portugal als Quellenstaat auftritt, wird die portugiesische Quellensteuer, die auf die Sondervergütungen entfällt, auf das abkommensrechtliche Niveau reduziert. Lizenzgebühren juristischer Personen werden generell mit einer Quellensteuer i.H.v. 21% bzw. 16,8% belegt, die auf die zu zahlende Körperschaftsteuer angerechnet wird (Art. 87 Nr. 1 CIRC). Nicht ansässige Gesellschaften unterliegen mit ihren Lizenzeinkünften einer abgeltenden Quellensteuer von 25% (Art. 87 Nr. 4 CIRC). Lizenzgebühren natürlicher Personen werden unabhängig von der Urheberschaft der Lizenzbezieher mit einer einheitlichen Quellensteuer von 16,5% belegt, Art. 101 Nr. 1 lit. a CIRS. Lizenzvergütungen nicht ansässiger natürlicher Personen werden dagegen mit einer abgeltenden Quellensteuer von 25% besteuert (Art. 71 Nr. 3 lit. b CIRS). Lizenzgebühren, die von Gesellschaften in den Freizonen (Azoren oder Madeira) an ansässige bzw. nichtansässige Gesellschafter gezahlt werden, werden mit 5% reduziert quellenbesteuert (Art. 36 Nr. 1 EBF). Lizenzgebühren, die zwischen verbundenen Unternehmen unterschiedlicher Mitgliedstaaten gezahlt werden, werden nicht quellenbesteuert (Art. 14 Nrn. 12 ff. CIRC), es sei denn, die Voraussetzungen des Art. 96 Nrn. 3, 4 CIRC liegen vor, s. Pinheiro, Fiscalidade, S. 151 f.

1030 Die Überlassung von beweglichen Wirtschaftsgütern nicht immaterieller Art wird hiervon beispielsweise erfasst.

1031 Raber, in: Wassermeyer, DBA-Portugal, Art. 11 Rn. 24; Art. 12. Rn. 7.

1032 Raber, in: Wassermeyer, DBA-Portugal, Art. 22 Rn. 3; Wingert/Krause, in: Handkommentar, Portugal, Art. 22, S. 606.

des Betriebsstättenvorbehalts vorliegen (Art. 21 Abs. 2 DBA-Portugal).[1033] Erforderlich sei hierzu, dass die zugrundeliegenden Rechte und Vermögenswerte „tatsächlich“ einer Betriebsstätte zurechenbar sind (Art. 12 Abs. 4 DBA-Portugal).[1034] In diesem Fall darf der Sitzstaat der Personengesellschaft die Einkünfte besteuern.[1035] Eine Aufspaltung der Einkünfte erfolgt nicht, da Art. 22 DBA-Portugal auf den Empfänger abstellt.[1036]

(c) Vergütungen für die Tätigkeit im Dienst der Gesellschaft

Vergütungen, die der Gesellschafter für seine Tätigkeit im Dienst der Gesellschaft bezieht, können sowohl aus selbstständiger als auch aus unselbstständiger Arbeit herrühren.[1037]

(aa) Einkünfte aus unselbstständiger Arbeit[1038], Art. 15 DBA-Portugal

Das Abkommen definiert den Begriff „Unselbstständige Arbeit“ gem. Art. 15 DBA-Portugal nicht abkommensautonom. Vielmehr wird der Begriff „Unselbstständige Arbeit“ nach dem innerstaatlichen Rechtsverständnis des jeweiligen Anwenderstaates bestimmt. Hierfür sind gem. § 19 EStG i.V.m. § 1 LStDV und gem. Art. 2 Nr. 1 CIRS das Bestehen eines Dienstverhältnisses, der Bezug von Lohn, das Schulden der eigenen Arbeitskraft und die Weisungsgebundenheit charakteristisch.[1039] Übt der Gesellschafter hiernach für seine Gesellschaft eine nichtselbstständige Tätigkeit aus, findet Art. 15 DBA-Portugal[1040] Anwendung.

1033 Wassermeyer/Kaeser, in: Wassermeyer, MA Art. 21 OECD-MA, Rn. 62; a.A. Liebchen, Personengesellschaften, S. 366, der ein Herauslösen der Unternehmensgewinne generell ablehnt. Als Begründung führt er an, dass eine Zuordnung der Einkünfte zu Art. 21 OECD-MA voraussetze, dass diese nicht von den Artt. 6–20 OECD-MA erfasst würden, was bei den Sondervergütungen nicht in Betracht käme, da diese stets unter die Unternehmensgewinne fallen.

1034 Raber, in: Wassermeyer, DBA-Portugal Art. 22 Rn. 10.

1035 Ebenso Schüller, S. 195.

1036 Dahin gehend Schüller, S. 184.

1037 Hemmelrath, in: V/L, Art. 14, Rn. 7; Prokisch, in: V/L, Art. 15, Rn. 30.

1038 Die Einkünfte aus nichtselbstständiger Arbeit werden der Kategorie A zugeordnet. Deren Besteuerung wurde eingangs im 2. Kapital C I 2 lit. a dieser Arbeit ausführlich dargestellt. Auf die dortigen Ausführungen wird verwiesen. Zum Begriff der unselbstständigen Arbeit im Allgemeinen siehe Prokisch, in: V/L, Art. 15 MA Rn. 27.

1039 Brás, Impostos – Teoria Geral, S. 225; Prokisch, in: V/L, Art. 15 Rn. 27; Wassermeyer/Schwenke, in: Wassermeyer, MA, Art. 15 Rn. 53, 54.

1040 Nach Art. 16 DBA-Portugal können Aufsichtrats- oder Verwaltungratsvergütungen (compensações de conselho fiscal) und ähnliche Zahlungen, die eine im Vertragsstaat ansässige Person in ihrer Eigenschaft als Mitglied des Aufsichts- oder Verwaltungsrats (conselho fiscal) oder eines ähnlichen Organs einer Gesellschaft erzielt, die im

Gem. Art. 15 Abs. 1 S. 1 DBA-Portugal können Vergütungen für unselbstständige Arbeit nur im Ansässigkeitsstaat des Arbeitnehmers besteuert werden, es sei denn, die Arbeit wird im anderen Vertragsstaat ausgeübt. Im Falle einer portugiesischen Personengesellschaft mit deutschem Gesellschafter, der für die portugiesische Gesellschaft in Deutschland unselbstständige Arbeit verrichtet und dafür von der Personengesellschaft Arbeitslohn erhält (Sondervergütungen, § 15 Abs. 1 S. 2 EStG) steht Deutschland gem. Art. 15 Abs. 1 S. 1 DBA-Portugal als Ansässigkeitsstaat des Gesellschafters das ausschließliche Besteuerungsrecht zu. Übt der in Deutschland ansässige Gesellschafter seine Tätigkeit in Portugal aus, so steht Portugal nach Art. 15 Abs. 1 S. 2 DBA-Portugal (Arbeitsortsprinzip, fonte de produção[1041]) das Besteuerungsrecht zu; das Besteuerungsrecht fällt jedoch an Deutschland zurück, wenn sich der Gesellschafter nur für einen kürzeren Zeitraum in Portugal aufhält oder der Arbeitslohn nicht von seiner portugiesischen Gesellschaft getragen wird.

Die Voraussetzung für einen Rückfall des Besteuerungsrechts an Deutschland ist, dass die in Art. 15 Abs. 2 lit. a bis c DBA-Portugal aufgeführten Bedingungen kumulativ erfüllt sind;[1042] d.h. dass

a) der Empfänger sich im anderen Staat insgesamt nicht länger als 183 Tage während des betreffenden Kalenderjahres aufhält und

---

anderen Vertragsstaat ansässig ist, in diesem Staat besteuert werden, es sei denn, die Vergütungen werden für laufende Tätigkeiten nach Art. 15 DBA-Portugal besteuert. Art. 16 DBA-Portugal ist weder auf Vergütungen für Vorstandsmitglieder portugiesischer Personenhandelsgesellschaften noch auf Vergütungen für Vorstandsmitglieder deutscher Personengesellschaften anwendbar. Portugiesische Personenhandelsgesellschaften besitzen kein Aufsichtsorgan, das mit einem Aufsichts- und Verwaltungsrat vergleichbar ist (Artt. 420, 259, 261 CSC). Gleiches gilt für deutsche Personengesellschaften. Die Tätigkeitsvergütungen werden vielmehr dem Art. 15 DBA-Portugal zugeordnet, sofern es sich um laufende Tätigkeiten handelt. Der Vorbehalt Portugals in Ziff. 4 zu Art. 16 OECD-MK, der bestimmte, dass Vergütungen für eine Aufsichts- oder Verwaltungstätigkeit oder an irgendein anderes Gesellschaftsorgan für die Ausübung einer selbstständigen Tätigkeit nach Art. 15 zu besteuern sind, wurde am 18.07.2008 aufgehoben. Für die Zuordnung der Tätigkeitsvergütungen im Rahmen der Personen(handels)gesellschaften hat die Aufhebung keine Auswirkung; ebenso Raber, in: Wassermeyer, DBA-Portugal, Art. 16 Rn. 1, 7.

1041 Xavier, Direito Tributário Internacional, S. 619 f.

1042 Die Vermeidung der Doppelbesteuerung richtet sich nach Art. 24 DBA-Portugal. Deutschland stellt die in Portugal besteuerten Einkünfte unter Progressionsvorbehalt frei (Art. 24 Abs. 2 lit. a DBA-Portugal), während Portugal die deutsche Lohnsteuer nach Art. 24 Abs. 1 DBA – Portugal anrechnet.

b) die Vergütungen von einem Arbeitgeber oder für einen Arbeitgeber gezahlt werden, der nicht im anderen Staat ansässig ist, und
c) die Vergütungen nicht von einer Betriebsstätte oder einer festen Einrichtung getragen werden, die der Arbeitgeber im anderen Staat hat.

Für die Ansässigkeitsbesteuerung gem. Art. 15 Abs. 2 lit. a DBA-Portugal wird insbesondere an die Aufenthaltsdauer von weniger als 183 Tagen im anderen Staat und an die Arbeitgebereigenschaft (entidade patronal) des Zahlungsbelasteten angeknüpft. Die überwiegende Auffassung in der Rechtsprechung und im deutsch-portugiesischen Schrifttum sieht die Arbeitergebereigenschaft auch bei transparent besteuerten Personengesellschaft als erfüllt an.[1043] Zur Begründung wird u.a. angeführt, dass ein Außerachtlassen der Personengesellschaft als Arbeitgeber zu einer uneinheitlichen Besteuerung des Arbeitslohns in den Händen der Mitunternehmer[1044] führe.[1045] Einzelne Stimmen im Schrifttum behandeln demgegenüber die „Personengesellschaft" als „ansässige Person" und damit als Arbeitgeberin.[1046] Dem ist jedoch zum einen entgegenzuhalten, dass übereinstimmende Begriffe wie die „Ansässigkeit" innerhalb eines Abkommens identisch auszulegen sind.[1047] Zum anderen kommt es auf die „Ansässigkeit" der Personengesellschaft nach dem Wortlaut des Art. 15 Abs. 2 lit. b DBA-Portugal nicht an, da die Regelung die Ansässigkeit der Personengesellschaft in irgendeinem Vertragsstaat nicht voraussetzt („Arbeitgeber, der nicht im anderen Staat ansässig ist").[1048] Auch spricht die Systematik des Art. 15 Abs. 2 lit. b und c OECD-MA (gleiches gilt für das DBA-Portugal) nicht gegen die Klassifizierung der transparenten Personengesellschaft als Arbeitgeberin. Es ist zwar richtig, dass die gewerblich tätige Personengesellschaft ihren Mitunternehmern in ihrem Sitzstaat eine Betriebsstätte vermittelt und damit die Betriebsstätte mit dem

1043 BFH v. 21.07.1999, BStBl. II 2000, 336, 338; Stemler, Sondervergütungen, S. 94 f.; Machens, S. 302; Schaumburg/Häck, in: Schaumburg, Rn. 19.436; Weggenmann, Einordungskonflikte, S. 283; Debatin, DStZ 1987, 211, 215; Müller, BB 2009, 751, 755; Siefert, RIW 1986, 979, 981; Xavier, Direito Tributário Internacional, S. 621; a.A. OECD Partnership Report, Annex II Rn. 19 und die Einwendung Deutschlands dagegen.

1044 Es wird unterstellt, dass die Gesellschafter in verschiedenen Staaten ansässig sind.

1045 Zehetner, in: G/L/L, S. 153, 171.

1046 Prokisch, in: V/L, Art. 15 Rn. 52.

1047 Ebenso Schüller, S. 142 m.w.N.

1048 Dahin gehend Zehetner, in: G/L/L, S. 153, 168. Anders als Art. 15 Abs. 2 DBA-Portugal verlangt Art. 11 Abs. 5 S. 1 DBA-Portugal ausweislich seines Wortlautes die Ansässigkeit des Nutzungsberechtigten.

Arbeitgeber überstimmt. Allerdings kann hieraus nicht der Schluss gezogen werden, dass durch die Bejahung einer transparenten Gesellschaft als Arbeitgeberin, die vorgegebene Systematik der Buchstaben b und c, die zwischen „Arbeitgeber" und „Betriebsstätte" differenziert, verwässert wird. Dafür spricht, dass die Regelung des Art. 15 Abs. 2 DBA-Portugal auf steuerlich transparente Gesellschaften nicht zugeschnitten ist.[1049] Vielmehr ist die Arbeitgebereigenschaft anhand des zugrundeliegenden Zwecks des Art. 15 Abs. 2 DBA-Portugal zu bestimmen.[1050] Dieser ist grundsätzlich darauf gerichtet, das Arbeitsortsprinzip[1051] bestehen zu lassen und eine Korrespondenz herzustellen zwischen Besteuerungsrecht am Arbeitslohn und Besteuerungsverlust durch gewinnmindernden Lohnabzug. Entsprechend werden mittelbare Tätigkeitsvergütungen behandelt, die der Gesellschafter u.a. als Kommanditist für die Geschäftsführung seiner Komplementär-GmbH (GmbH & Co. KG) erhält.[1052] Dabei ist irrelevant, ob die Personengesellschaft als Arbeitgeberin oder deren Betriebsstätte im anderen Staat die Tätigkeitsvergütungen tragen. Eine Aufspaltung des einheitlichen Dienstverhältnisses in mehrere Arbeitsverhältnisse ist nicht zielführend, denn in diesem Fall müsste jeder einzelne Gesellschafter die Voraussetzungen des Art. 15 Abs. 2 OECD-MA als Arbeitgeber erfüllen.[1053] Mögliche Qualifikationskonflikte könnten hierdurch nicht behoben werden.[1054] Schließlich schafft auch die Möglichkeit einen von mehreren Gesellschaftern als „Hauptarbeitgeber" anzusehen, keine Abhilfe.[1055] Eine solche Vorgehensweise (ohne abkommensrechtliche Vorgabe, welcher der Gesellschafter als Hauptarbeitgeber zu qualifizieren sei) wäre willkürlich.[1056] Somit ist die transparente Personengesellschaft als Arbeitgeberin zu qualifizieren.[1057]

1049 Dahin gehend Hagena, S. 225 (zum DBA-Mexiko).

1050 Dahin gehend Hagena, S. 226 (zum DBA-Mexiko).

1051 Bei einem kurzfristigen Aufenthalt, aber Lohntragung durch den dortigen Arbeitgeber im Ausübungsort darf der Quellenstaat besteuern, vgl. Zehetner, in: G/L/L, S. 153, 174.

1052 BFH v. 10.07.2002, BFHE 200, 184, 187 f.; v. 06.07.1999, BStBl. II 1990, 720, 721.

1053 So ausdrücklich der OECD-Ausschuss in Art. 15 Ziff. 6.1, 6.2 MK; vgl. hierzu die abweichende Ansicht Deutschlands in Art. 15 Ziff. 13.1 MK und der Finanzverwaltung, die auf den Ort der Geschäftsleitung abstellt, s. BMF v. 19.09,2006, BStBl. I 2006, S. 532 Tz. 60.

1054 Ebenso Stemler, Sondervergütungen, S. 95.

1055 Komarek, in: Urtz/Züger, Personengesellschaften, S. 237, 250.

1056 Ebenso Stemler, Sondervergütungen, S. 95 m.w.N.

1057 Dem zustimmend: Prokisch, in: V/L, Art. 15 Rn. 53e m.w.N.; BMF v. 19.09.2006 BStBl. I 2006, S. 532 Tz. 60.

Soweit ein in Deutschland ansässiger Gesellschafter von seiner in Portugal ansässigen, aus deutscher Sicht transparent besteuerten Gesellschaft, Vergütungen für dauerhaft in Portugal erbrachte Arbeitsverrichtung erhält, wird Portugal als Tätigkeitsstaat gem. Art. 15 Abs. 1 S. 2 DBA-Portugal das Besteuerungsrecht an den Arbeitsvergütungen eingeräumt. Deutschland hat hingegen den Lohn unter Progressionsvorbehalt nach Art. 23 Abs. 2 lit. a DBA-Portugal freizustellen.[1058] Die deutsche Wertung des Arbeitslohnes als gewerbliche Sondervergütung (§ 15 Abs. 1 Nr. 2 EStG) ist abkommensrechtlich unbeachtlich, sodass kein Unternehmensgewinn (Art. 7 DBA-Portugal) anzunehmen ist.

Festzuhalten bleibt damit, dass Art. 15 DBA-Portugal gleichermaßen auf transparente sowie intransparente Arbeitgeber Anwendung findet, und Vorrangigkeit vor den Unternehmensgewinnen besitzt.[1059]

(bb) Einkünfte aus selbstständiger Arbeit, Art. 14 DBA-Portugal

Art. 14 Abs. 2 DBA-Portugal[1060] zählt einige „freie Berufe" auf, definiert aber den Begriff „selbstständige Arbeit" (Art. 14 Abs. 2 DBA-Portugal) unvollkommen. Dies heben die Worte „insbesondere" (Art. 14 Abs. 2 DBA-Portugal) und „aus sonstiger selbstständiger Tätigkeit" (Art. 14 Abs. 1 DBA-Portugal) hervor. Die Einkünfte aus „sonstiger selbstständiger Tätigkeit" (Art. 14 Abs. 1 DBA-Portugal) sind daher nach dem nationalen Rechtsverständnis des jeweiligen Anwendestaates[1061] zu bestimmen (Art. 3 Abs. 2 DBA-Portugal). Im Gegensatz

---

1058 Ein Besteuerungsrecht Deutschlands als Wohnsitzstaat des Gesellschafters scheidet aus, wenn der Gesellschafter sich länger als 183 Tagen im anderen Staat aufhält.

1059 Dahin gehend Stemler, Sondervergütungen, S. 95, 96; Schüller, S. 176 f.

1060 Auf Aufsichtsrats- und Verwaltungsvergütungen (hier gilt Art. 16 DBD-Portugal), auf Vergütungen berufsmäßiger Künstler, Sportler und Musiker (hier gilt Art. 17 DBA-Portugal), auf Vergütungen von Kapitalgesellschaften, die als sog. Künstlerverleihgesellschaften agieren (hier gilt Art. 17 DBA-Portugal) sowie auf Einkünfte aus gewerblicher und freiberuflicher Tätigkeit findet Art. 14 DBA-Portugal keine Anwendung, s. Raber, in: Wassermeyer, DBA-Portugal, Art. 14 Rn. 2.

1061 Deutschland zieht § 18 EStG heran, während Portugal auf die Tabelle zu Art. 151 CIRS abstellt, die abschließend die in Portugal anerkannten selbstständigen Tätigkeiten aufführt (abgedruckt im Anhang unter Punkt 6); vgl. Raber, in: Wassermeyer, Portugal, Art. 15 Rn. 5; Schaumburg/Häck, in: Schaumburg, Rn. 19.412. Die Einkünfte (brutto) Nichtansässiger aus selbstständiger Arbeit werden nach Art. 18 Nr. 2 lit. d CIRS grds. mit einem abgeltenden Steuersatz von 25% (retenção a título definitivo) belegt, vorausgesetzt, die Erbringung der Leistung erfolgt in Portugal (Tätigkeitsprinzip). Ist der Nichtansässige an einer in Portugal freiberuflichen Sozietät beteiligt, werden den ausländischen Gesellschaftern ihre anteiligen Einkünfte aus der (fiktiven) in Portugal belegenen Personengesellschaftsbetriebsstätte zugerechnet

zu Art. 17 Abs. 1, 2 DBA-Portugal (Künstler und Sportler) erfasst Art. 14 DBA-Portugal lediglich natürliche Personen. Dies belegt ein Wortlautvergleich des Art. 14 Abs. 1 S. 2 lit. b DBA-Portugal mit dem Art. 17 Abs. 2 DBA-Portugal. Während Art. 14 Abs. 1 S. 2 lit. b DBA-Portugal für die Besteuerung des selbstständig Tätigen im anderen Vertragsstaat an das Erfordernis einer festen Einrichtung anknüpft, verzichtet die Regelung des Art. 17 Abs. 2 DBA-Portugal auf dieses Erfordernis, sodass auch Kapitalgesellschaften (z. B. weltweite Künstlerverleihgesellschaften) in den Anwendungsbereich der Norm fallen,[1062] da nur auf den Tätigkeitsort des Künstlers bzw. des Sportlers selbst abzustellen ist. Art. 14 DBA-Portugal erfasst demgemäß nur höchstpersönlich ausgeübte Tätigkeiten von Einzelpersonen oder Personenzusammenschlüssen. Erbringen die Gesellschafter an ihre Gesellschaft freiberufliche Arbeitsleistungen i.S.d. §§ 18 Abs. 4, 15 Abs. 1 Nr. 2 EStG und erhalten sie dafür Sondervergütungen, so werden diese abkommensrechtlich, wie ihre Gewinnanteile, von Art. 14 DBA-Portugal erfasst.

Für die Besteuerung der Einkünfte freiberuflich tätiger deutscher und portugiesischer Personengesellschaften bedeutet dies, dass die Einkünfte grundsätzlich nur in den Ansässigkeitsstaaten der Gesellschafter[1063] besteuert werden

(Art. 5 Nr. 9 CIRC); siehe Américo/Antunes/Durão/ Pimenta, Guia dos Impostos, S. 172 f.

1062 Raber, in: Wassermeyer, DBA-Portugal, Art. 14 Rn. 4; Pires, Dupla Tributação, S. 858 f.

1063 Auf den Vorabgewinn ist nach h.M. Art. 14 a.F. i.V.m. Art. 7 Abs. 1 OECD-MA anwendbar. Dem Gesellschafter wird hinsichtlich seiner Leistungsvergütung ein Gestaltungsspielraumraum eingeräumt. Wird die Tätigkeit durch ein Vorab vergütet, gebührt dem Betriebsstättenstaat regelmäßig das Besteuerungsrecht. Wird die Tätigkeit hingegen schuldrechtlich vergütet, darf regelmäßig der Ansässigkeitsstaat des Gesellschafters die Vergütung besteuern, siehe Müller, BB 2009, 751, 756 m.w.N. Der an die Gesellschafter ausgezahlte Vorabgewinn (adiamento por conta de lucros) einer in Portugal ansässigen Freiberuflergesellschaft ist den Einkünften aus gewerblicher und selbstständiger Arbeit der Kategorie B (Art. 6 Nr. 3 CIRC, Art. 20 Nrn. 1, 2 CIRS) zuzuordnen. Bei der Auszahlung des Vorabgewinns handelt es sich um eine Vorwegnahme der Gewinnverteilung, die dem Gesellschafter kraft Gesellschafterstellung ausgezahlt wird. In Deutschland erfolgt steuerlich im Ergebnis eine Gleichstellung gem. §§ 18 Abs. 4, 15 Abs. 1 Nr. 2 EStG. Abkommensrechtlich liegen keine Unternehmensgewinne gem. Art. 7 DBA-Portugal vor, da die Gesellschaft eine freiberufliche Tätigkeit ausübt. Vielmehr sind solche Arbeitseinkünfte als selbständige Einkünfte i.S.d. Art. 14 DBA-Portugal oder als Aufsichts- bzw. Verwaltungsratsvergütungen i.S.d. Art. 16 DBA-Portugal anzusehen. Das Besteuerungsrecht liegt i.d.R. bei dem Staat, in dem sich die feste Einrichtung befindet.

können, Art. 14 Abs. 1 S. 1 1. HS DBA-Portugal.[1064]

Soweit Portugal als Ansässigkeitsstaat des Gesellschafters auftritt und für den Gesellschafter für gewöhnlich am Sitz seiner deutschen Personengesellschaft ein fester Stützpunkt zur Verfügung steht oder sich der Gesellschafter in Portugal im Kalenderjahr mindestens 183 Tage aufhält, so kann auch Portugal besteuern (Art. 14 Abs. 1 DBA-Portugal); die Doppelbesteuerung wird durch portugiesische Anrechnung vermieden (Art. 24 Abs. 1 DBA-Portugal). Ist im umgekehrten Fall Deutschland Ansässigkeitsstaat des Gesellschafters, so kommt es dementsprechend zu ausschließlicher deutscher Ansässigkeitsbesteuerung oder aber zur Doppelbesteuerung (Art. 14 Abs. 1 DBA-Portugal), die ausgeglichen wird, indem Deutschland die Einkünfte unter Progressionsvorbehalt gem. Art. 24 Abs. 2 lit. a DBA-Portugal freistellt.

In Anlehnung an Art. 7 und Art. 15 DBA-Portugal sieht Art. 14 DBA-Portugal vor, dass der Personengesellschaftsstaat ein Besteuerungsrecht hat, wenn der Gesellschafter dort für seine Tätigkeit für gewöhnlich eine „feste Einrichtung“[1065] zur Verfügung hat und die Einkünfte dieser Einrichtung zugerechnet werden können *oder* er sich mindestens 183 Tage während des Kalenderjahrs[1066] dort aufhält.[1067] Als feste Einrichtung wird hierbei die Gesamtheit der Gegenstände,

---

1064 Ebenso Xavier, Direito Tributário Internacional, S. 618; Mesquita, S. 224 f. A.A. Pires, Da Dupla Tributação Jurídica Internacional sobre o Rendimento, S. 858 f., der auf die Freiberuflergesellschaften Art. 7 OECD-MA anwendet, während er auf natürliche Personen, die eine selbstständige oder freiberufliche Tätigkeit ausüben, den Art. 14 OECD-MA anwendet.

1065 Urtz, in: G/L/L, S. 157, 176, Krabbe, FR 1995, 692. Mesquita, S. 223 f., die betont, dass der Betriebsstättenbegriff heranzuziehen ist, um den Begriff der festen Einrichtung (base fixa) zu erläutern; ebenso Xavier, Direito Tributário Internacional, S. 617 f.

1066 Ein Besteuerungsrecht des Quellenstaates wird bereits dann begründet, wenn der Steuerpflichtige dort nur an einem Tag eine selbstständige Tätigkeit in einer festen längerfristig geplanten Einrichtung ausübt oder es erfolgt ein mindestens 183-tägiger Aufenthalt im Quellenstaat; vgl. Raber, in: Wassermeyer, DBA-Portugal, Art. 14 Rn. 8.

1067 Die Regelung der „festen Einrichtung“ und der „Mindestaufenthaltsdauer“ stehen in einem Alternativverhältnis zueinander. Im Gegensatz zu Art. 14 Abs. 1 lit. a DBA-Portugal enthält Art. 14 Abs. 1 lit. b DBA-Portugal keine explizite Gewinnzurechnung. Darüber hilft eine an Sinn und Zweck orientierte Auslegung der Protokollanmerkung Ziff. 7 zu Art. 14 DBA-Portugal hinweg. Danach ist im Fall des Art. 14 Abs. 1 lit. b DBA-Portugal nur der Teil der Einkünfte, welcher der dort genannten Tätigkeit zuzurechnen ist, im anderen Vertragsstaat steuerbar. Das heißt, dass eine Besteuerung trotz Erfüllung des Mindestaufenthalts nur erfolgen kann, wenn die Einkünfte aus einer Tätigkeit stammen, die im Quellenstaat ausgeübt wurde, vgl.

die der freiberuflichen oder sonstigen selbstständigen Arbeit dienen, verstanden.[1068] Die „feste Einrichtung" (base fixa) entspricht somit inhaltlich dem Betriebsstättenbegriff (establecimento estável).[1069] Dennoch sind die Begriffe trotz Streichung des Art. 14 im OECD-MA 2000 im DBA-Portugal voneinander abzugrenzen, da die Aufhebung für das zeitlich früher abgeschlossene DBA-Portugal bedeutungslos ist.[1070]

Der Selbstständige muss seine Tätigkeit durch eine im anderen Vertragsstaat gelegene Geschäftseinrichtung ausüben. Ein tätigkeitsbezogenes Tätigwerden des einzelnen Gesellschafters für die feste Einrichtung (auch eine Wohnung genügt) ist hierzu nicht erforderlich.[1071] Vielmehr genügt ein einrichtungsbezogenes Tätigwerden eines Gesellschafters.[1072] Auch in den Fällen, in denen eine tatsächliche bzw. feste Einrichtung im Quellenstaat vorliegt, darf dieser Staat die Einkünfte besteuern.[1073] Eine feste Einrichtung wird grundsätzlich begründet, wenn die Einrichtung für eine voraussichtliche Dauer von sechs Monaten angelegt ist. Im DBA-Portugal kann diese unterschritten werden, da Art. 14 DBA-Portugal an die Aufenthaltsdauer von 183 Tage anstelle der festen Einrichtung anknüpft.[1074]

Raber, in: Wassermeyer, DBA-Portugal, Art. 14 Rn. 10. Das DBA-Portugal definiert darüber hinaus das Tatbestandsmerkmal „sich aufhalten" nicht, s. hierzu BFH v. 12.10.2011, BStBl. II 2012, 548, 549 f.

1068 Wassermeyer, in: Wassermeyer, Art. 14 Rn. 68.

1069 Anjos Avezedo, Cadernos de Direito Atual 2017, 31, 56 f.; Urtz, in: G/L/L, S. 157, 176; Raber, in: Wassermeyer, DBA-Portugal, Art. 14 Rn. 8; Wingert/Krause, Handkommentar, Portugal, S. 598; Xavier, Direito Tributário Internacional, S. 617 f. Einschränkend Mesquita, S. 223 f., die darauf hinweist, dass die Begriffe Betriebsstätte und feste Einrichtung nicht identisch zu verstehen sind, sondern der Begriff der „festen Einrichtung" sich vielmehr den Besonderheiten der selbstständigen Tätigkeit anpasst. Wassermeyer, in: Wassermeyer, Art. 14 MA Rn. 66, der zutreffend darauf hinweist, dass der OECD-Ausschuss den Ausdruck in analoger Anwendung des Art. 5 Abs. 1 bis 7 MA auslegt. Dem zustimmend Hemmelrath, in: V/L, Art. 14 Rn. 2.

1070 Dahin gehend Brás, Impostos – Teoria Geral, S. 224 f.; Pires, Dupla Tributação, S. 858; Mesquita, S. 224 f.

1071 Wassermeyer, in: Wassermeyer, MA, Art. 14 Rn. 50b; a.A. BFH v. 25.11.2015, IStR 2016, 432, 436.

1072 Für ein tätigkeitsbezogenes Tätigwerden: BFH v. 25.11.2015, DStR 2016, 954, 958; Hemmelrath, in: V/L, Art. 14 Rn. 2; Für ein nicht tätigkeitsbezogenes Tätigwerden: Krabbe, FR 1995, 692, 693 f.; Wassermeyer, in: Wassermeyer, Art. 14 MA Rn. 50.

1073 Die Zurechnung von Einkünften zur festen Einrichtung erfolgt nach denselben Zuordnungsgrundsätzen wie bei der Betriebsstätte, vgl. Hemmelrath, in: V/L, Art. 14 MA, Rn. 34; Schaumburg/Häck, in: Schaumburg, Rn. 19.418, 19.264.

1074 Raber, in: Wassermeyer, DBA-Portugal, Art. 14 Rn. 8.

Soweit an einer deutschen Freiberufler-Personengesellschaft ein Berufsfremder beteiligt ist, erzielt die inländische Personengesellschaft gewerbliche Einkünfte.[1075]

Im spiegelbildlichen Fall einer portugiesischen Freiberufler-Personengesellschaft sind die Voraussetzungen des Art. 6 Abs. 4 lit. a CIRC zu beachten. Abkommensrechtlich schlägt die innerstaatliche Besteuerung nicht auf die Abkommensebene durch. Vielmehr werden die Einkünfte in derartigen Mischfällen in Unternehmensgewinne (Art. 7 DBA-Portugal) und solche aus selbstständiger Arbeit (Art. 14 DBA-Portugal) aufgeteilt,[1076] es sei denn, der Berufsfremde trägt maßgeblich zur Gewinnerzielung bei. In diesem Fall liegen ausschließlich Unternehmensgewinne i.S.d. Art. 7 DBA-Portugal vor.[1077] In den darüberhinausgehenden Fällen entscheidet der Schwerpunkt der Tätigkeit, ob Art. 7 oder Art. 14 MA Anwendung findet.[1078]

Da Art. 14 DBA-Portugal lediglich auf die Ansässigkeit einer natürlichen Person abstellt,[1079] aber hinsichtlich des Auftragsgebers keine Anforderung enthält, kommt eine Aufteilung der Schuldverhältnisse nicht in Betracht.[1080]

(d) Überlassung von unbeweglichem Vermögen, Art. 6 DBA-Portugal

Nach Art. 6 Abs. 4 DBA-Portugal werden auch Einkünfte, die im Rahmen einer selbstständigen oder gewerblichen Tätigkeit erzielt werden, als Einkünfte aus unbeweglichem Vermögen behandelt. Dies bedeutet, dass dem Belegenheitsprinzip gegenüber dem Betriebsstätten- bzw. Wohnsitzprinzip der Artt. 7 Abs. 1 S. 1, 2. HS, 14 DBA-Portugal im Wege einer isolierenden Betrachtungsweise der Vorrang eingeräumt wird. Die laufenden Einkünfte aus der Überlassung zur Nutzung von unbeweglichem Vermögen des Gesellschafters an die Gesellschaft sind, soweit sie wirtschaftlich durch das Gesellschaftsverhältnis veranlasst sind (§ 15 Abs. 1 Nr. 2 EStG, Sondervergütungen), kraft spezieller Regelung demnach dem

1075 Hinsichtlich ausländischer Mitunternehmer ist eine isolierende Betrachtungsweise vorzunehmen, die bei der Beteiligung von einem „berufsfremden Gesellschafter“ zu gewerblichen Einkünften führt; siehe nur BFH v. 10.08.1994, BStBl. II 1995, 171, 172.

1076 Wassermeyer in: Wassermeyer, MA, Art. 7, Rn. 89.

1077 BFH v. 11.05.1989, BStBl. II 1989, 797, 799 f.; v. 10.08.1994, BStBl. II 1995, 171, 174.

1078 BFH v. 07.11.1991, BStBl. II 1993, 324, 326.

1079 Ebenso Raber, in: Wassermeyer, DBA-Portugal, Art. 14 Rn. 4; a.A. Wingert/Krause, in: Handkommentar, Portugal, Art. 14 S. 598, der keine Differenzierung zwischen natürlichen und juristischen Personen vornimmt.

1080 Ebenso Schüller, S. 178 m.w.N. (für Art. 14 OECD-MA).

Art. 6 DBA-Portugal zuzuweisen. Dabei bestimmt sich der Begriff des unbeweglichen Vermögens nach Art. 6 Abs. 2 S. 1, 2 DBA-Portugal und nach dem Recht des Staates, in dem das Vermögen belegen ist.[1081] Dieses Verständnis des unbeweglichen Vermögens ist für den anderen Vertragsstaat gleichfalls bindend.[1082]

Im Gegensatz zu den Art. 11 Abs. 5 und Art. 12 Abs. 4 DBA-Portugal (Betriebsstättenvorbehalt) setzt der Art. 6 DBA-Portugal keine Anforderungen an die Person des Schuldners voraus. Maßgeblich ist allein die Belegenheit des unbeweglichen Vermögens (Art. 6 DBA-Portugal).[1083] Damit scheidet eine Aufspaltung der Einkünfte von vorneherein aus.

Überlässt ein in Portugal ansässiger Gesellschafter gesellschaftlich veranlasst und gegen Entgelt seiner deutschen Personengesellschaft ein Grundstück, das in Portugal belegen ist, besitzt Portugal als Belegenheitsstaat (Art. 6 Abs. 1 DBA-Portugal) und als Wohnsitzstaat das alleinige Besteuerungsrecht; als Einkünftequelle ist Portugal und nicht der Zahlungsort Deutschland zu betrachten (Art. 6 DBA-Portugal). Ist das Grundstücks hingegen in Deutschland belegen, gebührt Deutschland als Belegenheitsstaat das Besteuerungsrecht, während Portugal als Wohnsitzstaat die auf die Vermietungseinkünfte in Deutschland entrichteten Steuern anrechnet (Art. 24 Abs. 1 DBA-Portugal). Im umgekehrten Fall (portugiesische Gesellschaft mit deutschem Gesellschafterkreis und in Deutschland belegenem Grundstück) hat Deutschland als Belegenheits- und Wohnsitzstaatstaat das ausschließliche Besteuerungsrecht. Sofern die portugiesische Gesellschaft von ihren deutschen Gesellschaftern portugiesischen Grundbesitz[1084]

1081 Raber, in: Wassermeyer, DBA-Portugal, Art. 6 Rn. 6; so wohl auch Brás, Imposto – Teoria Geral, S. 214.

1082 Art. 6 Abs. 5 DBA-Portugal enthält eine Abweichung zu Art. 6 Abs. 2 DBA-Portugal, die sicherstellt, dass Einkünfte aus der Vermietung portugiesischer Wochenendhäuser dem Art. 6 DBA-Portugal zugeordnet werden. Hintergrund der Regelung ist, dass das portugiesische Zivilrecht Wochenendhäuser als bewegliches Vermögen ansieht, während das portugiesische Steuerrecht diese dem unbeweglichen Vermögen zuweist (Art. 8 CIRS), vgl. Raber, in: Wassermeyer, DBA-Portugal, Art. 6 Rn. 19.

1083 Ebenso Stemler, Sondervergütungen, S. 90; Machens, S. 294 f.; Weggenmann, Einordnungskonflikte, S. 279.

1084 Soweit Portugal Anwendestaat ist, werden auch Wochenendhäuser als unbewegliches Vermögen erfasst (Art. 8 CIRS), sodass eine in Portugal ansässige Gesellschaft abkommensberechtigter Eigentümer eines Wochenendhauses sein kann. In Deutschland hingegen erhalten nur die Mitunternehmer Abkommensschutz. Die Ansässigkeitsfiktion des Art. 4 Abs. 4 DBA-Portugal nimmt der daraus resultierenden Doppelbesteuerung – soweit keine Sondervergütungen vorliegen – die Schärfe. Andernfalls ist auf den Methodenartikel zurückzugreifen.

mietet, darf Portugal als Belegenheitsstaat die Einkünfte besteuern (Art. 6 Abs. 1 DBA-Portugal) und Deutschland hat sie unter Beachtung des Progressionsvorbehaltes freizustellen (Art. 24 Abs. 2 DBA-Portugal).[1085]

(e) Veräußerung von Sonderbetriebsvermögen, Art. 13 DBA-Portugal

Zu den Sonderbetriebseinahmen des Gesellschafters zählen auch Gewinne, die aus der Veräußerung von SBV resultieren.[1086] Im Hinblick auf diese Veräußerungsgewinne gebührt dem Ansässigkeitsstaat des Gesellschafters nach Art. 13 Abs. 4 DBA-Portugal das ausschließliche Besteuerungsrecht. Parallel zur Besteuerung des unbeweglichen Vermögens nach Art. 6 DBA-Portugal wird jedoch dem Belegenheitsstaat für die Gewinne aus der Veräußerung unbeweglichen Vermögens das Besteuerungsrecht nach Art. 13 Abs. 1 DBA-Portugal eingeräumt, es sei denn, Belegenheits- und Ansässigkeitsstaat fallen zusammen, dann findet Absatz 4 des Art. 13 DBA-Portugal wieder Anwendung.[1087]

Für Gewinne aus der Veräußerung des beweglichen Vermögens einer Betriebsstätte wird das Besteuerungsrecht gem. Art. 13 Abs. 2 DBA-Portugal dem Betriebsstättenstaat zugewiesen. In Anlehnung an Art. 14 DBA-Portugal wird auch bewegliches Vermögen, das zu einer „festen Einrichtung" gehört und der Ausübung eines freien Berufs dient, einbezogen. Berücksichtigt wird auch die Veräußerung einer Betriebsstätte bzw. einer festen Einrichtung im Ganzen.[1088] Die Besteuerung von Veräußerungsgewinnen nach portugiesischem Recht wird im Rahmen der Veräußerung von Anteilen an Personengesellschaften näher erläutert.[1089]

Als Ergebnis bleibt festzuhalten, dass die speziellen Einkunftsarten auch bei Sondervergütungen erfüllt sind, sodass Deutschland als Anwenderstaat den

---

1085 Art. 24 Abs. 2 lit. a DBA-Portugal.

1086 BFH v. 03.04.2008, BFHE 220, 495, 502; v. 06.11.1980, BFHE 132, 93, 98. Der Veräußerungserlös ist grundsätzlich in Gesamthands- und SBV aufzuteilen, da der Sitzstaat der Personengesellschaft das veräußerte Gesamthandsvermögen besteuern darf. Der Ansässigkeitsstaat des Gesellschafters darf hingegen das veräußerte SBV besteuern, es sei denn, dieses ist einer Betriebsstätte im Sitzstaat der Personengesellschaft zurechenbar. In diesem Fall wird auch dieses dort besteuert. Eine Doppelfreistellung tritt hinsichtlich des SBV nicht ein, es sei denn, die Einkünfte können der Betriebsstätte im Sitzstaat der Personengesellschaft zugerechnet werden, vgl. Schaumburg/Häck, in: Schaumburg, Rn. 9.392; Wassermeyer, in: Wassermeyer, Art. 13 Rn. 79b.

1087 BFH v. 14.07.1993, BFHE 172, 422, 425.

1088 Raber, in: Wassermeyer, DBA-Portugal Art. 13 Rn. 16; dahin gehend auch Wingert/Krause, in: Handkommentar, Portugal, Art. 13 S. 597.

1089 Vgl. 4. Kapitel D V dieser Arbeit.

Vorrang der speziellen Einkünfte (Art. 7 Abs. 7 DBA-Portugal) zu beachten hat,[1090] es sei denn, die Betriebsstättenvorbehalte heben diese Vorrangigkeit wieder auf und weisen auf den Unternehmensartikel Art. 7 Abs. 1, 2 DBA-Portugal zurück.[1091] Demnach ist der Auffassung des BFH insoweit beizupflichten, als die Neuregelung des § 50d Abs. 10 EStG i.d.F. des JStG 2009 und deren Adjustierung keine Anwendung finden.[1092]

II. Die Regelung des § 50d Abs. 10 EStG

1. § 50d Abs. 10 EStG i.d.F. des JStG 2009

a) Entstehungsgeschichte und Reichweite der Erstfassung

Nachdem die Finanzverwaltung[1093] und die Rechtsprechung[1094] über längere Zeit hinweg Gesellschafter-Gewinnanteil und Sondervergütungen für Abkommenszwecke einheitlich als Unternehmensgewinn (§ 15 Abs. 1 S. 1 Nr. 2 EStG; Art. 7 OECD-MA) behandelt hatten, änderte der BFH[1095] seine Rechtsprechung und teilte den Unternehmensgewinn auf in Gewinnanteil (§ 15 Abs. 1 S. 1 Nr. 2 1. HS EStG, Art. 7 OECD-MA) und Sondervergütungen unter Zuordnung zu unterschiedlichen Einkünftekategorien (§ 15 Abs. 1 S. 1 Nr. 2 2. HS EStG, insbesondere Artt. 10 – 12 OECD-MA).

Als Reaktion auf die geänderte Rechtsprechung des BFH[1096] sah sich die Finanzverwaltung zur Sicherung des deutschen Besteuerungssubstrats[1097]

1090 Hervorzuheben ist, dass „originäre Unternehmensgewinne" nicht vom Verweis des Spezialartikels erfasst werden.

1091 Statt vieler BFH v. 11.12.2013, BFH/NV 2014, 614, 616.

1092 Statt vieler Stemler, Sondervergütungen, S. 118, der zutreffend darauf hinweist, dass der Vorrang der Spezialartikel, der sich aus nationalem Recht wegen Art. 3 Abs. 2 OECD-MA ergibt, durch § 50d Abs. 10 EStG aF außer Kraft gesetzt wird. Insoweit sei irrelevant, ob das nationale Recht zu einem Vorrang der Spezialartikel oder zur ausschließlichen Anwendung des Unternehmensartikels führe.

1093 BMF-Schreiben v. 24.12.1999, BStBl. I 1999, S. 1074 Tz. 1.2.3; BMF-Schreiben v. 16.4.2010, BstBl. I 2010, S. 354 Tz. 2.2.1, 5.1; BMF-Schreiben v. 26.09.2014, BStBl. I 2014, S. 1258, Tz. 2.2.1, 5.1.1.

1094 RFH v. 30.11.1938, RStBl. 1939, 544; BFH v. 10.11.1983, BStBl. II 1984, 605.

1095 BFH v. 27.02.1991, BStBl. II, 444, 446; v. 17.10.2007, BStBl. II 2009, 356, 357 f.; v. 8.09.2010, IStR 2011, 32, 33f.

1096 BFH v. 27.02.1991, BStBl. II, 444.

1097 Unter den Voraussetzungen des § 4h EStG hätte es des § 50d Abs. 10 EStG (aF wie nF) für Zinsfälle nicht bedurft, um das deutsche Besteuerungssubstrat sicherzustellen;

unabhängig davon, ob Sondervergütungen von einer ausländischen Personengesellschaft an einen inländischen Gesellschafter oder einer inländischen Personengesellschaft an einen ausländischen Gesellschafter gezahlt wurden, veranlasst, ihre Auffassung durch den Gesetzgeber in § 50d Abs. 10 EStG aF[1098] festzuschreiben zu lassen. Der Gesetzgeber und die Finanzverwaltung teil(t)en die Auffassung, dass § 50d Abs. 10 EStG aF sämtliche Sondervergütungen als Unternehmensgewinne behandeln und die Vergütungen einer durch die Personengesellschaft vermittelten Betriebsstätte des einzelnen Gesellschafters gem. Art. 7 Abs. 1 S. 2, Abs. 2 OECD-MA zuordnen solle. Für die speziellen Verteilungsartikel (Artt. 10 bis 12 OECD-MA etc.) bleibe daneben kein Raum mehr.[1099] Zur Begründung führt die Finanzverwaltung an, dass es dem Sinn und Zweck des Art. 7 Abs. 4 OECD-MA (Spezialitätenvorrang) widerspräche, eine Quellenbesteuerung ohne Betriebsstätte durchzuführen.[1100]

Im Schrifttum ergibt sich kein einheitliches Bild. Es wird sowohl die Verfassungsmäßigkeit der Erstfassung des § 50d Abs. 10 EStG als auch deren Wirkkraft angezweifelt.[1101] Teilweise wird die Regelung des § 50d Abs. 10 EStG wegen der abkommensrechtlichen Auslegung gem. Art. 3 Abs. 2 OECD-MA für nicht anwendbar gehalten.[1102] Zum anderem soll die Regelung Abkommen, die den

---

zumal der maximale Betriebsausgabenabzug von 30% des steuerlichen EBITDA das nationale Besteuerungsrecht – ohne Abkommensüberschreibung – hinreichend gesichert hätte. Ebenso Kollruss, FR 2015, 351, 354. Allerdings erfasst § 50d Abs. 10 EStG nF auch Zinsaufwendungen, sodass § 4h EStG im DBA-Fall überflüssig wird. Zur Anwendbarkeit der Zinsschranke auf Sondervergütungen im Allgemeinen vgl. BMF v. 08.09.2010, BStBl. I 2008, S. 718 Tz. 19.

1098 In der Fassung des JStG 2009 (s. BR-Drs. 545/08, S. 3) enthielt § 50d Abs. 10 EStG zwei Sätze. Der erste Satz fingierte grenzüberschreitend Unternehmensgewinne ausschließlich als Unternehmensgewinne, soweit ein DBA keine diesbezüglichen Sonderregelungen enthielt und stellte darüber hinaus fest, dass die unilaterale Umschaltklausel des § 50 Abs. 9 S. 1 Nr. 1 EStG (Wechsel von Freistellung zur Steueranrechnung) anwendbar blieb. Daneben wurde in § 52 Abs. 59a S. 11 EStG eine Einführungsverordnung festgeschrieben.

1099 Die Gesetzesbegründung stellt lediglich auf die partielle Gleichstellung des Mitunternehmers mit einem Einzelunternehmer ab, vgl. BT-Drs. 16/11108, S. 23. Kritisch hierzu Bresgen, S. 80 f. m.w.N., die u.a. zutreffend darauf hinweist, dass die Divergenzen zwischen Finanzverwaltung und BFH über 20 Jahre andauern und ein rein dogmatischer Ansatz zur Beilegung des Streits nicht überzeugend sei.

1100 BMF v.16.10.2010, BStBl. I 2010, S. 354 Tz 2.2.1.

1101 Statt vieler Salzmann, IWB 2010, 902, 904 f. m.w.N.

1102 Korn, IStR 2009, 641, 643 f.

Begriff „Unternehmensgewinne“ nicht aufführen, nicht erfassen.[1103] Strittig ist auch, ob § 50d Abs. 10 EStG aF den Vorrang der Spezialeinkünfte suspendiere. Hier wird von Teilen des Schrifttums vertreten, dass ein solcher Vorrang den Willen des Gesetzgebers, die Sondervergütungen ausschließlich als Unternehmensgewinne zu behandeln,[1104] sowie den Sinn und Zweck der Regelung,[1105] unterlaufe.[1106] Dem halten andere Stimmen in der Literatur entgegen, dass § 50d Abs. 10 EStG aF auf den gesamten Art. 7 OECD-MA (einschließlich des Absatzes 4) verweise.[1107] Schließlich ist die Reichweite des § 50d Abs. 10 EStG umstritten. Mehrere Stimmen im Schrifttum beziehen Dividenden aus dem Sonderbetriebsvermögen II[1108], nachträgliche Einkünfte i.S.d. § 15 Abs. 1 S. 2

1103 Goebel/Eilinghoff/Schmidt, DStZ 2011, 74, 77; Franz/Voulon, BB 2011, 1111, 1116; Günkel/Lieber, Ubg 2009, 301, 304; Hruschka, DStR 2010, 1357, 1358, Salzmann, IWB 2009, 165, 173 f. Pinkernell, IStR 2010, 785, 788, der den Begriff „Unternehmensgewinn“ als Oberbegriff ansieht und die Regelung auf Abkommen mit entsprechenden Begriffen anwendet. Für das DBA-Portugal, dass den Ausdruck „Unternehmensgewinne“ enthält (Art. 7 DBA-Portugal), ist der oben skizzierte Streit bedeutungslos.

1104 Häck, IStR 2011, 71, 72; Salzmann, IWB 2009, 165, 175.

1105 Göbel/Eilinghoff/Schmidt, DStZ 2011, 74, 76; Hruschka, DStR 2010, 1357, 1358; Kammeter, IStR 2011, 35, 36; Lohbeck/Wagner, DB 2009, 423, 425; Pohl, IWB 2012, 120, 123 f.; Weggenmann, in: W/R/S, Rn. 660. Einschränkend Lange, GmbH-StB 2009, 128, 132 f., der eine Suspendierung der Spezialartikel annimmt, soweit es sich bei § 50d Abs. 10 EStG aF um einen verfassungsgemäße Abkommensverdrängung handele. Dies dürfte seit der Entscheidung des BVerfG v. 15.12.2015, DStR 2016, 359 ff., das den vergleichbaren § 50d Abs. 8 EStG für verfassungsgemäß hielt, anzunehmen sein. Schmitt-Homann, DStR 2010, 2545, 2549, der dagegen davon ausgeht, dass die Regelungen der Artt. 6 Abs. 4, 13 Abs. 1 OECD-MA nicht vom Anwendungsbereich des § 50d Abs. 10 EStG aF umfasst sei. Für eine etwaige teleologische Reduktion der Norm fehlen Anhaltspunkte. Nach dem Bericht des Finanzausschusses (vgl. BT-Drs. 16/1108, S. 23) wollte der Gesetzgeber sämtliche Sondervergütungen als Unternehmensgewinne behandeln und dafür die Anwendung der Spezialartikel (wie das Wort „ausschließlich“ in § 50d Abs. 10 EStG aF belegt) suspendieren. Ebenso Bresgen, S. 90; Stemler, Sondervergütungen, S. 106, 116.

1106 Der BFH hat in seiner Entscheidung vom 08.09.2010, IStR 2011, 32, 36 f., lediglich die Frage aufgeworfen, ob § 50d Abs. 10 EStG a.F., der auf den Art. 7 OECD-MA zur Gänze verweise, überhaupt den Anwendungsbereich der Spezialartikel eröffnen könne.

1107 Wehrße, S. 138; Denninger/Gillamariam/Stoll, StuB 2011, 948, 954.

1108 Salzmann, IWB 2010, 902, 905 am Beispiel vom Kapitalgesellschafts-Beteiligungen in einer Inbound-Konstellation. A.A. Pohl, IStR 2012, 222, 226, der betont, dass Dividenden nicht explizit in § 15 Abs. 1 S. 1 Nr. 2 S. 1 HS. 2 EStG aufgeführt

i.V.m. § 24 Nr. 2 EStG[1109] sowie gewerblich geprägte Personengesellschaften[1110] in den Anwendungsbereich des § 50d Abs. 10 EStG aF ein. Die Einbeziehung von mittelbaren Beteiligungen sowie freiberuflichen Mitunternehmerschaften wird demgegenüber von weiten Teilen des Schrifttums abgelehnt. Zur Begründung wird angeführt, dass die Erstfassung des § 50d Abs. 10 EStG – ausweislich seines Wortlautes – nur auf den § 15 Abs. 1 S. 1 Nr. 2 S. 1 HS 2 und Abs. 1 S. Nr. 3 EStG verweise, nicht aber auf § 18 Abs. 4 S. 2 EStG.[1111] Zudem enthalte weder der Wortlaut der Norm noch die Gesetzesbegründung Anhaltspunkte dafür, dass sich § 50d Abs. 10 EStG aF auch auf mittelbare Beteiligungen[1112] oder nachträgliche Sondervergütungen erstrecke. Zur Reichweichte des § 50d Abs. 10 EStG aF stellte der BFH zutreffend fest, dass dieser weder Sonderbetriebsvermögen[1113] noch nachträgliche Sondervergütungen[1114] erfasse. Überdies reiche der

werden, sodass die Dividenden von vornherein nicht in den Regelungsbereich des §50d Abs. 10 EStG aF fallen. Einschränkend Kempermann, in: W/R/S, Rn. 2.78 mit Verweis auf BFH v. 12.06.2013, BFH/NV 2013, 1999, 2001, der es nicht ausschließt, dass auch Zinsen als Sonderbetriebseinnahmen zu behandeln seien.

1109 Dafür: Pinkernell, IStR 2010, 785, 788; Pohl, IWB 2012, 120, 125; dagegen: Franz/Voulon, BB 2011, 1111, 1116; Prinz DB 2011, 1415, 1417; Gosch, BFH-PR 2011, 70, 72.

1110 Dafür: Salzmann, IWB 2009, 165, 174 der davon ausgeht, dass § 15 Abs. 3 Nr. 2 EStG den Anwendungsbereich des § 50d Abs. 10 EStG aF eröffnet; a.A. BFH v. 24.08.2011, BStBl. II 2014, 765, 770 (so ausdrücklich für den Anwendungsbereich des § 50d Abs. 9 EStG); Pohl, DB 2013,1572, 1575; Rosenberg, in: W/R/S, Rn. 11.68; dahin gehend wohl auch Liebchen, Personengesellschaften, S. 178 f.; Wassermeyer, in: Wassermeyer, MA, Art. 7 Rn. 41, 43.

1111 Cloer/Kudert, PIStB 2010, 110, 113; Salzmann, IWB 2009, 165, 174; a.A. Wacker in Schmidt, § 18 EStG Rn. 39, der aus dem expliziten Verweis von § 18 Abs. 4 S. 2 EStG auf § 15 Abs. 1 Nr. 2, Abs. 2 S. 2 und 3 EStG schließt, dass freiberufliche Mitunternehmerschaften von § 50d Abs. 10 EStG aF umfasst sind. Kritisch hierzu Günkel/Lieber, Ubg 2009, 301, 304, der darauf hinweist, dass Einkünfte aus freiberuflicher Tätigkeit nicht den Unternehmensgewinnen gleichzusetzen seien. Dieser Einwand erlangt lediglich für Abkommen, die einen entsprechenden Artikel wie Art. 14 OECD-MA aF enthalten – wie das bei dem DBA-Portugal der Fall ist –, Relevanz.

1112 Hils, DStR 2009, 888, 891; Franz/Voulon, BB 2011, 1111, 1116; Salzmann, IWB 2009, 1539, 1549; a.A. Boller/Eilinghoff/Schmidt, IStR 2009, 109, 111; Günkel/Lieber, Ubg 2009, 301, 306.

1113 BFH v. 19.07.2012, BFH/NV 2012, 1942, 1945 (SBV).

1114 BFH v. 08.11.2010, IStR 2011, 157, 158; FG Baden-Württemberg v. 09.10.2009, EFG 2010, 238 (Vorinstanz). In diesem Beschluss hat der BFH die Frage offengelassen, ob zwischen den nachträglichen Pensionszahlungen und der inländischen Personengesellschaft ein Veranlassungszusammenhang bestand, da er die Zahlungen

gesetzliche Tatbestand nicht aus, um die Zuordnung der Einkünfte zur inländischen Betriebsstätte anzuordnen und deren Existenz zu begründen.[1115] Vielmehr sei nach ständiger Rechtsprechung eine etwaige Zuordnung nur möglich, wenn entweder die den Vergütungen zugrundeliegenden Wirtschaftsgüter der Gesamthandsbetriebsstätte[1116] zuzuweisen seien oder der Gesellschafter am Ort der Gesamthandsbetriebsstätte über eine eigene Sonderbetriebsstätte verfüge.[1117]

Zusammenfassend hat der Gesetzgeber mit § 50d Abs. 10 EStG aF sein Ziel der Zuordnung von Sondervergütungen zu der vermittelnden Betriebsstätte der Personengesellschaft nicht erreicht. Dies hatte zur Folge, dass die allgemeinen Zurechnungsgrundsätze weiterhin fortgegolten hatten.

b) § 50d Abs. 10 EStG i.d.F. des AmtshilfeRLUmsG Reichweite der Neufassung

Der Gesetzgeber fasste den § 50d Abs. 10 EStG durch das AmtshilfeRLUmsG vom 26.06.2013[1118] mit dem Ziel neu, die bestehende Rechtsprechung zur

---

entsprechend seinen aufgestellten Grundsätzen dem Art. 18 Abs. 1 DBA Deutschland-USA aF zuordnete und damit zum ausschließlichen Besteuerungsrecht der USA gelangte. Bestätigt durch BFH v. 07.12.2011, BFH/NV 2012, 556, 558; a.A. FG Düsseldorf v. 07.12.2011 – 13 K1214/06 E, abrufbar über juris, Rn. 20, 22.

1115 BFH v. 08.09.2010, IStR 2011, 32, 34; bestätigt durch BFH v. 19.7.2012, BFH/NV 2012, 1942, 1944; FG Nürnberg vom 3.12.2009, JurionRS 2009, 31048 Rn. 39. Dem zustimmend Boller/Eilinghoff/Schmidt, IStR 2009, 109, 113 f.; Franz/Voulon, BB 2011, 1111, 1116 f.; Häck, IStR 2011, 71, 72; Kempermann, in: W/R/S, Rn. 2.86; Salzmann, IWB 2009, 165, 177ff.; Wehrße, S. 138; Wassermeyer, in: Wassermeyer, MA, Art. 7 Rn. 109a; ders., IStR 2010, 241, 242. Salzmann, IWB 2010, 902, 903, ders. IWB, 2009, 165, 176, der davon ausgeht, dass Deutschland trotz Umqualifizierung der Sondervergütungen in Unternehmensgewinne sein Besteuerungsrecht aufgrund der fehlenden Zurechnung zur inländischen Betriebsstätte über § 50 d Abs. 10 EStG verliert, da diese Sondervergütungen damit als Unternehmensgewinne der Quellenbesteuerung unterliegen. Pohl, IWB 2013, 378, 382, spricht in diesem Zusammenhang von einer fehlenden teleologischen Extension der Norm. Vgl. auch Stemler, Sondervergütungen, S. 120 f., der zu Recht betont, dass der gesetzliche Wille nicht hinreichend im Wortlaut, wie dies im Rahmen des § 2 Abs. 1 S. 2 AStG der Fall ist, zum Ausdruck komme. Er fasst zutreffend eine etwaige Auslegung der Norm als Verstoß gegen die steuerschärfende Analogie auf. A.A. Mitschke, DB 2010, 303, 304; Frotscher, IStR 2009, 593, 596, die eine rechtliche Zuordnung von Sondervergütungen zu den Unternehmensgewinnen für ausreichend erachten.

1116 BFH v. 19.07.2012 – II R 5/10, BFH/NV 2012, 1942, 1944; v. 31.05.1995, BStBl. II 1995, 683, 685.

1117 BFH v. 08.09.2010, IStR 2011, 32, 35.

1118 Gesetz zur Umsetzung der Amtshilferichtlinie sowie zur Änderung steuerlicher

grenzüberschreitenden Besteuerung von Sondervergütungen außer Kraft zu setzen,[1119] und die o.g. Schwachstellen der Altfassung zu beheben.[1120]

Die Neu-Fassung des § 50d Abs. 10 EStG findet nunmehr auf Personengesellschaften und KGaA, die im In- oder Ausland ansässig sind, Anwendung, wenn die Gesellschaft die Voraussetzungen der Mitunternehmerschaft erfüllt und an ihre Mitunternehmer „Vergütungen"[1121] entrichtet.[1122] Auf Rechtsfolgenseite werden die „Vergütungen" für Abkommenszwecke „ausschließlich als Teil des Unternehmensgewinns"[1123] behandelt (S. 1) und jener Betriebsstätte zugerechnet, die

---

Vorschriften vom 26.06.2013 (AmtshilfeRLUmsG), BStBl. I 2013, S. 1809–1846 mit Einführungsverordnung in § 52 Abs. 59a S. 10 EStG.

1119 Der Gesetzgeber hat dieselbe dogmatische Begründung wie für die Erstfassung des § 50d Abs. 10 EStG verwendet, vgl. BR-Drs. 632/1/12, S. 15, BR-DrS. 302/12, S. 51 f.

1120 Hierzu wurde die Neufassung auf acht Sätze ausgedehnt. Gleichgeblieben ist der bisherige Satz 2, der nunmehr dem Satz 8 entspricht. Der Satz 1 blieb im Wesentlichen unverändert, lediglich der Passus am Satzende „ausschließlich als Unternehmensgewinne" wurde durch „ausschließlich als Teil des Unternehmensgewinns" ersetzt.

1121 Kritisch zur unpräzisen Terminologie der Neufassung siehe Hagemann/Kahlenberg, IStR 2015, 54, 58, die den Begriff „Vergütungen" einschränkend dahin auslegen, dass Erträge aus dem SBV II nicht von § 50d Abs. 10 EStG erfasst werden; a.A.: Rosenberg/Placke, DB 2014, 2435. Bresgen, S. 106, die betonen, dass der Begriff „Teil des unternehmensvergütungsberechtigten Gesellschafters" dem Abkommensrecht fremd ist. Vgl. auch Dorn, BB 2013, 3038 f., die ergänzend darlegt, dass eine Zuordnung zu den Sondervergütungen und nicht zu den SBV erfolgt. Pohl, DB 2013, 1572, 1573; Schmidt, DStR 2013, 1704, 1705 f., die darauf hinweisen, dass die Neufassung weiterhin von „Unternehmensgewinnen" spricht und dies nicht ausreicht, um eine Umqualifizierung der Sondervergütungen in Unternehmensgewinne zu veranlassen. Eine Klarstellung war weder seitens des Gesetzgebers noch des BFH erforderlich, da der Gesetzgeber bereits bei der Formulierung der Erstfassung auf den Wortlaut des Art. 7 OECD-MA abgestellt hat. Damit ist die Regelung auch auf Abkommen mit anderslautenden Begriffen anzuwenden. Ebenso Günkel/Lieber, Ubg 2009, 301, 304.

1122 Sind diese Voraussetzungen nicht erfüllt, greifen die allgemeinen Zuordnungskriterien ein.

1123 Der Spezialitätsvorbehalt wurde durch den Ausdruck „ausschließlich" ausgeschlossen. Dem folgend: BFH v. 11.12.2013, BStBl. II 2014, 791, 794; FG München v. 8.11.2012 – 10 K 1984/11 abrufbar über juris, Rn. 37; Kudert/Kahlenberg, IStR 2013, 801, 802; Pohl, DB 2013, 1572, 1574; a.A. Klein/Hagena, in: H/H/R, § 50d Abs. 10 EStG, Rn. 133a; Rosenberg/Plancke, DB 2014, 2424, 2435, die dem Willen des Gesetzgebers vor dem „unpräzisen" Wortlaut des § 50d Abs. 1 EStG aF/nF Vorrang einräumen. Demgegenüber noch offen gelassen BFH v. 08.09.2010, IStR 2011, 32, 37.

die tatsächlichen Aufwendungen trägt (sog. Doppelfiktion[1124], S. 3). Dies gilt ungeachtet anderer Vorschriften des DBA. Damit liegt ein Fall ausdrücklicher Abkommensverdrängung vor.

Durch die Erweiterungen in den Sätzen 4 und 7 erfasst § 50d Abs. 10 EStG auch nachträgliche Sondervergütungen[1125], mittelbare Beteiligungsstrukturen[1126] sowie Einkünfte aus selbstständiger Arbeit[1127][1128]. Sondervergütungen von gewerblich geprägten Personengesellschaften[1129] fallen hingegen nicht in den

1124 Klein/Hagena, in: H/H/R, § 50d Abs. 10 EStG Rn. 133b.

1125 Kudert/Kahlenberg, IStR 2013, 801, 803, die Bedenken haben, ob auch Sondervergütungen von ausgeschiedenen Mitunternehmern erfasst werden.

1126 Sondervergütungen bei gewerblich geprägten Personengesellschaften bleiben in Anlehnung an die Rechtsprechung des BFH (v. 28.4.2010, BFH/NV 2010, 1550, 1552; v. 25.05.2011, BStBl. II 2014, 761, 764) unberücksichtigt. Dies legt – trotz fehlendem Hinweis im Wortlaut des § 50d Abs. 10 EStG und in der Gesetzesbegründung – den Schluss nahe, dass auch gewerblich infizierte Gesellschaften i.S.d. § 15 Abs. 3 Nr. 1 EStG von der Anwendung der Norm umfasst werden. Dafür spricht auch der § 50i EStG, der analog auf den Tatbestand der gewerblichen Prägung anwendbar ist, vgl. Pohl, DB 2013, 1572, 1577; so wohl Schmidt, DStR 2013, 1704, 1708; BMF v. 26.09.2014, BStBl. I 2014, S. 1258 Tz. 2.2.1 (auch hinsichtlich einer grenzüberschreitenden Betriebsaufspaltung).

1127 Für das DBA-Portugal, das einen Artikel für selbstständige Einkünfte (Art. 14 DBA-Portugal) enthält, bedeutet dies, dass die Sondervergütungen, die ein in Portugal ansässiger Selbstständiger von seiner inländischen „festen Einrichtung" bezieht, in gewerbliche Einkünfte gem. § 50d Abs. 10 S. 7 Nr. 2 i.V.m. § 50d Abs. 10 S. 1–6 EStG umzuqualifizieren und der festen Einrichtung zuzurechnen sind. Dahin gehend auch Hahn-Joecks, in: K/S/M, § 50d Abs. 10 EStG Rn. L 17.

1128 § 50d Abs. 10 S. 7 Nr. 2 EStG findet ausdrücklich auf freiberufliche Mitunternehmerschaften Aufwendung, auf land- und fortwirtschaftlichen Mitunternehmerschaften dagegen nicht. Abkommensrechtlich führt dies dazu, dass Einkünfte aus selbstständiger Arbeit (Art. 14 DBA-Portugal) in gewerbliche Einkünfte (Art. 7 DBA-Portugal) umqualifiziert werden, während land- und forstwirtschaftliche Einkünfte von dem spezielleren Art. 6 DBA-Portugal erfasst werden. Ein Wertungswiderspruch wird dadurch nicht begründet. Ebenso Kudert/Kahlenberg, IStR 2013, 801, 809; a.A. Schmidt, DStR 2013, 1704, 1709.

1129 Hier ist zum einen streitig, inwieweit ein expliziter Ausschluss in § 50d Abs. 10 S. 7 EStG nF der gewerblich geprägten Personengesellschaften erforderlich ist. Zum anderen, inwieweit die Gewerblichkeitsfiktion hinsichtlich Betriebsaufspaltungen und gewerblich infizierten Gesellschaften auf Abkommensebene durchschlägt; vgl. Kudert/Kahlenberg, IStR 2013, 801, 809, die ein Durchschlagen hinsichtlich der Betriebsaufspaltung verneinen, aber ein „Abfärben" hinsichtlich gewerblich infizierter Pesonengesellschaften für möglich halten. Insgesamt verneinend Frotscher, in: Frotscher/Geruts, § 50d EStG Rn. 277; Gosch, in: Kirchhof, § 50d Abs. 10 EStG

Anwendungsbereich der Regelung. Als Begründung führt der BFH an, dass die Auswirkungen des § 15 Abs. 3 Nr. 2 EStG nicht die Abkommensebene infizieren können.[1130] Dem schließt sich auch die Finanzverwaltung an.[1131]

Auch werden Erträge und Aufwendungen aus dem Sonderbetriebsvermögen (sog. Sonderbetriebseinnahmen und -ausgaben) als Teil der Unternehmensgewinne erfasst, wobei allerdings nur die Einkunftsteile, nicht auch das Vermögen als solches, berücksichtigt werden (§ 50d Abs. 10 S. 2 EStG).[1132] Dies bedeutet, dass Abkommen, die Sonderregelungen enthalten, deutlich hinter § 50d Abs. 10 EStG zurückbleiben können, soweit die Regelung Sonderbetriebseinnahmen und -ausgaben nicht behandelt. Dies kann im Vergleich zu § 50d Abs. 10 EStG zu Ungleichbehandlungen führen.[1133]

Darüber hinaus führt die neue Zuordnungsfiktion des § 50d Abs. 10 S. 3 HS. 2 EStG (Sonderbetriebseinnahmen bzw. -ausgaben), die an den Sondervergütungsbegriff anknüpft,[1134] zu Zurechnungsschwierigkeiten, wenn keine Sondervergütungen vorliegen oder Sonderbetriebseinnahmen und -ausgaben nicht entsprechend ihrem Aufwand prozentual auf die verschiedenen Betriebsstätten zugeordnet werden können.[1135] In diesen Fällen läuft die Zuordnungsregel zwar leer, qualifiziert aber die Sonderbetriebseinnahmen und -ausgaben in Unternehmensgewinne um.[1136]

Im Hinblick auf Sonderbetriebsvermögen II wird hier die Ansicht vertreten, dass der Anwendungsbereich des § 50d Abs. 10 S. 2 EStG auf Erträge und

Rn. 47. Hinsichtlich gewerblich infizierter Personengesellschaften nimmt die Finanzverwaltung (BMF v. 26.09.2014, BStBl. I 2014, S. 1258 Tz. 2.2.1) eine prozentuale Aufteilung vor und weicht damit teilweise von der Auffassung des Gesetzgebers ab, der die Sondervergütungen gem. § 50 Abs. 10 S. 7 EStG von § 15 Abs. 3 Nr. 1 EStG umfasst sieht; vgl. Weggenmann, in: W/R/S Rn. 6.16; a.A. Bresgen, S. 115, 239, die eine prozentuale Aufteilung befürwortet. Zur Ausfüllung des Tätigkeitsschwerpunktes vgl. BFH v. 30.8.1995, BStBl. II 1996, 565, 566; v. 29.11.2000, IStR 2001, 185, 186.

1130 BFH v. 28.4.2010, BFH/NV 2010, 1550, 1552; v. 09.12.2010, BFH/NV 2011, 698, 700; dahin gehend auch der Gesetzgeber vgl. § 50i EStG.

1131 BMF v. 26.9.2014, BStBl. I 2014, 1258, Tz. 2.3.1.

1132 Kritisch zur Anwendung des Nettoprinzips vgl. Schmidt, DStR 2013, 1704, 1706; Rogall/Schwann DStR 2015, 2633, 2634.

1133 Pohl, IWB 2012, 120, 121 ders., DB 2013, 1572, 1573, dieser schlägt vor, den § 50d Abs. 10 EStG subsidiär hinzuziehen. A.A. Froscher, in: Frotscher/Geruts, § 50d EStG Rn. 270, der die Sonderregelung als abschließend ansieht.

1134 Zur berechtigten Kritik an der Zuordnungsfiktion vgl. nur Bresgen, S. 111 m.w.N.; Dorn, BB 2013, 3038, 3040.

1135 Rosenberg, in: W/R/S, Rn. 11.51.

1136 Pohl, DB 2013, 1572, 1575.

Aufwendungen aus Wirtschaftsgütern des Sonderbetriebsvermögens, die im wirtschaftlichen Zusammenhang zu den Sondervergütungen des § 50d Abs. 10 S. 1 EStG stehen, beschränkt ist.[1137] Dies hat zur Folge, dass Sonderbetriebsvermögen I, nicht aber das Sonderbetriebsvermögen II erfasst wird (sog. Rechtsgrundverweis).[1138] Dafür lassen sich neben den verfassungsrechtlichen Vorgaben auch der Sinn und Zweck der Norm anführen. Auch kann der Einzelunternehmer mit sich selbst keine Geschäfte abschließen.[1139] Selbst wenn man in § 50d Abs. 10 S. 2 EStG ein weites Regelungsverständnis zugrunde legen würde, der neben Erträgen und Aufwendungen aus dem Sonderbetriebsvermögen I auch solche aus dem Sonderbetriebsvermögen II erfasse,[1140] änderte dies nichts an

---

1137 Ebenso Cloer/Hagemann, in: B/B, § 50d EStG Rn. 377; Kudert/Kahlenberg, IStR 2013, 801, 804; Klein/Hagena, in: H/H/R, § 50d Abs. 10 EStG Rn. 133; Rogall/Schwan, DStR 2015, 2633, 2637 f. A.A. Gosch, in: Kirchhof, § 50d Abs. 10 EStG, Rn. 45b; Pohl, DB 2013, 1572, 1575.

1138 Die Frage, ob das Sonderbetriebsvermögen II von § 50d Abs. 10 EStG erfasst wird, hat der BFH bisher noch nicht beantwortet, vgl. BFH v. 11.12.2013, BStBl. 2014, 791, 794; v. 21.01.2016, IStR 2016, 509, 513 (ausdrücklich offenlassend). A.A. Hagemann/Kahlemann IStR 2015, 54, 57; Cloer/Hagemann, in: B/B, § 50d EStG Rn. 377, die davon ausgehen, dass der BFH in seinem Urteil v. 11.12.2013, BStBl. 2014, 791, 794, das Sonderbetriebsvermögen II von § 50d Abs. 10 EStG als erfasst betrachtet. Dem ist nach zutreffender Auffassung von Rogall/Schwan, DStR 2015, 2633, 2638, Fn. 56, nicht beizupflichten. Als Begründung führt diese Ansicht an, dass der BFH lediglich im Rahmen einer hypothetischen Prüfung annimmt, dass auch die betroffene Darlehensverbindlichkeit (Sonderbetriebsvermögen II) unter diese Regelung fällt. Die Auffassung der Finanzverwaltung in Bezug auf die Erfassung von Sonderbetriebsvermögen II durch § 50d Abs. 10 EStG ist nicht eindeutig. Der Entwurf zur Anwendung von DBA auf Personengesellschaften enthielt zwar einen etwaigen Hinweis, während eine solche Klarstellung im endgültigen BMF-Schreiben fehlt. Es bleibt abzuwarten, wie die Finanzverwaltung diese Frage abschließend beantworten wird, vgl. BMF-Schreiben v. 05.11.2013, IV B 5 – S 1300/09/10003, Tz. 5.1.1 im Vergleich zu BMF-Schreiben v. 26.09.2014, BStBl. I 2014, S. 1258, Tz. 5.1.2.

1139 Cloer/Hagemann, in: B/B, § 50d EStG Rn. 377; Hagemann/Kahlenberg/Kudert Ubg 2014, 80, 83 f.; a.A. Bresgen, S. 117, die die Verweisung des § 50d Abs. 1 S. 1 EStG als Rechtsfolgen- und nicht als Rechtsgrundverweisung versteht. Entsprechend qualifiziert sie das Sonderbetriebsvermögen II als Teil der Unternehmensgewinne.

1140 Soweit man sich – entgegen hier geteilter Auffassung – der Ansicht anschließt, die das Sonderbetriebsvermögen II unter § 50d Abs. 10 EStG subsumiert, besteht die Gefahr eines double dip (Doppelbegünstigung), wenn ein portugiesischer Mitunternehmer seine Beteiligung an einer inländischen Personengesellschaft fremdfinanziert und die Zinsen sowohl in Portugal als auch in Deutschland (Sonderbetriebsvermögen II) bei

dem gefundenen Ergebnis. Grund hierfür ist, dass es sich bei den Erträgen aus dem Sonderbetriebsvermögen II um keine Vergütungen i.S.d. § 50d Abs. 10 S. 1 EStG[1141] handelt, denen ein korrespondierender Aufwand zugeordnet werden kann.[1142] Eine Zurechnung über § 50d Abs. 10 Satz 3 2. HS scheidet auch hiernach aus.[1143]

Soweit Sondervergütungen vorliegen, sind die zugrundeliegende Wirtschaftsgüter der Betriebsstätte zuzurechnen, zu der sie gem. § 50d Abs. 10 S. 3 EStG gehören. § 50d Abs. 10 EStG enthält insofern keinen Zurechnungsmaßstab. Die Zuordnung bestimmt sich nach dem Prinzip der Veranlassung oder nach dem Ausweis der Wirtschaftsgüter.[1144] Die Finanzverwaltung legt hingegen einen wirtschaftlichen Zuordnungsmaßstab zugrunde, der mit den innerstaatlichen Grundsätzen des § 15 Abs. 1 S. 1 Nr. 2 EStG übereinstimmt.[1145] Es handelt sich hierbei um eine tatsächliche Zuordnung i.S.d. § 1 Abs. 5 AStG, die durch § 7 BsGaV erweitert wird.

Weitere Zuordnungsschwierigkeiten treten auf, wenn beispielsweise das vom Gesellschafter seiner Gesellschaft zur Nutzung überlassene Wirtschaftsgut in mehreren Betriebsstätten genutzt wird und nicht ausschließlich der Personengesellschaft überlassen wird.[1146] Das Verhältnis zwischen AOA und § 50d

---

der deutschen Betriebsstätte unter den Voraussetzungen des § 50d Abs. 10 S. 3 EStG abzieht, vgl. Hagemann/Kahlenberg, IStR 2015, 734, 735 f.; Pohl, DB 2013, 1572. Soweit man letzterer Ansicht folgt, wird eine drohende Doppelberücksichtigung durch den neuen § 4i EStG verhindert, vgl. OECD, Aktion 2, 2014, S. 2; Art. 19 Abs. 2 i.V.m. Art. 8 BEPS 1 – Umsetzungsgesetz, auch Entwurf zu § 5 Abs. 5a EStG aus dem Jahre 2014, der den OECD-Aktionsplan verschärft. Ebenso Cloer/Hagemann, in B/B, § 50d Abs. 10 EStG Rn. 368 m.w.N.; Kahlenberg, ISR 2015, 91, 92 f., 97. A.A. Gosch, in Kirchhof, § 4i EStG Rn. 4, der über § 4i EStG trotz der Regelung des § 50d Abs. 10 EStG einen Doppelabzug zulässt.

1141 Unter Vergütungen sind die in § 15 Abs. 1 S. 1 Nr. 2 S. 1 HS. 2 und Nr. 3 HS 2 sowie S. 2 EStG aufgeführten Sondervergütungen zu verstehen. Soweit die Personengesellschaft keine Unternehmensgewinne erzielt, wie z. B. bei unentgeltlichen Überlassungen, findet § 50d Abs. 10 EStG keine Anwendung. Bei teilentgeltlicher Überlassung findet die Regelung nur auf den entgeltlichen Teil Anwendung, siehe Hahn-Joecks, in: K/S/M, § 50d Abs. 10 EStG Rn. L 13; Klein/Hagena, in: H/H/R, § 50d Abs. 10 EStG Rn. 133.

1142 Hruschka, IStR 2013, 830, 832; Kudert/Kahlenberg, IStR 2013, 801, 804.

1143 Kudert/Kahlenberg, IStR 2013, 801, 804; Hagemann/Kahlenberg, IStR 2015, 734, 736; Pohl, DB 2013, 1572, 1575.

1144 Frotscher, in: Frotscher/Geurts, EStG, § 50d Rn. 293.

1145 BMF-Schreiben v. 26.09.2014, BStBl. I 2014, S. 1258 Tz. 5.1.2.

1146 Pohl, DB 2013, 1572; vgl. auch Beispiel bei Rosenberg, in: W/R/S, Rn. 11.51.

Abs. 10 EStG nF wird insofern als kritisch angesehen, da der AOA einen fiktiven Betriebsausgabenabzug gem. § 1 Abs. 1, 4 S. 2 AStG zulässt, während § 50d Abs. 10 EStG nF diesen untersagt und die umqualifizierten Vergütungen wieder hinzurechnet.[1147] Weiterhin ergeben sich Zweifel, ob die Sondervergütungen dem Stammhaus der Personengesellschaft oder der durch sie dem Gesellschafter vermittelten Betriebsstätte zurechenbar sind. Dabei erfolgt die Zuordnung der Sondervergütungen nach wirtschaftlich-funktionalen Zugehörigkeitsmaßstäben.[1148] Demgegenüber befürworten Teile des Schrifttums eine rein rechtliche Zurechnung i.S.d. Art. 3 Abs. 2 OECD-MA i.V.m. § 15 Abs. 1 S. 1 Nr. 2 EStG.[1149] Als Begründung wird insbesondere angeführt, dass Art. 7 Abs. 1 und 2 OECD-MA neben aktivem auch passives Betriebsvermögen erfasse. Es sei nicht davon auszugehen, dass der Gesetzgeber mit der Schaffung des § 50d Abs. 10 EStG aF eine unanwendbare Norm erlassen wollte.[1150] Dem wird zutreffend entgegengehalten, dass § 15 Abs. 1 S. 1 Nr. 2 EStG eine etwaige Zuordnungsregel nicht enthalte. Vielmehr wird die Zuordnung von Wirtschaftsgütern durch Art. 7 Abs. 1, Abs. 2 OECD-MA geregelt, sodass für die Heranziehung des innerstaatlichen Rechts kein Raum bleibe.[1151] Damit findet der in Art. 7 Abs. 2 OECD-MA verankerte Fremdvergleichsgrundsatz[1152] auch auf Personengesellschaften

1147 Im Vergleich zu § 50d Abs. 10 EstG regelt § 1 Abs. 5 AStG die Zuordnung von Einkünften für Zwecke der Gewinnberichtigung. Allerdings finden beide Regelungen u.a. parallel Anwendung, wenn ein Mitunternehmer originär gewerbliche Einkünfte erzielt. Darüberhinausgehende Sondervergütungen werden mangels anzunehmender schuldrechtlicher Beziehung i.S.d. § 1 Abs. 4 S. 1 Nr. 2 AStG nicht erfasst. Grund hierfür ist, dass den Sondervergütungen ein zivilrechtlich wirksames Schuldverhältnis zugrunde liegt und damit § 1 Abs. 5 AStG durch § 1 Abs. 5 S. 7 AStG ausgeschlossen wird. Kritisch hierzu Pohl, DB 2013, 1572, 1573.

1148 Statt vieler BFH v. 08.09.2010, BFH/NV 2011, 138, 140; Gosch, in: Kirchhof, § 50d EStG Rn. 45c; Hruschka, DStR 2010, 1357, 1360; ders., IStR 2014, 785, 791.

1149 Frotscher, IStR 2009, 593, 595 f.

1150 Frotscher, IStR 2009, 593, 596; Kammeter, IStR 2011, 35, 37.

1151 Bresgen, S. 128; Gosch, FS Spindler, S. 379, 424; Schmitt-Homann, DStR 2010, 2545, 2549.

1152 So wohl auch Stemler, Sondervergütungen, S. 135, der betont, dass andernfalls die Unterscheidung zwischen einer durchgriffbesteuerten Personengesellschaft als Stammhaus und einer ansässigen Gesellschaft als abkommensberechtigte Person nicht hinreichend deutlich werde. Vgl. auch Liebchen, Personengesellschaften, S. 184, der zudem darauf hinweist, dass die Einstufung der Gesellschafter als Stammhaus und Unternehmensbetreiber aufgrund der fehlenden Abkommensberechtigung der Personengesellschaft konsequenterweise zu mehreren Stammhäusern führe. Dies habe nach der Auffassung von Liebchen zur Folge, dass der Fremdvergleichsgrundsatz auf Personengesellschaften anwendbar sei. A.A. Machens, S. 234, die lediglich

Anwendung.[1153] Beleg hierfür ist die Regelung des § 1 Abs. 1 S. 2 AStG. Eine Zurechnung der Sondervergütungen zu der durch die Personengesellschaft den Gesellschaftern vermittelten Betriebsstätte erfolgt nur, wenn das überlassene Wirtschaftsgut ausschließlich in der vermittelten Betriebsstätte verwaltet[1154] bzw. vermarktet[1155] wird oder die der Sondervergütung zugrundeliegende Tätigkeit dort ausgeübt wird.[1156] Nicht ausreichend ist hingegen, wenn es sich bei dem überlassenen Wirtschaftsgut um eine wesentliche Betriebsgrundlage handelt, die für die Personengesellschaft eine besondere Relevanz besitzt.[1157] Ist eine Zuordnung der Sondervergütungen bzw. der diesen zugrundeliegenden Wirtschaftsgüter oder von Tätigkeiten hingegen nicht möglich, wird hier die Ansicht vertreten, dass eine Zuweisung zur Mitunternehmer-Betriebsstätte erfolgen kann, vorausgesetzt, das gesamte Sonderbetriebsvermögen wird in der Geschäftsleitungs-Betriebsstätte des Mitunternehmers verwaltet.[1158] Für die Existenz einer solchen Betriebsstätte spricht zum einen § 50d Abs. 10 EStG als Umqualifizierungsnorm, zum anderen Art. 3 Abs. 1 lit. d OECD-MA, der die Gesellschafter als Unternehmensbetreiber behandelt.[1159] Der BFH[1160] verlangt hingegen für die Existenz einer abkommensrechtlichen Mitunternehmer-Betriebsstätte, dass die Voraussetzungen des Art. 5 OECD-MA erfüllt sind. Aufgrund der regelmäßigen

den Fremdvergleichsgrundsatz im Verhältnis Personengesellschaft zur Betriebsstätte anwendet; dahin gehend auch Weggenmann, Einordnungskonflikte, S. 232 f.

1153 Ebenso Bresgen, Qualifikationskonflikte, S. 130; Schmidt, IStR 2010, 413, 431; a.A. Machens, S. 233ff.; Ostendorf, Sondervergütungen, S. 180 f.

1154 Ebenso Meretzki, IStR 2009, 217, 219.

1155 BFH v. 08.09.2010, BFH/NV 2011, 138, 140 (hinsichtlich einer Lizenzüberlassung).

1156 BFH v. 10.07.2002, BStBl. II 2003, 191, 194; a.A. Kudert/Jarzynska, RIW 2009, 792, 794.

1157 Ebenso Bresgen, Qualifikationskonflikte, S. 137. A.A. FG München v. 30.07.2009 – 1 K 1816/09, abrufbar über juris, Rn. 28.

1158 Häck, IStR 2011, 71, 73. Schmidt, IStR 2010, 413, 422, der auf die Leistungsbetriebsstätte abstellt, in der der Gesellschafter seine Mitunternehmerstellung ausübt. Roth, Zurechnung S. 11, der zutreffend davon ausgeht, dass die bloße Existenz von Sonderbetriebsvermögen nicht genügt. Vgl. auch Meretzki, IStR 2009, 217, 220, der die automatische Begründung einer Mitunternehmer-Betriebsstätte am Ort der Leitung nach Art. 5 Abs. 2 lit. a OECD-MA als kritisch ansieht, wenn ein „reisender" Mitunternehmer sein Sonderbetriebsvermögen (ohne Betriebsstätte) verwaltet. Günkel/Lieber, Ubg 2009, 301, 303, die hingegen davon ausgehen, dass eine Mitunternehmer-Betriebsstätte prinzipiell existieren kann. Dahin gehend auch Kempermann, in: W/R/S, Rn. 2.77.

1159 Wassermeyer, in: W/R/S, Rn. 2.33 f.

1160 BFH v. 12.06.2013, BFH/NV 2013, 1999, 2001.

nichtgewerblichen Tätigkeit der Mitunternehmer-Betriebsstätte wird eine solche prinzipiell nicht vorliegen,[1161] es sei denn, die Überlassung von Wirtschaftsgütern begründet ausnahmsweise eine gewerbliche Tätigkeit. In diesem Fall erfolgt die Zurechnung der den Sondervergütungen zugrundeliegenden Wirtschaftsgüter zur Mitunternehmer-Betriebsstätte nicht automatisch, sondern nach den Kriterien des Art. 7 Abs. 2 OECD-MA. Werden die Wirtschaftsgüter in der Mitunternehmer-Betriebsstätte vermarket bzw. verwaltet, sind sie dieser zuzuordnen.[1162] Tätigkeitsvergütungen werden dabei derjenigen Betriebsstätte zugerechnet, die sich am Ausübungsort – der grundsätzlich der Wohnort des Mitunternehmers sein wird – befindet.[1163] Sollte eine Zurechnung zu der durch die Personengesellschaft vermittelten Betriebsstätte oder Mitunternehmer-Betriebsstätte nicht möglich sein, negiert der BFH die Existenz betriebsstättenloser Unternehmensgewinne im Abkommensrecht. Zur Begründung führt er u.a. an, dass jedes Unternehmen zumindest über eine Geschäftsleitungs-Betriebsstätte verfügen muss, der die Wirtschaftsgüter und Einkünfte zugeordnet werden können.[1164] Dem wird zutreffend entgegengehalten, dass die Gründung einer Personengesellschaft nicht von der Existenz einer Betriebsstätte[1165] bzw. von dem Vorliegen eines Ortes nach Art. 5 Abs. 2 lit. a OECD-MA abhängt.[1166]

1161 Ebenso Hagemann/Kahlenberg, BB 2014, 215, 216 f.; Hagemann, Ubg 2013, S. 771, die es zusätzlich für möglich halten, dass Zinsen, die aus der Vermögensverwaltung stammen und aufgrund des § 50d Abs. 10 EStG in Unternehmensgewinne umqualifiziert wurden, auch die zugrundeliegende Verwaltungstätigkeit infizieren können.

1162 Blumers/Zillmer, BB 2010, 1375, 1380f.; Wassermeyer, IStR 2011, 85, 89; a.A. BMF v. 16.10.2010, BStBl. I 2010, S. 354 Tz. 5.1; Hruschka, DStR 2010,1357, 1360 mit Verweis auf BFH v. 19.5.2010, BStBl. II 2011, 156 und v. 13.2.2008, BStBl. II 2009, 414, die eine Zurechnung zu eigenen Mitunternehmer-Betriebsstätte ablehnen. Vgl. demgegenüber Gosch, BFH-PR 2008, 328, 329, der der Argumentation von Hruschka zutreffend entgegenhält, dass aus dem zitierten Urteil nicht eine generelle Negierung der Mitunternehmer-Betriebsstätte seitens des BFH ableitbar sei. Als Begründung führt er an, dass es im zitierten Urteil bereits an der Existenz einer Mitunternehmer-Betriebsstätte mangele.

1163 Ebenso Bresgen, Qualifikationskonflikte, S. 141 m.w.N.

1164 BFH v. 12.6.2013, BFH/NV 2013, 1999, 2000; v. 13.2.2008, BStBl. II 2009, 414, 419 f.; v. 19.5.2010, BStBl. II 2011,156, 159 f. Dem folgend Wassermeyer, in: Wassermeyer, Art. 7 Rn. 240.

1165 BMF v. 16.4.2010, BStBl. I 2010, S. 414, Tz. 2.2.3; Burmester, Gewinn- und Verlustrealisierung, S. 86; Kramer, DB 2011, 1882, 1887; Wehrße, S. 141.

1166 BMF v. 16.4.2010, BStBl. I 2010, S. 414, Tz. 2.2.3; dahin gehend Meretzki, IStR 2009, 217, 221.

Ausgehend von den Grundsätzen des BsGaV ist eine Zuordnung immaterieller Vermögenswerte denkbar (§ 6 Abs, 4 S. 2 BsGaV), während eine anteilige Zuordnung von materiellen Wirtschaftsgütern ausscheidet (§§ 5 Abs. 4, 7 Abs. 4, 8 Abs. 4 BsGaV). Vereinzelte Stimmen im Schrifttum halten dennoch eine anteilige Zurechnung von unbeweglichen Wirtschaftsgütern für möglich.[1167] Demgegenüber findet die Zurechnungsfiktion des § 50d Abs. 10 S. 3 EStG hinsichtlich unentgeltlich[1168] überlassener Vermögenswerte keine Anwendung. Damit im Zusammenhang stehende Refinanzierungsaufwendungen des ausländischen Mitunternehmers sind regelmäßig nicht abziehbar.[1169]

Eine Einkünftekorrektur erfolgt unabhängig davon, ob Sondervergütungen vorliegen oder nicht, nach § 1 AStG.[1170] Gewährt z. B. ein portugiesischer Mitunternehmer seiner inländischen Personengesellschaft ein zinsloses Darlehen, greift § 50d Abs. 10 S. 3 EStG mangels Sondervergütung nicht ein.[1171] Dies hat zur Folge, dass die der Darlehensgewährung zugrundeliegenden Wirtschaftsgüter (Forderung bzw. Verbindlichkeit des Gesellschafters) entsprechend der bisherigen Zuordnungsgrundsätze dem Art. 11 OECD-MA zuzuweisen sind. Daraus folgt weiter, dass das inländische Besteuerungsrecht nicht beeinträchtigt wird durch die Zinslosigkeit des Darlehens, sondern eine Einkünfteminderung i.S.d. § 1 AStG im Ausland eintritt; die gewerbesteuerliche Kürzungsvorschrift

1167 Schmidt, DStR 2013, 1704, 1706; Rosenberg/Plancke, DB 2014, 2434, 2437. Klein/Hagena, in: H/H/R, § 50d Abs. 10 EStG Rn. 133b, die demgegenüber davon ausgehen, dass eine teilentgeltliche Nutzung zu einer anteiligen Zuordnung der Sondervergütungen sowie des zugrundeliegenden Wirtschaftsgutes führe. Die Finanzverwaltung wendet hingegen bei immateriellen Wirtschaftsgütern das Alles-oder-Nichts Prinzip an. Dies bedeutet, dass eine vollständige oder keine Zuordnung zur Betriebsstätte erfolgt (s. BMF v. 26.09.2014, BStBl. 2014 I, S. 1258, Tz. 5.1.2; anders dagegen noch der Entwurf zum BMF-Schreibens v. 05.11.2013, IV B 5 – S 1300/09/10003, Tz. 5.1.2).

1168 Auf teilentgeltlicher Überlassung findet der § 50d Abs. 10 EStG und auf den entgeltlichen Teil Anwendung, s. BMF v. 26.9.2014, BStBl. I 2014, S. 1258, Tz. 5.1.1; Hahn-Joecks, in: K/S/M, § 50d Abs. 10 EStG Rn. L 13; Hruschka, IStR 2014, 785, 791 f.; Klein/Hagena, in: H/H/R, § 50d Abs. 10 EStG, Rn. 133.

1169 Vgl. BMF v. 26.9.2014, BStBl. I 2014, Tz. 5.1.2, Beispiel 2. Hruschka, IStR 2014, 785, 792 f., ders., DStR 2014, 2421, 2426, der ebenfalls aufgrund der negierten Zuordnung durch § 1 Abs. 5 S. 7 AStG und des Abzugsverbotes nach § 3c Abs. 1 EStG die Möglichkeit eines Betriebsstättenabzugs ablehnt.

1170 Rosenberg/Planke, DB 2014, 2434; Rosenberg, in: W/S/R Rn. 11.9 m.w.N.

1171 Nach Auffassung der Finanzverwaltung können auch Personengesellschaften nahestehende Personen i.S.d. § 1 Abs. 1 AStG sein; vgl. BMF v. 26.09.2014, BStBl. I 2014, S. 1258, Tz. 1.4.3; jetzt auch klarstellend in § 1 Abs. 1 S. 2 HS 2 AStG.

des § 9 Nr. 2 GewStG[1172] findet schon mangels ausländischer Betriebsstättengewinne des ausländischen Gesellschafters keine Anwendung.[1173]

Das Zusammenwirken von § 1 AStG i.V.m. § 50d Abs. 9, 10 EStG mit § 9 Nr. 2 GewStG führt nur im Fall überhöhter deutscher Sondervergütungen zu gewinnerhöhender inländischer Korrektur und entsprechender Besteuerung, ohne gewerbesteuerrechtliche Kürzung.

Abweichend von der bisherigen Auffassung des Gesetzgebers kann nach § 50d Abs. 10 S. 5 EStG – vorbehaltlich entgegenstehender Regelungen im Abkommen – die ausländische Steuer eines im Ausland ansässigen Gesellschafters auf die in § 50d Abs. 10 EStG bezeichneten inländischen Sondervergütungen angerechnet werden, wenn der ausländische Staat keine Entlastung von Doppelbesteuerungen gewährt.[1174] Inwieweit die neue Anrechnungsmöglichkeit ihr Ziel erreicht, wird noch zu sehen sein.

Schließlich führt die Regelung des § 50d Abs. 10 EStG bei Vorliegen von Dreieckskonstellationen[1175] und verschiedenen Finanzstrukturen zu

---

1172 BFH v. 10.06.1987, BStBl. II 1987, 816, 817; v. 27.2.1991, BStBl. II 1991, S. 444, 447; v. 24.3.1999, BStBl. II 2000, 399, 403. Allerdings unterfallen Sondervergütungen, die dem ausländischen Sonderbetriebsbereich der Personengesellschaft zurechenbar sind, nicht der Gewerbesteuer.

1173 Zu Einzelheiten vgl. Ditz/Tcherveniachki, DB 2014, 203, 204 f.

1174 Steuerpflichtige, die in den Anwendungsbereich der Altfassung (ohne vergleichbare Anrechnungsmöglichkeit) fallen, können die Doppelbesteuerung, die aufgrund der Regelung des § 50d Abs. 10 EStG a.F. entstanden ist, im Wege eines Verständigungsverfahrens beheben. Ein Vorgehen nach der von der OECD-Auffassung befürworteten Qualifikationsverkettung ist dagegen kaum erfolgsversprechend. Dem zustimmend Bresgen, S. 94 m.w.N.

1175 Agiert Deutschland bei der Behandlung grenzüberschreitender Sondervergütungen als Personengesellschaft-Betriebsstättenstaat, Portugal als Quellenstaat der Sondervergütungen und ein Nicht-EU/Nicht-EWR-Staat als Ansässigkeitsstaat des Gesellschafters, kann Deutschland die Einkünfte nur gem. § 1 Abs. 4 i.V.m. § 49 Abs. 1 Nr. 2 lit. a i.V.m. § 15 Abs. 1 S. 1 Nr. 2 EStG der beschränkten Steuerpflicht unterwerfen. Soweit es sich bei den Einkünften um Sonderbetriebsvermögen II handelt, ist nach hier geteilter Auffassung der Anwendungsbereich des § 50d Abs. 10 EStG nicht eröffnet. Die Einkünfte sind unter einer entsprechenden Norm, wie Art. 21 OECD-MA (im Fall des DBA-Portugal würde Art. 22 greifen), zu subsumieren. Soweit Sondervergütungen bzw. Sonderbetriebseinnahmen und -ausgaben vorliegen, findet § 50d Abs. 10 EStG Anwendung. Damit wird Art. 7 OECD-MA (im Fall des DBA-Portugal würde Art. 7 greifen) regelmäßig anwendbar sein, es sei denn, eine Zuordnung der Einkünfte zur inländischen Betriebsstätte ist nicht möglich, was in Anbetracht des vom BFH zugrunde gelegten wirtschaftlichen Veranlassungszusammenhangs (v.

Anwendungsschwierigkeiten, speziell scheidet sie bei der Zwischenschaltung einer Mitunternehmerkapitalgesellschaft zwischen Personengesellschaft und Gesellschafter oder bei Leistungsbeziehungen zwischen Schwesterpersonengesellschaften (side-stream-Leistungsbeziehungen) aus.[1176]

Als Ergebnis bleibt festzuhalten, dass die Neufassung zwar weitestgehend die kritisierten Schwachstellen der Rechtsprechung (insbesondere die Zuordnung des SBV zur inländischen Betriebsstätte[1177]) bereinigt, aber auch weitere Rechtsunsicherheiten hervorgerufen hat.

c) Die Wirkungsweise des neuen § 50d Abs. 10 EStG

aa) Deutsche Personengesellschaft mit portugiesischem Gesellschafterkreis

Sondervergütungen i.S.d. § 15 Abs. 1 Nr. 2 EStG, die ein in Portugal ansässiger Mitunternehmer von seiner inländischen Personengesellschaft erzielt, unterliegen in Deutschland der beschränkten Steuerpflicht nach § 49 Abs. 1 Nr. 2a EStG, während abkommensrechtlich – nach hier geteilter Auffassung und nach Auffassung des BFH[1178] – die Leistungsentgelte abkommensautonom[1179]

12.06.2013, BFH/NV 2013, 1999, 2001) die Ausnahme darstellen dürfte. Ebenso Bresgen, S. 146 m.w.N.

1176 Bresgen, S. 145; Kollruss, FR 2015, 351, 352.

1177 Cloer/Hagemann, in: B/B, § 50d Abs. 10 EStG Rn. 386; Hahn-Joecks, in: K/S/M, § 50d Abs. 10 EStG Rn. L 14; Dorn, BB 2013, 3038.

1178 BFH v. 21.01.2016, IStR 2016, 509, 512; v. 11.12.2013, BFH/NV 2014, 614, 615. Klein/Hagena, in: H/H/R, § 50d Abs. 10 EStG Rn. 133b, die zutreffend darauf hinweisen, dass sich die Kriterien der Zuordnung zur Betriebsstätte abkommensautonom bestimmen. Andernfalls hätte der Gesetzgeber die Zuordnungsfiktion des § 50d Abs. 10 S. 3 EStG nicht mit den Worten „ungeachtet der Vorschriften eines Abkommens zur Vermeidung der Doppelbesteuerung" eingeleitet. So wohl auch Boller/Elinghoff/Schmidt, IStR 2009, 109, 113f.; Fischer, FS Vogel, S. 963, 966 f. Spengel/Schaden/Wehrße, StuW 2012, 105, 112, die vorrangig den Art. 7 Abs. 4 OECD-MA auf Sondervergütungen anwenden; Jacobs, Internationale Unternehmensbesteuerung, S. 368 f.; Lüdemann/Haruschka, IStR 2000, 25, 27; Ostendorf, Sondervergütungen, S. 139, 145; Schaumburg/Häck, in: Schaumburg, Rn. 19.237; Schmidt, IStR 2010, 413, 419, die demgegenüber die speziellen Abkommensartikel unter der Voraussetzung anwenden, dass die Sondervergütungen in den Abkommensdefinitionen aufgehen.

1179 A.A. (für eine anwendestaatsorientierte Auslegung) Hemmelrath, in: V/L, Art. 7 Rn. 58; Debatin, BB 1992, 1181, 1184 f.; Krabbe, IWB 1998, 753, 762 f.; Kappe, DStR 1987, 479, 480; Riemenschneider, S. 123, 126 f., 150 m.w.N.; Wolff, FS Wassermeyer, S. 647, 659 f.; so wohl auch Wehrße, S. 135; Franz/Voulon, BB 2011, S. 1111, 1114 f.;

auszulegen sind (Artt. 10 Abs. 4, 11 Abs. 5, 12 Abs. 5; Art. 7 Abs. 7 DBA-Portugal). Danach werden die Sondervergütungen nicht unter Art. 7 DBA-Portugal, sondern – unbeschadet der innerstaatlichen Behandlung der Leistungsentgelte als Einkünfte aus Gewerbebetrieb gem. § 15 Abs. 1 Nr. 2 EStG[1180] – unter die abkommensrechtlichen Spezialartikel subsumiert, es sei denn, die Einkünfte aus einer Leistungsbeziehung können „tatsächlich" einer (inländischen) Betriebsstätte zugerechnet werden (Artt. 10 Abs. 4, 11 Abs. 5, 12 Abs. 5 DBA-Portugal). Eine tatsächliche Zugehörigkeit „auf anderer Weise" liegt nach ständiger Rechtsprechung des BFH nur dann vor, wenn der Vermögenswert mit der von der Personengesellschaft ausgeübten Tätigkeit in einem funktionalen Zusammenhang steht und die hieraus erzielten Erträge als Nebenerträge der Unternehmstätigkeit aufzufassen sind.[1181] So lehnt der BFH generell eine tatsächliche Zurechnung der Forderung oder des Rechts zur Betriebsstätte bei der Hingabe von Fremdkapital oder bei der Nutzungsüberlassung von Rechten des Gesellschafters an die Gesellschaft ab. Zur Begründung führt er an, dass die der Zahlung zugrundeliegende Forderung Fremdkapital darstelle und das Stammrecht dem Vermögen des Gesellschafters als Ausfluss des Fremdvergleichsgrundsatzes zurechenbar sei (Art. 11 Abs. 5 DBA-Portugal).[1182] Entsprechend argumentiert der BFH bei der Überlassung von Rechten (Art. 12 Abs. 5 OECD-MA/Art. 12 Abs. 5 DBA-Portugal).[1183] Soweit Zinsen oder Lizenzgebühren nicht unmittelbar von der Personengesellschaft an die Mitunternehmer gezahlt werden,[1184] greift der Einwand der

---

Gosch, BFH-PR 2011, 70; Knobbe-Keuk, Bilanz- und Unternehmenssteuerrecht, S. 549 f.; Lüdicke, StbJb 1997/1998, 449, 474 f.; Rottgardt, Sondervergütungen, S. 155, 170 ff. Einschränkend Schaden/Franz, Ubg 2008, 452, 456 f., der eine abkommensautonome Auslegung des Unternehmensbegriffs befürwortet.

1180 BFH v. 11.12.2013, BFH/NV 2014, 614, 615; v. 8.09.2010, BStBl. II 2014, 788, 789; v. 17.10.2007, BStBl. II 2009, 356, 357; v. 16.10.2002, BStBl. II 2003, 631, 633 f.; v. 31.05.1995, BStBl. II 1995, 683, 684; v. 27.02.1991, BStBl. II 1991, 444. A.A. Haase, Ansässigkeit, S. 2116, der bereits das bloße Halten der Beteiligung an einer Personengesellschaft als Sonderbetriebsstätte des Gesellschafters im Ansässigkeitsstaat behandelt.

1181 BMF v. 26.02.1992, BStBl. II 1992, 937, 939; BFH v. 30.08.1995, BStBl. II 1996, 563.

1182 BFH v. 27.02.1991, BStBl. II 1991, 444, 446 f. (Outbound-Konstellation); v. 17.10.2007, I R 5/06, BFHE 219, 518 ff.

1183 BFH v. 08.09.2010, BB 2011,166, 167. A.A. Fischer, FS für Klaus Vogel, S. 963, 968, der die Lizenzrechte als aktive Wirtschaftsgüter der Betriebsstätte der Personengesellschaft ansieht, wenn das Patentrecht der Tätigkeit der Personengesellschaft dient.

1184 BFH v. 19.10.2000, BFHE 193, 354, 357; v. 10.11.1994, BFHE 176, 535, 538 (Überlassung eines Darlehens an ein wirtschaftlich eng mit der Personengesellschaft verbundenes Unternehmen).

Ergebnisminderung im Hinblick auf eine korrespondierende Ergebniserhöhung auf Ebene der Gesellschaft nicht durch. Vielmehr müssen die Wirtschaftsgüter (funktional) als Grundlage von Nebenerträgen zum Betriebsstättenergebnis der Personengesellschaft beitragen. Dies trifft auch auf Sonderbetriebseinnahmen in Form von Dividenden (sog. Sonderbetriebsvermögen II) zu.[1185] Jüngst hat der BFH in seinem Urteil vom 21.01.2016[1186] klargestellt, dass die nationale Zuordnung der Beteiligung zum Sonderbetriebsvermögen II gem. § 15 Abs. 1 Nr. 2 EStG nicht für die abkommensrechtliche Einkunftszuordnung maßgeblich sei. Stattdessen sei im Falle einer GmbH & Co.KG allein die „dienende Funktion" der Beteiligung eines Kommanditisten an der GmbH-Komplementärin für die Geschäftstätigkeit der KG – ungeachtet der Beteiligungsverhältnissen – entscheidend.[1187] Nach Auffassung der Rechtsprechung des BFH ist eine tatsächliche Zugehörigkeit der GmbH-Beteiligung zum Betriebsstättenvermögen der KG abzulehnen, wenn die Existenz der Personengesellschaft nur der Kapitalgesellschaft dient.[1188] In diesen Fällen seien die Dividenden nicht als Nebenerträge der Tätigkeit der Personengesellschaft zu qualifizieren.[1189]

Aus diesen Ausführungen ergibt sich, dass die Betriebsstättenvorbehalte gem. Artt. 10 Abs. 4, 11 Abs. 5, Art. 12 Abs. 5 DBA-Portugal regelmäßig nicht erfüllt sein werden. Dies hat zur Folge, dass die Spezialartikel über Art. 7 Abs. 7 DBA-Portugal zur Anwendung gelangen.

Entsprechend der intransparenten Behandlung von Personengesellschaften durch Portugal und mangels einer entsprechenden nationalen Umqualifizierungsnorm wie § 15 Abs. 1 S. 1 Nr. 2 EStG wird Portugal[1190] die Sonderentgelte

---

1185 BGH v. 21.01.2016, IStR 2016, 509, 511; v. 25.11.2004, BFHE 208, 211 f.; v. 29.10.1986, BFHE 148, 72, 74.

1186 BFH v. 21.01.2016, IStR 2016, 509, 511; a.A. Liebchen, Personengesellschaften, S. 375f.; Weggenmann, Einordnungskonflikte, S. 284.

1187 BFH v. 21.01.2016, IStR 2016, 509, 511 f., v. 26.02.1992, BFHE 168, 52, 58.

1188 BFH v. 23.10.1996, BFHE 182, 51, 53; v. 17.12.2003, BFH/NV 2004, 771, 772.

1189 Statt vieler BFH v. 26.02.1992, BFHE 168, 52, 58.

1190 Denkbar wäre auch, dass Portugal den deutschen Rechtstypus übernehmen und die Ansässigkeit der deutschen Personengesellschaft als Schuldnerin gem. Art. 11 Abs. 6 und Art. 12 Abs. 5 DBA-Portugal verneinen würde. In diesem Fall fänden die Quellen- und Wohnsitzstaatsregeln des DBA-Portugal keine Anwendung. Die Einkünfte wären entsprechend der unilateralen Normen bei den in Portugal ansässigen Gesellschaftern zu besteuern. Die entstehende Doppelbesteuerung würde durch die Anrechnungsmethode (Art. 91 CIRC bzw. Art. 81 CIRS), ggf. über ein Verständigungsverfahren gem. Art. 26 DBA-Portugal gelindert. Eine derartige Vorgehensweise entspricht weder der portugiesischen Praxis zur Einordnung von ausländischen

unmittelbar (d.h. ohne Umweg über den Art. 7 abs. 7 DBA-Portugal) den abkommensrechtlichen Spezialartikeln zuordnen. Dies bedingt, dass Deutschland ggf. eine begrenzte Quellensteuer einbehalten kann (Art. 11 Abs. 2 DBA-Portugal) und Portugal die deutsche Steuer in Höhe des abkommensrechtlichen Höchstsatzes dann anrechnet (Art. 24 Abs. 1 DBA-Portugal).[1191] Der Anteil, der den abkommensrechtlichen Steuersatz übersteigt, bleibt unberücksichtigt.

Zur Sicherung des deutschen Besteuerungsrechts wirkt die Neuregelung des § 50d Abs. 10 S. 3 EStG – entgegen der Ansicht des BFH[1192] – abkommensüberschreibend. Unter den Voraussetzungen[1193] des § 50d Abs. 10 S. 3 EStG werden die als Unternehmensgewinne umqualifizierten Sondervergütungen nunmehr der inländischen Personengesellschaft-Betriebsstätte zugerechnet.[1194] Nach dem Gesetzeswortlaut ist es unerheblich, ob die Sondervergütungen tatsächlich der inländischen Betriebsstätte zurechenbar sind.[1195] Der Grund hierfür ist, dass ein allgemeiner Veranlassungszusammenhang zur Betriebsstätte nunmehr ausreicht. Dies impliziert, dass die Zurechnung regelmäßig zu bejahen sein wird. Damit weicht die innerstaatliche Auslegung der rechtlichen Zuordnungskriterien von dem abkommensrechtlichen wirtschaftlich-tatsächlichen Zuordnungsmaßstab der Betriebsstättenvorbehalte im Wesentlichen ab. Es liegt nahe, dass die praktische Umsetzung der § 50d EStG-Regelung in Portugal auf Schwierigkeiten stoßen wird.[1196] Nach portugiesischem Rechtsverständnis wird es nicht nachvollziehbar sein, weshalb Portugal als Ansässigkeitsstaat des Gesellschafters auf sein Besteuerungsrecht verzichten soll, wenn Deutschland eine aus Abkommenssicht unrichtige Verteilungsnorm heranzieht.[1197] Infolgedessen werden

---

Rechtsgebilden noch wäre sie unter steuerlichen Gesichtspunkten sinnvoll. So wohl auch Xavier, Direito Tributário Internacional, S. 163 f.

1191 Raber, in: Wassermeyer, DBA-Portugal, Art. 24 Rn. 12.

1192 BFH v. 11.12.2013, BStBl. II 2014, 791, 797 f.; a.A. Wagner, in: Blümich, § 50d Abs. 10 EStG Rn. 129; Klein/Hagena, in: H/H/R, § 50d Abs. 10 EStG Rn. 133b.

1193 Nach hier geteilter Ansicht findet die Neufassung des § 50d Abs. 10 S. 2 EStG nicht auf Sonderbetriebseinnahmen und -ausgaben des SBV II Anwendung. In diesen Fällen wird eine auftretende Doppel- bzw. Minderbesteuerung durch eine abkommensautonome Auslegung des Abkommens vermieden.

1194 Adrian/Franz, BB 2013, 1879, 1883; BMF Schreiben v. 26.09.2014, BStBl. I 2014, S. 1258, Tz. 5.1.1; 2.2.1; Wassermeyer, in: Wassermeyer, MA, Art. 7 Rn. 105.

1195 Hahn-Joecks, in: K/S/M, § 50d Abs. 10 EStG L 14, S. 21.

1196 So wohl auch Hruschka, IStR 2014, 785, 792; Klein/Hagena, in: H/H/R, § 50d Abs. 10 EStG Rn. 133b.

1197 Dahin gehend Kudert/Kahlenberg, IStR 2013, 801, 806.

die Einkünfte des Gesellschafters regelmäßig einer (partiellen) Doppelbesteuerung[1198] unterliegen, die mittels Verständigungsverfahren generell nicht behoben werden kann.[1199] Abhilfe soll aus deutscher Sicht eine Anrechnung der portugiesischen Steuer in Deutschland nach Satz 5 des § 50d Abs. 10 EStG schaffen. Der Grund hierfür ist die geänderte Auffassung des Gesetzgebers, dass abweichend von den allgemeinen Doppelbesteuerungs-Ausgleichsregeln dem jeweiligen (portugiesischen) Ansässigkeitsstaat des Gesellschafters eine Pflicht zur Beseitigung der konfliktbedingten Doppelbesteuerung nicht aufgebürdet werden könne.[1200] Infolgedessen rechnet Deutschland als Personengesellschafts-Staat die in Portugal erhobene Gesellschafter-Steuer an, wenn und soweit[1201] der andere (portugiesische) Vertragsstaat die Einkünfte besteuert und die entsprechende deutsche Steuer dort nicht berücksichtigt hat. Dies hat der Steuerpflichtige, der im anderen Vertragsstaat gem. § 50d Abs. 10 S. 5 EStG *als ansässig gilt*[1202],

---

1198 Keine Doppelbesteuerung tritt ein, wenn Sondervergütungen für die Überlassung von portugiesischen unbeweglichem Vermögen erzielt werden, da in diesen Fällen dem Belegenheitsstaat zugleich Ansässigkeitsstaat des Gesellschafters das alleinige Besteuerungsrecht gebührt.

1199 Dahin gehend Kudert/Kahlenberg, IStR 2013, S. 801, 805 f.

1200 BR-Drucks. 139/13, DB0580898, S. 140 f.; Kudert/Kahlenberg IStR 2013, 801, 806 sprechen insoweit von einem Paradigma-Wechsel; a.A. noch BT-Drucks 16/1108: „Daraus können sich Doppelbesteuerungen und Doppelfreistellungen ergeben; sie sind regelmäßig durch den Wohnsitzstaat durch Steueranrechnung […] zu vermeiden (Ziff. 32.1 bis 32.7 des OEDC-OECD-MK).“; BMF v. 26.09.2014, BStBl. I 2014, S. 1258, Tz. 4.1.3.1.

1201 Entsprechend dem Telos des § 50d Abs. 10 S. 5 EStG, nämlich eine Doppelbesteuerung zu vermeiden, findet diese Regelung auch auf Fälle Anwendung, in denen der Ansässigkeitsstaat (Portugal) zur Besteuerung der Sondervergütungen die Spezialartikel heranzieht. Die deutsche Steuer ist dann bis zur Höhe des in Deutschland zugrunde gelegten Quellensteuersatzes (maximal in Höhe des abkommensrechtlichen Quellensteuersatzes) anrechenbar, vgl., Entwurf des BMF vom 5.11.2013, IV B 5- S 1300/09/10003, Tz. 5.1.3.1 (mit ausdrücklichem Hinweis auf § 50d Abs. 10 S. 3 EStG in Fällen teilweiser Anrechnung); BMF v. 26.09.2014, BStBl. I 2014, S. 1258, Tz. 5.1.3.1 (nunmehr ohne Hinweis, aber eine Anrechnung soll dennoch zur Vermeidung einer Doppelbesteuerung erfolgen). Dem folgend Cloer/Hagemann, in: B/B, § 50d Abs. 10 EStG Rn. 391 m.w.N.; Kudert/ Kahlenberg, IStR 2013, 801, 807; Pohl, DB 2013, 1572, 1576; Rosenberg/Plancke, DB 2014, 2434, 2438; a.A. Gosch, in: Kirchhof, § 50d EStG Rn. 37.

1202 Der Passus „als ansässig gilt“ ist unglücklich formuliert und sollte in teleologischer Erweiterung des § 50 Abs. 10 EStG und entsprechend dem Sinn und Zweck der Norm auf tatsächlich ansässige Personen erweitert werden. So wohl Gosch, in: Kirchhof, § 50d EStG Rn. 48; Klein/ Hagena, in: H/H/R, § 50d Abs. 10 EStG Rn. 134, E 100;

nachzuweisen[1203]. Dabei wird die in Portugal zulasten des Gesellschafters für diese Einkünfte festgesetzte, gezahlte und um einen entstandenen Ermäßigungsanspruch gekürzte, der deutschen Steuer entsprechende anteilige Steuer bis zur Höhe der anteilig auf diese Einkünfte entfallenden, deutschen Einkommensteuer angerechnet. Problematisch ist, dass der Steuerpflichtige aufgrund des fehlenden, gesonderten Ausweises der Sondervergütungen im portugiesischen Steuerbescheid kaum nachweisen kann, welcher Teil der portugiesischen Steuer auf diese Einkünfte entfällt.[1204] Vertreten wird daher, dass die Ermittlung auf Basis des Durchschnitts- oder Grenzsteuersatzes erfolgt oder in Anlehnung an die Einkünfte i.S.d. § 50d EStG im Verhältnis zur ausländischen (portugiesischen) Steuerbemessungsgrundlage.[1205] Zu beachten ist hierbei die Anrechnungshöchstbetragsregelung des § 34c EStG.[1206] Die begrenzte Anrechnung der Einkommen- bzw. Körperschaftsteuer (ohne Möglichkeit der Gewerbesteueranrechnung) stößt insofern auf heftige Kritik, da die Doppelbesteuerung durch die Anrechnung nicht vollständig behoben werde.[1207] Überdies enthalte

Pohl, DB 2013, 1572, 1576; Rosenberg/Plancke, DB 2014, 2434, 2437; a.A. BFH v. 11.12.2013, BStBl. II 2014, 791, 799 f.

1203 In Deutschland muss der Steuerpflichtige durch Quittungen o.Ä. nachweisen, dass die portugiesische Steuer gezahlt und festgesetzt wurde (§ 68 EStDV). In Portugal wird der Nachweis durch das Formular Modelo 21-RFI erbracht. Portugal rechnet als Ansässigkeitstaat seinerseits die deutsche Steuer in Portugal erst an, wenn diese nachweislich festgesetzt und gezahlt ist. Die Finanzverwaltung überwindet diesen Zirkelschluss, indem sie die Steuerbescheide unter den Voraussetzungen des § 175 Abs. 1 Nr. 2 AO erlässt und ggf. abändert. Alternativ hierzu wird erwogen, den Steuerbescheid unter Vorbehalt der Nachprüfung zu erlassen oder die zwischenstaatliche Amtshilfe auf Grundlage des abkommensrechtlichen Auskunftsanspruchs (hier: Art. 27 DBA-Portugal) in Anspruch zu nehmen. Bei einem deutschen Auskunftsersuchen dürften die Erfolgsaussichten wenig erfolgsversprechend sein, da dieses Ersuchen nicht auf eine abkommensorientierte Besteuerung abzielt, vgl. BMF v. 26.09.2014, BStBl. I 2014, S. 1258 Tz. 5.1.3.1; Cloer/Hagemann, in: B/B, § 50d Abs. 10 EStG Rn. 392, Kudert/ Kahlenberg, IStR 2013, 801, 806.

1204 Cloer/Hagemann, in: B/B, § 50d Abs. 10 EStG Rn. 393; Klein/Hagena, in: H/H/R, § 50d Abs. 10 EStG Rn. 134.

1205 BMF v. 26.09.2014, BStBl. I 2014, S. 1258 Tz. 5.1.3.1; Cloer/Hagemann, BB, § 50d Abs. 10, Rn. 393; Mössner, IStR 2015, 204, 205; Rosenberg/Plancke, DB 2014, 2343, 2438; Schmidt, DStR 2013, 1704, 1708.

1206 Cloer/Hagemann, in: B/B, § 50d Abs. 10 EStG Rn. 393; Hahn-Joecks, in: K/S/M, § 50d Abs. 10 EStG Rn. L 19, S. 23; Rosenberg/Plancke, DB 2014, 2434, 2438.

1207 BFH vom 11.12.2013, BStBl. II 2014, 791, 794; Mössner, IStR 2015, 204, 205, der zutreffend darauf hinweist, dass im Rahmen der Gewerbesteuer die

§ 50d Abs. 10 EStG weder einen Anrechnungsvortrag noch -rücktrag.[1208] Dies bedeutet, dass im Verlustfall eine Anrechnung entfällt. Schließlich kommt es auch in Dreiecksfällen zu Anwendungsschwierigkeiten, wenn die ausländische Steuer nicht vom Ansässigkeitsstaat (Portugal), sondern von einem Drittstaat erhoben wird.[1209] Aufgrund der o.g. Umsetzungsschwierigkeiten hat die neue Anrechnungsmethode ihr intendiertes Ziel, die Doppelbesteuerung umfassend zu beseitigen, nicht erreicht.[1210]

bb) Portugiesische Personengesellschaft mit deutschem Gesellschafterkreis

Umgekehrt zieht Portugal die Leistungsentgelte, die der deutsche Gesellschafter von seiner portugiesischen Gesellschaft erhält, als Betriebsausgaben (deduções) bei der Gesellschaft ab und erfasst sie gem. Artt. 13 Nr. 1, 15 Nr. 2, 18 CIRC bei den beschränkt steuerpflichtigen deutschen Gesellschaftern als Einkünfte aus Zinsen, Dividenden, Lohn, Miete oder als Lizenzgebühren (Kategorien A, E, F, G). Abkommensrechtlich subsumiert Portugal die Sondervergütungen unmittelbar unter die Spezialeinkünfte (Artt. 10–15 DBA-Portugal). Deutschland gelangt hingegen mittelbar über Art. 7 Abs. 7 DBA-Portugal zur Anwendung der Spezialartikel[1211].[1212] Dies führt dazu, dass auf Abkommensebene dieselben Rechtsfolgen eintreten. Deutschland hat als Gesellschafter-Ansässigkeitsstaat i. R. d. unbeschränkten Steuerpflicht der Gesellschafter (§ 1 EStG) und ggf.

Abkommensverdrängung als unvermeidbarer Nebeneffekt des § 50d Abs. 10 EStG stets vorliege. Anders sei dies im Rahmen der Einkommen- und Körperschaftsteuer. Hier trete dieser Effekt erst ein, wenn die ausländische Steuer niedriger als die deutsche Steuer sei.

1208 Frotscher, in: Frotscher/Geurts, § 50d Abs. 10 Rn. 300; Rosenberg/Plancke, a.a.O.

1209 Dahin gehend Kudert/Kahlenberg, IStR 2013, 801, 807; Rosenberg/Plancke, a.a.O..

1210 Plakativ und zutreffend hierzu Kudert/Kahlenberg, IStR 2013, 801, 807, die davon ausgehen, dass es sich um eine „gut gemeinte, aber nicht umsetzbare Regelung" handele.

1211 Dahin gehend Hagena, S. 154 f.; Liebchen, Personengesellschaften, S. 423 ff.; Riemenschneider, S. 326; Prokisch, in: V/L, Art. 1 OECD-MA, Rn. 38ff. Wehrße, S. 179, der betont, dass ausgehend von der Maßgeblichkeit der Sitzstaatsqualifikation und der steuerlichen Subjektfähigkeit der ausländischen Gesellschaft das abkommensrechtliche „Unternehmen" von der Personengesellschaft und nicht von den Gesellschaftern betrieben werde. Im Gegensatz zum Inbound-Fall liege zudem eine unmittelbare Zuordnung zu den Spezialartikeln vor, da die Betriebsstättenvorbehalte von Anfang an nicht eingreifen.

1212 Hierbei ist zu unterstellen, dass die Voraussetzungen der Betriebsstättenvorbehalte nicht erfüllt sind.

unter Verpflichtung zum Doppelbesteuerungsausgleich ein Besteuerungsrecht an den Sondervergütungen, während Portugal lediglich ein begrenztes Quellenbesteuerungsrecht an den Zins-, Dividenden- und Lizenzeinkünften zusteht (Artt. 10 Abs. 2, 11 Abs. 2, 12 Abs. 2 DBA-Portugal).[1213] Das deutsche Besteuerungssubstrat wird insofern durch Umqualifizierung der Sondervergütungen in Unternehmensgewinne und durch Zurechnung der Einkünfte zur portugiesischen Personengesellschafts-Betriebsstätte beeinträchtigt (§ 50d Abs. 10 S. 1 und 3 EStG). Deutschland hat folglich die Sondervergütungen in Deutschland freizustellen (Art. 24 Abs. 2 lit. a DBA-Portugal). Portugal darf hingegen die Entgelte nicht oder nur in begrenztem Umfang quellenbesteuern (Artt. 10 Abs. 2, 11 Abs. 2, 12 Abs. 2 DBA-Portugal). Die Vermeidung der auftretenden internationalen Minderbesteuerung[1214] bzw. doppelten Nichtbesteuerung[1215] wird unter den Bedingungen der § 50 d Abs. 10 S. 8 i.V.m. Abs. 9 S. 1 Nr. 1 EStG[1216] vermieden, indem das Besteuerungsrecht an Deutschland zurückfällt. Über § 50d Abs. 9 S. 1 Nr. 1 EStG[1217] wird ein Übergang von der Freistellungs- zur

1213 Bei Einkünften aus selbstständiger Tätigkeit (Art. 14 DBA-Portugal) und aus unbeweglichem Vermögen (Art. 6 DBA-Portugal) findet hingegen das Arbeitsorts- bzw. das Belegenheitsprinzip Anwendung. Befindet sich der Tätigkeits- und Belegenheitsort in Portugal, hat Deutschland die Einkünfte unter Progressionsvorbehalt nach Art. 24 Abs. 2 DBA-Portugal freizustellen.

1214 Zum Begriff der Minderbesteuerung siehe Schönfeld, FS für Wassermeyer, S. 97, 99, der in grenzüberschreitenden Fällen eine Minderbesteuerung annimmt, „wenn die effektive Besteuerung aufgrund einer beschränkten Ausübung des Besteuerungsrechts durch einen oder beide Staaten hinter der möglichen Besteuerung zurückbleibt". Jankowiak, S. 79, dieser bezeichnet gering besteuerte Einkünfte als „graue Einkünfte".

1215 Allgemein kann die erfolgte „Nichtbesteuerung" von Einkünften eines Steuerpflichtigen in einem Besteuerungszeitraum aufgrund des Zusammentreffens von Abkommensrecht und innerstaatlichem Recht als „doppelte Nichtbesteuerung" erfasst werden, vgl. zu weiteren möglichen Definitionsansätzen Jankowiak, S. 32; Hahn, IStR 2003, 446, 447.

1216 In der Outbound-Konstellation soll § 50d Abs. 10 S. 8 EStG sicherstellen, dass § 50d Abs. 9 S. 1 EStG – ungeachtet des fehlenden Verweises auf Nr. 2 – neben der „vermeintlich spezielleren" Regelung des § 50d Abs. 10 EStG Anwendung findet. Ebenso Cloer/Hagemann, in: B/B, § 50d Abs. 10 EStG Rn. 395.

1217 Besteht kein DBA, wird eine Minderbesteuerung durch Anwendung der begrenzten Anrechnungsmethode mit per-country-limitation (§ 34c Abs. 1 EStG) bzw. durch die Abzugsmethode nach § 34c Abs. 2 und 3 EStG vermieden. Hierzu werden zu niedrig besteuerte, ausländische bzw. nicht besteuerte Einkünfte auf das deutsche Steuerniveau angehoben.

Anrechnungsmethode angeordnet,[1218] vorausgesetzt, die „*Einkünfte*" eines unbeschränkt Steuerpflichtigen i.S.d. § 1 Abs. 1 oder Abs. 2 EStG werden als Teil der portugiesischen Betriebsstätteneinkünfte in Deutschland von der Besteuerung nach dem DBA-Portugal ausgenommen[1219] und haben in Portugal nach dortiger Abkommensanwendung keiner[1220] oder nur einer begrenzten Besteuerung unterlegen.

Es war hierbei unklar, ob der Einkunftsbegriff unter Heranziehung des innerstaatlichen (§ 2 EStG[1221]) oder des abkommensrechtlichen Einkünftebegriffs (Artt. 6 bis 21 OECD-MA[1222]) zu bestimmen

---

1218 Im Gegensatz zu anderen unilateralen Umschaltklauseln, wie etwa in § 20 Abs. 2 AStG, wird der Übergang von der Freistellung zur Anrechnung in § 50d Abs. 9 EStG nicht explizit statuiert. Die Anrechnung folgt aus §§ 34c Abs. 6 S. 5 EStG bzw. aus § 26 Abs. 6 S. 1 KStG. Ebenso Hahn-Joecks, in: K/S/M, § 50d Abs. 9 EStG Rn. K 10.

1219 In Anlehnung an den offenen Wortlaut des § 50 d Abs. 9 EStG („auszunehmen") kann sich die Freistellung aus dem Verteilungs- oder dem Methodenartikel ergeben. Innerstaatliche Steuerbefreiung des Quellenstaates, wie etwa in Art. 32 EBF, genügen dagegen nicht. So wohl auch Cloer/Hagemann, in: B/B, § 50d Abs. 10 EStG Rn. 331; Hahn-Joecks, in: K/S/M, § 50d Abs. 9 EStG Rn. K 8; Klein/Hagena, in: H/H/R, § 50d Abs. 10 EStG Rn. 122; Jankowiak, S. 230; Meretzki, in: W/R/S, Rn. 15.63; Schönfeld, in: F/W/B/S, AStG, § 50d Abs. 9 EStG Rn. 55; Stemler, Sondervergütungen, S. 242; a.A. BFH v. 02.09.2009, BFHE 226, 267, 274; FG Münster v. 02.07.2014 – 12 K 2707/10 F, abrufbar über juris, Rn. 14. Gosch, in: Kirchhof, § 50d EStG Rn. 41; Rosenthal, IStR 2007, 610, 611, die § 50d Abs. 9 EStG nur anwenden, wenn die Freistellung aus dem Methodenartikel folgt. So wohl auch Salzmann IWB 2007, 471, 476. Zu § 50 Abs. 8 EStG, der gleichfalls den Passus „auszunehmen" wie § 50d Abs. 9 EStG enthält, hat der BFH entschieden, dass die Freistellung sowohl aus dem Methoden- als auch dem Verteilungsartikel erfolgen kann, siehe BFH v. 25.05.2016 – I B 139/11 (NV), IStR 2016, 815, 816. Daraus ziehen Cloer/Hagemann, in: B/B, § 50d Abs. 9 EStG Rn. 331, den zutreffenden Schluss, dass diese Grundsätze auch auf die Regelung des § 50d Abs. 9 EStG zu übertragen sind.

1220 Hält ein inländischer Mitunternehmer einer portugiesischen Personengesellschaft eine Kapitalgesellschaftsbeteiligung in seinem Sonderbetriebsvermögen II, lehnt Portugal die Zuordnung der Beteiligung aufgrund fehlenden Buchausweises ab. Deutschland weist hingegen diese Einkünfte der portugiesischen Betriebsstätte zu. Dies hat zur Folge, dass eine Doppelfreistellung eintritt. Dahin gehend Hagemann/Kahlenberg, IStR 2015, 734, 737. Zur Zuordnung auf Grundlage des Buchausweises Duro Teixeira, estabelecimentos estáveis de não residentes, S. 53 f.

1221 Gosch, in: Kirchhof, § 50d, Rn. 41a; Hahn-Joecks, in: K/S/M, § 50d EStG Rn. K 7; Meretzki, IStR 2008, 23, 24; Kollruss, StuW 2010, 381, 385; Pohl, DB 2012, 258, 260.

1222 BFH v. 20.05.2015, BFH/NV 2015, 1502, 1505; v. 19.12.2013, BFH/NV 2014, 623 f.; Schönfeld, F/W/B/S, AStG, § 50d Abs. 9 Rn. 51, Frotscher, in: Frotscher/Geruts,

war.[1223] Mit dem Gesetz zur Umsetzung der Änderungen der EU-Amtshilferichtlinien und von weiteren Maßnahmen gegen Gewinnkürzungen und -verlagerungen vom 20.12.2016[1224] wurde die auch von der Finanzverwaltung[1225] geteilte quellenorientierte Auffassung in § 50 Abs. 9 S. 1 EStG gesetzlich festgeschrieben.[1226] Hierzu wurde das Wort „wenn" durch das Wort „soweit" ersetzt und der Absatz 9 um einen Satz 4 ergänzt, der einen Besteuerungsrückfall für DBA mit sog. subject-to-tax-Klauseln (d. h. Quellensteuerreduzierung nur bei tatsächlicher Wohnsitzbesteuerung) anordnet, die sich nicht ausdrücklich nur auf „Teile der Einkünfte" beziehen. Damit hat der Gesetzgeber der qualitativ-konditionalen Auffassung des BFH eine klare Absage erteilt.[1227] Die Erfassung von „Teilen der abkommensfreigestellten Betriebsstätteneinkünfte"[1228] findet nunmehr „einen hinreichenden Ausdruck" in § 50d Abs. 9 S. 1, 4 EStG.[1229] Dementsprechend fällt auch nach wortlautgemäßer Auslegung[1230] ab dem

---

§ 50d EStG Rn. 196; Beinert/Benecke, FR 2010, 1009, 1120, 1023; Gebhardt IStR 2011, 58.

1223 Cloer/Hagemann, IStR 2015, 489, 490 verstehen den Einkunftsbegriff als Schnittmenge, die sich aus dem innerstaatlichen und dem abkommensrechtlichen Recht zusammensetzt.

1224 BGBl. I 2016, 3000.

1225 BMF Schreiben v. 26.09.2014, BStBl. I 2014, S. 1297 Tz. 4.1.1.2.4, 4.1.3.3.2.

1226 Gosch, in: Kirchhof, § 50d Abs. 9 Rn. 41aa.

1227 Der Verweis in § 50 Abs. 10 S. 8 EStG i.V.m. § 50d Abs. 9 EStG lief nach Auffassung des BFH regelmäßig leer, wenn die Voraussetzungen des § 50d Abs. 9 S. 1 Nr. 1 und 2 EStG nicht vollständig vorlagen, da die „Einkünfte-Einheit" des § 50d Abs. 9 S. 1 1. HS EStG qualitativ-konditional („wenn") und nicht quantitativ-konditional („soweit") ausgestaltet war, vgl. nur BFH v. 21.01.2016, IStR 2016, 509, 514; v. 20.03.2015, BFH/NV 2015, 1395, 1397; v. 20.05.2015, IStR 2015, 928, 931; v. 19.12.2013, BFH/NV 2014, 623, 624; kritisch hierzu Klein/Hagena, in: H/H/R, § 50d Abs. 9 EStG Rn. 122. So wohl auch Prinz, DB 2009, 807, 812, der davon ausgeht, dass die Sondervergütungen nicht der ausländischen Personengesellschaft zurechenbar sind.

1228 BT-Drucks. 16/2712, S. 61.

1229 Vgl. BFH v. 13.10.1998, BStBl. II 1999, 163, wonach „Motive und Vorstellungen der Mitglieder der gesetzgebenden Körperschaften nach den allgemeinen Grundsätzen der Auslegung von Steuergesetzen nur dann Berücksichtigung finden [...], wenn sie im Gesetz selbst einen hinreichend bestimmten Ausdruck gefunden haben."

1230 Zum gleichen Ergebnis gelangten bereits Teile des Schrifttums und der Finanzgerichtsbarkeit, die den alten Einkunftsbegriff normspezifisch konkretisiert haben. Zur Begründung der Aufteilung wurden u.a. systematische und abkommensrechtliche Gesichtspunkte herangezogen; siehe nur FG Berlin-Brandenburg, Zwischenurteil v. 29.04.2014 – 3 K 3227/13 mit Anm. Weinschütz, IStR 2014, 257, 259; Cloer/Hagemann, in: B/B, § 50d Abs. 9 EStG Rn. 325 f., 103 f. m.w.N.; Cloer/Hagemann, IStR

Veranlagungszeitraum 2017 das Besteuerungsrecht für Sondervergütungen, die in Portugal nicht oder nur begrenzt besteuert werden können, an Deutschland zurück, sodass ggf. die in Portugal angefallene Quellensteuer auf die deutsche Steuer anzurechnen ist.[1231] Die Divergenzen, die zwischen der „soweit"-Regelung in § 50d Abs. 9 S. 1 EStG und den „Teile[n] der Einkünfte" in § 50d Abs. 9 S. 4 EStG bestehen, sind insoweit unschädlich.[1232] Ob § 50d Abs. 9 EStG an die Einkunftsteile oder an die Einkunftsquelle anknüpft, wird im Gesetzesentwurf, der lediglich auf „Teile der Einkünfte" abstellt, nicht explizit klargestellt.[1233] Für ein Anknüpfen an die Einkunftsquelle spricht allerdings, dass sowohl für die Verteilung der Besteuerungsrechte auf Abkommensebene als auch im Rahmen der beschränkten Steuerpflicht die einzelne Quelle maßgeblich ist.[1234]

Die Regelung des § 50d Abs. 9 S. 1 Nr. 1 EStG findet auch auf Abkommen vor der Änderung des OECD-MA im Jahr 2000, die keine sog. switch-over-Klauseln (Umschaltklauseln) enthalten (wie das DBA-Portugal) Anwendung. Sie erfasst unabhängig von der Durchführung eines Verständigungsverfahrens Fälle mit Qualifikationskonflikten (Divergenzen in der Sachverhaltsbeurteilung, verschiedene Abkommensauslegung oder Unterschiede im innerstaatlichen Recht[1235]) sowie Fälle der doppelten Nicht-[1236] oder Minderbesteuerung[1237]. Demnach stimmt die unilaterale Rückfallklausel des § 50d Abs. 9 EStG entgegen

2015, 489, 492; Hahn-Joecks, in: K/S/M, § 50d Abs. 9 EStG Rn. K 7 m.w.N.; Lüdicke, IStR 2013, 721, 724; Stemler, Sondervergütungen, S. 242.

1231 Dahin gehend Ditz/Quilitzsch, DStR 2017, 281, 290.

1232 BFH v.20.05.2015, BFH/NV 2015, 1395, 1397, der eine völlige Annährung der Vorschriften annimmt. Dem zustimmend auch Cloer/Hagemann, in: B/B, Rn. 330a.

1233 BT-Drucks. 19/9536, S. 56.

1234 Ebenso Cloer/Hagemann, in: B/B, § 50d Abs. 9 Rn. 330b; a.A. Schnitger, IStR 2016, 637, 640.

1235 BFH v. 24.08.2011, IStR 2011, 925, 931; Schönfeld, F/W/B/S, § 50d Abs. 9 AStG Rn. 72; Jankowiak, S. 231 f.; a.A. Thiel, FS Herzig, S. 1023, 1028; Schmidt, IStR 2010, 413, 428; Vogel, IStR 2007, 225, 226 f. Diese beschränken den Anwendungsbereich des § 50d Abs. 9 EStG auf Qualifikationskonflikte infolge Divergenzen im nationalen Recht; vgl. zum Streitstand: Stemler, Sondervergütungen, S. 244 f. m.w.N.

1236 Die Vermeidung der Doppelbesteuerung wird hingegen nicht aufgegriffen, sodass mit der Norm vorrangig die Schaffung von Steuersubstrat bezweckt wird, vgl. auch die Gesetzesbegründung der Bundesregierung zu § 50d Abs. 9 EStG, BT-Drs. 16/2712, S. 61.

1237 Der Freistellungsmethode haftet die Gefahr der Minderbesteuerung an, wenn der Quellenstaat die Einkünfte einer anderen Person oder einem anderen Verteilungsartikel zurechnet oder er auf die Besteuerung der Einkünfte verzichtet.

dem Gesetzbegründungswillen nicht mit der Auslegung des Art. 23A Abs. 1 OECD-MA i.V.m. dem OECD-MK[1238] überein und „überschreibt" trotz Derogationsabsicht des Gesetzgebers auch das zu untersuchende DBA-Portugal.[1239] Dies ist verfassungsrechtlich bedenklich und wird in Portugal, einem Land, das völkerrechtlichen Verträgen per se Vorrang vor nationalen Gesetzen einräumt (Art. 8 CRP), auf wenig Verständnis stoßen. Portugal könnte die deutsche Vorgehensweise als Verstoß gegen den Grundsatz *„pacta sunt servanda"* (Art. 26 WÜRV) oder als Vertragsverletzung (Art. 27 WÜRV) werten. Dies hätte zur Folge, dass Portugal den Vertrag kündigen[1240] oder den Sachverhalt mit Deutschland im Rahmen eines Konsultationsverfahrens gem. Art. 26 Abs. 3 DBA-Portugal erörtern könnte.[1241]

d) Verfassungsrechtliche Bewertung des § 50d Abs. 9 und Abs. 10 EStG

aa) Abkommensverdrängung

Im Rahmen des AdV-Beschlusses vom 19.05.2010[1242] kamen dem BFH aufgrund der Rechtsprechung des BVerfG zum Völkervertragsrecht und zum

---

1238 Vgl. den Gesetzesentwurf der Bundesregierung: Entwurf eines Jahressteuergesetzes 2007, BT-Drs. 16/2712 v. 25.09.2006; S. 61. Die Finanzverwaltung sieht die unilaterale Rückfallklausel durch Art. 23 A/B Abs. 1 OECD als gerechtfertigt an, vgl. BMF Schreiben vom 26.09.2014, BStBl. 2014 I, S. 1297 Tz. 4.1.3.3.2; Liebchen, Personengesellschaften, S. 362, 379 und Schüller, S. 252, die lediglich eine Vereinbarkeit des § 50d Abs. 9 S. 1 Nr. 1 EStG mit dem Art. 23 Abs. A/B Abs. 1 i. V.m. Art. 23A Abs. 4 OECD-MA annehmen.

1239 Dahin gehend Frotscher, Internationales Steuerrecht, Rn. 369; Fischer, FS für Klaus Vogel, S. 970.

1240 Für eine Kündigung oder Suspendierung gem. Art. 60 WÜRV ist eine erhebliche Verletzung einer wesentlichen Bestimmung zur Erfüllung des Vertragszweckes sowie ein erheblicher Verstoß gegen den Verhältnismäßigkeitsgrundsatz erforderlich. Deutsche abkommensverdrängende Vorschriften sind nach jüngster Auffassung des BVerfG nicht rechtswidrig und erfüllen somit regelmäßig die Voraussetzungen des Art. 60 WÜRV nicht. Portugal verbleibt nur die Möglichkeit, den Vertrag ordentlich gem. Art. 31 DBA-Portugal – unter Einhaltung der Sechs-Monats-Frist – zu kündigen.

1241 Englisch, in: Tipke/Lang, § 5 Rn. 6; Herdegen, in: Maunz/Dürig, Art. 25 GG Rn. 8.

1242 In dem sog. Görgülu-Beschluss (BVerfG-Beschluss vom 14.10.2004, 2 Bvr 1481/04, BVerfGE 111, 307) vertrat das BVerfG die Auffassung, dass die EMRK, die durch Zustimmungsgesetz den Rang eines einfachen Rechts erhält, ausnahmsweise nicht beachtet werden muss, um einen Verstoß gegen tragende Grundsätze der Verfassung abzuwenden. Das BVerfG bestätigte in dem sog. Alteigentümer-Beschluss (BVerfG-Beschluss vom 26.10.2004, BvR 1038/01, BVerfGE 112, 1 ff.) und in den Urteilen

Verfassungsrecht erste Zweifel an der Verfassungsmäßigkeit des § 50d Abs. 9 S. 1 EStG (Vermeidung doppelter DBA-Steuerbefreiung). Auch im Schrifttum führte die Rechtsprechung des BVerfG zu vermehrten Diskussionen.[1243] Daraufhin legte der BFH dem BVerfG mit Beschluss vom 10.01.2012[1244] den § 50d Abs. 8 EStG (Besteuerungsrückfall im Zusammenhang mit nichtselbstständiger Arbeit) unter ausdrücklicher Änderung seiner bisherigen Ansicht als möglicherweise rechtswidrigen Abkommensbruch zur Prüfung vor. Zur Begründung führte der BFH u.a. an, dass die nach Art. 59 Abs. 2 GG in Bundesrecht transformierten DBA-Regelungen zwar nicht als vorrangige allgemeine Regelungen des Völkerrechts gem. Art. 38 IGH-Statut (Völkergewohnheitsrecht) zu behandeln seien, sondern nur als sperrwirkungsähnliche Spezialregelungen (§ 2 AO). Entsprechend der Rechtsprechung des BVerfG habe der Grundsatz der Völkerrechtsfreundlichkeit gem. Art. 25 GG zwar Vorrang vor den abkommensüberschreibenden nationalen Regelungen, sodass die Normsetzungsautorität des Gesetzgebers im Ergebnis verdrängt werde.[1245] Eine Durchbrechung des Grundsatzes der Völkerrechtsfreundlichkeit verlange aber neben einer besonderen Rechtfertigung[1246] auch die Einhaltung des Verhältnismäßigkeitsgrundsatzes[1247]. Als Rechtfertigungsgrund für die Durchbrechung des Grundsatzes der Völkerrechtsfreundlichkeit hält der BFH die Verhinderung der infolge der Freistellungsmethode[1248] eintretenden Keinmalbesteuerung[1249] nicht für ausreichend, sondern sieht die

Sicherungsverwahrung I und II (BVerfG v. 04.05.2011, 2 BvR 2333/08, 2 BvR 571/10, 2 BvR 740/10, 2 BvR 1152/10, BVerfGE 128, 326) seine Rechtsprechung.

1243 Zur Verfassungsmäßigkeit deutscher abkommensverdrängender Vorschriften, vgl. Gosch, IStR 2008, 413, 416f.; Frotscher, StBJb 2009/2010, 151, 154f.; Jansen/Weidmann, IStR 2010, 596, 600 f. Zur deutschen DBA-Politik vgl. Lehner, FR 2011, 1087, 1090 f.

1244 BFH-Vorlage v. 10.01.2012, I R 66/09, BFHE 236, 304, 307 f. Diese Vorlage befasst sich mit dem Überschreiben des DBA Deutschland-Türkei 1985 (ohne Nachweisvorbehalt und subject-to-tax-Klausel) durch die Regelung des § 50d Abs. 8 EStG.

1245 BFH v. 10.01.2012, IStR 2912, 426, 428; a.A. Lehner, IStR 2012, 389, 403 f.

1246 BFH v. 10.01.2012, IStR 2012, 426, 428.

1247 Ebenso Ribbrock, BB 2012, 1907, 1908; Schüller, S. 259.

1248 BFH-Vorlagebeschluss v. 10.01.2012, I R 66/09, BFHE 236, 304, 314.

1249 Nach Auffassung der OECD (TNI 1990, S. 25 Rn. 2, 4c, 5) liegt ein sog. treaty override (Abkommensverdrängung) vor, wenn der Gesetzgeber ein abkommensüberschreibendes Gesetz mit Wissen und Wollen erlässt. Das Schrifttum hält an dem Vorsatzerfordernis nicht fest und unterteilt das treaty override in drei Fallgruppen: Missbrauchsverhinderung, Verhinderung der Keinmalbesteuerung und Sicherstellung des staatlichen Steuersubstrats. Zu Einzelheiten siehe Frotscher, in: FS

Vertragskündigung als milderes Mittel an.[1250]

Demgegenüber hält das BVerfG in seinem jüngsten Beschluss[1251] den § 50d Abs. 8 EStG für verfassungsgemäß und mit dem Rechtsstaatsgebot (Art. 20 Abs. 3 GG), dem Art. 59 Abs. 2 GG sowie dem Gleichheitsgebot (Art. 3 Abs. 1 GG) für vereinbar. Die Frage, ob es sich bei der Regelung des § 50d Abs. 8 EStG um eine Abkommensverdrängung handelt,[1252] lässt das BVerfG dagegen offen. Im Rahmen des Art. 3 GG hat sich das BVerfG für eine einfache Willkürkontrolle entschieden.[1253] Das BVerfG führt u.a. dazu aus, dass das DBA als völkerrechtlicher Vertrag den gleichen Rang wie ein einfaches Bundesgesetz habe (Art. 59 Abs. 2 GG). Es gelte der Grundsatz „*lex posterior derogat legi priori*".[1254] Hiernach

---

für Schaumburg, 687, 689. Gebhardt, Ubg 2012, 585 ff.; Mitschke, DStR 2011, 2221, 2223 f. Jahnsen/Lothar, IStR 2010, 596, 597 f.; Stemler, Sondervergütungen, S. 157 f., jeweils m.w.N. Unionsrechtlich sind abkommensverdrängende Normen mit dem Ziel eine Keinmalbesteuerung zu vermeiden, unbedenklich, da sich der gemeinschaftsrechtliche Prüfungsmaßstab vom verfassungsrechtlichen Maßstab unterscheidet; vgl. EuGH, Beschluss v. 19.09.2012, C- 540/11 m. Anm. Tippelhofer, IStR 2013, 307 f.; Cloer/Hagemann, B/B, § 50d Abs. 10 EStG Rn. 363 m.w.N.; Klein/Hagena, in: H/H/R, § 50d Abs. 10 EStG Rn. 7 m.w.N; Vogel, in: V/L, Grundlagen Rn. 270a m.w.N.; Wagner, in: Blümich, § 50d EStG Rn. 17.; Schmidt, DStR 2013, 1704, 1707; Sonnleiter/Winkelhog BB 2014, 473, 478; Musil, IStR 2014, 192, 195.

1250 BFH v. 10.01.2012, IStR 2012, 426, 428; a. A. BVerfG-Beschluss v. 15.12.2015, 2 BvL 1/12, DStR 2016, 359, 359, 370; Cloer/Trinks, IWB 2012, 402, 405; Mitschke, DStR 2011, 2221, 2225, Jansen/Weidemann, IStR 2010, 596, 602

1251 BVerfG-Beschluss v. 15.12.2015 2 BvL 1/12, DStR 2016, 359, 370. Das BVerfG lehnt die Kündigung als milderes Mittel ab.

1252 BVerfG-Beschluss v. 15.12.2015 2 BvL 1/12, DStR 2016, 359, 369, vgl. auch die abweichende Meinung der Richterin König, DStR 2016, 375 Rn. 16, die eine „völkerrechtswidrige Abkommensüberschreibung" annimmt.

1253 BVerfG-Beschluss v. 15.12.2015 2 BvL 1/12, DStR 2016, 359, 370 ff. A.A. Mitschke IStR 2015, 629 m.w.N. Einschränkend Lehner, IStR 2016, 217, 220, der betont, dass es auch möglich gewesen wäre, die Nachweispflichten des § 50d Abs. 8 EStG dadurch zu rechtfertigen, dass die Keinmalbesteuerung gegen grundlegende gleichheitsrechtliche Anforderungen verstoße. Vgl. auch Klein/Hagena, in: H/H/R, § 50d Abs. 8 EStG Rn. 110, die hingegen bemängeln, dass sich das BVerfG nicht mit den Argumenten des BFH hinreichend auseinandergesetzt und einzig auf das von Absatz 8 verfolgte Ziel abgestellt habe. Auch werde die vom BVerfG befürwortete Willkürkontrolle der steuerlichen Realität nicht gerecht. Dahin gehend auch Frotscher, IStR 2016, 561, 567, der moniert, dass das BVerfG an die „Zielgenauigkeit" der einzelnen Normen kaum Anforderungen stelle.

1254 BVerfG, Beschluss v. 15.12.2015 – 2 BvL 1/12, DStR 2016, 359, 364 ff.

können spätere Bundesgesetze ihnen widersprechende frühere Vorschriften eines DBA verdrängen. Der Grundsatz, wonach ältere speziellere Regelungen jüngere verdrängen, greife hingegen nicht ein. Aufgrund der Formulierung „ungeachtet des Abkommens" sei die Regelung des § 50d Abs. 8 EStG gegenüber dem DBA das speziellere Gesetz.[1255] Somit lasse weder das Demokratieprinzip noch der Grundsatzsatz der Diskontinuität eine Durchbrechung des Grundsatzes *„lex posterior derogat legi priori"* zu.[1256] Der Gesetzgeber sei folglich an die Verfassung, speziell an den Art. 25 GG (Völkerrechtsfreundlichkeit) und die darin verankerten Prinzipien, nicht aber an das einfache Gesetz gebunden.[1257] Dies impliziere, dass der Gesetzgeber in den Grenzen der Verfassung auch völkervertragsrechtswidrige Gesetze erlassen könne.[1258] Als Begründung führt das BVerfG an, dass aus dem verfassungsrechtlich garantierten Grundsatz der Völkerrechtsfreundlichkeit und dem Grundsatz *„pacta sunt servanda"* keine Pflicht zur unbeschränkten Einhaltung aller völkerrechtlichen Verträge resultiere.[1259] Darüber hinaus verstoßen völkervertragswidrige Gesetze weder gegen das Rechtsstaatsprinzip[1260] noch gegen den Gleichheitsgrundsatz. Im Übrigen fehle dem Gesetzgeber die Kündigungsbefugnis.[1261] Ein anderes, milderes Mittel sei, um das Demokratieprinzip zu verwirklichen, nach Auffassung des BVerfG nicht ersichtlich.[1262]

Obwohl sich das BVerfG nur mit der Regelung des § 50d Abs. 8 EStG (Besteuerungsrückfall i.V.m. nichtselbstständiger Arbeit) auseinandergesetzt hat, beantwortet der Beschluss die generelle Frage, ob ein Überschreiben von DBA-Vorschriften durch nationales Recht grundsätzlich verfassungsgemäß sein kann. Die Auffassung des BVerfG lässt sich somit wohl auf die Absätze 9 und 10 des § 50d EStG entsprechend[1263] übertragen, da § 50d Abs. 8 EStG wie auch

1255 BVerfG, Beschluss v. 15.12.2015 – 2 BvL 1/12, DStR 2016, 359, 369.

1256 BVerfG, Beschluss v. 15.12.2015 – 2 BvL 1/12, DStR 2016, 359, 364.

1257 BVerfG, Beschluss v. 15.12.2015 – 2 BvL 1/12, DStR 2016, 359, 363.

1258 BVerfG, Beschluss v. 15.12.2015 – 2 BvL 1/12, DStR 2016, 359, 365.

1259 BVerfG, Beschluss v. 15.12.2015 – 2 BvL 1/12, DStR 2016, 359, 363, 366 f., Rn. 47, 64–70.

1260 BVerfG, Beschluss v. 15.12.2015 – 2 BvL 1/12, DStR 2016, 359, 368.

1261 BVerfG, Beschluss v. 15.12.2015 – 2 BvL 1/12, DStR 2016, 359, 365, 370.

1262 BVerfG, Beschluss v.15.12.2015 – 2 BvL 1/12, DStR 2016, 359, 365, 370, vgl. auch die abweichende Meinung der Richterin König, DStR 2016, 359, 376 Rn. 20, 21, die betont, dass der Gesetzgeber zwar den völkerrechtlichen Vertrag nicht selbst kündigen könne, aber darauf hinwirken könne.

1263 Mitschke, DStR 2016, 359, 377, der zutreffend darauf hinweist, dass die Entscheidung des BVerfG (Beschluss vom 15.12.2015) nicht pauschal auf alle Fälle von Abkommensverdrängung angewendet werden könne.

§ 50 Abs. 9 EStG eine Abkommensverdrängung zur Verhinderung einer doppelten Nichtbesteuerung beinhalten. Die Regelung des § 50d Abs. 10 EStG enthält demgegenüber eine Abkommensverdrängung zur Sicherstellung von Besteuerungssubstrat.[1264] Im letzteren Fall hat der Gesetzgeber wissentlich[1265] die mit einem anderen Staat getroffenen Vereinbarungen durch nationale Regelungen außer Kraft gesetzt.[1266] Dies hat zur Folge, dass nicht nur Satz 1 des § 50d Abs. 10 EStG, sondern – entgegen der Auffassung des BFH[1267] – auch der Satz 3 des § 50d Abs. 10 EStG als Abkommensverdrängung zu qualifizieren ist.[1268] In Anbetracht

---

1264 Gosch, ISR 2013, S. 87. Der BFH hat in seinen Vorlagen zu § 50d Abs. 10 EStG (BVerfG, 2 BvL 21/14, BFH-Vorlagebeschluss vom 11.12.2013, I R 4/13; hier waren Zinsen, die ein in Italien ansässiger atypischer Gesellschafter von seiner inländischen Personengesellschaft erhalten hat, streitbefangen) und zu § 50d Abs. 9 EStG (BVerfG – 2 BvL 21/14, BFH-Vorlagebeschluss v. 20.08.2014, I R 86/13; streitbefangen waren hier die Einkünfte von einem im Inland ansässigen Piloten einer irischen Fluggesellschaft) die Argumentation zur Vorlage zu § 50d Abs. 8 EStG im Wesentlichen übernommen. Nach Auffassung des BFH sei der Gesetzgeber bei Erlass von Gesetzen an die Einhaltung von Völkerrecht gem. Art. 20 Abs. 3 GG gebunden (BFH v. 11.12.2013, BStBl. II 2014, 791, 796 f.). Zudem bedürfe der Erlass völkerrechtswidriger Gesetze einer besonderen Rechtfertigung und verstoße gegen die subjektiven Rechte der Gesellschafter aus Art. 2 Abs. 1 i.V.m. Art. 3 Abs. 1 GG (BFH v. 11.12.2013, BStBl. II 2014, 791, 800). Zu der vom Gesetzgeber beabsichtigten Gleichbehandlung von Steuerinländern mit Steuerausländern (vgl. BT-Drs. 16/11108, S. 23 zu § 50d Abs. 10 EstG i.d.F. JStG 2009) kommt es nach Auffassung des BFH nicht, da der Tatbestand des § 50d Abs. 9 S. 1 Nr. 2 und Abs. 10 EStG zu kurz greife (s. BFH v. 11.12.2013, BStBl. II 2014, 791, 800; v. 20.08.2014, BStBl. II 2015, 18, 24. Als milderes Mittel führt der BFH – wie in seiner Vorlage zu § 50d Abs. 8 EStG – neben einer Kündigung des DBA auch die Vereinbarung einer Umschaltregel, die nunmehr im DBA Deutschland-Irland 2012 Eingang fand, an. Schließlich hält er § 50d Abs. 10 EStG weder i.d.F. des JStG 2009 noch i.d.F. des AmtshilfeRLUmsG aufgrund der rückwirkenden Geltung für verfassungsgemäß. Gleiches gelte hinsichtlich § 52 Abs. 59a S. 9 i.V.m. § 50d Abs. 9 S. 3 EStG 2009 i.d.F. des AmtshilfeRLUmsG vom 26. Juni 2013.

1265 Der Passus „ungeachtet der Vorschriften eines Abkommens zur Vermeidung der Doppelbesteuerung" belegt, dass die in den Sätzen 3 und 4 des § 50d Abs. 10 EStG verankerte Zuordnungsfiktion abkommensüberschreibend wirkt und dies dem Gesetzgeber bei Erlass bewusst war.

1266 Wagner, in: Blümich, § 50d EStG Rn. 129.

1267 BFH v. 11.12.2013, BFH/NV 2013, 1999, 2001.

1268 Ebenso Wagner, in: Blümich: § 50d EStG, Rn. 129; Klein/Hagena, in: H/H/R, § 50d EStG, Rn. 133b, 99; a.A. Bresgen, S. 163, die mit Hinweis auf BFH v. 12.03.2013,

der jüngsten Entscheidung des BVerfG, die sich an die Entscheidung zum Reichskonkordat aus dem Jahr 1957[1269] anlehnt, wird das BVerfG in den anhängigen Entscheidungen die „Vertragsüberschreibung" wohl als „hinnehmbare Folge des Demokratieprinzips und der gesetzgeberischen Diskontinuität" bewerten.[1270] Dies ist in der heutigen „globalisierten Welt"[1271] mit Deutschland als vertrauensvollem Vertragspartner bedenklich.[1272] Insoweit sei darauf hingewiesen, dass die o.g. Entscheidung des BVerfG lediglich für Gerichte, nicht aber für Vertragsstaaten Verbindlichkeit erlangt. Dies hat zur Folge, dass Abkommensverdrängungen nur noch im Wege von Schieds- bzw. Verständigungsverfahren korrigiert[1273] werden können (§ 175a AO, Art. 25 OECD-MA).[1274] Zudem wird sich das „Normgeflecht"[1275] des § 50d EStG im Verhältnis zu den Abkommen weiter verfestigen.[1276] Dies impliziert, dass Deutschland bei fehlender internationaler Akzeptanz des

---

BFH/NV 2013, 1999, 2001 und BFH v. 11.12.2013, BFH/NV 2014, 614, 617 eine Abkommensverdrängung negiert und eine Kenntlichmachung hinsichtlich § 50d Abs. 10 S. 3 EStG für nicht erforderlich hält. Aufgrund der gesetzgeberischen Formulierung „ungeachtet der Vorschriften eines Abkommens zur Vermeidung der Doppelbesteuerung" in S. 3 liegt eine willentliche Abkommensverdrängung durch den Gesetzgeber vor, während § 50d Abs. 10 EStG i.d.F. des 2009 nach Auffassung des Gesetzgebers keine Abkommensverdrängung enthält, vgl. BT-Drs. 16/11108, S. 23.

1269 BVerfG v. 26.03.1957 – 2 BvG 1/55, BVerfGE 6, 309.

1270 Vgl. zur Auseinandersetzung mit dem BVerfG v. 15.12.2015 in der Literatur Haendel, Treaty Overriding, S. 205.

1271 Wortlaut der Richterin König, Beschluss v. 15.12.2015 – 2 BvL 1/12, DStR 2016, 359, 372 Rn. 3.

1272 Ebenso Richterin König, Beschluss v. 15.12.2015 – 2 BvL 1/12, DStR 2016, 359, 374; Klein/Hagena, in: H/H/R, § 50d EStG Rn. 6; Weiss, Steuk 2016, 193.

1273 Haarmann, BB 2016, 2775; Lehner, IStR 2016, 217, 220 m.w.N. In diesem Zusammenhang weist Haarmann, a.a.O., zutreffend darauf hin, dass soweit ein Verständigungs- bzw. ein Schiedsverfahren durchgeführt werde, das nationale Recht (einschließlich nationaler treaty overrides (sog. Abkommenverdrängung)) zurücktrete, während bei Nichtdurchführung solcher Verfahren das nationale Recht fortwirke. Dies habe zur Folge, dass hinsichtlich „deutscher Steuerpflichtiger mit zweierlei Maß gemessen" werde und folglich ein „eklatanter Verstoß" gegen Art. 3 GG vorliege.

1274 Haarmann, BB 2016, 2775, 2276. Dieser betont, dass es keine nationale Bestimmung gibt, die die Anwendung von materiellen treaty overrides (Abkommensverdrängung) in Schiedsverfahren vorschreibt. Theoretisch könne Deutschland davon abweichen, wovon er allerdings nicht ausgeht.

1275 Klein/Hagena, in: H/H/R, § 50d Abs. 10 EStG Rn. 131.

1276 Frotscher, IStR 2016, 561, 567; Klein/Hagena, in: H/H/R, § 50d EStG, Rn. 6; so wohl Lehner, IStR 2016, 217, 219; einschränkend Haendel, IStR 2017, 436, 438 f., der sich ausnahmsweise für die Spezialität der DBA-Regeln gegenüber der Abkommensverdrängung ausspricht.

deutschen Mitunternehmerkonzepts auf die Vereinbarung von Missbrauchsvorbehalten, subject-to-tax-Klauseln (Besteuerungsrückfallklauseln) und switch-over-Klauseln (Umschaltklauseln) nicht drängen wird, sondern auf den § 50d EStG ausweichen wird.[1277] Jüngster Beleg dafür ist der neue Satz 4 des § 50d Abs. 9 EStG, der eine Freistellung im Ausland erzielter Einkünfte unbeschränkter Steuerpflichtiger auch dann ausschließt, wenn sie dort nicht, zum Teil oder nur gering besteuert werden.[1278]

bb) Rückwirkende Geltung des § 50d Abs. 9 und Abs. 10 EStG

Nach Auffassung des BVerfG[1279] ist bei der Beurteilung der Zulässigkeit rückwirkender Gesetze zwischen echter und unechter Rückwirkung zu unterscheiden. Eine gesetzliche Regelung wirkt, unabhängig davon, ob der Gesetzgeber der Regelung nur eine klarstellende Wirkung beimisst, konstitutiv[1280], wenn eine verworrene bzw. offene Anwendungsfrage für die Vergangenheit geregelt wird.[1281] Dementsprechend handelt es sich bei § 50d Abs. 10 EStG i.d.F. des JStG 2009 i.V.m. §52 Abs. 59a S. 11 EStG für Veranlagungszeiträume bis einschließlich 2007 um eine unzulässige, echte Rückwirkung, da §50d Abs. 10 EStG aF entgegen der Auffassung des Gesetzgebers[1282] nicht nur eine unklare Rechtslage beseitigt hat. Vielmehr widersprach § 50d Abs. 10 EStG aF der gefestigten Rechtsprechung des BFH in Bezug auf die abkommensrechtliche Behandlung von Sondervergütungen,[1283] sodass schutzwürdiges Vertrauen in die bestehende Rechtslage betroffen war.[1284] Gründe, die eine echte Rückwirkung rechtfertigen

---

1277 Ebenso Hennigfeld, DB 2016, 443, 444; Klein/Hagena, in: H/H/R, § 50d EStG Rn. 6; Rn 133b.

1278 Ebenso Klein/Hagena, in: H/H/R, § 50d EStG Rn. 2.

1279 BVerfG, Beschluss v. 17.12.2013 – 1 BvL 5/08, DÖV 2015, 292, 293 m.w.N.

1280 BVerfG, Beschluss v. 17.12.2013 – 1 BvL 5/08, DÖV 2015, 292, 296 m.w.N.

1281 BVerfG, Beschluss v. 17.12.2013 – 1 BvL 5/08, DÖV 2015, 292, 296.

1282 Entwurf des Jahressteuergesetz 2013, BR-Drucks. 139/13, 148.

1283 Der BFH hat seit der Rechtsprechungsänderung im Jahr 1991 seine Auffassung in zahlreichen Entscheidungen bestätigt vgl. nur BFH v. 27.2.1991, BStBl. II 1991, 444, 446 f.; v. 31.05.1995, BStBl. II 1995, 683, 684; v. 09.08.2006, BStBl. II 2009, 758, 764 f.; v. 20.12.2006, BStBl. II 2009, 766, 796 f.; v. 17.10.2007, BStBl. II 2009, 356, 357 f.; v. 8.09.2010, IStR 2011, 32, 33 f.; v. 8.11.2010, IStR 2011, 157, 158.

1284 Salzmann, IWB 2010, 902, 904. Dahin gehend Franz/Voulon, BB 2011, 1111, 1118, die zutreffend unter Hinweis auf den Vorlagebeschluss des BFH vom 07.12.2013, BStBl. II 2011, 346 hervorheben, dass sowohl die entgegenstehenden Verwaltungs- als auch Literaturmeinungen nicht im Stande seien, die geltende Rechtslage außer

könnten, sind im Hinblick auf die gefestigte Spruchpraxis des BFH nicht ersichtlich. Die Regelung des § 50d Abs. 10 EStG aF trat weder an die Stelle einer nichtigen Rechtsnorm noch hat sie der Sicherstellung der gebotenen rechtlichen und tatsächlichen steuerlichen Belastungsgleichheit[1285] gedient.[1286] Deshalb wirkt § 50d Abs. 10 EStG aF für Veranlagungszeiträume bis einschließlich 2007 konstitutiv und verstößt damit gegen das im Rechtsstaatsprinzip des Art. 20 Abs. 3 GG enthaltene Verbot der Rückwirkung belastender Steuergesetze[1287].[1288]

Für den Veranlagungszeitraum 2008 liegt hingegen eine unechte Rückwirkung vor, die teilweise unzulässig ist. Nach der bisherigen Auffassung des BVerfG war die unechte Rückwirkung grundsätzlich mit der Verfassung vereinbar.[1289] Von diesem Grundsatz weicht das BVerfG in seiner jüngeren Rechtsprechung ab und stellt fest, dass die „unechte Rückwirkung (..) nicht grundsätzlich unzulässig [ist]".[1290] Als Begründung führt das BVerfG an, dass „eine unechte Rückwirkung (..) mit den Grundsätzen grundrechtlichen und rechtsstaatlichen Vertrauensschutzes daher nur vereinbar [ist], wenn sie zur Förderung des Gesetzeszwecks geeignet und erforderlich ist und wenn bei einer Gesamtabwägung zwischen dem Gewicht des enttäuschten Vertrauens und dem Gewicht und der Dringlichkeit der die Rechtsänderung rechtfertigenden Gründe die Grenze der Zumutbarkeit gewahrt bleibt".[1291] Hieraus folgert das BVerfG, dass auch im Rahmen der unechten Rückwirkung die „rückwirkenden Regelungen (…), die (…) der unechten Rückwirkung zugeordnet werden, in vielerlei Hinsicht den Fällen echter Rückwirkung nahe stehen".[1292] Ein schutzwürdiges Vertrauen werde

---

Kraft zu setzen. Vielmehr obliege diese Entscheidung den obersten Gerichten als Letztentscheider. Zur Vertrauensbasis durch die gefestigte Rechtsprechung siehe Hahn, IStR 2011, 437, 444 f.

1285 So aber der Gesetzgeber, vgl. BT-Drs. 16/11108, S. 25.

1286 Ausführlich zur Rechtfertigung der echten Rückwirkung für den Veranlassungszeitraum bis einschließlich 2007 vgl. Stemler, Sondervergütungen, S. 181 f.

1287 BFH v. 11.12.2013, BStBl. II 2014, 791, 800 f.; Goebel/Liedtke/Schmidt, IWB 2010, 7, 9 f.; Schüller, S. 275; a.A. FG München v. 30.07.2009 – 1 K 1816/09, abrufbar über juris, Rn. 22 f., juris; Schüller, S. 275 m.w.N.

1288 Ebenso Cloer/Hagemann, B/B, § 50d Abs. 10 EStG Rn. 357, 361 m.w.N.; Klein/Hagena, in: H/H/R, § 50d Abs. 9 EStG Rn. 121 m.w.N.; a.A. Finanzausschuss BT-Drucks. 16/11108, 29; FG München v. 30.07.2009 – 1 K 1816/09, abrufbar über juris, Rn. 22 f.; Gosch, in: Kirchhof, § 50d Abs. 10 EStG Rn. 49.

1289 BVerfG v. 14.5.1986, BVerfGE 72, 200, 254.

1290 BVerfG v. 7.7.2010 – 2 BvL 14/10, BeckRS 9998, 54172 Rn. 57.

1291 BVerfG v. 7.7.2010 – 2 BvL 14/10, BeckRS 9998, 54172 Rn. 58.

1292 BVerfG v. 10.10.2012 – 1 Bvl 6/07, BeckRS 2012, 59344 Rn. 62.

danach in Frage gestellt oder erschüttert, wenn eine Neuregelung in den Bundestag eingebracht wird, die der bestehenden Rechtslage widerspricht.[1293] Vorausgesetzt wird weiter, dass ein Gesetzesbeschluss vorliegt oder das Gesetz verkündet wurde, es sei denn, der der Zahlung zugrundeliegende Vertrag (z. B. zwischen Gesellschaft und Gesellschafter gem. § 15 Abs. 1 Nr. 2 EStG) wurde vor Einbringung der Gesetzesinitiative erfüllt.[1294] Dies legt nahe, dass für die Erfassung von Sondervergütungen, die einem Vertrag vor dem Jahr 2007 zugrunde liegen, kein schutzwürdiges Vertrauen besteht.[1295] Der Zahlungszeitpunkt bestimmt sich dabei – auch bei bilanzierenden Steuerpflichtigen – nach dem Zufluss der Zahlung.[1296] Dementsprechend besteht kein Vertrauensschutz für die nach der Verkündung des § 50d Abs. 10 EStG aF am 24.12.2008 gezahlten Sondervergütungen. Nach BVerfG-Beschluss vom 07.07.2010[1297] sind Verträge, die nach dem Bekanntwerden eines Gesetzesentwurfes zu einer Neuregelung ergangen sind, „weniger schutzbedürftig".[1298] Dies legt die Vermutung nahe, dass auch Verträge, die nach dem Beschluss des Bundesrates vom 19.09.2008 abgeschlossen wurden, „weniger schutzbedürftig"[1299] sind. Dem steht aber der Beschluss des BVerfG vom 10.10.2017[1300] entgegen, mit welchem die Grundsätze, die im Rahmen des BVerfG-Beschlusses vom 07.07.2010[1301] zu einer Arbeitnehmerentschädigung aufgestellt wurden, dieser Beschluss ist jedoch nicht auf andere Fälle übertragbar.[1302] Dementsprechend besteht für die Erfassung von Sondervergütungen, deren zugrundeliegende Verträge vor dem Jahr 2007 und nach dem 19.09.2008 vereinbart wurden, kein Vertrauensschutz. Es liegt daher eine zulässige unechte Rückwirkung vor.

Für Sondervergütungen, die bis zum 19.09.2008 zugeflossen sind, bzw. die zwischen dem endgültigen Gesetzesbeschluss durch den Bundesrat am

---

1293 BverfG v. 3.12.1997, BVerfGE 97, 67, 79; v. 07.07.2010, BVerfGE 127, 1, 17 f.; v. 10.10.2012, BVerfGE 132, 302. 324 f. Im Hinblick auf die echte Rückwirkung wird ein Vertrauensschutz bis zum endgültigen Beschluss des Gesetzgebers angenommen; statt vieler Kirchhof, DStR 2015, 717, 720.

1294 BVerfG v. 7.7.2010 – 2 BvL 1/03, 57, 58/06 BVerfGE 127, 31, 58 (betreffend Arbeitnehmerentschädigungen)

1295 Ebenso Bresgen, S. 177; Stemler, Sondervergütungen, S. 192.

1296 Ausdrücklich BVerfG v. 10.10.2012, BVerfGE 132, 302, 331.

1297 BVerfG, Beschluss v. 7.07.2010 – 2 BvL 1/03 u.a., NJW 2010, 3638.

1298 BVerfG, Beschluss v. 7.07.2010 – 2 BvL 1/03 u.a., NJW 2010, 3638, 3640.

1299 BVerfG, Beschluss v. 7.07.2010 – 2 BvL 1/03 u.a., NJW 2010, 3638, 3640.

1300 BVerfG, Beschluss v. 10.10.2012 – 1 BvL 6/07 u.a., NJW 2013, 145.

1301 BVerfG, Beschluss v. 7.07.2010 – 2 BvL 1/03 u.a., NJW 2010, 3638.

1302 BVerfG, Beschluss v. 10.10.2012 – 1 BvL 6/07 u.a., NJW 2013, 145, 149.

19.12.2008 und der Verkündung im Bundesgesetzblatt am 24.12.2008 gezahlt wurden und auf einem Vertrag beruhen, der vor dem Jahr 2007 bzw. nach dem 19.09.2008 vereinbart wurde, ist eine „Gesamtabwägung zwischen dem Gewicht des enttäuschten Vertrauens und dem Gewicht und der Dringlichkeit der die Rechtsänderung rechtfertigenden Gründe“[1303] unter Wahrung der „Grenze der Zumutbarkeit“[1304] erforderlich.[1305] In Bezug auf § 50d Abs. 10 EStG liegt ein Verstoß gegen Art. 3 Abs. 1 GG nicht vor. Eine steuerliche Ungleichbehandlung von Einzel- gegenüber Mitunternehmern, von beschränkt steuerpflichtigen Mitunternehmern gegenüber unbeschränkt steuerpflichtigen Mitunternehmern oder gegenüber anderen beschränkt Steuerpflichtigen ist nicht anzunehmen.[1306] Aus § 50d Abs. 10 EStG folgt nach Auffassung des Gesetzgebers eine Gleichbehandlung des Einzel- gegenüber dem Mitunternehmer.[1307] Im Hinblick auf die Behandlung von Sondervergütungen werden unbeschränkt und beschränkt steuerpflichtige Mitunternehmer nach den gleichen Besteuerungsprinzipien besteuert.[1308] Dennoch wird vertreten, dass die beschränkt steuerpflichtigen Mitunternehmer gegenüber den unbeschränkt steuerpflichtigen Mitunternehmern ungleich behandelt werden. Dies sei daraus zu schließen, dass die Verfassung den Gesetzgeber gegenüber unbeschränkt Steuerpflichtigen stärker binde[1309] und bei beschränkt Steuerpflichtigen eine nicht ausgleichbare Doppelbesteuerung verbleibe.[1310] Zudem wird eine Ungleichbehandlung anderer beschränkt Steuerpflichtiger und beschränkt steuerpflichtiger Mitunternehmer wegen einer fehlenden Ausgleichmöglichkeit der doppelt besteuerten Sondervergütungen mit anderen Einkünften angenommen.[1311] Soweit eine Ungleichbehandlung bestehen bleibt, kann diese durch eine Willkürkontrolle gerechtfertigt werden.[1312] Da im Rahmen des § 50d Abs. 10 EStG eine weite Einschätzungsprorärogative

---

1303 BVerfG, Beschluss v. 10.10.2012 – 1 BvL 6/07 u.a., NJW 2013, 145, 149.

1304 BVerfG, Beschluss v. 7.07.2010 – 2 BvL 14/02 u.a, DStR 2010, 1727, 1729.

1305 Ebenso Bresgen, 178; Stemler, Sondervergütungen, 195.

1306 Zur Feststellung, dass eine Ungleichbehandlung zwischen den Gesellschaftern (in den Fällen von Einzel- und Mitunternehmern, beschränkt steuerpflichtigen Mitunternehmern und unbeschränkt steuerpflichtigen Mitunternehmern und gegenüber anderen beschränkt Steuerpflichtigen) nicht vorliegt, vgl. die Ausführungen bei Bresgen, S. 170 f.; Stemler, Sondervergütungen, S. 182 ff., 195 f.

1307 BT-Drs. 16/11108, S. 23.

1308 FG Düsseldorf v. 7.12.2010, EFG 2011, 878, 881.

1309 Jansen/Weidemann, IStR 596, 604 f.

1310 Frotscher, StbJb 2009/2010, 151, 175.

1311 Frotscher, IStR 2009, 593, 598 f.

1312 FG Düsseldorf v. 7.12.2010, EFG 2011, 878, 881 f.

besteht, verstößt die Erfassung von Sondervergütungen weder gegen das Gebot der Folgerichtigkeit noch gegen das Leistungsfähigkeitsprinzip.[1313] Auch lag aufgrund der gefestigten Spruchpraxis des BFH seit 1991[1314] weder eine unklare Rechtslage noch eine besondere Dringlichkeit zur Vermeidung von Rechtsmissbräuchen vor.[1315] Zudem rechtfertigen fiskalische Gesichtspunkte alleine, wie z. B. die Erhöhung des Steueraufkommens, eine Rückwirkung nicht.[1316] Deshalb bedarf es keiner weiteren Interessenabwägung mehr.[1317]

Der Gesetzgeber hat auch zu § 50d Abs. 10 EStG nF eine Einführungsverordnung erlassen. Nach § 52 Abs. 59a S. 10 EStG betreffend die Anwendung des § 50d Abs. 10 EStG nF werden alle noch nicht bestandskräftig festgesetzten Einkommen- und Körperschaftsteuerveranlagungen erfasst.[1318] Als Begründung wird angeführt, dass ein schutzwürdiges Vertrauen der Steuerpflichtigen aufgrund der kurzen Spruchpraxis des BFH in Bezug auf die abkommensrechtliche Behandlung von Sondervergütungen und der absehbaren Änderung des § 50d Abs. 10 EStG nicht bestehe.[1319] Die Finanzverwaltung geht davon aus, dass die Neuregelung des §50d Abs. 10 EStG eine Klarstellung der Rechtslage darstelle.[1320] Hieraus wird gefolgert, dass eine zulässige echte Rückwirkung für Veranlagungszeiträume bis 2012 vorliege. Überzeugend ist diese Begründung nicht, da einerseits keine unklare Rechtslage bestand und andererseits die Zurechnungsfiktion sowie die Tatbestandserweiterung bzw. -einschränkung eine Verschärfung der bisherigen Rechtslage darstellt.[1321] Im Hinblick auf die abkommensrechtliche

---

1313 Ebenso Bresgen, S. 171; Stemler, Sondervergütungen, S. 185.

1314 BFH, v. 27.02.1991, BStBl. II 1991, 444.

1315 Bresgen, S. 179. Zur neuen Vertrauensdogmatik des BVerfG vgl. Desens, StuW 2011, 113, 116 ff.

1316 BVerfG, Beschluss v. 05.02.2002 – 2 BvR 305/93, BVerfGE 105, 17, 37.

1317 BVerfG, Beschluss v. 10.10.2012 – 2 BvL 6/07, DStR 2012, 2322, 2357 f.

1318 Bresgen, S. 181, die in der divergierenden Wortwahl des § 52 Abs. 59a S. 10 („festgesetzt worden ist") und S. 11 („festgesetzt ist ") EStG keinen sachlichen Grund erkennt, vgl. auch BFH v. 11.12.2013, BStBl. II 2014, 791, 801.

1319 BR-Drs. 623/1/12, S. 15.

1320 BT-DrS. 16/11108, S. 29.

1321 Für eine „konstitutive Fiktion": Bresgen, S. 180; Cloer/Hagemann, in: B/B, § 50d Abs. 10 EStG Rn. 381; Hahn-Joecks, in: K/S/M § 50d EStG Rn. L 26. Klein/Hagena, in: H/H/R, § 50d Abs. 10 EStG Rn. 133b mit Verweis auf BFH v. 08.09.2010, IStR 2011, 32, 34 mit Anm. Kammeter, die zutreffend davon ausgehen, dass die Fiktion dem Art. 3 Ziff. 13 OECD-MK widerspricht. Hierzu heben sie hervor, dass ein zulässiger Rückgriff i.S.d. Art. 3 Abs. 2 OECD-MA auf das nationale Recht (hier: § 50d Absatz 10 S. 3 und 4 EStG) nicht bestehe, da die Zuordnung von Rechten und Vermögenswerten zu einer Betriebsstätte vorrangig abkommensautonom zu bestimmen sei.

Behandlung von Sondervergütungen gab es seit dem Urteil vom 27.02.1991 des BFH[1322] eine gefestigte Rechtsprechung, die insbesondere vom Gesetzgeber und der Finanzverwaltung nicht geteilt wurde. Allein der Umstand, dass die Finanzverwaltung sich nicht der Auffassung der Rechtsprechung anschließt, führt nicht zur Erschütterung des schutzwürdigen Vertrauens der Steuerpflichtigen. Mit der Neuregelung des § 50d Abs. 10 EStG aF hat der Gesetzgeber versucht, seine Rechtauffassung mit Wirkung für die Vergangenheit festzusetzen, was ihm allerdings in vielen Fällen nicht gelang. Ein Änderungsgesetz für die Zukunft wäre naheliegender gewesen. Es blieb damit bei den bisherigen Zurechnungsgrundsätzen der Rechtsprechung und bei dem generellen Vorrang der Spezialartikel.[1323] Gründe, die die Zulässigkeit der echten Rückwirkung rechtfertigen könnten, sind nicht ersichtlich. Die Anrechnungsmöglichkeit, die mit dem Ziel der steuerlichen Entlastung des Steuerpflichtigen durch § 50d Abs. 10 S. 5 EStG eingeführt wurde, beseitigt die Steuerlast nicht endgültig. Im Ergebnis ist von einer unzulässigen echten Rückwirkung auszugehen.[1324]

Nach der bisherigen ständigen Rechtsprechung wurden nach § 50d Abs. 10 EStG umqualifizierte Sondervergütungen in wirtschaftlich-tatsächlicher Hinsicht der Betriebsstätte der Personengesellschaft zugeordnet (Art. 7 OECD-MA, Spezialitätenvorrang der Einkunftsartikel 10 Abs. 4, 11 Abs. 4, Art. 12 Abs. 3 OECD-MA).[1325] Dies führte zur Einführung des § 50d Abs. 10 S. 3 EStG.

Abweichend hiervon stellte der BFH in seinem Urteil vom 12.6.2013[1326] fest, dass die Auslegung der Zuordnungskriterien in Art. 7 OECD-MA mit dem innerstaatlichen rechtlichen Zuordnungsmaß in § 15 Abs. 1 S. 1 Nr. 2 EStG überstimme. Angesichts dieser geänderten Auffassung des 1. Senats des BFH[1327] wurde in der Literatur[1328] die Frage aufgeworfen, ob die Neufassung des §50d EStG noch weiterhin als „echte" Rückwirkung aufzufassen sei.[1329] Zumindest

1322 BFH v. 27.02.1991, BStBl. II 1991, S. 444.

1323 Ebenso Bresgen, S. 180.

1324 BFH v. 11.12.2013, BStBl. II 2014, 791, 801 f.; Pohl, DB 2013, 1572, 1573.

1325 BFH v. 27.02.1991, BStBl. II 1991, 444, 446; BFH v. 30.08.1995, BStBl. II 1996, 563, 564 f.; BFH v. 17.10.2007, BStBl. II 2009, 356, 358 f., BFH v. 19.12.2007, BStBl. II 2008, 510, 512; BFH v. 8.09.2010, IStR 2011, 32, 34.

1326 BFH 12.6.2013, BStBl. II 2014, 770; bestätigt durch BFH v. 11.12.2013, BFH/NV 2014, 614.

1327 BFH v. 12.06.2013, BStBl. II 2014, 770, 772 f.; v. 11.12.2013, BStBl. II 2014, 791, 795.

1328 Cloer/Hagemann, in: B/B, § 50 d Abs. 10 EStG Rn. 382.

1329 Gosch, in: Kirchhof, § 50d EStG Rn. 49. Für diesen stellt die Neufassung des §50d Abs. 10 EStG eine echte Rückwirkung dar, da beide Normen des § 50d Abs. 10 EStF aF/nF nebeneinander anwendbar sind.

in Fällen, in denen der Mitunternehmer nur bei der Personengesellschaft eine Betriebsstätte unterhalte, wäre die Einführung der Zuordnungsregel nach § 50 Abs. 10 S. 3 EStG nicht erforderlich gewesen.[1330] In diesen Fällen greife die Altregel (ab dem Veranlagungszeitraum 2008) ohnehin ein.[1331]

Für den Veranlagungszeitraum 2013 liegt gem. § 52 Abs. 59a S. 10 EStG eine unechte Rückwirkung vor, die zum Teil als unzulässig aufzufassen ist.[1332] Aufgrund der verschiedenen Rechtsauffassungen in Bezug auf die abkommensrechtliche Behandlung von Sondervergütungen zwischen Rechtsprechung, Finanzverwaltung und Gesetzgebung war mit einer Änderung des § 50d Abs. 10 EStG zu rechnen, die aber erst mit der Verkündung am 26.06.2013 im Bundesgesetzblatt[1333] ein schutzwürdiges Vertrauen in die neue Rechtslage begründete. Dabei führt der gescheiterte Versuch der Neufassung im JStG 2013 zu keiner Vorverlagerung des Vertrauensschutzes. Etwas anderes gilt für den Zeitraum zwischen dem Beschluss des Bundesrates am 07.06.2013 und der Verkündung im Gesetzesblatt am 26.06.2013. Aufgrund des missglückten § 50d Abs. 10 EStG aF bestand für diesen Zeitraum ein begrenzter Vertrauensschutz.[1334] Demnach ist eine unechte Rückwirkung für Sondervergütungen zulässig, soweit die Zahlung zwischen dem 07.06.2013 und dem 26.06.2013 erfolgte und der der Zahlung zugrundeliegende Vertrag vor 2012 bzw. nach dem 07.06.2013 vereinbart wurde. Dies beruht darauf, dass für vorgenannte Zeiträume ein geringer Vertrauensschutz bestand. Die Einordnung von grenzüberschreitenden Sondervergütungen war im Zeitraum zwischen dem 07.06.2013 und dem 26.06.2013 aufgrund des geänderten § 50d Abs. 10 EStG aF (Vorrang des Art. 7 OECD-MA) unsicher, da § 50d Abs. 10 EStG aF in vielen Fällen leerlief. Die Zuordnung der grenzüberschreitenden Sondervergütungen erfolgte in diesen Fällen weiterhin nach dem Spezialitätenvorrang der Einkunftsartikel 10–12 OECD-MA. In den übrigen Fällen fand § 50d Abs. 10 EStG a.F (Vorrang des Art. 7 OECD-MA) Anwendung. Die Neufassung des § 50d Abs. 10 EStG mit erneuter Implementierung des Vorrangs des Art. 7 OECD-MA hat die Unsicherheit in Bezug auf die Behandlung von Sondervergütungen zudem verstärkt.

Im Hinblick auf § 50 Abs. 9 S. 1 Nr. 1 EStG i.V.m. § 52 Abs. 59a S. 6 EStG, der auf alle noch nicht bestandskräftigen Fälle Anwendung findet, liegt für

1330 Cloer/Hagemann, B/B, § 50d Abs. 10 EStG, Rn. 382; Hagemann/Kahlenberg/Kudert, Ubg 2014, 80, 86.

1331 Ebenso Cloer/Hagemann, B/B, § 50d Abs. 10 EStG Rn. 382.

1332 BVerfG, Beschluss v. 10.10.2012 – 1 BvL 6/07, DStR 2012, 2322, 2326.

1333 Bundesgesetzblatt Teil I 2013 Nr. 23, S. 1809.

1334 Ebenso Bresgen, S. 182.

den Veranlagungszeitraum bis 2005 eine echte Rückwirkung vor,[1335] da das o.g. Gesetz eine bereits entstandene Steuer „nachträglich abändert".[1336] Der Gesetzgeber behandelt § 50d Abs. 9 S. 1 Nr. 1 EStG als klarstellende Regelung, die eine rückwirkende Anwendung der Norm legitimiere.[1337] Dagegen spricht, dass § 50d Abs. 9 S. 1 Nr. 1 EStG im Wesentlichen konstitutiv wirkt. Die Regelung stellt zum einen Einkünfte frei, unabhängig von deren Besteuerung im Ausland, und zum anderen findet die geänderte Auffassung des OECD-MK zur Auslegung des Art. 23A Abs. 4 OECD-MA (Beseitigung einer doppelten Nichtbesteuerung) auf Abkommen, die vor der Änderung des OECD-MK im Jahr 2000 abgeschlossen wurden, keine Anwendung. Soweit Deutschland die Abkommen nach der geänderten Auffassung des OECD-MK auslegt, handelt es sich um eine Klarstellung der geltenden Rechtslage. Eine neue Rechtslage liegt demgegenüber in den Fallvarianten vor, in denen Deutschland bei Abschluss der Abkommen die Auffassung der OECD nicht berücksichtigt hat oder bei Altabkommen, die vor 2000 vereinbart wurden.[1338] Weiterhin wird in Fällen, die nicht von dem Anwendungsbereich des Art. 23A Abs. 4 OECD-MA erfasst werden (doppelte Nichtbesteuerung aufgrund divergierender Sachverhaltsinterpretation oder unterschiedlicher Abkommensauslegung) eine neue Rechtslage geschaffen. In diesen Fällen scheidet eine Rechtfertigung wegen der fehlenden deklaratorischen Wirkung von vornherein aus. Auch eine Rechtfertigung wegen der steuerlichen Gleichbehandlung aller unbeschränkt steuerpflichtigen Personen ist ausgeschlossen, da § 50d Abs. 9 S. 1 Nr. 1 EStG nicht an die Stelle einer nichtigen DBA-Regelung tritt.[1339] Eine darüberhinausgehende nichtige Norm ist nicht ersichtlich. Weiterhin kommen zwingende Gründe des Allgemeinwohls als Rechtfertigungsgrund nicht in Betracht. Das staatliche Interesse, Einnahmen zu generieren, stellt einen solchen Grund nicht dar.[1340] Zudem ist fraglich, ob durch § 50d Abs. 9 S. 1 Nr. 1 EStG die Belastungsgleichheit als zwingender Grund des Allgemeinwohls hergestellt wird. Zumindest in Fällen, in denen eine neue Rechtslage geschaffen wird, kann durch § 50d Abs. 9 S. 1 Nr. 1 EStG keine Besteuerungsgleichheit betreffend noch offener und bereits abgeschlossener Veranlagungsfälle, die sich auf denselben Veranlagungsraum beziehen können, sichergestellt werden.[1341] Es

1335 Klein/Hagena, in: H/H/R, § 50d Abs. 10 EStG Rn. 121. Am 13.12.2006 wurden § 50 Abs. 9 S. 1 Nr. 1 EStG i.V.m. § 52 Abs. 59a S. 6 EStG im Bundesgesetzblatt erlassen.

1336 BVerfG, Beschluss v. 10.10.2012 – 1 BvL 6/07, DStR 2012, 2322, 2326.

1337 BT-Drs. 16/2712, S. 61.

1338 Bresgen, S. 221 f. m.w.N.

1339 Stemler, Sondervergütungen, S. 201; Bresgen, S. 222 m. w. N.

1340 Ebenso Stemler, Sondervergütungen, S. 262.

1341 Ebenso Bresgen, S. 22

liegt damit eine nicht zu rechtfertigende echte und unzulässige Rückwirkung, die entgegen der Gesetzesbegründung[1342] konstitutiv – und nicht nur klarstellend – wirkt, vor.[1343] Insofern hebt § 50 d Abs. 9 S. 1 Nr. 1 EStG die abkommensrechtlich vorgesehene Freistellung unter Verletzung des Art. 20 Abs. 3 GG zum Nachteil[1344] des Steuerpflichtigen auf und verstößt zudem gegen den Grundsatz der gleichmäßigen Besteuerung.[1345] Die Regelung kann deshalb erst ab ihrer Einführung Anwendung finden.[1346]

Für den Veranlagungszeitraum 2006 stellen die Regelungen der §§ 50d Abs. 9 S. 1, 52 Abs. 59a S. 6 EStG eine unechte Rückwirkung dar, da sie den „laufenden Veranlagungszeitraum“[1347] betreffen. Nach BVerfG-Beschluss vom 10.10.2017[1348] haben sich die Grundsätze der unechten Rückwirkung den Grundsätzen der echten Rückwirkung angenähert. Dies bedeutet, dass eine durch die gleiche Rechtsnorm hervorgerufene echte bzw. unechte Rückwirkung ausnahmsweise durch gleiche Kriterien zu rechtfertigen ist. Wie festgestellt, verletzt die Regelung der §§ 50d Abs. 9 S. 1, 52 Abs. 59a S. 6 EStG den Grundsatz der gleichmäßigen Besteuerung und das Rechtsstaatsgebot. Dementsprechend ist eine Rechtfertigung für die echte Rückwirkung und gleichfalls für die unechte Rückwirkung ausgeschlossen.[1349]

Inwieweit diese Regelung mit dem zumindest zielgebundenen Art. 22 Abs. 1 Nr. 1 der Verhandlungsgrundlage vereinbar ist, bleibt fraglich.[1350]

Festzuhalten bleibt, dass keine Rechtfertigungsgründe vorliegen, die die durch § 50d Abs. 9 S. 1 Nr. 1 EStG ausgelöste echte und unechte Rückwirkung rechtfertigen.[1351] Auch die beabsichtigte Klausel der OECD in Art. 1 Abs. 3

1342 BT-Drucks. 16/2712, S. 116 (zu § 52 Abs. 59a S. 6).

1343 BFH v. 19.05.2010, BStBl. II 2011, 156, 161; Graf/Bisle, IStR 2010, 401, 403; Höhn-Joecks, in: K/S/M, § 50d Abs. 9 EStG, Rn. K 5, S. 4 m.w.N.; a.A. Stemler, Sondervergütungen, S. 261 f. Dieser rechtfertigt die Rückwirkung mit der Herstellung der Besteuerungsgleichheit. Er sieht dies als zwingende Gründe des Allgemeinwohls an.

1344 BFH v. 20.08.2014, BStBl. II 2015, 18, 25; Klein/Hagena, in: H/H/R, § 50d Abs. 9 EStG Rn. 121; Schüller, S. 275 m.w.N. In seiner Entscheidung v. 10.01.2012, IStR 2012, 426, 427 weist der BFH ausdrücklich darauf hin, dass der Gesetzgeber verpflichtet ist, Völkervertragsrecht zu beachten.

1345 Ebenso Lüdicke, DBA-Politik, S. 37; Schüller, S. 262.

1346 FG Münster, v. 2.07.2014, DStRE 2014, 590, 601.

1347 BVerfG, Beschluss v. 10.10.2012 – 1 BvL 6/07, DStR 2012, 2322, 2326.

1348 BVerfG, Beschluss v. 10.10.2012 – 1 BvL 6/07, DStR 2012, 2322, 2326.

1349 Ebenso Bresgen, S. 223.

1350 Ebenso Bresgen, S. 223.

1351 Ebenso Bresgen, S. 222 f.

OECD-MA, die bestimmt, dass nationale Gesetze nur durch explizite Regeln im Abkommen verdrängt werden können (BEPS Aktion 6[1352]), hilft nur teilweise weiter. Rückfallklauseln, wie § 50d Abs. 9 EStG[1353], sind entsprechend der Auffassung des BVerfG künftig verfassungsrechtlich wohl kaum mehr angreifbar.[1354] Für Regelungen, wie § 50d Abs. 10 EStG, die das deutsche Besteuerungssubstrat nur sichern sollen, gilt dies nicht.[1355]

Zusammenfassend bleibt festzuhalten, dass das BVerfG in Anbetracht seines jüngsten Beschlusses zu § 50d Abs. 8 EStG vom 15.12.2015[1356] sich in den noch anhängigen Verfahren zu § 50d Abs. 10 EStG[1357] und zu § 50d Abs. 9 EStG[1358] möglicherweise für die Zulässigkeit einer Abkommensverdrängung[1359] aussprechen wird und lediglich in Bezug auf eine unzulässige echte und (teilweise) unechte Rückwirkung den zeitlichen Anwendungsbereich der § 50d Abs. 9 und 10 EStG einschränken wird.[1360] Der Art. 1 Abs. 3 OECD-MA könnte mittels eines multilateralen Abkommens zwar in das DBA-Portugal aufgenommen werden, aber Voraussetzung wäre eine übereinstimmende Wahl der Aufnahme in das DBA-Portugal durch beide Staaten. Allerdings würde auch dadurch nur bedingt Abhilfe geschaffen werden.

III. Vermeidung der Doppelbesteuerung nach Art. 24 DBA-Portugal

Portugal als Ansässigkeitsstaat wendet zur Vermeidung der Doppelbesteuerung ausschließlich die Anrechnungsmethode[1361] an (Art. 24 Abs. 1 lit. a

1352 BEPS Aktion 6, S. 40.

1353 Ungeachtet der Tatsache, dass in Portugal treaty overrides (Abkommensverdrängungen) von Verfassungs wegen nicht möglich sind (Art. 8 Nr. 2 CRP), hätte der deutsche Gesetzgeber spätestens bei Ratifizierung des Abkommens oder zum Zeitpunkt des Vertragsschlusses seine Vorbehalte bzw. seine Mentalreservation geltend machen oder das bestehende DBA nachträglich ordentlich kündigen müssen statt eine abkommensüberschreibende Regelung zu erlassen. So wohl auch Klein/Hagena, in: H/H/R, § 50d Abs. 10 EStG, Rn. 133b; Schmidt, DStR 2013, 1704, 1710.

1354 Schulz-Trieglaff, IStR 2015, 155, 160; so wohl auch Behrenz, IStR 2014, 773, 783.

1355 Ebenso Bresgen, S. 230.

1356 BVerfG, Beschl. v. 15.12.2015 - 2 BvL 1/12, DStR 2016, 359.

1357 BVerfG, BFH-Vorlagebeschluss v. 11.12.2013 - 2 BvL 21/14, I R 4/13 (anhängig).

1358 BVerfG, BFH-Vorlagebeschluss v. 20.08.2014 - 2 BvL 21/14, I R 86/13 (Besteuerung eines bei einer irischen Gesellschaft angestellten deutschen Piloten, anhängig).

1359 Hennigfeld, DB 2016, 443, 444; Klein/Hagena, in: H/H/R, § 50d EStG Rn. 6; Mitschke, DStR 2016, 359, 377; Weiss, Steuk 2016, 193, 197.

1360 Klein/Hagena, in: H/H/R, § 50d Abs. 10 EStG Rn. 131.

1361 Nach Art. 23B Ziff. 60f. OECD-MK bleibt die Durchführung der Anrechnung dem innerstaatlichen Recht und damit den Art. 90 CIRC, Art. 81 CIRS vorbehalten.

DBA-Portugal). Das DBA-Portugal regelt allerdings Einzelheiten hierzu nicht, sodass sich die Anrechnung nach Maßgabe der Art. 81 CIRS und Art. 90 Nr. 2 lit. a CIRC vollzieht. Die von Deutschland als Quellenstaat i.R.d. Artt. 6 ff. DBA-Portugal erhobene deutsche Steuer ist auf die von Portugal als Ansässigkeitsstaat auf diese Einkünfte zu erhebende Steuer anzurechnen; dies erfolgt landesbezogen nach Maßgabe des per-country-limitation-Verfahrens[1362] (Art. 24 Abs. 1 S. 2 DBA-Portugal[1363]) und unabhängig von dem Zeitraum, in dem die Steuer in Deutschland erhoben wurde.

Soweit Deutschland als Ansässigkeitsstaat auftritt, findet für die in Portugal und Deutschland abkommensrechtlich besteuerbaren und in Portugal besteuerten Einkünfte die Freistellungsmethode grundsätzlich unter Progressionsvorbehalt[1364] Anwendung (Art. 24 Abs. 2 lit. a DBA-Portugal, § 32b Abs. 1 Nr. 2, 3 EStG). Die Anrechnungsmethode beschränkt sich demgegenüber auf die

---

Einkünfte, die aufgrund der ausschließlichen Besteuerung im anderen (deutschen) Staat (z. B. Art. 8 DBA-Portugal bei deutscher Geschäftsleitung oder Art. 19 DBA-Portugal bei Zahlungen aus öffentlichen Kassen) im Wohnsitzstaat Portugal abkommensrechtlich nicht erfassbar sind, unterliegen dem Progressionsvorbehalt gem. Art. 24 Abs. 1 lit. b DBA-Portugal. Unilateral ist der Progressionsvorbehalt in Art. 81 Nr. 9 CIRS geregelt.

1362 Höchstbetrag =
$$\frac{\text{Wohnsitzstaatssteuer vor Anrechnung * Quellenstaatseinkünfte}}{\text{Einkommen des Wohnsitzstaates}}$$
Die Steuer des Wohnsitzstaates vor Anrechnung (Nettoeinkommen) und das Einkommen des Wohnsitzstaates bestimmen sich nach dem maßgeblichen nationalen Recht. Im Rahmen der Höchstbetragsberechnung wenden Deutschland und Portugal den Durchschnittssteuersatz an. Soweit ein Antrag nach Art. 71 Nr. 6 CIRS zur pauschalen Besteuerung von Dividenden vorliegt, ist der portugiesische Ansatz mit dem Nettoprinzip vereinbar. In den darüberhinausgehenden Fällen (z. B. bei Lizenzen und Zinsen), in denen die Erhebung von Quellensteuern auf Bruttobasis erfolgt, kommt es zu einem Systembruch. So wohl auch Schaumburg/Häck, in: Schaumburg, Rn. 19.560; kritisch hierzu Wassermeyer, in: Wassermeyer, MA, Art. 23A Rn. 96 m.w.N.

1363 Vgl. Art. 23A Ziff. 4.1, 32.8 OECD-MK und nach deutschem Recht § 34c Abs. 6 S. 2 1. HS i.V.m. § 34 Abs. 1 S. 5 EStG, wonach diejenigen ausländischen Steuern anrechenbar sind, die auf die im Veranlagungszeitraum bezogenen Einkünfte entfallen.

1364 Nach deutschem Rechtsverständnis werden auch negative Einkünfte erfasst, sodass ausländische Verluste die Steuer bis auf null absenken können. Einkommensteuerrechtlich sind die Beschränkungen des § 2a Abs. 1 und 2 EStG zu beachten. Ein Verlustrücktrag bzw. -vortrag wird nicht gewährt. Zu Einzelheiten siehe Schaumburg/Häck, in: Schaumburg, Rn. 19.537 f.

in Art. 24 Abs. 2 lit. b DBA-Portugal enumerativ aufgeführten Einkünfte[1365]. Dazu gehören Streubesitzdividenden (Art. 10 Abs. 2, 3 DBA-Portugal), Zinsen (Art. 11 Abs. 2, 3 DBA-Portugal); Lizenzgebühren (Art. 12 Abs. 2, 3 DBA-Portugal), Aufsichtsrats- oder Verwaltungsratsvergütungen (Art. 16 DBA-Portugal) und Einkünfte von Künstlern und Sportlern (Art. 17 DBA-Portugal).[1366] Die Höchstbetragsberechnung gem. § 34c Abs. 1 EStG[1367] gilt für alle genannten Einkünfte, die aus Portugal stammen (landesbezogen, „basket"[1368]) und für solche, die nicht die Aktivitätsklausel erfüllen und deshalb dem Anrechnungs- und nicht dem Freistellungsverfahren unterliegen.[1369] Nach Art. 24 Abs. 2 lit. a DBA-Portugal i.V.m. Nr. 8 lit. a des Protokolls werden nur Einkünfte aus aktiven Betriebsstätten und entsprechende Schachteldividenden[1370] bzw. Veräußerungsgewinne aus aktiven Gesellschaften steuerbefreit. Dabei hat der in Deutschland Ansässige nachzuweisen,[1371] dass die Einnahmen der Betriebsstätte oder die Einnahmen der Gesellschaft[1372] aus einer aktiven oder „fast ausschließlich" aktiven Tätigkeit herrühren. Als aktive Tätigkeiten gelten solche aus der Herstellung,

1365 Berücksichtigt werden nur Einkünfte, die in Portugal nicht vollständig steuerbefreit sind. Vgl. auch Stieb, in: Mennel/Förster, Portugal, S. 88, der darauf hinweist, dass fiktiv anrechenbare Steuern nicht zu berücksichtigen sind.

1366 Die Definitionen in den Verteilungsnormen wie z. B. Dividenden, Zinsen und Lizenzgebühren gelten im Rahmen des Methodenartikels entsprechend; siehe auch Ismer, in: V/L, Art. 23 Rn. 130a, 130b, der zutreffend darauf hinweist, dass der Abkommenszusammenhang auch dafürspreche.

1367 Als Reaktion auf die EuGH-Entscheidung v. 28.2.2013 Rs. C-168/11 (Beker), IStR 2013, 275 und in der Folgeentscheidung des BFH v. 18.12.2013, I R 71/10, IStR 2014, 302 hat sich der Gesetzgeber mit dem Zollkodexanpassungsgesetz vom 22.12.2014, BGBl. I 2014, 2417 für die Bestimmung eines einheitlichen Anrechnungshöchstbetrages entschieden. Dies hat zur Folge, dass im Nenner zwar die Summe der Einkünfte durch das zu versteuernde Einkommen ausgetauscht wurde, aber der Grundfreibetrag nur anteilig bei den inländischen Einkünften berücksichtigt wird. Zu Einzelheiten siehe Desens, IStR 2015, 77, 78 f.

1368 Zur berechtigten Kritik an dem per-country-limitation-Verfahren siehe de Almeida, in: A Reforma do IRC, S. 86; Schaumburg, in: Schaumburg, Rn. 18.107.

1369 Schaumburg/Häck, in: Schaumburg, Rn. 19.552.

1370 Ismer, in: V/L, Art. 23 Rn. 197, der davon ausgeht, dass sich der Aktivitätsvorbehalt des DBA-Portugals sowohl auf Schachtel- als auch auf Streubesitzdividenden bezieht; a.A. Wassermeyer, in: Wassermeyer, Anlage zu Art. 23A/B MA, S. 21, der den Aktivitätsvorbehalt ausschließlich auf Schachteldividenden anwendet.

1371 Raber, in: Wassermeyer, DBA-Portugal, Art. 24 Rn. 32.

1372 Mit dem Passus „Einnahmen der Betriebsstätte oder der Gesellschaft" werden Bruttoerträge i.S.d. früheren § 8 Abs. 2 AStG i.S. einer wirtschaftlichen Tätigkeit erfasst, vgl. Ismer, in: V/D, Art. 23 MA Rn. 75.

aus dem Verkauf oder aus der Vermietung von Gütern oder Waren (auch wenn die Güter oder Waren an Kunden außerhalb Portugals verkauft oder vermietet werden), aus der Exploration, aus der Ausbeutung oder aus der Verarbeitung von Mineralien, aus dem Betrieb von Steinbrüchen, aus der Urproduktion, aus der technischen Beratung, aus technischen und kaufmännischen Dienstleistungen, aus Bank- oder Versicherungsgeschäften, oder aus Zinsen und Lizenzgebühren, die aus Portugal stammen und mit den oben genannten Tätigkeiten[1373] im Zusammenhang stehen sowie die von der Regierung Portugals oder einer ihrer Gebietskörperschaften gezahlten Zinsen oder bezogenen Dividenden, die eine in Portugal ansässige Gesellschaft zahlt. Das Merkmal „fast ausschließlich" beinhaltet eine Unschädlichkeitsgrenze von bis zu 10% für passive Einkünfte.[1374] Geringfügige Überschreitungen sind unschädlich.[1375]

Schachteldividenden werden in Deutschland nach Art. 24 Abs. 2 lit. a S. 3 DBA-Portugal freigestellt, wenn die deutsche Muttergesellschaft zu mindestens 25% unmittelbar[1376] am Kapital der portugiesischen Tochtergesellschaft beteiligt ist. Bei Dividenden, Zinsen und Lizenzen wird gem. Art. 24 Abs. 2 lit. c DBA-Portugal insbesondere zur Wahrung etwaiger portugiesischer Steueranreize von Amts wegen eine fiktive Steueranrechnung i.H.v. 15% zugunsten von in Deutschland unbeschränkt Steuerpflichtigen gewährt. Hiervon werden natürliche Personen sowie Gesellschafter von Personengesellschaften, die sich nicht auf das freistellende Schachtelprivileg berufen können, umfasst. Dies gilt vor allem, wenn Portugal aufgrund innerstaatlicher Regelungen keine oder eine geringfügige Steuer (z. B. nach Artt. 36, 36A EBF[1377]) erhebt (sog. matching credit, d.h. Anrechnung fiktiver Steuern i.H. eines Prozentsatzes der Bruttoeinnahmen), es

1373 Das DBA-Portugal enthält einen erweiterten Katalog der aktiven Tätigkeiten, der u.a. auch Zinsen als aktiv behandelt. Damit weicht das Abkommen von dem AStG, das diese Einkünfte gem. § 8 Abs. 1 S. 7 i.V.m. § 7 AStG grundsätzlich als passiv qualifiziert, ab. Im Übrigen helfen die für die AStG entwickelten Grundsätze für die Auslegung des Tätigkeitskatalogs weiter, vgl. Ismer, in: V/L, Art. 23 Rn. 68, 70, 71.

1374 Ismer, in: V/L, Art. 23 Rn. 74; Schaumburg/Häck, in: Schaumburg, Rn. 19.516; Wassermeyer, in: Wassermeyer, MA, Art. 23A OECD-MA Rn. 156 f., Anlage zu Art. 23 A/B MA, S. 21, 22. Die Aktivitätsklausel des DBA-Portugal ist demnach dem Typus 5 zuzuordnen.

1375 Raber, in: Wassermeyer, DBA-Portugal, Art. 24 Rn. 34.

1376 Anzumerken ist, dass Beteiligungen von mehr als 25%, die über eine Personengesellschaft gehalten werden, dem Unmittelbarkeitserfordernis nicht genügen.

1377 Soweit deutsch beherrschte Gesellschaften, die sich auf Madeira niedergelassen haben, ihre Gewinne thesaurieren, findet auf diese ggf. die deutsche Zugriffsbesteuerung gem. §§ 7 ff. AStG Anwendung.

sei denn, die portugiesische Gesellschaft erfüllt die Voraussetzungen des Aktivitätsvorbehalts nicht (vgl. Nr. 8 lit. a des Protokolls zu Art. 24 des DBA-Portugal) oder das vorrangige internationale Schachtelprivileg findet Anwendung.[1378] Diese Teil-Freistellung im Ansässigkeitsstaat, die im Gegensatz zum tax-spring-credit (d.h. Anrechnung einer fiktiven Steuer entsprechend der Normalsteuer ohne Vergünstigung) wirtschaftlich und unionsrechtlich unbedenklich ist,[1379] kommt generell deutschen Investoren in Portugal zugute, es sei denn, der fiktive portugiesische Anrechnungsbetrag (brutto) übersteigt den deutschen Anrechnungshöchstbetrag (netto[1380]) oder es werden im Inland keine Steuern entrichtet.

Der Methodenartikel (Art. 24 DBA-Portugal) findet im Zusammenhang mit Sondervergütungen keine Anwendung, wenn Deutschland als Sitzstaat der Personengesellschaft diese transparent besteuert und die Sondervergütungen der portugiesischen Gesellschafter in gewerbliche Einkünfte gem. § 49 Abs. 1 Nr. 2 lit. a EStG i.V.m. Art. 7 DBA-Portugal umqualifiziert. Portugal sieht hingegen als Wohnsitzstaat des Gesellschafters die Gesellschaft als Körperschaft an und ordnet die „Vergütungen" den Spezialartikeln (Artt. 11 Abs. 1, 12 Abs. 1 DBA-Portugal) zu. Es könnte in diesem Fall eine Doppelbesteuerung eintreten mit problematischem Ausgleich (Art. 24 Abs. 1 DBA-Portugal).

Im spiegelbildlichen Fall einer portugiesischen Gesellschaft mit deutschen Gesellschaftern könnte es zu einer Minderbesteuerung kommen, falls Deutschland dem portugiesischen Gesellschafterstaat das Besteuerungsrecht für die Sondervergütungen einräumt (Art. 7 DBA-Portugal) und diese selbst freistellt (Art. 24 Abs. 2 lit. a DBA-Portugal). Portugal weist Deutschland das Besteuerungsrecht an den Einkünften (z. B. Art. 11 Abs. 2, Art. 12 Abs. 2; Art. 6, Art. 15 DBA-Portugal) ganz oder in begrenzter Höhe zu. In diesen Fällen zeigt die OECD für sog. positive und negative Qualifikationskonflikte, die aus Unterschieden im innerstaatlichen Recht, aus Divergenzen bei der Abkommensauslegung und aus der Feststellung der Sachverhalte resultieren, durch Auslegung des Methodenartikels (Art. 23 Ziff. 32.1–32.7 OECD-MA) Lösungen auf.[1381] Inwieweit diese Lösungsansätze der OECD auf das DBA-Portugal, das im Wesentlichen dem OECD-MA 1977 entspricht, Anwendung finden können, wird im Folgenden erläutert.

1378 Raber, in: Wassermeyer, DBA-Portugal, Art. 24 Rn. 39, 41.

1379 Ismer, in: V/L, Art. 23 MA Rn. 196.

1380 Insoweit findet der Steuerabzug nach § 34c Abs. 2 EStG wegen § 34c Abs. 6 S. 2 HS. 2 EStG keine Anwendung.

1381 OECD Partnership Report Rn. 94 ff.

1. Lösungsansatz der OECD

a) Positiver Qualifikationskonflikt – Auffassung der OECD sowie deutsche Meinungen

Liegen zwischenstaatliche Zuordnungskonflikte für Leistungsentgelte bzw. Sondervergütungen der Gesellschafter zu den Abkommensartikeln vor, z. B. wenn eine deutsche OHG an ihre in Portugal ansässigen Gesellschafter für deren Leistungen Entgelte entrichtet, versucht die OECD diesen positiven Qualifikationskonflikt infolge einer Wertung der Entgelte als gewerbliche Einkünfte aus deutscher Sicht (§ 15 Abs. 1 Nr. 2 EStG, Art. 7 DBA-Portugal) und einer Wertung dieser Zahlungen als Zins-, Lizenz-, Miet-, Arbeitseinkünfte etc. aus portugiesischer Sicht (Kategorien A, E, F; Art. 11 Abs. 1, Art. 12 Abs. 1 DBA-Portugal etc.) durch Qualifikatonsverkettung zu lösen, um eine etwaige Doppelbesteuerung durch Deutschland und Portugal i.V.m. der Ablehnung einer Anrechnung der deutschen Betriebsstättenbesteuerung durch Portugal (Artt. 7, 24 Abs, 1 DBA-Portugal) zu vermeiden. Hierbei wird der Ansässigkeitsstaat (Portugal; Art. 1 OECD-MA) an die Qualifikation des Quellenstaates[1382] (Deutschland; Artt. 6 ff. OECD-MA) gebunden und zur Übernahme dieser Qualifikation auf Ebene des Methodenartikels (Art. 23A/B OECD-MA) verpflichtet.[1383] Dies setzt voraus, dass der Quellenstaat die Einkünfte abkommenskonform nach Maßgabe des Art. 3 Abs. 2 OECD-MA, also ggf. unter Rückgriff auf sein innerstaatliches Recht, bestimmt hat.[1384] Die OECD begründet diesen Lösungsansatz mit dem Wortlaut des Art. 23 A/B OECD-MA „[...] und können diese Einkünfte [...] nach diesem Abkommen im anderen Vertragsstaat besteuert werden [...]", d.h. nach Wortlaut wie nach Abkommensaufbau besteht eine Rückverweisung des ausgleichpflichtigen Ansässigkeitsstaates (Art. 23A OECD-MA) auf die vorherige Behandlung im Quellenstaat (Artt. 6 ff. OECD-MA).[1385] Dies gilt selbst

---

1382 OECD Partnership Report Rn. 105, 123; Art. 23 Ziff. 32.4 zu OECD-MK.

1383 OECD Partnership Report Rn. 104; Art. 23A Ziff. 32.5 zu OECD-MK. Dahin gehend auch Teile des Schrifttums, siehe Weggenmann, Einordnungskonflikte, S. 239 f.; 352; Avery Jones u.a., BTR 1996, 212, 256 ff.; Benecke, in: Urtz/Züger, S. 213, 231 f.; Krabbe, IWB 1998, 753, 763, 767; Wolff, FS Wassermeyer, S. 647, 655.

1384 OECD Partnership Report, Rn. 105; Art. 23 Ziff. 32.4 zu OECD-MK. Dies gilt allerdings nicht, wenn die divergierende Qualifikation aus verschiedener Abkommensauslegung oder unterschiedlicher Sachverhaltsauffassung folgt.

1385 Sofern Einkünfte nicht „nach diesem Abkommen im anderen Vertragsstaat besteuert werden können", ist der Ansässigkeitsstaat folgerichtig nicht zur Vermeidung der

dann, wenn das ausschließliche Quellenstaats-Besteuerungsrecht aus den Verteilungsartikeln folgt (z. B. Art. 12 Abs. 1, Art. 13 Abs. 5, Art. 18 OECD-MA).[1386] Sofern ein positiver Qualifikationskonflikt mit Doppelbesteuerungsfolgen vorliegt, schließen sich der deutsche Gesetzgeber[1387] und die Finanzverwaltung[1388] diesen Grundsätzen an, wenn zuvor ein Verständigungsverfahren (Art. 25 OECD-MA) durchgeführt worden ist.

Demgegenüber lehnt der BFH[1389] eine etwaige Bindung des Ansässigkeitsstaates an die Quellenstaatswertung ab. Als Begründung führt er an, dass Art. 3 Abs. 2 OECD-MA nicht zwischen Ansässigkeits- und Quellenstaat differenziere und der Methodenartikel (Art. 23A/B OECD-MA) nicht explizit regele, welcher der Staaten mit Bindungswirkung für den anderen Staat entscheiden könne. Folglich sei das Recht eines jeden Staates (Art. 3 Abs. 2 OECD-MA) und damit auch dasjenige des Ansässigkeitsstaates maßgeblich.

Im Schrifttum liegt hingegen kein einheitliches Bild vor. Die überwiegende Auffassung im Schrifttum spricht sich gegen eine Qualifikationsverkettung aus, da aus dem Wortlaut des Art. 23A/B OECD-MA eine etwaige Bindung nicht ableitbar sei.[1390] Es sei auch keine Rechtsgrundlage ersichtlich, die eine solche Bindung auslöse.[1391] Zudem sei der Ansässigkeitsstaat nur im Falle einer rechtmäßigen Besteuerung durch den Quellenstaat verpflichtet, eine Doppelbesteuerung zu beheben. Dies bedeute, dass, soweit ein Verteilungsartikel (Artt. 6 ff. OECD-MA) das ausschließliche Besteuerungsrecht einem Vertragsstaat zuweise, der Methodenartikel (Art. 23A/B OECD-MA) von vornherein gesperrt sei.[1392] Schließlich folge die Ursachenermittlung des Qualifikationskonflikts in Fällen, in denen die Qualifikationskonflikte aus den divergierenden nationalen Rechten resultiere, nicht aus dem Art. 3 Abs. 2 OECD-MA.[1393] Eine derartige

---

Doppelbesteuerung nach Art. 23A/B OECD-MA verpflichtet und die Vertragsstaaten haben sich gem. Art. 25 OECD-MA zu verständigen; vgl. OECD Partnership Report, Rn. 108; Art. 23A/B Ziff. 32.5 zu OECD-MK; Ismer, in: V/L, Art. 23 Rn. 130a.

1386 Schüller, S. 221 m.w.N.

1387 Bericht des FinA, BT-Drs. 16/11108, S. 23.

1388 BMF v. 26.09.2014, BStBl. I, 2014, S. 1258 Tz. 1.2, 4.1.3.3.1., 5.1.

1389 BFH v. 25.05.2011, BStBl. II 2014, 760, 763.

1390 Günkel/Lieber, FR 2000, 853, 857; Riemenschneider, S. 170; Lang, IWB 2011, 281, 293.

1391 Lüdicke, Besteuerung, S. 32 f.

1392 Machens, 277 f.; Lang, FS Vogel, S. 907, 919; Schuch/Bauer, in: G/L/L, S. 27, 36.; a.A Woerz, S. 187, der angesichts der Abkommenssystematik einen atypischen Fall mit atypischem Ergebnis annimmt.

1393 Keller, Qualifikationskonflikte, S. 257, 273; Lang, FS Vogel, S. 907, 916 f., Machens, S. 275.

Prüfungspflicht des Ansässigkeitsstaats führe zudem zu erheblichen Schwierigkeiten (auch in administrativer Hinsicht),[1394] da dieser die steuerliche Behandlung im Quellenstaat zunächst zu erforschen habe.[1395]

Andere Teile des Schrifttums gehen hingegen von einer Bindung des Ansässigkeitsstaates an die Qualifikation des Quellenstaates aus. Die Bindungswirkung wird dabei auf verschiedene Rechtsgrundlagen (Art. 3 Abs. 2 OECD-MA,[1396] Art. 23A Abs. 1 bzw. Art. 23B Abs. 1 OECD-MA oder Art. 23A Abs. 2 OECD-MA) gestützt. Teile der Literatur, die aus Art. 23A Abs. 1 bzw. Art. 23B Abs. 1 OECD-MA eine etwaige Bindungswirkung ableiten, führen zur Begründung an, dass die Sicht des Quellenstaates insoweit maßgeblich sei, als diese mit den Abkommensgrundsätzen in Einklang stehe und durch die Qualifikationsverkettung eine Doppelbesteuerung verhindert werde, die eingetreten wäre, falls der Ansässigkeitsstaat sein innerstaatliches Besteuerungsrecht für Abkommenszwecke angewendet hätte.[1397] Ein eigenes Prüfungs- und Auslegungsrecht besitze der Ansässigkeitsstaat dabei nicht.[1398] Vielmehr gebühre dem Quellenstaat aufgrund des Zusammentreffens von Verteilungs- und Methodenartikel die vorrangige Wertung und das entsprechende Besteuerungsrecht.[1399] Dieser Auffassung ist insoweit beizupflichten, als Einkünfte, die im Quellenstaat der Besteuerung unterliegen, im Ansässigkeitsstaat freizustellen sind oder zur Steueranrechnung verpflichten (Art. 23A/B OECD-MA). Allerdings ergibt sich nach Auffassung von Teilen des Schrifttums die Qualifikationsverkettung

---

1394 Riemenschneider, S. 152, 160.

1395 Lang, Festschrift Debatin, S. 283, 287; Schuch/Bauer, in: G/L/L, S. 27, 35.

1396 Vgl. Avery Jones, BTR 1984 S. 14, 22, der sich bereits im Jahr 1984 für eine Bindung des Ansässigkeitsstaates an die Qualifikation des Quellenstaates ausgesprochen hatte. Allerdings hat dieser übersehen, dass Art. 3 Abs. 2 OECD-MA sich sowohl an den Quellenstaat als auch an den Ansässigkeitsstaat wendet. Zudem enthält die Regelung keinen etwaigen Hinweis, dass die Qualifikation des Quellenstaates für die Anwendung des Methodenartikels entscheidend sei. Die Einkünfte können im Nichtansässigkeitsstaat zu Abkommenszwecken besteuert werden, wenn diesem das Besteuerungsrecht nach innerstaatlichen Recht gebührt. Der Ansässigkeitsstaat kann insoweit prüfen, ob der Quellenstaat sein innerstaatliches Recht richtig angewandt hat. Dem zustimmend Dürrschmidt, in: V/L, Art. 3 Rn. 125a; Schuch/Bauer, in: G/L/L, S. 27, 36.

1397 Avery Jones u.a.; BTR 1996, S. 212, 256, 257.

1398 Vogel, SWI 2000, 103, 112.

1399 Dahin gehend Meretzki, IStR 2011, 213, 215 f.; Weggenmann, Einordnungskonflikte, 239 f.

nicht aus dem Art. 23A/B Abs. 1 OECD-MA, sondern aus dem Art. 23A Abs. 2 OECD-MA.[1400] Als Begründung wird angeführt, dass der Absatz 2 des Art. 23A OECD-MA einen konkreten Verweis auf die Artt. 10 und 11 OECD-MA enthalte, während sich Absatz 1 nur allgemein auf Einkünfte beziehe, die in einem anderen Staat besteuert werden können. Hinsichtlich der Reichweite des Art. 23A Abs. 2 OECD-MA ergibt sich im Schrifttum allerdings ein uneinheitliches Bild. Teilweise wird eine etwaige Bindungswirkung für den Ansässigkeitsstaat bereits angenommen, wenn der Methoden- auf einen Verteilungsartikel verweist.[1401] Ein anderer Teil des Schrifttums[1402] fordert zusätzlich, dass die einschlägigen Verteilungsartikel eine autonome Definition der Einkünfte (z. B. Art. 11 Abs. 2, Art. 12 Abs. 2 OECD-MA) oder einen Hinweis auf das relevante Auslegungsrecht des Quellenstaates enthalten (z. B. Art. 10 Abs. 3 OECD-MA).[1403] Letzterer Ansicht ist beizupflichten, da sowohl bei einer abkommensautonomen Definition als auch bei der Heranziehung des relevanten innerstaatlichen Rechts des Quellenstaates in diesem Fall eine Prüfung und Auslegung durch das nationale Recht des Ansässigkeitsstaates zu unterbleiben hat.[1404]

Für den eingangs aufgezeigten deutsch-portugiesischen Sondervergütungsfall (portugiesischer Gesellschafter erhält Sondervergütungen von deutscher Personengesellschaft) trägt der letzte Ansatz zur Lösung des positiven Qualifikationskonflikts nicht bei. Portugal hat keine entsprechende Regelung wie Art. 23A Abs. 2 OECD-MA zur Vermeidung der Doppelbesteuerung vereinbart. Dies hat zur Folge, dass der positive Qualifikationskonflikt aufgrund einer nicht korrespondierenden Besteuerung der Sondervergütungen im deutschen

1400 Dem zustimmend Wehrße, S. 152 f. Lang, FS Vogel, S. 907, 916; Riemenschneider, S. 170 f.; a.A. Geuenich, Qualifikationskonflikte, S. 113, der davon ausgeht, dass Art. 23A Abs. 2 OECD-MA nur die Durchführung der Doppelbesteuerung regele. Dies ist aufgrund des Wortlautes des Art. 23A Abs. 2 OECD-MA nicht zwingend.

1401 Debatin, FS Scherf, S. 305, 311; Burmester, in: Haarmann, S. 122, 132, 134.

1402 Burmester, in: Haarmann, S. 122, 134 f.

1403 Debatin, FS Scherf, S. 305, 311; Burmester, in: Haarmann, S. 122, 134; a.A. Avery Jones u.a.; BTR 1996, 212, 241, der diese zusätzlichen Voraussetzungen nicht fordert. Insofern sei es ausreichend, wenn der Methodenartikel auf einen Verteilungsartikel verweise, der die einschlägigen Einkünfte benenne.

1404 Dem zustimmend Bresgen, Sondervergütungen, S. 191; Stemler, Sondervergütungen, S. 219; a.A. Piltz, Personengesellschaften, S. 144. Vgl. auch Knobbe-Keuck, RIW 1991, 306, 308, die aus Gründen der Rechtssicherheit die Bindungswirkung des Art. 23A Abs. 2 OECD-MA auf sämtliche Sondervergütungen erstreckt. Soweit Portugal als Ansässigkeitsstaat auftritt, ist dies irrelevant, da Portugal die Doppelbesteuerung ausschließlich durch Anrechnung vermeidet.

Quellenstaat mit der Steueranrechnung im portugiesischen Ansässigkeitsstaat des Gesellschafters im Wege einer abkommensrechtlichen Qualifikationsverkettung grundsätzlich nicht vermeidbar ist. Etwaige Doppelbesteuerungen können abkommensrechtlich nur durch Durchführung von langwierigen Verständigungs- oder Konsultationsverfahren nach Art. 26 DBA-Portugal vermieden werden.

b) *Negativer Qualifikationskonflikt – Auffassung der OECD sowie deutsche Meinungen*

Ein negativer Qualifikationskonflikt tritt ein, wenn ein inländischer Gesellschafter von seiner in Portugal ansässigen Personengesellschaft Leistungsentgelte erhält und Deutschland auf die Entgelte § 15 Abs. 1 Nr. 2 EStG, Art. 7 OECD-MA anwendet (portugiesischer Betriebsstättengewinn in Form von gewerblichen Sondervergütungen) und Portugal als Sitzstaat der Personengesellschaft diese zum Betriebsausgabenabzug zulässt und nur eine begrenzte Quellensteuer entsprechend den Art. 10 Abs. 2, Art. 11 Abs. 2 OECD-MA etc. einbehält.[1405] Eine Minderbesteuerung wäre die Folge. Zur Behebung von internationaler Minderbesteuerung[1406] schlägt das OECD-MA zunächst auf Grundlage des Art. 23A Abs. 4 OECD-MA einen Übergang des Ansässigkeitsstaates von der Freistellungs- zur Anrechnungsmethode vor, wenn der andere Vertragsstaat (Quellenstaat) dieses Abkommen so anwendet, dass er diese Einkünfte freistellt oder gem. Art. 10 Abs. 2, Art. 11 Abs. 2 OECD-MA nur einer begrenzten Quellensteuer unterwirft.[1407] Der Wortlaut legt die Vermutung nahe, dass auch Qualifikationskonflikte aufgrund der Besteuerung von Sondervergütungen, die ihre Ursache im innerstaatlichen Recht haben, erfasst werden. Dem stehen allerdings die Überlegungen der OECD im Hinblick auf den Ausnahmecharakter und den Wortlaut des Art. 23A Abs. 4 OECD-MA entgegen,[1408] wonach die Regelung lediglich die Nichtbesteuerung aufgrund divergierender Sachverhaltsinterpretationen oder unterschiedlicher Abkommensauslegung vermeiden soll.[1409] Dagegen sind Unterschiede aufgrund nationalen Rechts davon unberührt

---

1405 In Anlehnung an das Beispiel 13 des OECD Partnership Reports 1999, Tz. 94 f.

1406 Dieser Lösungsansatz gilt entsprechend für Fälle der doppelten Nichtbesteuerung.

1407 OECD Partnership Report Rn. 112; Art. 23B Ziff. 56.1–56.3 zu OECD-MK. Dem zustimmenden Vogel, IStR 2003, 523, 529.

1408 Wassermeyer, in: Wassermeyer, MA, Art. 23A Rn. 146.

1409 Nach Art. 23B Ziff. 56.2, 56.3. OECD-MK gilt Absatz 4 für Divergenzen hinsichtlich der Abkommensanwendung. Dagegen gilt er nicht, soweit der Nichtansässigkeitsstaat aufgrund innerstaatlicher Maßgaben nicht besteuert. Absatz 4 des Art. 23B

unter Art. 23A Abs. 1 OECD-MA zu subsumieren.[1410] Dies ist allerdings nicht unbestritten[1411], bedarf hier jedoch keiner Entscheidung, da das derzeitige DBA-Portugal keine vergleichbare Regelung wie Art. 23A Abs. 4 OECD-MA 2000 enthält,[1412] und die OECD-Vorschläge nicht bindend sind.

Darüber hinaus vertritt die OECD die Auffassung, dass in Fällen, in denen der Quellenstaat die Einkünfte aufgrund von Bestimmungen im Abkommensrecht, die durch nationales Recht ausgefüllt werden, nicht besteuern kann, der Ansässigkeitsstaat zur Freistellung der Einkünfte nicht verpflichtet werden kann.[1413] Dies bedeutet, dass die Verhinderung der doppelten Nichtbesteuerung vom Abkommenszweck umfasst werde.[1414]

OECD-MA stellt damit keine subject-to-tax-Klausel (Umschaltklausel) dar. Dem zustimmend Krabbe, IStR 2002, 145, 150.

1410 Ismer, in: V/L, Art. 23 Rn. 248, 249; Lehner, IStR 2012, 389, 392; Wehrße, S. 150. Kritisch zur Ermittlung der Ursache des Qualifikationsgrundes siehe Weggenmann, Einordnungskonflikte, S. 243.

1411 Für die Erfassung von Qualifikationskonflikten aufgrund Divergenzen im nationalen Recht Gündisch, Personengesellschaft, S. 386 f.; Lüdicke, Personengesellschaften, S. 22 f.; Schuch/Bauer, in: G/L/L, S. 27, 42; a.A. Lehner, IStR 2012, 389, 392; Liebchen, Personengesellschaften, S. 348. Bedenken gegen die Anwendung des Art. 23A Abs. 4 OECD-MA auf negative Qualifikationskonflikte haben auch Jankowiak, S. 154; Weggenmann, Einordnungskonflikte, S. 234. Zur Auslegung des Begriffes „zu niedrig“ s. Weggenmann, Einordnungskonflikte, S. 290.

1412 So wohl Krabbe, IStR 2002, 145, 150. Hier wird die Ansicht vertreten, dass vor Durchführung eines Methodenwechsels ein gescheitertes oder abgelehntes Verständigungsverfahren erforderlich ist, obgleich die Durchführung eines solchen Verfahrens meist langwierig ist und sich negativ auf die Vermeidung von Keinmal- oder Minderbesteuerungen auswirkt. Jedoch verspricht die BEPS Aktion 14, S. 15 f. Abhilfe; s. auch BFH v. 28.04.2010, BFH/NV 2010, 1550, 1553; Haase/Dorn, IStR 2011, 791, 792 f.; Schmidt, IStR 2010, 413, 428. Ismer, in: V/L, Art. 23 Rn. 251.

1413 OECD Partnership Report 1999 Rn. 109; Art. 23 Ziff. 32.6 OECD-MK.

1414 OECD Partnership Report 1999 Rn. 52. Dem zustimmend BMF v. 26.09.2014, BStBl. I 2014, S. 1258 Tz. 4.1.3.3.2 und der Gesetzgeber (s. Gesetzesbegründung zu § 50d Abs. 9 EStG, BT-Drs.16/2712, S. 61), die davon ausgehen, dass die von der OECD geteilte Auffassung dazu führe, dass der Ansässigkeitsstaat nicht zur Freistellung verpflichtet sei, wenn der Quellenstaat auf sein Besteuerungsrecht verzichtet. Anders als die von der OECD vertretene Auffassung findet die Finanzverwaltung keine Lösung über die Auslegung des Methodenartikels, sondern konstruiert in Anlehnung an § 50d Abs. 9 EStG einen Übergang der Freistellungs- zur Anrechnungsmethode, sodass ihre Vorgehensweise in Richtung einer „Qualifikationsverkettung“ geht. Dem zustimmend: Birke, Personalgesellschaften, S. 141 f. m. w.N.; a.A. Weggenmann, in: W/R/S, Rn. 6.114, der annimmt, dass die Finanzverwaltung den Methodenartikel auslegt.

Nach Auffassung des BFH[1415] und nach Auffassung von Teilen des Schrifttums[1416] wird eine doppelte Nichtbesteuerung durch Auslegung des Art. 23A Abs. 1 OECD-MA nicht beseitigt. Zur Begründung führt das Schrifttum u.a. an, dass sich die Verhinderung der doppelten Nichtbesteuerung weder aus dem Abkommenszweck noch aus dem Wortlaut ergebe.[1417] Andere Teile des Schrifttums[1418] halten dagegen eine telelogische Reduktion[1419] des Art. 23A Abs. 1 OECD-MA für möglich,[1420] da die doppelte Nichtbesteuerung aus der Vereinbarung der Freistellungsmethode zum Zwecke einer bloßen Vermeidung der Doppelbesteuerung folge.[1421] Dem ist insoweit zuzustimmen, als die Vertragsstaaten mit der Vereinbarung der Freistellungsmethode vorrangig die Doppelbesteuerung der Einkünfte vermeiden wollten und es nicht dem Interesse der Parteien entsprechen wird, dass der Steuerpflichtige eine Freistellung

---

1415 BFH v. 17.12.2003, BStBl. II 2004, 260, 261 (zum DBA-Kanada 1981). Aus dieser Entscheidung ziehen vereinzelte Stimmen in der Literatur den zutreffenden Schluss, dass die Art. 23 Abs. 3 i.V.m. Art. 23 Abs. 2a DBA-Kanada 1981, die gegenüber Art. 23A Abs. 1 OECD-MA eine einschränkende Reichweite enthalten, nicht zu einem Rückfall des Besteuerungsrechts an den Ansässigkeitsstaat führen. Diese Grundsätze finden entsprechend im Rahmen des Art. 23A Abs. 1 OECD-MA Anwendung, vgl. Stemler, Sondervergütungen, S. 226; Bresgen, S. 206.

1416 Wassermeyer, in: Wassermeyer, MA, Art. 23A Rn. 5, 6, 46; Lüdicke, Besteuerung, S. 29 ff., Gosch, in: Schaumburg/Pilz, 116 f.

1417 Günkel/Lieber, FR 2001, 132; Vogel, IStR 2003, 523, 526 m.w.N.

1418 Hruschka, DStR 2010, 1357, 1362; Jankowiak, S. 143; Krabbe, FR 2001, 129, 130 f.; Lehner, IStR 2012, 389, 393 f.

1419 Grundlage der teleologischen Reduktion ist, dass der Quellenstaat die Einkünfte aufgrund des Abkommensanwendung weder der vollen noch der beschränkten Besteuerung unterwirft, vgl. Krabbe, FR 2001, 129, 130 f. Im portugiesischen Schrifttum ist das Problem der doppelten Nichtbesteuerung (dupla não tributação) bekannt, die teleologische Reduktion des Art. 23A Abs. 1 OECD-MA wird hingegen nicht aufgegriffen, vgl. nur Anjos Avezedo, Cadernos de Direito Atual 2017, 31, 48; Pinto, A tributação, S. 31; Xavier, Direito Tributário Internacional, S. 179.

1420 Dahin gehend Hruschka, DStR 2010, 1357, 1362; Jankowiak, S. 143; Krabbe, FR 2001, 129, 130 f.; Lehner, IStR 2012, 389, 393 f.; a.A. Wassermeyer, in: Wassermeyer, Art. 23A MA Rn. 46; Gosch, in: Schaumburg/Piltz, S. 103, 116 f.; Lüdicke, Personengesellschaften, S. 29 ff. Eine einschränkende Auslegung des Methodenartikels nimmt der BFH, vgl. BFH v. 17.12.2003, BStBl. II 2004, 260, 261 vor. Danach lebt das Besteuerungsrecht zugunsten des Ansässigkeitsstaates nicht auf, wenn der Quellenstaat die Einkünfte nicht besteuert.

1421 Krabbe, FR 2001, 129, 130 f.

beansprucht, wenn die Einkünfte im anderen Vertragsstaat nicht der Besteuerung unterliegen.[1422] Allerdings folgt ein solcher Freistellungsausschluss nicht zwingend aus dem Wortlaut des Art. 23A Abs. 1 OECD-MA.[1423] Eine Auslegung zu Lasten des Steuerpflichtigen ist zudem regelmäßig unzulässig.[1424] Vielmehr ist auf Art. 23A Abs. 2 OECD-MA abzustellen,[1425] aus dem sich eine Pflicht zur Vermeidung der Keinmalbesteuerung in den dort genannten Fällen der Art. 10 und Art. 11 OECD-MA durch Ersetzung der Freistellungs- durch die Anrechnungsmethode ableitet; hier ist der Ansässigkeitsstaat an die Einkünftequalifikation des Quellenstaates gebunden. Dies ist jedoch nur der Fall, da die Verteilungsartikel (Artt. 10, 11 OECD-MA) in den Anwendungsbereich des Art. 23A Abs. 2 OECD-MA fallen. Für Verteilungsartikel, die dort nicht aufgeführt sind, entfällt die Bindungswirkung. Dies hat zur Folge, dass die doppelte Nicht- bzw. Minderbesteuerung nur im Wege eines Verständigungs- bzw. Konsultationsverfahrens (Art. 25 OECD-MA) vermieden werden kann.[1426]

Nach dem Aktionspunkt 14 der BEPS-Initiative[1427] ist die Einführung einer Schiedsklausel im Abkommen und die Optimierung des Verständigungsverfahrens durch Einhaltung von Mindeststandards und des Best Practice beabsichtigt.[1428] Zudem sollen Verständigungsverfahren künftig zeitnah, d.h. innerhalb von 24 Monaten, beendet werden.[1429]

1422 Art. 23 Ziff. 34.1 OECD-MA.

1423 BFH v. 17.12.2003, BStBl. II 2004, 260, 261.

1424 BFH v. 17.12.2003, BStBl. II 2004, S. 260, 261; Burmester in FS Debatin, S. 62.

1425 Wassermeyer, in: W/R/S, Rn. 4.20. Allerdings ist nach Stimmen im Schrifttum ein Rückgriff auf Art. 23A Abs. 2 OECD-MA erst möglich, wenn die vorrangige Anwendung des Art. 23A Abs. 4 und Abs. 1 OECD-MA ausgeschlossen ist, wobei Absatz 1 gegenüber Absatz 4 subsidiär zur Anwendung kommt, vgl. Burmester, Unternehmensfinanzierung 2003 Rn. 84; Schuch/Bauer, in: G/L/L, S. 27, 44 (sowie S. 45).

1426 Ebenso Bresgen S. 210. Daneben können Abkommen, die eine Rückfall- bzw. Umschalt-Klausel enthalten, auch hierauf zurückgreifen.

1427 BEPS Aktion, S. 38.

1428 Vgl. auch Teil V und VI des MLI (Artt. 16–26 MLI). Zu beachten ist, dass die Regelungen zur Optimierung des Verständigungsverfahrens zwingend von den Signarstaaten (Unterzeichnerstaaten) umzusetzen sind, während die Regelungen zum Schiedsverfahren optional sind, vgl. Polatzky/Balliet/Steinau, IStR 2017, 226.

1429 Zu Einzelheiten zum Aktionspunkt 14 siehe Benz/Böhmer, DB 2015, 2535, 2540 f. Zu mögliche Gestaltungsvorgaben für künftige Schiedsklauseln siehe Artt. 16 bis 26 MLI.

2. *Anwendbarkeit des OECD-Lösungsansatzes auf das DBA-Portugal*

Das DBA-Portugal entspricht weitestgehend dem OECD-MA 1977. Der Methodenartikel stimmt im Wesentlichen mit den Absätzen 1 des Art. 23A/B OECD-MA (vgl. Art. 24 Abs. 1 und Abs. 2 lit. a DBA-Portugal) überein.

In Anlehnung an die in Art. 31 WÜRV vorgesehene Prüfungsreihenfolge bei Auslegung völkerrechtlicher Verträge[1430] ist zunächst der Wortlaut des Art. 24 DBA-Portugal näher zu beleuchten. Der Wortlaut des Methodenartikels enthält weder Hinweise für bzw. gegen eine (umgekehrte) Qualifikationsverkettung.[1431]

Aus Art. 24 Abs. 2 lit. a DBA-Portugal („werden von der Bemessungsgrundlage der deutschen Steuer die Einkünfte aus Portugal sowie die in Portugal gelegenen Vermögenswerte ausgenommen, die nach diesem Abkommen in Portugal besteuert werden können") folgt lediglich, dass die Vermeidung der tatsächlichen wie auch der virtuellen Doppelbesteuerung vorrangig vom DBA-Portugal bezweckt wird, sodass eine Freistellung im deutschen Ansässigkeitsstaat – unabhängig von einer Besteuerung im portugiesischen Quellenstaat – erfolgt.[1432] Dies bedeutet, dass das DBA-Portugal eine nach innerstaatlichem Recht nicht bestehende (portugiesische) Steuerpflicht nicht begründen kann.[1433] Vielmehr werden die bestehenden Besteuerungsbefugnisse zwischen den Staaten vertraglich feststehend aufgeteilt (sog. Verteilungsnorm, norma de repartição[1434]). Aus dieser Verknüpfung zwischen Methoden- und Verteilungsartikel folgt, dass negative Qualifikationskonflikte von dem Methodenartikel (Art. 24 Abs. 2 lit. a DBA-Portugal) umfasst werden und damit eine durch (deutsche) Freistellung entstehende Minderbesteuerung grundsätzlich nicht vermieden wird. Jedoch zielen die Artikel zur Ansässigkeitsbestimmung (Art. 4 Abs. 4 S. 2 DBA-Portugal) und die Verteilungsnorm für andere Einkünfte (Art. 22 Abs. 1 DBA-Portugal) darauf ab, eine Keinmalbesteuerung zu verhindern. So fällt nach Art. 22

1430 Zur Auslegung von DBA und deren Grundsätze vgl. BFH v. 30.05.1990, BStBl. II 1990, 906, 907; v. 27.02.1991, BStBl. II 1991, 444, 446; v. 6.10.1993, BStBl. II 1994, 318, 319; Dürrschmidt, in: V/L, Art. 3 Rn. 98 ff.; Schaumburg, in: Schaumburg Rn. 19.56 ff.

1431 Für Art. 23 A/B Abs. 1 OECD-MA s. Hagena, S. 246; Piltz, Personengesellschaften, S. 148; Stemler, Sondervergütungen, S. 211; Weggenmann, Einordnungskonflikte, S. 238; Ablehnend Günkel/Lieber, FR 2000, 853, 856 f.; Riemenschneider, Abkommensberechtigung, S. 170 f.

1432 Raber, in: Wassermeyer, DBA-Portugal, Art. 24 Rn. 26.

1433 Lehner, in: V/L, Grundlagen, Rn. 70.

1434 Lehner, in: V/L, Grundlagen, Rn. 67; Xavier, Direito Tributário Internacional, S. 650 f. (am Beispiel der Dividendenbesteuerung).

Abs. 1 S. 2 DBA-Portugal das Besteuerungsrecht an den (portugiesischen) Quellenstaat zurück, wenn der (deutsche) Ansässigkeitsstaat die Einkünfte nicht tatsächlich besteuert (sog. Rückfallklausel).[1435] Nach der Schutzklausel des Art. 4 Abs. 4 S. 2 DBA-Portugal (Ansässigkeitsfiktion für Personengesellschafter) lebt das Besteuerungsrecht des (portugiesischen) Quellenstaates wieder auf, wenn der (deutsche) Sitzstaat der Personengesellschaft von seinem vorrangigen Besteuerungsrecht keinen Gebrauch macht.[1436] Über den Anwendungsbereich der Verteilungsartikel hinaus, ergibt sich keine „allgemeine Zielsetzung" des DBA-Portugals zur Verhinderung der Keinmalbesteuerung.[1437] Der Grund hierfür ist, dass weder der Titel[1438] noch die Präambel[1439] die Verhinderung der Keinmalbesteuerung vorsehen. Titel und Präambel stellen lediglich auf den Zweck der Vermeidung der Doppelbesteuerung ab, wobei die Präambel gem. Art. 31 Abs. 2 WÜRV zum Gesamtzusammenhang gehört und die Vertragsauslegung auch mitbestimmt.[1440]

1435 Raber, in: Wassermeyer, DBA-Portugal, Art. 22 Rn. 15; Jankowiak, S. 174.

1436 Herlinghaus, in: Wassermeyer, Spanien (DBA 1966), Art. 4 Rn. 19; Weggenmann, Einordungskonflikte, S. 145.

1437 Dahin gehend Lehner, in: V/L, Grundlagen, Rn. 73 m.w.N.; Schmidt, IStR 2010, 413, 429; Vogel, IStR 2003, 523, 526; auch BFH v. 17.12.2003, BStBl. II 2004, 260, 261, wonach sich der Zweck der Vermeidung der Keinmalbesteuerung aus dem Wortlaut der Norm ergeben muss.

1438 Der Titel: „Abkommen zwischen der Bundesrepublik Deutschland und der Portugiesischen Republik zur Vermeidung der Doppelbesteuerung auf dem Gebiet der Steuern vom Einkommen und vom Vermögen" entspricht der alten OECD-Kommentierung. Entsprechend der Ziff. 16 zur Einleitung des OECD-MK hat Portugal in neueren Abkommen den Titel um den Zweck der Verhinderung einer Steuerverkürzung („ e Prevenir a Evasão Fiscal em Matéria de Impostos sobre o Rendimento") ergänzt, sodass zumindest für diese Abkommen die Vermeidung der missbräuchlichen Minder- bzw. Keinmalbesteuerung unterstellt werden kann; vgl. nur die DBA mit Brasilien, Japan, Kanada, Holland, Indien, Irland, Griechenland; dahin gehend auch Schüller, S. 67 f. Einschränkend Hagena für das DBA-Mexiko, S. 248, die davon ausgeht, dass für ein DBA ohne ergänzendem Zusatz, das einem Abkommen mit ergänzendem Zusatz in Struktur und Wortlaut folgt, gleichfalls das Ziel der Vermeidung der doppelten Nichtbesteuerung inhärent sei. Ausgehend hiervon würde auch das DBA-Portugal die Vermeidung der Keinmalbesteuerung umfassen.

1439 „Die Bundesrepublik Deutschland und Portugal – von dem Wunsch geleitet, die beiderseitigen wirtschaftlichen Beziehungen durch Vermeidung der Doppelbesteuerung auf dem Gebiet der Steuern vom Einkommen und vom Vermögen zu fördern – ".

1440 Nasdala, in: V/L, Überschrift und Präambel Rn. 19 m.w.N. Der Titel des Abkommens soll nach Auffassung der OECD um den Zweck „zur Verhinderung von Steuerumgehung und Steuervermeidung" ergänzt werden. Zudem soll die Präambel mit dem

In vergleichbarer Weise ist ein positiver Qualifikationskonflikt aufgrund einer nicht korrespondierenden Besteuerung im (deutschen) Quellenstaat mit der Steueranrechnung im (portugiesischen) Ansässigkeitsstaat, z. B. in Fällen unterschiedlicher Einordnung der Einkünfte gem. Art. 11 Abs. 2 bzw. Art. 12 Abs. 2 DBA-Portugal und abweichender Steueranrechnung gem. Art. 24 Abs. 1 lit. a DBA-Portugal, im Wege einer abkommensrechtlichen Qualifikationsverkettung grundsätzlich nicht vermeidbar.

Der OECD-Ansatz ist damit unter systematischen Gesichtspunkten nicht vollständig auf das DBA-Portugal anwendbar.

Zudem scheidet eine Übertragung des Lösungsansatzes der OECD unter zeitlichen Gesichtspunkten für Altabkommen (wie das DBA-Portugal), die vor der Änderung des Musterabkommens im Jahr 2000 abgeschlossen worden sind, aus. Nach hier geteilter statischer Auffassung[1441] handelt es sich bei der Festschreibung der Qualifikationsverkettung um einen neuen Ansatz, der weder dem Willen der Parteien entspricht,[1442] noch gegenüber den früheren Auffassungen der OECD eine nur klarstellende Wirkung besitzt. Das OECD-MK sah bis zu seiner Änderung im Jahr 2000 vor, dass der Ansässigkeitsstaat unabhängig von der tatsächlichen Ausübung des Besteuerungsrechts des Quellenstaates bei Wahl der Freistellungsmethode gem. Art. 23A OECD-MA die Einkünfte freizustellen hat. Eine Ermittlungspflicht seitens des Ansässigkeitsstaates bestand insoweit nicht.[1443] Die von der OECD ab der Fassung des OECD-MK 2000 befürwortete Qualifikationsverkettung bzw. teleologische Reduktion des Art. 23A Abs. 1 OECD-MA, die den Ansässigkeitsstaat an die durch den Quellenstaat vorgenommene Auslegung (Artt. 6 ff. OECD-MA) auch auf Ebene des Methodenartikels (Art. 23A/B OECD-MA) bindet, stellt somit eine neue Auslegungsvariante der Art. 23A/B OECD-MA dar, die eine

---

Hinweis versehen werden, dass durch das Abkommen „Möglichkeiten zur Nichtbesteuerung oder Steuerreduzierung durch Steuerumgehung oder -vermeidung" umfasst werden. Hierbei handelt es sich um eine Klarstellung, vgl. BEPS Aktion 6, S. 91; Art. 6 MLI. Die deutsche Verhandlungsgrundlage enthält bereits eine entsprechende Anpassung. Auch nach portugiesischem Verständnis enthält der Titel des Abkommens die Absicht einer Beseitigung der Doppelbesteuerung auch den Zweck, die Steuerverkürzung zu verhindern, s. Anjos Azevedo, Cadernos de Direito Atual 2017, 31, 35.

1441 Ebenso BFH v. 25.05.2011, BStBl. II 2014, 760, 763 m.w.N.

1442 Portugal und Deutschland haben Vorbehalte in Art. 1 Ziff. 27.3 OECD-MK und Art. 15 Ziff. 13 OECD-MK gegenüber dem OECD Partnership Report 1999 geltend gemacht.

1443 Art. 23 Ziff. 34 OECD-MK.

Pflicht zur Berücksichtigung weder für Alt- noch für Neu-DBA-Abschlüsse begründet,[1444] sondern lediglich als nicht bindende Interpretationshilfe zu werten ist.[1445] Für die Annahme einer späteren Übereinkunft i.S.v. Art. 31 Abs. 3 lit. b WÜRV[1446] fehlen Anhaltspunkte im Abkommen.[1447] Sofern Portugal und Deutschland in den derzeitigen Vertragsverhandlungen entsprechende Regelungen hinsichtlich der Besteuerung von Personengesellschaften vereinbaren, kommt diesem Problem keine Bedeutung mehr zu. Aus deutscher Sicht wird die Vereinbarung von Umschaltklauseln (Übergang vom Freistellungs- zum Anrechnungsverfahren) anstelle von Sonderregelungen, die die Behandlungen von Sondervergütungen festlegen,[1448] bevorzugt.[1449] Beleg hierfür ist die deutsche

1444 Ebenso Dallwitz/Mattern/Schnittger, DStR 2007, 1697 f.; Wassermeyer, in: Wassermeyer, MA, Art. 23A Rn. 46; Liebchen, Personengesellschaften, S. 344 ff.; Schmidt, IStR 2010, 413, 427 f.; Wassermeyer, Konzern 2008, 338, 342; Weggenmann, Einordnungskonflikte, S. 249 f.

1445 Lüdicke, Besteuerung, S. 7; Gündisch, Personengesellschaften, S. 44 f.; Debatin, FS Scherf, S. 305, 308; Vogel, SWI 2000, 110. A.A. Pohl, RIW 2012, 677, 678 f., der auf BFH v. 12.10.2011, BStBl. II 2012, 548 verweist und eine dynamische Auslegung annimmt. Kritisch hierzu Stemler, Sondervergütungen, S. 218.

1446 Dafür: BFH v. 09.10.1985, BStBl. II 1988, 810, 814; BFH v. 02.09.2009, BFHE 226, 267, 272 f. Einschränkend Morais, Fiscalidade 2011, S. 13 f., der eine spätere Übung für möglich hält, soweit die abweichende Auffassung durch Erlasse der Finanzverwaltungen bestätigt wurde; Hagena, S. 263.; Jirousek, SWI 1998, 112, 115; dagegen: Hemmelrath/Kepper, IStR 2013, 37, 39 f.; Lang, IWB 2011, 281, 286; Wassermeyer, in: Wassermeyer, MA, vor Art. 1, Rn. 60; Vogel, IStR 2003, 523, 528 f.

1447 Die einseitige nationale Feststellung der Finanzverwaltung (BMF Schreiben v. 26.09.2014, BStBl. I 2014, S. 1258 Tz. 4.1.3.3.2.), dass die teleologische Reduktion auch auf Altabkommen Anwendung findet, sowie die in § 50d Abs. 9 S. 1 Nr. 1 EStG durch den Gesetzgeber (BT-Drs. 16/2712, S. 61) statuierte Pflicht zur Berücksichtigung eines neueren OECD-MA bei der Auslegung älterer Abkommen, genügen diesem Erfordernis nicht.

1448 Vgl. u.a. Art. 7 Abs. 7 DBA Deutschland-Österreich und Art. 7 Abs. 7 DBA-Deutschland-Schweiz, wonach Sondervergütungen explizit als Teil der Unternehmensgewinne behandelt werden oder die Regelung in Art. 3 Abs. 4 DBA Deutschland-Algerien; Art. 4 Abs. 5 DBA Deutschland-Taiwan, die die Ansässigkeit der Personengesellschaft fingieren oder Art. 4 Abs. 3 DBA Deutschland-Bulgarien, Protokoll Nr. 1 lit. b DBA Deutschland-Mexiko, die den Quellenstaat zur Aufnahme von Regelungen verpflichten, aus denen sich ergibt, dass die Einkünfte einem Abkommenssubjekt zuzurechnen sind oder vgl. Abs. 2 lit. a Protokoll zu Art. 7 DBA Deutschland-Türkei, Abs. 2 Protokoll zu Art. 7 DBA-Zypern, wonach auch Sondervergütungen i.S.d. § 15 Abs. 1 S. 1 Nr. 2 S. 1 EStG den Unternehmensgewinnen zugewiesen werden.

1449 Jacobs, Internationale Unternehmensbesteuerung, S. 504; vgl. u.a. Art. 22 Abs. 1 a DBA-Bulgarien, Art. 22 Abs. 1 lit. a DBA Deutschland-Luxemburg; Art. 22 Abs. 1 lit.

Verhandlungsgrundlage,[1450] die keine entsprechende Sonderregelung für Sondervergütungen enthält. Dies ist darauf zurückzuführen, dass den meisten Staaten das deutsche Sondervergütungskonzept (Gleichstellung der Sondervergütungen mit gewerblichen Gewinnanteilen) fremd ist. Zudem würde die Vereinbarung einer entsprechenden Sondervergütungsklausel nicht nur die Vertragsverhandlungen behindern, sondern auch die Gefahr mit sich bringen, dass die Klausel hinter den nationalen Regelungen zurückbliebe.[1451] Dies wird auch am Beispiel Portugals deutlich, das ausgehend vom Kapitalgesellschaftsprinzip fremdüblich vereinbarte Leistungsbeziehungen zwischen Personenhandelsgesellschaft und ihren Gesellschaftern steuerlich wie Fremdgeschäfte anerkennt und die Zahlungen der Personengesellschaft an ihre Gesellschafter als Einkünfte in Form von Zinsen, Lizenzgebühren, Arbeitslohn etc. wertet (Kategorien A, E und F). Gleiches gilt für Personenhandelsgesellschaften, die gem. Art. 6 CIRC transparent besteuert werden. Dies bedeutet, dass die Einordnung der Vergütungen zu Zurechnungsproblemen führen kann und etwaige Sonderregelungen nicht die Reichweite des § 50d Abs. 10 EStG bzw. § 15 Abs. 1 S. 1 Nr. 2 EStG erreichen. Dies legt nach deutschem Rechtsverständnis den Schluss nahe, dass auch im möglichen neuen DBA-Portugal (wie bereits in Art. 23 Abs. 2 lit. a des neuen DBA Deutschland-Spanien) eine Umschaltklausel (Übergang vom Freistellungs- zum Anrechnungsverfahren) vereinbart wird,[1452] es sei denn, Portugal widerspricht der Aufnahme einer solchen Klausel, was angesichts der Anmerkung Portugals gegenüber dem Partnership-Report 1999[1453] möglich sein könnte.

3. *Ergebnis*

Als Gesamtergebnis ist festzuhalten, dass der von der OECD befürwortete Lösungsansatz einer Qualifikationsverkettung für Sondervergütungen auf das

a DBA-Niederlande; Art. 22 Abs. 1 lit. a DBA Deutschland-Ungarn; Art. 22 Abs. 2 lit. e DBA Deutschland-Spanien; Art. 23 Abs. 1 lit. a DBA Deutschland-Großbritannien sowie Art. 22 Abs. 1 Nr. 5 der deutschen Verhandlungsgrundlage. Allgemein zu switch-over-Klauseln vgl. Schütz, Steuck 2013, 470, 471 f.; Meilicke/Portner, IStR 2004, 397

1450 BMF v. 22.08.2013, BStBl. I 2013, S. 980.

1451 Ebenso Bresgen, S. 201.

1452 Dahin gehend Birke, Personengesellschaften, S. 148 f., der auch für die DBA Deutschland-Bosnien-Herzegowina, Deutschland-Serbien und Deutschland-Montenegro, die Einführung einer switch-over-Klausel für notwendig hält, um Rechtssicherheit zu schaffen.

1453 vgl. Art. 1 Ziff. 27.3 OECD-MK, Annex II zum Partnership Report 1999 Rn. 25, 26.

DBA-Portugal nicht anwendbar ist, sodass eine Doppelbesteuerung oder doppelte Nichtbesteuerung bzw. Minderbesteuerung grds. nur mittels einer vergleichbaren Regelung wie Art. 23A Abs. 2 OECD-MA (Verknüpfung Quellen-/Ansässigkeitsbesteuerung durch abkommensrechtliche Vereinbarung) vermieden werden kann. Zudem enthält das DBA-Portugal auch keine entsprechende Vereinbarung wie Art. 23A Abs. 4 OECD-MA (Abhängigkeit der Ansässigkeitsfreistellung von voller Quellenbesteuerung). Ein Hineininterpretieren einer Umschaltklausel in Art 24 Abs. 2 lit. a DBA-Portugal scheidet aus systematischen Gründen aus. Für das DBA-Portugal verbleibt es daher bei der Regelung des Art. 24 Abs. 2 lit. a DBA-Portugal (mit Einschränkungen).

Soweit Portugal als Ansässigkeitsstaat des Gesellschafters mit deutschen Sondervergütungen auftritt, liegt eine entsprechende Regelung wie Art. 23A Abs. 1 und 2 OECD-MA nicht vor, sodass es bei der abkommensrechtlichen Zuordnung der Sondervergütungen zu den unterschiedlichen speziellen Abkommensartikeln (Artt. 11. 12, 15 DBA-Portugal) verbleibt. Gem. § 50d Abs. 10 EStG erfolgt jedoch aus deutscher Sicht eine Wertung der Sondervergütungen als deutscher Betriebsstättengewinn des Gesellschafters mit deutschem Besteuerungsrecht (Art. 7 DBA-Portugal) und portugiesischer Ansässigkeitsbesteuerung (Artt. 1, 11 Abs. 1, 12 Abs. 1, 15 Abs. 1 DBA-Portugal), d.h. Doppelbesteuerung mit allenfalls begrenzter portugiesischer Anrechnung (Art. 24 Abs. 1 lit. a DBA-Portugal). Für Deutschland als Sitzstaat der Personengesellschaft (Quellenstaat der Gesellschafter-Sondervergütungen) existiert für bestimmte Einkünfte gem. Art. 24 Abs. 2 lit b DBA-Portugal zwar eine etwaige Regelung, aber auf die gem. § 50d Abs. 10 EStG als deutsche Unternehmensgewinne behandelten Sondervergütungen findet diese keine Anwendung; auch verweist Art. 24 Abs. 2 lit. b DBA-Portugal nicht auf Art. 7 DBA-Portugal. Etwaige Minder- bzw. Nichtbesteuerungen können abkommensrechtlich lediglich durch die Durchführung von langwierigen Verständigungs- oder Konsultationsverfahren nach Art. 26 DBA-Portugal vermieden werden; der deutsche Gesetzgeber hat Abhilfe geschaffen durch Rückfall- bzw. Umschaltklauseln, wie § 50d Abs. 10 und Abs. 9 EStG.[1454]

In Fällen, in denen Deutschland Ansässigkeitsstaat des Gesellschafters ist und dieser von seiner portugiesischen, intransparent besteuerten Personengesellschaft Sondervergütungen erhält, weisen beide Staaten abkommensrechtlich Deutschland das Besteuerungsrecht an den Sondervergütungen zu (Artt. 11 Abs. 1, 12 Abs. 1 DBA-Portugal), bei nur begrenzter portugiesischen

1454 Dahin gehend Weggenmann, in: W/R/S, Rn. 6.49; Meretzki, in: W/R/S, Rn. 15.61 ff.

Quellenbesteuerung, Art. 11 Abs. 2, Art. 12 Abs. 2 DBA-Portugal und Betriebsausgabenabzug bei der portugiesischen Gesellschaft. Auch hier führt aus deutscher Sicht § 50d Abs. 10 EStG zur Annahme portugiesischer Betriebsstätten-Gewinne des Gesellschafters in Form von Sondervergütungen (Art. 7 DBA-Portugal, mit deutscher Ansässigkeitsfreistellung gem. Art. 24 Abs. 2 lit. a DBA-Portugal); angesichts nur begrenzter portugiesischer Quellenbesteuerung (Art. 11 Abs. 2 DBA-Portugal) kommt es zu Minderbesteuerungen, die Deutschland durch einen Wechsel zum Steueranrechnungsverfahren einseitig vermeidet (§ 50d Abs. 9 S. 1 Nr. 1, 1 EStG). Dies gilt jedoch nicht, wenn die Sondervergütungen einer Betriebsstätte in Portugal am Gesellschaftssitz zugeordnet werden können. In diesem Fall droht eine doppelte Nichtbesteuerung, die von § 50d Abs. 10 EStG aF nicht effektiv vermieden wurde. Auch die Neufassung des § 50d Abs. 10 EStG nimmt den Problemen nur teilweise die Schärfe. Darüber hinaus führt die in § 50d Abs. 10 EStG aF/nF enthaltene Rückwirkung zu einer Versagung der Verfassungsmäßigkeit der Regelung. Dies hat zur Folge, dass die bisherigen Grundsätze des BFH (alte Rechtslage ohne § 50d Abs. 10 EStG) Anwendung finden und nur in Ausnahmefällen minderbesteuerte „weiße bzw. graue" Einkünfte sowie Doppelbesteuerungen aufgrund des Vorrangs der Spezialeinkünfte entstehen. Im Anwendungsbereich des § 50d Abs. 10 EStG nF wird es hingegen vermehrt zu doppelten Minder- bzw. Nichtbesteuerungen oder Doppelbesteuerungen kommen, wenn Deutschland auf Abkommensebene die Sondervergütungen entsprechend dem § 50d Abs. 10 EStG behandelt, Portugal jedoch diese als unterschiedliche Einkünfte in Form von Zinsen, Lizenzengebüren, Arbeitslohn etc. wertet. Dies zeigt, dass unilaterale Ansätze keine endgültige Lösung für abkommensrechtliche Probleme sind. Von daher wäre es sehr zu begrüßen, wenn die Vertragsstaaten, die derzeit das DBA-Portugal neuverhandeln, eine umfassende Sonderregelung zur Behandlung von Personengesellschaften oder zumindest eine Rückfall- oder Umschaltklausel[1455] zur Vermeidung der Minderbesteuerung in das Abkommen aufnehmen würden.

4. *Bekämpfung der doppelten Nicht- bzw. Minderbesteuerung auf Grundlage des BEPS-Aktionsplans*

Künftig soll die Verhinderung von Steuerverkürzung im Titel und die Vermeidung von doppelter Nicht- bzw. Minderbesteuerung in der Präambel als

1455 So wohl auch Birke, Personengesellschaften, S. 148.

zwingender Auslegungsmaßstab aufgenommen werden (Aktion 6; Art. 6 Abs. 1 MLI).[1456]

Daneben sollen die Abkommen eine zwingende allgemeine Anti-Missbrauchs-Regel[1457] (Principal Purpose-Test) sowie eine ergänzende, optionale limitation-on-benefits-Regelung[1458] enthalten, deren Erfüllung Voraussetzung ist, um in den Genuss von Abkommensvorteilen zu kommen (Aktion 6, Art. 7 MLI). Dadurch wird für künftige Abkommen, die dem MLI angepasst werden, die DBA-Anwendung komplexer.[1459] Das Verhältnis zwischen innerstaatlichen und abkommensrechtlichen Anti-Missbrauchs-Regeln soll künftig durch Art. 1 Abs. 3 OECD-MA, der bestimmt, dass nationale Gesetze nur durch explizite Regeln im Abkommen verdrängt werden können, geregelt werden. Soweit die Staaten eine entsprechende Klausel aufnehmen, verdrängen explizite Abkommensregelungen unilaterale Missbrauchsnormen.[1460] Im Hinblick auf hybride Rechtsgebilde empfiehlt die OECD (Aktion 2[1461]) den Art. 4 Abs. 3 OECD-MA dahin gehend zu ändern, dass nicht mehr der Ort der tatsächlichen Geschäftsleitung maßgeblich ist, sondern dass die Finanzverwaltungen über deren Ansässigkeit im Wege eines Verständigungsverfahrens entscheiden.[1462]

1456 Schulz-Trielglaff, IStR 2015, 155, 160.

1457 Bresgen, S. 229, die zutreffend betont, dass es aufgrund der deutschen Regelungen zum Abkommensmissbrauch (§ 42 AO, § 50d Abs. 3, Abs. 8 und Abs. 9 EStG) bereits fraglich ist, ob es überhaupt einer solchen Regelung bedürfe. Auch Portugal kennt nationale Missbrauchs-Regeln, vgl. Art. 38 Nr. 2 LGT (ähnlich wie § 42 AO). Zu Art. 38 LGT siehe Caro/Costa, Rendimentos, S. 41 f. In diesem Zusammenhang ist auch die Verordnungsermächtigung des § 2 Abs. 3 Nr. 1 AO zu beachten, wonach Deutschland von der Freistellungs- zur Anrechnungsmethode umschalten kann; vgl. Blumenberg/Kring, BB 2017, 151, 155.

1458 Vgl. Art. 7 Abs. 8 bis 13 MLI. Die Benefits-Regelung ist eine vereinfachte Regelung, die an die US-Abkommenspraxis anlehnt, vgl. BEPS Aktion 6, S. 14.

1459 Bisher wurden die Abkommensvergünstigungen gewährt, wenn eine Peron in einem der beiden Vertragsstaaten ansässig war. Künftig müssen die weiteren Voraussetzungen der Verteilungs- und Methodenartikel, des Principal-Purpose-Test erfüllt sein sowie der Limitation on Benefitis-Test positiv ausfallen, vgl. Polatzky/Balliet/Steinau, IStR 2017, 226.

1460 Ebenso Schulz-Trielglaff, IStR 2015, 155, 160.

1461 BEPS Aktion 2, S. 2.

1462 Insoweit haben Deutschland und Portugal erklärt, die Regelung in ihre bestehenden Abkommen nicht zu übernehmen (Art. 4 Abs. 3a MLI), vgl. die Stellungnahme von Deutschland und Portugal zu den Vorbehalten, abzurufen unter: http://www.oecd.org/tax/treaties/beps-mli-position-portugal.pdf; http://www.oecd.org/tax/treaties/beps-mli-position-germany.pdf; zuletzt abgerufen am 25.09.2017.

Zudem ist beabsichtigt, die Abkommensberechtigung der Personengesellschaft in Übereinstimmung mit den Grundsätzen des Personengesellschaftsberichts 1999 zu erweitern, sodass sichergestellt wird, dass die Abkommensvorteile einer nach innerstaatlichem Recht ansässigen Person zugerechnet werden können.[1463] Hierbei handelt es sich um eine alternative Ansässigkeitsfiktion zu Art. 4 Abs. 4 DBA-Portugal, die lediglich für den Quellenstaat Bedeutung erlangt,[1464] soweit die beiden Staaten zur Aufnahme einer derartigen Zurechnungsfiktion optieren[1465]. Andernfalls bleibt die besondere Ansässigkeitsfiktion des Art. 4 Abs. 4 DBA-Portugal, die nach hier geteilter Auffassung auch Rechtswirkung für den Ansässigkeitsstaat entfaltet, maßgeblich.

Die bilateralen Empfehlungen sollen durch nationale Regelungsempfehlungen der OECD, die abhängig von der Rechtsfolgenseite (doppelter oder einseitiger Betriebsausgabenabzug, korrespondierendes Besteuerungsgebot im Empfängerstaat oder Abzugsverbot im Quellenstaat) umgesetzt werden.[1466] Soweit Sondervergütungen von einer portugiesischen Gesellschaft an einen inländischen Gesellschafter gezahlt werden, finden o.g. Grundsätze – obgleich ein Betriebsausgabenabzug bei der portugiesischen Gesellschaft vorliegt – keine Anwendung. Da die daraus resultierende Minderbesteuerung vorrangige Folge des deutschen Mitunternehmerkonzepts und nicht „einer abweichenden Steuersubjektqualifikation“[1467] ist. Das BEPS-Projekt zielt zwar vorrangig auf die missbräuchliche

---

1463 Die Auffassung der OECD deckt sich insoweit mit der Ansicht der deutschen Finanzverwaltung und der Regelung des Art. 1 Abs. 7 DBA-USA, vgl. BMF v. 26.9.2016, BStBl. I 2014, S. 1258 Tz. 4.1.4; Wolf, in: Wassermeyer, DBA-USA, Art. 1 Rn. 105 ff.

1464 Bresgen, Sondervergütungen, S. 228; Hagemann/Kahlenberg, IStR 2015, 54, 56 (im Hinblick auf Art. 4 Abs. 4 DBA-Spanien 1966)

1465 Deutschland und Portugal haben vorläufig dazu optiert, diese Regelung nicht in ihre bestehenden Abkommen zu übernehmen (Art. 3 Abs. 5 lit. a MLI); vgl. die Stellungnahme von Deutschland und Portugal zu den Vorbehalten, a.a.O.

1466 Die §§ 8b Abs. 1 S. 2, 14 Abs. 1 Nr. 5 KStG und Art. 51 Nr. 10 lit. a CIRC, die auf die Änderungsrichtlinie 2014/86/ EU des Rates v. 08.07.2014, ABl EU, L 219/40 zurückgehen, stimmen mit der von der OECD empfohlenen Korrespondenzregelung überein, während § 4i EStG verschärfend wirkt. Soweit die Zahlung zu einem Abzug führt, wird die Dividendenfreistellung untersagt. Abkommensrechtlich lässt sich ein möglicher Widerspruch zu den Schachteldividenden über eine Umschalt- bzw. Rückfall-Klausel vermeiden. Dabei führen die angeregten Korrespondenzregelungen zu einer indirekten Diskriminierung, die nach Auffassung der OECD nicht von Art. 24 OECD-MA umfasst wird. Zu Einzelheiten vgl. Staats, IStR 2014, 749, 751 ff., BEPS Aktion 2, S. 89 ff. Kritisch zur Unionskonformität von Korrespondenzregeln vgl. BFH v. 8.09.2010, IStR 2011, 160, 162; v. 16.1.2014; IStR 2014, 345, 348.

1467 Hagemann/Kahlenberg, IStR 2015, 54, 56.

Beseitigung von Gestaltungsmodellen in Konzernen ab,[1468] berücksichtigt aber auch hybride Gesellschaften (2, 6 und 7 des BEPS-Aktionsplans). Darüber hinaus hat die EU in Form von Richtlinien[1469] Missbrauchsbestimmungen zur Neutralisierung von hybriden Gestaltungen (Art. 9 ATAD I bzw. Artt. 9, 9a, 9b ATAD II) erlassen, die von den Mitgliedstaaten umzusetzen[1470] sind. Der Anwendungsbereich der Richtlinie regelt drei Besteuerungssituationen: hybride Gestaltungen (Art. 9 ATAD II), umgekehrt hybride Gestaltungen (Art. 9b ATAD II) und Inkongruenz bei der Steueransässigkeit (Art. 9b ATAD II). Durch Verweigerung eines doppelten Betriebsausgabenabzuges und eines steuerlichen Abzugs bei gleichzeitiger steuerlicher Nichtberücksichtigung („Inkongruenz“) wirkt die Richtlinie einer Steuerumgehung durch hybride Gestaltungen entgegen. Der Betriebsausgabenabzug wird primär im Mitgliedsstaat des Anlegers verweigert; wird der Abzug dort nicht verweigert, erfolgt die Abzugsversagung im Mitgliedstaat des Zahlenden. Die Regelungen der Artt. 9a, 9b ATAD II erweitern den Anwendungsbereich der Regelung des Art. 9 ATAD I und enthalten Vorgaben für hybride Gestaltungen mit Drittländern.

IV. Dividenden, Art. 10 DBA-Portugal

1. Dividendenbesteuerung nach portugiesischem Recht (einschließlich umgesetztes EU-Recht)

Als Dividenden qualifiziert das portugiesische Recht Zuflüsse von Gesellschaften aus Gesellschaftsanteilen (ohne Kapitalherabsetzungen), Einkünfte aus Investmentfondsgesellschaften (Ausschüttungen auf Investmentanteile), Einkünfte aus stillen Gesellschaften (participação em associação) und Gewinnausschüttungen von körperschaftsteuerpflichtigen Gesellschaften an Gesellschafter bzw. an Wertpapierinhaber (Art. 5 Nr. 2 lit. i, j und l CIRS).[1471] Ausgenommen hiervon sind die Ausgabe von Gratisaktien[1472] sowie die Ausschüttungen von

1468 Schanz/Feller, BB 2015, 865 f.; Staats, IStR 2014, 749, 750.

1469 RL (EU) 2016/1164 v. 12.07.2016 (ATAD I), Amtsblatt der Europäischen Union v. 19.7.2016, L 193, 1; zuletzt geändert durch RL (EU) 2017/952 v. 29.5.2017 (ATAD II), Amtsblatt der Europäischen Union v. 07.06.2017, L 144/18.

1470 Art. 9 ATAD I ist von den Mitgliedsstaaten bis zum 31.12.2018, die Artt. 9, 9b ATAD II bis zum 31.12.2019 und Art. 9a ATAD II bis zum 31.12.2021 umzusetzen.

1471 Basto, IRS, S. 258 ff., 279 ff.; Pires/Pires, Direito Fiscal, S. 404.

1472 Vgl. dazu die Klarstellung in Ziff. 6 des Prot. zu Art. 13 DBA-Portugal, der sich auf den Art. 10 Ziff. 28 OECD-MK bezieht, wonach Gratisaktien dem Art. 10 OECD-MA und nicht dem Art. 13 OECD-MA unterfallen. Werden die Gratisaktien

transparenten Gesellschaften an ihre Gesellschafter (Art. 6 CIRC). Letztere Ausschüttungen werden als nicht steuerbar behandelt, da sie weder bei den Kapitaleinkünften nach Art. 5 Nr. 2 lit. h CIRS noch bei den Betriebseinnahmen aus Art. 20 Nr. 1 lit. c CIRC berücksichtigt werden.[1473] Dividenden werden bereits im Gewinnerzielungsjahr berücksichtigt,[1474] da Portugal sämtliche Dividenden ab Zurverfügungstellung (coloção a disposição) besteuert (Art. 7 Nr. 1 CIRS).

Ausschüttungen von intransparent besteuerten portugiesischen Gesellschaften, wie z. B. von der KG (sociedade em comandita) oder von der OHG (sociedade em nome colectivo), werden entweder zur Hälfte als Einkünfte aus Kapitalvermögen (Kategorie E) beim jeweiligen unbeschränkt steuerpflichtigen Gesellschafter (natürliche Person) erfasst (Art. 40A CIRS) oder unterliegen zur Gänze (brutto) einer abgeltenden Quellensteuer (taxa liberatória) von 28%[1475] (Art. 71 Nr. 1 CIRS). Dies gilt auch für Dividendenausschüttungen von ausländischen Gesellschaften mit Sitz in einem Europäischen Mitgliedsstaat oder in einem EWR-Staat an eine in Portugal beschränkt oder unbeschränkt steuerpflichtige natürliche Person.[1476] Es handelt sich dabei um eine Definitivbelastung.[1477] Verfassungsrechtlichen Bedenken, die gegen die Bruttobesteuerung geäußert wurden,[1478] ist insbesondere entgegenzuhalten, dass der Steuerpflichtige nach Art. 71 Nr. 6 CIRS zu der pauschalen Besteuerung freiwillig optieren

---

von in Deutschland ansässigen Gesellschaftern ausgegeben, sind sie wieder dem Art. 10 DBA-Portugal zuzuordnen.

1473 Américo/Abreu/Durão/ Pimenta, Guia dos Impostos Portugal, S. 92; Morais, sobre o IRS, S. 166; Pinheiro Pinto, Fiscalidade, S. 178; Almeida, Fisco (Nr. 122/123) 2007, 63, 68, der lediglich auf den alten Art. 46 CIRC abstellt.

1474 Gleiches gilt für transparente Gesellschaften als Dividendenempfänger (Art. 51 Nr. 3 CIRC). Dahin gehend bereits Art. 80 Nr. 3 CIRS aF und Art. 71 do CIRS aF, vgl. zur Altfassung da Cunha Guimarães, INFOCONTAB 2008, 1, 3.

1475 Dies gilt nicht, wenn die ausschüttende, ausländische Gesellschaft sich in einer Steueroase befindet oder in einem niedrigbesteuernden Staat (sog. zonas de baixa tributação) ansässig ist, ohne in Portugal eine Betriebsstätte zu unterhalten. In diesem Fall beträgt die abgeltende Quellensteuer 35% (Art. 71 Nr. 12 CIRS).

1476 vgl. Commisão para a Reforma de IRS, S. 47.

1477 Dies bedeutet, dass weder tatsächliche (Art. 71 Nr. 5 CIRS) noch spezifische Ausgaben nach dem Steuervergünstigungsgesetz (EBF) oder dem portugiesischem EStG (CIRS) abziehbar sind, s. Morais, sobre o IRS, S. 93, Faustino, in: Lições de Fiscalidade, S. 195; Machado/Nogueira, Curso de Direito Tributário, S. 144; Pinheiro Pinto, Fiscalidade, S. 178 f.; Xavier, Direito Tributário Internacional, S. 512 f.

1478 Brás, Imposto – Teoria Geral, 154, Cadilhe, Fisco (Nr. 3) 1989, 34; Menezes Leitão, CTF (Nr. 387) 1997, 9 ff.; Saldanha Sanchez, S. 337 f., Duro Teixeira Ribeiro, A reforma fiscal, S. 238; Xavier, Direito Tributário Internacional, S. 525 Fn. 23.

kann. Andernfalls werden die ausgeschütteten Gewinne zusätzlich zu den originären Kapitalerträgen in das Welteinkommen des Steuerpflichtigen einbezogen (englobamento, Art. 22 CIRS); Kapitaleinkünfte, die dem Gewerbebetrieb oder der selbstständigen Arbeit zurechenbar sind, werden nicht erfasst, Art. 5 Nr. 1 CIRS.[1479] Entsprechendes gilt für den stillen Gesellschafter (Art. 40A Nr. 3 CIRS).[1480] Soweit der persönliche Steuersatz (taxa do CIRC) geringer ist als der Pauschalsteuersatz von 28% bzw. 35% ist eine Erfassung gem. Art. 71 Nr. 6 CIRS im Rahmen des Welteinkommens vorteilhafter.[1481] Die abkommensrechtlichen Quellensteuersätze[1482] bleiben davon unberührt.

Unter den Voraussetzungen des Art. 14 Nrn. 3 bis 8 CIRC verzichtet Portugal auf die Einbehaltung einer Quellensteuer i.S.d. Art. 94 CIRC. Soweit Ausschüttungen innerhalb der EU an juristische Personen erfolgen, sind die Regelungen in Art. 14 Nr. 3 und Art. 95 CIRC (Umsetzung der Mutter-Tochter-Richtlinie in das nationale Recht) zu beachten.

Ausschüttungen von portugiesischen, intransparenten Gesellschaften (Tochtergesellschaften) sind in Portugal (Quellenstaat) von der Quellensteuer befreit, wenn die empfangende ausländische Gesellschaft (Muttergesellschaft) ihren Sitz oder ihre Geschäftsleitung in der EU, in einem EWR-Staat, in einem anderen Vertragsstaat der EWR mit dem eine vergleichbare Amtshilfevereinbarung entsprechend dem EU-Amtshilfegesetz abgeschlossen wurde oder in einem Staat, mit dem Portugal ein DBA mit einer solchen entsprechenden Amtshilfevereinbarung aufgenommen hat. Die ausländische Muttergesellschaft muss zudem ununterbrochen über einen Zeitraum von einem Jahr zu mindestens 10% mittelbar oder unmittelbar am Kapital oder abweichend von der Mutter-Tochter-Richtlinie an den Stimmrechten der ausschüttenden Gesellschaft beteiligt sein.

1479 Vor 2014 wurden nicht nur Einkünfte derselben, sondern auch Einkünfte aus anderen Kategorien, die besonderen oder abgeltenden Steuersätzen unterlegen haben (Art. 22 Nr. 5 CIRS a.F.), einbezogen. Dies ist allerdings mit dem portugiesischen Steuersystem, das semi-dual ausgestaltet ist, nicht zu vereinbaren. Mit der Steuerreform von 2015 wurde die erweiterte Einbeziehung von Kapitaleinkünften abgeschafft, vgl. Comissão para a Reforma do IRS, S. 42.

1480 Américo/Abreu/Durão/Pimenta, Guia dos Impostos, S. 92, 96; Basto, IRS, S. 270; Machado/Nogueira da Costa, Curso de Direito Tributário, S. 205; Saldanha Sanchez, Manual de Direito Fiscal, S. 337 f.; Videira/Duarte, in: Lexit CIRS, Art. 40A CIRC, S. 541.

1481 Amorin, in: Lexit CIRC, Art. 14 CIRC, S. 462 f.; Saldanha Sanchez, Manual de Direito Fiscal, S. 337 f.

1482 Im DBA-Portugal wird in Art. 10 Abs. 2 eine Quellensteuer von 15% angesetzt.

Darüber hinaus müssen die weiteren Voraussetzungen des Art. 14 Nr. 3 lit. a CIRC[1483] erfüllt sein.

Weist die ausländische Muttergesellschaft innerhalb von zwei[1484] Jahren das Erreichen der Mindesthaltedauer bzw. Mindestkapitalbeteiligung nachträglich nach (Art. 95 Nr. 1 CIRC),[1485] werden zu viel einbehaltene Quellensteuer und/ oder Aufschläge i.S.d. Artt. 87, 87A CIRC gegen Vorlage entsprechender beglaubigter Erklärungen gutgeschrieben (Art. 95 Nr. 2 CIRC).

Soweit die empfangende ausländische Gesellschaft (Muttergesellschaft) ihren Sitz in der Schweiz hat, muss sie während eines Zeitraumes von zwei Jahren zu mindestens 25% unmittelbar am Kapital beteiligt sein, keine Geschäftsleitung in Drittstaaten haben und dort als GmbH behandelt werden, um die Steuerbefreiung beanspruchen zu können (Art. 14 Nr. 8 CIRC).[1486]

Im umgekehrten Fall (Gewinnausschüttung einer ausländischen EU-Tochtergesellschaft an eine portugiesische Muttergesellschaft) findet das in Art. 51 CIRC[1487] verankerte Schachtelprivileg Anwendung. Danach sind ausgeschüttete Dividenden von einer nicht in einem Niedrigsteuerland[1488] sitzenden

1483 Die ausschüttende Gesellschaft darf weder von der Körperschaftsteuer (IRC) befreit sein noch der transparenten Besteuerung gemäß Art. 6 CIRC unterliegen. Soweit sie in einem anderen Staat (mit Ausnahme von Drittstaaten) ansässig ist, darf der anzuwendende Körperschaftsteuersatz nicht weniger als 60 vH des portugiesischen Körperschaftsteuersatzes betragen. Ist die ausschüttende Gesellschaft dagegen in einem EU-Mitgliedstaat ansässig, findet die Mutter-Tochter-Richtlinie auf sie Anwendung; vgl. de Almeida, A reforma do IRC, S. 81.

1484 Der Nachweis ist innerhalb von zwei Jahren beizubringen. Die Zweijahresfrist beginnt mit Ablauf der Mindesthaltefrist von 24 Monaten zu laufen (Art. 95 Nr. 1 CIRC). Diese Fristen gelten für gehaltene oder erworbene Beteiligungen, deren 24-monatige Haltefrist zum 01.01.2014 bereits bestand, vgl. de Almeida, A reforma do IRC, S. 81.

1485 Ausgenommen ist eine Rückerstattung, wenn die Beteiligung vor Ablauf der Mindestbesitzzeit übertragen wird (Art. 120 Nr. 8 CIRC).

1486 Tormenta, A Reforma do IRC, S. 136.

1487 Eine abgeltende Quellensteuer i.H.v. 25% wird aufgrund der Freistellung nach dem neuen „Participation Exemption-Modell“ (regime privilégio de afiliação) nicht erhoben (Art. 97 Nr. 1 lit. c CIRC i.V.m. Art. 51 Nr. 1 CIRC). Dieses Schachtelprivileg findet gleichfalls auf Veräußerungsgewinne Anwendung. Die Richtlinie 90/435/EWG des Rates vom 23.07.1990 über das gemeinsame Steuersystem der Mutter- und Tochterrichtlinie verschiedener Mitgliedstaaten, Abl. EG 1990 Nr. L 225, 6 wird durch die Artt. 14, 51, 53 Nr. 5, 95 CIRC national umgesetzt.

1488 Die einschlägigen Gebiete sind dem Ministerialerlass Nr. 150/2004 v. 13.2.2004, in der letzten Fassung der Verordnung Nr. 292/2011 v. 8.11.2011, a.a.O., zu entnehmen.

ausländischen Tochtergesellschaft steuerbefreit, wenn die empfangende portugiesische Muttergesellschaft ununterbrochen seit mindestens einem[1489] Jahr einen Anteil von mindestens 10%[1490] unmittelbar oder mittelbar (im Sinne des Art. 69 Nr. 6 CIRC[1491]) am Nennkapital oder an den Stimmrechten der Tochtergesellschaft beteiligt[1492] ist und die ausschüttende Gesellschaft (Tochtergesellschaft) im EU-Ausland oder in Portugal körperschaftsteuerpflichtig ist.[1493] Das heißt, dass die ausschüttende Tochtergesellschaft nicht von der Körperschaftsteuer befreit sein darf. Bei Ansässigkeit der Gesellschaft in Drittstaaten genügt eine Belastung mit einer Steuer i.S.d. Art. 2 der Mutter-Tochter-Richtlinie oder eine der Körperschaftsteuer entsprechenden Steuer[1494] (Art. 51 Nr. 1 lit. d CIRC).

1489 Ursprünglich war eine Haltedauer von zwölf Monaten vorgesehen. Durch die Körperschaftsteuerreform von 2014 wurde eine Haltedauer von 24 Monaten festgelegt, die mit Gesetz Nr. 7-A/2016 vom 30.06.2016 auf 1 Jahr abgesenkt wurde. Zu Einzelheiten dos Santos, in: A Reforma do IRC, S. 44 f.

1490 Nach Art. 46 Nr. 1 lit. a CIRS aF war eine unmittelbare Beteiligung von 10% erforderlich, die mit der Steuerreform von 2014 auf 5% und mit dem Gesetz Nr. 7-A/2016 v. 30.6.2016 auf 10% angehoben wurde, vgl. dos Santos, in: A Reforma do IRC, S. 44 f.

1491 Zur Bestimmung der Beteiligungshöhe sind auch mittelbare Beteiligungen über zwischengeschaltete, inländische Körperschaften und abweichend von der Mutter-Tochter-Richtlinie auch Stimmrechtsbeteiligungen ausreichend. Die Berechnung der mittelbaren Beteiligungshöhe und der mittelbaren Stimmrechte erfolgt durch Multiplikation der einzelnen mittelbaren Beteiligungen auf den verschiedenen Ebenen der Körperschaft. Hält eine Körperschaft neben mittelbaren auch unmittelbare Beteiligungen, ist auf die Summe aller Beteiligungen oder Stimmrechte abzustellen (Art. 69 Nr. 6 CIRC). Der alte Art. 51 Nr. 1 lit. c CIRC hat weder mittelbare Beteiligungen noch bloße Stimmrechtbeteiligungen als ausreichend angesehen.

1492 Von den Erfordernissen der Mindestbeteiligung und der Haltefrist wird bei regionalen Entwicklungs-, Investmentgesellschaften, Brokergesellschaften und Versicherungsgesellschaften abgesehen. Durch die Streichung dieser Erfordernisse kann es zu „weißen Einkünften" kommen. Ebenso Comissão da Reforma IRC, S. 234; Tormenta, in: A Reforma do IRC, S. 140.

1493 Erfasst werden damit sämtliche Gesellschaften des Art. 2 CIRS (Handelsgesellschaften, die handelsrechtliche GbR, Genossenschaften, öffentliche Unternehmen mit Sitz oder effektiver Geschäftsleitung im Inland, Holdinggesellschaften (SGPS) sowie ausländische Versicherungsgesellschaften). Ebenso Amorin, in: Lexit CIRC, Art. 51 CIRC, S. 696.

1494 Eine der Körperschaftsteuer entsprechende Steuer gem. Art. 6 Nr. 1 Nr. 1 lit. d IRC liegt vor, wenn der ausländische Steuersatz mindestens 60% des gegenwärtigen, allgemeinen Steuersatzes beträgt, also 12,6%. Der allgemeine Steuersatz liegt bei 21% (Art. 87 Nr. 1 CIRC). Wird die 12,6%-Grenze unterschritten, entfällt die Begünstigung.

Zugunsten von Holdinggesellschaften (SGPS[1495]) und in Afrika oder Timor-West ansässigen Gesellschaften darf der körperschaftsteuerähnliche Steuersatz von 12,6% unterschritten werden, wenn die Gesellschaft nachweist, dass 75% ihrer ausgeschütteten Einkünfte aus aktiven[1496] Tätigkeiten stammen (Art. 51 CIRC i.V.m. 66 Nr. 6 CIRC[1497]). Zudem darf die ausschüttende Gesellschaft nicht der transparenten Besteuerung gem. Art. 6 CIRC unterfallen (Art. 51 Nr. 1 lit. d i.V.m. Nr. 10 CIRC[1498]). Liegen die o.g. Voraussetzungen des Art. 51 CIRC nicht vor bzw. sind diese nicht nachweisbar[1499], kann die inländische Muttergesellschaft von der Steuerbefreiung zur Steueranrechnung nach Artt. 51 Nr. 9, 91A CIRC wechseln (sog. Umschaltklausel).[1500] Voraussetzung dafür ist, dass sie ununterbrochen seit mindestens einem Jahr einen Anteil von mindestens

1495 Mit dem Gesetz Nr. 3/ 2010 v. 28.04.2010 wurde die Regelung des Art. 32 Nr. 1 EBF, der die Holdinggesellschaften (SGPS) von einer Mindestbeteiligungsquote entbunden hat, abgeschafft und durch den gleichlautenden Art. 51 Nr. 4 CIRC ersetzt.

1496 Schädlich sind hingegen passive Tätigkeiten, zu denen u.a. Tätigkeiten aus den Bereichen Bank-, Kredit-, Versicherungswesen, Vermietung von Gegenständen (mit Ausnahme von Grundstücken der Tochtergesellschaften, die in ihrem Sitzstaat liegen) zählen.

1497 Zu Art. 66 CIRC vgl. Kapitel 2 VII 1 dieser Arbeit.

1498 Nach der Altfassung des Art. 51C CIRC mussten die ausgeschütteten Gewinne einer „effektiven Besteuerung" (sujeitas a tributação efectiva) unterliegen. Die einhellige Ansicht im Schrifttum und in der Finanzverwaltung leitet trotz des anderslautenden Wortlauts des neuen Art. 51 Nr. 1 lit. d i.V.m. Nr. 10 CIRC das Erfordernis der „effektiven Besteuerung" gleichfalls aus der Regelung ab. Als Begründung wird angeführt, dass die Gesetzesbegründung zur Neufassung ein Abweichen von diesem Erfordernis nicht bekundet, vgl. de Almeida, A Reforma do IRC, S. 76 ff.; Rundschreiben der Generaldirektion für Steuern Nr. 24/2011, abzurufen unter: http://info.portaldasfinancas.govompt/NR/rdonlyres/2DF43477-3B59-45A1-A1CF-156BAC4881FE/0/Circular_24_2011.pdf, zuletzt abgerufen am 25.09.2017.

1499 Der Nachweis der Voraussetzungen der Artt. 51, 91A Nrn. 5 bis 7 CIRC erfolgt gem. Art. 51B CIRC grundsätzlich durch qualifizierten Urkundsbeweis (d.h. nur durch beglaubigte Erklärung, Artt. 91A Nr. 5, 51 CIRC). Sofern sich der Sitz oder die Geschäftsleitung der ausschüttenden Gesellschaft in der EU, den EWR-Staaten oder in einem Land, mit dem Portugal ein DBA abgeschlossen hat, befindet, hat die Finanzverwaltung die Echtheit der vorgelegten Erklärungen nachzuweisen (Art. 51 Nr. 2 CIRC). Liegen der Sitz oder die Geschäftsleitung außerhalb der EU oder der EWR-Staaten, hat die ausschüttende Gesellschaft im Wege des Freibeweises den Nachweis zu erbringen (Art. 51 Nrn. 3, 5 CIRC). Die Finanzverwaltung kann den Beweis allerdings erschüttern, vgl. de Almeida, in: A Reforma do IRC, S. 77 f.

1500 Amorin, in: Lexit CIRC, Art. 51 CIRC, S. 697.

10% (un)mittelbar am Nennkapital oder an den Stimmrechten der ausschüttenden Gesellschaft hält und etwaige Einkünfte nicht aus Steueroasen stammen, Art. 91A Nr. 4 CIRC.[1501] Unter diesen Bedingungen erhält die inländische Muttergesellschaft eine Steuergutschrift bis zu dem Betrag der Steuer, der auf die entsprechenden ausländischen Einkünfte im Inland entfallen würde. Anrechnungsüberhänge sind wiederum nur innerhalb der einzelnen Staaten (per-country-limitation-Verfahren) fünf Jahre lang vortragbar.[1502] Das Wahlrecht ist einheitlich für sämtliche Einkünfte eines Staates auszuüben.[1503]

Ausschüttungen von portugiesischen Gesellschaften an stille inländische Gesellschafter in Form einer juristischen Person werden gleichfalls begünstigt, wenn und soweit die Ausschüttung bei der Gesellschaft „tatsächlich" besteuert wurde und der stille Gesellschafter im Inland ansässig ist (Art. 51 Nr. 4 CIRC).[1504] Unter den Voraussetzungen des Art. 51D CIRC werden ebenfalls Ausschüttungen[1505] einer ausländischen EU-/EWR-Tochtergesellschaft an die portugiesische Betriebsstätte einer portugiesischen Muttergesellschaft (Stammhaus) steuerbefreit, sofern die Voraussetzungen der Mindestbeteiligung und Haltefrist zwischen Muttergesellschaft und Tochtergesellschaft erfüllt sind und die Tochter-Beteiligung tatsächlich zum Betriebsvermögen gehört.[1506] Ausgeschlossen sind hiervon Dividenden, die von der ausschüttenden Tochtergesellschaft als Aufwendungen berücksichtigt wurden.[1507]

1501 Zu diesen Voraussetzungen vergleiche die obigen Ausführungen zu Art. 51 CIRC, siehe 4. Kapitel D IV 1.

1502 Amorin, in: Lexit CIRC, Art. 91 CIRC, S. 944 mit Verweis auf Ac. STA v. 20.02.2013, Az. 01435/12.

1503 de Almeida, in: A Reforma do IRC, S. 86.

1504 Amorin, in: Lexit CIRC, Art. 51 CIRC, S. 697.

1505 Die Neuregelung in Art. 51D CIRC zielt darauf ab, die Steuerfreistellung für Gewinnausschüttungen, Veräußerungsgewinne und aufgelöste Rücklagen nach einheitlichen Kriterien zu bestimmen, vgl. Tormenta, in: A Reforma do IRC, S. 138; Vieira, in: Lexit CIRC, Art. 51D, S. 705 sowie die Rechtsprechungsübersicht zu Artt. 51, 51C CIRC bei Vieira, in: Lexit CIRC, Art. 51D, S. 706 f.

1506 Auf Antrag des unbeschränkt Steuerpflichtigen bleiben auch Gewinne und Verluste von ausländischen Betriebsstätten bei der Ermittlung der Einkünfte außer Ansatz (Art. 54 A CIRC).

1507 Dies geht auf die Änderungsrichtlinie 2014/86/ EU des Rates vom 8.7.2014, ABl EU, L 219/40 zurück. Auch die §§ 8b S. 1, 14 Abs. 1 Nr. 5 KStG stimmen mit dem von der OECD befürworteten Konzept der Korrespondenzregelungen überein, vgl. BEPS Aktion 2, S. 13.

Ausschüttungen von portugiesischen Gesellschaften an im Inland ansässige transparente Gesellschaften werden nicht auf Ebene der transparenten Gesellschaft, sondern auf Ebene ihrer Gesellschafter begünstigt.[1508] Der Gesellschafteranteil, der auf die Ausschüttung fällt, bleibt bei der Ermittlung des zu versteuernden Einkommens außer Ansatz (Art. 51 Nr. 1 lit. c CIRC),[1509] wenn die transparente Gesellschaft an einer inländischen Gesellschaft i.S.d Art. 2 CIRC einen Anteil hält, der den Anforderungen des Art. 51 Nr. 1 und Nr. 2 CIRC entspricht. Im Ergebnis wird eine unmittelbare Beteiligung des Gesellschafters an der ausschüttenden Gesellschaft durch die transparente Gesellschaft hindurch fingiert.[1510]

Befindet sich die ausschüttende Gesellschaft dagegen nicht im Inland (Ausland), erhalten die Gesellschafter der transparenten inländischen Gesellschaft eine Steuergutschrift zur Vermeidung einer internationalen Doppelbesteuerung, und zwar bis zu dem Betrag der Körperschaftsteuer, der auf die entsprechenden ausländischen Ausschüttungen entfällt. Die Gesellschafter können die anteiligen Beträge – entsprechend Art. 6 Nr. 3 CIRC – von der zu entrichtenden Steuer (deduções da colecta) abziehen (Art. 71 Nr. 4 CIRC).[1511]

2. *Dividendenbesteuerung nach dem DBA-Portugal*

Nach Art. 10 Abs. 1 DBA-Portugal können Dividenden, die eine in einem Vertragsstaat ansässige Gesellschaft an eine im anderen Vertragsstaat ansässige Person zahlt, im anderen Vertragsstaat[1512] besteuert werden;[1513] diese Dividenden können jedoch auch im Ansässigkeitsstaat der ausschüttenden Gesellschaft besteuert werden, jedoch begrenzt auf 15%[1514] des Bruttobetrags der Dividende

1508 Vgl. zum alten Art. 45 CIRC: Correia/Freitas Perreia, Fisco (Nr. 17) 1990, 39, 41.

1509 Vieira, in: Lexit CIRC, Art. 51D, S. 705.

1510 Correia/ Freitas Pereira, CFT (Nr. 354) 1989, 39, 41 (zu Art. 45 CIRC aF).

1511 Lourdes Correia/ Freitas Pereira, Fisco (Nr. 17) 1990, 39, 40.

1512 Soweit Deutschland als Wohnsitzstaat auftritt, unterliegen Dividenden, die im Rahmen der Einkommensteuer vereinnahmt wurden, einer Abgeltungssteuer von 25% zzgl. SolZ und Kirchensteuer oder dem Teileinkünfteverfahren gem. § 3 Nr. 40 d EStG (d.h. nur 60 vH der Dividenden sind einkommensteuerpflichtig). Dividenden, die der Körperschaftsteuer unterfallen, werden wirtschaftlich gesehen zu 95% von der Steuer freigestellt, da 5% der Dividende als nicht abzugsfähige Betriebsausgabe gelten (§ 8b Abs. 1, 4 S. 1 und 5 KStG). Gewerbesteuerrechtlich sind die §§ 8 Nr. 5, 9 Nr. 2a, 7, 8 GewStG zu beachten.

1513 Ist weder die zahlende Gesellschaft noch der empfangende Anteilseigner in einem Vertragsstaat ansässig, findet nicht Art. 10 DBA-Portugal, sondern Art. 22 Abs. 1 DBA-Portugal Anwendung.

1514 Abweichend vom OECD-MA enthält das DBA-Portugal keinen gespaltenen Steuersatz, sondern einen einheitlichen Höchstsatz von 15%. Die Unterteilung zwischen

(Art. 10 Abs. 2 DBA-Portugal[1515]). Art. 10 Abs. 3 DBA-Portugal enthält eine unvollkommene Dividendendefinition,[1516] die in drei Untergruppen unterteilt ist und Einkünfte aus Aktien und vergleichbaren Anteilen, aus anderen Rechten mit Gewinnbeteiligung und aus sonstigen Gewinnanteilen sowie ausdrücklich Ausschüttungen aus Anteilscheinen an Investmentvermögen[1517] umfasst. Die den Einkünften aus Aktien nach dem Recht des Gesellschaftsstaates gleichgestellten Einkünften werden durch Ziff. 3 des Protokolls zu Art. 10 DBA-Portugal und durch das nationale Recht des Quellenstaates ergänzt. Soweit auf das nationale Recht verwiesen wird,[1518] ist dieses gegenüber den „autonomen Definitionen des DBA" vorrangig[1519] und abkommensrechtlich für den Ansässigkeitsstaat des

---

Schachtel- oder sonstiger Dividenden erfolgt erst auf Ebene des Methodenartikels. Es wird auf den Vorbehalt Portugals in Ziff. 75 zu Art. 10 MA hinsichtlich der Steuersätze in Absatz 2 hingewiesen.

1515 Nach Art. 10 Abs. 2 S. 2 DBA-Portugal können die Vertragsstaaten das Entlastungsverfahren nach innerstaatlichem Recht regeln. In Deutschland wird die Entlastung vorrangig durch das Erstattungsverfahren in § 50d Abs. 1 EStG festgelegt, während in Portugal auch eine Begrenzung der Quellensteuer vor Zahlung – soweit die erforderlichen Nachweise an den Zahlungsverpflichteten übermittelt werden – gleichrangig Anwendung findet (Art. 98 CIRC; Modelo 21, 22).

1516 Kaeser/Wassermeyer, in: Wassermeyer, MA, Art. 10 Rn. 4; vgl. auch die Vorbehalte von Deutschland und Portugal in den Ziff. 81 und 81.1 zu Art. 10 OECD-MK, wonach sich die Staaten vorbehalten haben, die Dividendendefinition um gewisse Zinsen (Deutschland) und Zahlungen aus Verträgen über Gewinnbeteiligungen (Portugal) zu erweitern, die nach ihrem nationalen Steuerrecht wie eine Ausschüttung qualifiziert werden.

1517 Seit der Begriffsänderung durch das InvStG und durch das AIFM-StAnpG im Jahr 2013 dürfte der Begriff „Investmentvermögen" mit dem Begriff „Investmentfonds" gleichzusetzen sein, kritisch zur Formulierung: Lübbehüsen, in: Berger/Steck/Lübbehüsen, § 2 InvStG Rn. 55. In Deutschland werden Investmentfonds i.S.v. § 1 Abs. 1b InvStG (im Vergleich zu Investitionsgesellschaften, die den allgemeinen Besteuerungsgrundsätzen unterliegen (vgl. § 18 InvStG für Personengesellschaften)) besonders besteuert. Zu Einzelheiten vgl. Tischbirek/Specker, in: V/L, Art. 10 Rn. 211 f. m.w.N.

1518 Es wird hier eine dynamische Auffassung vertreten, zumal eine statische Verweisung, die auf den Zeitpunkt des Vertragsschlusses abstellt, bei älteren Abkommen wie dem DBA-Portugal nicht zielführend ist. Die abkommensorientierte Auslegung einzelner Ausdrücke beugt Missbräuchen vor. Einzig Verstöße gegen das Rückwirkungsverbot können eintreten. Dahin gehend Lehner, in: V/L, Grundlagen, Rn. 127 ff.; 185 f. m.w.N.

1519 Tischbirek/Specker, in: V/L, Art. 10 Rn. 201.

Dividenden empfangenden Gesellschafters bindend.[1520] Durch das Erfordernis der Zahlung an eine im anderen Staat ansässige Person wird der Dividendenbegriff erweitert.[1521] Angesichts der Ziff. 7 zu Art. 10 OECD-MK ist der Dividendenbegriff weit auszulegen. Dies wird durch die Protokollanmerkung in Ziff. 5 zu den Artt. 10, 11 und 12 DBA-Portugal bestätigt. Danach werden Ausschüttungen, die bereits nach portugiesischem Recht als Recht des Gesellschaftsstaates (auch ohne Ausschüttung) zurechenbar sind, erfasst.[1522] Dies bedeutet, dass auch Ersatztatbestände, wie eine verdeckte Gewinnausschüttung oder die Übertragung von Gratisaktien, den abkommensrechtlichen Dividendenbegriff[1523] erfüllen. Ausgenommen hiervon sind Zinsen auf ein partiarisches Darlehen. Diese sind dem abkommensrechtlichen Zinsbegriff zuzuordnen.[1524] Doppelbesteuerungen werden bei Ausschüttungen einer portugiesischen Gesellschaft an einen deutschen Gesellschafter (natürliche Person) durch Anrechnung der im portugiesischen Quellenstaat erhobenen Steuer in Deutschland bzw. eines fiktiven Besteuerungsbetrages auf die Dividenden vermieden, Art. 24 Abs. 2 lit. b, aa DBA-Portugal. Portugal rechnet als Wohnsitzstaat des empfangenden Gesellschafters die in Deutschland auf die Dividende erhobene Quellensteuer auf die portugiesische Steuer an (Art. 24 Abs. 1 DBA-Portugal).

1520 Soweit Deutschland als Quellenstaat auftritt, werden Auskehrungen von Nennkapital, das durch Umwandlung von Kapitalrücklagen entstanden ist – entgegen der OECD-Auffassung in Art. 10 Ziff. 28 OECD-MK – als Dividenden i.S.d. § 20 Abs. 1 Nr. 2 EStG angesehen. Soweit die Kapitalherabsetzung aus Einlagen herrührt, ist § 20 EStG und damit Art. 10 Abs. 2 DBA-Portugal nicht erfüllt. Auch die seit der Aufhebung des Anrechnungsverfahrens in § 8b Abs. 1 KStG aufgeführten Einkünfte i.S.d. § 20 Abs. 1 Nrn. 1, 2, 9 und 10a EStG gelten zudem als gleichgestellte Einkünfte; vgl. Tischbirek/Specker, in: V/L, Art. 10 Rn. 208.

1521 Kaeser/Wassermeyer, in: Wassermeyer, MA Art. 10 MA Rn. 45.

1522 Raber, in: Wassermeyer, DBA-Portugal, Art. 10 Rn. 9 m.w.N; Art. 10 Ziff. 7 zu OECD-MK; Tischbirek/Specker, in: V/L, Art. 10 Rn. 22 m.w.N.; Kaeser/Wassermeyer, in: Wassermeyer, MA, Art. 10 Rn. 45.

1523 Gratisaktien, die von in Deutschland ansässigen Gesellschaftern übertragen werden, fallen unter Art. 10 DBA-Portugal, während die Ausgabe von Gratisaktien portugiesischer Gesellschaften dem Art. 13 DBA-Portugal zuzuordnen ist (vgl. Ziff. 6 des Prot. zu Art. 13 DBA-Portugal).

1524 Ismer, in: V/D, Art. 23 Rn. 92. Die Ziff. 4 des Protokolls zu den Artikeln 10 Abs. 2 und Art. 11 Abs. 2 DBA-Portugal bestimmt, dass Zinsen aus Gewinnobligationen und aus partiarischen Darlehen nicht der Quellensteuerbegrenzung unterfallen, wenn sie aus Forderungen stammen und beim Schuldner gewinnmindernd abgezogen wurden. Die Einbehaltung der Kapitalertragsteuer bleibt davon in Deutschland unberührt, vgl. Raber, in: Wassermeyer, DBA-Portugal, Art. 10 Rn. 13; Art. 11 Rn. 14; Tischbirek, in: V/L, Art. 10 Rn. 171.

Soweit eine in Deutschland ansässige Muttergesellschaft eine unmittelbare Schachtelbeteiligung von mindestens 25% an einer in Portugal ausschüttenden Tochtergesellschaft hält, werden die Schachteldividenden nach Art. 24 Abs. 2 lit. a S. 3 DBA-Portugal in Deutschland freigestellt[1525]. Voraussetzung ist hierfür, dass das Beteiligungserfordernis zum Zeitpunkt des Zuflusses[1526] bestand und die in Portugal ansässige Tochtergesellschaft Einkünfte aus „ausschließlicher" oder „fast ausschließlicher" Tätigkeit i.S.d. Ziff. 8 lit. a Protokoll zu Art. 24 DBA-Portugal bezieht (Aktivitätsvorbehalt).[1527] Werden die o. g. Voraussetzungen nicht erfüllt oder können die begünstigten Aktivitäten nicht nachgewiesen werden, wird nur die tatsächlich in Portugal erhobene Quellensteuer auf die anteilige deutsche Steuer angerechnet[1528]. Die Mutter-Tochter-Richtlinie[1529] in Form einer Freistellung der Dividenden bei der deutschen Muttergesellschaft sowie einer antragsgemäßen Nichterhebung der portugiesischen Quellensteuer findet – soweit sie günstiger als das abkommensrechtliche Schachtelprivileg ist – Anwendung. Des Weiteren ist bereits nach nationalem deutschem Steuerrecht eine Freistellung der Dividende bei der deutschen Muttergesellschaft vorgesehen (§ 8b Abs. 1 KStG). Zum DBA-Polen 1972 hat sich der BFH im Urteil

1525 Dies gilt nicht, soweit Dividenden an eine inländische hybride Gesellschaft (z. B. KGaA) gezahlt werden. § 50d Abs. 11 S. 1 EStG verhindert insofern ein Durchschlagen des abkommensrechtlichen Schachtelprivilegs auf den nutzungsberechtigten Gesellschafter und wendet auf eine im Ausland erhobene Quellensteuer die Anrechnungsmethode an. Irrelevant für die Anwendung des Schachtelprivilegs ist, ob die Ausschüttungen der portugiesischen Tochtergesellschaft im Quellenstaat tatsächlich einer Besteuerung unterlegen haben oder nach Art. 51 CIRC freigestellt wurden.

1526 Ismer, in: V/L, Art. 23 Rn. 98, der als Zeitpunkt des Zuflusses generell den Auszahlungstag, der im Ausschüttungsbeschluss bestimmt wurde, ansieht. Andernfalls sei auf den Tag, der sich der Beschlussfassung anschließt, abzustellen.

1527 Allgemein zur Steuerbelastung einer ausländischen Tochter-Personengesellschaft vgl. Lühn, IWB 2004, 471, 486 ff.

1528 Eine fiktive Steueranrechnung findet aufgrund des ausdrücklichen Hinweises in Ziff. 8 lit. a des Protokolls zu Art. 24 DBA-Portugal keine Anwendung, da die Anrechnung nach Art. 24 Abs. 2 lit. b DBA-Portugal „unter Nichtberücksichtigung des Abs. 2 lit. c" zu gewähren ist. Die fiktive Steueranrechnung kommt insbesondere Mitunternehmern, die nicht unter das internationale Schachtelprivileg fallen, zugute. Ebenso Raber, in: Wassermeyer, DBA-Portugal Art. 24 Rn. 39, 41.

1529 Richtlinie 90/434/EWG des Rates v. 23.07.1990 über das gemeinsame Steuersystem der Mutter- und Tochtergesellschaften in verschiedenen Mitgliedstaaten, ABl. EG 1990 Nr. L 225, 6 ff; umgesetzt in deutsches Recht durch § 43b EStG; § 8 Abs. 1 KStG und in portugiesisches Recht durch die Artt. 14, 51, 53, 95 CIRC; 40A CIRS.

vom 23.06.2011[1530] für eine parallele Anwendung des abkommensrechtlichen Schachtelprivilegs und der innerstaatlichen Steuerfreiheit ausgesprochen. Der BFH hat in einer späteren Entscheidung zum DBA-USA[1531] festgestellt, dass die sog. Schachtelstrafe (§ 8b Abs. 3 KStG; Besteuerung von 5% der Dividende als pauschales Abzugsverbot unter Zulassung eines vollen Betriebsausgabenabzugs entgegen § 3c Abs. 1 EStG) unionskonform sei.[1532]

a) *Ausschüttungen von deutschen Kapitalgesellschaften an portugiesische Personengesellschaften*

Die nach portugiesischem Recht errichtete OHG (sociedade em nome colectivo), KG (sociedade em comadita) oder GbR (sociedade sob forma comercial) können als nutzungsberechtigte[1533] Dividendenempfänger auftreten,[1534] soweit sie eine Dividende von einer unbeschränkt körperschaftsteuerpflichtigen, deutschen Gesellschaft erhalten und sie zudem als ansässige Personen i.S.d. Art. 4 Abs. 1, 3 Abs. 1 lit. e DBA-Portugal im anderen (deutschen) Vertragsstaat behandelt werden. Deutschland wird dem Rechtstypenvergleich folgend die Dividende nicht bei der portugiesischen Gesellschaft, sondern bei den Gesellschaftern als Mitunternehmer der portugiesischen OHG bzw. KG – soweit diese in Deutschland der beschränkten Steuerpflicht nach § 1 Abs. 4 EStG i.V.m. § 49 Abs. 1 Nr. 5 lit. a i.V.m. § 20 Abs. 1 Nr. 1 EStG unterliegen – mit einer Kapitalertragsteuer

1530 BFH v. 23.06.20111, BStBl. II 2011, 129, 131.

1531 BFH v. 29.08.2012, DStR 2012, 2319, 2321; a.A. Schönfeld, IStR 2010; 658, 660 f.

1532 Ismer, in: V/L, Art. 23 Rn. 105.

1533 Der Begriff Nutzungsberechtigter wurde durch das OECD-MA 1977 eingeführt und ist dem portugiesischen und deutschen Recht weitestgehend fremd (vgl. nur die Spezialdefinition in § 50g Abs. 3 Nr. 1 EStG). Die Auslegung hat abkommensautonom zu erfolgen (Art. 3 Abs. 2 MA). Nach dem MA 1977 zu Art. 10 Ziff. 12 sind die Abkommensvorteile demjenigen zu versagen, der lediglich als eingeschalteter Dritter zwischen Gläubiger und Schuldner auftritt. Die Kommentierung des MA aus dem Jahr 2014 (Ziff. 12.4 zu Art. 10) definiert den Nutzungsberechtigten als denjenigen, der das Recht hat, in den Genuss der Dividende zu gelangen bzw. über ihre Verwendung zu entscheiden, ohne rechtlich dazu verpflichtet zu sein, die empfangene Dividende an eine andere Person weiterzugeben. Das Update 2014 setzt dies im Text zu Art. 10 Abs. 2 MA um, indem es die Ansässigkeit der Dividenden zahlenden Gesellschaft einerseits und die Ansässigkeit des Nutzungsberechtigten andererseits fordert. Zu der Auslegung des Begriffs „Nutzungsberechtigter" nach rein wirtschaftlichen oder rechtlichen Kriterien siehe Tischbirek, in: V/L, vor Art. 10–12 Rn. 17, 18 m.w.N.

1534 Raber in: Wassermeyer, DBA-Portugal Art. 10 Rn. 1; Art. 10 Ziff. 27 OECD-MK.

von 25% vom Bruttobetrag belasten (§ 43 Abs. 1 Nr. 1 i.V.m. § 43a Abs. 1 Nr. 1 i.V.m. § 44 EStG). Die Kapitalertragsteuer hat für die beschränkt steuerpflichtigen Gesellschafter abgeltende Wirkung (§ 50 Abs. 2 S. 1 EStG). Der Steuerabzug ist – ungeachtet nationaler oder abkommensrechtlicher Steuerermäßigungsvorschriften – vorzunehmen (§ 50d Abs. 1 S. 1 EStG).[1535] Allerdings kann der portugiesische Gläubiger der Kapitalerträge eine völlige oder teilweise Erstattung der einbehaltenen und abgeführten Quellensteuern nach § 50d Abs. 1 S. 2 EStG verlangen, wenn die Dividende einer abkommensrechtlichen Steuerreduktion (Art. 10 Abs. 2 DBA Portugal) unterliegt. Nach deutschem Rechtsverständnis können nur die Gesellschafter der portugiesischen Personengesellschaft, die dort als abkommensberechtigte Personen gem. Artt. 1, 3 Abs. 1 lit. d, 4 Abs. 1 DBA-Portugal behandelt werden, als Gläubiger der Kapitalerträge angesehen werden.[1536] Aus Sicht des portugiesischen Rechts verhält es sich anders. Die Gesellschaften, die nach dortigem Recht als unbeschränkte Steuersubjekte behandelt werden, gelten als erstattungsberechtigt, sodass ihnen die Abkommensvorteile in Form der Quellensteuerreduktion aufgrund des Art. 10 Abs. 2 DBA-Portugal auf einen Steuersatz von 15%, zu gewähren sind.[1537] Diese Ansicht liegt dem § 50d Abs. 1 S. 11 EStG zugrunde. Danach wird der Erstattungsanspruch für den in Deutschland vorgenommenen überhöhten Kapitalertragsteuerabzug derjenigen Person zugewiesen, der die Vergütungen nach dem Steuergesetz des anderen Staates zugerechnet werden. Hierbei ist streitig[1538], ob

---

1535 Das alternative Freistellungs- bzw. Kontrollverfahren nach § 50d Abs. 2, 5 und 6 EStG wird hier nicht berücksichtigt.

1536 Die deutsche Finanzverwaltung und Rechtsprechung vertreten hinsichtlich der Ansässigkeit und Abkommensberechtigung der Personengesellschaft einen anwendestaatsorientierten Ansatz, vgl. BMF v. 26.09.2014, BStBl. 2014 I S. 1258, Tz. 4.1.4.1; BFH v. 25.5.2011, BStBl. II 2014, 760, 762 f. (DBA-Ungarn), bestätigt durch BFH v. 21.1.2016; IStR 2016, 509, 511 Ziff. 1 des Leitsatzes.

1537 Das abkommensrechtliche Schachtelprivileg findet nur zu Gunsten von in Deutschland ansässigen Dividendenempfängern (Gesellschaften) Anwendung. Die Mutter-Tochter-Richtlinie bleibt daneben anwendbar, wobei die jeweils günstigere Regelung eingreift. Diese Vergünstigungen können von der Gesellschaft selbst beantragt werden, siehe nur BFH, BStBl. II 2011, 129, 130 f. der § 8b Abs. 1, 2 KStG neben dem internationalen Schachtelprivileg anwendet.

1538 Weiterhin ist streitig, ob nur die Personengesellschaft oder auch der Gesellschafter den Erstattungsanspruch geltend machen kann, s. Sonnleitner/Winkelhog BB 2014, 473, 474 m.w.N. Darüber hinaus ist streitig, ob § 50d Abs. 1 S. 11 EStG auch auf die vorherige Freistellung von Abzugssteuern gem. § 50d Abs. 2 EStG Anwendung findet; so etwa Wagner, in: Blümich, § 50d Abs. 1 EStG Rn. 34; a.A. Klein/Hagena, in: H/H/R, § 50d Abs. 1 EStG Rn. 24, 36.

die Regelung bloß verfahrensrechtliche[1539] oder auch materiellrechtliche Wirkung entfaltet.[1540] Hier wird ein verfahrensrechtlicher Ansatz vertreten. Der teilweise Erstattungsanspruch der Gesellschafter aufgrund eines Abkommens geht auf die ausländische Personengesellschaft über, ohne dabei die steuerliche Einkunftszurechnung zu tangieren. Dies wird zum einen durch den Wortlaut der Norm belegt, der von einem „Anspruch auf völlige oder teilweise Erstattung" spricht.[1541] Zum anderem wird dies durch die Ausführungen in der Gesetzesbegründung bestätigt, die auf einen bestehenden Erstattungsanspruch verweisen, der aufgrund der divergierenderen Zurechnung nicht gewährt wird.[1542] Hätte der Gesetzgeber eine Zurechnungsregelung schaffen wollen, die die anwendestaatsorientierte Rechtsprechung durch die abkommensorientierte Auslegungsvariante der OECD[1543] ersetzten wollte, hätte er dies ausdrücklich im Gesetz oder in der Begründung zum Gesetz zum Ausdruck bringen müssen.[1544] Schließlich spricht die systematische Stellung der Regelung für o.g. Normverständnis, da auch die Sätze 1 bis 10 des § 50d Abs. 1 EStG nicht die Einkunftszurechnung berühren und demgegenüber auch Satz 11 nicht hierfür als maßgebliche Norm herangezogen werden kann.[1545]

1539 Cloer/Hagemann, in: B/B, §50d Abs. 1 EStG Rn. 99; Gosch, in: Kirchhof, § 50d Abs. 1 EStG Rn. 10b; Loschelder, in: Schmidt, § 50d Rn. 38; Häck/Spierts IStR 2014, 58, 63; Jakob/Klein IStR 2014, 121, 129; a.A. BMF-Schreiben v. 26.09.2014, BStBl. I 2014, 1258 Tz. 2.1.2; Frotscher, in: Frotscher/Geruts, § 50d Abs. 1 EStG Rn. 33c; Jochum IStR 2014, 1, 4, die von einer materiellrechtlichen Wirkung ausgehen.

1540 Vgl. zum Streitstand: Kopec/Rothe, IStR 2015, 372, 375 f. m.w.N.

1541 Cloer/Hagemann, in: B/B, § 50d Abs. 1 EStG Rn. 99; Kopev/Rothe, IStR 2015, 372, 376.

1542 Ebenso Cloer/Hagemann, in: B/B, § 50d Abs. 1 EStG Rn. 99; Klein/Hagena, in: H/H/R, § 50d Abs. 1 EStG, Rn. 24; Kopev/Rothe, IStR 2015, 372, 376.

1543 Vgl. Art. 1 Ziff. 5 OECD-MK. Das BMF Schreiben v. 26.09.2014, BStBl. I 2014, 1258 Tz. 2.1.2 verweist ausdrücklich auf § 50d Abs. 1 S. 11 EStG, der auf die von der OECD befürwortete abkommensorientierte Auslegungsvariante (sog. Qualifikationsverkettung) verweist. Kopec/Rotec, IStR 2015, 372, 377 Fn. 48, gehen davon aus, dass die Auslegungsvariante der OECD auch auf Altabkommen Anwendung findet, da die Kommentierung zu Art. 3 Abs. 1 lit. b OECD zu dem Ausdruck „juristische Person" bereits im OECD-MK 1977 existierte und die eingefügte Ziff. 5 zu Art. 1 OECD-MK 2000 an diesem Begriffsverständnis anknüpft.

1544 Ähnlich Kopev/Rothe, IStR 2015, 372, 377 f.

1545 Dahin gehend Cloer/Hagemann, in: B/B, § 50d EStG Abs. 1 Rn. 99; Kopev/Rothe, IStR 2015, 372, 377.

Anders verhält es sich bei portugiesischen Personengesellschaften, die transparent besteuert werden und als nicht ansässige Personen im abkommensrechtlichen Sinne gelten. Hier ist im Fall einer Ausschüttung der deutschen Kapitalgesellschaft den portugiesischen Gesellschaftern der Anspruch auf deutsche Quellensteuerreduktion zu gewähren. Die portugiesische transparente Personengesellschaft selbst ist mangels unbeschränkter Steuerpflicht in Portugal nicht erstattungsberechtigt. Den Erstattungsantrag können nur die portugiesischen Gesellschafter als Gläubiger nach § 50d Abs. 1 S. 3 EStG stellen. Soweit ein rein nationaler Sachverhalt vorliegt oder die Gesellschafter in einem Drittstaat ansässig sind, mit welchem kein DBA[1546] abgeschlossen wurde, findet § 50 Abs. 1 S. 11 EStG keine Anwendung.[1547] Erstattungsberechtigt bleiben die ausländischen Gesellschafter.[1548]

b) *Ausschüttungen von portugiesischen Personengesellschaften an ihre in Deutschland ansässigen Gesellschafter*

Die Regelung des Art. 4 Abs. 4 DBA-Portugal (fiktive Gesellschafteransässigkeit im Gesellschafterstaat) findet kraft ausdrücklichen Ausschlusses nicht auf „Ausschüttungen" von Personengesellschaften an ihre Gesellschafter Anwendung.[1549] Es gelten vielmehr die allgemeinen Regelungen. Dies bedeutet, dass intransparente portugiesische Personengesellschaften, die national als eigenständige Steuersubjektive (Art. 2 Abs. 1 CIRC) behandelt werden, an ihre Gesellschafter Dividenden ausschütten können.[1550] Die Ausschüttungen werden ungeachtet des deutschen Rechtsverständnisses im Hinblick auf den abkommensrechtlichen Verweis auf die Wertung des Ansässigkeitsstaates der ausschüttenden Gesellschaft als Dividenden i.S.d. Art. 10 Abs. 3 DBA-Portugal qualifiziert.[1551] Nach Art. 10 Abs. 2 DBA-Portugal kann Portugal als Ansässigkeitsstaat der ausschüttenden Gesellschaft eine begrenzte Quellensteuer i.H.v. 15%[1552] der

---

1546 Zu den problematischen (Drittstaaten-)Fällen vgl. Cloer/Hagemann, in: B/B, § 50d Abs. 10 EStG Rn. 102, 103 m.w.N.; Salzmann, IWB 2012, 359, 361 f.

1547 Cloer/Hagemann, in: B/B, § 50d Abs. 1 EStG Rn. 101; Klein/Hagena, in: H/H/R, § 50d Abs. 1 EStG Rn. 24.

1548 Cloer/Hagemann, in: B/B, § 50d Abs. 1 EStG Rn. 101.

1549 Raber, in: Wassermeyer, DBA-Portugal, Art. 4 Rn. 22.

1550 In Anlehnung an das Beispiel Nr. 18 OECD-Partnership-Report.

1551 Vgl. für Art. 10 OECD-MA Kluge, Internationales Steuerrecht, Rn. S 184; Tischbirek/Specker, in: V/L, Art. 10. Rn. 184.

1552 Die allgemeine portugiesische Kapitalertragsteuer von 25% wird durch Art. 10 Abs. 2 DBA-Portugal auf 15% und durch die Mutter-Tochter-Richtlinie ggf. auf 0% reduziert. Soweit die portugiesische Gesellschaft bzw. die portugiesischen Gesellschafter auf eine Dividendenausschüttung verzichtet (vgl. nur Art. 51 CIRC), findet § 50d

Bruttodividende einbehalten, während Deutschland als Ansässigkeitsstaat der empfangenden Gesellschafter die „Ausschüttung" als nicht steuerbare Entnahme behandelt und deshalb eine Anrechnung der portugiesischen Steuer gem. Art. 24 Abs. 2 lit. b, aa DBA-Portugal i.V.m. § 34c Abs. 1 EStG nicht erfolgen kann.[1553] Vertreter, die eine Anrechnung der ausländischen Quellensteuer befürworten,[1554] übersehen, dass die Anwendung des Art. 24 Abs. 2 lit. b, aa DBA-Portugal[1555] i.V.m. Art. 34c Abs. 1 EStG eine Steuerbarkeit sowie steuerpflichtige Einkünfte als Anrechnungssubstrat im Wohnsitzstaat der Gesellschafter voraussetzt. Zudem soll die Steuer im gleichen Erhebungszeitraum erhoben worden sein, was in Anbetracht der generell[1556] später erfolgten Ausschüttung nicht der Regelfall sein wird. Auch besteht mangels Nichtbesteuerung im Ansässigkeitsstaat der Gesellschafter keine Steuer als Anrechnungsbasis. Der Höchstbetrag der anzurechnenden Steuer wird sich insofern auf null belaufen.[1557] Damit wird die portugiesische Quellensteuer – auch unter Berücksichtigung der Annahme einer portugiesischen Betriebsstätte (Art. 7 Abs. 1 S. 1, 2 DBA-Portugal) mit Freistellung (Art. 24 Abs. 2 lit. a DBA-Portugal) am deutschen Mitunternehmer(-Wohnsitz) – definitiv.[1558] Eine solche Vorgehensweise wird von Stimmen im Schrifttum zu Recht als nicht sachgerecht empfunden.[1559] Teilweise wird erwogen, die Dividende bei Gewinnausschüttung[1560] dem Teileinkünfteverfahren

---

Abs. 9 EStG Anwendung. Ebenso für das DBA Deutschland-Slowakai: Kollruss, StuW 2010, 381, 382 ff.

1553 Raber, in: Wassermeyer, DBA-Portugal Art. 24 Rn. 22. So wohl BMF v. 26.09.2014, BStBl. 2014 I S. 1258 Tz. 4.1.4.1; Wassermeyer, in: Wassermeyer, MA, Art. 7 Rn. 133.

1554 Lang, FS für Lutz Fischer, S. 713, 721; Wassermeyer, IStR 1998, 489, 493; Weggenmann, Einordnungskonflikte, S. 291. Letzterer geht davon aus, dass eine Anrechnung der Quellensteuer zu erfolgen hat, wenn im Abkommen die Anrechnungsmethode vereinbart wurde. Die Quellensteuer sei dabei im Rahmen der Gewinnverwendung als eine weitere Steuer auf den Gewinnanteil zu werten.

1555 „Auf die von den nachstehenden Einkünften aus Portugal *zu erhebende deutsche Einkommensteuer und Körperschaftsteuer…* wird die entsprechende portugiesische Steuer angerechnet."

1556 Selbst wenn die Gewinne im Jahr der Gewinnerzielung ausgeschüttet werden, ändert dies nichts am gefundenen Ergebnis, da die Unterscheidung zwischen Gewinnentstehung und Gewinnverwendung weiterhin bestehen bleibt. Ebenso Wehrße, S. 176 m.w.N.

1557 Art. 23 B Ziff. 69.3 OECD-MA.

1558 Dahin gehend Spengel/Schaden/Wehrße, StuW 2012, 105, 111.

1559 Hagena, S. 176 f.

1560 Lang, FS Vogel 2000, S. 907, 914 erachtet den Gewinnanteil bei Gewinnentstehung als besteuert. Dem hält Lüdicke, IStR 2011, 91, 94, zutreffend entgegen, dass eine etwaige Auslegung sich nicht aus dem Art. 10 Abs. 3 OECD-MA ableiten lasse.

gem. § 3 Nr. 40a EStG zu unterwerfen, und Deutschland zur Anrechnung der tatsächlich gezahlten Quellensteuer bzw. der fiktiven Steuer[1561] wegen Bindung an die portugiesische Sitzstaatsqualifikation gem. Art. 10 Abs. 3 DBA-Portugal zu verpflichten.[1562] Zur Begründung wird angeführt, dass es bei Zugrundelegung der deutschen Sicht einer portugiesischen Betriebsstätte (Art. 7 Abs. 1 S. 1, 2 DBA-Portugal) mit deutscher Freistellung unter Progressionsvorbehalt (Art. 24 Abs. 2 lit. a DBA-Portugal) im Gewinnerzielungsjahr zu Liquidationsschwierigkeiten bei den Gesellschaftern führen könne,[1563] da die Gewinne erst im Folgejahr ausgeschüttet würden. Soweit passive Einkünfte nicht freigestellt werden können, sondern das Anrechnungsverfahren greift, führe dies zudem zur Nichtanrechenbarkeit der ausländischen Quellensteuer mangels deutschen Steuersubstrats. Andere Stimmen in der Literatur plädieren hingegen für eine Regel im EStG, die die Anrechnung der Quellensteuer auf die Gewinnausschüttung vorsieht.[1564] Dies wäre in Anbetracht der abkommensrechtlichen Gestattung einer Quellenbesteuerung der Ausschüttung (aus deutscher Sicht: Entnahme) und einer gebotenen Bindung an diese Wertung die sachgerechteste Lösung. Da nach gegenwärtiger Rechtslage von einer deutschen, nicht steuerbaren Entnahme auszugehen ist, entfällt eine deutsche Steueranrechnung gem. § 24 Abs. 2 lit. b, aa DBA-Portugal.

Die portugiesischen, transparent besteuerten Gesellschaften können aufgrund ihrer steuerlichen Transparenz keine „Gewinne“ an ihre Gesellschafter

1561 Dies wird insbesondere hinsichtlich der niedrigbesteuerten Dividenden in den Autonomen Regionen relevant.

1562 Hagena, S. 178. Wehrße, S. 269, 270; 276, 277, der zusätzlich vorschlägt, Probleme aufgrund der divergierenden Auffassungen durch Konkretisierungen in künftigen Abkommen zu vermeiden. Beispielsweise könne in Art. 10 Abs. 3 OECD-MA ein neuer Satz eingefügt werden, wonach „unter den Begriff der Dividenden nicht die Gewinnverwendung einer Person (insbesondere Personenvereinigung) falle, die in ihrem Sitzstaat nicht Gesellschaft“ sei. Die Gewinnverwendung sei auch nach Auffassung von Wehrße nicht unter Art. 21 OECD-MA zu fassen. In Art. 21 OECD-MA sei zudem ein Hinweis auf diese Ausführungen einzufügen. Kaeser/Wassermeyer, in: Wassermeyer, MA, Art. 10 Rn. 30, 37 mit Verweis auf BFH v. 20.08.2008, IStR 2008, 811, 812 f., gehen hingegen davon aus, dass die Gewinnanteile von hybriden Rechtsgebilden regelmäßig dem Art. 21 MA unterfallen.

1563 Die Freistellung der positiven Einkünfte unter Progressionsvorbehalt wirkt sich steuererhöhend auf die deutsche Steuer aus, obwohl die Gewinne noch nicht ausgeschüttet wurden, vgl. Hagena, S. 177.

1564 Prokisch, in: V/L, Art. 1 Rn. 34h; a.A. Lüdicke, IStR 2011, 91, 94.

i.S.d. Art. 10 DBA-Portugal ausschütten. Die Gewinne werden unabhängig von einer Ausschüttung unmittelbar den Gesellschaftern zugerechnet und im Gewinnerzielungsjahr besteuert.

c) *„Ausschüttungen" von deutschen Personengesellschaften an ihre in Portugal ansässigen Gesellschafter*

Im umgekehrten Fall wird Deutschland als Sitzstaat der Personengesellschaft die erzielten Gewinne im Rahmen der beschränkten Steuerpflicht der portugiesischen Gesellschafter unmittelbar bei den Gesellschaftern besteuern, §§ 1 Abs. 4 i.V.m. 49 Abs. 1 Nr. 2 lit. a EStG; §§ 2 Abs. 1, 8 Abs. 1 i.V.m. § 49 Abs. 1 Nr. 2 lit. a EStG. Abkommensrechtlich wird diese transparente Besteuerung unter Zugrundelegung der deutschen Wertung (Art. 3 Abs. 2 DBA-Portugal) durch das Betriebsstättenprinzip des Art. 7 Abs. 1 S. 1, 2 DBA-Portugal verwirklicht. Danach besitzt Deutschland als Quellenstaat ein Besteuerungsrecht an den von den portugiesischen Mitunternehmern über die in Deutschland belegene Betriebsstätte erzielten (anteiligen) Gewinne in Verbindung mit einer Steueranrechnung in Portugal (Art. 24 Abs. 1 DBA-Portugal). Solange diese Gewinne nicht entnommen bzw. „ausgeschüttet" werden, kann Portugal diese jedoch weder bei der Gesellschaft noch bei den Gesellschaftern besteuern, da aus portugiesischer Sicht für die als intransparent gewertete deutsche Personengesellschaft das Trennungsprinzip gilt. Erst mit der Entnahme bzw. „Ausschüttung" sind die Einkünfte bei den portugiesischen Gesellschaftern steuerbar, und zwar anteilig als Einkünfte aus Kapitalvermögen (Kategorie E, Art. 40A CIRS). Dabei werden die gesamten Einkünfte in Portugal mit einer abgeltenden Quellensteuer (taxa liberatória) von 28% belegt, Art. 71 Nr. 1 CIRS. Soweit es sich bei dem Ausschüttungsempfänger um eine steuerpflichtige Körperschaft bzw. Gesellschaft mit Sitz oder gewöhnlichem Aufenthalt in Portugal handelt, werden die „Ausschüttungen" mit dem allgemeinen Steuersatz von 21% bzw. 16,8% belastet, es sei denn, diese werden unter den Voraussetzungen des Art. 51 CIRC von der Besteuerung freigestellt. Abkommensrechtlich stellen diese Entnahmen bzw. „Ausschüttungen" jedoch keine Dividenden gem. Art. 10 Abs. 3 DBA-Portugal dar, da nach dem hier maßgeblichen deutschen Recht keine Ansässigkeit der (transparenten) Personengesellschaft in Deutschland besteht (Artt. 1, 4 Abs. 1 DBA-Portugal). Portugal wird demgegenüber nach eigener Wertung (Art. 3 Abs. 2 DBA-Portugal) eine Anrechnung der deutschen Betriebsstätten-Steuern, die auf die jeweilige Gewinnverwendung (Entnahme/„Ausschüttung") entfallen, auf die portugiesische Steuer trotz divergierender Wertung vornehmen (Art. 24 Abs. 1 lit. a DBA-Portugal).

Problematisch ist, dass Deutschland auf die Gewinnverwendung keine Steuer erhebt, die zur Anrechnung berechtigen könnte. Es liegt deshalb nahe, die auf die Gewinnentstehung entfallende Steuer (deutsche Betriebsstätten-Steuer) auf die portugiesische Steuer anzurechnen. Dem könnte jedoch entgegenstehen, dass der Anrechnungshöchstbetrag null beträgt und eine phasenverschobene Besteuerung der Unternehmensgewinne bei verschiedenen Steuersubjekten[1565] eintritt. Dennoch geht die herrschende Ansicht im Schrifttum[1566] aus Gründen des Abkommensschutzes und unter Zugrundelegung einer wirtschaftlich-tatsächlichen Betrachtungsweise zu Recht davon aus, dass die Anrechnung im portugiesischen Ansässigkeitsstaat der Mitunternehmer vorzunehmen sei, entweder im Hinblick auf die innerstaatliche Qualifikation der Ausschüttung als Dividende in Portugal oder aufgrund einer Anrechnungspflicht durch Übernahme des deutschen Transparenzprinzips durch den ausländischen (portugiesischen)

1565 Ebenso Hagena, S. 179. A.A. Wehrße, Personengesellschaften, S. 189, dieser geht davon aus, dass aus Sicht des Gesellschaftslandes keine verschiedenen Steuersubjekte vorliegen, da dieses nur die Gesellschafter als Steuersubjekte anerkennt.

1566 Ismer, in: V/L, Art. 23 Rn. 135 m.w.N.; Lüdicke, StBJb1997/1998, 449, 464; Lüdemann/Hruschka, IStR 2000, 25, 31; Schaumburg, in: Schaumburg, Rn. 21.119, 18.52. Wehrße, S. 189 f., der davon ausgeht, dass sämtliche Gewinne unter Art. 7 OECD-MA mangels Ansässigkeit der transparenten Gesellschaft in ihrem Sitzstaat zu subsumieren seien. Die Doppelbesteuerung sei durch Anwendung der Freistellungs- oder Anrechnungsmethode zu beheben. Für eine Anrechnung aus Billigkeitsgründen vgl. Wassermeyer, IStR 1995, 49, 50 f. Dieser möchte das Abkommen von beiden Vertragsstaaten isoliert ausgelegt wissen. Der Dividendenartikel sei zwar aufgrund der Maßgeblichkeit des transparent besteuernden Quellenstaates (fehlende Ansässigkeit gem. Artt. 1, 4 Abs. 1, 10 Abs. 3 OECD-MA) nicht maßgeblich, jedoch seien die Einkünfte nicht dem Art. 7 OECD-MA zurechenbar, sondern unter Art. 21 OECD-MA zu subsumieren. Als Begründung führt er an, dass es sich bei der argentinischen Sociedad de Responsabilidad Limitada, die nach deutschem Handelsrecht einer GmbH entspricht, um ein eigenständiges Steuersubjekt handele. Aus Billigkeitsgründen sei die auf die Gewinnentstehung entfallende Steuer in Deutschland anrechenbar. Dem Gedanken von Wassermeyer folgend würde keine divergierende Besteuerung erfolgen, wenn die ausländischen Gesellschaften nach innerstaatlichem Rechtsverständnis als Personengesellschaften zu qualifizieren wären. Wehrße, S. 191 hält diesem Ansatz zutreffend entgegen, dass der vorrangige Rückgriff auf das nationale Rechtsverständnis die bestehende Doppelbesteuerung nicht vollumfänglich vermeidet. Zudem sei der Ansatz nicht in sich schlüssig. Zum einem werde die Personengesellschaft als Unternehmensbetreiberin i.S.d. Art. 7 OECD-MA i.V.m. Art. 3 OECD-MA qualifiziert, zum anderen deren Ansässigkeit nach Art. 10 OECD-MA abgelehnt.

Staat (Art. 24 Abs. 1 lit. a i.V.m. Art. 7 DBA-Portugal).[1567] Dies lässt sich daraus folgern, dass die Betriebsstättengewinne bereits bei Gewinnerzielung anteilig bei den Mitunternehmern und damit bei ein und demselben Steuersubjekt besteuert wurden. Dem ist zuzustimmen. Portugal muss folglich die deutsche (Betriebsstätten-) Quellensteuer anrechnen (Art. 24 Abs. 1 lit. a DBA-Portugal).

Abschließend bleibt zu Art. 10 DBA-Portugal festzuhalten, dass die abkommensrechtliche Qualifikation von Ausschüttungen sich nach dem Recht des Quellenstaates nach Art. 10 Abs. 3 DBA-Portugal richtet. Gewinnausschüttungen von intransparent besteuerten portugiesischen Personengesellschaften werden als Dividenden behandelt. „Ausschüttungen" bzw. Entnahmen aus deutschen Personengesellschaften stellen weder abkommensrechtlich noch innerstaatlich Dividenden dar. Dennoch besitzt Portugal aus abkommensrechtlichen Gründen eine Anrechnungspflicht. Gleiches gilt für transparente portugiesische Personengesellschaften.

d) Gewinnausschüttungen der stillen Gesellschaft

Das portugiesische Zivilrecht behandelt die stille Gesellschaft (associação em participação) als Vertrag. Steuerlich wird sie als juristische Person qualifiziert, soweit die stille Gesellschaft in Portugal unbeschränkt steuerpflichtig ist (Art. 2 Nr. 1 lit. b CIRC).[1568]

Ausschüttungen der stillen Gesellschaft (associação em participação) an ihre stillen Gesellschafter (associado) werden grundsätzlich[1569] als Dividenden[1570] behandelt (Kategorie E, Art. 5 Nr. 1 CIRS) und unterliegen einer abgeltenden Quellensteuer (taxa liberatória) von 28%[1571] (Artt. 71 Nr. 1 lit. c, 5 Nr. 2 lit. l CIRS),

---

1567 Hagena, S. 180.

1568 Camelo, in: Lexit CIRC, Art. 2 CIRC, S. 415.

1569 Erbringt der „Stille" (associado) gegenüber dem Inhaber (associante) andere Dienstleistungen, ist die „Dividende" den gewerblichen und selbstständigen Einkünften (Kategorie B) zuzurechnen. Dies erinnert an die atypische stille Gesellschaft in Deutschland, vgl. Basto, IRS, S. 281; Leitão, CTF (Nr. 171) 1995, 203, 207 ff.

1570 Soweit eine Gesellschaft mit Sitz oder Geschäftsleitung in Portugal Dividendenempfänger ist, wird die als Unternehmensgewinn tatsächlich besteuerte Dividende im vollem Umfang freigestellt, vorausgesetzt, der Inhaber (associante) ist in Portugal unbeschränkt steuerpflichtig (Art. 51 Nr. 4 CIRC), s. Amorim, in: Lexit CIRC, Art. 51 CIRC, S. 697.

1571 Auch bei beschränkt steuerpflichtigen, stillen Gesellschaftern beträgt die abgeltende Quellensteuer 28%. Der Inhaber hat die Quellensteuer abzuführen (Art. 101 Nr. 2 lit. a CIRS), s. Américo/Abreu/Durão/Pimenta, Guia dos Impostos, S. 170.

es sei denn, der „Stille" (associado) hat zur Veranlagung seiner Einkünfte optiert (englobamento, Artt. 22 Nr. 5, 71 Nr. 6 CIRS).[1572] In diesem Fall wird die Dividende hälftig besteuert, wenn der Inhaber seinen Sitz oder seine Geschäftsleitung im Inland oder in einem EU-Mitgliedstaat hat und die ausgekehrten Gewinnanteile einer „tatsächlichen" Besteuerung unterlegen haben (Art. 40A Nrn. 3, 4 CIRS).[1573] Die portugiesische Zuordnung der Zahlung an den Stillen stimmt im Wesentlichen mit der Regelung des § 20 Abs. 1 Nr. 4 EStG überein. Aus deutscher Sicht werden stille Gesellschafter – soweit sie mit Mitunternehmerrisiko und -initiative handeln – mit ihren Einkünften einzeln und unmittelbar entsprechend dem deutschen Mintunternehmerkonzept besteuert (sog. atypische stille Gesellschaft).[1574] Handeln sie hingegen ohne Mitunternehmerrisiko und/oder -initiative, erzielen sie Einkünfte aus Kapitalvermögen (§ 20 Abs. 1 Nr. 1 EStG).[1575] Abkommensrechtlich werden Einnahmen des stillen Gesellschafters mangels

1572 Américo/Abreu/Durão/Pimenta, Impostos Teoria Geral, S. 97; Basto, IRS, S. 270, 281; Pinheiro Pinto, Fiscalidade, S. 178 f.; Videira/Duarte, in: Lexit CIRS, Art. 40A CIRS, S. 541.

1573 Dahin gehend Videira/Duarte, in: Lexit CIRS, Art. 40A, S. 541.

1574 Bezzenberger/Keul, in: Münchener Handbuch des Gesellschaftsrechts, Band 2, § 73 Rn. 46; Schönhaus, in: Münchener Handbuch des Gesellschaftsrechts, Band 2, § 90 Rn. 15. Handelsrechtlich hat der stille Gesellschafter Mitsprache- und Kontrollrechte und ist zudem am Liquidationsgewinn und –verlust beteiligt (§ 230 HGB).

1575 Vgl. Hock, Personengesellschaften, S. 21; Schönhaus, in: Münchener Handbuch des Gesellschaftsrechts, Band 2, § 90 Rn. 15. Angemerkt sei, dass der typisch stille Gesellschafter (natürliche Person), der seine Beteiligung im Privatvermögen hält, die Einnahmen (brutto) aus der Beteiligung einer Abgeltungssteuer von 25% zzgl. Solidaritätszuschlag und ggf. Kirchensteuer zu unterwerfen hat. Werbungskosten werden nur im Rahmen des Sparerfreibetrags berücksichtigt. Dies gilt nicht, wenn der „Stille" und der Geschäftsinhaber als nahestehende Personen i.S.d. § 32d Abs. 2 Nr. 1 S. 1 lit. a EStG i.V.m. § 1 Abs. 2 AStG anzusehen ist. Hält der „Stille" seine Beteiligung hingegen im Betriebsvermögen, werden die Einnahmen aus der Beteiligung zur Gänze als Einkünfte aus Gewerbebetrieb gemäß § 20 Abs. 8 EStG erfasst. Die vom Geschäftsinhaber einbehaltene Kapitalertragsteuer ist auf seine Einkommensteuer anrechenbar (§ 43a Abs. 1 S. 1 Nr. 1 EStG i.V.m. § 36 Abs. 2 Nr. 2 EStG). Die im Zusammenhang mit der Beteiligung stehendenden Betriebsausgaben sind abziehbar. Soweit der stille Gesellschafter an einem inländischen Handelsgewerbe beteiligt und dort nicht ansässig ist, unterliegt er mit seinen Einnahmen der beschränkten Steuerpflicht in Deutschland (§§ 1 Abs. 4 EStG, § 2 KStG i.V.m. §§ 49 Abs. 1 Nr. 5 lit. a, 20 Abs. 1 Nr. 4 EStG). Die vom Geschäftsinhaber einbehaltene und abgeführte Steuer hat abgeltende Wirkung (§ 50 Abs. 2 S. 1 EStG). Eine Veranlagung erfolgt nicht. Zuviel einbehaltene Kapitalertragsteuer wird auf Antrag gemäß § 50d Abs. 1 S. 2 EStG erstattet, wenn ein niedrigerer Quellensteuersatz in einem DBA vereinbart

steuerlicher Subjektfähigkeit der stillen Gesellschaft in Deutschland nicht als Dividenden behandelt (Art. 10 Abs. 3 i.V.m. Artt. 1, 4 Abs. 1 DBA-Portugal).[1576] Dieser Zuordnungskonflikt wird durch die Ziff. 3 des Protokolls zu Art. 10 DBA-Portugal gelöst, der bestimmt, dass Einkünfte aus einer typisch stillen Beteiligung bzw. einer „conta em participação“[1577] dem Art. 10 DBA-Portugal zuzuordnen sind.[1578] Sie werden damit den Dividenden gleichgestell,[1579] fallen allerdings nicht in den Anwendungsbereich des abkommensrechtlichen freistellenden Schachtelprivileg.[1580] Vielmehr dient die Gleichstellungsfiktion dem Zweck, das deutsche Quellensteuerabzugsrecht im Falle einer deutschen typisch stillen Gesellschaft mit portugiesischen Gesellschaftern zu sichern.[1581]

Einkünfte aus einer atypischen Beteiligung (deutsche atypisch stille Beteiligung an portugiesischer Kapitalgesellschaft) sind demgegenüber gem. Art. 7 DBA-Portugal als portugiesische Betriebsstätteneinkünfte zu werten, die in Deutschland grundsätzlich freizustellen sind, vorausgesetzt, der Aktivitätsvorbehalt ist erfüllt, Art. 24 Abs. 2 lit. a DBA-Portugal.[1582] Soweit die Einkünfte

---

wurde. Auf § 50d Abs. 9 S. 1 Nr. 2 EStG und auf die Ausnahme in § 50d Abs. 9 S. 2 EStG wird hingewiesen. Zu Einzelheiten vgl. Schönhaus, in: Münchener Handbuch des Gesellschaftsrechts, Band 2, § 90 Rn. 16 ff; Cloer/Hagemann, in. B/B, § 50d Abs. 9 EStG Rn. 339 ff.

1576 Tischbirek/Specker, in: V/L, Art. 10, Rn. 210, 166.

1577 Die stille Gesellschaft (conta em participação) ist auch unter der Bezeichnung “associações em participação” oder „associação em conta de participação“ bekannt. Portugal hat sich in Art. 10 Ziff. 81.1 OECD-MK vorbehalten, solche Zahlungen aus Verträgen über Gewinnbeteiligungen, die innerstaatlich der Dividendenbesteuerung unterfallen, auch bilateral als Dividenden zu behandeln.

1578 Raber, in: Wassermeyer, DBA-Portugal Art. 10 Rn. 20.

1579 Auf diese Dividenden findet weder das Teileinkünfteverfahren nach § 3 Nr. 40 lit. d EStG noch das Privileg des § 8b Abs. 1 KStG Anwendung, s. Sagassner, in: A/S, § 27 Rn. 560.

1580 So ausdrücklich BFH v. 4.06.2008, BStBl. II 793, 794 zum DBA Deutschland-Luxemburg 1958. Art. 20 Abs. 2 S. 3 DBA Deutschland-Luxemburg 1958 stimmt im Wesentlichen mit Art. 24 Abs. 2 lit. a DBA-Portugal überein, sodass auch im deutsch-portugiesischen Fall eine Inanspruchnahme des Schachtelprivilegs ausscheidet. Dahin gehend Schönhaus, in: Münchener Handbuch des Gesellschaftsrechts, Band 2, § 90 Rn. 15. Zur berechtigten Kritik an der o.g. Entscheidung vgl. Ismer, in: V/L, Art. 23 Rn. 93; Birker/Bendel, BB 2009, 244, 246 f.; Teufel/Hasenberg, IStR 2008, 724, 725 f.; die zutreffend darauf hinweisen, dass diese Rechtsprechungsgrundsätze auf eine Inbound-Konstellation nicht übertragbar sind.

1581 Tischbirek/Specker, in: V/L, Art. 10, Rn. 231.

1582 Soweit Portugal diese Einkünfte nicht besteuert, kann mangels ausdrücklicher

des (deutschen) stillen Gesellschafters bei der Ermittlung des Einkommens des Schuldners (portugiesischer Geschäftsinhaber) abgezogen werden, entfällt die portugiesische Quellensteuerbegrenzung gem. Ziff. 4 des Protokolls zu Art. 10 Abs. 3 DBA-Portugal.[1583] Tritt Deutschland als Quellenstaat (Beteiligung eines portugiesischen Gesellschafters an einer deutschen typisch stillen Gesellschaft) auf, liegen diese Voraussetzungen regelmäßig vor, es sei denn, die Einkünfte des stillen Gesellschafters werden ausnahmsweise als verdeckte Gewinnausschüttungen qualifiziert, die einer begrenzten Quellensteuer unterliegen.[1584] Davon ist auszugehen, soweit die „Zinsschranken-Regelung" in § 4h EStG[1585] diese Einkünfte als nicht abziehbare Ausgaben behandelt.[1586] Agiert Portugal hingegen als Quellenstaat (Beteiligung eines deutschen Gesellschafters an einer portugiesischen stiller Gesellschaft), sind die Gewinnausschüttungen angesichts der steuerlichen Subjektfähigkeit der stillen Gesellschaft in Portugal bei der Gewinnermittlung regelmäßig nicht abziehbar, da es sich um Vorgänge der Vermögensverwendung (variações patrimonais, Art. 32 CIRS i.V.m. Art. 24 Nr. 1 lit. d CIRC, Art. 21 Nr. 1 lit. d CIRC) handelt,[1587] die das Vermögen des Unternehmens nicht beeinflussen

---

Umschaltsklausel nicht zur Anrechnungsmethode gewechselt werden. Dennoch nimmt die Finanzverwaltung – entgegen der Auffassung der Rechtsprechung – einen Wechsel zur Anrechnungsmethode vor. Diese Auffassung kann sowohl auf die Auslegung des Methodenartikels i.S.d. OECD als auch auf § 50d Abs. 9 EStG gestützt werden, vgl. Raber, in: Wassermeyer, DBA-Portugal, Art. 7 Rn. 8, Art. 10 Rn. 20; Weggenmann, in: W/R/S Rn. 6.114; BMF v. 26.09.2014, BStBl. I 2014, Tz. 4.1.1.1.2, 4.1.1.2.5.

1583 Die Ziff. 4 zu Art. 10 Abs. 2 und Art. 11 Abs. 2 DBA-Portugal heben gleichfalls die Quellensteuerbegrenzung für Einkünfte aus partiarischen Darlehen und Gewinnobligationen auf, wenn diese beim Schuldner abzugsfähig sind. Nach deutschem Recht ist dies für Zinsen aus partiarischen Darlehen und Gewinnobligationen grundsätzlich der Fall. Ebenso Raber, in: Wassermeyer, DBA-Portugal, Art. 10 Rn. 13.

1584 Kritisch zum Wertungswiderspruch zwischen verdeckten Gewinnausschüttungen und abzugsfähigen, gewinnabhängigen Fremdkapitalvergütungen siehe Portner, IStR 1996, 409, 410f.

1585 Zu beachten ist, dass mit Änderung der Art. 57C CIRC, § 8a KStG und durch die Einführung der Zinsschrankenregelung in Art. 67 CIRC und in § 4h EStG die Gesellschafterfremdfinanzierungsproblematik behoben ist. Überhöhte Zinszahlungen werden nicht mehr als verdeckte Gewinnausschüttungen qualifiziert, sondern als nicht abziehbare Ausgaben angesehen, die nicht mehr dem dritten Teil des Dividendenbegriffs i.S.d. Art. 10 Abs. 3 DBA-Portugal und damit auch nicht der Mutter-Tochter-Richtlinie (vgl. nur Artt. 51, 53 Abs. 3 CIRC) unterfallen.

1586 Ebenso Tischbirek/Specker, in: V/L, Art. 10 Rn. 170.

1587 Aguilar, in: Lexit CIRC, Art. 21 CIRC, S. 512 f.; Almeida, Fisco (Nr. 4) 1989, 22, 23.

dürfen.[1588] Sie gehören damit der nichtsteuerbaren Gewinnverwendung an. Portugal verbleibt insoweit ein begrenztes Quellensteuerrecht für die steuerlichen Vergütungen (Art. 10 Abs. 2 DBA-Portugal), es sei denn, die Mutter-Tochter-Richtlinie steht dem entgegen.[1589]

V. Veräußerungsgewinne, Art. 13 DBA-Portugal

1. Besteuerung von Veräußerungsgewinnen nach portugiesischem Recht

a) Natürliche Personen

Anders als im deutschen Recht werden Veräußerungsgewinne (mais-valias) in einer eigenständigen Einkunftskategorie (Kategorie G) geregelt (Art. 10 CIRS). Als Veräußerungsgewinne werden neben Vermögenszuwächsen aus Entschädigungen und Schadensersatz insbesondere entgeltliche Übertragungen (transmissões onerosas), wie die Übertragung von Gesellschaftsanteilen oder Wertpapieren[1590] aufgrund einer Verschmelzung, einer Spaltung, eines Anteilstausches, einer Liquidation (liquidação[1591]) oder einer Kapitalherabsetzung (redução de capital), erfasst.[1592] Veräußerungsgewinne, die aus einer unternehmerischen Tätigkeit herrühren, werden sowohl bei natürlichen Personen (Einzelunternehmern) als auch bei juristischen Personen (Gesellschaften) besteuert

---

1588 Morais, Apontamentos ao IRC, S. 95 f.; Saldana Sanchez, Manual de Direito Fiscal, S. 380.

1589 Raber, in: Wassermeyer, DBA-Portugal Art. 10 Rn. 11.

1590 Veräußerungsgewinne sind gem. Art. 5 des Gesetzesdekret Nr. 442-A/88 v. 30.11.1988 nicht einkommensteuerpflichtig, wenn sie aus einer entgeltlichen Übertragung von Gesellschaftsanteilen oder Wertpapieren resultieren, die vor dem Jahr 1989 angeschafft wurden.

1591 Zu der Liquidation gehört auch die Veräußerung von betriebsfähigen Teilen des Unternehmens. Die damit zusammenhängenden Veräußerungsgewinne bleiben bei der Ermittlung des Einkommens außer Ansatz. Entsteht bei der Liquidation einer Tochtergesellschaft ein Veräußerungsverlust, war dieser bis zum 31.12.2013 nur hälftig abziehbar, Art. 45 Nr. 3 CIRC aF. Eine neue Verlustregelung enthält Art. 81 Nr. 6 CIRC. Zu Einzelheiten siehe Amorim, in: Lexit CIRC, Art. 81 CIRC, S. 905; Tormenta, in: A Reforma do IRC, S. 138.

1592 Art. 46 Nr. 1 CIRC, Art. 10 Nr. 1 lit. b CIRS. Im Gegensatz zu Art. 10 Nr. 1 lit. a CIRS aF erfasst die Neufassung des Art. 10 Nr. 1 lit. a CIRS auch Umstrukturierungen wie die Spaltung, den Tausch, die Liquidation und die Fusion. Damit passt sich der einkommensteuerliche Veräußerungsbegriff dem körperschaftsteuerlichen an.

(Art. 10 Nr. 1 CIRS, Art. 20 Nr. 1 lit. h CIRC). Dabei ergibt sich der Veräußerungsgewinn aus der Differenz zwischen Verkaufswert und „bereinigtem“[1593] Anschaffungswert, der um steuerfreie Werterhöhungen und inflationsbedingte Anpassungen[1594] zu korrigieren ist. Der so ermittelte Nettogewinn wird mit dem progressiven Steuersatz des Art. 68 CIRS belegt. Ausgenommen hiervon sind Aktienveräußerungsgewinne, die mit einer abgeltenden Quellensteuer von 28% belastet werden (Art. 72 Nr. 4 CIRS). Davon abweichend werden Anteilsveräußerungen von KMU[1595] zu 50%[1596] des normalen Steuersatzes besteuert, es sei denn, diese haben ihren Sitz in Steueroasen[1597], Art. 43 Nr. 5 CIRS.

Private Veräußerungsgewinne von Nichtansässigen aus Geschäften mit Warrants, Finanzderivaten und Gesellschaftsanteilen an in Portugal ansässigen Gesellschaften sind grundsätzlich und unabhängig von der Existenz eines DBA einkommen- und körperschaftsteuerbefreit (Art. 27 Nr. 1 EBF). Dies gilt nicht für ausländische Gesellschaften[1598], die unmittelbar oder mittelbar zu mehr als 25% an einer in Portugal ansässigen Gesellschaft beteiligt sind oder für Veräußerungsgewinne einer in einem Niedrigsteuerland ansässigen Gesellschaft, deren Gewinn insbesondere hälftig aus in Portugal belegenem Vermögen besteht, Art. 27 Nr. 2 EBF.

Nach Art. 10 Nr. 5 CIRS sind zudem Veräußerungsgewinne aus dem Verkauf einer Immobilie steuerfrei, soweit die Immobilie vor dem Verkauf bewohnt war und der Gewinn in eine neue Immobilie in Portugal oder in einem EU/EWR-Staat oder in deren Umbau innerhalb von 24 Monaten reinvestiert wurde.[1599]

1593 Von dem ursprünglichen Anschaffungswert sind steuerliche Abschreibungen, Steueraufwand, Wertberichtigungen und -minderungen abziehbar. Verluste aus Aktien sind stets abziehbar, es sei denn, es handelt sich um Anteile an Gesellschaften mit Sitz in Steueroasen.

1594 Die Koeffizienten für die inflationsbedingten Wertsteigerungen ergeben sich für das Jahr 2016 aus dem Erlass Nr. 316/2016 vom 14.12.2016, vgl. die Art. 47 CIRC und Art. 50 CIRS.

1595 Zur Definition von kleinen und mittleren Unternehmen (KMU) vgl. Fn. 418.

1596 Auch Veräußerungsgewinne aus der Übertragung von Aktiva von sog. Kleinstunternehmen werden hälftig gem. Art. 43 Nr. 3 CIRS besteuert.

1597 Die steuerschädlichen Gebiete sind dem Ministerialerlass Nr. 150/2004 v. 13.2.2004, in der letzten Fassung des Erlasses Nr. 345-A/2016 vom 30.12.2016, a.a.O., zu entnehmen.

1598 Ausnahmen bestehen für Gesellschaften mit Sitz in der EU/EWR, vgl. Art. 27 Nr. 2 lit. a, i bis v EBF; Anjos Avezedo, Cadernos de Direito Atual 2017, 31, 56; Brás, Impostos, S. 251.

1599 Stieb, in: Mennel/Förster, Portugal, Rn. 118.

Veräußerungsgewinne von Nichtansässigen aus der entgeltlichen Übertragung von Gesellschaftsanteilen an in Portugal ansässigen Gesellschaften und Gewinnen, die aus Kapitalherabsetzungen herrühren, unterliegen in Portugal einer abgeltenden Quellensteuer von 28% (Art. 18 Nr. 1 lit. i CIRS).

Unentgeltliche Übertragungen[1600] natürlicher, ansässiger Personen werden mit einer Stempelsteuer[1601] belegt und nicht von den Veräußerungsbestimmungen erfasst.[1602]

b) *Juristische Personen*

Veräußerungsgewinne[1603] (mais-valias) von in Portugal ansässigen Gesellschaften werden hälftig besteuert, soweit diese aus der entgeltlichen Übertragung unternehmenseigener Aktiva resultieren und in den Erwerb, der Herstellung oder der Errichtung von nicht unmittelbar verbrauchbaren Sachanlagen[1604], immateriellen oder biologischen Vermögenswerten reinvestiert werden. Voraussetzung ist weiter, dass die zu veräußernden Aktiva mehr als ein Jahr im Betriebsvermögen gehalten wurden und eine Reinvestition spätestens bis zum Schluss des zweiten Jahres nach Veräußerung in ein gleichwertiges Anlagevermögen erfolgt, Art. 48 Nr. 2 CIRC. Andernfalls wird der nicht bzw. der teilweise

1600 Eine Ausnahme gilt für die unentgeltliche Übertagung von Immobilien an nahe Angehörige, die nach Art. 6 lit. e IS (Stempelsteuer) steuerbefreit, aber nach Art. 45 CIRS steuerbar sind. Als Anschaffungswert der Immobilie wird derselbe Einheitswert wie bei der Stempelsteuer (IS) zugrunde gelegt.

1601 Die Steuersätze folgen aus der Tabelle zur Stempelsteuer. Sie betragen grundsätzlich 0,8% des Kaufpreises bzw. des beim Finanzamtes registrierten Einheitswerts. Es ist jeweils der höhere Wert für die Besteuerung maßgeblich. Wird eine Immobilie unentgeltlich übertragen, ist auf den Einheitswert des Grundsteuergesetzes abzustellen (Art. 13 CIS). Werden Aktien unentgeltlich abgetreten, wird der Einheitswert nach Maßgabe des Art. 15 CIS ermittelt, d.h. unter Zugrundelegung der letzten Bilanz des Unternehmens (último balanço) sowie des Leitzinses der EZB am Tag der Zuwendung, s. Pinheiro Pinto, Fiscalidade, S. 105 ff, 157 f.

1602 Pinheiro Pinto, Fiscalidade, S. 157; Videira/Duarte, in: Lexit CIRS, Art. 45 CIRC S. 562.

1603 Der Veräußerungsgewinn wird grundsätzlich aus der Differenz zwischen Verkaufswert und bereinigtem Anschaffungswert berechnet. Soweit der Steuerpflichtige die Anschaffungskosten (custo de aquisição) nach dem marktüblichen Durchschnittspreis bestimmt, wird der Veräußerungsgewinn ohne Inflationsbereinigung bestimmt. Dieses Wahlrecht ist für die nächsten drei Jahre bindend (Art. 46 Nr. 12 lit. b CIRC).

1604 Immobilien, die als Finanzinvestition gehalten werden (propriedades de investimento), werden von dem Begriff der Sachanlage nicht erfasst (Art. 48 Nr. 10 CIRC).

nicht versteuerte Veräußerungsgewinn (Art. 48 Nr. 2 CIRC) zzgl. eines Zuschlages von 15% strafversteuert[1605] (Art. 48 Nrn. 5, 6 CIRC).[1606] Soweit in gebrauchtes Anlagevermögen oder in immaterielle Vermögenswerte eines körperschaftsteuer- oder einkommensteuerpflichtigen Steuersubjekts investiert wird, entfällt der Steueranreiz (Art. 48 Nrn. 1, 8 CIRC).[1607] Erforderlich ist weiter, dass zu dem körperschaftsteuer- oder einkommensteuerpflichtigen Steuersubjekt besondere steuerliche Beziehungen i.S.d. Art. 63 Nr. 4 CIRC bestehen. Vorstehende Regelungen gelten nicht für Gewinnrealisierungen, die aus Strukturänderungen wie Fusionen, Spaltungen, der Einbringung von Unternehmensteilen oder der Liquidation resultieren, Art. 48 Nr. 9 CIRC.

Das portugiesische Schachtelprivileg findet auf Veräußerungsgewinne von Tochtergesellschaften gleichfalls Anwendung (Art. 51C CIRC) und damit auch auf Gewinne, die aus einer Fusion (fusão), einer Spaltung (cisão), der Einbringung von Unternehmensteilen (entrada de ativos) oder des Austausches von Anteilen an Gesellschaften (permuta de partes sociais) herrühren, es sei denn, die Strukturänderungen werden von den Spezialregelungen[1608] in Artt. 73 bis 78

1605 Art. 31 Nr. 6 i.V.m. 32 CIRS verweist auf den Art. 48 Nr. 5 und Nr. 6 CIRC.

1606 Martins, in: Lições de Fiscalidade, S. 263 ff.

1607 Art. 48 Nr. 4 aF CIRC sah ebenfalls eine hälftige Besteuerung von Gewinnen aus Aktienverkäufen vor. Mit Inkrafttreten des Art. 13 des Gesetzes Nr. 2/ 2014 v. 16.1.2014 wurde diese Regelung abgeschafft. Zur alten Rechtslage vgl. Machado/ Nogueira, Curso de Direito Tributário, S. 288 f., Martins, in: Lições de Fiscalidade, S. 264 f.

1608 Veräußerungsgewinne, die aus Fusionen, Spaltungen, der Einbringung von Unternehmensteilen und des Austausches von Anteilen resultieren, bleiben unter den Voraussetzungen der Artt. 73 ff. CIRC außer Ansatz. Andernfalls greifen die allgemeinen Regeln der Artt. 43 ff. CIRC ein. Die Artt. 73 ff. CIRC setzen die Fusionsrichtlinie in nationales Recht um, wobei das portugiesische Recht weiter gefasst ist als die Richtlinie (z. B. wurde die Einschränkung, dass Strukturänderungen „zum Zeitpunkt der Auflösung ohne Abwicklung" erfolgen müssen, nicht übernommen). Dies hängt u.a. damit zusammen, dass das portugiesische Steuerrecht seit dem Inkrafttreten des KStG (CIRC) am 01.01.1989 in den Artt. 62 ff. CIRC für nationale Fusionen und Spaltungen eine steuerneutrale Behandlung vorsah, die durch die Fusionsrichtlinie auf grenzüberschreitende Fusionen und Spaltungen innerhalb der EU ausgeweitet wurde. Demgegenüber war die Richtlinie im Hinblick auf die Einbringung von Unternehmsteilen und auf den Anteilstausch für das portugiesische Recht ein Novum. Der Anteilstausch wird lediglich rudimentär in dem Art. 28 CSC geregelt, während Fusionen und Spaltungen ausufernd im portugiesischen Gesetzbuch über Handelsgesellschaften (CSC) geregelt werden. Allerdings erfasst das portugiesische Handelsrecht auch internationale Umwandlungen von Handelsgesellschaften i.S.d. portugiesischen Rechts (also von Kapital-, Personengesellschaften und nach hM

CIRC erfasst, Art. 51C Nrn. 2, 3 CIRC.[1609]

Veräußerungsgewinne bzw. -verluste aus Grundvermögen, das zu mehr als 50% aus in Portugal belegenem, unbeweglichem Gesellschaftsvermögen[1610] besteht, werden zur Gänze mit dem allgemeinen Körperschaftsteuersatz von 21% bzw. 16,8% belastet, es sei denn, die Gesellschaft handelt gewerblich mit Grundstücken (Art. 51C Nr. 4 CIRC).[1611]

Veräußerungsgewinne und -verluste, die einer in Portugal belegenen Betriebsstätte zurechenbar sind, werden unter den Bedingungen des Art. 51D Nr. 1 CIRC von der Körperschaftsteuer befreit. Soweit diese Voraussetzungen nicht erfüllt sind, werden die Erlöse dem allgemeinen Körperschaftsteuersatz unterworfen. Dies hat zur Folge, dass nicht ansässige Körperschaften mit Betriebsstätten in Portugal nach denselben Regeln wie ansässige Körperschaften besteuert werden.

Veräußerungsgewinne aus der entgeltlichen Übertragung von Gesellschaftsanteilen, aus der Liquidation einer Gesellschaft oder aus einer aus der Kapitalherabsetzung resultierenden Gewinnrealisierung von nicht ansässigen Gesellschaften (ohne Betriebsstätte) werden mit einer definitiven Quellensteuer von 21% belegt (Artt. 4 Nr. 3 lit. b, 87 Nr. 1 CIRC).[1612]

2. *Besteuerung von Veräußerungsgewinnen nach dem Art. 13 DBA-Portugal*

Art. 13 DBA-Portugal enthält – wie das portugiesische Recht – eine eigenständige Einkunftsart für Veräußerungsgewinne. Das deutsche Recht weist demgegenüber die Veräußerungsgewinne den Gewinneinkunftsarten des § 2 Abs. 1

---

auch von BGB-Gesellschaften; vgl. Art. 97 CSC). Verluste der übernehmenden Gesellschaft (oder der neu entstandenen Gesellschaft) sind – im Gegensatz zu den allgemeinen Regeln – mit den verbleibenden Veräußerungsgewinnen aus der Übertragung verrechenbar (Artt. 75 Nrn. 1, 3 und 4; 52 CIRC). Zur Bekämpfung der Steuerhinterziehung wurde in Art. 73 Nr. 10 CIRC zudem eine Anti-Missbrauchs-Regel statuiert. Zu Einzelheiten s. Sanches, Fiscalidade (Nr. 34) 2008, 7, 8 ff.; Vieira, in: Lexit CIRC, Art. 73 CIRC, S. 851 m.w.N.

1609 Vieira, in: Lexit CIRC, Art. 51C CIRC, S. 703.

1610 Davon sind nur inländische Immobilien, die ab dem 01.01.2014 angeschafft wurden, betroffen, vgl. Vieira, in: Lexit CIRC, Art. 51C CIRC, S. 704.

1611 Américo/Abreu/Durão/Pimenta, Guia dos Impostos, S. 267.

1612 Steuerfrei bleiben Veräußerungsgewinne, die aus Umwandlungen vor dem 01.01.1989 einer GmbH (sociedade por quota) in eine AG (sociedade anónima) resultieren, vgl. Art. 18A des Gesetzesdekrets Nr. 442-B/88 vom 30.11.1988; Art. 43 Nr. 4 lit. b CIRS i.V.m. Art. 5 des Gesetzesdekrets Nr. 442-A/88 vom 30.11.1988.

Nrn. 1–3 EStG (z. B. §§ 14, 16 Abs. 1, 17 Abs. 1, 18 Abs. 3 EStG) oder dem Überschussbereich (z. B. Artt. 20 Abs. 2, 23 EStG) zu.[1613]

Nach Art. 13 Abs. 1 DBA-Portugal gebührt neben dem anderen Ansässigkeitsstaat des Steuerpflichtigen auch dem Belegenheitsstaat des unbeweglichen Vermögens i.S.d. Art. 6 DBA-Portugal, unabhängig davon, ob Anlage- oder Umlaufvermögen oder Privatvermögen vorliegt,[1614] das Besteuerungsrecht. Die Regelung des Art. 13 Abs. 2 DBA-Portugal[1615] weist neben dem Ansässigkeitsstaat des Unternehmensbetreibers auch dem anderen Betriebsstättenstaat bzw. dem Staat der festen Einrichtung das Besteuerungsrecht hinsichtlich der Gewinne aus der Veräußerung des beweglichen, der Betriebsstätte zugehörigen Vermögens[1616] zu. Soweit das bewegliche Vermögen, nicht der Betriebsstätte zuzuordnen ist, verbleibt das ausschließliche Besteuerungsrecht beim Wohnsitzstaat des Steuerpflichtigen, Art. 13 Abs. 4 DBA-Portugal. Doppelbesteuerungen

---

1613 Reimer, in: V/L, Art. 13 Rn. 44; Wassermeyer, in: Wassermeyer, MA, Art. 13 Rn. 1.

1614 BFH v. 23.03.1972, BStBl. II 1972, 948; Schaumburg/Häck, in: Schaumburg, Rn. 19.382; Wassermeyer, in: Wassermeyer, MA, Art. 13 Rn. 21.

1615 Im Rahmen des Art. 13 Abs. 2 DBA-Portugal erfolgt die Betriebsstättenzuordnung (einschließlich des Sonderbetriebsvermögens) nach den geltenden Grundsätzen des Art. 7 Abs. 1 S. 1, Abs. 2 DBA-Portugal. Dies bedeutet auch, dass eine umfassende Funktions- und Risikoanalyse nach dem AOA vorzunehmen ist. Dem steht nach zutreffender hM im Schrifttum die abweichende Formulierung in den Betriebsstättenvorbehalten (Artt. 10 bis 12 DBA-Portugal „tatsächlich … gehören") im Vergleich zu Art. 13 Abs. 2 DBA-Portugal („das bewegliche Vermögen zu der Betriebsstätte oder festen Einrichtung gehört") nicht entgegen, vgl. Hagena, S. 200 Fn. 356; Lüdicke, StbJB 1997/98, 449, 476; Reimer, in: V/L, Art. 13 Rn. 80 (für Art. 13 Abs. 2 OECD-MA).

1616 Das DBA-Portugal definiert den Begriff „bewegliches Vermögen" nicht. Aus dem Abkommenszusammenhang zu Art. 13 Abs. 1 DBA-Portugal, der explizit auf den Art. 6 DBA-Portugal verweist, ergibt sich aber, dass alles, was nicht als unbewegliches Vermögen angesehen werden kann, als bewegliches Vermögen anzusehen ist. Hierzu zählen materielle sowie immaterielle Vermögenswerte wie Forderungen, Patentrechte, Lizenzen, Wertpapiere, Firmenwert und Beteiligungen an Kapitalgesellschaften. Insofern wird die Veräußerung einzelner Vermögensgegenstände sowie des gesamten Vermögens der Betriebsstätte bzw. der festen Einrichtung als die Veräußerung einer Beteiligung an einer Personengesellschaft, die eine Betriebsstätte bzw. feste Einrichtung im anderen Vertragsstaat besitzt, erfasst, vgl. Schmalz, IStR 2003, 290, 296; Schaumburg/Häck, in: Schaumburg, Rn. 19.390 f. Zur Definition vgl. Schaumburg/Häck, in: Schaumburg, Rn. 19.385; ergänzend Art. 13 Ziff. 24 zu OECD-MK (bewegliches Betriebsvermögen).

hat der Ansässigkeitsstaat des Veräußerers gem. Art. 24 Abs. 1 und 2 DBA-Portugal zu vermeiden.[1617]

Eine Sonderregelung für die Besteuerung von Anteilsveräußerungen enthält das DBA-Portugal nicht. Auf Veräußerungsgewinne, die nicht von den Absätzen 1 bis 3 des Art. 13 DBA-Portugal erfasst werden, findet die Auffangnorm des Art. 13 Abs. 4 DBA-Portugal Anwendung. Danach gebührt dem Ansässigkeitsstaat des Veräußerers an diesen sonstigen Gewinnen ein ausschließliches Besteuerungsrecht.[1618] Dies ist insbesondere für die Veräußerung von Gesellschaftsbeteiligungen relevant.

a) Das Verhältnis des innerstaatlichen Rechts zum abkommensrechtlichen Veräußerungsbegriff

Der Begriff „Veräußerung" wird abkommensrechtlich nicht definiert und ist nach den allgemeinen Auslegungsgrundsätzen des Abkommens für alle Absätze einheitlich zu bestimmen. Stimmen die verwendeten Begriffe des Abkommens mit denen des OECD-MA überein, wie dies im DBA-Portugal hinsichtlich des Veräußerungsbegriffs der Fall ist, stellt das Musterabkommen ein wichtiges Auslegungsmittel dar.[1619] Als Veräußerung zählt Ziff. 5 S. 2 OECD-MK auch die Enteignung, die Einbringung in eine Gesellschaft, den Verkauf von Rechten, die unentgeltliche Übertragung und den Übergang von Todes wegen auf. Die Ziff. 7 ff. zu Art. 13 OECD-MK enthalten darüber hinaus weitere Auslegungshinweise.[1620]

1617 Gewinne aus Art. 13 Abs. 1 und 2 DBA-Portugal aus einer aktiven Betriebsstätten-Tätigkeit in Portugal und aus der Veräußerung von Gratisaktien (Nr. 6 des Protokolls zu Artikel 13 DBA-Portugal) werden in Deutschland unter Progressionsvorbehalt freigestellt (Art. 24 Abs. 2 lit. a DBA-Portugal). Im umgekehrten Fall wird die deutsche Besteuerung in Portugal durch Anrechnung der deutschen Steuer auf die zu erhebende portugiesische Steuer behoben (Art. 24 Abs. 1 lit. a DBA-Portugal), vgl. Raber, in: Wassermeyer, DBA-Portugal, Art. 13 Rn. 3.

1618 Die Gewinne sind in Deutschland im Fall eines portugiesischen Anteilsveräußerns bereits aufgrund der Verteilungsnorm des Art. 13 Abs. 4 DBA-Portugal (ausschließliche Besteuerung im Ansässigkeitsstaat) nicht steuerbar, sodass der Progressionsvorbehalt keine Anwendung findet, vgl. Raber, in: Wassermeyer, DBA-Portugal, Art. 13 Rn. 3, Art. 24 Rn. 28.

1619 Lehner, in: V/L, Grundlagen Rn. 130; Wassermeyer, in: Wassermeyer, MA, Vor Art. 1 Rn. 51.

1620 Danach werden auch die Wertzuwachsbesteuerung (einschließlich realisierter und fiktiver Veräußerungsgewinne) sowie entgeltliche und unentgeltliche Vermögenszuwächse erfasst. Zu der Berücksichtigung der Entnahme, der Betriebsaufgabe, der Entstrickung und der Umwandlung als gewinnauslösenden Vorgang, vgl. Wassermeyer, in: Wassermeyer, Art. 13 Rn. 30, 30a m.w.N.

Dieses weite Begriffsverständnis der OECD deutet darauf hin, dass eine Veräußerung anzunehmen ist, wenn das nationale Recht eines Vertragsstaates den Vorgang als gewinnrealisierend einstuft.[1621]

Deutschland wird als Betriebsstättenstaat die entgeltliche Übertragung, die An- oder Abwachsung von Anteilen bei Personengesellschaften, den Tausch, die steuerpflichtige Umwandlung[1622] von Personengesellschaften (mit Ausnahme des identitätswahrenden Rechtsformwechsels) sowie deren Beendigung als gewinnauslösende Vorgänge erfassen.[1623]

Nach portugiesischem Verständnis werden hingegen Umstrukturierungen, wie die Fusion, die Spaltung, die Einbringung an Anteilen an Personenhandelsgesellschaften, die auf eine Vermögensübertragung gerichtet sind, als steuerpflichtige Veräußerungsgewinne behandelt. Der Gewinn, der aus einer Liquidation resultiert, wirkt sich gleichfalls gewinnrealisierend aus. Für juristische Personen folgt dies aus der Regelung des Art. 46 Nr. 5 CIRC. Danach zählen zu den gewinnrealisierenden Vorgängen: die entgeltliche Übertragung aus Vorverträgen oder aus dem Tausch[1624]; aus der Umgliederung von Finanzinstrumenten, die zu Änderungen von Bilanzierungs- und Bewertungsmethoden geführt haben; aus der Aufhebung oder Zuleitung von Anteilen am Gesellschaftskapital infolge einer Verschmelzung (fusão), Spaltung (cisão) oder eines Anteilstausches (permuta de partes sociais); aus der Aufhebung von Anteilen der übernehmenden Gesellschaft am Gesellschaftskapital aufgrund einer Fusion oder Spaltung; aus bestimmten Formen der Kapitalherabsetzungen[1625] (redução de capital); aus der Übertragung von Aktiv- und Passivvermögen infolge einer Verschmelzung (fusão[1626]), Spaltung

1621 Art. 13 Ziff. 12 OECD-MK. Dem zustimmend Kluge, Internationales Steuerrecht, Rn. S 251; Reimer, in: V/L, Art. 13 Rn. 3, 20; Schaumburg/Häck, in: Schaumburg, Rn. 19.379; a.A. Wassermeyer, in: Wassermeyer, MA, Art. 13 Rn. 3, der von einem autonomen Abkommensbegriff ausgeht.

1622 Einzelheiten zu den Umwandlungsvorgängen s. Benecke/Schnittker, in: W/R/S, Rn. 13. 9 ff. Für gewerbliche Personengesellschaften i.S.d. § 15 Abs. 3 EStG, die sich entsprechend dem 20 UmStG in eine Kapitalgesellschaft „umwandeln", ist § 50i Abs. 1 S. 2 EStG zu beachten, s. hierzu Weggenmann, in: W/R/S, Rn. 6.21.

1623 Schmalz, IStR 2003, 290, 295; Wassermeyer, in: Wassermeyer, MA, Art. 13 Rn. 27, 28, 30.

1624 Der Gewinn wird mit Zurverfügungstellung des Vermögens realisiert.

1625 Es werden Kapitalherabsetzungen durch Rückkauf von Aktien (Art. 345 Nrn. 6 und 7 CSC), durch Tilgung von Anteilen (Art. 347 CSC) sowie zum Zwecke der Verlustabdeckung und zur Aufhebung von gesellschaftseigenen Anteilen erfasst.

1626 Die Verschmelzung wird handelsrechtlich in den Artt. 97–117 CSC geregelt. Art. 97

(cisão[1627]) oder aus der Einbringung[1628] von Unternehmensanteilen (entrada de ativos) durch die einbringende Gesellschaft und aus sämtlichen entgeltlichen Übertragungen von einer in Portugal ansässigen Gesellschaft an ihre im Ausland sitzenden Betriebsstätten.

Für Veräußerungen durch natürliche Personen findet sich eine ähnliche Regelung in Art. 10 Nr. 1 lit. b CIRS. Danach werden Gewinne aus der entgeltlichen Übertragung von Gesellschaftsanteilen oder Wertpapieren aufgrund einer Verschmelzung, einer Spaltung, eines Austausches von Anteilen, einer Liquidation (liquidação[1629]) oder einer Kapitalherabsetzung (redução de capital) als Veräußerungsgewinne erfasst.[1630]

Bis zum Jahr 2014 wurden Liquidationsgewinne[1631] natürlicher, ansässiger Personen sowohl den Vermögenszuwächsen (Kategorie G) als auch den Einkünften

Nr. 4 CSC kennt – wie im deutschen Recht – zwei Arten der Verschmelzung. Bei der Verschmelzung durch Aufnahme überträgt die übertragende Gesellschaft ihr gesamtes Vermögen auf die aufnehmende Gesellschaft und teilt die Anteile von der aufnehmenden Gesellschaft den Gesellschaftern der übertragenden Gesellschaft zu (Art. 97 Nr. 4 lit. a CSC). Die Verschmelzung durch Neugründung mündet in der Neugründung einer neuen Gesellschaft, die zwei oder mehrere Gesellschaften nach der oben beschriebenen Vorgehensweise aufnimmt (Art. 97 Nr. 4 lit. b CSC).

1627 Zivilrechtlich ist die Spaltung in den Artt. 118–129 CSC verankert. Die Regelungen des Art. 118 Nr. 1 lit. a–c CSC nennen drei Spaltungsalternativen. Nach der einfachen Spaltung kann die Gesellschaft ihre Unternehmensteile in eine oder mehrere Gesellschaften aufteilen. Bei der Spaltung durch Beendigung gliedert die Gesellschaft zwecks Gründung einer neuen Gesellschaft ihr Vermögen in verschiedene Teile aus. Bei der Spaltung durch Verschmelzung werden die gespaltenen Vermögensteile mit anderen Gesellschaften vereinigt.

1628 Unter den Voraussetzungen des Art. 51C CIRC wird ein steuerpflichtiges Veräußerungsgeschäft verneint.

1629 Zu der Liquidation gehört auch die Veräußerung von betriebsfähigen Teilen des Unternehmens. Die damit zusammenhängenden Veräußerungsgewinne bleiben bei der Ermittlung des Einkommens außer Ansatz. Die Verlustberücksichtigung wird in Art. 81 Nr. 6 CIRC geregelt. Zu Einzelheiten vgl. Amorim, in: Lexit CIRC, Art. 81 CIRC, S. 905; Tormenta, in: A Reforma do IRC, S. 138.

1630 Die (un)entgeltliche Abtretung (trespasse) von Anteilen an transparenten Gesellschaften wird hingegen mit einer Stempelsteuer i.H.v. 5% belegt (vgl. Ziff. 27.1 der Tabelle; Art. 17 CIS). Der Einheitswert wird nach Maßgabe der Betriebsstättengrundsätze (Art. 17 CIS, Art. 16 Nr. 2 CIS i.V.m. Art. 42 CIMI) ermittelt. Zu Einzelheiten s. Pires/Pires, Direito Fiscal, S. 754,755; Rodrigues/Oliveira/Miranda, A Tributação do Património, S. 12 ff.

1631 Aus Art. 13 Ziff. 31 OECD-MK folgt, dass Liquidationsgewinne entweder als Ausschüttung oder als Veräßerungsgewinn behandelt werden können.

aus Kapitalvermögen (Kategorie E) zugewiesen.[1632] Seit dem Inkrafttreten des Gesetzes Nr. 83 E/2014 vom 31.12.2014 werden diese Gewinne ausschließlich der Kategorie G zugeordnet. Abkommensrechtlich sind diese Einkünfte dem Art. 13 DBA-Portugal zuzuweisen.

Aus deutscher Sicht bleibt die Abgrenzung zwischen Art. 13 und Art. 10 DBA-Portugal weiterhin relevant, da Liquidationserlöse (einschließlich Kapitalherabsetzungen), soweit diese das Nennkapital übersteigen, als Kapitaleinkünfte qualifiziert werden (§ 20 Abs. 1 S. 1, 2 EStG; Art. 10 Abs. 3 DBA-Portugal).[1633] Erlöse, die mit der Beendigung einer Personengesellschaft entstehen, gelten demgegenüber als „außerordentliche Einkünfte gewerblicher Art" i.S.d. § 16 Abs. 1, 3 EStG, die dem Art. 13 Abs. 2 DBA-Portugal zuzuordnen sind.

Demgegenüber kann die Abgrenzung des Art. 13 DBA-Portugals zu den Artt. 7, 14 DBA-Portugal weder mittels des DBA-Portugal noch mittels des OECD-MK[1634] erfolgen. Wassermeyer[1635] nimmt daher an, dass die Regelungen des Art. 13 Abs. 1 bis 3 MA zu den Artt. 6, 7, 8 und 14 aF MA im Verhältnis der Spezialität stehen. Allerdings seien dabei die Rechtsfolgen des Art. 13 Abs. 1 bis 4 MA vorrangig zu beachten. Ein anderer Teil im Schrifttum grenzt den Art. 13 zu Art. 7 OECD-MA anhand von drei Begriffspaaren voneinander ab, die sich vorrangig am Veräußerungsgegenstand orientieren. So seien Wirtschaftsgüter des Umlaufvermögens dem Art. 7 OECD-MA zuzuordnen, während Veräußerungen des Anlagevermögens dem Art. 13 OECD-MA unterfallen.[1636] Außerordentliche Veräußerungen seien hingegen unter den Art. 13 OECD-MA zu subsumieren, während laufende Gewinne unter Art. 7 OECD-MA fallen.[1637] Schließlich seien

---

1632 Aguiar, in: Lexit CIRS, Art. 10, S. 369; Anjos Avezedo, in: Lexit CIRS, Art. 10 CIRS, S. 374 f., jeweils m.w.N.

1633 Wassermeyer, in: Wassermeyer, MA, Art. 13 Rn. 34.

1634 Aus Art. 13 Ziff. 4 S. 3 OECD-MK folgt lediglich, dass eine Abgrenzung zwischen den Veräußerungsgewinnen zu den laufenden Gewinnen aufgrund der identischen Rechtsfolgen überflüssig ist.

1635 Wassermeyer, in: Wassermeyer, MA, Art. 13 Rn. 1.

1636 Wassermeyer, in: Wassermeyer, MA, Art. 13 Rn. 2.

1637 Piltz, IStR 1996, 457, 458. Zum Frucht-Baum-Ansatz: Neemann, CDFI LXI b (1976), S. 71, 74f. Der Lösungsansatz von Schmalz, IStR 2003, 290 ff. orientiert sich an der Systematik des Art. 13 OECD-MA. Soweit der Sitzstaat der Gesellschaft den laufenden Gewinn als Unternehmensgewinn behandele, sei Art. 13 Abs. 2 OECD-MA, der gleichfalls auf Art. 7 OECD-MA verweise, maßgeblich. Hagena, S. 211, die eine Bindung des Ansässigkeitsstaates an die Einkünftequalifikation des Sitzstaates der Personengesellschaft annimmt, kommt zum gleichen Ergebnis. Der von der OECD

Veräußerungen, die im gewöhnlichen Geschäftsbetrieb erfolgen, dem Art. 7 OECD-MA zuzuordnen, während Veräußerungen außerhalb des gewöhnlichen Geschäftsbetriebs dem Art. 13 OECD-MA zuzuweisen seien.[1638] Hieraus ziehen vereinzelte Stimmen im Schrifttum den zutreffenden Schluss, dass einheitliche Maßstäbe für die Abgrenzung des Art. 13 zu dem Art. 7 OECD-MA nicht fixiert werden können.[1639] Vielmehr habe eine Abgrenzung einzelfallabhängig zu erfolgen. Dabei könne das Begriffspaar Umlauf-/Anlagevermögen lediglich als Indiz zugrunde gelegt werden.[1640] Dem ist beizupflichten, da nur eine einzelfallabhängige Anwendung der Kriterien zu zutreffenden Ergebnissen führt.

Festzuhalten bleibt somit, dass Umstrukturierungen von inländischen Personengesellschaften, insbesondere i.S.d. UmwStG und nach § 6 Abs. 5 EStG oder § 16 Abs. 3 S. 2 bis 4 EStG nach dem deutschen[1641] Rechtsverständnis (deutsche Personengesellschafts-/Betriebsstättenstaat) keine steuerpflichtigen Veräußerungsvorgänge begründen.[1642] Demgegenüber gelten Gewinne aus Umstrukturierungen ausländischer Kapitalgesellschaften (§§ 2 ff., 123 ff., 174ff. UmwG i.V.m. § 9 UmwStG) abkommensrechtlich grundsätzlich als Veräußerungsgewinne. Soweit jedoch die Umstrukturierung der ausländischen Kapitalgesellschaft einen bloßen Formwechsel i.S.d. §§ 190 ff. UmwG begründet, liegt kein Veräußerungsgewinn nach deutschem Recht vor, während ein rechtsformübergreifender Formwechsel (§ 9 UmwStG) steuerwirksam ist. Allerdings schlägt ein fingierter Vermögensübergang gem. § 9 UmwStG nicht auf Abkommensebene durch. Ein gewinnrealisierender Vorgang wird nicht von Art. 13 OECD-MA erfasst, sondern regelmäßig von Art. 21 Abs. 1 oder Art. 7 OECD-MA. Darüber

vorgeschlagene Lösungsansatz in Art. 23A/B Ziff. 32.4 zu OECD-MK aus dem Jahre 2000, der den Quellenstaat zum Zwecke der Anwendung des Methodenartikels so behandelt, als hätte er den Veräußerungsgewinn nach dem Abkommen besteuert, findet auf das DBA-Portugal keine Anwendung, zumal es sich um eine völlig neue, bis zu diesem Zeitpunkt nicht bekannte Auslegung handelt.

1638 Hierfür spricht die Bedeutung des englischen Begriffs capital gains, der sich auf Veräußerungsgewinne außerhalb des Geschäftsbetriebs bezieht, vgl. Vogel, CDFI LXI b (1976), S. 129.

1639 Ebenso Neemann, CDFI LXI b (1976) S. 71.

1640 Ebenso Hagena, S. 206. Schmalz, IStR 2003, 290, 293, der zutreffend davon ausgeht, dass das innerstaatliche Verständnis von Umlauf- und Anlagevermögen nicht maßgeblich auf das abkommensrechtliche Begriffsverständnis von „Veräußerungen von Vermögen“ abfärbe.

1641 Schaumburg/Häck, in: Schaumburg, Rn. 19.389.

1642 Schaumburg/Häck, in: Schaumburg, Rn. 20.74, 20.181; Wassermeyer, in: Wassermeyer, MA, Art. 13 Rn. 30.

hinaus ist die Einlagefiktion gem. § 5 UmwStG bei der Umwandlung einer Kapital- in eine Personengesellschaft abkommensrechtlich unmaßgeblich.

Anders sieht es hingegen in Portugal aufgrund der unterschiedlichen Struktur von portugiesischen und deutschen Personengesellschaften aus. Darüber hinaus tragen die ähnlich verwendeten Veräußerungsbegriffe im portugiesischen Einkommen- und Körperschaftsteuergesetz dazu bei, dass Gewinne, die bei der Umstrukturierung einer portugiesischen Personenhandelsgesellschaft aufgrund von Fusion, Spaltung, Einbringung von Anteilen an Personenhandelsgesellschaften, Liquidation oder Kapitalherabsetzung entstehen, stets dem Art. 13 DBA-Portugal zuzuordnen sind.[1643] Dieses Begriffsverständnis stimmt mit der Protokollanmerkung 6 zu Art. 13 DBA-Portugal überein. Danach sind Kapitalerhöhungen durch Umwandlungen von Rücklagen oder aus der Ausgabe von Gratisaktien dem Art. 13 DBA-Portugal zuzuweisen, wenn die Gesellschaft ihren Sitz oder ihre Geschäftsleitung in Portugal bzw. die portugiesische Kapitalgesellschaft ihre Geschäftsleitung in Deutschland hat.[1644] Dagegen ist die Ausgabe von Gratisaktien deutscher Gesellschaften dem Art. 10 DBA-Portugal zuzuordnen.[1645]

1643 Für grenzüberschreitende Umwandlungen unter Beteiligung von Personengesellschaften innerhalb der EU erlangt die Fusions-Richtlinie begrenzte Geltung, da die handelsrechtlichen Voraussetzungen noch nicht vollständig in das deutsche Recht umgesetzt worden sind. Die Richtlinie erfasst zudem nur bestimmte EU-Kapitalgesellschaften wie die portugiesischen Personenhandelsgesellschaften, vgl. zur Fusionsrichtlinie im Allgemeinen: Kellermann/Treisch/ Lampert/Heinemann, Europäische Unternehmensbesteuerung, S. 172 ff. Daneben können Personengesellschaften gem. § 3 Abs. 1 Nr. 1 UmwG ihre gesellschaftsrechtliche Struktur bzw. ihre Vermögenszuordnung durch Verschmelzung (§§ 39 ff. UmwG), Spaltung (§§123 ff. UmwG) oder Formwechsel (§§190 ff.; §§ 214 ff UmwG) ändern. Hier wird die Ansicht geteilt, dass aufgrund der bewussten Unterlassung der Streichung i.R.d. § 1 Abs. 1 UmwG („mit Sitz im Inland") bei der Schaffung des UmwG 1995 nur nationale Umwandlungen in den Anwendungsbereich der Norm fallen. Für grenzüberschreitende Umwandlungen innerhalb der EU bzw. des EWR kann auf das UmwStG (mit der Bereichsausnahme des § 24 UmwStG) abgestellt werden. Zudem ist § 50 i EStG zu beachten. Für die grenzüberschreitendenVerschmelzungen von Personengesellschaften fehlen auch sekundärrechtliche Normen. §§ 122a bis 122l UmwG finden lediglich auf die grenzüberschreitende Verschmelzung von deutschen Kapitalgesellschaften unter Beteiligung von Kapitalgesellschaften aus den EU- oder den EWR-Staaten Anwendung. Zu Einzelheiten vgl. Benecke/Schnittker, in: W/R/S Rn. 13. 1 ff., 13.33 ff.; Rehm, in: W/R/S Rn. 1.96 f.

1644 Raber, in: Wassermeyer, DBA-Portugal, Art. 13 Rn. 30.

1645 Raber, in: Wassermeyer, DBA-Portugal, Art. 10 Rn. 21.

b) Die Veräußerung von Anteilen an Personengesellschaften

aa) Portugiesische Personengesellschaft mit deutschem Gesellschafterkreis

Veräußert ein in Deutschland ansässiger Mitunternehmer seine Beteiligung an einer in Portugal transparent besteuerten Personengesellschaft (Art. 6 CIRC), gehen die Vertragsstaaten übereinstimmend von einer anteiligen Veräußerung von beweglichen Einzelwirtschaftsgütern der Personengesellschaft aus (portugiesische Betriebsstätte des deutschen Gesellschafters, Art. 13 Abs. 2 DBA-Portugal[1646]). Portugal gebührt als Betriebsstättenstaat das Besteuerungsrecht[1647] (Art. 13 Abs. 2 DBA-Portugal; Art. 10 Abs. 1 CIRS, Art. 20 Abs. 1 lit. h CIRC). Deutschland stellt hingegen nach Art. 24 Abs. 2 lit. a DBA-Portugal die Gewinne – soweit der Aktivitätsvorbehalt[1648] erfüllt ist – frei. Ein (subjektiver) Qualifikationskonflikt tritt aufgrund der ähnlichen Besteuerungskonzepte nicht ein.

Anders sieht es aus, wenn ein deutscher Mitunternehmer seine Beteiligung an einer intransparenten portugiesischen Personengesellschaft, wie z. B. an der OHG (sociedade em nome colectivo) oder an der KG (sociedade em comandita), veräußert. In diesem Fall weist Art. 13 Abs. 4 DBA-Portugal das ausschließliche Besteuerungsrecht am Veräußerungsgewinn Portugal zu. Deutschland hingegen behandelt die Gewinne als Veräußerung von anteiligem (beweglichem) Betriebsstättenvermögen des veräußernden Gesellschafters (Art. 13 Abs. 2 DBA-Portugal).[1649] Der vorgenannte Qualifikationskonflikt wird durch Anwendung des

1646 Art. 13 Abs. 2 DBA-Portugal verlangt, dass das veräußerte, bewegliche Vermögen vor seiner Veräußerung tatsächlich zu einer Betriebsstätte oder einer festen Geschäftseinrichtung gehört. Dies impliziert, dass die Betriebsstätte bzw. feste Einrichtung im Zeitpunkt der Veräußerung noch vorhanden sein muss, um nachträgliche Betriebsstätteneinkünfte besteuern zu können. Dem zustimmend BFH v. 8.11.2010, DStR 2011, 14, 15; a.A. wohl die deutsche Finanzverwaltung BMF v. 24.12.1999, BStBl. I, S. 1076 Tz. 2.92.

1647 Es sei denn, es liegt ein nicht steuerbarer Veräußerungsvorgang nach Art. 51C CIRC oder Art. 27 Nr. 1 EBF vor.

1648 Im Hinblick auf Art. 13 Abs. 1 und 2 DBA-Portugal greift die Aktivitätsklausel (s. Ziff. 8a des Protokolls zu Art. 24 DBA-Portugal), während sie im Rahmen des Art. 13 Abs. 4 DBA-Portugal keine Anwendung findet.

1649 Reimer, in: V/L, Art. 13 MA Rn. 83a; Wassermeyer, in: Wassermeyer, MA, Art. 13 Rn. 65, 79a, die davon ausgehen, dass das Steuersubjekt nicht ausgetauscht werde, sondern die Steuervergünstigungen den Mitunternehmern zustehen; a.A. Lüdicke, IStR 2011, 91, 98.

Art. 4 Abs. 4 DBA-Portugal (fiktive Ansässigkeit des deutschen Gesellschafters in Portugal) beseitigt. Unmaßgeblich ist hierbei, ob auf Art. 13 Abs. 2 oder auf Abs. 4 des DBA-Portugal abgestellt wird.[1650] Kraft gesetzlicher Fiktion gebührt Portugal in beiden Fällen das ausschließliche Besteuerungsrecht an den Veräußerungsgewinnen.[1651]

Das FG Hamburg[1652] kommt in einer vergleichbaren Entscheidung mit einer anderen Begründung zu dem gleichen Ergebnis. Der Entscheidung lag folgender Sachverhalt zugrunde: An einer nach spanischem Recht gegründeten Sociedad en Comandita, deren Struktur einer deutschen KG entspricht, waren zu 1% die deutsche A-GmbH als Komplementärin und zu 99% die deutsche B-KG beteiligt (doppelstöckige Personengesellschaft). Im Jahr 1996 haben die in Deutschland ansässigen Gesellschafter ihre Anteile an der deutschen B-KG veräußert und einen Veräußerungsgewinn unter Aufdeckung der stillen Reserven bei der spanischen Gesellschaft erzielt. Das FG Hamburg behandelte die Veräußerung der deutschen KG-Beteiligung – entgegen dem spanischen Recht, das von einer Veräußerung der Beteiligung an einer juristischen Person nach Art. 13 Abs. 3 DBA-Spanien 1966 mit deutschem Besteuerungsrecht ausgeht – als mittelbare Veräußerung der spanischen KG-Beteiligung, d.h. als Veräußerung der anteiligen Einzelwirtschaftsgüter des Betriebsstättenvermögens der spanischen KG, soweit es anteilig auf die deutschen Gesellschafter entfiel. Dies hatte zur Folge, dass der Gewinn auch in Spanien nach Art. 13 Abs. 1 und Abs. 2 des DBA-Spaniens 1966 der Besteuerung unterlag, während er in Deutschland unter

---

1650 Ebenso Raber, in: Wassermeyer, DBA-Portugal, Art. 13 Rn. 29.

1651 Ebenso Raber, a.a.O. So wohl auch Rosenthal, IStR 2007, 610. A.A. BFH v. 13.11.2013, DStR 2014, 144, 145, der die Auffassung vertritt, dass die Personengesellschaft lediglich für abkommensrechtliche Zwecke als ansässig gelte und innerstaatlich weiterhin als transparentes Rechtsgebilde zu behandeln sei. Die Betriebsstätte der Personengesellschaft sei insoweit als Betriebsstätte des Gesellschafters zu qualifizieren. Insoweit befürwortet der BFH in seinem Beschluss v. 19.05.2010, BStBl. 2011 II, 156, 160, einen Übergang der Freistellungs- zur Anrechnungsmethode. Nach der Auffassung der OECD, vgl. Art. 23A/B Ziff. 32.7 OECD-MK 2000, könne der Ansässigkeitsstaat nicht zur Anwendung der Freistellungsmethode verpflichtet werden, wenn der Quellenstaat nach seinem nationalen Recht auf die Besteuerung der Gewinne verzichte. Allerdings findet dieser Ansatz nach hier geteilter Auffassung auf das DBA-Portugal keine Anwendung, da es sich um eine völlig neue, bis zu diesem Zeitpunkt nicht bekannte Auslegung des OECD-MK handelt.

1652 FG Hamburg v. 22.08.2006 – 7 K 139/03, abrufbar über juris, Rn. 30 ff. (zu Art. 4 Abs. 4 DBA-Spanien 1966).

Progressionsvorbehalt freizustellen war (Art. 23 Abs. 1 lit. a S. 1 DBA-Spanien 1966).[1653] Spanien besaß nach Auffassung des FG das Besteuerungsrecht an den Gewinnen i.V.m. deutscher Freistellung, da die von der Finanzverwaltung[1654] erfolgte Auslegung des Art. 23A Abs. 1, 2 OECD-MA (Übergang von der Freistellungs- auf die Anrechnungsmethode) nicht auf den Art. 23 Abs. 1 lit. a DBA-Spanien 1966 übertragbar sei. Zum einen enthalte das DBA-Spanien 1966 keine entsprechende Regelung, wie Art. 23A OECD-MA, zum anderen spreche auch der Gesamtzusammenhang des Abkommens, z. B. Art. 4 Abs. 4 DBA-Spanien 1966 (Ansässigkeitsfiktion der Gesellschafter im Gesellschaftsstaat) sowie Art. 10 Abs. 2 lit. a i.V.m. Abs. 4 S. 2 DBA-Spanien 1966 (Ausweitung des Dividendenbegriffs), nicht für einen Übergang von der Freistellungs- auf die Anrechnungsmethode.[1655] Zudem lägen die Voraussetzungen für eine Anrechnung nach Art. 23 Abs. 1 lit. b ee DBA-Spanien 1966 nicht vor.[1656] Die Begründung des FG lässt erkennen, dass sowohl die Reichweichte der Sonderregelung (Art. 4 Abs. 4 DBA-Spanien 1966) als auch die Abkommenssystematik nicht angemessen gewürdigt wurde. Wie eingangs zu Art. 4 Abs. 4 DBA-Portugal ausgeführt, kommt der Regelung (gleiches gilt für Art. 4 Abs. 4 DBA-Spanien 1966) keine quellensteuerbegrenzende Wirkung zu. Dies bedeutet, dass bereits auf Ebene der Verteilungsartikel i.Vm. der Gesellschafter-Ansässigkeitsfiktion (Art. 13 Abs. 2 i.V.m. Art. 4 Abs. 4 DBA-Spanien 1966) dem Quellenstaat (hier: Spanien) das ausschließliche Besteuerungsrecht an den Gewinnen zugewiesen wird.[1657] Dies impliziert auch, dass der Methodenartikel und der in Art. 23 Abs. 1 a S. 1 DBA-Spanien 1966 vorgesehene Progressionsvorbehalt nicht mehr zur Anwendung gelangen.[1658] Wie zu Art. 7 DBA-Portugal bereits ausgeführt, kann auch nicht auf den nationalen Progressionsvorbehalt des § 32b Abs. 1 S. 1 Nr. 3 EStG zurückgegriffen werden.[1659] Rosenthal weist in diesem Zusammenhang zutreffend darauf hin, dass § 32b EStG ohne ausländische Betriebsstätte nicht anwendbar ist.[1660]

1653 FG Hamburg v. 22.08.2006 – 7 K 139/03, abrufbar über juris, Rn. 41, 44.

1654 BMF v. 28.5.1998, IV C 5-S 1301 Spa – 2/98, BStBl I 1998, 557 Tz. 5.

1655 FG Hamburg v. 22.08.2006 – 7 K 139/03, abrufbar über juris, Rn. 44.

1656 FG Hamburg v. 22.08.2006 – 7 K 139/03, abrufbar über juris, Rn. 45–47.

1657 Ebenso Rosenthal, IStR 2007, 610, 611.

1658 Ebenso Höhn/Höring, international agierende Unternehmen, S. 243; Raber, in: Wassermeyer, DBA-Portugal, Art. 13 Rn. 30; Rosenthal, IStR 2007, 610, 611.

1659 Raber, in: Wassermeyer, DBA- Portugal, Art. 24 Rn 28; vgl. Kapitel 4 D I 1 b) aa) (2) dieser Arbeit.

1660 Rosenthal, IStR 2007, 610, 612.

Mit Urteil vom 18.09.2007 hob der BFH das o.g. Urteil lediglich aus formalen Gründen auf, da die Einkünfte in einem statt in zwei Feststellungsbescheiden festgestellt wurden (doppelstöckige Personengesellschaft).[1661] Ausführungen zu der Sonderregelung des Art. 4 Abs. 4 DBA-Spanien 1966 nahm der BFH hingegen nicht mehr vor.

Mit dem o.g. Beschluss vom 19.05.2010[1662] hob der BFH den AdV-Beschluss des FG Baden-Württemberg vom 02.11.2009[1663] auf und verwies die Sache zur weiteren Sachaufklärung an das Finanzgericht zurück. Dem AdV-Beschluss lag folgender Sachverhalt zugrunde: Die in Deutschland ansässigen, unbeschränkt steuerpflichtigen Eheleute waren an einer gewerblich geprägten, spanischen Personengesellschaft (Sociedade Comandita, die mit der deutschen GmbH & Co. KG vergleichbar ist) beteiligt. Persönlich haftende Gesellschafterin der KG war eine spanische Gesellschaft (Sociedade Anómima, die mit der deutschen AG vergleichbar ist). Gesellschafter der AG waren die Eheleute. Ihre Anteile an der KG stellten aus deutscher Sicht gem. § 15 Abs. 1 S. 1 Nr. 2 EStG (Mitunternehmerschaft, transparente Besteuerung) Sonderbetriebsvermögen bei der spanischen KG dar. Die Eheleute veräußerten im Jahr 2003 sowohl ihre Anteile an der spanischen KG als auch an der spanischen AG. Das Finanzamt stellte in Höhe des festgestellten Betrages einen tarifbegünstigten Veräußerungsgewinn fest. Das FG Baden-Württemberg[1664] nahm, wie das Finanzamt, hinsichtlich der Veräußerung der Anteile an der spanischen KG, die nach spanischem Rechtsverständnis einer intransparenten Besteuerung unterliegt, an, dass der Art. 13 Abs. 3 DBA-Spanien 1966 (sonstiges Vermögen, Kapitalgesellschaftsanteile) zur Anwendung komme und damit nur Deutschland als Wohnsitzstaat der Anteilseigner für den Gewinn aus der Anteilsveräußerung das Besteuerungsrecht zustehe. Auf § 50d Abs. 9 S. 1 EStG käme es nicht mehr an, da bereits das alleinige deutsche Besteuerungsrecht aus dem DBA-Spanien 1966 folge. Dem trat der BFH entgegen. Als Begründung führte der BFH, für den Fall, dass die spanische KG eigengewerblich und nicht vermögensverwaltend tätig sei, an, „dass in Deutschland Personengesellschaften nicht nach den für juristische Personen geltenden Regeln besteuert werden“[1665]. Vielmehr seien „die von einer Personengesellschaft erzielten Einkünfte stets deren Gesellschaftern zuzurechnen und bei diesen zu

1661 BFH v. 18.09.2007, DStZ 2008, 426.

1662 BFH v. 19.05.2010, BStBl 2011 II, 156.

1663 FG Baden-Württemberg v. 02.11.2009 – 6 V 2234/09, abrufbar über juris.

1664 FG Baden-Württemberg v. 02.11.2009 – 6 V 2234/09, abrufbar über juris, Rn. 3b, das die spanische Qualifikation der KG als intransparent für maßgeblich angesehen hat.

1665 BFH, Beschluss vom 19.05.2010, BStBl II 2011, 156, Rn. 20.

besteuern“; abkommensrechtlich folge daraus, „dass sowohl ein von einer Personengesellschaft betriebenes Unternehmen als auch die Betriebsstätten eines solchen Unternehmens unmittelbar den Gesellschaftern der Personengesellschaft zugeordnet werden“.[1666] Entsprechend der deutschen Besteuerung sei der Veräußerungsgewinn als Veräußerung eines Mitunternehmeranteils anzusehen. Demnach besitze auch Spanien ein Besteuerungsrecht (Art. 13 Abs. 2 S. 1 DBA-Spanien 1966). Deutschland habe hingegen als Ansässigkeitsstaat der Gesellschafter den Gewinn von der deutschen Steuer freizustellen (Art. 23 Abs. 1 lit. a S. 1 DBA-Spanien 1966) bzw. nach § 50d Abs. 9 S. 1 EStG – soweit Spanien von seinem zugewiesenen Besteuerungsrecht keinen oder nur eingeschränkten Gebrauch macht – von der Freistellungs- auf die Anrechnungsmethode umzustellen.[1667] Auf die Sonderregelung des Art. 4 Abs. 4 DBA-Spanien 1966 ging der BFH trotz Entscheidungsrelevanz nicht ein.[1668]

Die deutsche Finanzverwaltung[1669] hat in ähnlich gelagerten Fällen zur Vermeidung einer doppelten Nichtbesteuerung ebenfalls einen Übergang von der Freistellungs- auf die Anrechnungsmethode gem. § 50d Abs. 9 EStG[1670] angenommen. Dies war aufgrund der Sonderregelung im DBA-Spanien 1966 nicht erforderlich gewesen.[1671] Zusätzlich weist Rosenthal[1672] darauf hin, dass die Regelung des § 50d Abs. 9 S. 1 Nr. 1 EStG bereits tatbestandlich nicht vorliege. Als Begründung führt er an, dass die Freistellung nicht aus dem Methodenartikel (Art. 23A OECD-MA), sondern aus dem Verteilungsartikel (Art. 13 Abs. 5 MA) folge. Im Übrigen sei aus abkommensrechtlichen Gesichtspunkten ein Methodenwechsel durch § 50d Abs. 9 S. 1 Nr. 1 EStG nur in Verbindung mit dem Methodenartikel (Art. 23A OECD-MA) denkbar, da Art. 23A Abs. 4 MA eine Umschaltklausel

1666 BFH, Beschluss vom 19.05.2010, BStBl II 2011, 156, Rn. 21.

1667 Die amtliche Begründung zu § 50d Abs. 9 EStG (BT-Drs. 16/2712), die explizit auf die Ziff. 32.6 des OECD-MK zu Art. 23 verweist, macht sich die Auffassung des OECD-MK zu eigen. Die Regelung ist entsprechend dem völkerrechtskonformen Auslegungsgebot nur auf Qualifikationskonflikte i.w.S. anzuwenden, vgl. BVerfGE 111, 307, 318.

1668 BFH v. 19.05.2010, BStBl 2011 II, 156.

1669 BMF v. 26.09.2014, BStBl. I, 2014, S. 1258, Rn. 4.2 i.V.m. 4.1.4, 4.1.3.2, 4.1.3.3.

1670 Zur Fragestellung, ob im Rahmen des § 50d Abs. 9 EstG eine strenge Steuersubjektidentität besteht, s. Kollross, StuW 2010, 367, 383 f.

1671 Für das DBA-Spanien 1966 siehe Schick, IWB 2011, 93, 96; Rosenthal, IStR 2007, 610, 611, die betonen, dass es der Anwendung von unilateralen Regelungen im Hinblick auf Art. 4 Abs. 4 DBA-Spanien 1966 nicht bedurft hätte, wenn Finanzverwaltung und BFH diese Sonderregelung nicht einfach ignoriert hätten.

1672 Rosenthal, IStR 2007, 610, 612; einschränkend Hagemann/Kahlenberg, IStR 2015, 54, 58 m.w.N.

enthalte. Dies werde durch die in der Gesetzesbegründung expliziten Verweise auf Art. 23A OECD-MA (Freistellungsmethode) und auf Ziff. 32.6 MK 2000 zu Art. 23 OECD-MA belegt.[1673] Danach lasse die Keinmalbesteuerung die Freistellungsmethode leerlaufen.[1674] Dem ist insoweit beizupflichten, als systematische und historische Gesichtspunkte die Anwendung des § 50d Abs. 9 EStG nicht rechtfertigen, wenn die Freistellung bereits aus dem Verteilungsartikel (Art. 13 Abs. 5 OECD-MA: die Einkünfte können nur im Ansässigkeitsstaat besteuert werden) folgt. Demgegenüber steht dem Telos der Norm des § 50d Abs. 9 S. 1 Nr. 1 EStG eine eingeschränkte Anwendung nicht entgegen.[1675]

Zusammenfassend kann festgehalten werden, dass sich aufgrund der Sonderregelung im DBA-Portugal (Art. 4 Abs. 4 DBA-Portugal) ein Rückgriff auf § 50d Abs. 9 EStG erübrigt, da bei Anwendung des Art. 13 Abs. 2 oder Abs. 4 i.V.m. Art. 4 Abs. 4 des DBA-Portugal Portugal das ausschließliche Besteuerungsrecht besitzt.[1676]

bb) Deutsche Personengesellschaft mit portugiesischem Gesellschafterkreis

Veräußert ein in Portugal ansässiger Mitunternehmer seinen Anteil an einer inländischen Personengesellschaft,[1677] hängt die Zuordnung der Veräußerungsgewinne unter die betreffenden Absätze des Art. 13 DBA-Portugal entscheidend davon ab, ob Portugal die deutsche Gesellschaft als transparent oder intransparent behandelt. Die Rechtsform der deutschen Personengesellschaft wird zwar von Portugal übernommen, nicht jedoch das jeweilige Besteuerungskonzept. Dies hat zur Folge, dass die Personengesellschaften einer intransparenten Besteuerung und die nicht gewerblich tätigen GbR einer transparenten Besteuerung in Portugal unterliegen. Die Veräußerung eines Anteils an einer in Deutschland ansässigen, nicht gewerblich tätigen GbR (sociedade civil sob

---

1673 BT-Drs. 16/ 2712, S. 16, wobei der Gesetzgeber lediglich auf eine Nicht-, nicht aber auf eine Minderbesteuerung abstellt.

1674 BT-Drs. 16/2712, S. 61.

1675 Ebenso Hagemann/Kahlenberg, IStR 2015, 54; a.A. BFH v. 21.01.2016, IStR 2016, 509, 512 Rn. 21a m.w.N., der betont, dass Art. 23 Abs. 1 DBA-Spanien 1966 eigenständig die Freistellungsmethode anordnet.

1676 Ebenso Raber, in: Wassermeyer, DBA-Portugal Art. 13 Rn. 30. Für das DBA-Spanien 1966 Rosenthal, IStR 2007, 610, 611; Schick, IWB 2011, 93, 94, 96. A.A. Woerz, S. 167, der dem Art. 4 Abs. 4 S. 1 DBA-Spanien 1966 eine quellenbegrenzende Wirkkraft unterstellt und nicht die Fiktion, sondern den Methodenartikel anwendet.

1677 In Anlehnung an das Beispiel 14 des Partnership-Reports Rn. 107 f.; Art. 23 Ziff. 32.4 OECD-MK.

forma civil) durch einen portugiesischen Gesellschafter gilt als Veräußerung von anteiligem (beweglichem) Betriebsstätten-Vermögen, sodass Deutschland als Betriebsstättenstaat das Besteuerungsrecht nach Art. 13 Abs. 2 DBA-Portugal erhält. Portugal rechnet hingegen die in Deutschland entrichtete Steuer auf die portugiesische Steuer an (Art. 24 Abs. 1 DBA-Portugal). Zu einem Qualifikationskonflikt kommt es aufgrund der übereinstimmenden Besteuerungskonzepte der Vertragsstaaten nicht.

Soweit ein in Portugal ansässiger Gesellschafter seinen Anteil an einer deutschen Personengesellschaft, die nach portugiesischem Verständnis eine körperschaftliche Struktur (wie z. B. die KG/OHG) besitzt, veräußert, tritt eine Doppelbesteuerung des Veräußerungsgewinns ein.

Portugal sieht die deutsche OHG oder KG als „Unternehmen eines Vertragsstaates" an und zieht Art. 13 Abs. 4 DBA-Portugal als Besteuerungsgrundlage für die Veräußerung des Anteils an dieser (share deal) heran und beansprucht demgemäß ein ausschließliches Besteuerungsrecht. Demgegenüber nimmt Deutschland entsprechend seiner transparenten Sichtweise eine anteilige Veräußerung von beweglichen Betriebsstätten-Wirtschaftsgütern des portugiesischen Mitunternehmers gem. Art. 13 Abs. 1 und Abs. 2 DBA-Portugal (asset deal) an mit der Folge eines deutschen Betriebsstätten-Besteuerungsrecht. Eine Doppelbesteuerung wäre die Folge. Hier hilft Art. 4 Abs. 4 DBA-Portugal weiter.[1678] Deutschland gebührt als fiktivem Ansässigkeitsstaat der Gesellschafter das alleinige Besteuerungsrecht an den Veräußerungsgewinnen. Ob die Vertragsstaaten Art. 13 Abs. 2 oder Abs. 4 DBA-Portugal zugrunde legen, ist hierfür irrelevant. Insofern sind die portugiesischen Mitunternehmer mangels „tatsächlicher" Ansässigkeit in Deutschland dort nur beschränkt steuerpflichtig (§§ 49, 50 EStG). Deutschland kann dennoch wegen der Gesellschafter-Ansässigkeitsfiktion (Art. 4 Abs. 4 DBA-Portugal) in diesen Rahmen die Gesellschafter ausschließlich besteuern. Das „Prinzip der doppelten Transparenz" gilt dabei unbegrenzt fort,[1679] d.h. die Gesellschafter werden zum einen als Mitunternehmer mit ihrem anteiligen Gesellschaftsgewinn besteuert (§ 1 EStG, § 1 KStG) und zum anderen werden die Wirtschaftsgüter, die mehreren zur gesamten Hand gehören – soweit

---

1678 Dahin gehend Schick, IWB 2011, 93, 97; a.A. Lüdemann/Hruschka, IStR 2000, 25, 31, die davon ausgehen, dass Art. 4 Abs. 4 DBA-Spanien 1966 für den Wohnsitzstaat keine Geltung beanspruche und die entstehende Doppelbesteuerung im Wege eines Verständigungsverfahrens zu beheben sei. Dem ist nicht zu folgen, zumal der Ansässigkeitsfiktion – nach hier geteilter Auffassung – keine quellenbegrenzende Wirkkraft besitzt.

1679 Schick, IWB 2011, 93, 97.

eine getrennte Zurechnung für die Besteuerung erforderlich ist – den Beteiligten anteilig zugerechnet (§ 39 Abs. 2 Nr. 2 AO). Falls Deutschland von seinem Besteuerungsrecht keinen Gebrauch macht, fällt dieses Recht gem. Art. 4 Abs. 4 S. 2 DBA-Portugal an Portugal zurück. Die deutsche Steuer wird in Portugal nicht angerechnet, da dort die nach deutschem Recht errichtete Personengesellschaft als eigenständiges Steuersubjekt (Trennungsprinzip) und zugleich als abkommensberechtigte Person gilt.[1680] Dies ist im Hinblick auf Art. 3 Abs. 1 lit. d und e DBA-Portugal, der nicht an das Recht des Errichtungsstaates anknüpft, und gemäß Art. 3 Abs. 2 DBA-Portugal (nach eigener Wertung), möglich.[1681]

cc) Ergebnis zur Anteilsveräußerung

Abschließend bleibt festzuhalten, dass die Regelung des Art. 4 Abs. 4 DBA-Portugal (fiktive Ansässigkeitsfiktion des Gesellschafters am Geschäftsleitungsort der Gesellschaft) durch „ausschließliche Ansässigkeitsbesteuerung"[1682] in Fällen der Anteilsveräußerung eine steuerliche Gleichbehandlung von deutschen Gesellschaftern einer intransparenten Gesellschaft in Portugal und portugiesischen Gesellschaftern einer transparenten Gesellschaft in Deutschland erreicht.

Im Falle einer intransparent besteuerten portugiesischen Personengesellschaft (z. B. OHG, KG) mit deutschen Gesellschaftern weist Art. 13 Abs. 4 DBA-Portugal – entsprechend portugiesischer Sichtweise – das ausschließliche Besteuerungsrecht am Veräußerungsgewinn Portugal zu, während Deutschland eine transparente Besteuerung annimmt und demgemäß die Gewinne als Veräußerung von anteiligem (beweglichem) Betriebsstättenvermögen des veräußernden Gesellschafters ansieht (portugiesische Betriebsstättenbesteuerung gem. Art. 13 Abs. 2 DBA-Portugal i.V.m. deutscher Freistellung gem. Art. 24 Abs. 2 lit. a DBA-Portugal unter Anwendung des Progressionsvorbehalts). Durch Anwendung des Art. 4 Abs. 4 DBA-Portugal (fiktive Ansässigkeit des deutschen Gesellschafters in Portugal) ergibt sich jedoch ein ausschließliches portugiesisches Besteuerungsrecht. Auch im kehrseitigen Fall einer gewerblichen deutschen Personengesellschaft mit portugiesischen Gesellschaftern nimmt Portugal eine intransparente Behandlung und demgemäß eine ausschließliche

1680 Schick IWB 2011, 93, 96, der zutreffend für das DBA-Spanien 1966 darauf hinweist, dass die deutsche Gesellschaft sowohl den Diskriminierungsschutz als auch die Quellensteuerermäßigungen für aus Spanien stammende Einkünften in Anspruch nehmen kann.

1681 Ebenso Raber, in: Wassermeyer, DBA-Portugal, Art. 3 Rn. 11; so wohl auch Schick, IWB 2011, 93, 97.

1682 Raber, in: Wassermeyer, DBA-Portugal, Art. 4 Rn. 20.

portugiesische Gesellschafter-Ansässigkeitsstaatsbesteuerung an (Art. 13 Abs. 4 DBA-Portugal), während Deutschland entsprechend seiner transparenten Sichtweise eine anteilige Veräußerung von beweglichem deutschen Betriebsstättenvermögen des portugiesischen Mitunternehmers gem. Art. 13 Abs. 1, 2 DBA-Portugal annimmt und abkommensrechtlich zu einem deutschen Betriebsstätten-Besteuerungsrecht kommt. Die daraus resultierende Doppelbesteuerung wird durch die abkommensrechtlich ausschließliche Ansässigkeitsbesteuerung (Art. 4 Abs. 4 DBA-Portugal, fiktive Ansässigkeit des portugiesischen Gesellschafters in Deutschland) vermieden, die zur ausschließlichen Besteuerung in Deutschland führt.

Zusammenfassung der wesentlichen Ergebnisse

1. In Deutschland werden bei Bestehen einer Personengesellschaft in Form einer Mitunternehmerschaft (§ 15 Abs. 1 Nr. 2 EStG) unmittelbar die Mitunternehmer mit ihren anteiligen Einkünften besteuert, während die Gesellschaft nur für Zwecke der Einkünftequalifikation und Gewinnermittlung als (partielles) Steuerrechtssubjekt fungiert. Dagegen werden in Portugal Personenhandelsgesellschaften, wie z. B. die OHG, die KG, die handelsrechtliche GbR und die stille Gesellschaft, als eigenständige Steuersubjekte behandelt (Art. 2 CIRC). Der laufende Gewinn wird auf Ebene der Gesellschaft besteuert. Erst Gewinnausschüttungen werden bei den empfangenden Gesellschaftern als Dividenden erfasst. Für bestimmte Personengesellschaften, die einer transparenten Besteuerung gemäß Art. 6 CIRC unterliegen (z. B. nicht gewerbliche GbR), gelten diese Grundsätze nicht. Hier erfolgt die Gewinnermittlung zunächst auf Ebene der Gesellschaft. Die Gewinne bzw. die Bemessungsgrundlagen dieser Gesellschaften werden jedoch unmittelbar in den Händen der (un-) beschränkt steuerpflichtigen Gesellschafter bzw. Mitglieder besteuert.
   Fremdübliche Leistungsbeziehungen zwischen Gesellschaft und Gesellschafter werden sowohl zivilrechtlich als auch steuerlich anerkannt. Dies hat zur Folge, dass Sondervergütungen unabhängig davon, ob die Gesellschaft transparent (nicht gewerbliche GbR, Freiberuflergesellschaft u. ä., Art. 6 CIRC) oder intransparent (KG, OHG u. ä., Art. 2 CIRC) besteuert wird, bei der Gesellschaft als Betriebsausgaben gem. Art. 23 CIRC abziehbar sind. Bei dem Gesellschafter bzw. bei dem Mitglied fließen diese Entgelte entsprechend der vorliegenden Einkunftsart zu (Artt. 2, 4 bis 8 CIRS, Kategorien A, B, E und F). Diese Wertungsdivergenzen führen im Falle des grenzüberschreitenden Einsatzes von deutschen oder portugiesischen Personengesellschaften in Form von OHG, KG etc. (Art. 2 CIRC) zu einem subjektiven Qualifikationskonflikt (Gesellschafts- oder Gesellschafterbesteuerung), der zusätzlich hinsichtlich der Einordnung der Einkünfte in einen objektiven Qualifikationskonflikt (Dividende, Lizenzgebühr, Arbeitslohn oder gewerblicher Gewinnanteil) münden kann. Der Grund hierfür ist, dass die Vertragsstaaten die ausländischen Rechtsgebilde entweder anhand eines jeweils eigenen Typenvergleichs oder durch Übernahme der ausländischen Rechtsform ohne Beachtung des jeweiligen Besteuerungskonzepts (Kapitalgesellschafts- oder Mitunternehmerkonzept) bestimmen.
2. Zur Vermeidung dieser Besteuerungskonflikte sind die europäischen Maßnahmen unzureichend. Auch die von Deutschland und Portugal ergriffenen

uni- und bilateralen Maßnahmen tragen lediglich zur Linderung der Besteuerungsfolgen in Form von Doppel- oder Minderbesteuerungen bei. Unilateral mildert aus deutscher Sicht die begrenzte Anrechnungsmethode gem. § 34c Abs. 1 EStG bzw. § 26 Abs. 1 KStG oder die Abzugsmethode nach § 34c Abs. 2 und 3 EStG bzw. § 26 Abs. 6 KStG die Doppelbesteuerung, wenn deutsche Mitunternehmereinkünfte aus einer portugiesischen Personengesellschaft betroffen sind. Im spiegelbildlichen Fall werden die portugiesischen Mitunternehmereinkünfte aus einer deutschen Personengesellschaft nach § 49 Abs. 1 Nr. 2 lit. a EStG der beschränkten Besteuerung in Deutschland unterworfen. Portugal hingegen besteuert die Gesellschafter unbeschränkt (Art. 2 CIRC, Art. 18 CIRS) und mildert die Doppelbesteuerungen durch das in den Art. 81 Nr. 1 CIRS und Art. 91 CIRC begrenzte Abzugsverfahren ab.

3. Bilateral haben die beiden Staaten ein DBA abgeschlossen, das in Art. 4 Abs. 4 DBA-Portugal eine Ansässigkeitsfiktion (fiktive Ansässigkeit des Gesellschafters am Geschäftsleitungsort der Personengesellschaft) zur Beseitigung der juristischen und wirtschaftlichen Doppelbesteuerung in Fällen einer unterschiedlichen steuerlichen Behandlung von Personengesellschaften enthält, die nach hier vertretener Ansicht neben der Abkommensberechtigung der Gesellschaft auch die Wohnsitzbesteuerung der Gesellschafter erfasst. Damit gewährleistet Art. 4 Abs. 4 DBA-Portugal für Einkünfte, die auf Ebene der Gesellschaft erzielt wurden, dass die Doppelbesteuerung durch „ausschließliche Ansässigkeitsbesteuerung“[1683] (fiktive Gesellschafteransässigkeit i.Vm. tatsächlicher Gesellschaftsansässigkeit) vermieden wird. Das Besteuerungsrecht des (anderen) Quellenstaates bleibt hiervon unberührt. Dies impliziert auch, dass weder der Methodenartikel noch der darin enthaltene Aktivitätsvorbehalt eingreifen (Art. 24 DBA-Portugal). Gleiches gilt für den uni- bzw. bilateralen Progressionsvorbehalt.
   Dies ist anders in Fällen, in denen die (portugiesische) Personengesellschaft „Dividenden“ an ihre (deutschen) Gesellschafter ausschüttet bzw. Gewinnentnahmen der (portugiesischen) Gesellschafter aus ihrer (deutschen) Personengesellschaft erfolgen oder in Fällen, in denen der Gesellschafter Sondervergütungen von seiner Personengesellschaft bezieht. In diesen Fällen wird die Doppelbesteuerung durch den Methodenartikel gelindert oder behoben (Art. 24 DBA-Portugal). Gleiches gilt für die Fälle, in denen ein Verteilungsartikel mit offener Rechtsfolge vorliegt (z. B. Art. 6 Abs. 1 i.V.m. Art. 24 Abs. 1 bzw. Abs. 2 lit. a DBA-Portugal: Besteuerung im

1683 Raber, in: Wassermeyer, DBA-Portugal, Art. 4 Rn. 20.

Grundstücks-Belegenheitsstaat und Steueranrechnung bzw. Befreiung im anderen Ansässigkeitsstaat).

a) Soweit der fiktive Ansässigkeitsstaat von seinem Besteuerungsrecht keinen Gebrauch macht, fällt das Besteuerungsrecht an den anderen Quellenstaat zurück (Art. 4 Abs. 4 S. 2 DBA-Portugal). Dies ist insbesondere der Fall, wenn die Einkünfte von Drittstaatengesellschaftern im fiktiven Ansässigkeitsstaat nicht steuerbar sind. Zwar erhalten Drittstaatengesellschafter einer deutschen Personengesellschaft für aus Portugal stammende Einkünfte die Abkommensvergünstigungen, jedoch nur, wenn diese Einkünfte nicht über eine in Portugal belegene Betriebsstätte bezogen wurden. In Fällen der fehlenden bzw. doppelten Abkommensberechtigung schafft die Fiktion Abhilfe, während sie die „partielle" Abkommensberechtigung von Betriebsstätten über Art. 25 Abs. 2 DBA-Portugal nicht hindert. Dies bedeutet, dass im Falle einer deutschen Personengesellschaft mit deutschen Gesellschaftern, die über eine in Portugal belegene Betriebsstätte Drittstaateneinkünfte bezieht, Deutschland (Gesellschafterstaat) die portugiesischen Betriebsstätteneinkünfte freizustellen hat (Artt. 7, 24 Abs. 2 lit. a DBA-Portugal). Portugal kann demgegenüber als Betriebsstättenstaat diese Einkünfte einschließlich aller weltweiten Einkünfte besteuern (Art. 7 Abs. 1 DBA-Portugal). Dem Drittstaat steht als Quellenstaat ggfs. gleichfalls ein abkommensrechtliches Besteuerungsrecht hinsichtlich dieser Einkünfte zu. Im Verhältnis Drittstaat (Quelle) – Betriebsstättenstaat (Portugal) kann ein Ausgleich der Doppelbesteuerung mangels Abkommensberechtigung der Betriebsstätte nicht erfolgen (Artt. 1, 3, 4 Abs. 1 DBA-Portugal). Die daraus folgende Betriebsstättendiskriminierung hat Portugal nach hier vertretener Ansicht durch Anwendung seiner unilateralen Anrechnungsvorschriften im Rahmen des Art. 24 Abs. 3 OECD-MA zu vermeiden.

b) Die Regelung des Art. 4 Abs. 4 DBA-Portugal (fiktive Ansässigkeitsfiktion des Gesellschafters am Geschäftsleitungsort der Gesellschaft) findet in Fällen der Besteuerung der laufenden Gewinne der Personengesellschaft teilweise Anwendung. Im Fall einer intransparent besteuerten portugiesischen Personengesellschaft (wie z. B die OHG, die KG, Art. 2 CIRC) mit deutschem Gesellschafterkreis, die nach portugiesischem Rechtsverständnis als ansässige Person i.S.d. Abkommensrecht gilt, kann Portugal nach Art. 7 Abs. 1 S. 1 DBA-Portugal den laufenden Gewinn der als eigenständiges Steuersubjekt gewerteten Personengesellschaft (Trennungsprinzip) ausschließlich besteuern. Abweichend hiervon behandelt die deutsche

Finanzverwaltung[1684] die „nicht ausgeschütteten Gewinne“ einer portugiesischen Personengesellschaft entsprechend der deutschen Wertung als portugiesische Betriebsstättengewinne des im Inland ansässigen Gesellschafters als deutschen Unternehmer (Stammhausunternehmer, Art. 7 DBA-Portugal). Dies führt dazu, dass die portugiesischen Betriebsstätteneinkünfte in Deutschland unter Progressionsvorbehalt gem. Art. 24 Abs. 2 lit. a DBA-Portugal freizustellen sind. Eine Anwendung des Art. 4 Abs. 4 DBA-Portugal (fiktive Ansässigkeit des deutschen Gesellschafters in Portugal) führt jedoch zu einer ausschließlichen portugiesischen Besteuerung gem. Art. 7 Abs. 1 S. 1 1. HS i.V.m. Art. 4 Abs. 4 S. 1 DBA-Portugal, sodass eine deutsche Freistellung nicht erforderlich wird.
Im spiegelbildlichen Fall ist der Gewinn einer in Deutschland ansässigen Personengesellschaft mit portugiesischem Gesellschafterkreis den Unternehmensgewinnen in Form von deutschen Betriebsstättengewinnen der portugiesischen Gesellschafter gem. § 49 Abs. 1 S. 2 lit. a EStG, Art. 7 Abs. 1 S. 1, 2. HS DBA-Portugal im Rahmen der beschränkten Steuerpflicht zu erfassen. Aus deutscher Sicht gebührt Deutschland gem. Art. 7 Abs 1 S. 1, 2. HS DBA-Portugal das Besteuerungsrecht an den laufenden Betriebsstättengewinnen der portugiesischen Gesellschafter. Mangels nationaler Rechtsgrundlage rechnet Portugal die deutsche Steuer auf die deutschen Personengesellschaftsgewinne nicht an, sondern erfasst sie gemäß eigener Wertung (Trennungsprinzip, Art. 7 DBA-Portugal) nicht. Der daraus resultierende Subjekt- und Zurechnungskonflikt – ohne divergierende Besteuerung – führt zu einem alleinigen deutschen Besteuerungsrecht an den „thesaurierten“ Gewinnen gem. Art. 7 Abs. 1 S. 1. 1. HS bzw. 2. HS DBA-Portugal. Auf die Sonderregelung des Art. 4 Abs. 4 S. 1 DBA-Portugal (fiktive Ansässigkeitsfiktion des Gesellschafters am Geschäftsleitungsort der Gesellschaft) kommt es nicht mehr an.

c) Die Regelung des Art. 4 Abs. 4 DBA-Portugal (fiktive Gesellschafteransässigkeit im Gesellschafterstaat) findet ihrem Wortlautgemäß nicht auf „Ausschüttungen“ von Personengesellschaften an ihre Gesellschafter Anwendung. In diesen Fällen gelten vielmehr die allgemeinen Regelungen. Nach Art. 10 Abs. 2 DBA-Portugal kann Portugal als Ansässigkeitsstaat der ausschüttenden Gesellschaft eine begrenzte Quellensteuer i.H.v. 15% der Bruttodividende einbehalten, während Deutschland als Ansässigkeitsstaat der empfangenden Gesellschafter die „Ausschüttung“ als nicht

1684 BMF v. 26.09.2014, BStBl. I 2014, S. 1258, Tz. 2.2.2.

steuerbare Entnahme behandelt, weshalb eine Anrechnung der portugiesischen Steuer gem. Art. 24 Abs. 2 lit. b, aa DBA-Portugal i.V.m. § 34c Abs. 1 EStG entfällt.

Die portugiesischen, transparent besteuerten Gesellschaften können aufgrund ihrer steuerlichen Transparenz gemäß Art. 6 CIRC keine „Gewinnausschüttung" an ihre Gesellschafter i.S.d. Art. 10 DBA-Portugal vornehmen. Die Gewinne werden unabhängig von einer Ausschüttung unmittelbar den Gesellschaftern zugerechnet und im Gewinnerzielungsjahr besteuert.

Im umgekehrten Fall wird Deutschland als Sitzstaat der Personengesellschaft die erzielten Gewinne im Rahmen der beschränkten Steuerpflicht der portugiesischen Gesellschafter unmittelbar bei den Gesellschaftern besteuern, § 49 Abs. 1 Nr. 2 lit. a EStG i.V.m. § 1 Abs. 4 EStG; § 2 Abs. 1, 8 Abs. 1 KStG i.V.m. § 49 Abs. 1 Nr. 2 lit. a EStG und abkommensrechtlich gemäß Art. 7 Abs. 1 S. 1, 2 DBA-Portugal besteuern. Danach besitzt Deutschland als Quellenstaat ein Besteuerungsrecht an den von den portugiesischen Mitunternehmern über die in Deutschland belegene Personengesellschafts-Betriebsstätte erzielten (anteiligen) Gewinne in Verbindung mit einer Steueranrechnung in Portugal (Art. 24 Abs. 1 DBA-Portugal). Abkommensrechtlich stellen diese Entnahmen bzw. „Ausschüttungen" jedoch keine Dividenden gem. Art. 10 Abs. 3 DBA-Portugal dar, da nach dem hier maßgeblichen Recht keine Ansässigkeit der (transparenten) Personengesellschaft in Deutschland besteht (Artt. 1, 4 Abs. 1 DBA-Portugal). Portugal wird demgegenüber nach eigener Wertung (Art. 3 Abs. 2 DBA-Portugal) eine Anrechnung der deutschen Betriebsstätten-Steuern, die auf die jeweilige Gewinnverwendung (Entnahme, „Ausschüttung") entfallen, auf die portugiesische Steuer trotz divergierender Wertung vornehmen (Art. 24 Abs. 1 DBA-Portugal). Für Portugal besteht nach hier vertretener Ansicht aus abkommensrechtlichen Gründen eine Anrechnungspflicht.

d) Die Regelung des Art. 4 Abs. 4 DBA-Portugal (fiktive Ansässigkeitsfiktion des Gesellschafters am Geschäftsleitungsort der Gesellschaft) erreicht in Fällen der Anteilsveräußerung durch „ausschließliche Ansässigkeitsbesteuerung"[1685] eine steuerliche Gleichbehandlung von deutschen Gesellschaftern einer intransparenten Gesellschaft in Portugal und portugiesischen Gesellschaftern einer transparenten Gesellschaft in Deutschland.

1685 Raber, in: Wassermeyer, DBA-Portugal, Art. 4 Rn. 20.

Im Falle einer intransparenten portugiesischen Personengesellschaft mit deutschen Gesellschaftern weist Art. 13 Abs. 4 DBA-Portugal – entsprechend portugiesischer Sichtweise – das ausschließliche Besteuerungsrecht am Veräußerungsgewinn Portugal zu, während Deutschland eine transparente Besteuerung annimmt und demgemäß die Gewinne als Veräußerung von anteiligem (beweglichem) Betriebsstättenvermögen des veräußernden Gesellschafters ansieht und ein eigenes Besteuerungsrecht annimmt, sodass ohne Art. 4 Abs. 4 DBA-Portugal eine Doppelbesteuerung entstünde (Art. 13 Abs. 2 DBA-Portugal).
Auch im kehrseitigen Fall einer gewerblichen deutschen Personengesellschaft mit portugiesischen Gesellschaftern nimmt Portugal eine intransparente Behandlung und demgemäß eine ausschließliche portugiesische Gesellschafter-Ansässigkeitsstaatsbesteuerung an (Art. 13 Abs. 4 DBA-Portugal), während Deutschland entsprechend seiner transparenten Sichtweise eine anteilige Veräußerung von beweglichem Betriebsstättenvermögen des portugiesischen Mitunternehmers gem. Art. 13 Abs. 1 und Abs. 2 DBA-Portugal annimmt und abkommensrechtlich zu einem deutschen Betriebsstätten-Besteuerungsrecht kommt. Die daraus resultierende Doppelbesteuerung wird durch die abkommensrechtliche Ansässigkeitsbesteuerung (Art. 4 Abs. 4 DBA-Portugal, fiktive Ansässigkeit des portugiesischen oder deutschen Gesellschafters im Sitzstaat der Gesellschaft) vermieden.

e) Nach hier vertretener Ansicht findet die Regelung des Art. 4 Abs. 4 DBA-Portugal (fiktive Gesellschafteransässigkeit im Gesellschafterstaat) auf Sondervergütungen des Gesellschafters von seiner Personengesellschaft keine Anwendung. Es verbleibt bei den allgemeinen Regelungen. Portugal wendet ausgehend vom Kapitalgesellschaftsprinzip und unabhängig davon, ob die Gesellschaft transparent (nicht gewerbliche GbR, Freiberuflergesellschaft u. ä., Art. 6 CIRC) oder intransparent (KG, OHG u. ä., Art. 2 CIRC) ausschließlich die Spezialartikel (insbesondere Artt. 10, 11, 12 DBA-Portugal) auf die Sondervergütungen an. Demgegenüber ist die Einordnung der Sondervergütungen in Deutschland nicht eindeutig, da Deutschland national die Sondervergütungen als gewerbliche Einkünfte (§ 15 Abs. 1 Nr. 2 EStG) behandelt. Der BFH ordnet sie seit dem Urteil vom 27.02.1991[1686] (ausländisches Unternehmen mit inländischen Mitunternehmern) abkommensrechtlich nicht mehr den Unternehmensgewinnen

1686 BFH, Urteil vom 27.02.1991, BStBl. II 1991, 444, 446.

(Art. 7 OECD-MA), sondern – vorbehaltlich entgegenstehender Regelungen im Abkommen – den speziellen Verteilungsartikeln (insbesondere Artt. 10 bis 12 OECD-MA), zu. Die Finanzverwaltung geht in diesen Fällen weiterhin davon aus, dass Deutschland als Ansässigkeitsstaat des Gesellschafters grundsätzlich an die Qualifikation des (ausländischen) Quellenstaates gebunden ist.[1687]
Soweit der portugiesische Gesellschafts-/Quellenstaat z. B. Zinszahlungen der Gesellschaft an den deutschen Gesellschafter als gewinnmindernde Betriebsausgabe der Gesellschaft und abkommensrechtlich nicht als portugiesischen Betriebsstättengewinn (Art. 7 DBA-Portugal), sondern als Zinsen behandelt (Art. 11 DBA-Portugal), ergibt sich nach deutscher Wertung (portugiesischer Betriebsstättengewinn i.V.m. deutscher Freistellung, Artt. 7, 24 Abs. 2 lit. a DBA-Portugal) eine Minderbesteuerung, die abkommensrechtlich mangels vereinbarter switch-over-Klausel im DBA-Portugal (Klausel, die zur Steueranrechnung anstelle der Freistellung führt) nicht vermieden werden kann.
Im umgekehrten Fall (portugiesischer Gesellschafter erhält von seiner deutschen Gesellschaft Zinsen) zählen die „Zinsen" nach dem anwendestaatsorienten Verständnis der deutschen Finanzverwaltung zu den in Deutschland beschränkt steuerpflichtigen Betriebsstättengewinnen der Gesellschafter (§ 49 Abs. 1 Nr. 2 lit. a EStG, Art. 7 OECD-MA), während Portugal, das die Einkünfte den Spezialeinkünften zuordnet (insbesondere Artt. 10, 11, 12 DBA-Portugal), die Doppelbesteuerung zu vermeiden hat (Art. 24 Abs. 1 DBA-Portugal). Der BFH[1688] spricht Deutschland hingegen an den Zinszahlungen nur ein begrenztes Quellensteuerrecht zu, da die der Darlehensforderung zugrundeliegenden Vermögenswerte tatsächlich nicht zur deutschen Personengesellschaft-Betriebsstätte gehören.
Im Bereich der Personengesellschaften tritt daher eine umfassende Behebung der Qualifikationskonflikte durch die Ansässigkeitsfiktion nicht ein, weil die Fiktion weder „Dividenden" von portugiesischen Personengesellschaften bzw. Gewinnentnahmen der portugiesischen Gesellschafter aus ihrer deutschen Personengesellschaft noch Sondervergütungen, die der Gesellschafter von seiner Gesellschaft erhält, erfasst.

4. Darüber hinaus tragen die uni- und bilateralen Lösungsansätze zur Behebung der Doppelbesteuerung nur beschränkt bei. Der Ansatz der OECD, der durch

1687 BMF v. 26.09.2014, BStBl. I 2014, 1258 Rn. 5.1.2 Beispiel 4.
1688 BFH v. 17.10.2007, IStR 2008, 300, 302f.

Auslegung des Methodenartikels eine Bindung des Ansässigkeitsstaates an die Abkommensanwendung des Quellenstaates konstruiert (sog. Qualifikationsverknüpfung gemäß Abkommensaufbau, Rückverweis des Methodenartikels 23 OECD-MA auf die Verteilungsartikel 10, 11, 12, insbesondere Art. 10 Abs. 3 OECD-MA) sowie einen Wechsel von der Freistellungs- zur Anrechnungsmethode (Art. 23A Abs. 4 MA) vertritt, findet auf Altabkommen – wie das DBA-Portugal – keine Anwendung. Doppel-, Keinmal- bzw. Minderbesteuerungen können mittels Verständigungsverfahrens nach Art. 26 DBA-Portugal bzw. durch die nationale Regelung des § 50d Abs. 9 EStG (Wechsel von Freistellungs- auf Anrechnungsverfahren) und des § 50d Abs. 10 EStG (abkommensverdrängende Wertung von Sondervergütungen als Unternehmensgewinne) nur als *ultima ratio* gelindert werden.

Im Einzelnen bedeutet dies, dass in Fällen, in denen eine deutsche Personengesellschaft an ihre portugiesischen Mitunternehmer Entgelte in Form von Sondervergütungen (§ 15 Abs. 1 Nr. 2 EStG) zahlt, die in § 50d Abs. 10 EStG aF angeordnete Zuordnung der Sondervergütungen (v.a. Art. 10 ff. OECD-MA) zu dem Unternehmensartikel (Art. 7 OECD-MA) aufgrund der fehlenden wirtschaftlich-tatsächlichen Zugehörigkeit zu einer Betriebsstätte oft leerlief. Auch der neue § 50d Abs. 10 S. 3 EStG hilft nur weiter, wenn die Sondervergütungen der Betriebsstätte der Personengesellschaft wirtschaftlich zugerechnet werden können. Voraussetzung hierfür ist, dass die Betriebsstätte den entsprechenden Sondervergütungs-Aufwand trägt. Insofern lässt der BFH[1689] einen veranlassungsbezogenen, wirtschaftlichen Zusammenhang genügen. Die Existenz von Mitunternehmer-Betriebsstätten bei der Personengesellschaft (Art. 7 i.V.m. Art. 3 Abs. 1 lit. d OECD-MA) erkennt der BFH grundsätzlich an, während er die Existenz von betriebsstättenlosen Unternehmensgewinnen weiterhin abkommensrechtlich ablehnt.[1690] Zur Frage, ob die Neuregelung des § 50d Abs. 10 EStG auch Sonderbetriebsvermögen II i.S.d. § 15 Abs. 1 Nr. 2 EStG (der Gesellschaftsbeteiligung dienende Wirtschaftsgüter des Gesellschafters) umfasst, nimmt der BFH[1691] dagegen keine Stellung. Nach hier vertretener Auffassung wird das Sonderbetriebsvermögen II von § 50d Abs. 10 S. 3 EStG nF nicht erfasst.

Zudem ist die neu geschaffene Anrechnungsmethode gem. § 50d Abs. 10 S. 5 EStG (Anrechnung ausländischer Steuer auf Sondervergütungen eines

1689 Statt vieler BFH v. 08.09.2010, IStR 2011, 32, 34.

1690 BFH v. 12.06.2013, DStR 2014, 306, 309; v. 19.12.2007, DStRE 2008, 401,404 jeweils m.w.Rspr.N.

1691 BFH v. 11.12.2013, BStBl. 2014, 791, 794; v. 21.01.2016, IStR 2016, 509, 513.

abkommensrechtlich als Steuerausländer geltenden deutschen Gesellschafters auf seine deutsche Steuer zur Vermeidung einer Doppelbesteuerung, ohne Verlustvortrag bzw. -rücktrag) nicht in der Lage, Doppelbesteuerungen umfassend zu beseitigen, da die belastende Gewerbesteuer weiterhin bestehen bleibt. Durch die rückwirkende Geltung der Regelung des § 50d Abs. 9 und 10 EStG kommt es zudem zu einer Aufspaltung der Besteuerungswirklichkeit. Im Regelungsbereich der Altfassung des § 50d Abs. 10 EStG leben die Grundsätze des BFH[1692] ggf. wieder auf (abkommensrechtliche Zuordnung der Sondervergütungen zu den Einzeleinkunftsarten der Artt. 10 ff. OECD-MA), sodass es nur in Ausnahmefällen zu Besteuerungskonflikten kommen wird. Im Bereich des § 50d Abs. 10 EStG nF werden hingegen solche Konflikte vermehrt eintreten, da Abkommensrecht und weitgehend auch ausländisches Steuerrecht Sondervergütungen nicht den Unternehmenseinkünften (Art. 7 OECD-MA), sondern den Einzeleinkunftsarten zuordnen.
Soweit ein inländischer Mitunternehmer von seiner portugiesischen, intransparent besteuerten Personengesellschaft Sondervergütungen erhält, besteuert Deutschland als Gesellschafter-Ansässigkeitsstaat i.R.d. unbeschränkten Steuerpflicht des Gesellschafters (§ 1 EStG, Art. 7 Abs. 1 S. 1 DBA-Portugal: grds. Unternehmer- bzw. Stammhausbesteuerung) die Sondervergütungen, während Portugal lediglich ein begrenztes Quellenbesteuerungsrecht an diesen erhält (Artt. 10 Abs. 2, 11 Abs. 2, 12 Abs. 2 DBA-Portugal). Das deutsche Besteuerungssubstrat wird durch Umqualifizierung der Sondervergütungen in Unternehmensgewinne (§ 15 Abs. 1 S. 1 Nr. 2 2. HS EStG, Art. 7 Abs. 1 S. 1 DBA-Portugal) und durch Zurechnung der Einkünfte zur portugiesischen Personengesellschafts-Betriebsstätte beeinträchtigt (§ 50d Abs. 10 S. 1 und 3 EStG), denn Deutschland hat die Sondervergütungen als portugiesischen Betriebsstättengewinn freizustellen (Art. 24 Abs. 2 lit. a DBA-Portugal), während Portugal sie nicht oder nur in begrenztem Umfang quellenbesteuert (Artt. 10 Abs. 2, 11 Abs. 2, 12 Abs. 2 DBA-Portugal). Die daraus entstehende internationale Minderbesteuerung bzw. doppelte Nichtbesteuerung wird unter den Voraussetzungen des § 50d Abs. 10 S. 8 i.V.m. Abs. 9 S. 1 Nr. 1 EStG vermieden, indem das Besteuerungsrecht im Falle einer Minderbesteuerung an Deutschland zurückfällt. Über § 50d Abs. 9 S. 1 Nr. 1 EStG wird ein Übergang von der Freistellungs- zur Anrechnungsmethode angeordnet (Umschaltklausel). Soweit die Entgelte einer Betriebsstätte

1692 BFH v. 27.02.1991, BStBl. II 1991, 444, 446.

in Portugal zugeordnet wurden, drohte eine doppelte Nichtbesteuerung, die von § 50d Abs. 10 EStG aF nicht effektiv vermieden wurde.

5. Schließlich soll das BEPS-Projekt der OECD zur Verbesserung der Streitbeilegungsmechanismen, zur Klarstellung des Verhältnisses zwischen uni- und bilateralen Missbrauchsklauseln und zur Vermeidung der Minderbesteuerung bei hybriden Gesellschaften (vgl. BEPS-Aktionsplan 2, 6 und 7) beitragen. Die EU hat darüber hinaus in Form von Richtlinien[1693] Missbrauchsbestimmungen zur Neutralisierung von hybriden Gestaltungen (Art. 9 ATAD I bzw. Artt. 9, 9a, 9b ATAD II) erlassen, die von den Mitgliedstaaten umzusetzen sind.[1694] Durch Verweigerung eines doppelten Betriebsausgabenabzuges und durch Versagung eines Betriebsausgabenabzuges in einem Staat bei gleichzeitiger steuerlicher Nichtberücksichtigung („Inkongruenz") im anderen Staat soll eine Neutralisierung der hybriden Gestaltungen erreicht werden.
6. Die Untersuchung hat somit gezeigt, dass weder die uni- noch die bilateralen Maßnahmen eine endgültige Lösung für die abkommensrechtlichen Probleme bei der steuerlichen Behandlung von Personengesellschaften im deutsch-portugiesischen Verhältnis bieten. Ausgehend hiervon wäre es zu begrüßen, wenn Portugal und Deutschland in ihren derzeitigen Vertragsverhandlungen ihre Sonderbestimmungen überarbeiten oder zumindest eine subject-to-tax-Klausel (Besteuerungsrückfall) bzw. switch-over-Klausel (Wechsel von Freistellung zur Steueranrechnung) zur Vermeidung von Minderbesteuerung (wie z. B. Art. 23 Abs. 2 lit. a DBA Deutschland-Spanien) aufnehmen würden.

1693 RL (EU) 2016/1164 v. 12.07.2016 (ATAD I), Amtsblatt der Europäischen Union v. 19.7.2016, L 193, 1; zuletzt geändert durch RL (EU) 2017/952 v. 29.5.2017 (ATAD II), Amtsblatt der Europäischen Union v. 07.06.2017, L 144/18.

1694 Art. 9 ATAD I ist von den Mitgliedsstaaten bis zum 31.12.2018, die Artt. 9, 9b ATAD II bis zum 31.12.2019 und Art. 9a ATAD II bis zum 31.12.2021 umzusetzen.

Anhang

1. Übersicht über die wichtigsten europäischen und nationalen Förderinstrumente in Portugal

Das Subventionsprogramm „Portugal 2020"[1695], das für den Förderzeitraum 2014–2020 mit rund 21,5 Mrd. €[1696] von der EU unterstützt wird, ist das wichtigste Förderinstrument, das die nationalen Ziele Portugals (Stärkung der Wettbewerbsfähigkeit und Internationalisierung, Soziale Inklusion und Arbeit, Humankapital und Nachhaltigkeit sowie Effizienz im Umgang mit Ressourcen) unterstützt.[1697] Deutsche Investoren, die in innovative Technologien, in Dienstleistungen zur Verbesserung von Produktionsprozessen, in Forschung und Entwicklung (F&E) oder in die Qualifikation der Berufsausbildung in Portugal investieren, können – abhängig von Standort[1698], Branche, Anzahl der geschaffenen Arbeitsplätze und Höhe der getätigten Investition – Fördermittel[1699] sowie Steuerbegünstigungen in Anspruch nehmen, soweit sie ihre unternehmerische Tätigkeit dort nachweisen. Die Förderung erfolgt generell über Zuschüsse, über kurzfristige Kredite oder öffentlich geförderte Garantien. Diese Fördermittel werden programmabhängig über Wettbewerbe oder auf Antrag vergeben.

1695 Das Reformprogramm ist abrufbar unter: https://www.portugal2020.pt/Portal2020/o-que-e-o-portugal2020, zuletzt abgerufen am 25.09.2017.

1696 Diese Summe setzt sich aus 11 Mrd. € (Europäischer Fonds für die Entwicklung für Regionale Entwicklung), 1,86 Mrd. € (Kohäsionsfonds) und 7,6 Mrd. € (Europäischer Sozialfonds) zusammen. Daneben werden 4,05 Mrd. € (Europäische Fonds für Regionale Entwicklung) sowie 392 Mio. € (Europäische Fischereifonds) bereitgestellt, s. NRW. Bank, Förder- und Finanzierungsinstrumente Portugal, S. 1.

1697 NRW. Bank, Förder- und Finanzierungsinstrumente Portugal, S. 1.

1698 Strukturschwach und damit besonders förderungswürdig sind insbesondere die Regionen im Norden und im Zentrum des Landes, Alentejo und die Azoren.

1699 Die staatliche Fördergesellschaft AICEP-Portugal Global berät und betreut größere Investitionsprojektive über 25 Mio. € (Einzelheiten hierzu sind unter: http://www.portugalglobal.pt/EN/General/Pages/Germany.aspx abrufbar), während die staatliche Förderungsagentur IAPMEI (Agencia para a Competitividade e Inovação) Ansprechpartner für kleinere und kleinste Projekte ist (Einzelheiten hierzu sind unter: http://www.iapmei.pt/iapmei-loc-01.php abrufbar). Daneben können sich deutsche Unternehmen auch an die Deutsch-Portugiesische Industrie- und Handelskammer AHK wenden (Informationen sind abrufbar unter: http://www.ccila-portugal.com). Die o.g. Seiten wurden zuletzt am 26.09.2017 abgerufen.

Das Programm COMPETE 2020[1700] begünstigt vorrangig die wirtschaftliche Entwicklung der Regionen Norden, Zentrum und Alentejo. Dabei zielt das Programm auf die Stärkung von Forschung, von technologischer Entwicklung und Innovation, von der Wettbewerbsfähigkeit der KMU und auf die Reduzierung öffentlicher Kosten ab. Daneben fördert es auch eine nachhaltige, qualitativ hochwertige Beschäftigung, die Leistungsfähigkeit der öffentlichen Verwaltung sowie den Ausbau und die Modernisierung von Verkehrssystemen.

Förderungsmittel werden vorrangig durch Zuschüsse oder kurzfristige Kredite im Rahmen eines Wettbewerbes oder Wettbewerbsaufrufs vergeben.[1701][1702] Soweit Großprojekte vorliegen, wie z. B. der Ausbau des Hafens von Aveiro, ist die Teilnahme an öffentlichen Ausschreibungen möglich.[1703]

Das Programm POSEUR[1704] stärkt die Nachhaltigkeit und die effiziente Ressourcennutzung. Förderungsmittel werden vorrangig durch Zuschüsse gewährt. Daneben können auch öffentlich geförderte Darlehen und Garantien bezogen werden.[1705] Unternehmen können sich zudem an den öffentlichen Ausschreibungen[1706] oder an den Aufrufen zur Projekteinreichung beteiligen.

Das Programm POCH[1707] fördert das Humankapitel der Unternehmen. Förderungswürdige Qualifizierungsmaßnahmen für Mitarbeiter werden mit Zuschüssen und Garantien begünstigt.[1708]

1700 Einzelheiten zu diesem Programm sind auf der Seite: www.poci-compete2020.pt/concursos abrufbar, zuletzt abgerufen am 26.09.2017.

1701 Projekte im Rahmen der F&E werden fortlaufend begünstigt, während Projekte im Bereich Produktionsinnovationen und unternehmerische Initiativen nur innerhalb der Programmabrufe förderungswürdig sind.

1702 NRW. Bank, Förder- und Finanzierungsinstrumente Portugal, S. 2.

1703 Öffentliche Ausschreibungen sind auf folgender Seite abrufbar: https://www.anogovomcom/anoGovCentralOE/concursos_publicos?1, zuletzt abgerufen am 25.09.2017.

1704 Einzelheiten zu diesem Programm sind auf der Seite: https://poseur.portugal2020.pt/pt/candidaturas/avisos/ abzurufen, zuletzt abgerufen am 25.09.2017.

1705 NRW. Bank, Förder- und Finanzierungsinstrumente Portugal, S. 3.

1706 NRW. Bank, Förder- und Finanzierungsinstrumente Portugal, S. 1. Öffentliche Ausschreibungen sind auf folgender Seite abrufbar: https://www.portugal2020.pt/Portal2020/Candidaturas-abertas-auto.

1707 Einzelheiten zu diesem Programm sind auf der Seite: https://www.poch.portugal2020.pt/pt-pt/Candidaturas/Paginas/concursos-abertos.aspx abzurufen, zuletzt abgerufen am 25.09.2017.

1708 NRW. Bank, Förder- und Finanzierungsinstrumente Portugal, S. 4.

Investitionen in landwirtschaftliche Projekte werden, je nach Investitionssumme und Agrarerzeugnis, mit nicht rückzahlbaren Zuschüssen zwischen 10% bis 70% der Investitionssumme finanziell unterstützt.[1709]

Soweit KMU aus den Sektoren Industrie, Dienstleistungen und Tourismus in innovative Produktionsverfahren und Technologien – speziell in die Anschaffung von Maschinen, Anlagen, Hard- und Software, Gebäude, Lizenzen u.a. – investieren, erfolgt die finanzielle Unterstützung durch Gewährung eines zinslosen Darlehens von höchstens 35% der Investitionssumme über eine Laufzeit von acht Jahren. Eine Darlehenserhöhung um weitere 10% bzw. 15% ist in Abhängigkeit des Investitionsgegenstandes und der Unternehmensgröße möglich. Allerdings kann eine Umwandlung in einen nicht rückzahlbaren Zuschuss nur in Höhe von maximal 50% des Darlehens erfolgen. Forschungs- und Entwicklungsprojekte, die der Entwicklung neuer Produkte und Dienstleistungen dienen, werden in Höhe von 25% der Investitionssumme, die den Betrag von 1 Mio. € nicht überschreiten darf, bezuschusst.[1710] Investitionen, die diesen Betrag überschreiten, sind zu 25% zinsfrei rückzahlbar. Für die übrigen 75%, die diesen Betrag übersteigen, wird ein Zuschuss gewährt. Unternehmen, die im Bereich der industriellen Forschung tätig werden, erhalten einen zusätzlichen Bonus von 25%. Der Basissatz wird für kleine Unternehmen um weitere 20% und für mittlere Unternehmen um 10% erhöht.

Hinzu kommen steuerliche Anreize (benefícios fiscais) für Unternehmen, die in innovative Produktionsverfahren, in Technologien, in die Forschungs- und Entwicklung sowie in die Schaffung neuer Arbeitsplätze investieren. Grundlage hierfür ist das Gesetz zur Förderung von Investitionen (Código Fiscal do Investimento). Danach können Investitionsvorhaben, die bis zum 31.12.2020 durchgeführt werden, zu Steuergutschriften in Höhe von 10% bis 25% der Investitionssumme über 10 Jahre nach Abschluss der Investition führen.[1711] Die Höhe der Steuergutschrift wird in Abhängigkeit der Region und der geschaffenen Arbeitsplätze gewährt und nach Abschluss eines Förderungsvertrages (benefícios fiscais contratuais ao investimento produtivo, Artt. 2 bis 21 des CIF) mit den staatlichen Förderungsgesellschaften AICEP (bei großen Investitionsvorhaben ab 25 Mio. €) oder dem Institut zur Förderung kleiner und mittlerer

---

1709 Einzelheiten zu dem Programm ländliche Entwicklung „Programa de Desenvolvimento rural“ sind auf der Seite http://www.pdr-2020.pt abzurufen, zuletzt abgerufen am 25.09.2017.

1710 NRW. Bank, Förder- und Finanzierungsinstrumente Portugal, S. 5; Förderungsanträge sind bis zum Ablauf des Jahres 2020 bei der Nationalen Investitionsagentur zu stellen, vgl. hierzu http://ani.pt/incentivos/, zuletzt abgerufen am 25.09.2017.

1711 NRW. Bank, Förder- und Finanzierungsinstrumente Portugal, S. 6.

Unternehmen und Investitionen (IAPMEI) von der zu entrichtenden Körperschaftsteuer abgezogen. Dies setzt voraus, dass die Investitionen von mindestens 3 Mio. € in die Produktionsbetriebe, die der Modernisierung oder Diversifizierung der regionalen Wirtschaft, der Schaffung und Erhaltung von Arbeitsplätzen sowie der Stärkung der regionalen Forschung und Entwicklung geflossen sind (Artt. 2, 4 CIF).[1712] Zusätzlich werden die begünstigten Unternehmen von der Gemeinde-, Grunderwerb- und Stempelsteuer befreit oder die Gemeinde- und Gewerbesteuer wird gesenkt (Art. 8 CIF). Dies ist insbesondere für Unternehmen in den Autonomen Regionen relevant.

Unternehmen, die in den Technologietransfer (Know-how, Lizenzen, Patente) und Sachanlagevermögen (ausgeschlossen sind nicht gewerblich genutzte, leichte Fahrzeuge, Gebäude und Grundstücke) investieren und zur Schaffung von Arbeitsplätzen beitragen, werden finanziell durch das Anreizsystem RFAI[1713] (Regime Fiscal de Apoio ao Investimento, Artt. 22 bis 26 CIF) unterstützt. Die Voraussetzung hierfür ist, dass das Unternehmen keine Steuer- und Sozialabgabenschulden besitzt, über eine geordnete Buchführung verfügt und das angeschaffte oder hergestellte Wirtschaftsgut mindestens drei Jahre (KMU) bzw. fünf Jahre (größere Unternehmen) betrieblich genutzt wird (Art. 22 CIF).[1714] Überdies darf es sich bei dem Unternehmen um kein „Unternehmen in Schwierigkeiten" i.S.d. EU-Beihilferechts handeln. In den Fördergebieten Norden, Zentrum, Alentejo, Madeira und Azoren können Unternehmen bei Investitionen i.H.v. maximal 10 Mio. € in den Bereichen Landwirtschaft, Forstwirtschaft, Ernährungswissenschaft, Tourismus, Energie, Handel, Transport/Logistik oder Industrie die zu entrichtende Körperschaftsteuer um 25% und bei Investitionen über 10 Mio. € um weitere 10% reduzieren (Art. 23A Nrn. 1, 2 CIF).[1715] In den Fördergebieten Lissabon und Algarve beträgt die Reduzierung der Körperschaftsteuer dagegen nur 10%. Zusätzlich ist eine Befreiung von der Stempelsteuer sowie die Senkung oder Befreiung von der Gemeinde- und Gewerbesteuer möglich (Art. 23 lit. b–d CIF).

Vorrangig gewerbliche Unternehmen, die im Zeitraum von 2013 bis 2020 (einschließlich ausländischer Gesellschaften mit inländischer Betriebsstätte) in

---

1712 Gesetzesdekret Nr. 249/2009 vom 23.09.2009.

1713 Rechtsgrundlage ist das Gesetzesdekret Nr. 162/2014 vom 31.10.2014.

1714 Ausgenommen hiervon sind Fälle eines außerordentlichen Wertverlustes, die eine Abschreibung in kürzerer Zeit ermöglichen.

1715 Für neu gegründete Unternehmen besteht in den ersten zwei Jahren keine Kostendeckelung. Nach Ablauf der zwei Jahre wird eine Steuergutschrift nur i.H.v. 50% des ursprünglichen Gewinns erteilt. Die Mehrkosten sind in den nächsten 10 Jahren vortragbar (Art. 23 Nrn. 2, 3 CIF).

F&E investieren, werden durch das Anreizsystem (Sistema de Incentivos Fiscais em Investigação e Desenvolvimento Empresial, kurz: SIFIDE II) begünstigt. Sie können bis zu 32,5% der F&E-Kosten von der zu zahlenden Körperschaftsteuer abziehen.[1716] KMU erhalten einen weiteren Bonus von 15%. Zusätzlich sind 50% der Mehrkosten für F&E, die im Begünstigungszeitraum im Vergleich zu den durchschnittlichen Ausgaben, in den vergangenen beiden Geschäftsjahren (bis maximal zu dem Betrag von 1,5 Mio. €) entstanden sind, abziehbar (Artt. 37, 38 Nr. 1 CFI).[1717] Restgutschriften sind acht Jahre vortragbar (Art. 38 Nr. 4 CIF), vorausgesetzt, das Unternehmen ermittelt den Gewinn auf Basis der direkten Methode und schuldet dem Staat weder Steuern noch Sozialausgaben.[1718]

KMU können unter den Voraussetzungen des Art. 31 Nr. 2 i.V.m. Artt. 13, 24 CFI das Programm DLRR (Dedução por lucros retidos e reinvestidos) mit dem Programm SIFIDE II und den Förderverträgen kombinieren. Nach Art. 28 CIF ist die zu zahlende Körperschaftsteuer von KMU bis zu 25%, höchstens i.H.v. 10% bzw. maximal i.H.v. 5 Mio. € der entnommenen bzw. reinvestierten Gewinne, abziehbar.

Das Programm „Estimulo Emprego" begünstigt Arbeitgeber, die Arbeitsplätze schaffen. Arbeitgeber, die junge Erwachsene unter 30 Jahren, Menschen über 45 Jahren, Langzeitarbeitslose (desempregados de longa duração[1719]) einstellen, die länger als sechs Monate arbeitslos gemeldet oder mindestens zwölf Monate nicht sozialversichert oder alleinerziehend oder schwerbehindert sind bzw. deren Partner gleichfalls arbeitslos ist u.a., erhalten einen Lohnkostenzuschuss (Art. 6 des Erlasses (Portaria) Nr. 34/2017 v. 18.01.2017).[1720] Zusätzlich wird der Zuschuss um 10% erhöht, wenn sich der Arbeitsplatz in einer wenig entwickelten Region befindet oder der Arbeitnehmer unter erschwerten Lebensbedingungen i.S. d. Art. 6 Nr. 2 lit. ii bis ix da Portaria Nr. 34/2017 v. 18.01.2017 lebt. Ein zusätzlicher Zuschuss von 20% (befristeter Vertrag) bzw. 30% (unbefristeter Vertrag) wird gewährt, wenn die Arbeitslosen in Berufen mit geschlechtlicher Unterrepräsentanz von mindestens 33,33% eingestellt werden (Artt. 1, 2 des Erlasses (Portaria Nr. 84/2015 v. 20.03.2015).[1721] Zudem können Arbeitgeber,

---

1716 NRW. Bank, Förder- und Finanzierungsinstrumente Portugal, S. 6.

1717 Bei KMU i.S.d. Empfehlung der EU vom 06.05.2003 wird der Zuschuss um 15 Prozentpunkte angehoben (Art. 38 Nr. 2 CIF).

1718 Art. 39 CIF.

1719 Der Begriff des Langzeitarbeitslosen bestimmt sich nach dem Decreto-Lei Nr. 220/2006, v. 03.09.2006.

1720 NRW. Bank, Förder- und Finanzierungsinstrumente Portugal, S. 7.

1721 Bei einer Umwandlung eines befristeten in einen unbefristeten Vertrag erhält

die junge Erwachsene unter 30 Jahren oder Langzeitarbeitslose unbefristet einstellen, deren Sozialversicherungsbeiträge für die Höchstdauer von 36 Monaten um den Arbeitgeberanteil von 23,75% kürzen.

Das Programm Semente[1722] (Samenkorn) unterstützt in Portugal ansässige, natürliche Personen, die in nicht gewerbliche Start-Up-Unternehmen investieren. Die Voraussetzung hierfür ist, dass das Unternehmen als KMU gegründet wurde, nicht länger als fünf Jahre existiert und der Investor nicht zu mehr als 30% an den Stimmrechten oder am Gesellschaftskapital des Unternehmens beteiligt ist. Abziehbar sind 25% der jährlichen Investitionen, höchstens 40% der zu zahlenden Einkommensteuer (Art. 43B Nr. 1 EBF), soweit die Investitionssumme mindestens 10.000 € und höchstens 100.000 € beträgt. Restguthaben sind zwei Jahre vortragbar (Art. 43B Nr. 3 EBF).

---

der Arbeitgeber das Zweifache des vereinbarten Arbeitsgehaltes, maximal bis zur Höhe des fünffachen Sozialhilfesatzes, erstattet (Art. 11 des Erlasses Nr. 34/2017 v. 18.01.2017).

1722 Eingeführt mit dem Gesetz Nr. 42/2016 vom 28. Dezember. Einzelheiten zum Programm „Samenkorn" sind auf der Internetseite: http://startupportugal.com/sobre-index abrufbar, zuletzt abgerufen am 25.09.2017.

2. Übersicht über die Besteuerung von nicht anerkannten Ausgaben (tributação autónoma), Art. 73 CIRS und Art. 88 CIRC (2017)

Nicht anerkannte Ausgaben	**KSt**[1] (%)	**Anmerkungen**	**ESt** (%)	**Anmerkungen**
nicht belegbare Ausgaben	50 / 70	50% bei gewerblich tätigen Steuerpflichtigen, 70% bei nicht gewerblich tätigen Steuerpflichtigen sowie bei Steuerpflichtigen, die ihren Gewinn im vereinfachten Verfahren (regime simplificado) ermitteln (Art. 88 Nr. 1 CIRC)	50	bei vorrangig gewerblich tätigen Steuerpflichtigen, die buchführungspflichtig sind oder sein könnten oder ihren Gewinn im vereinfachten Verfahren (regime simplificado) ermitteln (Art. 73 Nr. 1 CIRS)
Kosten[2], die durch den Betrieb eines Benzin- oder Diesel-Fahrzeuges anfallen	10 / 27,5 / 35	10% bei einem Anschaffungswert (AW) von weniger als 25.000€; 27,5% bei einem AW zwischen 25.000 € und 35.000 €; 35% bei einem AW von 35.000 € und mehr als 35.000 €, auch im vereinfachten Verfahren zu berücksichtigen (Art. 88 Nr. 3 CIRC)	10 / 20	10% bei (AW) von weniger als 20.000 €; 20% bei einem AW von mehr oder gleich 20.000 € ausgenommen sind Kfz von Transport- und öffentlichen Unternehmen (Art. 73 Nr. 2 CIRS)
Kosten[2], die dsurch den Betrieb eines Hybridfahrzeuges anfallen	5 / 10 / 17,5	5% bei einem AW von weniger als 25.000€; 10% bei einem AW zwischen 25.000 € und 35.000 €; 17,5% bei einem AW von 35.000 € und mehr als 35.000 €, auch im vereinfachten Verfahren zu berücksichtigen (Art. 88 Nr. 17 CIRC)	5 / 10	5% bei (AW) von weniger als 20.000 €; 10% bei einem AW von mehr oder gleich 20.000 € (Art. 73 Nr. 10 CIRS)

(*fortgeführt*)

Übersicht 16: Fortsetzung

Nicht anerkannte Ausgaben	**KSt**[1] (%)	**Anmerkungen**	**ESt** (%)	**Anmerkungen**
Kosten[2], die durch den Betrieb eines Erdgas-/ Wasserstoffahrzeuges anfallen	7,5 / 15/ 27,5	7,5% bei einem Anschaffungswert (AW) von weniger als 25.000 €; 15% bei einem AW zwischen 25.000 € und 35.000 €; 27,5% bei einem AW von 35.000 € und mehr als 35.000 €, auch im vereinfachten Verfahren zu berücksichtigen (Art. 88 Nr. 18 CIRC)	7,5 / 15	7,5% bei (AW) von weniger als 20.000€; 15% bei einem AW von mehr oder gleich 20.000 € (Art. 73 Nr. 11 CIRS)
Kosten[2], die durch den Betrieb eines Elektro-Fahrzeuges anfallen	0	keine Besteuerung (Art. 88 Nr. 3 CIRC)	0	keine Besteuerung (Art. 73 Nr. 2 CIRS)
Repräsentationsausgaben (einschließlich Reisekosten)	10	nicht im vereinfachten Verfahren zu berücksichtigen (Art. 88 Nrn. 7, 15 CIRC)	50	Art. 73 Nr. 4 CIRS
Zahlungen an Unternehmen, die ihren Sitz in Steueroasen haben, oder an Dritte	35 / 55	soweit das „Bestehen" des zugrundeliegenden Rechtsgeschäfts nicht nachgewiesen wird, auch im vereinfachten Verfahren zu berücksichtigen (Art. 88 Nr. 8 CIRC)	35	soweit das „Bestehen" des zugrundeliegenden Rechtsgeschäfts nicht nachgewiesen wird (Art. 73 Nr. 6 CIRS)
Kilometergeld für Fahrten im eigenen Kfz, soweit sie nicht von den Kunden getragen wurden	5	Art. 88 Nr. 9 CIRC	5 / 5	einschließlich Reisekostengeld, 5% bei Reisekosten und Fahrten im eigenen Kfz, soweit sie der Steuerpflichtige nicht in Abzug gebracht hat (Art. 73 Nr. 7 CIRS)
Entschädigungen/ Zahlungen an Geschäftsführer/ Vorstände, die aus der Beendigung des Arbeitsverhältnisses resultieren	35	Art. 88 Nr. 13 lit. a CIRC		

Übersicht 16: Fortsetzung

Nicht anerkannte Ausgaben	**KSt[1] (%)**	**Anmerkungen**	**ESt (%)**	**Anmerkungen**
Überhöhte Boni oder andere variable Entlohnungen an Geschäftsführer/ Vorstände/leitende Personen	35	soweit die Zahlungen das Jahresgehalt um mehr als 25% und den Betrag von 27.500 € übersteigen (Art. 88 Nr. 13 lit. b CIRC)		
Gewinnausschüttungen an Steuerpflichtige, die teilweise oder vollständig steuerbefreit sind	23	Art. 88 Nr. 11 CIRC		

1) Die nachfolgenden Steuersätze erhöhen sich um 10%-Punkte, wenn die Gesellschaft im Geschäftsjahr Verluste ausweist.
2) Als Kosten werden Abschreibungen, Reparaturen, Versicherungen und Kraftstoffe erfasst.

Übersicht 16: *Autonome Besteuerung nach den Art. 73 CIRS, Art. 88 CIRC*

Quelle: Art. 73 CIRS, Art. 88 CIRC, angelehnt an https://www.pwc.pt/pt/pwcinforfisco/guia-fiscal/2017/irc.html#taxas.

3. Übersicht zur Quellensteuer (retenções na fonte) 2017

	unbeschränkt Steuerpflichtige			**beschränkt Steuerpflichtige**	
Einkunftsart	**Kategorie**	**Quellensteuersatz (%)**	**Anmerkung**	**Quellensteuersatz (%)**	**Anmerkung**
Arbeitseinkommen	A	bis 44,5	Lohnsteuerabzug[1]/ Quellensteueranrechnung	25	Abgeltungssteuer
Vorstandsgehälter	A	bis 44,5	Lohnsteuerabzug[1]/ Quellensteueranrechnung	25	Abgeltungssteuer
Provisionen	B	25	Anrechnung/ Einkommensteuervorauszahlungspflicht jeweils bis zum 20. der Monate Juli, September und Dezember	25	Abgeltungssteuer

(fortgeführt)

Übersicht 17: Fortsetzung

	unbeschränkt Steuerpflichtige			beschränkt Steuerpflichtige	
Dienstleistungen	B	11,5/25	Anrechnung/ Einkommensteuervorauszahlungspflicht jeweils bis zum 20. der Monate Juli, September und Dezember	25	Abgeltungssteuer
Lizenzen an Autoren, an Nicht-Autoren, technische Assistenz	E	16,5	Anrechnung der Quellensteuer	25	Abgeltungssteuer
Miete von Geräten	E	16,5	Anrechnung der Quellensteuer	25	Abgeltungssteuer
Dividenden	E	28/35	28% Abgeltungssteuer mit Option zur Veranlagung; 35% für Gesellschaften mit Sitz in steuerbegünstigten Ländern (ohne inländische BSt)	28/35	28% Abgeltungssteuer mit Option zur Veranlagung; 35% bei nicht identifizierbaren Zinsempfängern
Zinsen aus Sichteinlagen, Schuldtiteln, Gesellschaftsdarlehen	E	28/35	28% Abgeltungssteuer; 35% für Gesellschaften mit Sitz in steuerbegünstigten Ländern (ohne inländische BSt); bestimmte Zinsen sind steuerfrei (z. B. aus öffentlichen Schuldverschreibungen, aus Rentensparplänen)	28/35	28% Abgeltungssteuer mit Option zur eingeschränkten Veranlagung; 35% bei Entgegennahme durch Dritte
Sonstige Kapitaleinkünfte	E	16,5	Abgeltungssteuer (1)	28	Abgeltungssteuer
Einkünfte aus Vermietung	F	25	Anrechnung mit Endbesteuerung	25	Mieten aus städtischen, ländlichen oder gemischten Immobilien unterliegen einem Sondersteuersatz von 28%[2]

Übersicht 17: Fortsetzung

		unbeschränkt Steuerpflichtige			beschränkt Steuerpflichtige	
Zugewinne aus	Gesellschaftsanteilen	G	28	Anrechnung der Quellensteuer	28	
	Immobilien	G	14,5 bis 48	Zugewinne sind hälftig steuerpflichtig, bei einer Reinvestition ist eine Steuerbefreiung möglich	28	
Renten		H	14,5 bis 48	Renteneinbehalt[1]	25	Abgeltungssteuer

1) Für den Lohnsteuer- und Rentensteuereinbehalt gelten besondere Tabellen (für Kontinentalportugal: Despacho Nr. 843-A/2017 v. 03.01.2017, siehe für Madeira Despacho Nr. 55/2017 v. 24.01.2017 und für die Azoren: Despacho Nr. 936-A/2017 v. 18.01.2017).
2) Art. 72 Nr. 1 lit. e CIRS.

Übersicht 17: *Quellensteuereinbehalt im Rahmen der ESt (IRS) 2017*
Quelle: Angelehnt an https://www.pwc.pt/pt/pwcinforfisco/guia-fiscal/2017/irs.html#retencoes.

4. Übersicht über den gegenwärtigen Stand der abgeschlossenen Doppelbesteuerungsabkommen auf dem Gebiet der Steuern von Einkommen und Vermögen zwischen Portugal und anderen Staaten

		Quellensteuersatz (%)			
Staaten	**Jahr**	**Dividenden**	**Zinsen**	**Lizenzen**	**Bemerkungen**
Algerien	2003	15 /10	15	10	in Kraft seit dem 01.05.2006
Andorra	2017	10/5	10	5	in Kraft seit dem 23.04.2017
Äthiopien	2013	10/5	10	5	in Kraft seit dem 09.04.2017
Bahrein	2016	15 / 10	10	5	in Kraft seit dem 01.11.2016

(*fortgeführt*)

Übersicht 18: Fortsetzung

		Quellensteuersatz (%)			
Barbados	2014	10 / 5	10	5	unterzeichnet, aber noch nicht in Kraft
Belgien	1972/2001	15	15	10	Zusatzabkommen seit dem 05.04.2001 in Kraft
Brasilien	1971/2001	15 / 10	15	15	gekündigt, neues Abkommen in Kraft seit dem 05.10.2001
Bulgarien	1996	15 / 10	10	10	in Kraft seit dem 18.07.1996
Chile	2006	15 /10	15 / 10 / 5	10 / 5	in Kraft seit dem 25.08.2008
China	2000	10	10	10	in Kraft seit dem 08.06.2006
Dänemark	2002	10	10	10	in Kraft seit dem 01.01.2003
Deutschland	1982	15	15 / 10	10	in Kraft seit dem 08.10.1982; wird derzeit verhandelt
Elfenbeinküste	2016	10	10	5	unterzeichnet, aber noch nicht in Kraft
Estland	2004	10	10	10	gilt ab 01.01.2005
Finnland	1971	15 / 5	15	10	in Kraft seit dem 14.07.1971
Frankreich	1972	15	12 / 10	5	in Kraft seit dem 18.11.1972
Georgien	2015	10 / 5	10	10	in Kraft seit dem 18.04.2016
Griechenland	2002	15	15	10	gilt ab 01.01.2003
Großbritannien		15 / 10	10	5	in Kraft seit dem 20.01.1969
Guinea-Bissau	2009	10	10	10	in Kraft seit dem 05.07.2012
Hongkong	2012	10 / 5	10	5	in Kraft seit dem 03.06.2012

Übersicht 18: Fortsetzung

		Quellensteuersatz (%)			
Indien	2006	15 / 10	10	10	in Kraft seit dem 05.04.2000
Indonesien	2012	10	10	10	in Kraft seit dem 11.05.20007
Irland	1994/2006	15	15	10	Zusatzprotokoll in Kraft seit dem 18.12.2006
Island	2002	15 / 10	10	10	gilt ab 01.01.2003
Israel	2008	15 / 10 / 5	10	10	in Kraft seit dem 18.02.2008
Italien	1983	15	15	12	in Kraft seit dem 15.01.1983
Japan	2013	10 / 5	10 / 5	5	in Kraft seit dem 28.07.2013
Kanada	1997	15 / 10	10	10	in Kraft seit dem 24.10.2001
Kapverden	2000	10	10	10	in Kraft seit dem 15.12.2000
Kolumbien	2012	10	10	10	in Kraft seit dem 30.01.2015
Korea	1997	15 / 5	15	10	in Kraft seit dem 21.12.1997
Kroatien	2015	10 / 5	10	10	in Kraft seit dem 28.02.2015
Kuba	2005	10 / 5	10	5	in Kraft seit dem 28.02.2015
Kuweit	2011	10 / 5	10	10	in Kraft seit dem 05.12.2013
Lettland	2003	10	10	10	in Kraft seit dem 07.03.2003
Litauen	2003	10	10	10	in Kraft seit dem 26.02.2003
Luxemburg	2000/2012	15	15 / 10	10	Zusatzprotokoll in Kraft seit dem 20.06.2012
Macau	1999	10	10	10	in Kraft seit dem 01.01.1999
Malta	2002	15 / 10	10	10	gilt ab 01.01.2003

(*fortgeführt*)

Übersicht 18: Fortsetzung

		Quellensteuersatz (%)			
Marokko	2000	15 / 10	12	10	in Kraft seit dem 27.06.2000
Mexiko	2001	10	10	10	in Kraft seit dem 09.01.2001
Moldawien	2010	10 / 5	10	8	in Kraft seit dem 18.10.2010
Montenegro	2017	10 / 5	10	10 / 5	unterzeichnet, noch nicht in Kraft
Mosambik	1994/2009	10	10	10	Zusatzprotokoll in Kraft seit dem 21.08.2009
Niederlande	2000	10	10	10	in Kraft seit dem 11.08.2000
Norwegen	1971/2012	15 / 5	10	10	vom 01.10.1971 bis zum 14.06.2012 findet das Erstabkommen; ab dem 15.06.2014 das Zweitabkommen Anwendung
Oman	2016	15 / 10 / 5	10	8	in Kraft seit dem 26.07.2016
Österreich	1972	15	10	10 / 5	in Kraft seit dem 28.02.1972
Ost-Timor	2012	10 / 5	10	10	unterzeichnet, noch nicht in Kraft
Pakistan	2003	15 / 10	10	10	in Kraft seit dem 04.06.2007
Panama	2012	15 / 10	10	10	in Kraft seit dem 10.06.2012
Peru	2013	15 / 10	15 / 10	15 / 10	in Kraft seit dem 12.04.2014
Polen	1998	15 / 10	10	10	in Kraft seit dem 04.02.1998
Qatar	2012	10 / 5	10	10	in Kraft seit dem 04.04.2014
Rumänien	1999	15 / 10	10	10	in Kraft seit dem 14.07.1999
Russland	2002	15 / 10	10	10	gilt ab dem 01.01.2003

Übersicht 18: Fortsetzung

		Quellensteuersatz (%)			
San Marino	2014	15 / 10	10	10	nicht in Kraft
Sau Tome und Príncipe	2016	15 / 10	10	10	unterzeichnet, noch nicht in kraft
Saudi-Arabien	2016	10 / 5	10	8	in Kraft seit dem 01.09.2016
Schweden	2003	10	10	10	in Kraft seit dem 19.12.2003
Schweiz	1975/2013	15 / 5	10	5	Zusatzprotokoll in Kraft seit dem 21.10.2013
Senegal	2014	10 / 5	10	10	in Kraft seit dem 20.03.2016
Singapur	2000/2013	10	10	10	Zusatzprotokoll in Kraft seit dem 26.12.2013
Slowakei	2005	15 / 10	10	10	gilt ab dem 01.01.2005
Slowenien	2005	15 / 5	10	5	gilt ab dem 01.01.2005
Spanien	1995	15 / 10	15	5	in Kraft seit dem 28.06.1995
Südafrika	2008	15 / 10	10	10	in Kraft seit dem 22.10.2008
Tschechien	1997	15 / 10	10	10	in Kraft seit dem 01.10.1997
Tunesien	2000	15	15	10	in Kraft seit dem 21.08.2000
Türkei	2006	15 / 5	15 / 10	10	in Kraft seit dem 18.12.2006
Ukraine	2003	15 / 10	10	10	gilt ab dem 01.01.2003
Ungarn	2000	15 / 10	10	10	in Kraft seit dem 08.05.2000
Uruguay	2011	10 / 5	10	10	in Kraft seit dem 13.09.2012
Venezuela	1997	10	10	12 / 10	in Kraft seit dem 08.01.1998

(*fortgeführt*)

Übersicht 18: Fortsetzung

		Quellensteuersatz (%)			
Vereinigte Arabische Emirate	2012	15 / 5	10	5	in Kraft seit dem 22.05.2012
Vereinigte Staaten von Amerika	1996	15 / 5	10	10	in Kraft seit dem 01.01.1996
Vietnam	2016	15 / 10 / 5	10	10 / 7,5	in Kraft seit dem 09.11.2016
Zypern	2013	10	10	10	in Kraft seit dem 16.08.2013

Übersicht 18: *Abgeschlossene DBA zwischen Portugal und 79 anderen Staaten*

Quelle: Angelehnt an die Abkommensübersicht auf der Seite des Finanzministeriums, abzurufen unter: http://info.portaldasfinancas.gov.pt/pt/informacao_fiscal/convencoes_evitar_dupla_tributacao/convencoes_tabelas_doclib, zuletzt abgerufen am 06.09.2017.
Die o. g. Doppelbesteuerungsabkommen sind auf der o.g. Seite des Finanzministeriums abrufbar. (Stand: 06.07.2017, davon 74 in Kraft und 5 unterzeichnet)

5. Auszug aus dem DBA Deutschland-Portugal

Art. 4 Ansässige Person

(1) Im Sinne dieses Abkommens bedeutet der Ausdruck „eine in einem Vertragsstaat ansässige Person" eine Person, die nach dem Recht dieses Staates dort aufgrund ihres Wohnsitzes, ihres ständigen Aufenthalts, des Ortes ihrer Geschäftsleitung oder eines anderen ähnlichen Merkmals steuerpflichtig ist. Der Ausdruck umfaßt jedoch nicht eine Person, die in diesem Staat nur mit Einkünften aus Quellen in diesem Staat oder mit in diesem Staat gelegenem Vermögen steuerpflichtig ist.

(2) Ist nach Absatz 1 eine natürliche Person in beiden Vertragsstaaten ansässig, so gilt folgendes:

a) Die Person gilt als in dem Staat ansässig, in dem sie über eine ständige Wohnstätte verfügt; verfügt sie in beiden Staaten über eine ständige Wohnstätte, so gilt sie als in dem Staat ansässig, zu dem sie die engeren persönlichen und wirtschaftlichen Beziehungen hat (Mittelpunkt der Lebensinteressen);

b) kann nicht bestimmt werden, in welchem Staat die Person den Mittelpunkt ihrer Lebensinteressen hat, oder verfügt sie in keinem der Staaten über eine ständige Wohnstätte, so gilt sie als in dem Staat ansässig, in dem sie ihren gewöhnlichen Aufenthalt hat;

c) hat die Person ihren gewöhnlichen Aufenthalt in beiden Staaten oder in keinem der Staaten, so gilt sie als in dem Staat ansässig, dessen Staatsangehöriger sie ist;

d) ist die Person Staatsangehöriger beider Staaten oder keines der Staaten, so regeln die zuständigen Behörden der Vertragsstaaten die Frage in gegenseitigem Einvernehmen.

(3) Ist nach Absatz 1 eine andere als eine natürliche Person in beiden Vertragsstaaten ansässig, so gilt sie als in dem Staat ansässig, in dem sich der Ort ihrer tatsächlichen Geschäftsleitung befindet.

(4) Bei Anwendung der Artikel 5 bis 23 wird der Gesellschafter einer Personengesellschaft hinsichtlich der Besteuerung seiner Einkünfte aus dieser Gesellschaft und des Vermögens, das er über diese Gesellschaft – ihre Ausschüttungen ausgenommen – besitzt, so behandelt, als sei er in dem Vertragsstaat ansässig, in dem sich der Ort der tatsächlichen Geschäftsleitung der Gesellschaft befindet. Diese Einkünfte und dieses Vermögen können, soweit sie nicht in diesem Staat der Besteuerung unterliegen, im anderen Staat besteuert werden.

6. Auszug aus dem CIRS, wichtige Gesetze

Artigo 20.º
Imputação especial

1 - Constitui rendimento dos sócios ou membros das entidades referidas no artigo 6.º do Código do IRC, que sejam pessoas singulares, o resultante da imputação efetuada nos termos e condições dele constante ou, quando superior, as importâncias que, a título de adiantamento por conta de lucros, tenham sido pagas ou colocadas à disposição durante o ano em causa.

2 - Para efeitos do disposto no número anterior, as respetivas importâncias integram-se como rendimento líquido na categoria B.

3 - Constitui rendimento dos sujeitos passivos de IRS residentes em território português os lucros ou rendimentos obtidos por entidades não residentes em território português e aí submetidos a um regime fiscal claramente mais favorável, no caso em que, nos termos e condições do artigo 66.º do Código do IRC, os mesmos detenham, direta ou indiretamente, mesmo que através de mandatário, fiduciário ou interposta pessoa, pelo menos, 25% ou 10% das partes de capital, dos direitos de voto ou dos direitos sobre os rendimentos ou

os elementos patrimoniais dessas entidades, consoante os casos, aplicando-se para o efeito, com as necessárias adaptações, o regime aí estabelecido.

4 - Para efeitos do disposto no número anterior, as respetivas importâncias integram-se como rendimento líquido na categoria B, nos casos em que as partes de capital ou os direitos estejam afetos a uma atividade empresarial ou profissional, ou na categoria E, nos restantes casos.

5 - No caso previsto no n.º 1, o resultado da imputação efetuada nos anos subsequentes deve ser objeto dos necessários ajustamentos destinados a eliminar qualquer duplicação de tributação dos rendimentos que possa vir a ocorrer.

6 - O disposto no n.º 2 não prejudica a possibilidade de dedução das contribuições obrigatórias para regimes de proteção social comprovadamente suportadas pelo sujeito passivo, nos casos em que este exerce a sua atividade profissional através de sociedade sujeita ao regime de transparência fiscal previsto no artigo 6.º do Código do IRC, desde que as mesmas não tenham sido objeto de dedução a outro título.

Artigo 28.º
Formas de determinação dos rendimentos empresariais e profissionais

[...]

8 - Se os rendimentos auferidos resultarem de serviços prestados a uma única entidade, exceto tratando-se de prestações de serviços efetuadas por um sócio a uma sociedade abrangida pelo regime de transparência fiscal, nos termos da alínea b) do n.º 1 do artigo 6.º do Código do IRC, o sujeito passivo pode, em cada ano, optar pela tributação de acordo com as regras estabelecidas para a categoria A.

[...]

Artigo 151.º
Classificação das atividades

As atividades exercidas pelos sujeitos passivos do IRS são classificadas, para efeitos deste imposto, de acordo com a Classificação das Atividades Económicas Portuguesas por Ramos de Atividade (CAE), do Instituto Nacional de Estatística, ou de acordo com os códigos mencionados em tabela de atividades aprovada por portaria do Ministro das Finanças.

Liste der selbstständigen Tätigkeiten i.S.d. Art. 151 CIRS:

1 – Arquitectos, engenheiros e técnicos similares:
1000 Agentes técnicos de engenharia e arquitectura:
1001 Arquitectos;

1002 Desenhadores;
1003 Engenheiros;
1004 Engenheiros técnicos;
1005 Geólogos;
1006 Topógrafos.

2 – Artistas plásticos e assimilados, actores e músicos:
2010 Artistas de teatro, bailado, cinema, rádio e televisão;
2011 Artistas de circo;
2019 Cantores;
2012 Escultores;
2013 Músicos;
2014 Pintores;
2015 Outros artistas.

3 – Artistas tauromáquicos:
3010 Toureiros;
3019 Outros artistas tauromáquicos.

4 – Economistas, contabilistas, actuários e técnicos similares:
4010 Actuários;
4011 Auditores;
4012 Consultores fiscais;
4013 Contabilistas;
4014 Economistas;
4015 Técnicos oficiais de contas;
4016 Técnicos similares.

5 – Enfermeiros, parteiras e outros técnicos paramédicos:
5010 Enfermeiros;
5012 Fisioterapeutas;
5013 Nutricionistas;
5014 Parteiras;
5015 Terapeutas da fala;
*5016 Terapeutas ocupacionais.
5019 Outros técnicos paramédicos.

6 – Juristas e solicitadores:
6010 Advogados;
6011 Jurisconsultos;
6012 Solicitadores.

7 – Médicos e dentistas:
7010 Dentistas;
7011 Médicos analistas;
7012 Médicos cirurgiões;
7013 Médicos de bordo em navios;
7014 Médicos de clínica geral;
7015 Médicos dentistas;
7016 Médicos estomatologistas;
7017 Médicos fisiatras;
7018 Médicos gastroenterologistas;
7019 Médicos oftalmologistas;
7020 Médicos ortopedistas;
7021 Médicos otorrinolaringologistas;
7022 Médicos pediatras;
7023 Médicos radiologistas;
7024 Médicos de outras especialidades.

8 – Professores e técnicos similares:
8010 Explicadores;
8011 Formadores;
8012 Professores.

9 – Profissionais dependentes de nomeação oficial:
9010 Revisores oficiais de contas.
*9011 Notários

10 – Psicólogos E sociólogos:
1010 Psicólogos;
1011 Sociólogos.

11 – Químicos:
1110 Analistas.

12 – Sacerdotes:
1210 Sacerdotes de qualquer religião.

13 – Outras pessoas exercendo profissões liberais, técnicos e assimilados:
1310 Administradores de bens;
1311 Ajudantes familiares;
1312 Amas;
1313 Analistas de sistemas;
1314 Arqueólogos;
1315 Assistentes sociais;
1316 Astrólogos;
1317 Parapsicólogos;
1318 Biólogos;
1319 Comissionistas;
1320 Consultores;
1321 Dactilógrafos;
1322 Decoradores;
1323 Desportistas;
1324 Engomadores;
1325 Esteticistas, manicuras e pedicuras;
1326 Guias-intérpretes;
1327 Jornalistas e repórteres;
1328 Louvados;
1329 Massagistas;
1330 Mediadores imobiliários;
1331 Peritos-avaliadores;
1332 Programadores informáticos;
1333 Publicitários;
1334 Tradutores.
*1335 Farmacêuticos
1336 Designers (aditada pela Lei n.º 53-A/2006-29/12)

14 – Veterinários:
1410 Veterinários.

15 – Outras actividades exclusivamente de prestação de serviços:
1519 Outros prestadores de serviços.

7. Auszug aus dem CIRC, wichtige Gesetze

Artigo 2.º
Sujeitos passivos

1 — São sujeitos passivos do IRC:

a) As sociedades comerciais ou civis sob forma comercial, as cooperativas, as empresas públicas e as demais pessoas colectivas de direito público ou privado, com sede ou direcção efectiva em território português;

b) As entidades desprovidas de personalidade jurídica, com sede ou direcção efectiva em território português, cujos rendimentos não sejam tributáveis em imposto sobre o rendimento das pessoas singulares (IRS) ou em IRC directamente na titularidade de pessoas singulares ou colectivas;

c) As entidades, com ou sem personalidade jurídica, que não tenham sede nem direcção efectiva em território português e cujos rendimentos nele obtidos não estejam sujeitos a IRS.

2 — Consideram-se incluídas na alínea b) do n.º 1, designadamente, as heranças jacentes, as pessoas colectivas em relação às quais seja declarada a invalidade, as associações e sociedades civis sem personalidade jurídica e as sociedades comerciais ou civis sob forma comercial, anteriormente ao registo definitivo.

3 — Para efeitos deste Código, consideram-se residentes as pessoas colectivas e outras entidades que tenham sede ou direcção efectiva em território português.

Artigo 6.º
Transparência fiscal

1 — É imputada aos sócios, integrando-se, nos termos da legislação que for aplicável, no seu rendimento tributável para efeitos de IRS ou IRC, consoante o caso, a matéria colectável, determinada nos termos deste Código, das sociedades a seguir indicadas, com sede ou direcção efectiva em território português, ainda que não tenha havido distribuição de lucros:

a) Sociedades civis não constituídas sob forma comercial;

b) Sociedades de profissionais;

c) Sociedades de simples administração de bens, cuja maioria do capital social pertença, directa ou indirectamente, durante mais de 183 dias do exercício social, a um grupo familiar, ou cujo capital social pertença, em qualquer dia do exercício social, a um número de sócios não superior a cinco e nenhum deles seja pessoa colectiva de direito público.

2 — Os lucros ou prejuízos do exercício, apurados nos termos deste Código, dos agrupamentos complementares de empresas e dos agrupamentos europeus de interesse económico, com sede ou direcção efectiva em território português, que

se constituam e funcionem nos termos legais, são também imputáveis directamente aos respectivos membros, integrando-se no seu rendimento tributável.

3 — A imputação a que se referem os números anteriores é feita aos sócios ou membros nos termos que resultarem do acto constitutivo das entidades aí mencionadas ou, na falta de elementos, em partes iguais.

4 — Para efeitos do disposto no n.º 1, considera-se:

a) Sociedade de profissionais:

1) A sociedade constituída para o exercício de uma atividade profissional especificamente prevista na lista de atividades a que se refere o artigo 151.º do Código do IRS, na qual todos os sócios pessoas singulares sejam profissionais dessa atividade; ou,

2) A sociedade cujos rendimentos provenham, em mais de 75%, do exercício
A sociedade cujos rendimentos provenham, em mais de 75%, do exercício
conjunto ou isolado de atividades profissionais especificamente previstas na lista a que se refere o artigo 151.º do Código do IRS, desde que, cumulativamente, durante mais de 183 dias do período de tributação, o número de sócios não seja superior a cinco, nenhum deles seja pessoa coletiva de direito público e, pelo menos, 75% do capital social seja detido por profissionais que exercem as referidas atividades, total ou parcialmente, através da sociedade;

b) Sociedade de simples administração de bens — a sociedade que limita a sua actividade à administração de bens ou valores mantidos como reserva ou para fruição ou à compra de prédios para a habitação dos seus sócios, bem como aquela que conjuntamente exerça outras actividades e cujos rendimentos relativos a esses bens, valores ou prédios atinjam, na média dos últimos três anos, mais de 50% da média, durante o mesmo período, da totalidade dos seus rendimentos;

c) Grupo familiar — o grupo constituído por pessoas unidas por vínculo conjugal ou de adopção e bem assim de parentesco ou afinidade na linha recta ou colateral até ao 4.º grau, inclusive.

5 - Para efeitos da alínea c) do n.º 1, não se consideram sociedades de simples administração de bens as que exerçam a atividade de gestão de participações sociais de outras sociedades e que detenham participações sociais que cumpram os requisitos previstos no n.º 1 do artigo 51.º

Artigo 12.º

Sociedades e outras entidades abrangidas pelo regime de transparência fiscal

As sociedades e outras entidades a que, nos termos do artigo 6.º, seja aplicável o regime de transparência fiscal não são tributadas em IRC, salvo quanto às tributações autónomas.

8. Interne Anweisungen der Finanzverwaltung

Circular 8, de 16/02/1990 - Direcção de Serviços do IRC

Regime de Transparência Fiscal aplicável às sociedades de profissionais
Art.ºs 5.º, 12.º, 71.º e 75º do CIRC
Circular 8, de 16/02/1990 - Direcção de Serviços do IRC
Regime de Transparência Fiscal aplicável às sociedades de profissionais

Art.ºs 5.º, 12.º, 71.º e 75º do CIRC

Razão das instruções

Tendo-se suscitado dúvidas sobre o regime de transparência fiscal das sociedades de profissionais, nomeadamente no que respeita a retenções na fonte relativas a rendimentos obtidos e a pagamentos por conta, foi, por despachos de 89.08.09 e 90.02.02 de Sua Excelência o Secretário de Estado dos Assuntos Fiscais, sancionado o seguinte entendimento:

São sociedades de profissionais as que no fim do período de tributação reúnam os seguintes requisitos referidos na alínea a) do n.º 4 do art.º 5.º do CIRC.

Retenção na fonte

2. Sendo as sociedades de profissionais sujeitos passivos de IRC, estão sujeitas às mesmas retenções na fonte que as restantes entidades residentes dado que os artigos 75º e 76.º do CIRC não estabelecem quaisquer restrições.

Sociedades de revisores oficiais de contas

3. Em consequência, relativamente às remunerações auferidas por sociedades de revisores oficiais de contas na qualidade de membros de órgãos estatutários de pessoas colectivas, ainda que abrangidas pelo regime de transparência fiscal, há retenção na fonte de IRC nos termos da alínea d) do n.º 1 do artigo 75º do CIRC.

Imputação de deduções á colecta

4. As deduções mencionadas nas alíneas a) a d) do n.º 2 do artigo 71.º do CIRC, nas quais se incluem as retenções na fonte, devem, para cumprimento do estabelecido no n.º 6 deste artigo, ser previamente quantificadas na sociedade de profissionais em impresso de modelo oficial e posteriormente imputadas aos respectivos sócios nos termos que resultarem do acto constitutivo dessas entidades ou, na falta de elementos, em partes iguais.

5. As importâncias referidas no número anterior serão deduzidas á colecta do IRS apurada com base na matéria colectável que tenha tido em consideração a imputação prevista no artigo 5.º do CIRC a qual deve efectivar-se no ano em que se inclua o fim do período de tributação da sociedade de profissionais.

Pagamentos por conta

6. As referidas sociedades não têm de efectuar pagamentos por conta, obrigação que incumbe em sede de IRS aos repeti-vos sócios enquanto titulares de rendimentos da Categoria B.

Obrigações acessórias

7. Como sujeitos passivos de IRC, e exercendo a título principal uma actividade de prestação de serviços, estão adstritas ao cumprimento das respectivas obrigações acessórias, designadamente, a dispor de contabilidade organizada e a apresentar a declaração periódica de rendimentos.

8. Devem ainda nos termos dos artigos 91.º e seguintes do CIRS as referidas entidades proceder a retenção na fonte do IRS relativamente aos rendimentos pagos ou postos à disposição dos seus sócios, com excepção dos relativos a lucros ou adiantamentos por conta de lucros efectuados nos termos do Código das Sociedades Comerciais, visto não revestirem, de acordo com o disposto na alínea h) do artigo 6.º daquele Código, a natureza de rendimentos de capitais.

Direcção-Geral das Contribuições e Impostos, 16 de Fevereiro de 1990.

O DIRECTOR-GERAL,

Manuel Jorge Pombo Cruchinho

finanças

DIRECÇÃO DE SERVIÇOS DO IMPOSTO SOBRE O RENDIMENTO DAS PESSOAS COLECTIVAS

Divisão de Liquidação

Of. Circulado n.º: 20 132 2008-04-14	Subdirecções-Gerais
Processo: 310/2008	Direcções de Serviços
Entrada Geral: 519 2008-01-23	Direcções de Finanças
N.º Identificação Fiscal (NIF):	Serviços de Finanças
Sua Ref.ª:	
Técnico: Filomena Carreira/Abílio Sousa	
Cod. Assunto:	
Origem:	

Assunto: IRC - LIQUIDAÇÃO DE DERRAMA - REGIMES ESPECIAIS DE TRIBUTAÇÃO

Exm.º (s) Senhores:

A nova lei das finanças locais (Lei n.º 2/2007, de 15 de Janeiro), alterou a forma de cálculo da derrama para o exercício de 2007 e seguintes.
Tendo sido suscitadas dúvidas sobre o cálculo e a aplicação de derrama aos regimes especiais de tributação do IRC, informa-se o seguinte:

1. Regime de transparência fiscal

Nos termos da legislação actual, mais concretamente do artigo 14.º da Lei n.º 2/2007, de 15 de Janeiro, a taxa da derrama recai sobre o lucro tributável, sujeito e não isento de IRC, das entidades residentes em território português que exerçam, a título principal, uma actividade de natureza comercial, industrial ou agrícola e ainda sobre o lucro tributável das entidades não residentes com estabelecimento estável em Portugal.
Ora, nos termos do artigo 12.º do Código do IRC, as entidades sujeitas ao regime de transparência fiscal, não obstante serem sujeitos passivos deste imposto, "...não são tributadas em IRC, salvo quanto às tributações autónomas", pelo que esta norma de não tributação leva a concluir que o lucro tributável por elas apurado não é passível de tributação em IRC.

Nos seus contactos com a Administração Fiscal, por favor mencione sempre o nome, a referência do documento, o N.º de Identificação Fiscal (NIF) e o domicílio fiscal
Av. Eng. Duarte Pacheco, 28 - 7º - Lisboa - 1099-013 Tel. (+351) 21 383 42 00 Fax (+351) 21 383 46 93
Email: [illegible] www.e-financas.gov.pt

finanças
DIRECÇÃO-GERAL DOS IMPOSTOS

DIRECÇÃO DE SERVIÇOS DO IMPOSTO SOBRE O RENDIMENTO DAS PESSOAS COLECTIVAS
Divisão de Liquidação

Logo, a derrama prevista no referido artigo 14.º não abrange, na sua incidência objectiva, o lucro tributável das sociedades ou entidades transparentes.

2. Regime especial de tributação de grupos de sociedades

No âmbito do regime especial de tributação de grupos de sociedades, a determinação do lucro tributável do grupo é feita pela forma referida no artigo 64.º do Código do IRC, correspondendo à soma algébrica dos lucros tributáveis e dos prejuízos fiscais apurados nas declarações periódicas individuais.
Se é verdade que nas declarações periódicas individuais não há um verdadeiro apuramento de colecta, o mesmo já não se pode dizer relativamente ao lucro tributável.
Com efeito, cada sociedade apura um lucro tributável na sua declaração individual.
Assim, para as sociedades que integram o perímetro do grupo abrangido pelo regime especial de tributação de grupos de sociedades, a derrama deverá ser calculada e indicada individualmente por cada uma sociedades na sua declaração, sendo preenchido, também individualmente, o Anexo A, se for caso disso.
O somatório das derramas assim calculadas será indicado no campo 364 do Quadro 10 da correspondente declaração do grupo, competindo o respectivo pagamento à sociedade dominante, em consonância com o entendimento sancionado por despacho de 2008-03-13, do substituto legal do Director-Geral.

Com os melhores cumprimentos

O Subdirector-Geral

Manuel Sousa Meireles

Literaturverzeichnis

Adrian, Gerrit/ Franz, Oliver: Änderungen der Unternehmensbesteuerung durch das Amtshilferichtlinie-Umsetzungsgesetz, BB 2013, S. 1879–1889

AICEP Portugal Global – Länderdatenblatt März 2017, abzurufen unter: http://www.portugalglobal.pt/DE/Documents/PortugalFichaPaisAlemao.pdf, S. 1–12, zuletzt abgerufen am 25.09.2017 (zitiert: AICEP Portugal Global – Länderdatenblatt März 2017)

Aigner, Hans-Jörgen/Zügner, Mario: Sind Einnahmen aus Personengesell-schaften abkommensrechtlich „Dividenden", SWI 2000, S. 254–258

Aigner, Hans-Jörgen/Zügner, Mario: Die Lösung des OECD-Steuerausschusses für Qualifikationskonflikte bei Personengesellschaften, in: Gassner, Wolfgang/ Lang, Michael/Lechner, Eduard (Hrsg.): Personengesellschaften im Recht der Doppelbesteuerungsabkommen- Die Auswirkungen des OECD-Reports auf die Abkommenspraxis, Wien 2000, S. 47–67 (zitiert: Aigner/Züger, in: G/L/L)

Albuquerque Alves Palma, Ana Paula: O regímen da transparência fiscal – Analise da eficácia do regimen em Portugal e perspectivas da evolução, Lissabon 2013, (zitiert: Albuquerque Alves Palma, transparência fiscal)

Almeida, Bruno: Transparência Fiscal, Fisco Nr. 122, 123 Oktober 2007, S. 63–78

Almeida, Luís Chaves: Nota sobre as variações patrimoniais positivas e negativas no Código do IRC, Fisco (Nr. 4) 1989, S. 22–23

Américo Brás, Carlos /Antunes Abreu, Irene/Durão Ribeiro, João /Pimenta, Maria Emília: Guia dos Impostos em Portugal, Almedina (Hrsg.) 4. Aufl. Lissabon 2015 (zitiert: Américo/Antunes/Durão/ Pimenta, Guia dos Impostos)

Anjos Azevedo, Patrícia: A dupla tributação international: questões leventadas e métodos para a evitar, Cadernos de Direito Atual Nr. 6 2017, S. 31–65

Antunes, João: O regress ao sistema simplificado em IRC, Negocios Online vom 17.2.2014, abzurufen unter: http://www.jornaldenegocios.pt/opiniao/colunistas/detalhe/o_regresso_do_regime_simplificado_em_irc.html, zuletzt abgerufen am 25.09.2017.

Ascensão, José Oliveira: Direito Civil Sucessões, 2. Aufl. Lissabon 2000 (zitiert: Ascensão, Direito Civil Sucessões)

Ascensão, José Oliveira: Direito Comercial, Volume IV – Socidades Comercais, Lissabon 1993 (zitiert: Ascensão, Direito Comercial)

Assmann, Heinz-Dieter/Schütze, Rolf: Handbuch des Kapitalanlagerechts, München 4. Aufl. 2015 (zitiert Bearbeiter, in: A/S)

Autzen, Thomas: Die ausländische Holding-Personengesellschaft – Ertragssteuerliche Behandlung und Gestaltungsmöglichkeiten, Berlin 2005 (zitiert: Autzen, Holding-Personengesellschaft)

Avery Jones: Credit and Exemption under Tax Treaties in Cases of Difering Income Characterisation, BTR 1996, S. 212–262

Avery Jones: The Non-discrimination Article in Tax Treaties, ET 1991, S. 310–347

Avery Jones, John F. u.a.: The Interpretation of Tax Treaties with particular reference to Article 3 (2) of the OECD Model, BTR 1984, S. 14–54

Azevedo Rafael, José Paulo: A tributação dos rendimentos das pessoas singularres – 1.ª parte, in: Apotec Jornal de Contabilidade, Ano XXXVII, Nr. 431, März/April 2013, S. 46–58

Azevedo Rafael, José Paulo: A tributação dos rendimentos das pessoas singulars – 2.ª parte, in: Apotec Jornal de Contabilidade, Ano XXXVII, Nr. 432, Mai/ Juni 2013, S. 91–98

Azevedo Rafael, José Paulo: A tributação dos rendimentos das pessoas singulars – Conclusão, Apotec Jornal de Contabilidade, Ano XXXVII, Nr. 433, Juli/ August 2013, S. 125–137

Azevedo Rafael, José Paulo: A tributação dos rendimentos das pessoas coletivas, in: Apotec Jornal de Contabilidade, Ano XXXVII, Nr. 434, Sep- tember/Oktober 2013, S. 171–176

Ballestrem, Rudolf Graf von: Beteiligung an einer intransparenten ausländischen Personengesellschaft als steuerliches Gestaltungsinstrument. Untersuchung aus der Sicht eines in Deutschland unbeschränkt einkommensteuerpflichtigen Gesellschafters auf der Grundlage des OECD-MA, Diss. Dresden 2003 (zitiert: Ballestrem, Beteiligung an einer PG)

Barreira, Rui: A Responsabilidade dos Gestores por Dividas Fiscais, Fisco Nr. 16, Januar 1990, S. 69

Barreira, Rui: As sociedades e os sócios: regimen tributário, Fisco Nr. 20/21, Mai-Juni 1990, S. 66–72

Barreira, Rui: Problemas do Regime Fiscal da Zone Offshore da Madeira, Fisco Nr. 33, 1991, S. 3–6

Baumbach, Klaus/Hopt, Klaus: Handelsgesetzbuch: HGB, 37. Aufl. München 2016 (zitiert: Baumbach/Hopt, HGB)

Becker, Helmut: Funktionsnutzen und Erwirtschaftungsgrundsatz – Wege zur Ermittlung des zutreffenden Betriebsstättenergebnisses, DB 1990, S. 392–395

Becker, Jan/ Loitz, Rüdiger/Stein, Volker: Steueroptimale Verlustnutzung, 2009 Wiesbaden (zitiert: Becker/Loitz/Stein, Steueroptimale Verlustnutzung)

Behrenz, Frank: Anmerkungen zum Urteil vom BFH v. 21.01.2016 – I R 49/14,

IStR 2016, 509–514, IStR 2016, S. 514–516

Behrenz, Frank: FG Münster: Deutsches Besteuerungsrecht an Einnahmen aus dem Sonderbetriebsvermögen II einer Kommanditgesellschaft spanischen Rechts nach Art. 4 Abs. 4 DBA-Spanien 1966 und § 50d Abs. 9 S. 1 Nr. 1 EStG – Verfassungswidriger Treaty Override? IStR 2014, S. 773–783

Beinert, Stefanie /Benecke, Andreas: Internationale Aspekte der Umstrukturierung von Unternehmen, Erster Teil, FR 2010, S. 1009–1023

Benecke, Andreas: Die vermögensverwaltende Personengesellschaft aus abkommensrechtlicher Sicht, in: Urtz, Christoph/Züger, Mario (Hrsg.): Personengesellschaften im Internationalen Steuerrecht, Wien 2001, S. 213–235 (zitiert: Benecke, in: Urtz/Züger)

Benz, Sebastian/Böhmer, Julian: Das BEPS-Projekt der OECD/G20: Vorlage der abschließenden Berichte zu den Aktionspunkten, DB 2015, S. 2535–2543

BEPS 2015 Final Reports, Action 2: Neutralising the Effects of Hybrid Mismatch Arrangements, S. 1–458, abzurufen unter: http://www.oecd.org/ctp/aggressive/beps-2015-final-reports.htm, zuletzt abgerufen am 25.09.2017 (zitert: BEPS Aktion 2)

BEPS 2015 Final Reports, Action 5: Countering Harmful Tax Practices More Effectively, Taking into Account Transparency and Substance, S. 1–85, abzurufen unter: http://www.oecd.org/ctp/aggressive/beps-2015-final-reports.htm, zuletzt abgerufen am 25.09.2017 (zitert: BEPS Aktion 5)

BEPS 2015 Final Reports, Action 6: Preventing the Granting of Treaty Benefits in Inappropriate Circumstances, S. 1–101, abzurufen unter: http://www.oecd.org/ctp/aggressive/beps-2015-final-reports.htm, zuletzt abgerufen am 25.09.2017 (zitert: BEPS Aktion 6)

BEPS 2015 Final Reports, Action 7: Preventing the Artificial Avoidance of Permanent Establishment Status, S. 1–51, abzurufen unter: http://www.oecd.org/ctp/aggressive/beps-2015-final-reports.htm, zuletzt abgerufen am 25.09.2017 (zitert: BEPS Aktion 7)

BEPS 2015 Final Reports, Action 14: Making Dispute Resolution Mechanisms More Effective, S. 1–50, abzurufen unter: http://www.oecd.org/ctp/aggressive/beps-2015-final-reports.htm, zuletzt abgerufen am 25.09.2017 (zitert: BEPS Aktion 14)

Birke, Sebastin: Die grenzüberschreitende Besteuerung von Personengesellschaften in ausgewählten Ländern Südosteuropas, 2012 Berlin (zitiert: Birke, Personengesellschaften)

Birker, Christian/Seidel, Philipp: Neue Auslegung des DBA-Schachtelprivilegs bei Einkünften aus typisch stillen Beteiligungen, BB 2009, S. 244–247

Blumenberg, Jens/ Kring, Wulf: Erste Umsetzung von BEPS in nationales Recht.

Gesetz zur Umsetzung der Änderungen der EU-Amtshilferichtlinie von weiteren Maßnahmen gegen Gewinnverkürzungen und -verlagerungen verabschiedet, BB 2017, S. 151–158

Blumers, Wolfgang/Zillmer, Inga-Kristin: Das neue BMF-Schreiben zur Anwendung der DBA auf Personengesellschaften, BB 2010, S. 1375–1382

Blumers, Wolfgang: Betriebsstätten und Doppelbesteuerung, BB 2017, S. 118–1125

Blümich: EStG-KStG-GewStG, München (Loseblatt, Stand 137. Ergänzungslieferung, Juni 2017) (zitiert: Bearbeiter, in: Blümich)

Boller, Tino/Eilinghoff, Karolina/Schmidt, Sebastian: § 50d Abs. 10 EStG i. d. F. des JStG 2009 – ein zahnloser Tiger? IStR 2009, S. 109–115

Bordewin, Arno/Brandt, Jürgen u.a.: Einkommensteuergesetz, Heidelberg (Loseblatt, Stand: 397. Ergänzungslieferung Juli 2017) (zitiert: Bearbeiter, in: B/B)

Borges da Palma, Ricardo/Ribeiro da Sousa, Pedro: O novo regime fiscal dos residents não habituais, Fiscalidade Nr. 40 (2011), S. 5–57

Brandmüller, Gerhard/Sauer, Otto: Bonner Handbuch Personengesellschaften: Textsammlung, Erläuterungen, Rechtsprechung, Band 2, Fach E: Handels- und Gesellschaftsrecht, Nürnberg (Loseblatt, Stand 87. Ergänzungslieferung Mai 2013 (zitert: Bearbeiter in Bonner Handbuch)

Brás, Carlos Américo: Impostos – Teoria Geral, 4. Aufl. Coimbra 2014 (zitiert: Brás, Impostos – Teoria Geral)

Bresgen, Ariane: Qualifikationskonflikte bei Personengesellschaften im Internationalen Steuerrecht. Eine Analyse der abkommensrechtlichen Behandlung von grenzüberschreitend gezahlten Sondervergütungen bei Mitunternehmerschaften, Frankfurt am Main 2016 (zitiert: Bresgen)

Brito Correia, Luís: Direito comercial, Band 2: Sociedades Comercais, AAFDL (Hrsg.), Lissabon 1989 (zitiert: Brito Correira, Sociedades Comercais)

Burmester, Gabriele: Ausgewählte international-steuerrechtliche Probleme der stillen Gesellschaft, in: Haarmann, Wilhelm (Hrsg.): Unternehmenstrukturen und Rechtsformen im internationalen Steuerrecht: aktuelle Schwerpunkte in der Diskussion; Standortwettbewerb, Doppelansässigkeit, Personengesellschaft, stille Gesellschaft, trust, Köln 1996, S. 122–147 (zitiert: Burmester, in: Haarmann)

Burmester, Gabriele: Die Anrechnungsmethode im deutschen Steuerrecht, in: Gassner, Wolfgang/Lang, Michael/ Lechner, Eduard (Hrsg.): Die Methoden zur Vermeindung der Doppelbesteuerung Anrechnungs- und Befreiungsmethode, 1995 Wien, S. 241–268 (zitiert: Burmester, in: G/L/L)

Burmester, Gabriele: Unternehmensfinanzierung im Internationalen Steuerrecht, Grundlagen und Gestaltungen für Einheitsunternehmen,

Kapitalgesellschaftskonzerne und Personengesellschaftskonzerne, Köln 2003 (zitert: Burmester, Unternehmensfinanzierung)

Burmester, Gabriele: Probleme der Gewinn- und Verlustrealisierung – insbesondere bei grenzüberschreitenden Transaktionen zwischen inländischem Stammhaus und ausländischer Betriebsstätte, Baden- Baden 1986 (zitiert: Burmester, Probleme der Gewinn- und Verlustrealisierung)

Burmester, Gabriele: Steuerliche Aspekte der Finanzierung international tätiger Unternehmen, in: Klein, Franz u.a. (Hrsg.): Unternehmen Steuern- Festschrift für Hans Flick zum 70. Geburtstag, Köln 2003, S. 659–678 (zitiert: Burmester, FS Flick)

Cabral Matos, Francisco: A tributação de não residentes e o direito comunitário, Fiscalidade Nr. 34 April-Juni 2008, S. 34–69

Cadilhe, Miguel José: Em defesa da reforma fiscal, Fisco Nr. 3, 1989, S. 34–39

Caeiro, António (Hrsg.): As sociedades de pessoas no Código das Sociedades Comercais, in: Estudos em homenagem ao Prof. Doutor Eduardo Correira, Volumen LXII, Coimbra 1988, S. 5–38 (zitiert: Caeiro, As sociedades de pessoas)

Caldes Gonçalvas, António: O poder do lucro, Advocatus vom 01.04.2012, S. 29 (zitiert: Caldes Gonçalves, Advocatus)

Cardona, Celeste Maria: Regime de transparência fiscal: Viacentro – Administração de Centros Comercais S.A.", CTF 1989, S. 329–343

Cardoso da Costa, Joaquim Pedro: Regionalização tributária e zona franca da Madeira in: Fiscalidade Nr. 49, Januar- März 2012, S. 3–22

Carmo/José Dinis/Costa Fernandez, Abel L.: A tributação dos Rendimentos Empresariais em Portugal – o passado, o presente e uma proposta para o futuro, Coimbra 2013 (zitiert. Carmo/Costa: Rendimentos)

Carrapiço Jorge: O Regimen do Residente Não Habitual, OTOC- Jornal de Negócios 2012, S. 25

Carvalho Fernandes, Luís A.: Teoria Geral do Direito Civil – Volume I – Introdução; Pressupostos da Relação Jurídica, 12. Aufl. Lissabon 2012 (zitiert: Carvalho Fernandes Teoria Geral do Direito Civil)

Casalta Nabais, José: Direito Fiscal, 9. Aufl. Coimbra 2016 (zitiert: Casalta Nabais, Direito Fiscal)

Casalta Nabais, José: Introdução ao Direito Fiscal das Empresas, 2. Aufl. Coimbra 2015 (zitiert: Casalta Nabais, Empresas)

Casalta Nabais, José: O Dever Fundamental de Pagar Impostos – Contributo para a Compreensão do Estado Fiscal Contemporâneo, 4. Aufl. Coimbra 2015 (zitiert: Casalta, O dever fundamental)

Castro Mendes, J.: Direito Civil – Teoria Geral, Band I, AAFDL (Hrsg.), Lissabon

1988 (zitiert: Castro Mendes, Direito Civil)

Castro Tavares, Tómas: Da Relação de Dependência Parcial entre a Contabilidade e o Direito Fiscal na Determinação do Rendimento Tributável das Pessoas Colectivas: Algumas Reflexões ao Nível dos Custos, CTF, Nr. 396, 1999, S. 77–77

Catarino, João Ricardo/Branco Guimarães, Vasco: Lições de Fiscalidade Volume II, Coimbra 2015, (zitiert: Bearbeiter, in: Lições de Fiscalidade)

Cloer, Adian/Hagemann, Tobias: Der Einkünftebegriff iSv § 50d Abs. 9 EStG, IStR 2015, S. 489–492

Cloer, Adrian/Kudert, Stephan: Neues bei Sondervergütungen, PIStB 2010, S. 110–116

Cloer, Adrian/Trinks, Matthias: § 50d Abs. 8 EStG verfassungskonform? BFH vom 10.01.2012 – I R 66/05 – BverfG-Vorlage zum treaty override, IWB Nr. 11vom 13.06.2012, S. 402–407

Comissão para a Reforma do Imposto sobre o Rendimento das Pessoas Colectivas – 2013 (relatório final): Uma Reforma orientada para a competitade, o crescimento e emprego, abzurufen unter: http://www.peprobe.com/wp-content/uploads/2014/10/20140930-mf-Rel-Comissao-Reforma-IRS.pdf, zuletzt abgerufen am 15.07.2017 (zitiert: Comissão para a Reforma do IRC 2013)

Comissão para o Desenvolvimento da Reforma Fiscal 1996, abzurufen unter: http://purl.sgmf.pt/COL-MF-0028/1/COL-MF-0028_master/COL-MF-0028_pdf/14.pdf, zuletzt abgerufen am 25.09.2017 (zitiert: Comissão para o Desenvolvimento da Reforma Fiscal 1996)

Commisão para a Reforma do Imposto sobre o Rendimento das Pessoas Singulares – 2014 –Projeto da Reforma do IRS: uma Reforma orientada para a Simplificação, a Famíia e a Mobilidade Social, abzurufen unter: http://www.portugal.gov.pt/pt/os-ministerios/ministerio-das-financas/documentos-oficiais/20140718-mf-rel-com-reforma-irs.aspx, zuletzt abgerufen am 25.09.2017 (zitiert: Commisão para a Reforma de IRS)

Concella de Abreu, Miguel: Sociedades de Advogados não são farmácias, Advocatus vom 01.4.2013, S. 28 (zitiert: Concella de Abreu, Advocatus 2013)

Cordeiro, António Menezes: Da Boa-fé no Direito Civil, 6. Aufl. Coimbra 2015 (zitiert: Cordeira, Da Boa-fé no Direito Civil)

Cordeiro, António Menezes: O Levantamento da Personalidade Jurídica no Direito Civil e Comercial, Coimbra 2000 (zitiert: Cordeiro, O levantamento)

Correira e Vale, Maria de Lourdes /Freitas Perreira, M. H.: IRC- Não aplicação do regime de transparência fiscal às sociedades gestadoras de participações sociais. Parecer Nr. 18/89, Proc. Nr. 41, E.G. 10/89, Fisco Nr. 17, Februar 1990, S. 39–43

Correira e Vale, Maria de Lourdes: "Critérios de imputação de receitas e despesas entre sociedades independents em diferentes países quer sejam partes em convenções internacionais sobre dupla tributação quer o não sejam, CTF Nr. 162, 1972, S. 7 ff.

Costa Azevedo, Pedro: O Regimen de Transparência Fiscal- Breve Análise, Porto 2005 (zitiert: Costa Azevedo, O Regimen de Transparência Fiscal)

Costa, Dulce/ Cardosa, Elisabete: O tratamento fiscal dos diversos tipos de gratificações, Jornal de Negócios 2008, S. 22

Courage, Christoph: Steuerliche Behandlung spanischer Personengesellschaften nach DBA, IWB Nr. 24, 1998, F. 5 Spanien Gr. 2, S. 227–248

Courinha, Gustavo Lopes: A Claúsula Geral Anti-Abuso no Direito Tributário, contributos para a sua compreensão, Coimbra 2004 (zitiert: Courinho, A Claúsula Geral Anti-Abuso no Direito Tributário)

Courinha, Gustavo Lopes: Da Tributação da software nas convenções de dupla tributação celebradas por Portugal á luz das alterações de 2008 aos comentários da convenção modelo da OECD, Fiscalidade (37) 2009, S. 27–38

Coutinho de Abreu, Jorge Manuel: Curso de Direito Comercial, Volume II: Das Sociedades, 5. Aufl. Coimbra 2015 (zitiert: Coutinho de Abreu, Curso de Direito Comercial)

Coutinho de Abreu, Jorge Manuel: Da empresarialidade- As empresas no direito, Coimbra 1996 (zitiert: Coutinho de Abreu, Da empresarialidade)

Coutinho de Abreu, Jorge Manuel: *ders. (Hrsg.)*: Estudo de Direito das Sociedades, 12. Aufl. Coimbra 2015 (zitiert: Bearbeiter, in: Estudos de Direito das Sociedades)

Couto Gonçalves, Luís M.: Sociedades Profissionais", Scientia Ivridica- Revista do Direito Comparado Português e Brasileiro, Janeiro-Dezembro 1991, S. 154–175 (zitiert: Couto, Gonçalves, socidades profissionais 1991)

Couto Gonçalves, Luís, Sociedades Profissionais, Scientia Ivridica Nr. 39, Januar/ Dezember 1991, S. 160–169

Cunha, Patrícia Noiret: A tributação directa na jurisprudência do Tribunal das Comunidades Europais, Coimbra 2006 (zitiert: Cunha, A tributação directa)

Czakert, Ernst: Seminar D: Artikel 3 Abs. 2 OECD-MA und die Anwendung des innerstaatlichen Rechts, IStR 2012, S. 703–707

da Cruz Pinto Furtado, Jorge Henrique: Curso de Direito das Sociedades, 5. Aufl. Coimbra 2004 (zitiert: Furtado, Curso de Direito das Sociedades)

da Cunha Guimarães, Joaquim Fernando: Transparência Fiscal, INFOCON-TAB

Nr. 30 März-April 2008, S. 1–30, abzurufen unter: http://www.infocontab.com.pt/download/revinfocontab/2008/30/230.pdf, zuletzt abgerufen am 25.09.2017s (zitiert: Cunha Guimarães, INFOCONTAB 2008)

da Graça Martins, Maria: O regime da transparência fiscal no Anteprojecto de Reforma de IRC, VidaEconómica vom 23.08.2013, S. 16

da Marques Cruz, Vitor: O risco de afastamento da ética, Advocatus vom 1.04.2013, S. 29

da Mota Pinto, Carlos Alberto: Teoria Geral do Direito Civil, 5. Aufl. Coimbra 2012 (zitiert: Pinto, teoria geral do direito civil)

Dallwitz, Holger/Mattern, Oliver/Schnitger, Arne: Beeinträchtigung grenzüberschreitender Finanzierung durch das JStG 2007, DStR 2007, S. 1697–1702

de Almeida, Samuel Fernandes: Breves notas introdutórias sobre a reforma do IRC, in: dos Santos, Carlos/ Ventura, André (Hrsg.): A Reforma do IRC: Do Processo de Decisão Política à Revisão do Código, Lisboa 2014, S. 61–89 (zitiert: de Almeida, in: A Reforma do IRC)

de Basto, José Guilherme Xavier: IRS- Incidência real determinação dos Rendimentos liquidos, Coimbra 2007 (zitiert: Basto, IRS)

de Castro Abreu, José Carlos: A tributação dos estabelecimentos estáveis, Porto 2012 (zitiert: Castro Abreu, estabelecimentos estáveis)

de Lima Pinheiro, Luís: "O direito aplicável ás sociedades – contributo para o direito international das socirédades", ROA, 1988 II, S. 673–721(zitiert: Lima Pinheiro, O direito aplicável ás sociedades)

de Lima Pinheiro, Luís: Direito aplicável às operações bancárias internacionais, in: de Miranda, Jorge (Hrsg.): Estudos em Homenagem ao Prof. Doutor Martim de Albuquerque – Volume II, AAFDL, Lissabon 2010, S. 673–721 (zitiert: Lima Pinheiro, FS Martim de Albuquerque)

de Marques dos Santos, António: Algumas Reflexões sobre Nacionalidade das Sociedades em Direito Internacional Privado e Público, Coimbra 1985 (zitiert: Marques dos Santos, António: Algumas Reflexões)

de Matos Antunes Varela, João/ de Lima, Pires: Código Civil – Anotado – Volume I, 4. Aufl. Coimbra 2010 (zitiert: Matos/Lima, Código Civil, Anotado)

de Menezes Montenegro, Tânia: O regime de transparência fiscal, TOC April 2003 Nr. 37, S. 38–45

de Oliveira Ascenção, José: Direito Civil Sucessões, 5. Aufl. Coimbra 2000 (zitiert: de Oliveira Ascenção, Direito Civil Sucessões)

de Oliveira, Joana Tavares/Valente, Rui: Código Contributivo Anotado, Coimbra 2011(zitiert: Oliveira/Valente, Código Contributivo)

de Sousa da Câmara, Francisco: IDE: Surcusais e subsidiária – discriminações e situações tringulares, in: Associação Fiscal Portuguesa, Instituto de Direito Económico, Financeiro e Fiscal da Faculdade de Direito de Lisboa (Hrsg.), 15 Anos da Reforma Fiscal 1988/89 Jornadas de Homeagem ao Professor Pitta e Cunha, Coimbra 2005, S. 435–450 (zitiert: Sousa da Câmara, IDE: Surcusais e subsidiária)

de Sousa, Jorge: Código de Procedimento e de Processo Tributário, Anotado e Comentado, Band I, 6. Aufl. 2011 (zitiert: Sousa, CPPT)

Debatin, Helmut: Außensteuerliche und internationale Behandlung von Rechtsträgern und daran bestehenden Beteiligungen, DB 1997, Beilage Nr. 13, S. 1–8

Debatin, Helmut: Das Betriebsstättenprinzip der deutschen Doppelbesteuerungsabkommen (Teil I), DB 1989, S. 1692–1697

Debatin, Helmut: Doppelbesteuerungsabkommen und innerstaatliches Recht, Beiheft zu Heft 23, DStR 1992, S. 1–8

Debatin, Helmut: Doppelbesteuerungsabkommen und innerstaatliches Recht, DStR 1998, S. 1–8

Debatin, Helmut: Entwicklungsaspekte des internationalen Steuerrechts, RIW/ADW 1980, S. 3–10

Debatin, Helmut: Entwicklungstendenzen im Internationalem Steuerrecht und nationalen Außensteuerrecht im Lichte der neueren höchstrichterlichen Rechtsprechung, DStZ 1987, S. 211–217

Debatin, Helmut: Inländische Beteiligungen an Mitunternehmerschaften im Ausland, BB 1978, S. 669–671

Debatin, Helmut: Qualifikationsprobleme im Doppelbesteuerungsrecht, FR 1979, S. 493–499

Debatin, Helmut: Zur Auslegung von Doppelbesteuerungsabkommen, in: Fischer, Lutz (Hrsg.): Unternehmung und Steuer- Festschrift zur Vollendung des 80. Lebensjahres von Peter Scherpf, Wiesbaden 1983, S. 305–317 (zitiert: Debatin, FS Scherpf)

Debatin, Helmut: Zur Behandlung von Beteiligungen an Personengesellschaften unter den Doppelbesteuerungsabkommen im Lichte neueren Rechtsprechung des Bundesfinanzhofes, BB 1992, S. 1181–1188

Debatin, Helmut: Zur Behandlung von Beteiligungen an Personengesellschaften unter den Doppelbesteuerungsabkommen im Lichte der neueren Rechtsprechung des Bundesfinanzhofes, BB 1992, 1181–1188

Demleitner, Andreas: Auswirkungen des BEPS-Aktionspunktes 7 auf bestehende Vertriebsstrukturen, BB 2016, S. 599–602

Denninger, Jens/ Gillamariam, David/ Stoll, Romy: Besteuerungskonflikte von Personengesellschaften mit grenzüberschreitendem Gesellschaftsverhältnis bei Sondervergütungen, StuB 2011, S. 948–955

Desens, Marc: Der neue Anrechnungshöchstbetrag in § 34c Abs. 1 S. 2 EStG – ein unionsrechts- und verfassungswidriges, fiskalisches Eigentor, IStR 2015, S. 77–83

Desens, Marc: Die neue Vertrauensschutzdogmatik des Bundesverfassungsgerichts für das Steuerrecht, StuW 2011, S. 113–130

DGCI, Código Comentado e Anotado, 1990, S. 95–96 (zitiert: DGCI, Código Comentado e Anotado)

Ditz, Xavier/Quilitzsch, Carsten: Die Änderungen im internationalen Steuerrecht durch das Anti-BEPS-Umsetzungsgesetz, DStR 2017, S. 218–292

Ditz, Xavier/Tcherveniachki, Vassil: Anwendung des § 1 AStG bei Personengesellschaften – Spannungsverhältnis zu § 50d Abs. 9 und 10 EStG und § 9 Nr. 2 GewStG, DB 2014, S. 203–206

Dölker, Angelika: Maßnahmen zur Schaffung von Steuertransparenz durch Amtshilfe und Informationsaustausch unter Steuerbehörden verschidener Länder sowoe durch nationale Gesetze in Deutschland, BB 2017, S. 279–284

Dörfler, Oliver/Rautenstrauch, Gabriele/Adrian, Gerrit: Das Jahressteuergesetz 2009 – Ausgewählte Aspekte der Unternehmensbesteuerung, BB 2009, S. 580–587

Dorfmueller, Pia: Generalthema II: Die steuerliche Einordnung von Gesellschaften und Abkommenschutz, IStR 2014, S. 683–686

Dorn, Katrin: Sondervergütungen im Abkommensrecht: Führt der "neue" § 50d Abs. 10 EStG endlich ans gewünschte Ziel? BB 2013, S. 3038–3041

dos Santos, Carlos António (Hrsg.): A reforma do IRC, uma estratégia de concorrência fiscal ativa em ambiente international adverso, in: dos Santos, Carlos/ Ventura, André (Hrsg.): A Reforma do IRC: Do Processo de Decisão Política à Revisão do Código, Lisboa 2014, S. 17–60 (zitiert: dos Santos, in: A Reforma do IRC)

Duro Teixeira, Manuela: A determinação de lucro Tributável dos establecimentos estáveis de não residentes, Diss. Coimbra 2007 (zitiert: Duro Teixeira, estabelecimentos estáveis de não residentes)

Eimermann, Dieter: Qualifikationsverkettung, in: Kaeser, Christian (Hrsg.): Wassermeyer, Doppelbesteuerung: Festgabe zum 75. Geburtstag von Prof. Dr. Dr. h.c. Franz Wassermeyer, München 2015, S. 69–72 (zitiert: Eimermann, FS für Wassermeyer)

Engel, Benjamin/Hilbert, Lukas: Auswirkungen der Abkommensberechtigung einer Personengesellschaft. BFH, Beschluss vom 13.22.2013 – I R 67/12, IWB Nr. 3 vom 12.02.2014, S. 106–111

Engrácia Antunes, José: Die Gründung einer Tochtergesellschaft in Portugal, in Marcus, Lutter (Hrsg): Die Gründung einer Tochtergesellschaft im Ausland, ZGR-Sonderheft, 3. Aufl. Berlin, New York 1995, S. 588–627 (zitiert: Engrácia Antunes, Die Gründung einer Tochtergesellschaft)

Ezquerro, Teodoro Cordón: Manual de Fiscalidad International, Volume III, Minísterio da Economía y Hacienda, Instituto de Estudios Fiscales, Escuela Hacienda Publica (Hrsg.), Madrid 2008 (zitiert: Ezquerro, Manual de Fiscalidad International)

Faustino, Manuel: A opacidade da transparência fiscal, TOC (111) Juni 2009, S. 28–31

Faustino, Manuel: IRS – Teoria e Prática, Lisboa 1993 (zitiert: Faustino, IRS)

Faustino, Manuel: O Regime Simplificado de Tributação no IRS, IRC e IVA, OTOC 2004, S. 2–38

Faustino, Manuel: Os residentes no Imposto sobre o rendimento pessoal (IRS) português, CTF Nr. 424, Juli bis Dezember 2009, S. 99–133

Faustino, Manuel: PORTUGAL: Os princípios tributarios face aos novos modelos de tributação do rendimento, CTF Nr. 422, 2008, S. 219–265

Feliz Pinto Nogueiro, João: A Dupla Residência Fiscal de Pessoas Singulares Enquadramento da questão nos planos interno, europeu e internacional à luz da recente orientação do Supremo Tribunal Administrativo, RFPDF Nr. 1, Jahr 4, 2011, S. 209–247

Fellinger, Antje: Tagungs- und Diskussionsberichte: „Aktuelle Entwicklungen im Unternehmssteuerrecht" am 27.02.2012 im Haus der Deutschen Wirtschaft, Berlin, in Finanz Rundschau, 94. Jg. (2012), S. 489–492

Fernandes Ferreira, M./ Respicio Gonçalves, Mónica/ Machado de Almeida, Marta/ Calejo Guerra, José: O anteprojeto de reforma do Código do IRC: simplificação fiscal e promoção do investimento, OTOC 2013, S. 52–55

Ferrer Correia, António: Lições de Direito International Privado I, Coimbra 2015 (zitiert: Ferrer Correia, Lições de Direito International Privado I)

Ferrer Correia, António: Sociedades Fictícias e Unipessoais, Coimbra, 1948 (zitiert: Ferrer Correia, Sociedades Fictícias e Unipessoais)

Fischer, Lutz /Kleineidam, Hans-Jochen/Warneke, Perygrin: Internationale Betriebswirtschaftliche Steuerlehre, 5. Aufl., Berlin 2005 (zitiert: Fischer/ Kleineidam/Warneke, Internationale Steuerlehre)

Fischer, Lutz: Die Beteiligung an ausländische Personengesellschaften vor dem Hintergrund der Betriebsstätten-Verwaltungsgrundsätze vom 24.12.1999, in: Kirchhof, Paul u.a. (Hrsg.): Staaten und Steuern- Festschrift für Klaus Vogel zum 70. Geburtstag, Heidelberg 2000, S. 963–986 (zitiert: Fischer, FS für Klaus Vogel)

Flick, Hans/Wassermeyer, Franz/Baumhoff, Hubertus/Schönfeld, Jens: Außensteuerrecht, Köln (Loseblatt, Stand: 81. Ergänzungslieferung April 2017) (zitiert: Bearbeiter, F/W/B/S, AStG)

Franco, Paula/Silva, Amândio: Regime de cotransparência fiscal aplicável às sociedades de profissionais, OTOC, v 17.01.2014, S. 162–169

Franz, Einiko B./Voulon, Marcel: Abkommensrechtliche Behandlung von Sondervergütungen - Status Quo und Perspektiven, BB 2011, S. 1111–1119

Franz, Einiko B./Voulon, Marcel: Anmerkung zum Urteil des BFH vom 08.09.2010 - I R 74/09, BB 2011, S. 166–168

Freitas Perreira, Manuel Henrique: *ders.*, „A tributação do rendimento das empresas nos processos de integração económica", Ciência e Técnica Fiscal, Nr. 385, Lisboa 1997 (zitiert: Freitas Pereira, A tributação)

Freitas Perreira, Manuel Henrique: *ders.*: „Tratamento fiscal da transferência de bens imóveis entre o património privado e o património empressial de uma pessoa singular ", CTF Nr. 367 1992, S. 9–26

Freitas Perreira, Manuel Henrique: *ders.*: A relevância, em termos de apuramento de lucro tributável de documentos internos justificativos de compras de existências, CTF Nr. 365 1992, S. 343–352

Freitas Perreira, Manuel Henrique: Fiscalidade, 3. Aufl. Coimbra 2009, Almedina (Hrsg.) (zitiert: Freitas Perreira, Fiscalidade)

Frotscher, Gerrit/Geurts, Matthias: Kommentar zum Einkommensteuergesetz (EStG), (Loseblatt, Stand: 198. Ergänzungslieferung April 2017) (zitiert Bearbeiter, in: Frotscher/Geurts)

Frotscher, Gerrit: Treaty Override und § 50d Abs. 10 EStG, IStR 2009, S. 593–600

Frotscher, Gerrit: ders.: Treaty Override – causa finita? IStR 2016, S. 561–567

Frotscher, Gerrit: Internationales Steuerrecht, 4. Aufl. München 2015 (zitiert: Frotscher, Internationales Steuerrecht)

Frotscher, Gerrit: Treaty override ohne Grenzen? StbJb 2009/2010, S. 151–178

Frotscher, Gerrit: Zur Zulässigkeit des "Treaty Override", in: Spindler, Wolfgang (Hrsg.)/Tipke, Klaus /Rödder, Thomas, S. 687–714, Köln 2009 (zitiert: Frotscher, FS für Schaumburg)

Gebhardt, Ronald: § 50d Abs. 9 S. 1 Nr. 1 EStG in der europa- und verfassungsrechtlichen Kritik, IStR 2011, S. 58–60

Gebhardt, Ronald: Grundlegendes zum Phänomen Tax Treaty Overriding im deutschen Internationalen Steuerrecht, Ubg 2012, 585–597

Geuenich, Marcus: Qualifikationskonflikte im OECD-Musterabkommen und deutschen Doppelbesteuerungsabkommen am Beispiel einer atypisch stillen Gesellschaft, Berlin 2005 (Geuenich, Qualifikationskonflikte)

Gloria, Christian: Das steuerliche Verständigungsverfahren und das Recht auf diplomatischen Schutz, Zugleich ein Beitrag zur Lehre der Auslegung der Doppelbesteuerungsabkommen, Berlin 1988 (zitiert: Gloria, Verständigungsverfahren)

Goebel, Sören/Eilinghoff, Karolina/Schmidt, Sebastian: Grenzüberschreitend gezahlte Sondervergütungen- § 50d Abs. 10 EStG greift im Inboundfall nicht, DStZ 2011, 74–79

Goebel, Sören/Liedtke, Michael/Schmidt, Sebastian: FG München: Anwendung des § 50d Abs. 10 EstG im Inboundfall, IWB Nr. 1 vom 13.01.2010, S. 7–12

Gomes Canotilho, José Joaquim /Vital Moreira, Martins: Constituição da República Portuguesa Anotada – Volume II, Art. 108–296, 4. Aufl. Coimbra 2014 (zitiert: Gomes Canotilho/Vital Moreira, CPR anotado)

Gomes Rodrigues, Ana Maria: Aspectos jurídico-contabilísticos na recente reforma do IRC, in: A Reforma do IRC: Do Processo de Decisão Política à Revisão do Código, Lisboa 2014, S. 17–60 (zitiert: Gomes Rodrigues, in: A Reforma do IRC)

Gomes Rodrigues: Aspetos jurídico-contabilísticos na recente reforma do IRC, in: Dos Santos, Carlos/Ventura, André (Hrsg.): A Reforma do IRC: Do Processo de Decisão Política à Revisão do Código, Lissabon 2014, S. 193–244 (zitiert: Gomes Rodrigues in: A Reforma do IRC)

Gosch, Dietmar/Kroppen, Heinz-Klaus/ Grotherr, Siegfried: DBA-Kommentar, Herne/Belin (Loseblatt, Stand: 30. Ergänzungslieferung Oktober 2016) (zitiert: Bearbeiter, in: G/K/G)

Gosch, Dietmar: Anmerkung zum Beschluss des BFH vom 08.09.2010 – I R 74/09, BFH-PR 2011, S. 70–72

Gosch, Dietmar: *ders.*: Anmerkung zum Beschluss des BFH v. 19.12.2013, DStR 2014, S. 363, Besteuerung eines im Inland ansässigen Fleugzeugführers einer Flug-zeuggesellschaft aus Irland, BFH/PR 2014, S. 175–178

Gosch, Dietmar: *ders.*: Anmerkung zum Urteil des BFH vom 13.2.2008- I R 63/06, BFH-PR 2008, S. 328–330

Gosch, Dietmar: Über das Nichtanwenden höchstrichterlicher Rechtsprechung – aufgezeigt am Beispiel der spruchpraxis des I. Senats des BFH, in: Mellinghoff, Rudolf u.a. (Hrsg.): Steuern im Rechtsstaat – Festschrift für Wolfgang Spindler zum 65. Geburtstag, Köln 2011, S. 379–428 (zitiert: Gosch, FS Spindler)

Gosch, Dietmar: Über das Treaty Overriding, IStR 2008, S. 413–421

Gosch, Dietmar: Über die Auslegung von Doppelbesteuerungsabkommen, ISR 2013, S. 87–95

Gracia Prats, Francisco Alfredo: Triangular Cases and Residence as a Basis for Alleviating International Double Taxation. Rethinking the Subjective Scope of Double Tax Treaties, intertax 1994, S. 473–491 (zitiert: Gracia Prats, Intertax 1994)

Graf, Helmut/Bisle, Michael: Zweifelsfragen bei der Anwendung des § 50d Abs. 9 Satz 1 Nr. 1 EStG bei der Verschmelzung einer Personen- auf eine Kapitalgesellschaft in Ungarn, IStR 2010, 401–403

Grandy, Berthold/Löw, Isabelle/Delp, Udo: Besteuerung der EWIV in Portugal, RIW 2000, S. 755–760

Groh, Manfred: Trennungs- und Transparenzprinzip im Steuerrecht der Personengesellschaft, ZIP 1998, S. 89–95

Grotherr, Siegfried/Herfort, Claus/Strunk, Günther: Internationales Steuerrecht, 3. Auflage Hamburg (zitiert: Bearbeiter, in: Grotherr/Herfort/Strunk)

Guimarães, Joaquim Fernado da Cunha, „As variações patrimoniais (POC e CIRC), APOTEC (Nr. 208) 1994, S. 169–177

Gummert, Hans/ Weipert/Lutz: Münchener Handbuch des Gesellschaftsrechts, Band 1: BGB-Gesellschaft, Offene Handelsgesellschaft, Partnerschaftsgesellschaft, Partenreederei, EWIV, 4. Aufl. München 2015 (zitiert: Bearbeiter, in: Münchener Handbuch des Gesellschaftsrechts, Band 1)

Gummert, Hans/ Weipert/Lutz: Münchener Handbuch des Gesellschaftsrechts, Band 2: Kommanditgesellschaft, Gmbh & Co.KG, Publikums-KG, Stille Gesellschaft, 4. Aufl. München 2014 (zitiert: Bearbeiter, in: Münchener Handbuch des Gesellschaftsrechts, Band 2)

Gündisch, Stephan Guido: Personengesellschaften im DBA-Recht – Eine Analyse des OECD-Partnership-Report, München 2004 (zitiert: Gündisch, Personengesellschaften)

Günkel, Manfred/Lieber, Betina: Auslegungsfragen im Zusammenhang mit § 50d Abs. 10 EStG i.d.F. des JStG 2009, Ubg 2009, S. 301–308

Günkel, Manfred/Lieber, Betina: Duplik zu H. Krabbe, Abkommensrechtliche Behandlung von Sondervergütungen, FR 2001, S. 132

Günkel, Manfred/Lieber, Bettina: Abkommensrechtliche Qualifikation von Sondervergütungen – Irrwege der Finanzverwaltung, FR 2000, S. 853–858

Haarmann, Wilhelm: Ist der Treaty Override nicht doch verfassungswidrig?, Schiedsklauseln in Doppelbesteuerungsabkommen führen aufgrund Art. 3 Abs. 1 GG zur Verfassungswidrigkeit von Treaty overrides, BB 2016, S. 2775–2776

Haas, Wolfgang: Person im Sinne des Abkommens, in: Kaeser, Christian (Hrsg.): Wassermeyer, Doppelbesteuerung: Festgabe zum 75. Geburtstag von Prof. Dr. Dr. h.c. Franz Wassermeyer, München 2015, S. 73–76 (zitiert: Haas,

FS für Wassermeyer)

Haase, Florian /Dorn, Katrin: Rätsel um den Anwendungsbereich der jüngeren Switch-over-Regelungen, IStR 2011, S. 791–797

Haase, Florian: *ders.*: Abkommensrechtliche Ansässigkeit – Eine Standortbestimmung, Hamburg 2011 (zitiert: Haase, Ansässigkeit)

Haase, Florian: Internationales und Europäisches Steuerrecht, 4. Aufl., Hamburg 2014 (zitiert: Haase, Internationales Steuerrecht)

Haase, Florian: Subjektive Qualifikationskonflikte bei der Behandlung von Einkünften einer Limited Liability Company nach dem DBA Deutschlan-USA, IStR 2002, S. 733–734

Häck, Nils/Spierts, Etinne: Fallbeispiele zum DBA Deutschland – Niederlande 2012, IStR 2014, S. 58–64

Häck, Nils: Zur Auslegung des § 50d Abs. 10 EStG durch den BFH – Zugleich Anmerkung zu BFH vom 8.9.2010 – I R 74/09 (IStR 2011, 32 mit Anm. Kammeter), IStR 2011, S. 71–73

Haendel, Ralf: Treaty Override – verfassungsrechtlich zulässig, aber im Einzelfall nicht anwendbar? IStR 2017, S. 436–442

Haendel, Ralf: Treaty Overriding im Internationalen Steuerrecht als Verfassungsproblem – Insbesondere zur Reichweite der Völkerrechtsfreundlichkeit des Grundgesetzes, Frankfurt a.M. 2016

Hagemann, Tobias/ Kahlenberg, Christian: § 50d Abs. 10 EStG als Steuer(last) gestaltungsnorm? IStR 2015, S. 734–737

Hagemann, Tobias/Kahlenberg, Christian /Kudert, Stephan: Sonderbetriebseinnahmen im Abkommensrecht – und wie der Wind sich dreht, Ubg, 2014, S. 80–89

Hagemann, Tobias/Kahlenberg, Christian: Ausgewählte Fragestellungen um die Zuordnung von SBV im Abkommensrecht, BB, 2014, S. 215–219

Hagemann, Tobias/Kahlenberg, Christian: Rechtsprechungsreport Internationales Steuerrecht 2013, BB 2014, S. 1623–1634

Hagemann, Tobias/Kahlenberg, Christian: Zur Besteuerung grenzüberschreitender Sonderbetriebsbeiträge in Outbound-Konstellationen, IStR 2015, S. 54–60

Hagemann, Tobias: Gewerbesteuerliche Kürzung des Hinzurechnungsbetrags? Ubg 2014, S. 706–711

Hagena, Antje: Die Behandlung von Personengesellschaften in den Doppelbesteuerungsabkommen der Bundesrepublik Deutschland mit den Staaten Mittel- und Südamerikas, Frankfurt am Main 2007 (zitiert: Hagena)

Hahn, Hartmut: Generalthema I des 58. IFA-Kongresses in Wien: Double-Non-Taxation- Überblick über den deutschen Nationalbericht, IStR 2003,

S. 446–448

Hahn, Hartmut: Neuers zur Rückwirkung – die Europäische Menschenrechtskonvertion, eine übersehene Rechtsquelle, IStR 2011, S. 437–445

Hansen, Christian: Einkünfte aus Personengesellschaftsbeteiligungen im Recht der Doppelbesteuerungsabkommen, Baden-Baden 2009 (zitiert: Hansen, Einkünfte aus Personengesellschaftsbeteiligungen)

Hruschka, Franz: Das BMF-Schreiben zur Anwendung der Doppelbesteuerungsabkommen (DBA) auf Personengesellschaften vom 16.04.2010, DStR 2010, S. 1357–363

Hruschka, Franz: Das neue BMF-Schreiben zur Anwendung von DBA auf Personengesellschaften, DStR 2014, S. 2421–2426

Hruschka, Franz: *ders.*: Das neue BMF-Schreiben zur Anwendung von DBA auf Personengesellschaften, IStR 2014, S. 785–792

Hruschka, Franz: Sondervergütungen und der AOA i.d.F. des AHiRlUmsG – das Verhältnis von § 1 AStG zu § 50d Abs. 10 EStG, IStR 2013, S. 830–833

Heidl, Wolfgang: Gesellschaftsgründung in der MIBC Freihandelszone von Madeira, IWB Nr. 10 vom 26.05.2005, F. 5 Portugal Gr. 2, S. 449–456

Helde, Stefanie: Dreiecksverhältnisse im Internationalen Steuerrecht unter Beteiligung einer Betriebsstätte, Köln 2000 (Helde, Dreiecksverhältnisse)

Hemmelrath, Alexander/Kepper, Philipp: Die Bedeutung des „Authorized OECD Approach" (AOA) für die deutsche Abkommenspraxis, IStR 2013, S. 37–42

Hemmelrath, Alexander: Besonderheiten bei der Beteiligung von Steuerinländern an Personengesellschaften in DBA-Staaten, IStR 1995, S. 570–574

Hennigfeld, Michael: Zulässigkeit der Überschreibung (Treaty Override) eines Doppelbesteuerungsabkommens, DB 2016, S. 443–444

Hermann, Carl/Heuer, Gerhard/Raupauch, Arndt: Kommentar zum Einkommen- und Körperschaftsteuergesetz, Köln (Loseblatt, Stand 276. Ergänzungslieferung September 2016 (zitiert: Bearbeiter, H/H/R)

Herrmann, Rico A.: Die Besteuerung von Personengesellschaften in den EU-Mitgliedstaaten und in der USA, Köln 2006 (zitiert: Hermann, Personengesellschaften)

Hey, Johanna: Harmonisierung der Unternehmensbesteuerung in Europa, ein Vorschlag unter Auswertung des Ruding-Berichts und der US-amerikanischen" integration debate", Köln 1997 (zitiert: Hey, Harmonisierung der Unternehmensbesteuerung in der EU)

Hils, Michael: Neuregelung internationaler Sondervergütungen nach § 50d

Abs. 10 EStG, DStR 2009, S. 888–892

Hock, Bernhard: Personengesellschaften mit internationalem Gesellschafterkreis, Besteuerungskonflikte und Lösungsmöglichkeiten, Wiesbaden 1994 (zitiert: Hock, Personengesellschaften)

Höfer, Jörg/Weidlich, Immanuel: Steuerplanung durch IP-Box-Regime in Europa. Förderungsmöglichkeiten für Forschung und Entwicklung in ausgewählten Staaten, IWB Nr. 20 vom 28.10.2016, S. 753–764

Höhn, Nicole/Höring, Johahhes: Das Steuerrecht international agierender Unternehmen, Grenzüberschreitende Steuerplanung, Wiesbaden 2010 (zitiert Höhn/Höring, international agierende Unternehmen)

INE: Empresas em Portugal 2015 (2017), abzurufen unter: https://www.ine.pt/xpotal/xmain?xpid=INE&xpgid=ine_publicacoes&PUBLICACOESpub_boui=277092072&PUBLICACOESmodo=2, zuletzt abgerufen am 25.09.2017 (zitiert: INE: Empresas em Portugal 2015 (2017))

Ismer, Roland/Kost, Sebastian: Sondervergütungen unter dem DBA-USA: Zugleich eine Anmerkung zum Urteil des FG Baden-Württemberg, EFG 2006, 677 (nrkr.), IStR 2007, S. 120–124

Ismer, Roland: Verwirrung beim Anrechnungshöchstbetrag: Unionsrechtliche Probleme der geplanten Neufassung des § 34c EStG, IStR 2014, S. 925–927

Jakob, Friedhelm/ Klein, Martin: S-Corporation die Zweite – Kernaussagen und Folgewirkungen des BFH-Urteils vom 26.6.2013, I R 48/ 12, IStR 2014, S. 121–130

Jacobs, Otto H./Enders, Dieter/Spengel, Christoph: Internationale Unternehmensbesteuerung Deutsche Investitionen im Ausland Ausländische Investitionen im Inland, 8. Auflage, München 2016 (zitiert: Jacobs, Internationale Unternehmensbesteuerung)

Jankowiak, Ingo: Doppelte Nichtbesteuerung im Internationalen Steuerrecht, Baden-Baden 2009 (zitiert: Jankowiak)

Jansen, Lothar/Weidemann, Matthias: Treaty Overriding und Verfassungsrecht. Beurteilung der verfassungsrechtlichen Zulässigkeit von Treaty overrides am Beispiel des § 50d EStG, IStR 2010, S. 596–605

Jirousek, Heinz: Kritische Anmerkungen zur Auslegung von Doppelbesteuerungsabkommen, SWI 1998, S. 112–120 (zitiert: Jirousek, SWI 1998)

Kahlenberg, Christian/Oppel, Florian: Anti- BEPS-Richtlinie: Erweiterung um Regelungen zur Neutralisierung von hybriden Gestaltungen mit Drittstaaten, IStR 2017, S. 205–213

Kahlenberg, Christian: Darlehensgewährung eines ausländischen Gesellschafters führt nicht zur Begründung einer inländischen Betriebsstätte, Steuck 2013, S. 362

Kahlenberg, Christian: Neue Beschränkungen des Zinsabzugs: Regelungsempfehlungen gegen doppelte Nichtbesteuerungs- und Double-Dip-Strukturen, ISR 2015, S. 91–97

Kaminski, Bert: Aktuelle Entwicklungen bei der Betriebsstättenbesteuerung, Stbg 2012, S. 354–366

Kammeter, Roland: Anmerkung zum Urteil des BFH vom 8.9.2010 – I R 74/09, IStR 2011, S. 35–37

Kappe, Klaus: Besteuerung von Gewinnanteilen aus US-Personengesellschaften und Zinsen aus Gesellschaftsdarlehen nach dem DBA-USA, DStR 1987, S. 479–482

Karla, Benedikt: Möglichkeiten der Gesetzesauslegung am Beispiel des BFH-Urteils vom 8.9.2010 (I R 74/09), IStR 2012, S. 52–57

Keller, Andreas H.: Die Bedeutung des neuen Art. 23A Abs. 4 OECD-Musterabkommen zur Lösung von Qualifikationskonflikten im Zusammenhang mit Personengesellschaften, in: Urtz, Christoph/Züger, Mario (Hrsg.): Personengesellschaften im Internationalen Steuerrecht, Wien 2001, S. 257–274 (zitiert: Keller, Qualifikationskonflikte)

Kellersmann, Dietrich/Treisch, Corinna/ Lampert, Steffen/ Heinemann, Daniela: Europäische Unternehmensbesteuerung II, Harmonisierung der direkten Unternehmensbesteuerung, 2. Aufl. Wiesbaden 2013 (zitiert: Kellersmann/Treisch/Lampert/ Heinemann, Europäische Unternehmensbesteuerung)

Kessler, Wolfgang/Schmitt, Claudio Philipp/Janson, Gunnar: Berücksichtigungsverbot abkommensrechtlicher „befreiter" Betriebsstättenverluste? – Analyse der BFH-Rechtsprechung unter Berücksichtigung von Verfassungs- und Europarecht nach AMID, IStR 2001, S. 729–737

Kirchhof, Paul/Söhn, Hartmut/Mellinghoff, Rudolf: Einkommensteuergesetz, Heidelberg (Loseblatt, Stand: 280. Ergänzungslieferung Juni 2017) (zitiert: Bearbeiter, in: K/S/M)

Kirchhof, Paul: Die verfassungsrechtlichen Grenzen rückwirkender Gesetze, DStR 2015, S. 717–724

Kirchhof, Paul: EStG – Kompaktkommentar- Einkommensteuergesetz, 16. Aufl. Heidelberg 2017 (zitiert: Bearbeiter, in: Kirchhof)

Kluge, Volker: Das internationale Steuerrecht, 4. Aufl. München 2000 (zitiert: Kluge, Das internationale Steuerrecht)

Kluge, Volker: Zur unmittelbaren Anwendung von DBA-Vorschriften bei der Gewinnermittlung, StuW 1975, 294–305

Knobbe-Keuk, Brigitte: „Qualifikationskonflikte“ im internationalen Steuerrecht der Personalgesellschaften, RIW 1991, S. 306–316

Knobbe-Keuk, Brigitte: Bilanz- und Unternehmenssteuerecht, 9. Aufl. Köln 1993 (zitiert: Knobbe-Keuck, Bilanz- und Unternehmenssteuerecht)

Kollruss, Thomas: Analyse des deutschen Sondervergütungskonzepts bei der internationalen Personengesellschaftsbesteuerung, FR 2015, S. 351–359

Kollruss, Thomas: Holdingstrukturen mit doppelt ansässigen ausländischen Kapitalgesellschaften, Der Konzern 2012, S. 237–245

Kollruss, Thomas: Ungeklärte ertragsteuerliche Fragestellungen hybrider ausländischer Gesellschaften, StuW 2010, S. 381–391

Komarek, Alexander: Die Personengesellschaft als Arbeitgeber nach Art. 15 OECD-MA, in: Urtz, Christoph/Zügner, Mario (Hrsg.): Personengesellschaften im Internationalen Steuerrecht, Wien 2001, S. 237–255 (zitiert: Komarek, in: Urtz/Zügner, Personengesellschaften)

Korn, Christian: Grenzen des Einflusses innerstaatlichen Rechts auf die Anwendung von Doppelbesteuerungsabkommen- Erläutert am Beispiel von § 50d Abs. 10 EStG, IStR 2009, S. 641–645

Krabbe, Helmut: Abkommensrechtliche Behandlung von Sondervergütungen – Eine Replik, FR 2001, S. 129–131

Krabbe, Helmut: *ders.*: Abgrenzung der Besteuerungsrechte bei international tätigen Sozietäten, FR 1995, S. 692–694

Krabbe, Helmut: Die Personengesellschaft im internationalen Steuerrecht, StbJb 2000/2001, S. 183–203

Krabbe, Helmut: OECD-Musterabkommen 2000, IStR 2000, S. 196–201

Krabbe, Helmut: Personengesellschaften und Unternehmensgewinne nach den DBA, IStR 2002, S. 145–150

Krabbe, Helmut: Personengesellschaften und Unternehmensgewinne, IStR 2002, S. 145–150

Krabbe, Helmut: Steuerliche Behandlung der Personengesellschaften nach den Doppelbesteuerungsrecht, IWB Nr. 3 vom 11.02.1998 F. 3 Deutschland Gr. 2, Land Deutschland, S. 753–772

Kraft, Gerhard/ Jochimsen, Claus: SBV in grenzüberschreitender Perspektive – Grundstrukturen und aktuelle Entwicklungen, NWB Nr. 3 vom 12.01.2015, S. 123–134

Kramer, Jörg-Dietrich: „Betriebsstättenlose“ Einkünfte aus Gewerbebetrieb – „Betriebsstättenlose“ Wirtschaftsgüter des Betriebsvermögens, DB 2011, S. 1882–1887

Krause, Michael: Internationale Doppelbesteuerung – Ursachen und Lösungen, IfSt Nr. 405, Bonn 2003 (zitiert: Krause, IfSt 2003)

Krauß, Sebasian: EU-BEPS – Aktionsplan für eine faire und effiziente Unternehmensbesteuerung in der EU, IStR 2016, S. 59–65

Kudert, Stephan / Hagemann, Tobias/Kahlenberg, Christian: Anwendung von DBA auf Personengesellschaften – Das endgültige BMF-Schreiben vom 26.9.2014, IWB Nr. 24 vom 24.12.2014, 892–902

Kudert, Stephan/Jarzynska, Paula: Besteuerung der Gesellschaftsvergütung an den persönlichen Kommanditisten einer grenzüberschreitenden GmbH & Co. KG, RIW 2009, S. 792–798

Kudert, Stephan/Kahlenberg, Christian: Die Neufassung des § 50d Abs. 10 EStG – Die Besteuerung grenzüberschreitende Mitunternehmerschaften geht in die nächste Runde, IStR 2013, S. 801–810

Lampert, Steffen: Die dynamische Auslegung von Doppelbesteuerungsabkommen unter besonderer Beachtung des Kommentars zum OECD-Musterabkommen, IStR 2012, S. 513–519

Lang, Michael/Wimpissinger, Christian: Die Einkünfte von Gesellschaftern einer Personengesellschaft aus abkommensrechtlicher Sicht, in: Gassner, Wolfgang/ Lang, Michael/Lechner, Eduard (Hrsg.): Personengesellschaften im Recht der Doppelbesteuerungsabkommen, Wien 2000, S. 85–100 (zitiert: Lang/ Wimpissinger, in: G/L/L)

Lang, Michael: DBA und Personengesellschaften – Grundfragen der Abkommensauslegung, IStR 2007, S. 606–609

Lang, Michael: *ders.:* Art. 3 Abs. 2 OECD-MA und die Auslegung von Doppelbesteuerungsabkommen, IWB Nr. 8 vom 27.04.2011, S. 281–294

Lang, Michael: *ders.:* Qualifikationskonflikte bei Personengesellschaften, IStR 2000, 129–134

Lang, Michael: Die abkommensrechtliche Behandlung von ausländischen Personengesellschaften mit Steuersubjektivität im Ausland, in: Kleineidam, H.-J. (Hrsg.): Unternehmenspolitik und internationale Besteuerung: Festschrift für Lutz Fischer zum 60. Geburtstag, Berlin 1999, S. 713–730 (zitiert: Lang, FS für Lutz Fischer)

Lang, Michael: Die Bedeutung des Musterabkommens und des Kommentars des OECD-Steuerausschusses für die Auslegung von Doppelbesteuerungsabkommen, in: Gassner, Wolfgang (Hrsg.): Aktuelle Entwicklungen im Internationalen Steuerrecht – das neue Musterabkommen der OECD, Wien 1994, S. 11–41 (zitiert: Lang, Musterabkommen)

Lang, Michael: Die Bedeutung des originär innerstaatlichen Rechts für die Auslegung von Doppelbesteuerungsabkommen (Art. 3 Abs. 2 OECD-MA), in: Burmester, Gabriele/Endres, Dieter (Hrsg.): Aussensteuerrecht, Doppelbesteuerungsrechtsabkommen und EU-Recht im Spannungsverhältnis- Festschrift für Helmut Debatin zum 70. Geburtstag, München 1997, S. 281–304 (zitert: Lang, Festschrift Debatin)

Lang, Michael: Die Besteuerung von Einkünfte bei unterschiedlichen Personen aus dem Blickwinkel des DBA-Rechts, SWI 2000, S. 527–535

Lang, Michael: Personengesellschaften im DBA-Recht, SWI 2000, S. 60–66

Lang, Michael: Qualifikationskonflikte im Recht der Doppelbesteuerungsabkommen, in: Kirchhof, Paul (Hrsg.): Staaten und Steuern – Festschrift für Klaus Vogel zum 70. Geburtstag, Heidelberg 2000, S. 907–924 (zitiert: Lang, FS Vogel)

Lange, Gabriele: Die abkommensrechtliche Behandlung von Sondervergütungen § 50d Abs. 10 S. 1 EStG – ein provozierter Qualifikationskonflikt, GmbH-StB 2009, S. 128–134

Läufer, Benedikt Christoph: Aktivitätsklauseln in deutschen Doppelbesteuerungsabkommen – Rechtsfragen und steuerrechtliche Bedeutung, Hamburg 2014

Lehner, Moris: DBA-Politik der Bundesregierung, FR 2011, S. 1087–1091

Lehner, Moris: *ders.*: Abkommensauslegung zwischen Autonomie und Bindung an das innerstaatliche Recht, in: Kaeser, Christian (Hrsg.): Wassermeyer, Doppelbesteuerung: Festgabe zum 75. Geburtstag von Prof. Dr. Dr. h.c. Franz Wassermeyer, München 2015, S. 15–22 (zitiert: Lehner, FS für Wassermeyer)

Lehner, Moris: Treaty Override im Anwendungsbereich des § 50d EStG, IStR 2012, S. 389–404

Lehner, Moris: Treaty Override ist nicht verfassungswidrig. Anmerkung zum Beschluss des BVerfG v. 15.12.2015 - 2 BvL 1/ 12, IStR 2016, S. 217–220

Leitão, Luís Menezes: "O regime fiscal da associação em participação", in: Estudos em homenagem a Dr. Maria de Lourdes Órfão de Matos Correia e Vale, CFT Nr. 171, 1995, S. 203–220 (zitiert: Leitão CFT Nr. 171, 1995)

Leitão, Luís Menezes: Evolução e situação de reforma fiscal, CTF (Nr. 387) 1997, S. 9–47

Leite de Campos, Diogo, As sociedades de pessoas no Direito Fiscal International, CTF 1974, S. 185–190

Leite de Campos, Diogo/ Silva Rodrigues, Benjamim / Lopes de Sousa, Jorge: Lei Geral Tributária – Anotada e Comentada, 4. Aufl. Lissabon 2012 (zitiert: L/S/L, LGT)

Liebchen, Daniel: Beteiligungen an ausländischen Personengesellschaften.

Steuerliche Gewinnermittlung und Gewinnabgrenzung, Berlin 2008, Diss., Hamburg 2007 (zitiert: Liebchen, Personengesellschaften)

Lieber, Bettina: Anmerkungen zum Urteil des BFH vom 13.02.2008- I R 63/06, jurisPR-SteuerR 30/2008 Anm. 2

Lobo, Carlos/Osório de Castro, Carlos: Critérios de Imputação de custas às sucursais financeiras exteriores, in Estudos em homenagem a Cunha Rodriguez, Separata, Coimbra 2001, Coimbra Editora (Hrsg.) (zitiert: Lobo Xavier/ Osório de Castro, Critérios de Imputação de custas às sucursais financeiras exteriors)

Lobo, Carlos: Política fiscal em tempo de recessão, Revista de Finanças Públicas e Direito Fiscal Nr. 3 (2009), S. 25–28

Lohbeck, Allit/Wagner, Thomas: § 50d Abs. 10 EStG – Uneingeschränktes Besteuerungsrecht für Sondervergütungen im Inbound-Fall? DB 2009, S. 423–426

Lourdes Vale, Maria/ Freitas Pereira, Manuel Henrique: Não aplicação do regime de transparência fiscal às sociedades gestoras de participações socais (SGPS), Fisco Nr. 17 (Februar 1990), S. 39–43

Lousa, Maria Dos Prazeres Rito, "Parecer n.° 65/84, CTF 374, Lissabon 1994, S. 299–389 (zitiert: Lousa, CTF 1994)

Lüdemann, Peter/ Hruschka, Franz: Die Behandlung von Personengesellschaften im Verhältnis Deutschland – Spanien, IStR 2000, S. 25–36

Lüdicke, Jürgen: Beteiligung an ausländischen intransparent besteuerten Personengesellschaften, IStR 2011, S. 91–98

Lüdicke, Jürgen: *ders.*: DBA-Politik der Bundesrepublik, FR 2011, S. 1077–1082

Lüdicke, Jürgen: *ders.*: Neue Entwicklungen der Besteuerung von Personengesellschaften im internationalen Steuerrecht, StbJb 1997/98, S. 449–492

Lüdicke, Jürgen: Die Besteuerung von international tätigen Personengesellschaften- geänderte Auffassungen der Finanzverwaltung im Betriebsstättenerlaß und anderen BMF-Schreiben, Hefte zur Internationalen Besteuerung, Heft 134, Hamburg 2000 (zitiert: Lüdicke, Personengesellschaften)

Lüdicke, Jürgen: Subject-to-tax-Klauseln nach dem DBA – Bemerkungen zum BMF-Schreiben vom 20.6.2013, IStR 2013, S. 721–731

Lüdicke, Jürgen: Überlegungen zur DBA-Politik, Baden-Baden 2008 (zitiert: Lüdicke, DBA-Politik)

Lühn, Andreas: Körperschaftsteuerpflichtige Personengesellschaften in der EU – eine attraktive Alternative zur Kapitalgesellschaft nach der Änderung der Mutter-Tochter-Richtlinie? IWB Nr. 10 vom 26.05.2004 F. 11 Europäische-Gemeinschaften Gr. 2, S. 471–486

Machado, Jonatas Eduardo Mendes/ Nogueira da Costa, Paulo: Curso de Direito

Tributário, 2. Aufl. Coimbra 2012 (zitiert: Machado/Nogueira, Curso de Direito Tributário)

Machens, Gabriele: Ausländische Personengesellschaften im internationalen Steuerrecht; Frankfurt am Main u.a. 2007 (zitiert: Machens)

Magalhães Correira, Jorge: Transparência fiscal das sociedades de profissionais, Fisco Nr. 7, Abril 1989, S. 3–8

Magalhães Ramalho, João: O regime da neutralidade fiscal em IRC nas fusões, cisões, entradas de activos e permutas de partes sociais – comentário ao Código do IRC, 2015 Coimbra (zitiert: Magalhães Ramalho, comentário ao Código do IRC)

Magalhães Ramalho, João: Proposta de Reforma do IRC, Partilhamos a Esperiencia. Innovamos nas Soluções (PLMJ), 2013, S. 1–14, abzurufen unter: www.plmjnetwork.com; zuletzt abgerufen am 15.07.2017; (zitiert: Magalhães Ramalho, PMLJ 2013)

Maia, Pedro: "Cessão de quotas", in: Ferreira Correira, A. (Hrsg.): Os quinze anos de vigência do Código das Sociedades Comerciais, Fundação Bissaya Barreto, Instituto superior Bissaya Barreto, Dirrecção Científica, Coimbra 2003, S. 125–149 (zitiert: Maia, cessão de quotas)

Marques, Lucilia: Preços de Transferência e Medidas Anti-Abuso (I), Apotec, Jahr XXV, Nr. 420, März 2012, S. 82–86

Marques, Lucilia: Preços de Transferência e Medidas Anti-Abuso (II), Apotec, Jahr XXVI, Nr. 421, April 2012, S. 121–128

Marques, Lucilia: Preços de Transferência e Medidas Anti-Abuso (II), Apotec, Jahr XXVI, Nr. 422, Mai 2012, S. 156–159

Martins, Alexandre de Soveral: cessão de quotas – alguns problemas, Coimbra 2007 (zitiert: Martins, cessão de quotas)

Martins, Alexandre de Soveral: Cláusulas do Contrato de Sociedade que limitam a Transmissibilidade das Acções, Coimbra 2006 (zitiert: Martins, cláusulas do Contrato)

Martins, J. M.: O Agrupamento Europeu de Interesse Económico, Fisco Nr. 19, S. 20–26

Marvanejo da Costa, Elsa: Regime Simplificado de Tributação em IRC, OTOC, Februar 2014, S. 26

Maunz, Theodor/Dürig, Günter (Begr.): Grundgesetz, München (Loseblatt, Stand: 78. Ergänzungslieferung September 2016) (zitiert: Bearbeiter, in: Maunz/Düring)

Meilicke, Wienand/ Portner, Rosemarie: Grenzen für den Übergang von der Freistellungs- zur Anrechnungsmethode, IStR 2003, S. 397–402

Mellinghoff, Rudolf: Heranziehung von OECD-Musterabkommen und -Musterabkommen, in: Kaeser, Christian (Hrsg.): Wassermeyer, Doppelbesteuerung: Festgabe zum 75. Geburtstag von Prof. Dr. Dr. h.c. Franz Wassermeyer, München 2015, S. 35–47 (zitiert: Mellinghoff, FS für Wassermeyer)

Menhorn, Matthias: Die abkommensrechtliche Behandlung von Beteiligungserträgen an einer ausländischen Personengesellschaft, in: Urtz, Christoph/ Züger, Mario (Hrsg.): Personengesellschaften im Internationalen Steuerrecht, Wien 2001, S. 101–124 (zitiert: Menhorn, Personengesellschaft)

Meretzki, Ayk: Greift § 50d Abs. 9 EStG auch bei nur zum Teil steuerfreien Einkünften? Auch Sondervergütungen und Gewinnanteil bilden eine Einheit, IStR 2008, S. 23–25

Meretzki, Ayk: Weshalb der neue § 50d Abs. 10 EStG sein Ziel verfehlt und neue Probleme schafft- Mitunternehmer-Betriebsstätten, floating income und weitere Streitfragen, IStR 2009, S. 217–225

Meretzki, Ayk: Zur Anwendung des Methodenartikels: Die Frage nach der Perspektive und dem maßgeblichen Recht, IStR 2011, S. 213–219

Mesquita, Maria Margarida Cordeiro: Aplicação de Convenções sobre dupla tributação e empresas instaladas na Zona Franca de Madeira e de Santa Maria, in: Direito e Justiça, Revista de Faculdade de Direito de Universidade Católica Portuguesa, Volume XI, Band 2, Lissabon 1997, S. 119–129 (zitiert: Mesquita, Revista de UCP 1997)

Mesquita, Maria Margarida Cordeiro: As Convenções Sobre Dupla Tributação, CCTF Nr. 179, Lissabon 1998 (zitiert: Mesquita)

Miranda Alves Pereira, Bruno: Já ouvimos falar sobre … IV- "PREÇOS DE TRANSFERÊNCIA", Revista Portuguesa de Contabilidade 2012, Vol. II, Nr. 5, S. 10–38

Miranda Sarmento, Joaquim/Diniz, Edmundo: A Zona Franca da Madeira é um „Off-Shore"? in: Revista de Contabilidade, Juli 2012, S. 253–268

Mitschke, Wolfgang: *ders.*: Das Treaty Override zur Verhinderung einer Keinmalbesteuerung aus Sicht der Finanzverwaltung, DStR 2011, S. 2221–2229

Mitschke, Wolfgang: Streitpunkt §50d Abs. 10 EStG – ein Tiger mit scharfen Zähnen, DB 2010, S. 303–306

Mitschke, Wolfgang: Anmerkung zum Beschluss des BVerfG vom 15.12.2015 – 2 BvL 1/12, DStR 2016, S. 377

Mitschke, Wolfgang: BFH 10.06.2015 – I R 66/09: Treaty override verfassungswidrig (m. Anm. Mitschke), IStR 2015, S. 629–630

Mitschke, Wolfgang: Kommentar zu BFH vom 08.09.2010, I R 74/09, FR 2011, S. 182–183

Möbus, Susanne: Ausgewählte Besteuerungsfragen und Gestaltungsmöglichkeiten bei der Beteiligung an einer US-Limited Liability Company, Hamburg 2001 (Möbus, Besteuerungsfragen)

Möller, Christian: Anwendung von DBA auf Personengesellschaften – Anmerkungen zum BMF-Schreiben vom 26.9.2014, Steuk 2015, S. 155–158

Monterio, Sérgio: SIDE II: O que muda com o OE 2014, Diário de Aveiro, 25.02.2014, S. 8

Morais, Rui Duarte: O art. 60.º do CIRC e as Legislações CFC, Imputação de lucros de sociedades não residentes sujeitas a um regime fiscal privilegiado, Lisboa 2005 (zitiert: Morais: Imputação de lucros)

Morais, Rui Duarte: Sobre o IRS, 2. Aufl. Coimbra 2006 (zitiert: Morais, sobre o IRS)

Morais, Rui Duarte: Apontamentos – ao Imposto Sobre o Rendimento das Pessoas Colectivas, Coimbra 2007 (zitiert: Morais, Apontamentos ao IRC)

Morais, Rui Duarte:" Convenções para evitar a dupla tributação e direito comunitário na jurisprudência recente da STA", Fiscalidade Nr. 48, 2011, S. 10–19

Moreira Ribeiro, Felipa/ Ferreira Santos, Sofia: A fiscalidade e as organizações de Economia Social, Porto 2013 (zitiert: Moreira/Ferreira, A fiscalidade)

Mössner, Jörg Manfred u.a. (Hrsg.): Steuerrecht internatinal tätiger Unternehmen, 3. Aufl. Köln 2005 (zitiert: Bearbeiter, in: Mössner)

Mössner, Jörg Manfred: § 50d Abs. 10 EStG und die Anrechnung ausländischer Steuern, IStR 2015, S. 204–205

Mota Lopes, Cristina/Martins, António: A tributacão por metódos indiretos – uma análise do enquadramento jurisprudencial dos pressupostos contabilítico-fiscais, Coimbra 2014 (zitiert: Mota Lopes/Martins: metódos indiretos)

Mota Pinto, Carlos Alberto da, Teoria Geral do Direito Civil, 4. Aufl. Coimbra 2012 (zitiert: Mota Pinto, Teoria Geral do Direito Civil)

Moura Portugal, António: A Dedutibilidade dos Custos na Jurisprudência Fiscal Portuguesa, Coimbra 2004 (zitiert: Mouro Portugal, Dedutibilidadess

Müller, Marion/Wrangler, Clemens: Qualifikationskonflikte bei Beteiligung inländischer Investoren an ausländischen Personengesellschaften, IStR 2003, S. 145–154

Müller, Marion: Grenzüberschreitende Sondervergütungen und Sonderbetriebsausgaben im Spannungsfeld des Abkommensrechts, BB 2009, S. 751–759

Müller, Welf/Hoffmann, Wolf: Beck´sches Handbuch der Personengesellschaften, Gesellschaftsrecht, Steuerrecht, 4. Aufl. München 2014, (zitiert: Bearbeiter in: Müller/Hoffmann, PG)

Musil, Andreas: Treaty Override als Dauerproblem des Internationalen Steuerrechts, IStR 2014, S. 192–196

Neemann, Yaakov: Der Begriff der „Capital gains" in den verschiedenen Ländern, Generalbericht, CDFI LXI b (1976), S. 71–89 (zitiert: Neemann, CDFI LXI b (1976))

Niehus, Ulrich/Wilke, Helmuth: Die Besteuerung der Personengesellschaften, 7. Aufl. Stuttgart 2015 (zitiert: Niehus/Wilke)

NRW. Bank, Förder-und Finanzierungsinstrumente Portugal, abzurufen unter: http://nrw.enterprise-europe-germany.de/public/uploads/een-nrw/infoblaetter/Laenderinfo_Portugal2016-12.pdf, zuletzt abgerufen am 13.09.2017, S. 1–8 (zitiert: NRW. Bank, Förder-und Finanzierungsinstrumente Portugal)

o. V.: Reforma do IRC pretende garantir um context fiscal mais competitiva in: Contabilidade & Empresas, November/Dezember Nr. 24 2013, S. 28–32

o. V.: Alterações ao IRC: Transparência Fiscal, OTOC v. 27.12.2013, S. 1–10

o. V.: Reforma do IRC – novo conceito de sociedades profissionais in: Contabilidade & Empresas Nr. 26 März/April 2014, S. 11

OECD Committee on Fiscal Affairs: Report on Tax Treaty Overrides, abgedruckt in Tax Notes International 1990, S. 25–33 (zitiert: OECD TNI)

Olavo Cunha, Paulo: Direito Das Sociedades Comercais, 6. Aufl. Coimbra 2016 (zitiert: Olavo Cunha, Direito das Sociedades Comercais)

Organtisation for Economic Cooperation and Development: The Application of the OECD Model Tax Convention to Partnerships, Issues in International Taxation No. 6, Paris 1999 (zitiert: OECD Partnership Report)

Ostendorf, Claudia: Behandlung von Sondervergütungen der Mitunternehmer im internationalen Steuerrecht – unter besonderer Berücksichtigung der deutschen und österreichischen Rechtslage, Berlin 1994 (zitiert: Ostendorf, Sondervergütungen)

Pais de Vasconcelos, Pedro: Teoria Geral do Direito Civil, 8. Aufl. Lissabon 2015 (zitiert: Pais de Vasconcelos: Teoria Geral do Direito Civil)

Palma, Clotilde Celorico: O Regime do Centro International de Negócios da Madeira – Um Instrumento de Competitividade Fiscal?, APOTEC, Jahr XXX Nr. 351, Juni 2006, S. 200–205

Palma, Clotilde Celorico: Novo regime do Centro Internacional de Negócios da Madeira – características fundamentais, TOC Nr. 99, Juni 2008, S. 44–48

Palma, Rui Camacho: Tributação efectiva, Fiscalidade (42) 2010, S. 53–66

Pena, Rui: Não é o fim do mundo, Advocatus vom 1.04.2013, S. 28

Piltz, Detlev Jürgen: Die Personengesellschaften im internationalen Steuerrecht der Bundesrepublik Deutschland, Heidelberg 1981 (zitiert: Piltz, Personengesellschaften)

Piltz, Detlev Jürgen: Grenzüberschreitende Sondervergütungen bei Personengesellschaften, in: Lüdicke, Jürgen (Hrsg.): Besteuerungspraxis bei grenzüberschreitende Tätigkeit, Köln 2003, S. 137–162 (zitiert: Piltz in: Lüdicke, Besteuerungspraxis)

Piltz, Detlev Jürgen: Veräußerung von Sonderbetriebsvermögen unter den Doppelbesteuerungsabkommen (OECD-Musterabkommen und DBA-Schweiz), IStR 1996, S. 457–462

Pinheiro Pinto, José Alberto: Fiscalidade, 5. Aufl. Lissabon 2011 (zitiert: Pinheiro Pinto, Fiscalidade)

Pinheiro Pinto, José Alberto: Justificar-se-á manter o regime de transparência fiscal?, Jornal de contabilidade APOTEC Nr. 387, Juni 2009, S. 200–202

Pinkernell, Reimar: Aktuelle Rechtsprechung zum DBA-USA, IStR 2010, S. 785–795

Pinkernell, Reimar: Einkünftezurechnung bei Personengesellschaften, Berlin 2001 (zitiert: Pinkernell)

Pinto Furtado, Jorge Henrique: Código das Sociedades Comerciais Anotado, Coimbra 2012 (zitiert: Pinto, Furtado Código das Sociedades Comerciais anotado)

Pinto, Duarte Rui: O quadro legal das sociedades comerciais ao tempo da Alves & C., in: Ferreira de Almeida, Carlos/ Tavares de Almeida, Marta/ Freitas do Amaral, Diogo: Separata da Obra – "Estudos Comemorativos dos 10 Anos da Faculdade de Direito de Universidade Nova de Lisboa"- Volumen II, Lissabon 2008, S. 479–505 (zitiert: Pinto, Estudos Comemorativas)

Pires, Manuel / Pires Calçada, Rita: Direito Fiscal, 4. Aufl. Coimbra 2010 (zitiert: Pires/ Pires, Direito Fiscal)

Pires, Manuel: Da Dupla Tributação Jurídica International sobre o Rendimento, Centro de Estudos Fiscais, Direcção-Geral de Contribuições e Impostos, Ministério das Finanças, Lissabon 1984 (zitiert: Pires: Dupla Tributação)

Pires, Rita Calçada: Tributação Internacional do Rendimento Empresarial gerado através do comércio Electrónico – Desvendar mitos e construir realidades, Diss. Coimbra 2011 (zitiert: Pires: Tributação)

Pita, Manuel António: As Sociedades Profissionais, Fisco Nr. 17 (Februar 1990), S. 37–38

Pita, Manuel António: Curso Elementar de Direito Comercial, 3. Aufl. Lissabon 2011 (zitiert: Pita, Curso Elementar de Direito Comercial)

Pita, Manuel António: Direito aos Lucros, Lissabon 1989 (zitiert: Pita, Direito aos Lucros)

Pita, Manuel António: O Agrupamento Europeu de Interesse Económico (Um meio de integração das empresas portuguesas na CEE), Fisco Nr. 15,

1989, S. 6–8

Pohl, Carsten/Wassermeyer, Franz: Anmerkungen zum Urteil des BFH vom 07.12.2011, Az.: I R 5/11: Kein deutsches Besteuerungsrecht für in die USA gezahlte nachträgliche Sondervergütungen, IStR 2012, S. 222–226

Pohl, Carsten: § 50d Abs. 10 EStG – Ein Eigentor des Gesetzgebers? – Anmerkungen zum Urteil des FG München vom 8.11.2012 – 10 K 1984/11 –, IWB Nr. 11 vom 12.06.2013, S. 378–383

Pohl, Carsten: Abkommensrechtliche Sondervergütungsregelungen im Lichte aktueller Rechtsprechung, IWB Nr. 4 vom 22.02.2012, S. 120–127

Pohl, Carsten: Besteuerung grenzüberschreitender Sondervergütungen gem. § 50d Abs. 10 EStG i. d. F. des AmtshilfeRLUmsG, DB 2013, S. 1572–1578

Pohl, Carsten: Die Auslegung von Doppelbesteuerungsabkommen in der jüngeren Rechtsprechung des BFH, RIW 2012, S. 677–683

Pohl, Carsten: Zur Diskussion des Einkünftebegriffs im Sinne des § 50d Abs. 9 EStG, DB 2012, S. 258–261

Polatzky, Robert/Baillet, Dmitrij/ Steinau, Nathan: Neue Hürden für die DBA-Anwendung durch das Multilaterale Instrument, IStR 2017, S. 226–233

Policarpo Lobo, Carla Susana/ Santos Faria, Joni/ da Silva Fernandes, Maria José: Preços de transferência na perspetiva da gestão – Estudo de Caso, Revista portuguesa de Contabilidade 2013, Vol. III, Nr. 10, S. 209–251

Pontes, Catarina: Vantagens evidentes, Advocatus vom 1.4.20143, S. 29

Pott, Hans-Michael: Die Kollision unterschiedlicher Formen der Gesellschaftsbesteuerung im internationalem Steuerrecht, Köln 1982 (zitiert: Pott, Die Kollision)

Prinz, Ulrich: Gesetzgeberische Wirrungen um Grundsätze der Betriebsstättenbesteuerung DB 2009, S. 807–812

Prinz, Ulrich: Grenzüberschreitende Sondervergütungen bei Mitunternehmerschaften, DB 2011, S. 1415–1419

Pupo Correira, Miguel J. A. (Hrsg.)/ Tómas, António/ Octávio Castelo, Paulo: Direito Comercial – Direito da Empresa, 12. Aufl. Lissabon 2011 (zitiert: Pupo Correira, Direito Comercial)

Raupach, Arndt: Der Durchgriff im Steuerrecht, München 1968 (zitert: Raupach, Durchgriff)

Raupach, Arndt: Unternehmen und Unternehmen im Recht der Doppelbesteuerungen. Zugleich ein Beitrag zu den Problemen rechtsformabhängiger Besteuerung, in Kirchhof, Paul u.a. (Hrsg.): Staaten und Steuern- Festschrift für Klaus Vogel zum 70. Geburtstag, Heidelberg 2000, S. 1067–1089 (zitiert: Raupach, FS Vogel)

Regniet, Michael: Ergänzungsbilanzen bei Personengesellschaften: Sonderbilanzen und Wertkorrektoren der Gesellschaftsbilanz, Köln 1990 (zitiert: Regniet, Ergänzungsbilanzen)

Reimer, Ekkehart: Das Multilaterale Übereinkommen (BEPS-Maßnahme Nr. 15) als Instrument einer flexiblen Anpassung der bestehenden DBA, IStR 2015, S. 1–7

Reimer, Ekkehart: Meilenstein des BEPS-Programms: Das Multilaterale Übereinkommen zur Umsetzung der DBA-relevanten Maßnahmen, IStR 2017, S. 1–6

Reith, Thomas: Internationale Steuerrecht, Handbuch zum Doppelbesteuerungs- und Außensteuerrecht und zu Gestaltungen grenzüberschreitender Investitionen, 2004 München (zitiert: Reith, Internationales Steuerrecht)

Relatório do grupo para o estudo da pólitica fiscal, competitividade, eficiência e justiça do sistema fiscal v. 03.10.2009, abzurufen unter: http://www.fd.unl.pt/docentes_docs/ma/RCP_MA_12632.pdf, zuletzt abgerufen am 25.09.2017 (zitiert: Relatório do grupo para o estudo da pólitica fiscal 2009)

Ribbrock, Martin: Dreieckssachverhalte im Internationalem Steuerrecht, Hamburg 2004 (zitiert: Ribbrock, Dreieckssachverhalte)

Ribbrock, Martin: Die Verhältnismäßigkeit muss beachtet werden. Kommentar zu BFH I R 66/09 vom 10.01.2012, BB 2012, S. 1907–1908

Ribeiro, João Sérgio: Tributação presuntiva do rendimento, Coimbra 2010, (zitert: Ribeiro, Tributação)

Ricardo, Joaquim Fernando: Direito Tributário, Coletânea de legislação, Anotado e Remissivo, 16. Aufl. Porto (zitiert: Ricardo, Direito Tributário)

Riemenschneider, Sven: Abkommensberechtigung von Personengesellschaften und abkommensrechtliche Behandlung der Einkünfte aus Beteiligungen inländischer Gesellschafter an ausländischer Personengesellschaften, Frankfurt am Main 1995 (zitiert: Riemenschneider)

Ritzrow, Manfred: Die Kriterien der Mitunternehmerschaft – Mitunternehmerinitiative und Mitunternehmerrisiko – Überblick über die Rechtsprechung des BFH – Teil I, StBp 2009, S. 175–180

Rocha, Miguel Marques: A Transparência Fiscal no Código Contributivo, CJT Nr. 07, Januar bis März 2015, S. 25–32

Rödder, Thomas /Schumacher, Andreas: Erster Überblick über die geplanten Steuerverschärfungen und – entlastungen für Unternehmen zum Jahreswechsel 2003/2004, DStR 2003, S. 1725–1735

Rodrigues, Carlos/Oliveira, António/ Miranda, Nuno: A Tributação do Património, Código do IMI, Código do IMT, Código do IS, Anotados, 2. Aufl. Porto 2008 (zitiert: Rodrigues/Oliveira/ Miranda, A Tributação do Património)

Rogall, Matthias/ Schwan, Tobias: SBV und Sondervergütungen im Inbound-Fall und bei Inbound-Akquisitionen, DStR 2015, S. 2633–2640

Rogall, Matthias: Die Belastung von Dividenden und Veräußerungsgewinnen im Konzern nach den beabsichtigten Neuerungen des § 8b III und V KStG, DB 2003, S. 2185–2188

Rosenberg, Oliver/ Placke, Kirsten: Verbliebene Zweifelsfragen zu § 50d Abs. 10 EStG nach dem BMF-Schreiben zur Anwendung von DBA auf Personengesellschaften, DB 2014, S. 2343–2439

Rosenthal, Michael: Die steuerliche Behandlung von Auslandssachverhalten im Spannungsfeld zwischen Abkommensrecht und Europarecht – zugleich Besprechung des Urteils des FG Hamburg vom 22.08.2006 zur Veräußerung von Anteilen an einer spanischen Personengesellschaft-, IStR 2007, S. 610–615

Roth, Andreas: Zurechnung von Wirtschaftsgütern bei Betriebsstätten und Personengesellschaften, in: Lüdicke, Jürgen (Hrsg.): Zurechnung von Wirtschaftsgütern im internationalen Steuerrecht, Köln 2000, S. 87–128 (zitiert: Roth, Zurechnung)

Rothe, Sarah/Kopec, Agnieszks: § 50d Abs. 1 S. 11 EStG – eine verfahrensrechtliche oder materiell-rechtliche Vorschrift?, IStR 2015, S. 372–380

Rottgardt, Florian: Sondervergütungen im Abkommensrecht, in: Urtz, Christoph/Züger, Mario (Hrsg.): Personengesellschaften im Internationalen Steuerrecht, Wien 2001, S. 150–176 (zitiert: Rottgardt, Sondervergütungen)

Sá Gomes, Nuno: Manual de direito Fiscal, Volume II, 12. Aufl. Lissabon 2003 (zitiert: Sá Gomes, Manual de direito Fiscal)

Saldanha Sanches, José Luís /Taborda Da Gama, João: Provisões no âmbito de seguros UNIT-LINKED e dupla tributação económica, Fiscalidade Nr. 33 2008, S. 25–69

Saldanha Sanches, José Luís ders.: Manual de Direito Fiscal, 3. Aufl. Coimbra 2007 (zitiert: Saldanha Sanches, Manual de Direito Fiscal)

Saldanha Sanches, José Luís: Fusão inversa e neutralidade (da Administração) Fiscal, Fiscalidade Nr. 34 (Abril-Juni 2008), S. 7–34

Saldanha Sanches, José Luís: Limites ao Planeamento Fiscal: Substância e Forma no Direito Fiscal Português, Comunitário e Internacional, Coimbra 2006 (zitiert: Saldanha Sanches, Limites ao Planeamento Fiscal)

Saldanha Sanches, José Luís: O conceito fiscal de valores mobiliários, in: Brandão da Vega, Alexandre (u.a.): Direito dos Valores Mobiliários Volume III, Coimbra 2001, S. 73–84 (zitiert: Saldanha Sanchez, valores mobilíarios)

Saldanha Sanches, José Luís: Príncipios estruturantes da reforma fiscal, Lissabon 1991 (zitiert: Saldanha Sanchez, Príncipios estruturantes)

Saldanha Sanches, José Luís: Retenções na fonte no IRS: uma interpretação conforme a Constituição, Fisco Nr. 12–13 1989, S. 12–14

Saldanha Sanches, José Luís: Sociedades transparentes: alguns problemas no seu regime, Fisco Nr. 17, Februar 1990, S. 26–35

Salzmann, Stephan: § 50d Abs. 10 EStG – ein fiskalischer Blindgänger?, IWB Nr. 4 vom 25.02.2009, F. 3 Deutschland G. 3, S. 165–180

Salzmann, Stephan: Abschied vom Verbot der „virtuellen" Doppelbesteuerung? § 50d Abs. 9 EStG als nationale switch-over-Klausel, IWB Nr. 9 vom 09.05.2007, F. 3 Deutschland Gr. 3, S. 471–484

Salzmann, Stephan: Brauchen wir eine weitere Regelung von Qualifikationskonflikten? – § 50d Abs. 11 EStG gemäß Entwurf des JStG 2013, IWB Nr. 10 vom 23.05.2012, S. 359–363

Salzmann, Stephan: Keine Rechtsprechungsbrechung durch § 50d Abs. 10 EStG – das BFH-Urteil vom 8.9.2010 – I R 74/09, IWB Nr. 24 vom 22.12.2010, S. 902–906

Santos Faria, Joni/ Policarpo Lobo, Carla Susana/ da Silva Fernandes, Maria José, Revista Portuguesa de Contabilidade 2013, Vol. III, Nr. 010, S. 211–251

Santos, Albano: Sociedades de profissionais, TOC Nr. 16, Juli 2001, S. 46

Sarmento, Joaquim Miranda/Diniz, Edmundo: A zona Franca da Madeira é um "Off-Shore"?, S. 253–268, Revista Portuguesa de Contabilidade Nr. 6, Vol. II 2012

Schaden, Michael/Franz, Matthias: Qualifikationskonflikte und Steuerplanung – einige Beispiele, Ubg 2008, 452–461

Schanz, Deborah/ Feller, Anna: Wieso Deutschland (fast) keine Base Erosion and Profit Shifting-Bekämpfung braucht, BB 2015, S. 865–871

Schaumburg, Harald (Hrsg.) / Freeden, Arne/Häck, Nils: Internationales Steuerrecht, 4. Aufl. Köln 2017 (zitiert: Bearbeiter, in: Schaumburg)

Schaumburg, Harald/Piltz, Detlev J. (Hrsg.): Veräußerungsgewinne im Internationalen Steuerrecht, Forum der internationalen Besteuerung, Köln 2004 (zitiert: Bearbeiter, in: Schaumburg/Pilz)

Schaumburg, Harald: Die Befreiungsmethode im deutschen Steuerrecht, in: Gassner, Wolfgang/ Lang, Michael/ Lechner, Eduard (Hrsg.): Die Methoden zur Vermeindung der Doppelbesteuerung Anrechnungs- und Befreiungsmethode, 1995 Wien S. 269–306 (zitiert: Schaumburg in: G/L/ L)

Schaumburg, Harald: Die Personengesellschaft im internationalen Steuerrecht, Stbg 1999, S. 156–166

Scheffler, Wolfram: Besteuerung von Unternehmen I, Band I, 12. Aufl. Heidelberg 2012 (zitiert: Scheffler, Besteuerung von Unternehmen I)

Scheffler, Wolfram: Betriebswirtschaftliche Analyse des Wahlrechts zwischen Anrechnung und Abzug ausländischer Steuern nach dem Steueränderungsgesetz 1992, DB 1993, S. 845–851

Schick, Axel: Option des inländischen Gesellschafters zur Dividendenbesteuerung – Die ausländische Personengesellschaft, IWB Nr. 3 vom 09.02.2011, S. 93–97

Schmalz, Andrea: Die Veräußerung von Beteiligungen an Personengesellschaften im internationalen Steuerrecht unter Berücksichtigung des Partnership Reports der OECD, IStR 2003, S. 290–299

Schmidt, Christian: *ders.*: Anrechnungs- und Freistellungsmethode bei (bloßen) Immobilieneinkünften aus Personengesellschaften, wenn die Zielländer dem Transparenzprinzip folgen, IStR 2003, S. 685–692

Schmidt, Christian: Zur DBA-Anwendung und inländischen Steuerpflicht bei im Sitzstaat rechtsfähigen ausländischen Personengesellschaften, IStR 1996, S. 14–23

Schmidt, Christian: Anwendung der Doppelbesteuerungsabkommen (DBA) auf Personengesellschaften – Eine Analyse des BMF-Schreibens vom 16.04.2010, IV B 2-S 1300/09/10003, BStBl. I 2010, 354, IStR 2010, S. 413–432

Schmidt, Christian: Personengesellschaften im Abkommensrecht (Teil 1), in WP 2002, S. 1134–1145

Schmidt, Christian: Sondervergütungen auf Abkommensebene – Was nun, Finanzverwaltung und Gesetzgeber? – Zugleich Anmerkung zum BFH-Urteil vom 8.9.2010, I R 74/09, DStR 2010, S. 2436–2441

Schmidt, Christian: Sondervergütungen im Abkommensrecht – der neue § 50d Abs. 10 EStG: Ein neuer Versuch – Ein neuer Irrtum?, DStR 2013, S. 1704–1710

Schmidt, Christian: Zinsen einer inländischen Personengesellschaft an ihre ausländischen Gesellschafter im Abkommensrecht – Anmerkung zum BFH-Urteil vom 17.10.2007, I R 17/07, IStR 2008, S. 300, IStR S. 290–293

Schmidt, Karsten: Handelsrecht, Unternehmensrecht I, 6. Aufl. Köln 2014 (zitiert: Schmidt, Handelsrecht)

Schmidt, Ludwig: Einkommensteuergesetz, 35. Aufl. München 2016 (Bearbeiter, in: Schmidt)

Schmitt-Homann, Fabian: Das BMF-Schreiben vom 16.4.2010 zur Anwendung der DBA auf Personengesellschaften- Kritische Anmerkungen zum Aufsatz von Haruschka in DStR 2010, S. 2545–2550

Schneider, Norbert: SBV – Rechtsgrundlage und Umfang, 2000 Bochum, Diss. (zitiert: Schneider, SBV)

Schnitger, Arne: „Änderungen des § 1 AStG und Umsetzung des AOA durch JStG 2013", IStR 2012, S. 633–645

Schnitger, Arne: Der Entwurf des AHRL-ÄndUmsG, IStR 2016, S. 637–644

Schnitger, Arne: Die Einbeziehung des OECD-Kommentars in der Rechtsprechung des BFH, IStR 2002, S. 407–410

Schönfeld, Jens: Abkommenszweck und Verhinderung einer Minder- und Nichtbesteuerung, in: Kaeser, Christian (Hrsg.): Wassermeyer, Doppelbesteuerung: Festgabe zum 75. Geburtstag von Prof. Dr. Dr. h.c. Franz Wassermeyer, München 2015, S. 97–105 (zitiert: Schönfeld, FS für Wassermeyer)

Schönfeld, Jens: Neues zum DBA-Schachtelprivileg oder: Was bleibt von § 8 Nr. 5 GewStG und § 8b Abs. 5 KStG bei grenzüberschreitenden Dividenden? – zugleich Anmerkung zu BFH vom 19.10.2010, I R 62/09 - und 23.06.2010, I R 71/09, IStR 2010, S. 658–661

Schoueri, Luís Eduardo: Qualifikation und Substitution im internationalenSteuerrecht, in: Kirchhof, Paul (Hrsg.): Staaten und Steuern – Festschrift für Klaus Vogel zum 70. Geburtstag, Heidelberg 2000, S. 925–943 (zitiert: Schoueri, FS für Vogel)

Schuch, Josef/Bauer, Josef: Die Überlegungen des OECD-Steuerausschusses zur Lösung von Qualifikationskonflikten, in: Gassner, Wolfgang/Lang, Michael/Lechner, Eduard (Hrsg.): Personengesellschaften im Recht der Doppelbesteuerungsabkommen- Die Auswirkungen des OECD-Reports auf die Abkommenspraxis, Wien 2000, S. 27–45 (zitiert: Schuch/Bauer, in: G/L/L)

Schüller, Eva Carolin: Die deutsche Besteuerung grenzüberschreitender Personengesellschaften. Der In- und Outbound-Fall innerhalb der EU, Mainz 2014 (zitiert: Schüller)

Schulz-Trieglaff, Kai: Erträge aus dem SBV II als Betriebsstätteneinkünfte, Ansässigkeitsfiktion und die Maßnahme 6 des BEPS-Aktionsplans 2013, IStR 2015, S. 155–160

Schütz, Michael: Anwendung von Subject-to-tax-, Remittance-base- und Switch-over-Klauseln nach den Doppelbesteuerungsabkommen; Steuck 2014, S. 470–474

Serrão, Miguel: O LXIII Congresso da Associação Fiscal International 2009 Tema: O conceito de estabelecimento estável: Convenções, Lei interna; Doutrina Administrativa e Jurisprudência, CTF Nr. 423 (Januar- Juni 2009), S. 297–326 (zitiert: Serrão, CTF 2009)

Serrão, Miguel: Transparência Fiscal- Imputação a sócios ou membros não residentes, CTF Nr. 427 (Januar- Dezember 2011), S. 381–395

Siefert, Bernd: Der Arbeitgeberbegriff im deutschen Abkommensrecht. Anmerkungen zum BFH-Urteil vom 21.8.1985 – I R 63/80, BStBl. II, 1986, S. 4, RIW 1986, S. 979–981

Siegers, Dirk: Betriebsstättenvorbehalte und funktionale Zuordnung von Wirtschaftsgütern, in: Kaeser, Christian (Hrsg.): Wassermeyer, Doppelbesteuerung: Festgabe zum 75. Geburtstag von Prof. Dr. Dr. h.c. Franz Wassermeyer, München 2015, S. 319–324 (zitiert: Siegers, FS für Wassermeyer)

Silva, A.: As tributações autónomas: notas técnicas e práticas para Estudo, TOC Nr. 180 (März 2015), S. 39–41

Silva, Amândio: Novo regime simplificado de tributação de IRC, in: dos Santos, Carlos/Ventura, André (Hrsg.): A Reforma do IRC: Do Processo de Decisão Política à Revisão do Código, Lisboa 2014, S. 153–170 (zitiert: Silva, in: A Reforma do IRC)

Silva, Ana Cristina/Marvenejo da Costa, Elsa: IRC (Revisão ao Código), OTOC März 2013, S. 1–186, abzurufen unter: http://conteudos.otoc.pt/2013/DIS0713/Sebenta_DIS0713.pdf, zuletzt abgerufen am 20.09.2017 (zitiert: Silva/Marvenejo da Costa, OTOC 2013)

Soares Martínez, Pedro: Manual de Direito Fiscal, 10. Aufl. Lissabon 2000 (zitiert: Soares Martínez, Direito Fiscal)

Söffing, Günter: Pensionsrückstellung für Personengesellschaften (Teil II), BB 1999, S. 96–102.

Sonnleitner, Wolfgang/Winkelhog, Michael: Anwendung des Doppelbesteuerungsabkommen auf Personengesellschaft – weitere Präzisierungen sind notwendig!, BB 2014, S. 473–478

Spengel, Christoph/Schaden, Michael/Wehrße, Martin: Grenzüberschreitende Besteuerung von Personengesellschaften im OECD-MA – Problembereiche und Lösungsansätze, StuW 2012, S. 105–118

Spengel, Christoph/Schaden, Michael: Besteuerung von Erfolgen aus der Veräußerung von Anteilen an Kapitalgesellschaften durch Kapitalgesellschaften – Eine ökonomische und verfassungsrechtliche Analyse, DStR 2003, S. 2192–2201

Staats, Wendelin: Zur Neutralisierung hybrider Gestaltungen – Der OECD-Bericht zu Maßnahme 2 des BEPS-Aktionsplans, IStR 2014, S. 749–756

Staringer, Claus: Triangular Cases, in: Gassner, Wolfgang/Lang, Michael/Lechner, Eduard (Hrsg.): Aktuelle Entwicklungen im Internationalen Steuerrecht, Wien 1994, S. 67–90 (zitiert: Staringer, in: G/L/L)

Statistisches Bundesamt, Pressemitteilung v. 26.04.2016 – 143/16, S. 1–3, abzurufen unter: https://www.destatis.de/DE/PresseService/Presse/Pressemitteilungen/

2016/04/PD16_143_624.html; jsessinid = A2B38D306F4E217BCB2818FE-CA6A7715.cae4, zuletzt abgerufen am 25.09.2017 (zitiert: Statistisches Bundesamt, Pressemitteilung v. 26.04.2016)

Steiger, Axel: Grenzüberschreitende Fusion und Sitzverlegung von Kapitalgesellschaften innerhalb der EU nach spanischem und portugiesischem Recht, Diss. Bonn 1996 (zitiert: Steiger, Grenzüberschreitende Fusion)

Stemler, Patrick: Die Behandlung von Sondervergütungen bei Personengesellschaften nach dem Recht der Doppelbesteuerungsabkommen, Trierer Studien zum Internationalen Steuerrecht, Band 14, Trier 2013 (zitiert: Stemler, Sondervergütungen)

Stieb, Stephan: Portugal, in: Steuern in Europa, Amerika und Asien, Mennel/ Förster, Berlin (Loseblatt, Stand 94. Ergänzungslieferung Mai 2013 (zitiert Bearbeiter in Mennel/Förster)

Stieb, Stephan: Neuerungen im portugiesischen Körperschaftsteuerrecht, NWB Nr. 9 vom 08.05.2013, S. 318–324

Strunk, Günther/ Kaminski, Bert/ Köhler, Stefan: Außensteuergesetz – Doppelbesteuerungsabkommen, Kommentar (Loseblatt, Stand 45. Ergänzungslieferung November 2016) (zitiert Bearbeiter in, S/K/K)

Tavares, José: Sociedades e empresas comerciais, 2. Aufl. Coimbra 1994 (zitiert: Tavares, Sociedades)

Tavares, Tómas Castro: Da relação de dependência parcial entre a contibilidade e o direito fiscal na determinação do rendimento tribútavel das pessoas colectivas: algumas reflexões ao nível dos custos", CTF Nr. 396 (Oktober–Dezember 1999 (zitiert: Tavares, CTF Nr. 396 (1999))

Telles, Galvão Inocêncio: Venda a descendentes e o problema da superação da personalidade jurídica das sociedades», ROA, 1979, S. 513–562

Teixeira, Glória (Hrsg): Lexit – CIRC Códigos anotados & comentados, Porto 2014 (zitiert: Bearbeiter, in: Lexit CIRC)

Teixeira, Glória (Hrsg): Lexit – CIRS Códigos anotados & comentados, Porto 2015 (zitiert: Bearbeiter, in: Lexit CIRS)

Teixeira, Glória: Manual de Direito Fiscal, 3. Aufl. Coimbra 2015 (zitiert: Teixeira, Direito Fiscal)

Teixeira Ribeiro, José Joaquim: A reforma fiscal, Coimbra 1989 (zitiert: Teixeira Ribeiro, A reforma fiscal)

Terrível, Rita: O levantamento da personalidade coletiva nos grupos de sociedades, RDS Nr. 4, Jahr IV 2012, S. 935–1007

Teufel, Tobias/ Hasenberg, Rudi: Keine DBA-Schachtelfreistellung für Einkünfte aus typisch stiller Beteiligung an Luxemburger AG – Anmerkungen zum Urteil des BFH vom 4.6.2008, I R 62/06, IStR 2008, S. 724–728

Thiel, Jochen: Besteuerung trotz Freistellung (§ 50d Abs. 9 S. 1 EStG) – Klarstellung oder verbotene Rückwirkung, in: Kessler, Wolfgang/Föster, Guido/Watrin, Christoph (Hrsg.): Unternehmensbesteuerung – Festschrift für Nobert Herzig zum 65. Geburtstag, München 2010, S. 1023–1041 (zitiert: Thiel, FS Herzig)

Tipke, Klaus/Lang, Joachim: Steuerrecht, 22. Aufl. Köln 2015 (zitiert Bearbeiter, in: T/L)

Toifl, Gerald: Personengesellschaften im Recht der Doppelbesteuerungsabkommen unter besonderer Berücksichtigung der gemeinschafts- und abkommensrechtlicher Diskriminierungsverbote, Wien 2003 (zitiert: Toifl, Personengesellschaften)

Tormenta, Júlio: O regimen do privilégio de afiliação (participation exemption), in: dos Santos, Carlos/ Ventura, André (Hrsg.): A Reforma do IRC: Do Processo de Decisão Política à Revisão do Código, Lissabon 2014, S. 125–142 (zitiert: Tomenta, in: A Reforma do IRC)

Tumpel, Michael: Die fiktive Anrechnung (matching credit, tax sparing credit), in: Gassner, Wolfgang/ Lang, Michael/Lechner, Eduard (Hrsg.): Die Methoden zur Vermeidung der internationalen Doppelbesteuerung – Anrechnungs- und Freistellungsmethode –, Wien 1995, S. 61–98 (zitiert: Tumpel, in: G/L/L)

Urtz, Christoph: Die Gemeinsamkeiten und Unterschiede zwischen der Betriebsstätte nach Art. 5 OECD-Musterabkommen und der festen Einrichtung nach Art. 14 OECD-Musterabkommen und die Konsequenzen für die abkommensrechtliche Behandlung grenzüberstreitendend tätiger Freiberufler-Sozietäten, in: Glassner/Lang/Lerchner (Hrsg.): Die Betriebsstätte im Recht der Doppelbesteuerungsabkommen – Voraussetzungen der Besteuerung von Unternehmensgewinnen im Quellenstaat; Wien 1998, S. 157–178 (zitiert: Urtz, in: G/L/L)

Valente, Manuel: As sociedades de profissionais face à reforma da tributação do rendimento, R & E April- Juni 2001, S. 33–41

Vasques, Sérgio: Manual de Direito Fiscal, Coimbra 2011(zitiert: Vasques, Manual de Direito)

Vees, Carl Friedrich: Die Anwendung der DBA auf Personengesellschaften – zugleich Anmerkung zum BMF-Schreiben vom 16.4.2010, DB 2010, S. 984, DB 2010, S. 1422–1429

Ventura, Raúl: Sociedades por Quatas, Volumen III, Coimbra 2006 (zitiert: Ventura, Sociedades por quota)

Ventura, Raúl: Associação em Participação (Anteprojecto), in Boletim da Justiça, Nr. 189, S. 15–136 und Nr. 190, S. 5–106 (zitiert: Ventura, Anteprojecto)

Ventura, Raúl: Alterações do Contrato de Sociedade – Comentário ao Códigodas Sociedades Comerciais, 2. Aufl. Coimbra 2003 (zitiert: Ventura, Contrato de Sociedade)

Ventura, Raúl: Fusão, Cisão, Transformação de Sociedades – Comentario ao Código das Sociedades Comerciais, Parte Geral, Artikel 97–140, Coimbra 2006 (zitiert: Ventura, fusão, cisão, transformação de sociedades)

Vogel, Klaus: Der Begriff der „Capital gains" in den verschiedenen Ländern, Nationalberichterstattung Deutschland, CDFI LXI b (1976), S. 129–146 (zitiert: Vogel, CDFI LXI b (1976))

Vogel, Klaus: The Influence oft the OECD Commentaries on Treaty Interpretation, in BIFD 2000, S. 612–618 (zitiert: Vogel, BIFD 2000)

Vogel, Klaus: Probleme der Auslegung von Doppelbesteuerungsabkommen, WI 2000, S. 103–112

Vogel, Klaus: Transnationale Auslegung von Doppelbesteuerungsabkommen, IStR 2003, S. 523–529

Vogel, Klaus: Neue Gesetzgebung zur DBA-Freistellung, IStR 2007, S. 225–229

Vogel, Klaus /Lehner, Moris: Doppelbesteuerungsabkommen, 6. Auflage München 2015 (zitiert: Vogel, DBA, Bearbeiter)

Wassermeyer, Franz: Merkwürdigkeiten bei der Auslegung von DBA durch die Finanzverwaltung, IStR 1995, S. 49–51

Wassermeyer, Franz: Die Beurteilung der Abkommensberechtigung ausländischer Personengesellschaften durch Deutschland als Nichtansässigkeitsstaat der Personengesellschaft, IStR 1998, S. 489–494

Wassermeyer, Franz: Wassermeyer Doppelbesteuerung, Kommentar zu allen deutschen Doppelbesteuerungsabkommen, Band I: Kommentierung OECD-MA-EU-SchÜ, München (Loseblatt, Stand 137. Ergänzungslieferung Stand Mai 2017 (zitiert: Bearbeiter, in: Wassermeyer)

Wassermeyer, Franz: Sondervergütungen und SBV im Abkommensrecht, in: Achatz, Markus u.a. (Hrsg.): Steuerrecht; Verfassungsrecht, Europarecht: Festschrift für Hans Georg Ruppe, Wien 2007, S. 681–694 (zitiert: Wassermeyer, FS Ruppe)

Wassermeyer, Franz: Zur Anwendung von Doppelbesteuerungsabkommen auf Personengesellschaften, Der Konzern 2008, S. 338–343

Wassermeyer, Franz: Über Unternehmensgewinne im Sinne des Art. 7 OECD-MA, IStR 2010, S. 37–42

Wassermeyer, Franz: Grundfragen internationaler Personengesellschaften im Abkommensrecht, FR 2010, S. 537–541

Wassermeyer, Franz: Die abkommensrechtliche Behandlung von Einkünften einer in einem Vertragsstat ansässigen Personengesellschaft, IStR 2011, 85–90

Wassermeyer, Franz: Nochmal: Das Darlehen des ausländischen Mitunternehmers an seine deutsche Personengesellschaft und § 50d Abs. 10 EStG- Kritik an den Ausführungen von Kramer, IStR 2010, 241–242

Wassermeyer, Franz: Die abkommensrechtliche Aufteilung von Unternehmensgewinnen zwischen den beteiligten Staaten, IStR 2012, S. 277–282

Wassermeyer, Franz /Richter, Stefan/Schnittker, Helder (Hrsg.): Personengesellschaften im internationalen Steuerrecht, 2. Aufl. Köln 2015 (zitiert: Bearbeiter, in: W/R/S)

Wehrße, Martin: Grenzüberschreitende Besteuerung von Personengesellschaften im internationalen Vergleich, Köln 2011 (zitiert: Wehrße)

Weggenmann, Hans: Einordnungskonflikte bei Personengesellschaften im Recht der deutschen Doppelbesteuerungsabkommen unter besonderer Berücksichtigung des OECD-Partnership-Report 1999, Nürnberg 2002 (zitiert: Weggenmann, Einordnungskonflikte)

Weggenmann, Hans: Sondervergütungen unbeschränkt steuerpflichtiger Mitunternehmer einer ausländischen Personengesellschaft in der Rechtsprechung des BFH und aus der Sicht des OECD, IStR 2002, S. 1–12

Weggenmann, Hans: Die Empfehlungen der OECD an den Ansässigkeitsstaat zur Lösung von Einordnungskonflikten in Bezug auf Sondervergütungen, IStR 2002, S. 614–623

Weiss, Martin: Der „Treaty Override" vor dem BVerfG, SteuK 2016, S. 193–197

Weinelt, Andrea: Das deutsche Körperschaftsteuersystem im Spannungsfeld zwischen nationaler Steuerordnung und europäischen Steuerwettbewerb, Köln 2007 (zitiert: Weinelt)

Wichmann, Gerd: Fragen im Zusammenhang mit der Sonderergebnisermittlung und Verfassungsrecht, DStR 2012, 2513–2519

Wichmann, Michael: Anmerkungen zur deutschen Abkommenspolitik, FR 2011, S. 1082–1086

Wingert, Karl-Heinz/Krause, Michael: Handkommentar der wichtigsten DBA, Herne/Berlin 1993 (zitiert: Wingert/Krause, in: Handkommentar)

Woerz, Bertin: Körperschaftsteuer für Personenunternehmen. Eine Untersuchung am Beispiel des spanischen Unternehmenssteuerrechts, Diss. Köln 2009 (zitiert: Woerz)

Wolff, Ulrich: Generalthema I: Doppelte Nichtbesteuerung, IStR 2004, S. 542–549

Wolff, Ulrich: Auslegungsfragen der DBA-Regelungen über Unternehmensgewinne, in: Gocke, Rudolf/Gosch, Dietmar/Lang, Michael (Hrsg.): Körperschaftsteuer, Internationales Steuerrecht, Doppelbesteuerung. Festschrift für Franz Wassermeyer zum 65. Geburtstag, München 2005, S. 647–662 (zitiert: Wolff, FS Wassermeyer)

Xavier, Alberto: Manual de Direito Fiscal, Lissabon 1981 (zitiert: Xavier, Manual de Direito Fiscal)

Xavier, Alberto: Direito Tributário Internacional, 1. Aufl. Coimbra 1997 (zitiert: Xavier, Direito Tributário Internacional)

Xavier de Basto, José: O imposto sobre as sociedades e o imposto pessoal de rendimento - separação ou integração? 1980 Coimbra (zitiert: Xavier de Basto, O imposto)

Zehetner, Ulf: Die Arbeitgebereigenschaft von Personengesellschaften nach Art. 15 Abs. 2 OECD-MA, in: Gassner, Wolfgang/Lang, Michael/Lechner, Eduard (Hrsg.): Personengesellschaften im Recht der Doppelbesteuerungsabkommen - Die Auswirkungen des OECD-Reports auf die Abkommenspraxis, Wien 2000, S. 153–179 (zitiert: Zehetner, in: G/L/L)

Trierer Studien zum Internationalen Steuerrecht

Herausgegeben von Gabriele Burmester

Band 1 Steffen Alexander Lindenthal: Mitwirkungspflichten des Steuerpflichtigen und Folgen ihrer Verletzung. Unter besonderer Berücksichtigung der Dokumentationspflichten bei Verrechnungspreisen. 2006.

Band 2 Svenja Kaufer: Grenzüberschreitende Organschaft kraft Gemeinschaftsrecht. Übernimmt Österreich für Deutschland eine Vorreiterrolle? 2006.

Band 3 Antje Hagena: Die Behandlung von Personengesellschaften in den Doppelbesteuerungsabkommen der Bundesrepublik Deutschland mit den Staaten Mittel- und Südamerikas. 2007.

Band 4 Marie-Theres Rämer: Besteuerung aktienbasierter Vergütungen in Deutschland und im Vereinigten Königreich. 2007.

Band 5 Thorsten Hilger: Besteuerung der internationalen Seeschifffahrt. 2007.

Band 6 Claudia Neitz: Die Besteuerung internationaler Gemeinschaftsunternehmen. 2008.

Band 7 Felix Magnus Kessens: Die Besteuerung der grenzüberschreitenden Überführung von Wirtschaftsgütern. 2009.

Band 8 Rike Claudia Henkes-Wabro: Gewinnabgrenzung bei Bankbetriebstätten im Internationalen Steuerrecht. 2009

Band 9 Markus München: Die Zinsschranke – eine verfassungs-, europa- und abkommensrechtliche Würdigung. 2010.

Band 10 Olaf Thießen: Dreiecksverhältnisse im Internationalen Steuerrecht unter Beteiligung doppelt ansässiger Kapitalgesellschaften. 2010.

Band 11 Sascha Kaiser: Der französische REIT. Analyse des französischen SIIC-Regimes unter Berücksichtigung der Besteuerung deutscher und französischer Investoren. 2012.

Band 12 David Karl Mattern: Die Grenzgängerbesteuerung im Doppelsteuerungsabkommen zwischen Deutschland und der Schweiz. 2012.

Band 13 Stephan Hoyer: Unternehmensnachfolge und Wegzugsbesteuerung. 2013.

Band 14 Patrick Stemler: Die Behandlung von Sondervergütungen bei Personengesellschaften nach dem Recht der Doppelbesteuerungsabkommen. 2013.

Band 15 Helen Domschat: Die deutsche Vorschrift zur Verhinderung von Abkommens- und Richtlinienmissbrauch und ihre Vereinbarkeit mit Unionsrecht. 2013.

Band 16 Katharina Pfeifer: Die deutsche Besteuerung ausländischer Tonkünstler und Künstlergesellschaften. 2014.

Band 17 Evelyn Frink: Verständigungs- und Schiedsverfahren im Internationalen Steuerrecht. 2015.

Band 18 Bianca Wohlfart: Die Besteuerung der luxemburgischen Société de Participations Financières (SOPARFI). 2016.

Band 19 Sarah Anna Dreher: Die Besteuerung von Auslandsmitarbeitern in der Entwicklungszusammenarbeit. 2016.

Band 20 Dominik Monz: Die Familienstiftung im Außensteuergesetz. 2017.

Band 21 Toufic Schilling: Die Besteuerung deutscher Geschäftsaktivitäten im Libanon. 2017.

Band 22 Thomas Bücheler: Die Abkommensberechtigung von Personengesellschaften im Doppelbesteuerungsabkommen zwischen Deutschland und Japan. 2017.

Band 23 Anna Lena Weis: Französische Immobilien verwaltende Gesellschaften mit deutschem Gesellschafter unter besonderer Berücksichtigung des deutsch-französischen Abkommensrechts. 2019.

Band 24 Susana Pessoa dos Santos-Mettlach: Die Behandlung von Personengesellschaften nach dem DBA Deutschland–Portugal unter besonderer Berücksichtigung von Qualifikationskonflikten. 2020.

www.peterlang.com

www.ingramcontent.com/pod-product-compliance
Ingram Content Group UK Ltd.
Pitfield, Milton Keynes, MK11 3LW, UK
UKHW021816051026
8980IPUK00042B/336

9 783631 789193